普通高等教育“九五”国家级重点教材
21世纪高等院校法学系列精品教材

商法学

（第四版）

主　编　徐学鹿
副主编　范　健　吕来明

中　国　人　民　大　学　出　版　社
·北京·

主编简介

徐学鹿　教授，陕西汉中市人，1959 年毕业于中国人民大学法律系法学专业。现为北京工商大学商法研究中心名誉主任。1981 年到北京商学院任教后，首创新中国第一个商法教研室、商法本科专业、商法方向硕士点，设国内首家商法研究所，于 1986 年出版新中国第一部联系国情的商法著作《商法概论》，主编第一部普通高等教育“九五”国家级重点教材《商法学》，所著《商法》是新中国首本获部级优秀教材一等奖的著作，由 17 本商法著作构成的系列丛书是新中国目前未曾有过的商法巨著。徐学鹿教授在商法教研中坚持创新商法理论，以学者的品格，以顽强的毅力和锲而不舍的治学精神，对商法的基础理论作了全方位的研究。商法——现代商法——和谐商法，记录了他在此领域长途跋涉的足迹。他有多项商法方面的作品获奖，并获内贸部优秀专家、享受国务院特殊津贴专家等称号。

本版作者

第一编　商法总论

徐学鹿　北京工商大学教授、商法研究中心名誉主任

梁　鹏　中国青年政治学院法律系教授、博士

第二编　公司法

姜天波　国家工商行政管理总局反垄断与反不正当竞争执法局副局长、北京大学兼职教授、中国商法研究会理事

第三编　证券法

王　瑞　北方工业大学法律系副教授、博士

第四编　破产法

吴景明　中国政法大学民商经济法学院副教授、中国消费者权益保护法研究会常务理事

第五编　票据法

吕来明　北京工商大学法学院商法研究中心主任、教授、党总支书记、北京市优秀青年骨干教师

第六编　保险法

梁　鹏　中国青年政治学院法律系教授、博士

初版作者

（以原版排名先后为序）

江　伟　中国人民大学法学院教授、博士生导师
金　涛　大连海事大学法学院教授、大连仲裁委员会国际商事仲裁员
范　健　南京大学法学院教授、博士生导师
徐学鹿　北京工商大学教授、商法研究所所长
程信和　中山大学法学院教授、博士生导师
漆多俊　武汉大学法学院、中南大学法学院教授、博士生导师
王治宇　北京工商大学法学院副教授
江合宁　兰州商学院法学院院长、教授
赵　威　中国政法大学教授、博士生导师
赵新华　吉林大学法学院副院长、教授、博士生导师
阮赞林　华东理工大学法学院教授
王亦平　北京工商大学法学院教授、博士
吕来明　北京工商大学法学院副院长、教授
魏国君　大连海事大学民商法研究所副所长、副教授
王景琦　最高人民检察院主诉检察官、博士

第四版修订说明

我国全面深化改革的总目标是完善和发展中国特色社会主义制度，推进国家治理体系和治理能力的现代化。治理体系中最重要的法律体系现代化的顶层设计蓝图也已绘就，这就是法治国家、法治政府、法治社会的一体化建设；提高社会管理法治化水平；把他律和自律结合起来。现在需要回答：怎样从理论和实践上实现一体化建设，怎样提高社会管理法治化水平，怎样把他律和自律结合起来，从而在法治领域实现治理体系和治理能力的现代化。比如我们要充分发挥市场在资源配置中的决定性作用，市场行为领域就要坚持“法不禁止即合法”的原则。这就需要考虑：一是法不禁止之外的空间非常广阔，怎样保障不失序；二是“法不禁止”之外“合法”合的是什么法，谁来为之提供行为规范，提供什么样的行为规范。要实现治理体系、治理能力的现代化，不仅要从理论上回答这些问题，而且要从制度、机制等实践层面提供具有可操作性的设计、措施、办法……比如不少公司（企业）在产品质量、安全生产上多年来保持零事故，是这方面当之无愧的楷模，其根本原因是他们在建立以公司章程为依据的现代公司治理体系和提升现代公司治理能力上，始终站在时代前列；由于在治理实践中自觉、实然地将他律和自律有机地结合，他们在执行国家产品质量、安全生产各方面法律、法规的层面上更是值得广泛、深入宣传，需要普遍推广的典型。这种在现代公司治理上的智慧、创举，也许能为我们实现治理体系、治理能力的现代化，提供指引和启迪。

面对我国改革开放中商法理论与实践所呈现的这种前所未有的发展、繁荣的美好前景，我们的心情激动有余，但实际能力还有不足。同样，经修订的《商法学》仍有不足，甚至谬误，敬请读者批评、指正。

徐学鹿

于北京工商大学商法研究中心

2014 年 11 月

前　言

商法作为法律，在我国它是崭新的立法领域，受到了立法部门的高度重视；商法作为法学，在我国它是崭新的研究领域，吸引着越来越多的人士学习和研究。《商法学》在世纪之交出版，我们怀着激动的心情，希望它在培育现代法律人才，普及和传播现代商法，尽快建立我国社会主义市场经济法律体系，实现科教兴国和可持续发展战略等方面，能发挥应有的作用。

《商法学》立足中国，但不局限于中国。社会转型时期的中国商法，需要创新，需要研究商法在现代市场经济中的地位、商法的科学体系、商法发展的规律性，这就有必要借鉴符合市场经济客观规律的、科学的国外先进的商法制度，力求尽快实现中国商法的现代化。但是，《商法学》在适当介绍现代市场经济国家商法原理时，目标放在探索中国的商法，不是简单地照搬外国商法，而是着眼于中国国情，力求“洋为中用”，以期推动有中国特色的社会主义现代商法体系的及早建立。《美国统一商法典》是美国现代化的象征。我国也应有标志我国现代化的、人类历史上未曾有过的我国的“商法典”，因为，21 世纪是商法的时代。

中国几千年的法制史和法律思想史，就是一部从排斥商法到承认商法的历史。为了使这种“承认”理论化、体系化、科学化、法律化，让更多的人理解和掌握商法，转化成建立我国社会主义市场经济法律体系的物质力量，主观上我们尽了自己的努力。但由于我们自身法律理念不可能不受时间、空间和水平的局限，不可避免会或多或少残留非现代商法的理念、观点，这只能有待将来加以修正。同时，也可能存在其他方面的缺点、错误，敬请读者批评、指正。

改革开放初期我们才开始涉足商法，1986 年出版了《商法概论》，后经根本性修改，于 1991 年出版了《商法》，后来又出版了《商法教程》。为了提高教材质量，《商法学》立项后，我们邀请了中国人民大学、武汉大学、南京大学、吉林大学、中国政法大学、中山大学、大连海事大学以及兰州商学院、杭州商学院等 10 所全国著名院校的法学教授、专家，共同完成了这一教材。该教材立足本科，兼顾其他层次，可用作法学专业或经济、管理等非法学专业的本科及其他层次教学的教材，也可作为从事立法、司法、法律服务、行政、经济、企业管理等人士自修商法的用书。

《商法学》在出版中，得到了中国人民大学、中国政法大学、武汉大学、南京大学、吉林大学、中山大学、大连海事大学、兰州商学院、杭州商学院、国内贸易部教育司的大力支持，特别是北京商学院的领导及教务处等有关职能部门的领导、专家、工作人员，他们从北京商学院法学专业的发展定向，到教材的申报、立项、编写等，从各方面给予了关怀和支持；在审定中，江平教授提出了具体的、极为宝贵的意见，在此一并致谢！

北京商学院商法研究所有关教师及商法理论与实务方向的硕士研究生曹慧、傅琳、孙喜来、关军、严巧敏、迟平、伍红、胡新华、游杰、杨璐、阎秀华、胡嘉荣、梁鹏、辛丽燕、李军、孟志强、孔志明、闫锐梅、任建涛、于甜甜等，参加了有关问题的研究、讨论和资料收集工作。田少波、王辉、徐霞、罗钧，以及商法专业本科学生滕飞等参加了有关组织工作。

徐学鹿

于北京商学院商法研究所

1997年11月

| 目　　录 |

细　　目

第一编　商法总论

第二编　公司法

第三编 证券法

第四编 破产法

第六编　保险法

第一编

商法总论

第一章

商法概述

第一节　商法的概念及调整对象

一、商法的概念

“商法”这一名词由来已久，但关于什么是商法，却存在不同认识。[①] 着眼于现代市场交易，我们认为，商法是以发展社会生产力为基本目的，遵循与时俱进的方法，调整市场交易关系包括交易组织关系和交易行为关系的法律规范的总称。简称为：商法是市场交易的规则。

对上述概念的简析：

1. 商法是调整市场交易关系行为规范的总称。这是从调整对象或研究对象方面界定商法的概念。近代商法将商法的调整对象定位为“商事关系”，但是，“商事关系”是“民事关系”派生的一个概念，本身具有模糊性，人们很难把握其实质。现代商法将商法的调整对象界定为“市场交易关系”，所有在市场交易中发生的相互关系都由商法调整。“市场交易关系”这一概念既质朴，又深刻；既明确，又通俗。它揭示了商法的本质，体现了商法实践性、创新性的宝贵品格。[②] 关于商法的调整对象问题，本节将有详细论述。

2. 商法规范的内容为交易组织关系和交易行为关系。这是从商法的调整或研究内容来界定商法概念。商法规范的交易组织关系是商主体内部组织关系，如公司内部股东会、董事会、监事会间相互制衡关系，合伙企业内部各合伙人间相互关系等。由于涉及商主体（商人、市场主体、市场交易主体）是否能够作出决定，如何作出决定，作出的决定是否有效，甚至涉及商主体本身是否能存在等，商主体内部关系调整至关重要，商法主体制度用以调整这方面关系。商法规范的交易行为（商行为、市场行为、市场交易行为）关系是商主体因与他人进行交易产生的相互关系，如公司股东与非股东间产生的股权转让关系，保险人与被保险人间因签订保险合同产生的关系，票据背书人与被背书人间因背书产生的关系等。市场交易中这些关系种类繁多且各具特色，为保证这些关系的协调与稳定，商法以市场交易组织和行为的各种制度规范这些关系。

3. 与时俱进是商法研究方法。商法产生之初，就具有自主发展和与时俱进的宝贵品格。

---

① 有学者认为，商法，亦称商事法，是调整商事关系的法律规范的总称。也有学者认为，商法是调整市场经济关系中商人及其商事活动的法律规范的总称。还有学者认为，商法是适用于商品经济发展的不同阶段，由立法机关制定或认可的有关调整商人从事商事交易活动所发生的社会关系的法律规范的总称。

② 参见徐学鹿：《论商法的概念》，载徐学鹿主编：《商法研究》，第2辑，22页，北京，人民法院出版社，2001。

商主体、商行为都是在商人市场交易实践中不断产生和发展的。商主体和学者必须与时俱进地研究市场交易中的新问题，否则，研究的理论将会被实践证伪。近代商法研究商法的方法遵循从一般到个别，导致近代商法成为封闭体系，陈旧乏味，脱离丰富多彩的交易实践，成为“法学家的法”。现代商法恢复中世纪前商法自主发展和与时俱进的宝贵品格，开放的体系使其具有永不衰竭的生机和活力。面对商法这种品格，在研究方法上我们必须深入市场交易实践，与时俱进地研究。改革开放的实践推动我国商法正沿着商法—现代商法—和谐商法与时俱进地发展。①

4. 发展社会生产力是商法的基本目的。商法产生初期，就以习惯、习惯法的形式推动着社会生产力的发展。在海商、保险、票据、买卖、合伙、公司诸领域中所提供的制度和规则，便极为有效地推动了社会的发展进步。马克思指出：过去办不到的事，“……通过股份公司转瞬之间就把这件事完成了”②。在现代市场交易下，商法负有创新各交易领域制度，促进和推动交易发展，从而推动生产力发展的使命。商法发展社会生产力的立法目的虽没有以成文的方式表达，但这些自主发展的商法规则，在规范经济人商人成为理性商人时，客观上有效地推动了社会生产力的发展。从《国际货物销售合同公约》、《美国统一商法典》、《世界贸易组织协议》中可发现商法促进生产力发展的目的。如《世界贸易组织协议》提出：“扩大货物与服务的生产和贸易。为持续发展之目的扩大对世界资源的充分利用，保护和维护环境。”

二、商法的调整对象

（一）现代商法调整的对象是市场交易关系

某种法律的调整对象是指此种法律所调整的社会关系。对该种社会关系的界定，有利于明确该种法律规范的对象，有利于根据此种社会关系的特点设计具体制度，亦有利于对该种法律进行系统的、有层次的研究。

商法的调整对象究竟是何种社会关系是个值得研究的问题。传统上，我国学者将商法的调整对象界定为商事关系。何为商事关系？不同学者有不同看法。有的学者认为，商事关系是指商事财产关系和与商事财产关系联系密切的商事人身关系。有的学者认为，商事关系是因从事营业行为而引起的社会经济关系以及与此相联系的社会关系的总和。有的学者认为，商事关系是商人之间因商行为而形成的法律关系，或者说，商事关系是商人从事商事交易活动所产生的社会关系。

将商法的调整对象界定为商事关系是民法“形式理性”在商法领域的表现。民法将其调整对象界定为“民事关系”，根据同一逻辑，商法的调整对象自然应当为“商事关系”。既然“民事关系”调整的是“平等主体的公民之间、法人之间、公民与法人之间的财产关系”，商法的调整对象就应当是“商事财产关系和与商事财产关系联系密切的商事人身关系”。在民法“形式理性”的思维下，关于商事关系出现了不同学说，据不完全统计有 7 种。③ 这种从概念到概念的推演方法，不仅使商法调整的对象变得模糊不清，也使得商法从实践性、开放性、

① 参见徐学鹿：《对中国特色社会主义法的一点思考——析商法的转型》，在庆祝北京工商大学 60 年校庆，2010 年 6 月 5 日在该校法学院举办的“私法的发展与和谐社会建设”学术研讨会上的发言。

② 《马克思恩格斯全集》，第 23 卷，688 页，北京，人民出版社，1972。

③ 参见顾功耘：《关于商法基础理论的几个问题》，载徐学鹿主编：《商法研究》，第 3 辑，10 页，北京，人民法院出版社，2001。

国际性的体系，变成了“陈旧乏味”，“丧失了来自实践中的灵感和与商业现实的联系”的“体系”①。

我们认为，商法的调整对象是市场交易关系。自问世始，商法的调整对象就是明确的，即市场交易关系。市场交易起源于具有偶然性质的商品交换。后来发展为经常性的商品交换。无论是偶然性的商品交换还是经常性的商品交换，都需要建立一定的交换规则，这些交换规则，开始表现为交易习惯，后来成为习惯法。非常明显，这些规则规范的内容正是市场交易过程中产生的各种关系。在现代市场交易条件下，虽然市场变为世界性的大市场，通过互联网交易双方的距离几乎等于零，生产要素新组合使得市场交易组织和市场交易行为不断创新，但是，商法与时俱进地调整着这些新的关系，商法的调整对象仍然是市场交易关系。

(二) 将商法调整对象界定为市场交易关系的意义

1. 明确、没有歧义。衡量法律调整对象是否明确，会不会产生歧义，其要点是：一是这种社会关系是不是能够体现为意志关系的具体社会关系；二是这种社会关系是最重要的，体现并反映国家、组织和个人重要利益的社会关系，而不是全部社会关系；三是这种社会关系必须是现实中具体存在的，具有明确的主体、客体和具体权利与义务的社会关系。“市场交易关系”这一调整对象，既是能够体现为意志关系的具体社会关系，又是一种重要的，体现并反映国家、组织和个人重要利益的社会关系，特别是在市场经济条件下，这种关系显得尤为重要，而且这种关系的主体、客体、权利与义务具体而明确。因此，商法的调整对象界定为市场交易关系，既不会发生歧义，也不会同其他法律部门的调整对象产生交叉、重叠；和“商事关系”相比，具有明确性。

2. 通俗易懂。市场是众多微观主体——商人进行交易的场所，经过抽象界定的市场是交易关系的总称。作为规则的商法与市场的关系是“毛”和“皮”的关系。商法调整的市场交易是一个通俗易懂的概念，我们在日常生活中经常运用。不仅通常的买卖被称为交易，而且现代市场中的保险交易、票据交易、期货交易、证券交易、信用证交易、外汇交易、网上交易等一系列交易，对一般百姓来说，不陌生、不费解。如果将商法调整的对象界定为“商事关系”，但由于“商事”一词本身并不是一个含义明确的词汇，“商事关系”自然不为广大群众所亲和、所理解。

3. 具有实践性。商法的规则来自于市场交易实践，实践是产生商法规则的基础，商法具有强烈的实践色彩。“市场交易关系”一词，本身具有实践的含义：“市场”体现了这种关系所产生的处所是在市场环境之下，“交易”一词则体现了市场主体所从事的实践行为。因此，“市场交易关系”一词诠释了商法的实践性。例如，商法调整对象中有相当一部分是合同关系，市场交易中产生的各种各样的关系，是看得见、摸得着的实实在在的具体关系，具有鲜明的实践性。

4. 具有永久开放性。市场交易的开放性表现是多方面的，集中反映了人类社会的发展、进步和文明。从最初的物物交换，发展为以货币为媒介的财货交易。时至今日，就交易形式而言，有商品交易、技术交易和服务交易，有现货交易和期货交易，有产品交易和产权交易，有议价交易和竞价交易，有进口交易和出口交易等。就交易的市场而言，从集贸市场到区域市场，从全国性市场到国际市场，从现货市场到期货市场，从有形市场到无形市场。这种开放性的态势，使商法调整的市场交易关系具有永不衰竭的活力。“市场交易关系”的内涵，能够随实践中市场交易的发展而发展。市场交易关系这一调整对象的科学性表现为商法具有像

① ［英］施米托夫：《国际贸易法文选》，29页，北京，中国大百科全书出版社，1993。

人体新陈代谢般吐故纳新的机能。

（三）商法调整对象的内容：交易组织关系和交易行为关系

1. 交易组织关系，是指市场交易主体在产生、运行和消亡过程中形成的组织关系。例如，公司股东因创建公司而形成的相互之间的关系，公司运作过程中股东会、董事会、监事会之间的关系，公司破产时清算组的组织关系，合伙企业内部各个成员之间的关系，中外合资、合作企业内部的机构设置关系等。这种关系的内容非常广泛，从市场交易主体的分类方面看，包含但不限于下列关系：

第一，制造商（机械、数字、房地产）交易组织关系；第二，销售商（期货商）交易组织关系；第三，运输商（海、陆、空商）交易组织关系；第四，金融商（商业银行、票据、融资租赁）交易组织关系；第五，保险商交易组织关系；第六，证券商交易组织关系；第七，广告商交易组织关系；第八，代理商交易组织关系等。

在商法作为民法特别法的时代，总的趋势是强化商人的特殊身份，以便划清民法和商法的不同界限，造成商法适用的不便。其强化的标志是所有大陆法系的商法典都以突出的地位甚为繁杂地对商人加以规定。

现代商法总的趋势是弱化对商人的规定：不再以专门的篇、章来规定商人，而是在买卖中必然涉及商人时，作一种定义性的规定。它强调的不是商人的特殊身份，而是适应现代市场交易的商人的特殊素质，要求必须是熟悉市场交易规则、具有专门知识或技能的人。

我国的市场经济不同于现代市场经济国家是由自由竞争逐步发展形成垄断性的经济关系，而是在不断打破垄断的前提下开展自由竞争。为了培育现代市场主体，我国商法还有必要适度调整交易组织关系，目的是尽快形成自由竞争的局面，维护良好的公平竞争秩序。但是，我国商法调整的现代交易组织关系，一不是为了强化商人的身份关系，而是通过特殊素质的要求，例如微电子技术、信息技术、生物技术、新材料技术等实用技术，尽快培育出我国现代市场经济的现代市场主体；二不是着眼于小商人或者店铺之类的商人，而是要建立现代企业制度，在振兴扶持中小企业的同时，培育发展现代企业制度的典型形式——公司，如我国的类似于 ABB 公司（阿西布朗勃法瑞公司）的跨国公司；三不是为了旧时代商人的营利，而是要建立现代资本经营的组织制度；四不是单纯的商业登记，而是为了有效地打破垄断，扼制腐败，通过“市场准入”尽快形成新的适应社会主义市场经济的良好的市场秩序；五不是民商不分的所有买卖关系，而是着重调整现代市场交易组织关系。①

2. 交易行为关系，是指交易主体因进行市场交易而在相互之间产生的法律关系。但凡存在市场交易，必然在交易主体之间产生法律关系。最简单的交易比如公司与公司之间的买卖货物关系，又如，公司法和证券法规定的股权转让关系、保险交易中的保险合同关系、海商法中的托运人与承运人之间的合同关系等。这些关系存在于市场交易的各个领域，可大致作如下划分，但不限于以下划分：第一，销售（期货）交易行为；第二，运输交易行为；第三，保险交易行为；第四，金融（信贷、票据、融资租赁）交易行为；第五，证券交易行为；第六，信托交易行为；第七，担保交易行为；第八，广告交易行为；第九，代理交易行为。

交易的初始形式都是现货交易或现款交易。原始的物物交换是现货交易，后来以货币为媒介的交换，最初也只是现货交易。民法作为简单商品生产完善的法，对这种交易关系作了充分的反映。随着市场从集贸市场到区域市场、全国性市场、国际市场，从现货市场到期货市场，从有形市场到无形市场的发展，现代市场交易远非民法所规范的现货交易或钱货两讫

---

① 参见徐学鹿主编：《商法学》，11～12 页，北京，中国财政经济出版社，1998。

的现款交易，而是复杂的交易组合体，既有现货交易又有远期交易，既有现款交易又有信用交易，既有经销又有代销，还有租赁、担保、拍卖、信托等。总之，商法调整的现代市场交易关系，就是彻底与家庭脱钩的现代市场交易关系。

第二节　商法的分类

商法是一个多维概念，从不同的角度看，商法有不同的分类。我们将商法予以分类，正是从不同的角度考察商法，用不同的标准解析商法，以便形成对商法的全面理解。下面我们将从商法的时代、商法的范围、商法的法系、商法的表现形式、商法的性质五个方面对商法加以解析。

一、从商法的时代划分，商法可分为古代商法、中世纪商法、近代商法和现代商法

古代商法是存在于中世纪之前的市场交易规范，这种市场交易规范尚未形成独立的法律部门，处于与其他法律混杂规定的阶段。在古代西方，罗马法中万民法的有关规定正是古代商法的表现，罗马帝国的许多商业交易，正是通过万民法加以调整的。在中国古代，调整商业交易的规定散见于刑法、行政法等法律中，没有形成一个完整的体系。

中世纪商法是存在于西方中世纪的市场交易规范，这种市场交易规范属于习惯法，即所谓的商人法（Law Merchant）。商人在市场交易中为提高效率，规避风险，逐渐形成自己的行为规范，产生各种商法规则。这些商法规则为当时当地的商人所认可，虽然没有上升为国家意志，但已经为商人整体接受，成为商人的自律性规范。这种规范保存了商法最纯朴的天性，后世商法的许多品格都形成于这个时期。

近代商法是国家制定的商法典或单行市场交易法律。中世纪之后，直到两次世界大战之前，西方国家开始将一些交易习惯上升为国家意志，制定了单行的市场交易法律，其中最典型的是法国 1673 年的《商事条例》和 1861 年的《海事条例》，以及 1807 年的《法国商法典》、1897 年的《德国商法典》和 1890 年的《日本商法典》。近代商法将作为商人习惯法的市场交易规范纳入国家立法，在一个国家范围内统一了市场交易规范。但作为国家立法的商法也丧失了中世纪商法的许多宝贵品格。

现代商法是市场交易的基本法，其起源于 20 世纪 50 年代，典型代表是《美国统一商法典》。现代商法是英美法系国家继承中世纪商法的一些传统，通过不断发展的交易实践，逐渐形成的市场交易规范。商法被定位为基本法，它确立了体现现代市场交易关系的新的普通法与特别法的关系。随着 20 世纪末 21 世纪初构建和谐世界、和谐社会的提出，商法进入了和谐商法的时代，和谐商法是现代商法的科学发展。

二、从商法包括的范围划分，可以分为广义的商法和狭义的商法

按照近代商法的思维，广义商法包括国际商法和国内商法。国际商法如国际商事条约、公约、协定、国际上共同遵守的商事惯例等。国内商法包括商公法和商私法。商公法，如宪法、行政法、刑法、诉讼法等中有关商事的规定。商私法包括：（1）商法法典；（2）商法特别法，如商业登记、商会、知识产权等单行法，以及经济法、民法中有关商事的规定，如消费者权益保护法、产品责任法、反不正当竞争法等；（3）商事惯例。也有人认为广义

商法是指在民商分立的国家，在商法典之外，还包括民法中有关合伙、债、合同、买卖等的规定。

狭义商法是指商业登记法、公司法、保险法、海商法、票据法等法律。对近代商法这种范围划分的缺陷，正如施米托夫所指出的："把商法统一到各国国内法制度中的一个显著的特点是：没有任何一个国家把商法完全纳入国内法。"他接着指出："第二次世界大战后，传统商法的概念的不足之处已明显地暴露出来。这一法学分支变得陈旧乏味，已发展为'法学家的法'，丧失了来自实践中的灵感和与商业现实的联系。"①

三、从法系上分，可分为英美法系商法和大陆法系商法

英美法系商法，是英美法系调整市场交易方面的法律规范。传统英美法系的商法较少成文法，多是英美商人在交易中的习惯总结或者法官在判决市场交易纠纷时形成的规则。该法系的商法来源于市场交易的实践，表现形式多为习惯法或判例法。但是，近世以来，英美国家也相继颁布了一些单行的制定法。例如，英国先后颁布了商品买卖法、票据法、公司法、合伙法、破产法等。美国除各州的单行制定法外，联邦制定的有州际通商法、破产法等，以及编撰公布被所有的州采用的《美国统一商法典》。由于受简单商品生产完善法的法律理念的影响比较少，英美法系很早以前就形成了现代商法的框架。

大陆法系商法，是大陆法系国家调整市场交易方面的法律规范，又分为法国商法法系、德国商法法系及折中商法法系。法国商法法系又称"客观标准的商法法系"或"客体标准的商法法系"，是以商行为作为立法的基础构建商法体系的商法法系，即试图以商行为这一概念来确定商主体的范围、商法的适用范围以及商法规则的体系。采用这种立法模式的有卢森堡、西班牙、葡萄牙、希腊、埃及、土耳其等。此外，中美洲、南美洲的国家如阿根廷、乌拉圭、墨西哥、秘鲁等国家均受葡萄牙商法的影响，实质上也属于法国商法法系。德国商法法系又称"主观标准的商法法系"或"主体标准的商法法系"，是以商人作为立法基础，即试图以商人这一概念来确定商主体的范围、商法的适用范围以及商法规则的体系。采用这种模式的有奥地利、瑞典、丹麦、挪威等。折中商法法系又称"混合标准的商法法系"，在这种法系下，商人和商行为这两个概念共同作为构建商法体系的基础，由此确定商主体的范围、商法的适用范围以及商法规则。采用这种模式的有日本等国家。大陆法系商法内部体系林立，是简单商品生产完善法的法律理念的影响既深且广的结果。大陆法系不少现代市场经济国家或地区，为了消除这种法律理念的影响采取了许多措施，其措施之一就是强化商法在市场经济中的地位，具体办法是频繁地修改商法，不断颁布补充商法典的单行商法法律和法规，在具体法律制度上向英美商法靠拢。这方面步伐较快的是日本和欧盟。

四、从表现形式上分，可分为形式商法和实质商法

按照近代商法的思维，人们将商法分为形式商法和实质商法。形式商法是指冠以"商法典"名称的法律规范。大陆法系有些国家在民法典之外单独制定商法典，用以调整部分市场交易关系。由于这种法典的名称就是"商法典"，因此被称为"形式商法"。法国、德国、日本、韩国、比利时、西班牙、葡萄牙等国家先后制定了独立于民法典的商法典。据统计，迄

① ［英］施米托夫：《国际贸易法文选》，10～11页，北京，中国大百科全书出版社，1993。

今为止，世界上有四十多个国家制定了商法典。形式商法由于受快速发展的经济的冲击，不断修改，商法典已经不能完全调整市场交易中出现的所有法律关系。

实质商法，是指一切有关市场交易的法律规范的总称，不仅包括各国颁布的商法典，也包括商法典之外的调整市场交易的各种法律、法规、规章。例如，《德国商法典》之外的《德国有限责任公司法》和《德国股份法》属于实质商法。实质商法又可以分为广义的商法和狭义的商法。广义的商法包括国际商法和国内商法：国际商法是国际上关于市场交易立法的规定，主要表现为公约、条约、统一法、统一规则等形式，比如《国际电讯协约》、《船舶碰撞与海难救助统一公约》、《国际商事合同通则》等。国内商法是国内立法关于市场交易规范的总和，既包括宪法、行政法、刑法、刑事诉讼法、民事诉讼法等公法中关于市场交易方面的规定，也包括私法中关于市场交易的规定，比如国家制定的公司法、票据法、海商法等。狭义的商法仅指私法中关于市场交易的规定，不包括公法中的市场交易规范。值得注意的是，从现代各国商法的内容来看，商法的国际规范与国内规范相互交错，公法规范与私法规范相互交融，因此严格区分国际商法与国内商法，严格区分商事公法与商事私法已极为困难。[①] 公法、私法的分类缺乏一个统一、明确、科学的分类标准。“公法”是国家意志，“私法”也是国家意志，将国家意志作“公”、“私”分类，无异于将毛刷归于哺乳动物，只能是在理论上频添混乱，引起无谓的争论。

五、从是否依赖国家强制力上分，可分为硬商法和软商法

在现代国家、社会二元思维下，既要建设法治国家，也要建设法治社会，这是构建和谐社会的两个不同的方面，二者统一为和谐法治。前者是硬法的领域，后者是软法的领域。在市场交易关系中，软商法与硬商法的划分，才是符合实际的、科学的分类。

所谓“硬法”（hard law），是指那些需要依赖国家强制力保障实施的法律规范。[②] 按照传统思维，硬法是典型意义上的法，其表现为强制性规则，由正式的立法机关制定或认可，由刑罚和赔偿等法律责任保障实施，由法院裁决法实施过程中产生的纠纷。硬商法就是商法规则中那些需要依赖国家强制力保障实施的商法规范，其表现为法律、法规、规章、公约、协定等形式。对于国内的硬商法来说，一般由国家立法机关制定，具有强制性的效力。对于国际性的硬商法来说，可能由数个国家共同制定，也可能由某些国际组织或民间学术团体制定，但这些国际组织或民间学术团体制定的规则，须经国家认可才能成为硬商法。我国的公司法、票据法、保险法等都属于硬商法的范畴，我国参与的某些有关市场交易的国际公约或协定也属于硬商法的范畴。

所谓“软法”（soft law），属于法治社会的范畴。按照传统思维，是指“原则上没有法律约束力，但有实际效力的行为规则”[③]。因此，软法不具有硬法的基本特征，它不一定由国家立法机关制定，不由国家强制力保障实施，不一定由法院裁决其实施过程中产生的纠纷。[④] 软商法（商人法）是由商人认同并制定的、具有不同于硬商法法律约束力的自然约束力，即吸

---

① 参见赵万一主编：《商法学》，19页，北京，法律出版社，2001。

② 参见罗豪才、宋功德：《认真对待软法》，载《中国法学》，2006（2）。

③ Francis Snyder，“Soft Law and Institutional Practice in the European Community”，in Steve Martin edits，*The Construction of Europe*：*Essays in Honour of Emile Noel*，Kluwer Academic Publishers. 转引自姜明安：《软法的兴起与软法之治》，载《中国法学》，2006（2）。

④ 参见姜明安：《软法的兴起与软法之治》，载《中国法学》，2006（2）。

引力和凝聚力，是自治性的法律体系。[①] 其主要特征表现为：第一，软商法的制定者不是国家立法机关。对国内来说，某些行业协会、民间组织、学术团体可以制定；对国际来说，主要是非政府间国际组织（比如国际商会、国际海事委员会）和国际民间学术团体（比如国际法协会）制定软商法。第二，软商法是非典型意义上的法，其不具有国家强制力，不由国家强制力保障实施，而是由人们的承诺、诚信、舆论或纪律保障实施。软商法虽然不具有国家强制力，但一旦软商法形成，成员必须遵守，否则，可能遭到舆论的谴责、共同体纪律的制裁，甚至被共同体除名。第三，软商法的纠纷一般不需要经过国家审判机关处理，而是由相应的组织（行业协会、商会、仲裁机构等）通过调解、仲裁以及当事人的自行协商解决。第四，软商法不要求国家或有关人员必须适用，而是通过制定示范法和示范规则的形式，由相关国家和主体选择适用。对国内来说，软商法主要表现为各个行业协会制定的行规（比如保险业行业协会、摄影行业协会制定的规则）、学术团体制定的市场交易规则。中世纪商法是较为典型的软商法，其不由国家制定，也不依赖国家强制力实施，其审判调解由商人组织进行，对当时市场秩序的形成起到了重要的作用。对国际上来说，软商法主要表现为非政府间国际组织和国际民间学术团体制定的统一法和统一规则，如国际商会制定的《国际贸易术语解释通则》、国际海事委员会制定的《电子提单规则》等。由于软商法具有内在的吸引力和凝聚力，是一个国家软实力的集中表现，软、硬实力结合即为巧实力。软、硬商法有机结合所形成的新型的、现代法律约束力，优于传统的法律约束力，它是建立现代治理体系的精髓，是提升现代治理能力的基本功。

需要注意的是，软商法在一定条件下，可以转化为硬商法。当软商法被有关国家或立法机关纳入规范性文件时，软商法就变为硬商法，从而推进硬商法与时俱进。例如，国际商会制定的《国际贸易术语解释通则》已被西班牙引为国内法，《美国统一商法典》为美国学术团体——美国法学会制定，被各州采行，则由软商法变为硬商法，从而强化科学性，弱化其“大棒”属性。[②]

第三节　商法的渊源及适用

一、商法的渊源

法律渊源，也称法的渊源或法源，是指那些具有法的效力作用和意义的法的外在表现形式[③]，简单地说，就是指某种法外在表现为何种形式。商法的渊源，就是指商法表现为哪些形式。

按照传统的表述，商法的表现形式一般分为三种：国家立法、国际条约以及商事惯例。按创新的表述，商法的表现形式分为两种：硬商法和软商法。

（一）硬商法，包括国家立法和国际条约

1. 国家立法，是商法的重要表现形式，是指国家制定的规范性文件，如法律、法规等。当国家主权的概念被普遍采纳，各国将商人习惯法纳入各国的国内法时，有四种情况：第一

① 谢晖教授主编的《民间法》由山东人民出版社出版，《民间法》研究的内容即为软法，其中基本上是关于软商法的研究。

② 参见徐学庇、梁鹏：《商法总论》（修订版），90～140页，北京，中国人民大学出版社，2009。

③ 参见张文显主编：《法理学》，77页，北京，法律出版社，1997。

种是以买卖法为轴心的配套法律制度，统一调整现代市场交易关系；第二种是以家庭为轴心，市场交易附属家庭人身、财产关系，商法典或商事单行法是民法的特别法；第三种是内外不分，统一适用，如《美国统一商法典》统一适用于国际、国内市场交易，其理论基础是现代商法是处于发展中的跨国商法；第四种是内外有别，分别立法，对外的称为国际商法，对内还有各种商法规范。第一、二种与第三、四种是对应关系。在我国，由全国人大制定的法律，比如《公司法》、《票据法》、《海商法》、《破产法》、《证券法》、《保险法》等，都属于国家立法形式的商法，国务院和其他立法机关制定的调整市场交易关系的法规、规章也属于这种形式。

2. 国际条约，是国家间关于相互权利、义务的书面协议。针对各国商法特别是市场交易行为法上的差异给国家间市场交易造成的困难和障碍，国家之间缔结了一些市场交易共同遵守的条约或协定。这些条约一般只对参加国有约束力。没有参加条约的国家，实际上往往也参照条约的规定处理相关问题。例如，为了克服国家之间票据立法的差异给国际交易中的支付带来的困难，相关国家在瑞士日内瓦召开会议，制定了《日内瓦统一汇票本票法公约》以及《日内瓦统一支票法公约》，参加该公约的国家在票据支付问题上统一适用该公约。公约也往往成为各国制定国内商法的样本。例如，我国在制定《票据法》的过程中，许多制度与公约的规定保持着一致。

国际条约除了用条约的名称外，也可以用公约、协定或议定书的名称。

（二）软商法

软商法俗称商事惯例，是指商人（市场交易主体）在市场交易的长期实践中形成的习惯做法。商法最初的来源就是商人在交易中的习惯做法，这些习惯做法后来在商人之间形成商人法，对商人具有约束力，在商人之间发生纠纷时，适用这种商人习惯法。现代商人法即软商法，将之规范化为统一法、统一规则。

1. 统一法（示范法）。统一法供各国采纳时，具有较大的灵活性，它鼓励采纳，但不强迫采纳。统一法着眼于国际社会主体的差异性，更多追求的是法律的示范力、科学性而非强制力。通过各国的自愿采纳，更为有效地实现商法的统一，故称作统一法。这种示范法有全球范围的，如《国际商事仲裁示范法》、《国际商事合同通则》、《电子商务示范法》等，它凭借自身的说服力被越来越多的国家自愿采纳。例如，我国的《仲裁法》、《合同法》等，就是这些示范法的国内化。示范法也有国内的，诸如示范章程、合同示范文本、指南等。特别是在市场经济条件下，我国行业协会兴起，它们的主要任务之一就是制定示范法。如果我国的商会能制定出一批有质量的商法示范法，它既可为国家立法提供素材，弥补国家立法的空隙，也可导引市场主体的市场行为规范化，形成良好的市场交易秩序。

2. 统一规则（示范性的标准条件）。这种规则只有被当事人纳入合同条款时，才对当事人具有拘束力。统一规则既有全球性的，又有国内性的，国际性的如《跟单信用证统一惯例》、《国际贸易术语解释通则》、《1990 年国际委员会海运单统一规则》、《1973 年多式联运单证统一规则》等。有的统一规则以文字明确规定："本规则通过民间合同而得以适用。"国内统一规则，有待规范化、程序化，但有的行业协会已开始了这方面的工作，如上海市装修行业协会先后制定了"设计出图标准"、"人工费指导价"、"广告自律约定"等。属于这方面的还有诸如公司、企业章程与合同条款等。

二、商法的适用

商法的适用是将商法规范应用到具体交易中的人和事，使商法规范得以实现的法律活动。

商法适用的顺序为：软商法、商法特别法及本国参加签字承认的商法条约、商法典、商业惯例。

首先，适用软商法。软商法如前所述具有丰富的内涵，如公司和其他企业制订的章程、合同条款。章程之所以首先适用，是因为其是签订章程各方当事人的真实意思表示，并且这种意思表示不违反法律、法规的相关规定；章程内容多是法律、法规未规定，或者法律、法规授权章程规定的内容。它是商法的一般规定，与千差万别的具体企业的实际情况结合，又得到国家法律认可的行为规范，因此在适用上具有优先性。合同也是当事人各方的真实意思表示，它将具体的市场行为（商行为）与法律规定结合，又不违反国家相关强制性法律、法规的规定。因此，在处理相关问题时，合同条款的内容成为对当事人具有约束力的规则，优先适用于相关事项。

其次，适用商法特别法及本国参加签字承认的商法条约。商法特别法是在商法典之外颁布的各种市场交易法律、法规。商法典仅对有关问题作了一般性规定，而未对相关主体或行为千差万别的具体问题加以规定。为弥补商法典笼统而带来的操作性的不足，在商法典之外制定特别法律。这种特别法律是对商法典一般规定的补充，一般是针对当时、当地的特殊情况所作的具体规定，因此，在对具体问题适用时首先适用商法特别法。例如，《德国有限责任公司法》规定了有限责任公司的具体制度，因此，在适用上优先于仅有原则性规定的《德国商法典》。各种参加签字承认的商法条约，也是商法特别法。既然国家签字承认这些条约，在这些条约与国家的商法典或法律存在差异时，应当优先适用这些条约。

再次，商法典。商法典是指国家按照立法程序，对现代市场主体（商人）和现代市场行为（商行为）所作的最基本的规定。商法典只对市场交易的基本内容和原则进行规定，而无法对所有市场主体和市场行为加以详细规定，因此，它的适用顺序应在商法特别法之后。当适用商法特别法无法解决某些问题时，可以适用商法典的规定，比如商法的基本原则等。

最后，商业惯例。统一法、统一规则，永远不可能穷尽每天都在产生的新的交易习惯。商人习惯法是指在法律上得到确认的某些商业习惯。在某些交易情形下，如果适用软商法、商法特别法以及商法典都无法解决交易中的实际问题，假如这个问题在商人之间存在习惯的处理方法，法律并不反对利用习惯做法处理实际问题，此时该商业习惯就在法律上得到了承认。商业惯例与统一法、统一规则的关系为：前者是造法过程，后者是造法行为。两者呈现出一种水乳交融的状态。

第四节　商法与相关部门法的关系

商法作为一个部门法，与其他部门法之间有着密切的联系。商法与民法、经济法以及国际商法等的关系需要特别加以界清。

一、商法与民法的关系

民法和商法是完全不同的两个部门法，从本质上说，民法是调整家庭关系的部门法，而商法是调整市场交易关系的部门法。对于民法，我们可以通过考察典型的民法典——《法国民法典》理解民法的本质：《法国民法典》第一编“人”，是对家庭人身关系所作的系统、全面的规定；第二编“财产”，是对家庭财产关系所作的系统、全面的规定；第三编“债、合同

(契约)、继承等”，是对家庭取得和管理财产的方法所作的系统、全面的规定。家庭是民法存在的基础，家庭是民法规范的对象，家庭把民法上人、物、债三大制度有机地连成了一个整体；同时，成为民法的家庭（个人）本位、私有财产神圣不可侵犯、契约自由三大理论的载体和空间。[①] 后来问世的《德国民法典》与《法国民法典》在本质上没有差别，只不过在法典的编排体例上模糊了《法国民法典》的清晰脉络，通过层层推进的概念演绎，使得民法的体系更加深奥。这种“概念法学”创造的民法理论，使得人们更加难以认识民法的本质。但是，民法调整家庭关系的本质并没有变化。至于商法，其从产生之初就调整市场交易关系。古代商法，比如古罗马的万民法，支配着古罗马帝国的绝大多数类型的商业交易。[②] 中世纪商法则是以商人交易习惯作为行为规范的自治法，调整的正是商人之间的交易关系。近代大陆法系的商法是一个国家范围内的市场交易规范。现代商法则是现代市场交易环境下的市场主体和市场行为规范的总称。可见，从古到今，商法自始至终以市场交易关系为调整对象，而不涉及民法所调整的家庭关系。

商法与民法相比，不仅在立法指导思想、价值取向、立法宗旨、立法原则等理念方面具有根本区别，而且在具体法律制度方面，即使在近代商法思维的框架下，也是不同的。[③] 例如，在权利体系方面，商法已经形成了不同于民法物权、债权二分的权利体系，股权和票据权利的出现打破了传统民法固有的体系；在有价证券制度方面，票据的转让不同于普通债权的转让，票据行为的代理不同于民事代理，票据的保证不同于民法的保证，票据的抗辩也不同于民法的抗辩；在代理制度方面，商法适应市场交易的要求，除了直接代理外，主要是灵活多样的间接代理，并且在商人内部以商业使用人，建立了深层次的商务代理制度；在运输制度上，民法采用过失责任原则，而商法对于发生运送品丢失、损坏或迟到等，采取无过失责任原则；民法的赔偿原则是全额赔偿，而商法在许多情况下出现了限额赔偿的原则，这在海商法中表现得尤为明显。此外，民法和商法在合同制度、破产制度等方面都有许多不同的规定。

民法与商法，从不同的时代看，形成了不同的关系。在简单商品生产时代，交易从属于家庭，民法与商法的关系是一个你中有我、我中有你的关系。中世纪商法的出现，表明市场交易关系完全不同于家庭关系，二者分道扬镳已露端倪；近代商法从大陆法系来说，不管是有商法典的，还是仅有商事单行法的，商法都是民事特别法，没有完全划清处于混沌状态的两种关系，发展的现实强烈地要求取消旧的规范，表现为实践中商法不断被强化；进入现代，商法与民法截然分开，商法调整市场交易关系，民法调整家庭关系。除了对家庭关系的调整外，其他主要制度表现为失灵[④]，民法典表现为解体。以德国为例，买卖不再适用民法典的买卖法，而是适用《联合国统一买卖法》、《国际商事合同通则》，标志着民法的失灵；《德国民法典》第四编，被分解为《亲子关系改革法》、《继承权地位平等法》、《子女抚养法》、《结婚权法》、《夫妻地位平等法》等。[⑤] 物权法不再坚持个人本位、私有财产神圣不可侵犯原则，采取国家、集体、私人的物权一体保护的原则，区别于市场主体平等保护的原则，它体现了《物权法》中的中国特色社会主义的“特色”，是构建和谐社会的一种新法律模式，标志着民

① 参见徐学鹿主编：《商法学》，18页，北京，中国财政经济出版社，1998。

② 参见［美］哈罗德·J·伯尔曼：《法律与革命》，贺卫方等译，413页，北京，中国大百科全书出版社，1993。

③ 参见徐学鹿主编：《商法学》，18页，北京，中国财政经济出版社，1998。

④ 参见［美］哈罗德·J·伯尔曼：《法律与革命》，贺卫方等译，40～41页，北京，中国大百科全书出版社，1993。

⑤ 参见［德］罗伯特·霍恩：《百年民法典》，载《民商法纵论》，42页，北京，中国法制出版社，2000。

法典的解体。家庭法是调整各种家庭关系的，其名称和内容一定要像德国法那样让老百姓一看就懂。至于家庭人作为消费者，在科技飞速发展的现代，他们被认为是“弱者”，要给予特殊保护。对于商人，商法则对其提出了更高、更严的要求，以便保护消费者。新的商法与民法之间的关系，是人类文明新高度的具体表现。

二、商法与经济法的关系

商法与经济法产生的经济前提不同：商法产生的经济前提是自由竞争。在自由竞争时期，各个市场主体相互之间公平竞争，在公平竞争中出现的各种交易关系，通过商法加以调整。如果经济上各主体之间不是平等的自由竞争关系，商法规范必将失去用武之地。经济法产生的经济前提是市场出现了垄断。经济出现垄断现象，仅凭商主体自身的力量无法加以平衡，需要国家对经济加以干预，需要国家对垄断行为加以制止或制裁，因此才出现了国家干预经济的经济法。

商法是“无形之手”的法律规范，是现代市场经济领域内的常态性法律。商法调整的是商人（市场主体）之间的资本经营关系，其性质是自由竞争性的经济关系，价值规律、竞争规律、供求规律等“无形之手”发挥着作用，促进市场主体减少交易成本，实现资本营运和资本结构优化增值。正因为商法系统、完整地规定了商人作为资本经营主体从事资本经营行为的全部法律制度，准确地体现了市场经济客观规律的要求，因此，商法是现代市场经济领域内的常态性法律。

经济法是“有形之手”的法律规范，是现代市场经济的非常态法律，如计划法、反垄断法、反不正当竞争法等国家宏观调控市场经济的法律。市场主体在组织或行为中出现了垄断、不正当竞争，以及受价值规律、竞争规律、供求规律的影响，产生了诸多盲目性行为时，国家要运用“有形之手”，通过长远规划、五年计划、年度计划，通过各种法律和法规，运用价格、利率、汇率等来调控市场。计划法等是事先的，反垄断法、反不正当竞争法等是事后的调控。市场主体根据法律规定，根据市场信号的变化来改变自己的决策和校正自己的市场行为，使市场重新保持自由、平等、公平的竞争状态。经济法调整的是国家宏观调控的“经济关系”。这种垄断的、不正当竞争的“经济关系”，相对于商法调整的自由竞争的市场交易关系，显然是非常态性的。经济法规范的对象是宏观调控主体和宏观调控行为，经济法的特征主要表现为干预性、宏观性、整体性、政策性和“公法”性。

商法、经济法的宗旨、原则、特征也是各不相同的。例如，经济法规范是他律性规范，商法规范则是自律性规范；经济法规范一般是强制性规范，商法规范一般是任意性规范；经济法的调整对象是宏观调控主体、政策和宏观调控行为，性质是政府行为，而商法的调整对象是市场主体和市场行为；经济法的价值取向是公正，商法的价值取向是效率；经济法的原则是干预，商法的原则是灵活；经济法的宗旨在于通过提供具有干预性、宏观性、整体性、政策性、公法性的规则，运用“有形之手”，解决市场失灵，而商法的宗旨在于通过提供简洁、明确、现代化的市场交易规则，发挥“无形之手”的作用，促进和维护市场竞争。

通过上述分析，我们可以看到经济法与商法是相互补充的关系。经济法调整的是“市场失灵”状态下的经济关系，主体是政府机关，行为是政府行为；商法调整的是自由竞争状态下的经济关系，主体是市场主体，行为是市场行为。在市场经济条件下，没有经济法不行，没有商法也不行。过去有一句形象的语言：国家调节市场，市场引导企业。强化经济法、商法是实现国家治理体系和治理能力现代化的必然选择。

三、商法与国际商法的关系

商法的概念从中世纪问世之日起就具有国际性，所以，商法和国际商法在本质上是相同的。商法与国际商法的界分，只是由于商法的时代划分而形成的。

从世界范围来讲，商法的发展轨迹呈现国际—国内—国际的发展趋势。初始的商人习惯法是具有国际性的，如中世纪的商人法中很大一部分是商人之间的国际交易规则，主要是商人之间海上交易的规则。但是，在建立在民族化、国家化基础上的近代商法时期，各国纷纷制定商法典，此国与彼国的商法规定因国家立法的不同而不同。由于国际交易在这个时代仍然不可或缺，故国家之间的市场交易规则仍需存在。这样造成一个国家的市场交易制度对内和对外是不同的：对内的交易遵循国家制定的商法典，对外的交易则遵循国际的规则；对内的规则称为国内商法，对外的规则则称为国际商法。这种国内商法和国际商法的划分是不可取的，因为它人为地割裂了市场交易制度，严重地妨碍了商品、服务与技术的国际流通。因此，施米托夫说："任何一个法律部门从世界划分为许多国家的法律体系中所受到的损害，都没有商法大"，"法律体系的划分严重地妨碍了商品与服务的国际流通"①。

从近代商法到现代商法，国际商法与国内商法逐渐融合，商法的国际性成为现代商法的语境。一方面，许多国际组织开始制定各种公约、协定、示范法，以实际行动统一世界范围内的商法；另一方面，在全球化的时代背景下，众多国家意识到各国商法——市场交易规则的不同给交易造成的障碍，纷纷采取诸多措施，特别是在国内立法上体现全球化的措施，加强商法的统一。例如，我国的《海商法》、《票据法》等商法法律中，明确规定："中华人民共和国缔结或者参加的国际条约同本法有不同规定的，适用国际条约的规定"，我国"法律"和我国"缔结或参加的国际条约没有规定的，可以适用国际惯例"。这就表明：一是国内商法必须与国际商法条约、公约、示范法、示范性的标准条件保持一致，如果不一致，将导致法条失效；二是国内商法仍然是国际商法条约、公约、示范法、示范性的标准条件的国内化，使国内商法处于国际性的语境下，也使国际商法条约、示范法、示范性的标准条件处于国内法的语境下。因此，商法之前加国际，只能是近代商法的思维。时代填平了国内商法与国际商法之间的鸿沟，二者的关系是融合的关系。

① ［英］施米托夫：《国际贸易法文选》，98页，北京，中国大百科全书出版社，1993。

第二章
商法的基础理论

第一节　商法理论产生的特征

商法理论产生的特征，是特指商法概念在中世纪形成所表现出的特征。人类社会的发展产生了分工，分工产生了交易，要解决交易中发生的矛盾、冲突，就必须建立交易所必需的市场交易秩序，这就是市场交易规则。这种规则最初表现为习惯，后来成为习惯法。作为最初市场交易规则的习惯和习惯法，一般具有如下特征：

一、内容的丰富性

商法在产生之初，内容即相当广泛，这种内容上的广泛性，表现在两个方面：

一方面，商法的内容不仅包括海上贸易的交易规则，也包括陆上贸易的交易规则。交易本身是广泛的，因此，规范交易的规则也是广泛的。海上贸易有不同于陆上贸易的特征，例如，海上贸易的风险往往要大于陆上贸易的风险，因为海上贸易受自然气候的影响更大。由于存在贸易特征的差别，海上贸易的规则就不同于陆上贸易的规则。但是，最初的商法是商人法，所以关于商人的法律都是商法。商法中既有海上贸易规则，又有陆上贸易规则。“商法不仅包括集市和市场的习惯法，而且包括有关贸易的海事习惯，最后还包括城市和城镇本身的商法。”①

另一方面，由于交易本身的多样性，商法规范的内容也是复杂多样的。关于货物买卖的合同规则，关于买卖的支付手段、信用手段，关于买卖中的担保，关于提单和其他运输单据，以及船舶本身的股份作为担保的冒险借贷、破产等内容都出现在商法中，都有相应的交易规则作为保证。例如，在希腊港口贸易中通行的票据规则、《罗得海法》，在意大利的比萨、威尼斯出现的《比萨习惯法》、《威尼斯航海条例》，法国的《蒙特皮列习惯法》、《马赛习惯法》和《奥内隆规则》，西班牙的《巴塞罗那海上习惯法》等，其内容主要涉及交易中的支付、关于船舶、运输管理、港口章程、船货装载、船舶遇难弃货、海上保险、船舶碰撞等。

二、产生的自主性

商法作为市场交易的准则，一开始就“表现为一种自主的发展”，被认为是“事实上支配

---

① ［美］哈罗德·J·伯尔曼：《法律与革命》，贺卫方等译，415～416页，北京，中国大百科全书出版社，1993。

那些往返于商业交易所在的文明世界的港口、集市之间的国际商业界普遍适用的国际习惯法规则”①。商人阶层出现之后，保护商人自身利益的商人行会组织——商人基尔特，相继在意大利、西班牙、英格兰、荷兰等许多城市出现。这种商人的行会组织在商法自主产生和发展中起着重要作用：一方面，商人行会组织通过认可和接纳商人，考察商人在交易中形成的习惯和习惯法，制定或编纂交易规则或习惯规则，逐渐形成较为系统的商人习惯法。商人习惯法实际上是商人这个阶层普遍适用的习惯做法，又被人们称为商人法。商人法即商人自己制定或编纂的交易规约或习惯规则，适用于商人的各种市场交易行为。另一方面，商人之间的纠纷不通过国家设立的法庭解决，而是由商人自己组织商事法庭行使商事裁判权，这种商人法庭的裁判对纠纷当事人起着如同国家法庭判决的作用，商人必须执行，否则，可能丧失在商人团体中存在的资格。由此可见，商法概念一问世，无论在规则的形成还是在纠纷的裁判上，都采取了自主发展的方式。

三、集中保护交易自由

自由是人类产生以来就一直在追求的价值，在市场交易领域亦然。人们相互之间的自由贸易，既可以推动社会经济的发展，又可以满足自身的需求，无论对社会还是对个人，都是正能量。在商法概念产生之初，国家对市场交易还没有更多的控制，商人行会组织为了满足商人的需要，鼓励商人之间的相互贸易，所制定的规范目的就是保护交易自由。

在市场交易中，形成了交易自由的形式——契约。所有的交易行为，均表现为各种各样的市场交易契约；交易自由，表现为契约自由。契约自由具有两方面的含义：其一，契约是契约当事人相互同意的结果，即契约双方的共同意志是契约成立的基础。市场交易能够达成，是因为双方当事人对交易的内容相互同意，因此，同意是交易的前提和基础。其二，契约是当事人自由选择的结果，亦即当事人有权按照自己的选择而决定订立或不订立契约、与何人订立契约、订立什么内容契约的自由。自由选择是市场交易的必然结果，没有自由的交易，不是市场经济，经济就不会迅速发展。

商法保护交易自由，但是，这种自由也不是无限度的。“人们的自由要有效，就必须承认某些相互的限制”，“每一种自由都依靠一种相应的控制”②，这种“限制”和“控制”体现在商法的理念、原则和完整的规则体系之中。例如，通过交易实践的经验、教训，商人们认识到：自由要有效，要理性，必须具有强烈的规则意识；自己的交易自由，不要妨碍他人的交易自由，必须具有强烈的自律意识；要保持整个市场秩序的稳定、和谐，必须具有强烈的自治意识，以及平衡交易自由的交易公平、诚信原则乃至具体制度的设定。因此，商法是一部集中扩大和保护商人理性自由的法律。

四、体系的完整性

从交易习俗向交易习惯法的演进中，日积月累到 11 世纪晚期，商法作为市场交易准则，逐渐构成了区别于其他法律门类的独特的、完整的体系。商法作为市场交易规则，不仅调控严格意义上的销售活动（当事人之间的买卖行为），而且调控市场交易的其他方面。当时商法

---

① ［英］施米托夫：《国际贸易法文选》，5 页，北京，中国大百科全书出版社，1993。

② ［英］霍布豪斯：《自由主义》，28、75 页，北京，商务印书馆，1996。

调整的内容，大致可以分为三个方面：第一，商主体方面。在商法产生之初，商法除了调整自然人的市场交易行为，还调整合伙、类似于股份公司的联营（所谓的“康美达”）等商业组织，将当时存在的交易组织形式都纳入自己的调整范围之内。第二，商行为方面。当时的商法将已经出现在交易中的买卖、商业票据（汇票、本票）、运输、保险等行为加以归纳，形成了最初商行为的体系。第三，有关商事裁判的规则。由于商人之间的纠纷由商人组织自己裁决，因此，当时的商人组织有一系列关于裁判程序的规则，这些规则也许是简陋的，但是已经能够处理商人之间的纠纷。

从最初商法调整的内容来看，相对于当时的交易实践，商法的体系无疑是完整的，与其后的商法相比，不仅包含后来商法中的商主体和商行为部分，而且包括了后世商法所不包括的交易纠纷的裁判机制。但是，我们也应当看到，我们在这里讨论的“体系完整”只是针对当时的市场交易实践，由于市场交易的不断发展，新的交易组织和交易行为不断出现，例如后世的公司形式和股份交易在当时都没有出现，因而，当时的商法的体系中不可能包括这些内容。应当指出，区别于其他法律部门的商法范式这时已然形成，它是理解商法的立足之点。

五、各地商法的相似性

市场交易除了本地区范围内的交易，还包括异地区的交易。本地区之间的交易规则应当一致，这是不争的事实。异地交易的规则也具有相似性，这是因为：一方面，就某个交易而言，其交易本身在实质上是一致的，实质的一致必将导致规则的一致。另一方面，交易规则不一致容易引起交易纠纷，纠纷发生后很难有双方一致认同的解决方法，因此，规则至少应该是相似的。

对于作为最初市场交易准则的商法，规则的相似性是其天然属性。例如，商人们将玻璃从科隆销售到巴黎，热那亚的商人把东方的香料或摩洛哥的谷物销售到伦敦，这些市场交易均是以世界范围作为市场的。适应这种市场交易所产生的市场交易规则，如果说各国各地有差别的话，也是细节上的差别。正如威廉·米歇尔所指出的：“每一个国家，甚至还可以说每一个城镇，都有它自己的一种商法，但所有这些商法都不过是同一种类的各个分支而已。在每个地方，商法的主要原则和最重要的规则都是一样的，或者说是趋于同一的。”① 原始的商法概念，表明它不同于人定法。自然法是其理论产生的本质特征。

第二节　商法的理论基础

商法的理论基础，是指商法的原则和规则共同赖以存在的理论来源，是商法原则和规则体现出来的共同规则。也就是说，商法的理论基础指导商法的原则和规则，而商法的原则和规则体现商法的理论基础。商法的理论基础来源于市场交易实践，马克思说：“先有交易，后来才由交易发展为法制……这种通过交换和在交换中才产生的实际关系，后来获得了契约这样的法的形式……”② 商法基础理论的来源与马克思主义哲学实践—理论—实践的原理相一致。正是在市场交易中的实践推动了商法理论的发展，市场交易实践中商人的需要成为商法基础理论的源泉。“商法的理论基础只能是日新月异的市场交易实践。”③ 这就是

① ［美］哈罗德·J·伯尔曼：《法律与革命》，贺卫方等译，417页，北京，中国大百科全书出版社，1993。
② 《马克思恩格斯全集》，第19卷，422～423页，北京，人民出版社，1972。
③ 徐学鹿：《什么是现代商法》，7页，北京，中国法制出版社，2003。

我们通常所说的“商法的实践性”。人们从实践中初步总结的商法理论基础，有以下几个方面。

一、商法的和谐性

和谐性源于群体本位。世界是存在不同国家的群体，构建和谐世界是顺应时代潮流。社会是存在不同行业人的群体，构建和谐社会，则表征着社会的进步。群体本位则是构建中国特色社会主义和谐法治的理论基础。商法要与中国特色社会主义和谐法治相匹配，其根本之点就是要坚持群体本位，并通过其规范具体体现群体本位，从而在我国构建和谐商法。商人（公司、企业）是一个群体，群体要和谐相处，决定了商法规范的理论基础、基本原则的价值取向。市场交易的简捷性、公平性、确定性、安全性，无一不是维护市场交易和谐的商法制度。例如公司法关于股东、股东会、董事会的规定；保险法对保险社会性功能的规范；票据法对我国未签字国际公约的国内化；证券法规范证券业协会，实行国家统一监管和自律相结合的规定等。如此和谐的商法制度，只是近代商法在纳入国内法后，被诸如“个人本位”等损害和谐的“理论”所拒斥、侵蚀、解构和破坏殆尽。商法要从纳入国内法后受到的“理论”“制度”损害中走出来，其有效途径：一是彻底与个人本位的“民商法”划清界限，旗帜鲜明地坚持群体本位，只有群体本位才能导出商法的和谐性。二是从理论的操作层面坚持法治国家、法治政府、法治社会一体化，实现软、硬商法的有机结合，从而推动、保障硬商法的与时俱进。三是给力和谐商法。所谓和谐商法就是与中国特色社会主义和谐法治相匹配，软、硬商法有机结合，达到良法善治的市场交易的基本行为准则。和谐商法的实质或者说具体内容，就是软、硬商法的有机结合，即法治国家、法治政府、法治社会一体化。软、硬商法结合的途径是多样的，有立法上的结合、交易过程中的结合、救济过程中的结合等。结合不仅可以表现为总体上的：（1）硬商法软商法化，有先例、具体可操作的是在硬商法中明确作了除外规定“协议可以改变法律”的条款，这一条款可以有效地克服硬商法的滞后性，使商法人性化、市场化、科学化，是以人为本在商法中的具体体现。（2）软商法硬商法化，如《美国统一商法典》为各州立法机关所采纳。也可以表现为商法各组成部分的内部结合，如公司法中的公司章程、破产法中的债权人会议决议、保险法中的保险合同等。结合不仅可表现为浅层次的，也可表现为深层次的，即“化”的程度。软、硬商法结合，是商法发展方式的根本转变，是实现良法善治的最佳途径。人们将软实力与硬实力的结合，称为巧实力。软商法与硬商法的结合，可否称为“巧商法”？这里的“巧”就巧在它能准确地体现客观规律，显然，这就是良法。以自律为特征的软商法，化为了绝大多数商人的行为准则；以他律为特征的硬商法惩治的仅是极少数人，使以诚信行为为基础取代以严法行为为基础成为实践。[①] 市场交易中的诸多矛盾，在刚柔相济、恩威并用、软硬兼施中得以化解，和谐的交易秩序成为市场的常态。这就是“巧”，就是善治。

二、市场交易的简捷性

市场交易的简捷性，可以分为“简”和“捷”两个方面。所谓“简”，即追求市场交易手段和程序的简单化。所谓“捷”，即追求市场交易的迅速、敏捷。这两个方面其实是相互

---

① 参见徐学鹿：《商法总论》，171页，北京，人民法院出版社，1999。

依赖的：市场交易简化，则交易速度必然加快；欲得市场交易之迅速，必得简化交易。因此，“简”是“捷”的手段，而“捷”是“简”的目的。

市场交易简捷性是市场交易实践的要求。在现代市场环境下，通讯工具的发达、市场需求的增大以及市场竞争的加剧，使得商人每天都有大量的交易，如果不采取简便、快捷的方法交易，每天的交易数量必然有限，商人的利润必然减少，最终商人必将被淘汰出市场。为了免予淘汰，商人必须改进其交易手段，增加交易速度和数量。因此，交易简捷成为商人的一个理念，也成为商法制度的理论基础。

商法中的许多原则和规则体现了商法促进交易简捷的特性。首先是交易自由原则。如果商人的交易不自由，比如交易要通过行政部门的审批，或者必须采取某种形式，或者订立合同的方式不自由，交易速度必然减慢。为加快交易速度，自19世纪以来，“对于从前所加于契约自由的各种限制，首先在商事方面，大都不予适用”①。其次是交易形式的标准化、网络化。各种交易形式如果能够标准化定型，则交易主体在交易时可以通过简化的签字完成交易，免去交易的谈判过程，为交易节省时间成本和谈判成本。例如，签订保险合同，当事人一般只能在保险公司提供的标准格式合同上签字而成立合同，基本不就合同条款进行谈判。对保险消费者来说，虽然可能造成不公平，但这种方式确实提高了保险交易的效率。再次是权利的证券化和权利的流通化。为了方便权利的流通，对股权、债权、票据权利等采取证券化的形式，交付证券则完成了货物的交易。譬如采取提单的形式转移物权，使得货物转移简单而方便。在权利流通方面，则简单地采取签字、背书等形式，大大加快了交易速度。最后是短期时效的采用。短期时效，是将交易所产生的各类请求权的时效缩短，从速确定其行为的效力。商法采取短期时效，其立意在于督促交易当事人迅速行使权利，促进交易加速。比如，票据法、海商法规定的时效期间，都较通常期间为短。②

三、市场交易的公平性

所谓市场交易的公平性，是指商法的原则和规则都力图保障交易主体交易的大致公平，拒绝一方暴利、他方暴损的交易。市场交易中的公平，并非绝对的等价交换，这种公平是一种交易主体在订立契约时预期的公平，并不能保证所有交易主体在结果上都能获利。如果交易的结果出现双方当事人利益严重失衡，商法也会通过其原则和规则加以调整。这就是所谓的商法促进交易公平原理。

商法为什么将公平作为其理论基础？这是因为，商人阶层一产生就将营利作为其本性，商人在商言商，必须从市场交易中获取利益才能保证其生存和发展。正如经济学所指出的，市场交易中的人都是经济人，而人必然是追求利益的最大化。对于商人这种本性，须从两方面看待：一方面，商人本性追求利润最大化促进了社会的发展，他们主观上为自己，客观上却推动了社会的发展；另一方面，商人的逐利本性如果不加以约束，就可能走向畸形，可能不顾他人的利益，以损害他人为目的无限获取利益。为了抑制商人逐利本性的畸形发展，必须设定一些原则和规则对商人的营利行为加以制约，这些原则和规则正是体现公平性的规则。

市场交易的公平性在商法中如何体现？首先，交易的公平体现为交易主体地位的平等。

---

① 张国键：《商事法论》，35页，台北，三民书局，1986。

② 参见喻磊：《论商法理论基础确立的商法固有原则》，载《社会科学动态》，2000（1）。

例如，公司法规定各股东股权平等，无论是国家出资的企业作为股东还是自然人出资作为股东，其股东地位都是平等的，同股同权，同股同酬。其次，在程序上，体现主体地位平等，必须是公平地参与交易，不存在强迫、欺诈或其他滥用任何一方意愿或认识的行为。在实体上，即便是自愿参与的交易，也不得使任何一方承受与他所获利益极不相称的代价，也不能不正当地损害第三方利益或一般的社会利益。商法通过具体制度对交易主体之间出现的事实上不平等作出种种纠正。例证之一是格式合同的不利解释原则：格式合同的提供方处于经济上的优势地位，他们能够利用其优势地位对自己的责任加以免除。为了对这种事实上的地位不公平加以校正，商法规定格式合同提供方必须对免责条款进行说明，如未说明，则免责条款无效。之二是商法中显失公平原则。法院在认为交易条款显失公平时，可以拒绝执行该合同，这可保证交易的结果不至于使一方暴利、他方暴损。之三是情势变更原则。在契约履行期间，如果因情势变动或不可归责于当事人的事由，导致发生双方当事人订立合同时不能预料的后果，一方可以请求他方对契约内容作适当变更，以便交易公平进行。如保险契约履行过程中，发现危险增加，保险人有权要求增加保险费；危险降低，被保险人可要求降低保险费，保证保险交易的公平性。

四、市场交易的确定性

市场交易的确定性，是指交易各方当事人的权利、义务须是确定的，各方应享有之权利、应负有之义务，均应通过各种方式使对方了解，而不应当欺诈或明知而不告知对方。在各方权利、义务因新情况出现而变化时，亦应告知对方，使对方了解权利、义务的变化，以使及时作出调整。

市场交易双方当事人的权利、义务之所以应当确定，是因为倘若交易各方的权利、义务模糊，则各方不知自己需要履行何种义务，也不知道对方应对己方履行何种义务，致使交易无法完成。“双方应享有之权利，与应尽之义务，若不予以适当规范，使其达到确实之要求，则一切交易行为皆难以顺利完成。”[①] 从经济学上解释，乃是因为对各方主体来说，权利、义务不确定的效用小于确定的效用，各方当事人都不愿使权利、义务处于不确定状态。另外，不确定性增加了生产费用和交易费用，使得各方的交易效率降低。因此，需要运用各种手段使各方当事人的权利、义务处于确定状态。

商法要求市场交易当事人的权利、义务确定，表现在以下三个方面：其一，商法要求各方尽通知义务。此点在保险法中体现得最为明显。保险法要求订立合同之时，投保人或被保险人须向保险人告知有关保险标的的重要事实，以便保险人确定是否承保、以何种费率承保；保险人则应当就保险合同中免除或限制自己责任的事项向被保险人予以说明；在保险标的危险增加的情况下，保险法也要求被保险人就危险增加情况进行通知，以便重新确定双方当事人的权利、义务。公司法规定，公司合并、分立应通知债权人。票据法规定，持票人被拒付，应当及时通知其前手等，均是为了及时确定当事人的权利、义务。其二，商法要求各方当事人禁止欺诈。因为欺诈使得各方当事人的表面权利、义务与实际权利、义务不相一致，即使合同已经履行完毕，当事人亦可撤销，从而导致交易的无效。例如，公司登记如为欺诈登记，可以撤销其登记；票据法规定，持票人欺诈、胁迫取得票据的，不享有票据权利。其三，商法禁止交易当事人对先前作出的行为反悔，即商法禁止反言。因为允许当事人反悔将使得当

① 张国键：《商事法论》，40～41页，台北，三民书局，1986。

事人能够随意变更先前已经确定的权利、义务，从而引起纷争。保险法的禁止反言规则便是适例。如美国保险法规定，如果保险人在交付保单时明知被保险人存在未如实告知的情形而不提出，日后保险人不得再以被保险人未履行告知义务而拒付保险金。

五、市场交易的安全性

市场交易的安全性，是指商法制度能够使市场交易主体对交易过程和交易结果都有安全的预期，除特殊情形外，不致发生意外损失。

安全是人类除生存需要之外的第二大需要。市场主体在交易过程中，往往将交易是否安全放在非常重要的位置。由于市场交易的先天性特征——交易风险的存在，市场主体在交易之前，必先考虑该交易的安全程度。但是，交易是否安全，并非决定于交易者本人，而是决定于交易对方的道德、整体交易环境甚至整体的经济背景和政治背景，这些都不是交易者本人所能决定和改变的。为了促进交易，商法在考虑交易效率的同时，也会考虑交易安全，为交易主体构建安全的交易秩序。

商法采取强制主义、公示主义、外观主义、严格责任主义等来保证交易的安全。

(1) 商法以强制主义保证交易安全。市场交易往往涉及更多主体如消费主体、宏观调控主体的利益，并且商主体往往具有损害众多主体利益的能力。因此现代商法强调软、硬商法结合，在自治、自律性规范的基础上有不少强制性规定，以保证交易对方当事人及社会公众交易的安全。例如，公司法规定，公司必须在登记机关进行登记，某些事项属于必须登记的事项。这样规定可保证与公司交易的主体能够从登记机关了解该公司的情况，从中判断与之交易是否安全。

(2) 商法以公示主义保证交易安全。公示主义是指交易主体对影响其他交易主体的有关情况负披露义务，以使相关交易主体周知。披露使得相关交易主体了解该商主体的有关情况，以便进一步采取交易安全措施。证券法上规定的上市公司的披露义务是典型的公示义务：上市公司必须向股东披露其经营状况，股东可以决定是否再对公司投资，可以采取从公司撤资的方式来保证交易安全。

(3) 商法以外观主义保证交易安全。外观主义是交易当事人仅从对方当事人交易行为的外观判断当事人所处法律状态，从而认定对方当事人行为的效力。商法确认外观主义，一方面是考虑交易效率，因为要求交易主体查清对方真实状态，交易成本非常高，可能阻碍交易的进行；另一方面，商法确认外观主义能够使交易主体处于心理安全状态，使交易主体确信，即使其看到的对方法律状态不真实，法律也会确认这种不真实状况下的交易，因此交易是安全的。最典型的例子是动产交易的善意取得制度：即使出卖方对动产没有所有权，只要其外观上具有所有权，法律也确认此动产交易有效，保障买受方安全取得该动产所有权。票据法上的“谁在票据上签名，谁就应当负票据义务”原则，也是外观主义的表现。

(4) 商法以严格责任制度保证交易安全。责任严格，使得交易当事人不轻易违反契约，或者违反契约后能够获得较为充分的救济，交易安全因此能够获得保障。商法的严格责任表现为：其一，契约履行采取无过错责任原则。一旦违约，违约方即使没有过错，也应当承担违约责任。其二，商法中有许多连带责任的规定，能够使交易对方在受到损害之后获得充分的补偿。例如，公司设立不成，各发起人之间承担连带责任；证券法上，董事、高级管理人员应与公司承担欺诈股东的连带责任；票据法上，在票据上签名的当事人对票据承担连带责任。

第三节 商法的价值取向

一、价值取向及商法价值取向的内涵及意义

马克思主义认为，价值是对人类需要的基本满足，反映的是现实的人同满足其某种需要的客体之间的关系。我们说某种事物对我们具有价值，就是说某种事物能够满足我们的某种需要。在市场交易中，商法是具有价值的，因为它能够满足市场主体的需要，能够规范市场秩序，引导市场经济稳定、和谐地发展。

在法律上，价值取向一词是指某种法律所追求的价值，解决的是某种法律满足主体的何种需要。价值取向的含义：一是指各国在制定法律时希望通过立法所欲达到的目的或追求的社会效果。立法主体（包括国家和诸如非政府组织的行业协会等某种立法组织）在制定某种法律之前，必先考问这部法律所要达到的目的是什么，这部法律的各项制度都将围绕这个立法目的展开。例如，在商法典制定之前，制定者必先将效率作为商法的制定目的，商法的各项制度，包括公司、票据、保险等，都须体现效率这一立法目的。二是指当法律所追求的多种价值目标出现矛盾时最终的价值目标选择。某部法律追求的价值目标并不是单一的，可能同时存在多种价值目标，比如，和谐、自由、秩序、效率、公平、安全是法律的多个价值追求，当这些价值在某部法律中同时出现，相互之间又存在矛盾时，将何种价值作为优先的价值选择正是该部法律的立法取向。正如学者所言：“价值选择主要通过两种方式来实现：一是应然的法律价值是否为立法者所接受和接纳、价值本身的优化，二是当存在多重价值目标时的价值取舍和价值目标重要性的排序。”①

商法的价值取向，就是商法所追求的价值目标，它是商法立法者所欲达到的立法目的。从这个层面上说，立法者在制定商法规范时可能具有多重目标追求，比如，既追求和谐、效率，又追求公平，还追求交易的市场秩序，即此种层面的商法价值取向是多样的。但是，在第二个层面上，即当多重目标矛盾时，立法者应将何种价值作为首要选择？我们认为，当存在多种价值目标时，商法首先应当考虑的是和谐价值，和谐价值实现良法善治是其终极价值，而效率是商法的核心价值。终极价值、核心价值在商法价值体系中，起主导和统摄作用，决定着商法的性质和方向，是推动商法现代化的精神旗帜。

将效率作为商法的价值取向，具有如下意义：

首先，效率作为商法的核心价值是商法区别于民法、经济法的理论基础。应当说，整个民法更多地建立在公平这一价值目标之上，作为民法基础的人格平等、私有财产神圣不可侵犯、过错责任等都表现了公平价值。经济法所追求的价值目标，更多地强调交易的安全和秩序，无论是宏观调控方面的法律还是市场管理方面的法律，都以安全和秩序作为追求目标。而商法更加追求交易的效率，在法律价值排序中以效率作为最优先的价值追求，构成商法区别于民法、经济法的基础。

其次，效率作为商法的核心价值对商法规范具有整合功能。此即整合现有法律规范中不合商法之核心价值，从而使整个商法协调一致，不致在法律规范和法律理念等方面发生矛盾。例如，我国《票据法》第 10 条规定：“票据的签发、取得和转让，应当遵循诚实信用的原则，具有真实的交易关系和债权债务关系。”该条注重交易的安全，强调票据的有因性。但是，依

① 赵万一：《商法基本问题研究》，84 页，北京，法律出版社，2002。

照商法的效率目标，票据的无因性更能体现效率价值目标，国际票据法理论也认同票据无因性原则，因此，应当根据商法的效率价值目标，整合类似于《票据法》第10条这样的商法规范，使之符合效率价值。

再次，将效率作为商法的核心价值，是实现商法现代化的关键。市场经济是追求效率的经济体制，效率在市场交易中处于举足轻重的地位。调整现代市场交易关系的现代商法，当然应当体现效率价值。这就要求立法主体在制定商法规范时将效率作为首要价值取向考虑；在几个价值因素相持不下时，以效率价值协调其他价值；在处理市场交易纠纷时，优先着眼于效率价值。现代商法的一个标志是能保证或者提升市场交易的效率，效率作为商法的核心价值，是实现商法现代化的必然选择。

二、效率的含义及保障

效率本是一个经济学的概念，是指一种状态下总收益和总成本之间的关系。① 如果在交易中以较小的成本取得同等的收益，则这种交易是有效率的。从伦理学角度，对效率的关注是人类活动的基本动机之一，而这种动机是以人类自利思想为源泉的。在交易领域，人们行为的自利性表现得更为明显，为了追求利润的最大化，提高效率成为商主体的渴求。商主体通过各种各样的手段来满足提高效率这一需求。在商主体努力提高交易效率的同时，法律制度也在提高商主体的交易效率上改进、创新设计。商法是以降低交易费用、建立激励机制、外部性内在化等途径来提高经济效率的。② 是否具有效率成为衡量一个国家的商法制度是否先进的重要标准。

效率的保障是自由。在经济学看来，处于自由状态的主体更容易实现效率，其行为效率更高。如果主体处于不自由状态，不能获得自己希望得到的东西，其行为必将失去动力，行为没有动力的结果是行为本身缺乏效率，行为的结果必将不可能有效率。商主体是追求自身利益最大化的主体，在追求自身利益最大化的过程中，只有双方的意志都是自由的，才能实现自身利益的最大化，这就是通常所说的交易自由。根据经济学的观点，也只有个人利益最大化，才能推动整个社会的利益趋于最大化。商法制度在实现效率这一价值目标过程中，通过具体规则保障交易双方当事人的自由，从而实现效率价值，建立一个有效率、有秩序、公平的和谐社会。

但是，商法保障的自由不是绝对的、不受任何约束的自由。商法保障的自由应当符合构建和谐社会的市场秩序原则，必须受到两个方面的限制：其一是合法，除了要符合法律、法规等制定法的规定，尚需符合软商法的约束。在商法中，这种自我约束对商主体，就是自律。商法从产生之日起，就具有这种机制，商人的行为更多的应该是自律的行为，而不是他律的行为。对作为组织的商主体来说，这种约束实际上是接受自治组织相关规定的约束。市场交易的各个行业都有自己相对应的行业组织，这些行业组织制定的相关制度，虽然不具有国家意志意义上的约束力，但对商主体具有约束力，商主体必须遵守这些制度，这就是商主体的自治。其二是诚信。商主体的交易自由，应当遵守诚实信用原则，没有诚信的交易自由，必将导致市场秩序的混乱，导致交易自由成为一匹脱缰的野马。因此，违反规则不仅会失去自

① 参见［美］波斯纳：《法律的经济分析》，蒋兆康等译，18页，北京，中国大百科全书出版社，1997。

② 参见阎海：《自由、秩序、效益——试论商法价值体系的建构》，载徐学鹿主编：《商法研究》，第4辑，12～14页，北京，人民法院出版社，2001。

由，也必然没有效率。价值有正价值和负价值，效率、自由是以商人具有强烈的规则意识、自律意识为前提的。如果弱化这一前提，效率就会异化为假冒伪劣的“效率”，自由就会异化为坑蒙拐骗、市场欺诈的自由。因此，对商人来说构建和谐的市场秩序，是最高层次的价值。

三、效率价值的理论基础

商法之所以将效率作为其核心价值，其理论基础有以下几个方面：

（一）市场主体具有先天的趋利性

自从商业从农业、工业中分工而出之后，商人行为的目的就是营利，营利是商人的天性，丧失了这一天性，商人就不成其为商人。从经济学的角度看，商人是最典型的经济人。所谓经济人，按照古典经济学家穆勒的观点，就是会计算、有创造性、能寻求自身利益最大化的人。① 经济人是理性的人，理性人都会考虑成本和收益，通过成本与收益的比较选择自己的行为。商人作为以营利为职业的群体，不仅其发展需要营利，其生存也需要营利。亚当·斯密说：“我们每天所需要的食物和饮料，不是出自屠户、酿酒师或面包师的恩惠，而是出于他们自利的打算。我们不说唤起他们利他心的话，而说唤起他们利己心的话。”② 在人人为自己的收益考虑的情形下，不仅个人的收益能得以增加，在交易中以较小的成本创造较大的收益，而且对社会而言，也能够高效地推动其发展，此即经济学所谓“主观为自己，客观为社会”。对个人、社会，市场主体对利益的先天追求，都能够提高效率。

（二）市场经济的要义是提高效率

最初的市场，仅仅是商品交换的固定场所。市场发展至今，早已成为调节社会资源分配的手段。市场经济就是以市场为手段调节社会资源配置和调节市场行为的一种经济运行方式和经济运行模式。与市场经济相对应的是通过计划手段调节社会资源配置的经济运行模式。在计划经济条件下，社会资源的配置不通过市场手段，使得市场主体丧失了效率观念，通常很少计算成本和收益。在市场经济条件下，一切资源都是通过市场调配，市场手段即效率手段。市场要素包括人的要素、物的要素和行为要素，其中人的要素即指作为市场主体的商人，商人天生具有追求效率的倾向。市场中物的要素是指资本，资本具有强烈的趋利性倾向，马克思形容资本：“一旦有适当的利润，资本就胆大起来。如果有 10%的利润，它就保证到处被使用；有 20%的利润，它就活跃起来；有 50%的利润，它就铤而走险；为了 100%的利润，它就敢践踏一切人间法律；有 300%的利润，它就敢犯任何罪行，甚至冒绞首的危险。”③ 资本的趋利性实质是商人追求最小成本、最大收益的表现。对于市场行为来说，市场交易的一切行为无不在追求效率，市场主体发明的一切制度也都是为了提高效率，因此，市场经济是一种追求效率的经济模式。现代商法是市场经济条件下的基本法律，其追求效率的经济原因就在于市场经济模式本身。

（三）大量技术性规范体现效率

商法是市场经济的法律，其追求效率的重要表现是技术性规范。一般来说，伦理性规范偏重公平，而技术性规范偏重效率。“商法规范中必然包含大量的技术性规范，这些技术性规

① 参见［法］亨利·勒帕日：《美国新自由主义经济学》，24 页，北京，北京大学出版社，1985。

② ［英］亚当·斯密：《国民财富的性质和原因的研究》，14 页，北京，商务印书馆，1981。

③ 《马克思恩格斯全集》，第 23 卷，829 页，北京，人民出版社，1972。

范的设计大多是出于对主体营利性行为的保护，并且对这些技术性规范并不能简单地凭伦理道德意识就能判断其行为效果。”① 商法规范中大量存在的技术性规范，是商法的效率价值在立法上的集中表现。

四、效率价值的体现

从商主体方面来说，商主体的范围不断扩大，从最初的个体商人发展到独资、合伙，再到股份有限公司和有限责任公司。商主体规模逐渐扩大的实质是资本的不断集聚，为商主体提高效率提供了保证。从经济学的角度来说，资本少、规模小的企业，成本相对较高，效率相对较低；而资本充裕、规模较大的企业，更易节省成本，提高效率。

从商行为来看，商法规范具有促进交易迅捷的特征：（1）交易定型化，如保险交易采取保单形式加以定型；（2）权利证券化，如票据权利表现为票据证券；（3）行为的要式性，如票据行为的出票、背书等行为均有严格的规定，以促进票据的顺利流通，诸多制度的目的均在于促进交易迅捷，在同一时间里实施多次、反复交易，达到资本增值的目的。

商法以效率作为核心价值，当效率价值与公平价值发生冲突的时候，商法在某种程度上将会牺牲公平。例如，有限责任制度是商法牺牲公平、促进效率典型的例子。为迅速增加资本的积累，商人在实践中创设了有限责任制度。所谓有限责任，是股东以自己的出资为限对公司的债务承担责任，除出资外，股东不再承担任何责任。这是为迅速积累资本、增进效率设计的制度，但它牺牲了公平，因为股东不承担其出资之外的责任，公司债权人不得不对原应由公司，进而由股东承担的责任负责，公平价值在此让位于效率价值。票据无因性是商法以效率为核心价值的另一实例。票据无因性指即使票据基础关系无效或被撤销，票据关系仍然有效。比如背书人甲与被背书人乙之间的合同关系无效，被背书人乙应当对合同无效承担责任。但因该合同而由甲签发的票据无论经过多少次背书转让，依然是有效的。甲在票据上的签章行为，导致甲必须对票据承担责任，在票据到期之后可能受到持票人的追索。从公平的角度来讲，合同无效应当由乙承担责任，但商法的票据制度却规定这种责任由甲承担，明显有违公平原则。然而，从效率的视角，规定在票据上签章的人承担票据责任，而不是违背合同的人承担票据责任，能使后来接受票据转让的人放心地接受票据，免去了调查前手基础关系有效性的成本，加快了票据的流通速度，增进了效率。

第四节　商法的基本原则

科学地确立商法的基本原则，是准确认识现代商法性质的集中表现。提供规范市场交易关系的行为规则，提供统一、协调市场交易规则的基本原则，是民主法制建设的重中之重，也是立法新突破的关键。关于商法的基本原则，学说上有多种观点，我们认为，商法的基本原则有三：交易自由原则、交易诚信原则和交易公平原则。

一、商法基本原则的功能

1. 指引市场交易立法采取新举措。商法的基本原则可以使立法宗旨在详细的市场交易规

---

① 赵万一：《商法基本问题研究》，84页，北京，法律出版社，2002。

则和具体的商法制度中始终如一、紧密一致、深入人心，是科学发展观在商法领域的集中体现。这样的基本原则可以包容一切先进的市场交易法律制度，使市场交易立法紧贴构建和谐社会的目标，不断采取新举措，永远保持与时俱进的最佳状态。

2. 通过有效保护市场交易行为，开创各项市场交易工作的新局面。商法的基本原则虽不提供具体的行为模式，不规定市场主体的具体权利，但其所体现的商法价值、商法精神，在市场交易中为人们的行为提供了理性的行为模式和标准，引导市场主体按照市场经济的客观规律从事各种交易行为。在先进的理念指导下，激发市场主体创新产品、创新技术、创新交易方式、创新交易组织和行为，从而在各项工作中开拓创新局面。

3. 解释、补充法律，维护商法创新的宝贵品格。法律，特别是成文的硬法，总是滞后于市场交易的实践，商法要有效调整市场交易关系，就要用新的商法基本原则解释、补充法律，使滞后于市场交易实践的法律具有新意、加以延伸、得到补充。

4. 为司法审判提供新思路。在市场交易中市场主体间难免发生纠纷，对有的案件法律有明文规定，对没有明文规定的案件法院又不可不审理。我国加入 WTO 后，市场主体不仅有国内的，还有国外的，有的市场主体还在合同中选择适用国际公约、统一法或统一规则，这些市场交易规范均有其基本原则，掌握这些商法基本原则是审理案件的基本依据。树立明确的商法意识，深入理解商法基本原则是捷径，它是开拓审判工作新思路的必然选择。

5. 促进商法理论的新突破。商法是紧贴交易实践的法律，日新月异的交易实践迫切要求商法创新理论。但从现状看，一方面是蕴涵着现代商法崭新理论的法律不断问世，如《国际货物销售合同公约》、《国际商事合同通则》、《国际贸易术语解释通则》、《跟单信用证统一惯例》、《美国统一商法典》等，以及我国颁布的商法单行法，有待人们深入、细致地去研究，从中发现新理论，概括出现代商法的基本原则，推动商法向新的里程演进；另一方面是仍然停留在近代商法的思维定式内，无法摆脱特别法所具有的一般原则或具体原则的束缚，使商法的理论陈旧、乏味。因此，我们应再次解放法律，从外界吸收更多、更新的养料，推动商法的理论创新。

二、确立商法基本原则的标准

1. 要有明确的调整对象。部门法调整对象的科学、准确，是部门法赖以存在的客观依据，是科学地确定基本原则的前提。如果一个部门法没有明确的调整对象，或者调整对象包括完全不同的几种关系，则由于几种关系的性质不同，所适用的原则也将有所不同。例如，家庭关系和交易关系是两种完全不同的关系，不能适用同一原则，如果某一部门法中同时包括了这两种关系，则该部门法的原则就不可能统一。

2. 要明确区分是近代商法还是现代商法。近代商法是调整商事关系的法，“商事”又是由商法界定的，建立在这种基础上的商法基本原则，必然是混沌的、落后于时代的。现代商法是调整现代市场交易关系的法，现代市场是以世界为范围的大市场，现代市场交易空间距离通过互联网几乎等于零。随着生产要素的新组合，形成了新的市场组织和新的交易行为，建立在这一基础上的商法基本原则，一定是与时代合拍的市场交易的基本原则。

3. 要严格区分是商法的一般原则还是基本原则。“法的基本原则在法的体系结构中居于核心地位，起到最根本的指导作用；法的一般原则是法的基本原则的派生，是基本原则在法的体系各部分中的相对具体化。”① 基本原则与一般原则有联系，也有区别。在科学确定商法的基本原则时，不能将二者加以混淆，已有的“二原则说”、“三原则说”、“四原则说”、“五原则说”，具有一定的学术价值，但要科学确定现代商法的基本原则，还有必要对基本原则和一般原则加以区别，概括起来：一是地位和内容不同。基本原则是商法的根本准则，贯穿于全部商法之中，体现商法的基本精神理念、基本价值目标，是商法全部规范要求的高度抽象、概括和浓缩。一般或具体原则是商法中某些制度的一般准则，虽也体现商法的基本价值，但主要、直接反映的是商法中特定领域的价值目标。二是适用范围不同。基本原则是商法立法、守法、司法及商法研究总的指导思想，统率并适用于商法的各项制度及规范。一般或具体原则仅为商法特定领域环节的指导思想，适用的范围是有限、特定的。三是效力不同。基本原则反映了市场交易关系本质的客观要求，是国家对市场交易基本方针的集中体现，效力高于一般或具体原则，起着统领、指导一般或具体原则的作用。一般或具体原则是基本原则在商法某些或某个领域的延伸、深化，与基本原则相辅相成，不能与其相违背。②

三、交易自由原则

交易自由原则，是指市场主体之间自愿进行各自拥有的资源交换，通过分散决策实现社会资源在不同市场主体之间优化配置目的的基本准则。我们对高度概括现代商法精神抽象原则的解读，必须从具体入手。

一是交易自由原则的法律规定。除了《美国统一商法典》外，《国际商事合同通则》第11条明确规定：“当事人有权自由订立合同并确定合同的内容。”③ 人们认为这一原则“是开放的、适应市场规则的并充满竞争的国际秩序的基石”④。

二是交易自由的主体。适用交易自由基本原则的主体只能是市场主体。根据市场规律能自主作出交易决策是市场主体的本质特征，是市场主体在社会资源具有稀缺性时获得资源的有效途径，也是市场主体在市场竞争中取胜的根本条件，因此，“不存在竞争的经济部门”是被排除在外的。⑤

三是交易自由的内容。适应市场主体自主决策的本质特征，交易自由是全方位的，包括选择交易对象、时间、地点，交易的内容、交易的形式，均由市场主体自主决定。

四是交易自由的法律用语。《美国统一商法典》第1—102条（3）规定：“本法各条款的效力可以通过当事方的协议加以改变。”国际私法协会认可了这一精心设计，于《国际商事合同通则》第15条明确规定：“除通则另有规定外，当事人可以排除通则的适用，或者减损或改变通则任何条款的效力。”协议可以改变法律的理论及实践意义，充分表明了现代商法的性质，赋予了商人充分、广泛的交易自由。但是，需要指出的是，坚持近代商法思维的学者习惯以“契约自由”解释“协议可以改变法律”，以淡化这一制度创新的功能。首先，“契约自由”是契约当事人之间的关系，自由的空间是狭小的，契约当事人之间的自由是有限的。“协议可以改变法律”，是契约当事人与法律之间的关系，自由的空间是广泛的，当事人的自由是高层次的。其次，协议可以改变的法律是硬商法。软商法、硬商法的有机结合就是和谐商法。“有机

---

① 邹瑜、顾明主编：《法学大辞典》，1043页，北京，中国政法大学出版社，1991。
② 参见姜振颖、贾小刚、王亦平：《合同法》，36页，北京，人民法院出版社，2000。
③ 周晓燕：《国际商事合同通则》，1页，北京，法律出版社，1996。
④ 同上书，7页。
⑤ 参见上书，10页。

结合”的最高境界就是“化”，即硬商法软商法化、软商法硬商法化，让“无形之手”化为“有形之手”，“有形之手”体现“无形之手”的要求，其具体通道，就是在除外规定下，协议可以改变法律。再次，软商法中可能有少量强制性规范，硬商法中可能有少量任意性规范。协议可以改变的是除外规定外的所有规范，使交易自由从抽象的原则具体化为切实可行、能实际操作的行为规范。从法典的规定看，任意性的规范是大量的、普遍的，为交易自由提供了范式，为交易自由提供了极大的选择空间，使商人可以“自由从事自己的事业”；而强制性规范是特殊的、少量的、明确的，但对保证交易自由来说又是特别必要的，足以说明这些强制性规范的严肃性和神圣性。但是近代商法这种界限是不清的，契约自由的自由度，商人心中无数。最后，协议可以改变法律，促进和保证现代商法的科学性。协议可以改变法律，表明了立法者坚信所立法律的科学性、正当性；实践中商人都乐意选择这些商法规范，表明了商法的良法性、亲和性、权威性。

五是交易自由的限度。交易自由“不是去做不理性、愚蠢、错误之事的自由”①。“人们的自由要有效，就必须承认某些相关的限制”，“每一种自由都依靠一种相应的控制”②。商法典在规定协议可以改变法律的同时，还作了限制性规定，如《美国统一商法典》第 1—102 条（3）对协议改变法律的限制：（1）“在本法没有相反规定的情况下”，（2）“本法典所规定的诚信、勤勉、合理性和注意的义务，不可通过合意而排除”③。《国际商事合同通则》规定不得排除通则包含的限制性规定，以及国家制定的、带有强制性的法律或条文。如通则第 1.7 条规定：“（1）每一方当事人在国际贸易交易中应依据诚实信用和公平交易的原则行事。（2）当事人各方不得排除或限制此项义务。”

六是交易自由的目的。直接目的是社会资源的优化配置，终极目的在于推动社会和谐、进步，提高人民的幸福指数。市场主体享受交易自由是要付出代价的，这种代价就是由市场主体综合素质所决定的决策水平。“无限制的竞争力的相互作用将产生最佳的经济资源分配、最低的价格、最高的质量和最大的物质进步。”④ 因此，交易自由可以促进市场主体不断提高综合素质。我国为 WTO 的成员，市场主体提高素质的目标应当是向国际先进水平看齐。

七是交易自由的理论依据。从法理上说，“法律的目的不是废除或限制自由，而是保护和扩大自由”⑤。“法就是作为理念的自由”，“法是自由的定在”⑥。从经济理论上看，有比较优势理论、分散决策配置资源理论，二者的实践基础均为市场交易，交易与否、如何交易，都要求市场主体能够对价格等市场信号作出自由的判断。

八是交易自由的现实依据。当前影响交易自由的因素既有来自于市场以外的，如不适当的政府干预和各种地方保护与地方封锁行为，也有来自于市场内部的行业垄断、假冒伪劣、市场欺诈。于前者，国家采取了一系列措施，如反垄断法的颁行，改革行政审批制度，一再削减行政审批项目等，这些措施的根本目的就是要保护和扩大市场主体的交易自由。于后者，随着政府从管理型向服务型、从神秘型向阳光型的转变，除要确立商法的基本原则，加快商法体系的完善，继续开展整顿和规范市场经济秩序的工作外，在健全行会的各项工作中，明确商会搜集、整理市场交易习惯并及时编纂为具有示范效应的市场交易的行为规范，应是当

① ［美］柏林：《自由四论》，263 页，台北，联经出版事业公司，1986。
② ［英］霍布豪斯：《自由主义》，28、75 页，北京，商务印书馆，1996。
③ 吴兴光编：《美国统一商法典概要》，15 页，广州，华南理工大学出版社，1997。
④ ［美］霍华德：《美国反托拉斯法与贸易法规》，1 页，北京，中国社会科学出版社，1991。
⑤ ［英］洛克：《政府论》，下篇，36 页，北京，商务印书馆，1983。
⑥ ［德］黑格尔：《法哲学原理》，36 页，北京，商务印书馆，1979。

务之急，以充分发挥商会在建立适应社会主义市场经济新的商人自治、自律机制中的作用。从根本上说，上述各种措施也是为了保护和扩大市场主体的交易自由。

四、交易诚信原则

（一）交易诚信原则的含义

交易诚信原则是以善意真诚、守信不欺、公平合理为内容的强制性法律原则。该原则的含义至少包括以下两个方面：其一，诚信原则是一项强制性的基本原则，当事人不能通过协议加以排除。不管法律、法规对当事人的诚信有无规定，当事人在市场交易中都应该遵守这一原则。如果当事人通过协议排除，那么排除诚信原则适用的协议属于无效协议。其二，把善意、勤勉、守信不欺、合理和注意作为当事人的义务，为有效履行义务，当事人可以通过协议确定履行义务的标准。

（二）交易诚信原则作为商法基本原则的依据

1. 交易诚信原则的经济基础

社会生产发展到一定的水平，劳动产品和服务的交换即成为经济生活中的必然现象。人类社会第三次社会大分工后，商业和商人开始从社会独立出来，专门的商业和商人阶层的出现，使得原本为家庭的、不具有营利性的交换，转而变为以营利为目的市场交易，市场交易要求当事人之间的商品价值对等和经济利益平衡。又因为交易过程的不断复杂化，市场交易成为一种带有风险的活动。于此情形，参与交易的真诚当事人必然会希望和要求其他当事人的真诚参与，即真诚守信地履行交易本身所产生的各项义务。同时，真诚当事人也希望当其他当事人的不真诚参与使自己受到损害时，能以某种手段获得补偿和惩罚不真诚的当事人。这种手段就是法律，它开始是以交易习惯的方式存在，后来以成文法的形式存在。而当事人要求真诚参与和获得补偿以及惩罚不真诚的当事人等，表现在法律中便是法律化的诚实信用原则。先有交易，然后才有调整交易的法律；先有交易，然后才有法律的诚实信用原则，这不仅说明了调整交易的法律的基础是市场交易，而且也说明了诚实信用原则的经济基础是市场交易。

2. 交易诚信原则贯穿了商法的历史

一部商法的历史，就是一部诚实信用原则的发展史。自从人类社会产生了商品交易，进而产生了商法，诚实信用原则就一直调整着交易行为，并随着商法的发展而发展。在古代关于交易的法律中，交易诚信原则早已存在，例如，《汉谟拉比法典》、《摩奴法典》、《罗得海法》中可能没有关于交易诚信原则的明文规定，但这些法典中无不包含诚信原则的本意。11世纪以后，商法开始逐渐发达，商人创造了流通票据、动产抵押、提单和其他运输单据、冒险借贷等制度，这些制度无不需要一种信用本身的储备。此时的商法是一种自治的商法，“诚信行为优先”是自治的应有之义。伯尔曼说：“近代商法体系的结构性要素形成于这个时期……某些为当时所有法律体系所共有，并适用于商人共同体的基本法律原则，蕴含于这些要素中，包括诚信原则和共同人格原则。”① 近代商法没有在商法典中明确规定交易诚信原则，是因为近代商法推崇“严法行为优先”。尽管这样，近代商法的具体规定中，无不贯穿着交易诚信原则。

---

① ［美］哈罗德·J·伯尔曼：《法律与革命》，贺卫方等译，426页，北京，中国大百科全书出版社，1993。

3. 现代商法的典范——《美国统一商法典》将诚信原则作为商法的基本原则。

《美国统一商法典》是公认的具有现代性的商法典，不仅拥有德国、法国等国家的商法典无可比拟的先进性，而且实现了立法理念、立法体例和法典内容的现代化。该法典第1—203条规定："本法所涉及的任何合同和义务，在其履行或执行中均负有诚信之义务。"在该条的正式评论中称，根据该条，诚信的原则贯穿于整个统一商法典。该法典第2—103条对诚信原则作了具体解释："对商人而言，诚信系指忠于事实真相，遵守公平买卖之合理商业准则。"根据该法第1—102条，依诚信原则所产生的义务，属于法定的强行性规范，当事人不得通过其协议加以变更。

除《美国统一商法典》外，已为众多国家加入的《国际货物销售合同公约》以及《国际商事合同通则》，也都规定了诚实信用原则。

（三）交易诚信原则的功能

交易诚信原则的功能可划作两个层次：直接功能和终极功能。直接功能即交易诚信原则的表层功能，又可分为诚信原则对于商主体和诚信原则对于商行为与市场交易法律的功能。终极功能是诚信原则之深层功能，即诚信原则对于社会经济的功能。

1. 交易诚实信用原则的直接功能

（1）对商主体之直接功能，是指导商主体交易活动的功能。商主体从事商行为，应当本着诚实、善意的内心状态进行，不得欺诈、胁迫、滥用权利，并需对法律或约定未作规定之必要义务进行履行，即指导商主体行使权利、履行义务之功能。具体表现为，扩张商主体之义务和限缩商主体之义务。扩张商主体之义务，是指于法定或约定某商主体义务之外，依诚信原则增加一定之义务才符合公平、正义之法律理念，该主体则增加此义务。限缩商主体之义务，是指依法定或约定，商主体负有某项义务，然此项义务之存在有悖公平、正义之法律理念，各方主体则依诚信原则减损此义务。

（2）借法官之手对商行为和法律之直接功能。交易诚信原则的这一功能，并不是指交易诚信原则能够作用于法官，使审理和裁判行为客观、公正，譬如要求法官在审理商事案件时，不得滥用自由裁量权，充分尊重商主体的程序主体权，禁止突袭性裁判，正确运用自由心证等①，而是指商法诚实信用原则借法官之手作用于商行为或法律，以实现公平、正义的法律后果，即诚实信用原则为法官自由裁量提供了机会。前者属于诉讼法中的诚信原则功能，后者属于商法的诚信原则功能；前者的作用对象是法官，后者的作用对象是商行为或法律。

交易诚信原则的这一功能，又可以从两方面分析：一方面，交易诚信原则可以解释、补充商行为。商主体之间从事商行为时，常因对商行为之不同理解发生争议，于是诉诸法院，法官应以诚信原则解释，不得以法无明文而拒绝。在商行为有漏洞时，法官亦应依诚信原则为补充。另一方面，交易诚信原则解释、补充市场交易法律。法官适用商法法律，并非条条清楚明了，对号即能入座，成文法规范往往较为抽象，需法官进行解释方能便于适用，法官的解释必须受诚实信用原则的支配，维持公平、正义。

2. 交易诚信原则的终极功能

交易诚信原则的终极功能，是隐藏商法表层功能背后，对市场交易的功能。交易诚信原则要求商主体在从事商行为时善意、信用、诚实，不得欺诈、胁迫，这些在市场交易中都包含深刻的经济义理，从不同的方面推动市场交易的发展。

---

① 参见聂明根：《民事诉讼法上诚实信用原则研究》，载《诉讼法论丛》，第4卷，345～353页，北京，法律出版社，2000。

（1）降低交易费用。以商业合同的订立和履行为例，诚信原则要求商主体在缔结合同之前向对方或其他缔约方陈述质量、瑕疵等情况，要求各方主体自觉履行先契约义务，这样，各方主体均处于较为安全的缔约环境中，自然节约了为寻求安全的缔约环境所付出的费用、遭受缔约欺诈所付出的费用，从而降低交易成本。

（2）保证交易安全。当一方不遵守交易诚信原则时，他方可以要求裁判者依照诚信原则裁判，法官也会依照诚信原则解释商行为和法律。这样可以最大限度地排除发生各种纠纷和意外的可能，为每一方主体提供最为安全的交易环境。

（3）平衡交易利益。由于作为经济人的商人追求经济利益的最大化，即以最小的投入获得最大的利益，因此，不理性、不善良的交易方以牺牲他方乃至社会利益来获取更大利益就有可能，如此，则使交易各方利益明显失衡。依诚信原则恢复商人的理性、善良，可矫正交易各方利益的倾斜，平衡交易各方及其与社会的利益关系。

（4）提高交易效率。诚信原则通过各种形式减少交易费用，意味着交易成本的降低、交易效率的提高。另外，交易诚信使双方重复交易的可能性增加，重复交易依照惯例进行，节省多次谈判的成本，必将提高交易效率。

五、交易公平原则

（一）交易公平原则的内涵

交易公平原则，是指商法中商主体在交易中合理地分配交易过程中的权利和义务，以实现公平、效率法律价值的基本原则。交易公平以平等为前提，以公平为内容，以交易的可接受为形式。

1. 交易公平以平等为前提。在交易中，交易各方必须承认对方与自己地位平等。倘若交易各方地位不平等，存在上下级关系或行政隶属关系，则势必使交易各方追求己方利益最大化的动机异化为命令手段而强加于交易对方，致使己方暴利而他方暴损。此交易非公平交易。

2. 交易公平以公平为内容。公平就是相互之间承认“某种比例或关系”。交易公平表现为权利的互惠，从程序上表现为参加交易者的意思表示要真实，从实体上不能一方对一方显失公平，而且要保护善意第三人的利益和一般的社会利益。① 等价有偿是交易公平的核心理念。商品之所以能交换，是因为商品具有价值，等价是价值上的相等，货币作为一般等价物是有偿的手段。等价有偿不仅使商品能在不同市场主体之间让渡，而且促使市场主体不断降低成本，从而推动社会的发展和进步。

3. 交易公平以可接受为形式。一项公平的交易，并非是指这项交易双方当事人的权利、义务绝对对等，而是指这项交易能够为交易各方当事人所接受，因此，交易的公平从外表看来就是交易各方接受了对方的交易条件。商主体进行交易的目的在于资本增值，如果一项交易是不公平的交易，致使其无法获利，商主体必然不会接受。

（二）交易公平的价值

1. 公平价值

人类天然具有公平感或者说不公平感，人们往往把公平看做是法律的同义词，公平是法律所应当始终奉行的价值观。商法的交易公平原则自然是公平价值的负载者，它是评价一项

---

① 参见［美］哈罗德·J·伯尔曼：《法律与革命》，贺卫方等译，427页，北京，中国大百科全书出版社，1993。

交易是否公平的法律准则，它通过交易主体自觉遵循公平分配交易中的权利和义务，实现亚里士多德所说的分配的公平；通过法官的自觉遵循纠正交易中的不公平，实现亚里士多德所说的矫正的公平，从而满足交易主体的公平需求。从福利经济学的角度说，遵守交易公平原则的结果必然是双赢的局面。人们在公平的环境和条件下完成交易，买方和卖方都从交易中获得公平需求的满足。

2. 效率价值

人们通常认为，公平与效率是矛盾的，但研究表明，在经济公平和经济效率层次上，公平与效率是一致的。人们通常所说的公平与效率的对立，实际是存在于社会公平与经济效率之间的不一致，这并不是一个层次上的问题。“就经济效率和经济公平而言，经济效率蕴涵着对经济公平的要求，经济公平要体现在经济效率的提高上……经济公平服从和服务于经济效率。”[①] 确实，在交易公平原则中，很难找出公平与效率相矛盾的表现。事实上，不公平的交易尽管可能在一次交易中使其中一方更有效率，因为此次交易他以较小的投入取得了较大的收益，但从长远看，不公平的交易阻断了下次交易发生的可能，获利到此为止。而公平的交易使双方都获益，无形中增加了交易双方的信心和再交易的可能性，这是长久获利的前提，理性的商人会选择长久交易。因此，交易公平原则中的公平与效率是一致的。

公平促进效率也可以从政治经济学的价值规律原理得到解释。商品流通中，交换是等价的交换，等价交换就是公平交易。等价交换的商品，其价值是由生产该商品的社会必要劳动时间决定的，马克思说：“……只是社会必要劳动量，或生产使用价值的社会必要劳动时间，决定该使用价值的价值量。”[②] 交易中交易双方均想获得更大的利润，而他们又都有各自拥有相同商品的竞争者，为了获得更大的利润，唯一的办法是减少社会必要劳动时间。“哪个商品生产者的个别劳动时间低于社会必要劳动时间，在竞争中就处于有利地位；哪个商品生产者的个别劳动时间高于社会必要劳动时间，在竞争中就处于不利地位，因为无论如何，商品的交换是按社会必要劳动时间进行等价交换的。这就推动着商品生产者改进技术条件，改善经营管理，提高劳动生产率，降低个别劳动时间和个别价值……从而推动着整个社会生产力的发展。”[③] 价值规律自发地刺激生产者改进技术、推动生产力发展的作用，就提高了效率。等价交换即公平交易，对提高效率的作用显而易见。

（三）交易公平原则的实践

1. 交易公平原则在交易中的实践

在交易中的实践，是交易公平原则指导商主体交易活动的过程。商主体从事交易行为，应本着平等、公平的心态进行，不得使交易对方的权利、义务与己方的权利、义务处于严重不均衡状态，并需对法律或约定未作规定，但无该义务便使交易处于不公平状况之义务加以履行。交易公平原则在交易中，具体表现为交易各方对交易中的权利、义务进行公平分配，以及在双方均无过错，但交易结果却显失公平时，交易各方对可能不公平之结果的纠正，即亚里士多德所说的分配公平和矫正公平。分配公平指导交易主体在对交易权利、义务分配时应以主体平等为前提，双方在交易中采取同一规则，通过协商谈判使权利、义务处于平衡状态。交易公平原则多体现在这一方面。矫正公平指导交易主体在可能出现交易不公平的情况

---

① 史瑞杰：《效率与公平、社会哲学的分析》，66～67 页，太原，山西教育出版社，1999。

② 《马克思恩格斯全集》，第 23 卷，52 页，北京，人民出版社，1972。

③ 王福成主编：《政治经济学》，上册，47 页，北京，中国商业出版社，1994。

下矫正可能不公平的结果，如商法领域情势变更原则就是矫正公平的体现。

2. 交易公平原则在审判中的实践

审判中的实践并非指交易公平原则能够作用于法官，使审理裁判行为客观、公正，譬如要求法官在审理案件时不得滥用自由裁量权，充分尊重商主体的程序主体权，禁止突袭性裁判，自觉回避，正确运用自由心证等，而是假法官之手作用于商行为或法律，以实现公平、正义的法律后果，即公平原则为法官自由裁量提供了机会。前者属于诉讼法中的公平原则，即法律适用中的公平，要求在司法程序中广泛采用的公平原则；后者则属于商法上的公平原则。前者的作用对象是法官，后者的作用对象是商行为或法律。

3. 交易公平原则在立法中的实践

商法基本原则具有指引市场交易立法的功能。首先体现在商法的部门法立法以两种方式实践着交易公平原则：一是以形式的方式实践交易公平原则。例如，《证券法》规定，证券的发行、交易活动，必须实行公开、公平、公正的原则；《保险法》规定，投保人和保险人订立保险合同，应当遵循公平互利、协商一致、自愿订立的原则；《合伙企业法》规定，订立合伙协议，设立合伙企业，应当遵循自愿、平等、公平、诚信原则等，都从形式上规定了交易公平原则。二是以实质的方式实践交易公平原则。如《保险法》规定，在合同有效期内，保险标的危险程度增加的，被保险人按照合同约定应当及时通知保险人，保险人有权要求增加保险费或者解除合同。《海商法》规定，货物丢失的赔偿额，按照货物的实际价值计算；货物损害的赔偿额，按照货物受损前后实际价值的差额或者货物的修复费用计算。

第五节　商法的特征

商法拥有自己独特的调整对象，从而具有区别于其他部门法的特征。我国关于商法特征的学说有“四特征说”[①]，即营利性、技术性、公法性、国际性；有“五特征说”[②]，即营利性、技术性、组织法与行为法的结合、变动性、国际性；还有的学者认为商法具有7个特征。我们认为，商法具有以下五个特征：

一、商法的兼容性

商法的兼容性表现在三个方面：商法兼容人定法与自然法，商法兼容硬法与软法，商法兼容任意法与强制法。

传统法律理论将法律部门划分为公法与私法，民法和商法同属于私法领域，即这两个法律部门规定私人之间、私人与国家或公共团体之间关于私的关系。商法的私法性特征显而易见，因为商法调整的是市场交易关系，市场主体之间的交易关系属于平等主体之间的私的关系。不涉及关于公的法律关系，是民法与商法的共同特征。但是，进入20世纪之后，公法与私法划分的传统日趋动摇，公法与私法之间走向相互渗透。这就是说，商法的立法中越来越多地体现了政府干预经济的色彩，更多地体现了维护社会公共利益的内容。例如，几乎所有国家的商法都规定了商业登记制度，商业登记制度实际上是国家对商主体进入市场的管理行为。每个国家的商法中都有商业账簿制度，而商业账簿制度是国家对商主体财务会计的管理。

---

① 赵万一主编：《商法学》，14～18页，北京，中国法制出版社，1999。

② 黎燕主编：《商法》，2～4页，北京，中央民族大学出版社，1999。

许多国家都有机动车强制保险制度，这是国家为保护社会公众利益、救助弱者而强制机动车车主购买保险的制度。这说明，原本是私人行为的内容，由于国家的介入而具有公法的因素。私法体系因此崩溃，公、私法的划分成为陈旧的、不科学的划分。现代商法兼容软法与硬法，成为新类型的法，即和谐商法。

商法还兼容了任意法和强制法。商法有硬商法和软商法之分。软商法绝大多数规范是任意性的法律规定，就是硬商法中，也有一些任意性的规定，这些任意性的规定主要体现在商行为方面。商行为中"当事人另有约定的除外"的规定在商业合同法中尤为常见。当事人关于股权转让的约定、关于保险合同特约条款的约定、都是任意性的规定。商主体方面也有任意性的规定，如公司法中关于股东、董事、监事人数的规定只是给出一个范围，具体人数可在此范围内约定。但是，商法中，特别是硬商法中，存在大量的强制性规定，当事人不能通过约定加以排除。例如，公司法关于公司组织形态、公司章程法定记载事项的规定都是强制性的；海商法中的船舶登记、海事赔偿的责任限制亦为强制性规定；保险法中的责任准备金制度、再保险制度等，也都具有强制性。

二、商法的技术性

法律规范从社会学角度分，可分为伦理性规范和技术性规范。伦理性规范是涉及善恶评价的规范，技术性规范则不涉及善恶的评价。民法中伦理性规范较多，商法中技术性规范较多。

商法技术性的产生有其现实基础。首先是因为商法的调整对象为市场交易关系，而不是家庭关系或人身关系。民法将家庭关系和人身关系作为其重要调整内容，注定其必然具有伦理性，因为在所有的法律关系中，只有家庭关系和人身关系最具有伦理性。例如，家庭关系中，婚姻法规定近亲三代以内不得结婚，这是最典型的伦理性规范。而商法调整市场交易关系，不涉及人与人之间的家庭关系和人身关系，伦理性自然较淡。其次是商法的实践性基础。商法作为自然法来源于市场交易实践，许多制度是商人在实践中发现、创造的，商人创造商法的准则是交易便利化，为此商人采取了诸多技术化的手段来处理复杂的交易，使交易无论在谈判、交付方面还是结算方面，都非常简捷。最后，这些技术性的手段通过软商法被纳入硬商法，商法规范因此具有技术性特征，最典型的是支付制度的技术化。最初的支付是现金支付，由于现金携带不便和交易途中盗抢等风险的存在，商人智慧地发明了票据支付。票据支付相对于现金支付，技术性显而易见。

商法的技术性表现在：一方面，商法规范基本不涉及道德上的善恶评价。民法规范涉及的善恶评价较多，其重要表现是作为民法理论基础的过错责任原则。过错责任原则的"过错"本身就是一个伦理的术语，人们只有有过错才承担责任，过错是对人们行为的伦理评价。而商法则采无过错责任原则，如商事合同的责任原则就是无过错责任原则，保险公司的赔付也采取无过错责任原则。民法追求当事人真意，根据当事人真意决定责任的承担，对当事人真意的追求在某种意义上也是一种伦理评价。商法一个重要的原则是"外观主义原则"，即只从行为人的行为外部判断责任的承担，不去追求当事人真意，不重视伦理方面的考量。另一方面，商法规范具有操作上的技巧性。现代市场交易各个领域为了交易的方便，均在交易的操作上增加了技术性，如证券交易、期货交易、海上货物贸易，都在长期的交易实践中将其简化。"商法要准确反映商品经济的客观规律，其规范不仅要作定性分析，而且要作定量分析。特别是现代商事交易中更多地融进了先进的科学技术，这使商法的内容也极具技术性，它不仅要求人们具有诚实信用的道德观念和商业信用，也要求人们具有更为精确、缜密的经济、技术知识和思维。”① “公司法中关于股东会的召集程序和决议方法，董事、监事的选举方法，商业账簿中的造具要求，证券法中的证券交易程序和清算规则，票据法中关于票据的签发、背书、承兑和追索，海商法中关于船舶碰撞、理算规则，保险法中的精算、理赔等，无不体现出很强的技术性特点。”②

三、商法的国际性

商法国际性的理论基础，可以从二个方面考察：

从历史的角度看，商法自产生之日起就具有国际性。古老的罗马万民法处理的法律关系中主要是商业交易，尤其是那些涉及远距离货物运输的商业交易。中世纪商法是典型的国际性法律。由于各地的某种市场交易规则在本质上一致，加上商人在交易过程中都不愿出现法律方面的障碍，因此，国际性是中世纪商人法具有的天然属性。近代商法虽然是国家化的商法，但各国的规则仍有很多相似之处。被称为现代商人法或新的商人习惯法的现代商法重新恢复了商法的国际性。通过联合国、世界贸易组织、国际商会、国际统一私法协会等组织，形成了许多世界统一的市场交易规则，商法的国际性跃升到了一个更新、更高的层次。

从现实的角度看，随着世界范围大市场的发展，全球范围内掀起了协调、统一商法的浪潮。当代社会，区域性贸易和世界性贸易的发展已经成为世界经济的主流趋势：在欧洲，欧盟在自身内部逐渐形成贸易的自由化；在美洲，则有北美自由贸易区；在亚洲，亚洲经贸合作组织的作用也在逐渐加强。CEPA、ECFA 是我国的软商法，统一“一国两制、三法系、四法域”市场交易规则的实践，已初步取得成效，如“海协会”、“海基会”签订的一系列协议，其中诸多都属于软商法的范畴，是两岸的共同意志。除了区域性贸易，世界性贸易也在迅猛发展。印度的许多高科技公司在美国开设分部，就地将美国“外包”给其加工产业，利用美国的人才在美国生产，不仅避免了外包费用，而且不会在法律上产生纠纷。这种贸易形式是贸易全球化的一种新模式，同时也避免美印两国市场交易法律制度不同造成的法律冲突。这说明全球化的过程，不仅是经济全球化也是世界市场交易规则全球化的过程。任何商人都不希望法律上的差异阻碍贸易的发展，因此，全球范围内统一市场交易法律的努力从来就没有停止过。

从规范本身来说，商法规范易于统一。商法规范多是技术性规范，而不是伦理性规范。伦理性规范不易统一，因为各国的伦理道德观念、宗教信仰以及民族习惯等可能存在差异，如各国的亲属、继承的观念就可能存在不同，因此不易统一。商法规范多为技术性规范，与伦理道德观念、宗教信仰、民族习惯等基本没有关系，因此较之民法规范，商法的世界统一更为容易。

商法的国际性不仅体现在软商法中，而且体现在硬商法之中。已经形成《统一提单的若干法律规则的国际公约》、《国际货物买卖统一法公约》、《国际货物销售合同公约》、《日内瓦统一汇票本票法公约》、《日内瓦统一支票法公约》等统一公约，以及数量众多的统一法、统一规则。这种世界统一、地区统一的强劲浪潮，促进各国将国际公约、统一法、统一规则国内化，使国内商法具有国际性，如《美国统一商法典》、我国的《海商法》等。由软商法和硬

---

① 赵中孚主编：《商法总论》，21 页，北京，中国人民大学出版社，1999。

② 顾功耘主编：《商法教程》，2 版，8 页，上海，上海人民出版社；北京，北京大学出版社，2006。

商法组成的有机的、统一、和谐的商法体系，正在全球范围内形成。

四、商法的进步性

商法的进步性，指商法的不断发展、创新。相对于其他法律，规范市场交易的法律发展最为迅速，有些法律，特别是传统民法体系相对封闭，容纳新事物、进步也不及商法迅速。

商法进步性的基础存在于两个方面：一方面，商法的调整对象决定了其进步性。商法调整市场交易关系，这种关系是一种不断迅速发展的关系。民法调整家庭、亲属、继承等，这些内容本身的发展需要经过漫长的过程，因此发展较缓慢。张国键先生说："民法具有固定性与继续性，往往沿袭援用，修改不易。"① 这种"固定性与继续性"，是由其调整的社会关系决定的。另一方面，交易的不断发展是商法进步性的经济基础。从简单的买卖到证券交易、期货交易，再到20世纪迅速崛起的电子商务，市场交易关系的发展速度令人瞠目结舌。"社会情况变迁，商业每因之发生变化，商事法必须随着社会已发生或存在之事实，亦步亦趋，始能适合实际需要。商事法之具有进步性，实较诸民法尤为迅速。益以现时国际贸易繁兴，经济竞争日趋激烈，商事法规，尤不能不随着时代潮流与社会经济发展之趋势，而力求其进步。否则，一国之商业，将无从发展，社会亦无法繁荣。"②

商法的进步性表现在三个方面：其一，各国不断修订商法，特别是一些近代商法色彩较浓、具有商法典的国家，通过修改商法典为确立现代商法清除障碍。例如，《德国商法典》、《法国商法典》在制定之后分别有多次修改。在没有商法典的国家，往往通过修订单行法促进商法的现代化。我国在20世纪制定了多部商法单行法，随着现代商法的理念深入人心，这些单行法几乎都经过修改，例如，《公司法》经过多次修改，《票据法》、《保险法》、《合伙企业法》、《证券法》等无不经过了修改。其二，不断制定新的单行法。德国、法国由于商法典不能适应新的经济形势，纷纷在商法典之外制定反映现代商法时代潮流的单行法。以德国为例，在商法典之外又制定了《有限责任公司法》、《股份有限公司法》、《保险契约法》等法律、法规。在没有商法典的国家，商法单行法的数量在不断增加，质量上纷纷将国际公约、统一法、统一规则国内化，软商法的地位被不断提升，越来越成为商法体系的主干。我国在20世纪90年代中期集中出台了一批商法单行法，如海商法、公司法、票据法、保险法、证券法、合同法、合伙企业法、个人独资企业法、信托法、破产法等法律，由于国际公约、软商法在这些法中体现的程度不同，在进步性上反映出一定的差异。其三，通过司法解释的方式促进商法进步。在商法法律暂时无法修改的情况下，司法机关往往会通过解释法律扩大商法的适用。我国最高人民法院分别出台了关于《合同法》、《公司法》、《票据法》等的司法解释，以这种方式推动商法的进步。

五、商法的资本经营性

现代商法不同于简单商品生产完善法的最本质的特征，是资本经营性。现代市场主体（商人）是资本经营者，现代市场行为（商行为）是资本经营行为。资本经营是现代商法的精髓，商法就是资本经营法。

---

①② 张国键：《商事法论》，25页，台北，三民书局，1986。

所谓资本经营，是以资本增值为目标的经营管理方式。它包含的内容概括为：第一，它是以资本增值为目标的。第二，这种资本增值有别于近代商法居于主导地位时的“营利”。它具有社会化大生产集约化经营的特征，即资本营运增值和资本结构优化增值。第三，这种资本增值在我国要求必须实现经济体制和经济发展方式的根本转变，实现全面、协调、可持续的发展。

资本营运增值要求市场主体对资本的组织、对资本的使用和管理都必须现代化，商法提供了这方面完善的制度，能够保证资本有效地营运。资本结构优化增值要求市场主体必须构建符合市场经济的资本产权结构、产业结构和技术结构，商法制度可以有效地实现资本结构优化增值。因此，这里的资本经营是广义的，是包括智力经营的，并最终转变为以智力经营为主。从这一视角，知识产权法是商法的有机组成部分。

作为市场主体的企业，过去都是生产型的，或者生产经营型的，现代企业是资本经营型的。资本经营不仅着眼于资本，更着眼于经营。资本的形态表现为货币资本、实物资本和证券资本，货币和实物资本均可转化为证券资本。商法的提单、票据、债券、股票等完整的有价证券制度，为资本经营规范化操作提供了极为便捷的法律手段。

作为市场主体的企业，是不是现代市场主体，很大程度上要看企业进入市场的状况。企业进入市场经历三个阶段：初级市场阶段，企业主要是靠产品的交换来建立与市场的联系；发达的市场阶段，企业的生产要素进入流通领域，要素市场成为企业之间的主要联系渠道；现代市场阶段，企业的资本经营上升到主要地位，企业资本实现了社会化和国际化。资本经营是现代商法区别于近代商法的鲜明特征。

哈佛大学教授哈罗德·J·伯尔曼，在《法律与革命》一书中，对商法及其特征作了精辟的论述。例如，他认为新的职业商人阶级及他们从事的大规模商业交易的出现，形成了一种新的商法体系。[①] 他指出，假如没有诸如流通证券和有限责任合伙这样一些新的法律设计，没有对已经陈旧、过时的以往的商业习惯的改造，没有商事法院和商事立法，那么，要求变化的其他社会经济压力就找不到出路，因此，商业革命有助于造就商法，商法也有助于造就商业革命。[②] 在分析近代西方商法得益于罗马法时，同时也指出，“在商业契约和非商业契约之间”罗马法“没有作出任何自觉的区分，所有的契约都被当作民事契约”[③]。在分析商法的客观、普遍、互惠、参与裁判制、整体以及发展的特性时，许多论述是独到的，认为自然法即商法，是世界通用的法律。[④] 罗马的经济在信用形式上不适合较大规模的商业信用，罗马法不曾有过复杂的抵押手段。[⑤] 伯尔曼对商法特征的论述，从时间跨度上截止到15世纪，正如他所指出的，整个商法体系都处在一种演化的过程中。[⑥] 他所预言的新的商法体系，在16世纪到20世纪：首先，演化为以《法国商法典》和《德国商法典》为代表的大陆法系近代商法。其次，20世纪50年代又演化出了《美国统一商法典》，以及诸多现代市场交易国际公约、统一法、统一规则，一个由软商法和硬商法所构成的崭新、和谐的现代商法体系。近代商法演化为现代商法，既有教训，也有经验。商法演化中的这些经验和教训，必然成为人类的共同财富，推动着商法向新的里程和高度演化。

---

① 参见［美］哈罗德·J·伯尔曼：《法律与革命》，贺卫方等译，407页，北京，中国大百科全书出版社，1993。

② 参见上书，409页。

③ 同上书，413页。

④ 参见上书，416页。

⑤ 参见上书，428页。

⑥ 参见上书，433页。

第三章
商法的演进

第一节　国外商法的演进

商法像所有法律一样，都处于一种演进的过程中，所不同的是商法的演进有着自己的阶段性并“表现为一种自主的发展”的特征。我们将国外商法的发展分为四个时期：家商一体的罗马法时代商法；以商人交易习惯为行为规范的中世纪商法；民族化、国家化的近代商法；适应经济全球化的现代商法。

一、家商一体的罗马时代商法

在罗马帝国时代，虽然已经存在比较发达的民事法律，但还不存在严格意义的商法，商法作为一个法律部门尚未出现。但是，商法的一些具体规则，也就是关于市场交易的具体规则，已经存在。罗马时代的市场交易基本围绕着家庭生产、生活的需要展开，交易与家庭关系很难加以区分。对这个时代的商法，我们称为家商一体的罗马时代商法。

古代罗马法将法分为公法和私法，私法是规定私人与私人之间行为的，其中市民法被后世称为民法，“万民法是适用于那些非罗马公民的属于诸民族的习惯法”，“正是这种万民法支配着罗马帝国范围内绝大多数类型的商业交易，尤其是那些涉及远距离货物运输的商业交易。罗马帝国的商业习惯法包括通常被认为可以追溯到大约公元前300年的《罗德海法》”①。此外还有教会法，是将法律规范与道德戒律、神学教义以及圣礼程式结合在一起，其中许多规则涉及法律问题，如有关婚姻、家庭、继承、买卖、交换等的规定。因此，家商一体的罗马法时代，不存在严格意义的商法概念，“在奴隶社会、封建社会不可能有现代意义的商法”②。罗马法时代缺乏后世商法赖以存在的各种观念、原则、制度，如有限责任、商业信用、动产抵押；缺乏维护交易安全的规则和原则，如交付行为无因性、承担连带责任、合同许诺不得撤销等规则，共同债务连带责任、商人资格与公示等原则。

当时调整交易关系的法律，具有的特征：一是诸法合体，民商不分；二是具有简单商品生产的典型性，不少交易行为被认为是违法行为，如不准货物不加工就转手出卖，不准借本经商，不准放贷收息，否认非生产性的中介商业活动、正常的债权让与，否认无因行为等，实质是从商品到商品的易货，或是商品—货币—商品的交换；三是以家庭为本位，家庭与家

---

① ［美］哈罗德·J·伯尔曼：《法律与革命》，贺卫方等译，413页，北京，中国大百科全书出版社，1993。

② 徐学鹿主编：《商法学》，59页，北京，中国财政经济出版社，1998。

庭之间的商品交换，是法律规则的立足点；四是商品交换的全部目的是家庭人的生存和繁衍，法律为此目的作了全方位的规定；五是调整商品交换关系的规范，不是来自具有狭隘民族性及浓厚形式主义的市民法，而是属于其他民族的商业习惯法，即万民法。萌芽状态的商法，就充分显示了它的自主发展的特征。

自东罗马帝国灭亡之后至11世纪，欧洲几乎见不到大规模的商业活动。[①]“在这个社会里，交易与商品流通已经降到最低限度。商人阶级消灭了。一个人的情况是根据他与土地的关系来决定的。”[②] 因此，在这个阶段，商法没有太大发展。直到11世纪后，商业开始活跃，商法的发展才揭开了新的篇章。

二、以商人交易习惯为行为规范的中世纪商法

我们所称中世纪商法，是指从11世纪到16世纪之间的商法，正是在此段时间，商法由原来的商法规范，发展成为独立的部门法。11世纪之后，商法作为一个独立的部门法存在，有其深刻的社会根源。

（一）商法产生的原因

首先是经济原因。11世纪之后，农村和城市经济得到了迅猛发展，特别是海外交易的发展，推动了商法的产生。农村贸易的扩展最初是“农业革命”的结果，没有“农业革命”和农村经济的发展，不可能有大量的用于交换的剩余农产品。农村经济的发展，提供了大量剩余农产品用于交换。农村经济的发展，为城市和海外贸易的发展创造了条件。农业的发展不仅为城市发展提供了商品，也为城市发展提供了人口和劳动力。“许多脱离庄园的农民变成了商贩，更多的则涌入正在形成的城市，变成了工匠或商人。此外，小贵族的子孙也开始离开农村，进入城市从事制造业或商业。在意大利和欧洲的其他一些地方，甚至上层贵族有时也从农业生产转移到商业，尤其是转移到大规模的贸易和金融业。”[③] 城市间的贸易和海外贸易得到了空前的发展。

其次是政治和宗教因素。1075—1122年的教皇革命，之所以被称为革命，是因为每次革命将最终产生一种新的法律体系。这时的天主教会不再谴责金钱或财富本身，相反，还鼓励追求金钱或财富，只要这种追求符合一定目的和一定原则。教会鼓励商人组成行会，赋予行会宗教功能，使之在商业交易中维持道德标准，并且在世俗生活中强调，“建立在高尚信念基础上的合法贸易有别于建立在贪婪基础上的非法贸易；建立在满足合法需求基础上的贸易有别于建立在纯粹自私自利或欺诈基础上的贸易；合法地收取利息有别于高利贷；公平的价格有别于不公平的价格”。教皇革命对外的军事计划和经济计划，即“十字军”东征和殖民运动，使教皇从海上或陆上向东扩展了它的权威，促进了远距离的海上贸易和陆上贸易。波澜壮阔的商业革命，摧毁了不许投机和收取利息出借的旧的法律理念和制度，孕育了诸如流通汇票、有限责任合伙等一系列新的法律设计，改造了陈旧、过时的商业习惯。特定的商法概念就这样在商业革命中产生了。

再次是一个新的商人阶级的出现。“农业革命”带来了农村经济的迅速发展，城市兴起带来了商业的迅速繁荣，这些为商人阶级的产生、壮大，创造了机会。商人的数量大为增加，

---

① 参见樊涛、王延川：《商法总论》，137页，北京，知识产权出版社，2006。

② ［比］亨利·皮朗：《中世纪欧洲经济社会史》，10页，上海，上海世纪出版集团、上海人民出版社，2001。

③ ［美］哈罗德·J·伯尔曼：《法律与革命》，贺卫方等译，407页，北京，中国大百科全书出版社，1993。

西欧商人在百年间从几千人，迅速扩展到几十万人。商人活动的空间也空前扩展，他们不仅从事农村贸易，而且从事城市间的贸易和海外贸易。商人活动的领域拓展，不仅包括各种销售活动，而且包括运输、保险和资金筹措等。商人的组织程度更高，他们组成了一种自治的社会共同体，包括宗教性兄弟会、行会和其他社团。

最后是商人在商业实践中需要并建立了商法规则。商人阶级发展规模的迅速扩大，使各地的市场不断发展和扩大。许多城市和城镇，特别是海港城镇，都定期举办规模巨大的国际集市，国内市场也处处可见，这些集市和市场具有复杂的组织形态，从而使交易习俗逐渐演变为交易习惯法。系统汇集和传播商业活动的习惯法，意大利的港口城市居于前列。例如，位于海岸的阿马尔菲共和国采用的海商法汇集——《阿马尔菲表》，被意大利所有的城市共和国采纳。一些涉及海上货物运输契约的海商法汇集，如《维斯比法》、《奥莱龙法》、《海事法典》等，在大西洋和北海，在波罗的海，在地中海等海港城镇、商业中心取得了广泛的权威。这些由商人在商业实践中创造的行为规则，调整着繁荣兴旺的各种商业关系。这些市场交易行为规范，曾被人们称为商人法、旧的商业习惯法等，但都没有后来被人们界定为软商法科学，因为软商法的称谓揭示了商法产生的本质。

（二）中世纪商法的特征

在商业革命中产生的商法，必然有别于其他法律，必然呈现出自己的特征：

一是多是以采取船舶运送的方式从事两地交易为对象的规范。“在海商法中，恰恰可以看到整个商法的缩影”，“海商法是以运输行为的营利行为为其中心的，本来与一般商业有着共同的特点。由此，作为实体商法的一部分而与民法相对立”①。

二是这些行为规范，多是以商人间的习惯为中心的习惯行为规范。在“商法体系中存在着一种从习俗（行为模型）意义上的习惯到更为细致地加以界定的习惯法（行为规范）的运动”，“它是为所有王国和联合体的权威所认可的习惯法，而不是由任何君王的王权所确立的法律”②，显然它是自然法、软商法，而非人定法、硬商法。

三是这些规范是以当事人自治为最高原则。

四是从事交易的商人，初步形成一个专门的行业，商人习惯法实际上是商人这个阶层普遍适用的习惯性做法。

五是解决商人之间因交易发生的纠纷者，是商人自己组成的商人法庭。商事法院包括市场法院、集市法院、商人行会法院和城市商事法院。于市场法院和集市法院，法官是由市场或集市的商人从他们的成员中选出来的。行会法院由行会首脑或其代表组成，在审理商事案件中选择 2～3 名行会的商人成员担任陪审员。城市商事法院由商人们选举的商人组成。英国为了保护“异国商人”，按照 1353 年《贸易中心城镇法》的规定，贸易中心城镇法院的首席法官将是该城镇的市长，任期 1 年，“由商人共同体——其中也有作为居民的外国人——选举产生”，“市长应该具有商法知识，并依据它进行审判”③。

六是这些商人的行为规范，具有普遍性和世界性。④ 当时在“每一个国家，甚至还可以说每一个城镇，都有自己的一种商法，但所有这些商法都不过是同一种类的各个分支而已。在

---

① ［日］小町谷操三：《海商法研究》，第 2 卷，51～55 页。转引自《司玉琢海商法论文集》，10 页，北京，法律出版社，1995。

② ［美］哈罗德·J·伯尔曼：《法律与革命》，贺卫方等译，415、416 页，北京，中国大百科全书出版社，1993。

③ 同上书，422 页。

④ 参见徐学鹿主编：《商法学》，34 页，北京，中国财政经济出版社，1998。

每个地方，商法的主要原则和重要的规则都是一样的，或者说是趋于同一的”[1]，因此，人们认为“这里的自然法即一些人所称的商法，它是世界通用的法律”[2]。

上述特征是后世被人们称为软商法特征的集中表述。

（三）中世纪商法的三大理论

中世纪商人习惯法在整个商法的演进中，可能存在着这样、那样的不足，但它一开始就向人类展示了商法的许多宝贵的天性，这些天性是人类创新、发展法律，特别是市场交易法律的共同财富。有限责任、商业信用以及自治机制是中世纪商法创造的三大理论。

首先是有限责任。11 世纪晚期，在意大利、英格兰和欧洲的其他地方逐渐形成了一种被称为康美达的组织形式。康美达有两方合伙人，一方提供资金但待在家里，另一方从事航行。通常从事航行的一方能够获得 1/4 的利润，提供资金的一方能够获得 3/4 的利润。后来，由康美达演化出一种被称为“海上合伙”的组织，在这种组织中，从事航行的合伙人提供 1/3 资金，不从事航行的合伙人提供 2/3 的资金，双方平分利润。但是，不管是康美达还是海上合伙，合伙人都只承担有限责任。“康美达和海上合伙所具有的最大好处就是合伙人的责任被限于他们最初投资的数额。”[3] 商人在实践中创造了有限责任制度，有限责任首先是实践，其次才是理论。

其次是商业信用。中世纪商法秉承了古代商法关于诚信的观念，更重要的是，中世纪商法创造了众多的信用形式，其中最明显的就是票据。在票据到期之前，持票人不能获得支付，此时票据本身代表着一种“晚些时刻支付”的信用，即出票人和背书人保证票据到期后能够获得支付，任何合法持有票据的当事人在票据到期后都能取得付款，因此，票据本身就是一种信用。除票据之外，商人在交易实践中还创造了许多信用手段，比如，创造了通过移交运输单据转移货物所有权，形成了默示保证制度，构建了动产抵押制度，创立了以对货物的留置权或以船舶本身的股份作为担保的冒险借贷等。商人创造的商法信用理论，是整个商法的基石，一系列商法制度，如买卖、票据、有价证券、租赁、担保、信托、海商、保险、破产，通过商业信用机制联结成了一个有机的整体。商人如此重视信用，是因为信用是交易的基础，没有信用就失去了秩序。

再次是自治运行机制。商人彻底的自治性，是其运行机制的显著特征。这种运行机制可以概括为三自，即自立、自律、自裁。商人们自己立法，在实践中形成交易习惯和习惯法，交易的行为规则是自我形成的，这就是“自立”。在有了自己的习惯和习惯法之后，商人在行为上通过自律严格遵守这些习惯和习惯法，自律对商人重于生命。交易中如果缺乏商人的自律精神，就必然产生信用危机，最终影响市场交易正常运行，乃至整个社会的发展。当商人之间发生了纠纷之后，商人采取的解决方式是“自裁”，即由商人自己组织的法庭审判这些纠纷，而不是将纠纷交给国家设立的审判机关。审判结果能够被执行，因为，如果商人不执行审判结果，将面临被排除出商人共同体的巨大风险。

有限责任、商业信用、自治机制作为中世纪商法的三大理论，展现了后世软商法的理论脉络，在商法的历史发展中不断得到发展、反复进行运用，被有关法律广泛借鉴，形成了商法制度创新的机制、动力和源泉。

---

① ［美］哈罗德·J·伯尔曼：《法律与革命》，贺卫方等译，417 页，北京，中国大百科全书出版社，1993。

②③ 同上书，416 页。

三、民族化、国家化的近代商法

从17世纪开始，至20世纪第二次世界大战之前，为民族化、国家化的近代商法时期。在此阶段，软商法被各民族、各国家制定为硬商法，即商法法典或法律。由于此阶段的商法中加入了民族意志和国家意志，又由于此阶段时处历史的近代，我们将这一阶段的商法称为民族化、国家化的近代商法。

民族化、国家化的近代商法，可以分为大陆法系的近代商法和英美法系的近代商法。

(一) 大陆法系的近代商法

1. 法国

(1) 世界上第一部商法典诞生在法国的原因。

一是法国商品经济进一步发展的要求。经过资产阶级革命，法国商品经济得到了进一步发展。为了巩固资产阶级革命的成果，巩固和发展资本主义的生产关系，发展商品经济，“把每天重复着的生产、分配和交换产品的行为用一个共同规则概括起来，设法使个人服从生产和交换的一般条件”。于是，在1801年，拿破仑任命由包括法学家和实业家在内的7人委员会起草商法典。在广泛征求意见的基础上，于1803年公布了商法典草案，1807年9月议会通过了法案，1808年1月1日起实施这一法典。

二是法国商事立法和审判实践的总结。早在1563年，法国政府就设商事法院，并任命商人为法官处理商事案件。路易十四时期在柯尔培尔主持下，制定了1673年《商事条例》，共12章、112条，其中包括商人、票据、破产、商事裁判管辖等内容。1681年又公布了《海事条例》，共5编，包括海上裁判所、船员、海上契约、港湾警察、海上渔猎等。《法国商法典》不过是商事审判实践的升华和商事、海事条例的编纂。

三是重商主义政策的条文化、制度化。随着地理大发现，世界市场突然扩大，各国政府为了本国富强，大力推行重商主义政策。法国的柯尔培尔就是著名的重商主义者，他在担任路易十四的财政大臣期间，力主建立商船队、海外公司，从事国际商品交易。这些重商主义的经济政策被称为“柯尔培尔主义”。《商事条例》和《海事条例》就是“柯尔培尔主义”的产物。

四是法国商法理论研究繁荣的表现。在这一时期，法国学者对商法理论进行了一系列研究，发表了一系列商法作品，如参加法国《商事条例》起草的德国学者萨维尼早在1675年就发表了《论完全商人》一文。这些学术研究推动了商法典的问世。

(2)《法国商法典》的结构和内容。

《法国商法典》共分4编、648条。第一编为通则，分为9章，第一章为商人，第二章为商业账簿，第三章为公司，第四章为夫妻财产的分离，第五章为商业交易所及票据经纪人，第六章为行纪，第七章为买卖，第八章为汇票、本票，第九章为时效。第二编为海商，共分14章，包括船舶，船舶抵押，船舶所有人，船长，海员，拥船契约，载货证券，租船，契约，以船舶为抵押而设定的借贷，海上保险，海损，货物投弃，时效，拒诉等。第三编为破产，共分3章，包括家资分散，破产，复权。第四编为商事法院。

(3)《法国商法典》的特点。

第一，将商人法改为商行为法。以商行为为立法基础，凡实施商行为者不论是否商人，都适用商法。商法学家把采用这一原则立法的国家，称为法国商法法系。

第二，把商业从国家的监护下解放了出来。法典体现的“私法自治”原则，使商人成为实施商行为的独立主体。

(4)《法国商法典》留下的遗憾。

拿破仑非常重视民法典的编撰工作，他说："这是一个完全的著作．我要称它为'圣匣'，让邻国来看这种宗教式的崇敬和榜样。"他还说："我的光荣不在于打胜了四十个战役，滑铁卢会摧毁这么多的胜利……但不会被任何东西摧毁的，会永远存在的，是我的民法典。"[①] 拿破仑这种特殊的偏爱，使民法典在立法技巧上新颖，编排条理，逻辑严谨，通俗简明。拿破仑对民法典的偏爱，不仅使商法典立法技术不高，内容贫乏、过时，而且使生机无限的软商法，从此开始被硬化为封闭、僵死的硬商法体系，为商法的科学发展埋下了无穷的遗憾。

2. 德国

(1) 德国商法的沿革。

1861 年颁布的《普通德意志商法典》，又称德国旧商法，共 5 编、911 条。第一编为商人的地位，第二编为商事公司，第三编为合伙，第四编为商行为，第五编为海商。1897 年 5 月 10 日公布、1900 年 1 月 1 日施行的《德意志帝国商法典》，被称为德国新商法典。通常所指的《德国商法典》是后者。

(2)《德国商法典》的结构和内容。

《德意志帝国商法典》共 4 编、905 条。第一编为总则，共分 8 章：第一章为商人，第二章为商业登记簿，第三章为商号，第四章为商业账簿，第五章为经理权及代理权，第六章为商业使用人，第七章为代理商，第八章为商业居间人。第二编为商事公司及隐名合伙，共分 5 章：第一章为无限公司，第二章为两合公司，第三章为股份公司，第四章为股份两合公司，第五章为隐名合伙。第三编为商行为，共分 7 章：第一章为总则，第二章为商业买卖，第三章为行纪营业，第四章为承揽运送业，第五章为仓库营业，第六章为运送营业，第七章为铁路运送。第四编为海商，共分 11 章：第一章为总则，第二章为船舶所有人及船舶共有，第三章为船长，第四章为物品运送，第五章为旅客运送，第六章为冒险借贷，第七章为共同海损，第八章为海难救助，第九章为船舶债权人，第十章为海上保险，第十一章为时效。这部商法典经 1952 年修改，于 1953 年 8 月 6 日生效。后来又于 1998 年 6 月 22 日修改，1998 年 7 月 1 日施行。[②]

(3)《德国商法典》的特点。

第一，德国旧商法仿效法国，以商行为为立法基础；新商法以商人为立法基础，于同一行为，商人为之适用商法；其他人为之，则适用其他法律。

第二，德国法学家注重理论概括、抽象，在商法典中则表现为语言难懂，条文烦琐。

第三，强化了硬商法对软商法的硬化，导致了商法在民族化、国家化过程中，受到的损害，比任何一个法律都严重。

3. 日本

(1)《日本商法典》产生的历史背景。

《日本商法典》是同日本的明治维新联系在一起的，革新势力与保守势力之间展开了尖锐的斗争。前者以商业交易及商法的世界性、进步性、废除治外法权前提的必要性为理由，力主制定并立即施行商法典；后者则认为法典是抄袭外国法，与民法典不协调，匆忙施行会引起经济界的混乱。这场论争形式上以代表保守势力的延期论的胜利告终。日本政府为了打破

① 江平主编：《西方国家民商法概要》，17 页，北京，法律出版社，1984。

② 参见邵建东：《论德国商法的最新修订》，载徐学鹿主编：《商法研究》，第 1 辑，北京，人民法院出版社，2000。

僵局，实质上支持革新派，但又惧怕保守派的强大势力，采取了名为修正旧商法典、实为另立新商法典的方针。在新法案未通过时旧商法典延期期间已经届满，在这种情况下只好施行新商法典。因此，《日本商法典》是明治维新的产物，它同时又推动和维护了明治维新，巩固了维新的成果。

(2)《日本商法典》的结构和内容。

1881 年日本政府聘请德国人赫尔曼·洛爱斯莱尔起草商法，他以德国商法为模式，于 1890 年起草出第一部日本商法典，分为 3 编，即总则、海商和破产。由于这部商法脱离日本的国情和商事习惯，经过修改，到 1893 年日本才命令施行商法中有关公司、票据、破产等部分。1899 年日本在此基础上制定了新商法典，共分 5 编：第一编为总则，第二编为公司，第三编为商行为，第四编为票据，第五编为海商。为了适应经济发展和内外贸易发展的要求，经过数十次修改。日本现行商法为 4 编、31 章、851 条。

第一编为总则，共 7 章、51 条，主要内容包括商人、商业登记、商号、商业账簿、商业使用人、代理商。

第二编为公司，共 7 章、449 条，主要内容包括总则、无限公司、两合公司、股份有限公司、股份两合公司、外国公司、罚则。

第三编为商行为，共 10 章、183 条，主要内容包括总则、买卖、交互计算、隐名合伙、居间营业、行纪营业、承揽运输营业、运输营业、寄托、保险。

第四编为海商，共 7 章、168 条，主要内容包括船舶和船舶所有人、船员、运输、海损、海难救助、保险、船舶债权人。

(3)《日本商法典》的特点。

第一，《日本商法典》是将商行为和商人两种标准同时作为立法的基础，人们把这种采取法国商法立法，也仿效德国商法立法的模式，称为折中商法法系。

第二，第二次世界大战后，适应经济民主化的要求，日本商法倾向于英美法系，并作了多次修改，如采用授权资本及无额面股。这一修改又必然影响到股份公司及其他制度的修改，促使日本商法发生质的变化。

4. 瑞士

(1)《瑞士债法典》的制定。

《瑞士债法典》是根据 1874 年瑞士联邦宪法的有关规定制定的，该宪法第 64 条指出，所谓“债法”包括与商事和动产交易有关的法律。《瑞士债法典》就是商法典的主要内容与债法的结合。

债法典于 1881 年公布，自 1883 年起施行 15 年后，直到 1898 年联邦取得补充立法权，才开始起草民法典。

(2)《瑞士债法典》的结构和内容。

现行《瑞士债法典》共分 5 个部分、1 186 条，第一部分为总则，第二部分为各种合同，第三部分为商事公司与合作社，第四部分为商业登记册、商号、商业会计，第五部分为有价证券。

(3)《瑞士债法典》的特点。

第一，《瑞士债法典》制定、施行在前，《瑞士民法典》制定在后，债法典经修改，将有关动产物权的规定并入民法典。

第二，债法作为分别的法典，并不直接作为民法典的一部分，它有自己的体系与条文编号。

第三，在普通法与特别法的关系上，债法典的一般规定适用于民法的其他部分。[①]

第四，1912年《瑞士民法典》的内容包括人、家、继承与财产，这种家庭、人身、财产的特色，使之更能区别于债法典。[②]

第五，受民商合一思想的支配，债法典被认为是民法典的第五部分，体现了家商合一、私法一体的特征。

尽管《瑞士债法典》吸收了软商法的内容，但其整体上是按硬商法设计的，是对软商法的否定。

（二）英美法系的近代商法

英美法系相对于大陆法系被称为海洋法系。开放的海洋与商法有不解之缘，封闭的大陆与民法息息相关，因此，大陆法系又被称为民法法系，海洋法系理当称为商法法系。商法法系是以商法为立国之本，没有民法的概念，其商法是以普通法和衡平法判例为基础，由成文法修订、补充组成的部门法律体系，软商法与硬商法在这里和谐共存、共荣。

1. 英国

英国除了商事习惯与判例外，从19世纪下半叶以来，还制定了一些成文商事单行法，如1882年的《票据法》，1885年的《载货证券法》，1893年的《行纪法》，1890年的《合伙法》，1893年的《商品买卖法》，1894年的《商船法及破产法》，1906年的《海上保险法》，1907年的《有限责任合伙法》，1924年的《海上货物运送法》，1914年的《破产法》，1948年的《公司法》等。

2. 美国

美国商法主要由下列几部分构成：

（1）制定法。美国在传统上实行判例制度，从20世纪以来逐渐向法律成文化发展。从1892年成立"统一州法律委员会"以来先后公布约两百项法令，其中大部分是商事方面的制定法，如《统一买卖法》、《商事公司标准法》等。自1938年废除了共同的普通法，加上美国联邦宪法将商事立法权收归联邦，进一步加快了联邦成文法的步伐。联邦制定的商事方面的法律主要有：联邦宪法中的商法条款、联邦商事法律、联邦行政机关颁发的商事执行条例、联邦商事条约。美国将其成文法汇编成《美国法典》和《联邦条例汇编》，其中大量的是商事制定法。美国各州有立法权，州的商事制定法主要包括州宪法中的商事条款、州商事法律和郡、市的商事条例。

（2）判例法。美国判例法是在"遵循先例"的理论基础上建立起来的。这种先例仅产生于高级法院的判决，它反映了法院的等级关系，它要求联邦最高法院和州法院的判决对所属下级法院处理相同的争议具有约束力；法院本身也要受它自身先例的约束。从1938年联邦法院废除共同的判例法后，判例法在联邦法中已不占重要地位，规定判例法的适用原则是：联邦最高法院的判例可以适用于州法院系统：联邦法院审理的涉及州法院的案件，可以适用州法院的判例，但州法院产生的判例不得与联邦法律相冲突。并且在判例的适用上多采取"重述"的形式。"重述"是由法学家对判例作出权威性的解释，以便法院准确适用。特别是商事方面的判例"重述"，具有高度权威。

美国总的趋势是制定法不断增加，不断改变判例法过时的原则。但是，要了解制定法，首先要从判例法去理解。

（3）软商法。表现为商事习惯和贸易惯例，是美国商法的重要组成部分。软商法的强制

①② 参见《瑞士民法典》，殷生根译，1～66页，北京，法律出版社，1987。

效力有赖于国家法律的规定。美国早在 1929 年由 9 个商业团体制定了有关部门对外贸易的规定，1941 年进行了修正，对 6 种贸易惯例术语作了专门的解释和规定。

(4) 商事自治法。这是软商法的另一表现形式，主要包括企业或商业团体章程以及商事交往中的协议。协议作为商法的组成部分，具有特殊的效力。

(5) 国际公约、条约和协定，如美国参加的《国际货物销售合同公约》等。

四、趋向世界统一的现代商法

趋向世界统一的现代商法，是软、硬商法有机共生，软商法（被称为现代商人法、新的商人习惯法）作为导向，优先发展的时代。[①] 现代商法，是指 20 世纪第二次世界大战以后的商法。这时，商法的重要特征之一，是世界统一性。在商法成为一个法律部门的中世纪时期，国际性早已是人们公认的特征。近代民族国家把商法统一到各国国内法制度中，使商法的国际性受到极大损害。但是，“即便在这一时期，商法的国际性痕迹依然存在，凡是了解商法的渊源和性质的人都能看到这一点”[②]。进入现代，商法的国际性重新回归。商法从中世纪以来，经历了软商法—硬商法—软商法与硬商法有机结合的否定之否定历程，为现代商法的科学发展提供了极为宝贵的历史经验。

(一) 现代商法的渊源

现代商法的渊源，分为现代商业惯例和“国际立法”两类。

现代商业惯例是商人在交易中的习惯性做法或标准，又可以分为商业习惯性做法和国际性组织制定的商业惯例。商业习惯性做法是没有经过国际组织制定程序的商业惯例，是不成文的软商法；国际性组织制定的商业惯例经过国际组织制定，由这些组织予以充分肯定，属于成文的软商法，被称为统一规则或示范性的标准条件。例如，由国际商会主持制定的，在现代市场交易中广泛适用的国际商业惯例，有 1962 年修订的《跟单信用证统一惯例》和 1953 年《国际贸易术语解释通则》。除此之外，还有在世界许多地区广泛适用的国际商业惯例，它们是各贸易协会制定的标准合同格式，如波罗的海国际航运公会推荐的金康租船合同、伦敦谷物贸易协会的合同格式。狭义的仅指商业惯例。

“国际立法”是指商法的这些规则通过各国共同制定，并被纳入各国国内法的一种“立法”。国际立法的基本方法有两种：一是几个国家通过一项多边国际公约，二是制定可以由一国单方面采纳的统一法或示范法。多边国际公约如《国际货物销售合同公约》，1980 年由联合国通过后，得到广泛的采纳；再如《海牙仲裁条款议定书》和《海牙执行外国仲裁裁决公约》等。示范法如国际统一私法协会制定并被其成员采纳的《关于国际货物销售合同成立的统一法公约》、《关于国际货物销售的统一法公约》、《国际商事合同通则》等。

(二) 现代商法的主要制法机构

从事制定普遍接受的、符合跨国商事交易需要的各项原则的现代商法制法机构，可以分为两大类：一类是由各成员国政府提供资助的政府间组织。这类组织中有的从事的是普遍统一商法的工作，如世界贸易组织、联合国国际贸易法委员会和国际私法协会；有的则限于一定范围之内，如海牙国际私法会议。性质上有的是世界性的，如世界贸易组织、联合国国际

---

① 参见郑远民：《现代商人法研究》，1 页，北京，法律出版社，2001。

② ［英］施米托夫：《国际贸易法文选》，10～11 页，北京，中国大百科全书出版社，1993。

贸易法委员会；有的是地区性的，如联合国欧洲、亚洲及远东地区、非洲和拉丁美洲4个经济委员会，以及原苏联和东欧等社会主义国家为主的经济互助委员会。另一类是非政府间组织，其资金来源于私人。这类组织主要有国际商会、国际海事委员会、国际法协会等。

(三) 现代商法实现其跨国性的途径

从统一的方法上来讲，现代商法可以通过三种方法进行统一：国际公约、统一法以及统一规则。所谓国际公约方法，就是各个国家共同制定公约，然后将公约的内容纳入各国国内法，成为国家意志，强制加以适用；所谓统一法方法，就是通过示范法的方法进行统一，即，由政府间国际组织或非政府间国际组织制定示范法，鼓励国家或者地区采纳示范法，但不强迫采纳，各国适用与否具有灵活性；所谓统一规则方法就是制定作为示范性的标准条件，只有当事人将其订入合同条款时，才具有拘束力，比如《跟单信用证统一惯例》。

从统一的区域范围来讲，现代商法可以通过三个层次进行统一：国内统一、地区范围内的统一以及全球性统一。国内统一就是在一国内部商法的统一，特别是在联邦制国家，由于各州都有立法权，因此有必要在全国范围内统一关于市场交易的规则。典型代表是《美国统一商法典》，它也被美国各州采纳，形成了商法在全国范围内的统一。地区范围内的统一，就是某一地区市场交易规则的统一，典型代表是欧盟市场交易规则的统一，欧盟正在制定共同的市场交易规则，以便在内部实现交易规则统一，减少贸易障碍。全球范围的统一就是实现市场交易规则的世界统一，这一目标的实现虽然存在困难，但软、硬商法有机结合的实践，为人们指明了方向，成为构建和谐世界的必然选择。

(四) 现代商法的典范——《美国统一商法典》

1.《美国统一商法典》的结构和内容

《美国统一商法典》共分10篇、40章，共有405条。第一篇为总则，包括本法的简称、解释和适用，一般定义和解释原则；第二篇为买卖，包括简称、解释原则和适用范围，合同的形式、订立和修改，当事人的一般义务和合同的解释，所有权、债权人和善意购买人，履约、违约、毁约和免责，救济；第三篇为商业票据，包括简称、形式和解释，转让和流通，持票人的权利，当事方的责任，提示、拒付通知和拒付书，解除责任，国际即期汇票的议付等；第四篇为银行存款和收款，包括总则和定义，票证收款，付款银行与客户的关系，跟单汇票的收款；第五篇为信用证；第六篇为大宗转让；第七篇为仓单、提单和其他所有权凭证，包括总则、仓单和提单的特殊规定，仓单和提单的一般义务，仓单和提单的流通转让等；第八篇为投资证券，包括简称和一般规定，证券的发行和发行人，购买，登记；第九篇为担保交易，包括简称、适用范围和定义，担保协议的有效性和担保协议当事人的权利，第三方的权利登记，违约；第十篇为生效日期和废除效力。

《美国统一商法典》的内容没有公司、合伙、保险、破产及海商法的规定，原因是认为公司、合伙等内容与法典的运用范围之间没有密切联系。保险法在各州的法律规定中差别很大，统一立法暂时有难度。破产法和海商法本为联邦法，1978年国会已制定《破产法典》，它适用于任何人。海事法大部分是判例法，是由联邦法院根据几个增补的联邦条例制定的。

2.《美国统一商法典》的特点

(1) 制定法典的非国家性。一些缺乏软商法思维者，曾否定它的法典性。(2) 适用法典的自律性。集中表现为“协议可以改变法律”的原则。(3) 处理争议的自裁性。集中表现为以当事人协议为基础的仲裁。(4) 法典统一规范市场交易。(5) 法典强化对市场行为的规范，淡化对市场主体（商人）的规范。(6) 以买卖为重点，使对市场交易的不同阶段的规范成为资本经营的完整系统。

第二节 我国商法的演进

一、新中国成立前我国的商法

现代商法着眼于规范买是为了卖的资本经营行为，是市场交易空前发达的产物。我国长期处于封建社会，以农业为主要经济支柱，在观念形态上重农抑商，普遍存在的是卖是为了买的市场交易，难以催生现代意义的商法。清朝末年光绪皇帝在变法维新、推行新政时把制定商法看成是“通商惠工”、“经国之要政”，为了“慎重商政，力图振兴”，1903 年派载振、伍廷芳、袁世凯等编定商律。1904 年公布了《公司律》和《商人通例》:《公司律》共 131 条，将公司分为合资公司、合资有限公司、股份公司、股份有限公司。《商人通例》共 9 条。为防止商业“因经业未善或因市价不齐，即不能不有破产之事”的发生，1906 年公布了《破产律》，共 9 节、69 条。后来又聘请日本法学博士志田钾太郎，于 1909 年拟出《大清商律草案》，共 1 008 条，包括总则 9 章、103 条，商行为 8 章、236 条，公司法 6 编、312 条，海船法 6 编、263 条，票据法 3 编、94 条。这部商律未来得及颁布，随着清朝的灭亡而成为历史文件。如果颁布了，由于当时中国还没有形成商法所调整的资本经营关系，这部商律也是没有生命力的。

国民党统治时期，于 1929 年 6 月国民党第 183 次中央政治会议通过了《民商划一提案审查报告书》。当时学者对此是持有异议的。日本学者我妻荣对该报告书列举的所谓基于沿革、商法进步性与立法修正的难易、援引瑞士债务法、商人身份影响主体平等、民商两法难于区别、编商法典有困难、民商分立适用困难等 8 条理由，逐一作了批驳后，明确指出:“新学说之趋势，要在趋于探求商法之特性之方面，因之承认在商法之范围，有异于一般私法之原理，民商二法典之分离主义，遂得确立其理论的基础。”① 现在审视国民党中央政治会议通过的报告书，我们认为是符合当时半封建、半殖民地的社会性质的，是符合政府贪污腐败、经济破败不堪、民不聊生的当时国情的。在这样的社会政治、经济基础上，要制定一部以资本经营为内容的现代商法典，是根本不可能的。照抄照搬一部外国商法典，只能是给国民政府脸上贴金。为此，1929 年颁布了《票据法》、《公司法》、《海商法》、《保险法》，1937 年颁布了《商业登记法》等单行商事法规。

二、新中国成立后我国的商法

党的十一届三中全会以前，我国实行的是建立在单一公有制基础上的高度集中的计划经济体制。这种僵化的模式，忽视商品生产、价值规律和市场的作用，忽视民主和法制的建设。适应这种体制的需要，国家和地方曾颁布过一些商业法规，这些商业法规，不少已经废止、失效。

党的十一届三中全会后，确定了一条实事求是的正确路线，提出了改革、开放、搞活的正确方针，明确提出:“我国还处在社会主义的初级阶段”，“必须大力发展商品生产和商品交换”。在此前后，我国商法学者根据我国政治、经济的变化，发表了在我国建立商法制度的诸

① 曾如柏编著:《商事法大纲》，529～594 页，台北，正中书局，1972。

多论著，为我国建立现代商法制度提供了理论基础。

随着建立社会主义市场经济体制的入宪，从 20 世纪 90 年代初到现在，我国也先后颁布了《海商法》、《公司法》、《票据法》、《保险法》、《合同法》、《证券法》、《信托法》、《个人独资企业法》、《担保法》、《合伙企业法》、《企业破产法》等调整市场交易关系的法律；创新型国家的目标，为改革开放插上了腾飞的翅膀；科学发展观与构建和谐社会，导引政府职能转变，商人共同体——行会（商会）强化本身规范、有序地运行，进而导引商人（企业）强化自治、自律意识，有序地参与市场竞争，因为最好的秩序是自治。所有这一切社会主义市场经济建设的伟大实践，都为我国现代商法的理论与实践创新，提供了一个极为广阔的空间。

三、我国商法的发展方向：和谐商法

和谐商法是现代商法在我国的科学发展，是我国商法发展的方向。

（一）和谐商法的政治哲学基础是和谐哲学

改革开放以来，党和国家将发展作为首要目标，政治哲学采行发展哲学，我国取得了政治、经济、文化等方面的长足进步，然而发展中出现了人与自然、人与社会、人与他人的异化，以及人的自我异化等不和谐因素。为转变发展方式，促进科学发展，党的十六届四中全会明确提出了构建社会主义和谐社会的目标，党的十七大通过的新党章将“和谐”作为党的基本路线的内容，将构建和谐社会作为社会发展的目标。我国学术界掀起了研究和谐哲学的浪潮，实务界将和谐作为开展工作和解决问题的指导方针。和谐发展哲学成为社会的主流政治哲学。

主流政治哲学的转变要求法治观念的转型。自春秋战国始，传统中华法系的法治理念被定义为“以法治国”，例如，《管子·明法》即提出“威不两错，政不二门，以法治国，则举错而已”。封建社会“以法治国”所指之“法”是封建王权统治人民的工具，其主体是当权者，对象是广大民众。现代法治理念转变为“依法治国”，其实效取决于法之良恶，所依之法为良法则天下大治，所依之法为恶法则势必造成社会秩序的混乱。为此我国学者在依法治国基础上提出了“良法善治”的论断，以促进社会和谐发展。

在市场交易领域，“良法善治”就是要实现商法的科学发展，构建和谐的市场交易秩序。

（二）和谐商法的发展趋势是大力发掘软商法

柔性的制度更加有利于和谐社会关系的形成，刚性的制度则可能导致强烈的对抗。于是人们提出了“国家与社会二元化”、“法治国家和法治社会”、“法治意味着广泛的社会自治”等论断①，软法成为法治建设的亮点和前沿。软法以其协商与自律的特征在构建和谐社会关系中起着越来越重要的作用。和谐一直都是商法的文化传统与终极价值。作为商法源头的中世纪商法不是国家制定的商法，是商人或商会在实践中发现的市场交易规则，商法强调交易的连续性及交易关系的和谐，甚至商事审判都交由商人自己完成。近代商法虽然以国家法的形式出现，但民间存在的软商法及其创造机制并未因此消失。现代商法软、硬商法呈水乳交融的状态，《美国统一商法典》明确规定双方当事人可以通过“协议改变法律”。以协商的方式进行交易，无疑能够促进交易关系的和谐。和谐是商法的终极价值。

首先，软商法为和谐商法提供了先进的理论，如法多元论、法的自创生系统、回应型法、

---

① 参见张文显：《论中国特色社会主义法治道路》，载《中国法学》，2009（6）

活法理论等。例如，按照法的自创生系统分析，市场交易的每一个特殊领域，都属于社会的一个子系统，依照本领域的特殊经济规律，产生自己的规则；这些规则因为不是国家制定的，不具有国家强制性。按照回应型法理论，它强调法律的目的性，认为法律的义务因素在削弱，强制性在法律中减弱，秩序是协商而定的，而非通过服从应得；鼓励公众参与立法和法律解释，认为法律参与的扩大不只是增进法律秩序的民主价值，它还有助于提高法律机构的能力。按照活法理论，社会由各种联合体组成，每个联合体都通过一些规则建立了自己的内部治理体系，这些规则就是活法。与国家制定法相比，活法是深刻的、具有活力的法律。商会也是一种社会联合体，商会制定的规则是实践中产生的“活法”，在市场交易中它的作用远远大于国家制定法的作用。

其次，软商法为和谐商法提供了先进的法律价值。软商法具有效率、公平、补充、转化等多种价值，但终极价值或称为元价值的是和谐价值，上述具体价值皆体现、服务、服从于终极价值。例如，软商法的立法成本、执行成本、司法成本相对较低，使市场交易中的诸多矛盾可以得到及时、有效的化解，消除市场失灵、政府失灵的乱象，保持市场交易的和谐运行。软商法的公平价值，可以纠正硬商法的“普遍性”带来的局部不公平，纠正硬商法“稳定性”与交易的“变动性”之间的冲突，以及因此而造成的不公平。这种对不公平的纠正所体现的价值正体现了商法的元价值——和谐价值。软商法的补充价值所表征的是对硬商法与时俱进的解释，是对硬商法缺失领域的补充规定。例如，网上店铺出现后，对于及时规范这种新的交易形式，硬商法一时是无能为力的，只可能由软商法来担当。并且软、硬商法存在转化的关系：在市场交易实践中产生的软商法，因其合理性、科学性，往往被国家通过立法程序转化为硬商法。这种转化本身不仅体现着和谐，而且推动、促进、优化着商法内部的和谐。商法诸多价值围绕的一个终极价值，就是商法的和谐价值，就是我们需全力推动的治理体系、治理能力的现代化。

再次，软商法为和谐商法提供了先进的法治文化。软商法是一切软法的源头，软法起源于中世纪的商人法，这就是说软商法有悠久的历史，有厚重的法治文化积淀。软商法具有制定主体相对较为集中，称谓较为统一——示范法（统一法）、示范性的标准条件（统一规则），内容较为单一（仅限于市场交易领域），其规范相对较为成熟，救济措施较为完善——自律、自治、自裁等特征，这些特征不仅是对软商法本质属性的张扬，也表征着所蕴涵的法治文化，并且是全方位的，比如软商法主张法律是以多种形式存在的，这样，各行各业可根据自身发展的需要，给自己制定不同于国家法的规范，或对国家法的规范补充、细化，从而把建立现代治理体系落在实处；认为软商法作为法律子系统依照自己的规律运转，系统规则的正确与否，并不受国家强制法的干预，只受系统内部规律的调节；强调秩序是协商而定的，而非通过服从应得；认为每种类型的交易都应有自己独特的交易规则，这种交易规则是国家制定的硬商法所无法提供的。相对于国家硬商法，软商法是活着的法律。诸多的先进法治文化，所化解的是“法律暴政”，所张扬的是良法善治、和谐法治，所建立的是现代治理体系，所提高的是现代治理能力。良法善治是我们在法治领域衡量是否实现了治理体系和治理能力现代化的具有实际操作性的科学标准。

软商法的实施，也表征着先进的法治文化。社会规范通常借助外在力量形成约束。软商法形成的时间较早，并且认同度很高，这样就会内化为商人的行为准则，形成内在的执行力。某个市场主体作出与软商法规范相背离的行为时，将会从内心产生负罪感、羞耻感，自我受到良心谴责，从而自我约束自己的违法行为。其外在执行力表现为声誉罚、身份罚和财产罚。

软商法先进的法治文化所承载的正是和谐法治。[①]

尽管我国的市场交易法律已经存在软化的倾向，但我们对软商法的发掘仍然处于初级阶段。近年来，我国制定或修改《合同法》、《公司法》、《保险法》等市场交易领域的法律时，一个突出的特点就是增加当事人自由协商的成分，以促进市场交易关系的和谐。各方面仍需给力软商法，特别是整合、升华、编纂各行各业自己制定的市场交易规则。这些原生态的软商法，正是和谐商法的源头和生命力所在，也许正如一些学者所言，软商法是法学研究中一块“巨大的尚未开掘的金矿”，它的发掘是和谐市场交易关系的重要保障，它是国家不容忽视的软实力。

（三）软、硬商法有机结合，构建和谐商法

仅有软商法并不足以形成和谐的市场交易关系。并非每个市场主体都是良善的商人，利润最大化的目标选择可能使市场主体不择手段，加之交易主体之间可能存在着巨大的实力差距，其协商存在先天的不平等性，因此，仅依靠协商性的软商法，难以形成和谐的市场交易秩序。为了保护公共秩序，维持公序良俗，保证善意、勤勉、合理的注意义务不被市场主体以“协商”的方式予以排除，国家制定的硬商法在和谐市场交易关系的构建中必不可少。然而，我们要落实全面深化改革的总目标，完善和发展中国特色社会主义制度，推进国家治理体系和治理能力现代化，更应发展软商法。

① 参见徐学鹿、梁鹏：《商法总论》（修订版），109～140页，北京，中国人民大学出版社，2009。

第四章 市场交易主体

第一节 市场交易主体概述

一、市场交易主体的概念

市场交易主体（简称市场主体），又称商主体或商人，是指在市场中从事交易的人或组织。它是市场交易法律关系中的主体。这一概念是商法范式创新的举措之一。一般认为，市场交易主体包括商法人和商自然人。

人们对市场主体的理解随时代而变化。在中世纪商人习惯法时代，商人被看做是一个阶层，因此有专门适用于这个阶层的法律；在近代商法时期，商人被看做是不同于民事主体的特殊身份；现代商法认为商人是从事各类市场交易业务的、具有专门知识或技能的人。

在中世纪商人法时代，商主体没有一个法定的概念，这个时代的商法表现为习惯法，没有法律明确地规定市场主体的概念。

在近代商法时代，所有颁布商法典的国家，均有法定的商人概念。《法国商法典》第1条规定："以实施商行为作为其经常职业的人就是商人。"《德国商法典》第1条规定："在本法典意义上，商人是指为商事经营者。"《日本商法典》第4条规定："本法所谓商人是指用自己的名义，以从事商行为为职业的人。"此即所谓名义、行为、职业"三标准制"①。由于这个时期商法是民法的特别法，为了让商人区别于一般民事主体，商人的概念必须具备以下要件：（1）必须实施商行为；（2）必须以实施商行为为其经常职业；（3）必须以自己的名义实施商行为。

在现代商法时代，虽然也存在宏观调控主体和消费主体，但市场主体（商人）是当然、普遍的主体，除了突出它不同于宏观调控主体及消费主体外，既没有必要强化它的特殊性（如近代商法那样），也没有必要强化他的身份性。因此，现代商法总的趋势是淡化对商人的规定，但特别强调其具有专门知识和技能。这样的主体参与市场交易，显然是市场主体。并且作为商人的人，包括个人和组织。作为组织体的商人依法经登记后即取得市场主体的资格，其采取的形式有公司、合伙、独资等，分别承担其组织的法定责任。它扬弃了近代商法关于商法人、商自然人烦琐的规定。

---

① 任先行：《日、美商事法比较研究》，载《中国商业法制》，1994（11）。

二、市场交易主体法定化原则

市场交易主体法定化原则，又称市场主体法定原则或主体准入市场原则，是指市场主体进入市场的条件、范围、组织形态、程序等方面的问题，都有法律明文规定的原则。只有符合法定的条件，才能成为市场交易主体。

交易主体进入市场需要法定化的理由：首先是区分不同类型主体的需要。在市场经济中，存在许多具有不同性质的主体，例如，宏观调控主体、消费主体等，这些主体的利益与市场交易主体的利益不同，为了防止这些主体为了商业利益无障碍地进入市场交易领域，如为防止作为宏观调控主体的政府进入市场，必须对进入市场的主体进行严格限制。其次是为了建立市场交易秩序，使市场交易脱离偶然性和任意性，保持稳定性和连续性。如果市场主体不依法定的条件和法定的组织方式进入，则今日的市场主体可能明日不是市场主体，主体内部的组织也处于不确定状态，哪个机构能够作出最终决策都不确定等，最终交易秩序必将混乱。最后是保护交易安全和第三人利益的需要。市场主体和其他主体承担责任的方式不同，例如，许多市场主体可能承担有限责任，而其他主体可能承担无限责任。为了使第三人明确哪些主体承担有限责任、哪些主体承担无限责任，从而保护其交易安全和合法利益，市场主体必然法定化。

市场交易主体法定原则主要包括交易主体类型法定、交易主体内容法定和交易主体公示等方面的内容。①

交易主体类型法定是指商法对于交易主体的类别与形式加以规定，禁止创设商法规定类型之外的交易主体。亦即在相关市场交易法规中，国家对市场交易主体的类型已有完全规定，当事人若想成为一个市场交易主体，必须在这些类型范围内选择成立。法律禁止在法定类型之外创设“非典型的”或“过渡型”的市场交易主体。例如，在我国，要想设立公司，只能设立公司法规定的有限责任公司或股份有限公司，而不能设立无限公司、两合公司等我国公司法不承认的公司形式。

交易主体内容法定是指商法对交易主体内部的组织关系、人员数量、财产关系等内容加以规定，交易主体不得擅自改变这些内部关系。例如，公司法规定股份有限公司内部必须设立股东大会、董事会、监事会，股东大会是决策机关，董事会是执行机关，监事会是监督机关，并且规定股东人数、董事人数和监事人数，规定股东以股份多少行使财产性权利，交易主体必须严格遵守。在合伙企业中，法律规定各个合伙人之间的财产关系、执行合伙事务的关系以及各自承担责任的关系，合伙人亦不得对这些关系进行更改。

交易主体公示是指商法对交易主体的登记内容设有强制性要求。任何商主体成立都必须就商法规定的内容进行登记，当事人可以在登记机关查阅有关交易主体的相关资料。例如，我国公司法规定，设立公司，应当依法向公司登记机关申请登记，公众可以向公司登记机关查询公司登记事项，公司登记机关应当提供查询服务。交易主体公示是为了相关主体能够了解交易主体的相关情况，进而决定是否与其进行交易，从而保护相关主体的交易安全。

---

① 参见樊涛、王延川：《商法总论》，206～211页，北京，知识产权出版社，2006。

第二节 市场交易主体的素质

一、市场交易主体素质概念的界定

在素质一词中，“素”的本意是指白色生绢，后来引申为“白色”、“无色”之意，最后引申为“原”、“本”、“真”的意思；“质”是指事物的性质、品质之意。因此，素质就是原来的性质、真正的性质的意思。按照《新华词典》的解释，素质具有三个方面的含义：一是人的生理上的原来的特点，二是事物本来的性质，三是完成某类活动所必需的基本条件。①

市场交易主体也存在素质问题。通常所讲的素质，是处于社会中的个人的素质，但是，由于素质是指事物本来的性质和完成某类活动所必需的基本条件，所以，任何事物都存在素质问题，素质问题不是个人独有的问题。市场交易主体不仅包括了个人，而且包括了组织。而且，现代市场交易以组织为核心，从交易量来看，大量的交易是组织所为。对组织来说，其不存在生理方面的特征，因此，市场主体素质的考察不包括生理方面的考察。同样，组织也不具有心理方面的特征，也不需要考察心理方面的问题。市场主体素质的问题，实际上是市场主体本质属性，或者该组织完成某类活动所必需的条件问题。

以市场交易主体为研究对象的学科很多，比如组织行为学、经济学、管理学等，它们从自身的角度出发，对市场交易主体的素质进行了不同的界定。从商法的角度看，市场主体素质的含义更倾向于素质的第三层含义，即完成市场交易行为所必须具有的条件。

《美国统一商法典》对商人概念的界定，是商法界定市场交易主体素质的典范。在该法第2—104条中，将商人界定为：是指经营某种货物的人，或者其职业表明他对交易所涉及的惯例或者货物具有专门知识或者技能的人，或者他因雇用其职业表明具有此种专门知识或技能的代理人、经纪人或其他中间人而被视为具有此种专门知识或者技能的人。

从《美国统一商法典》的界定来看，商法中商人完成某项工作所必需的条件是对货物或惯例的知识和技能。因此，我们可以将市场交易主体的素质界定为：市场交易主体的素质是指市场交易主体对交易对象所具有的专门知识和技能。

二、专家型、学者型商人是现代商人区别于其他时代商人的本质特征

在中世纪商法和近代商法中，对商人的知识和技能都没有特别要求。中世纪商法强调商人是一个独立于贵族联盟、农民联盟、教会联盟等团体的团体，由于当时商品的简单性和交易的简单性，任何人都可以从事商业，不需要任何关于货物与交易惯例的专门知识和技能。近代商法规范的市场交易虽然相对复杂，但是，从近代商法典的规定来看，其并没有将专门知识和技能作为认定是否是商人的必备条件。如前所述，在近代商法典中，近代商法的商人是从事商行为的一种特殊身份，商人是从事商事交易的人，只要从事法典规定的交易，就都是商人，不论其是否具有专门知识和技能。

现代商法中的商人区别于中世纪商法和近代商法中的商人，它将专门的知识和技能作为对商人本质的要求。之所以这样要求，是因为商法必须符合知识经济时代的要求。自20世纪中叶以来，人类社会进入了所谓的“知识经济时代”，“知识经济”的内涵和特征包括如下几

---

① 参见新华词典编纂组编：《新华词典》，854页，北京，商务印书馆，1994。

个方面：“1. 人才与知识是知识经济时代的生产特征；2. 智能化是知识经济时代劳动力资源的素质特征；3. 高新知识和技术的广泛应用是知识经济时代的生产方式特征；4. 开放性、全球性是知识经济时代的交换与消费特征；5. 知识、技能不断更新，推动社会可持续发展，是知识经济时代的社会运行特征。”① 知识的发展，加速了社会分工的细化，各行各业都需要具有专门知识的人才进行经营、管理，如果不具备这一条件，在行业的激烈竞争中将会被淘汰。适应知识经济对于知识和技能的要求，商法也对商人的素质提出了要求，即商人必须是具有某方面专门知识和技能的主体。

知识经济时代下，专家型、学者型的商人开始进入市场从事市场交易活动。在美国，500家大财团近三分之二的决策经理毕业于哈佛商学院；在日本，早在1985年具有大学学历的高层经营者就占据了经营者总人数的85%以上。② 近些年国际上以微软为代表的一批高科技企业，其总裁一般是专家、学者出身，微软的比尔·盖茨和英特尔公司总裁是技术专家，在技术方面有过重要贡献；联想集团前总裁柳传志创业之前在中国科学院做过13年的技术研究；北大方正集团董事长张玉峰，创业之前是北大物理系教师；王码电脑公司总裁王永民则是五笔字型的发明人。③ 可见，专家型、学者型商人已经成为现代商法中商人的特征，是现代商人区别于中世纪商法和近代商法中的商人的本质特征。

三、现代商人的共同素质

主体的素质可以从多方面考察，比如道德素质、文化素质、身体素质、心理素质等，但对商人来说，我们可以从下面几个方面考察他们的共同素质。

（一）文化素质

文化素质，也就是商人在知识方面的素质。商人的文化素质主要是关于本行业知识方面的素质。从事IT行业的商人必须具备一定的关于计算软件、硬件的知识，对互联网的发展有所了解，懂得电子商务等；从事工程监理行业的人员必须懂得“工民建”、工程预算和招标投标的知识。如果不懂得业务方面的知识，就无法针对出现的问题进行解决，生产或者交易的效率都会低下，最终可能被淘汰。此外，商人还应该具备综合知识，企业的管理者应该掌握管理学、经济学、组织行为学、人力资源学、社会学、心理学、哲学等方面的综合知识。《美国统一商法典》指出，商人是“对专门货物具有专门知识”的人，或者“因雇用具有专门知识的人而被视为具有专门知识的人”。这里强调的知识，虽然主要是对“货物”的知识，但可以扩展开来，是对商品、服务、技术的专门知识。没有专门知识，无法实现资本增值的目的。

（二）经营技能素质

经营技能素质既包括企业内部的管理素质，如商人应当具有科学的管理能力、果断的决策能力、良好的沟通与协调能力、知人善任的能力、团队合作能力等，也包括商人对外的合同谈判能力、推销能力等，将已经具有的企业管理知识、投资知识等转化为经营企业的技能。《美国统一商法典》也强调商人应当对“交易”“具有一定的技能”或者“其雇用者具有一定的技能”，这种技能正是经营技能的表现。美国典型的案例——德卡特合作协会

① 盛仕斌：《迎接挑战：知识经济时代的青年素质培养》，载《中国青年研究》，1998（5）。

② 参见刘荣：《日本企业家的知识结构及其积累模式》，载《外国问题研究》，1997（3），51页。

③ 参见陈宇：《企业家知识结构的“软”和“硬”》，载《探索与争鸣》，1999（6），22页。

诉厄本案体现了经营技能对一个商人的重要性：原告是粮食买卖商，被告是农场主，二者买卖小麦。根据商业习惯，原告将电话协议的内容写成备忘录转给被告，以此确认买卖。但不久后，小麦价格飞涨，被告以没有书面合同否认买卖，原告诉至法院。根据《美国统一商法典》的规定，500 美元以上的交易必须订立书面合同，但如果是商人与商人之间的买卖，只要有备忘录即可。农场主算不算商人呢？法院认为，农场主虽然对小麦具有一定的知识，但他不是小麦的买卖商，没有买卖小麦的专门技能，因此，买卖合同的形式要件不具备，合同未成立，被告胜诉。[①] 由此可见，在认定是否为商人时，是否具有经营技能具有很重要的作用。

(三) 制度素质

商人的制度素质是指商人必须具有制度意识，能够遵从制度的约束。商人应当遵从的制度包括两个方面：一是硬商法，即国家制定的商法。法律、法规如果对商人的组织和行为已经作出了规定，商人必须遵守，否则，将会遭受法律的制裁。二是软商法。由行业协会制定的相关规定、公司内部规定的一些制度、国际性民间组织制定的规则，商人都必须了解并遵守。这些软商法的内容来源于市场交易实践，是商法的有机组成部分，商人遵守软商法是提高交易效率的有效手段。《美国统一商法典》规定，商人应当是“对交易所涉及的惯例具有专门知识的人”，或者“其雇用的代理人、经纪人、中间人对惯例具有专门知识”。这一规定实际上是《美国统一商法典》对商人制度素质的要求，不仅要求商人遵守法律，而且要求商人遵守交易惯例。商人如果没有这样的制度素质，其经营将不会成功。

四、现代商人的个性化特征

现代商人的素质虽然具有共同的特征，但行业的不同，在企业中的位置不同，也使现代商人的素质在某种程度上呈现出个性化的倾向。

首先是经理人与员工素质要求的不同。对职业经理人来说，他们必须具备关于本行业必需的专业知识，必须具备管理、营销方面的知识和技能，还要熟知现代人力资源管理的基本知识、基本理论和方法，要熟悉相关的法律、法规和惯例，要有战略规划设计和组织实施能力，具有洞察市场、捕捉商机的能力和出色的决策能力。但是对于普通员工来说，他们可能不需要上述某些方面的能力，企业员工需要掌握关于自己从事的工作的技术知识、融入企业文化和管理模式的能力、经营管理的一般知识、规章制度的一般知识、团队合作精神等。企业并不要求员工具备人力资源管理、战略规划能力、洞察市场和捕捉商机的能力等。

其次是不同职业的经理人所应当具有的素质不同。不同行业对经理人的知识要求不同：IT 行业的经理人必须了解关于网络的基本知识，关于计算机技术的新发展等方面的知识。但图书出版业的经理人则不需了解这些，他们应当了解出版技术的新动向、图书市场的供给与需求、图书装帧设计等相关知识和技能。即使在同一个公司中，各个经理人的素质要求也是不同的。例如，在一个保险公司，精算部的经理要具有数学、保险学、精算学方面的知识和技能，而法律部的经理需要掌握法律相关知识，具备勘查与定损方面的知识和技能等。

最后是不同员工所应具有的素质不同。不同行业对员工的素质要求自然是不同的。建筑

---

① 参见周林彬、任先行：《比较商法导论》，215 页，北京，北京大学出版社，2000。

业只要求农民工具有简单的知识和技能，例如关于水泥和钢筋的一般知识，关于建筑安全的一般知识。家政公司要求员工具有厨师的一般知识和技能，具有清洁的一般知识和技能。同一企业内部，不同部门的员工所应具有的知识和技能也不同，例如，对办公室文员和制造车间员工的素质要求就完全不同。

第三节　市场交易主体的分类

为了便于在学习中作实证比较研究，尽快摆脱近代商法的范式危机，下面从不同的角度，对近代商法关于商人的不同分类加以介绍。

一、商自然人和商法人

1. 商自然人。商自然人是不具有法人资格的市场交易主体，包括个体商人、个人独资企业以及合伙企业，他们是以个人为本位而产生权利义务关系的市场交易主体。一般来说，商自然人的最终责任承担方式是无限责任，即最终责任由个人承担。

2. 商法人。商法人是达到一定规模，具备法定条件，经过法定程序创立，实施商行为的，具有独立人格的集合商法主体。法人制度被认为萌芽于罗马法，以抽象著称的《德国民法典》明确地提出了“法人”的概念。但对法人的本质至今众说纷纭，诸如“多数人集合说”、“法人拟制说”、“法人否认说”、“法人实在说”，“法人实在说”又分为“有机体说”和“组织体说”等。考察法人制度的作用不外乎两点：一是为了赋予组织体人格，二是为了确认组织体及组成组织体的成员各自承担的责任。与商人包括个人和组织的分类相比较，法人制度实在是一项吃力不讨好的多余的制度。

二、法定商人、注册商人、任意商人

1. 法定商人，又称为必然商人或免登商人，是《德国商法典》对商人的一种分类方法。法律对商行为加以规定，凡是以自己的名义从事这些商行为的人，都是商人。例如，《德国商法典》第 1 条第 2 款规定了 9 种商行为——货物或有价证券的购置与销售，为他人进行货物的加工和制作，保险经营，银行或货币兑换业务，运输业务，行纪、运输行纪和仓储业务，代理和居间业务，出版业及其书籍、艺术品交易业务，印刷业务等，从事这些行为的人都是商人。这类商人的资格是法定的，从事了这些法定行为的企业或个人，不论是否进行了商业登记，都是商人。

2. 注册商人，又称应登记商人，是指经营者应在商业登记簿上登记注册，才能获得商人资格的商人。根据《德国商法典》的规定，包括原材料的生产，如采矿业和采石业以及服务性行业。

3. 任意商人，又称自由登记商人，是指既不是以法定的商行为为业者，又不是必须进行商业登记注册的商人，主要是指一些从事辅助商行为的企业。在德国，由于农林业不包括在法定的商行为之内，农林业及其从属企业以商人方式经营，选择在商业登记簿注册后，即获得任意登记商人资格。[①]

---

① 参见范健：《德国商法》，64 页，北京，中国大百科全书出版社，1993。

三、完全商人和不完全商人

1. 完全商人，是指具有一定规模，有相应的机构，根据商法关于商号、商业账簿、经理人的规定而设立的商人。①

2. 不完全商人，又称小商人，是指虽然所从事的也是法定的商行为，但一般是沿街叫卖或家庭经营的，没有固定营业场所的行商。商法中关于商业登记、商号、商业账簿、经理人等的规定，不适用于小商人。②

四、从事一般行业的商人和从事特别行业的商人

1. 从事一般行业的商人，是指从事法律未加限制，市场准入没有特殊要求的行业的商人。

2. 从事特别行业的商人。这种商人，通常被认为是从事“自然垄断”的行业，如外贸、金融、保险业、邮电通讯业以及专卖业等。为防止过度竞争，实现规模经济，避免社会资源浪费，维护国家和消费者利益，对这些特别行业，政府依法要予以特别控制，如公用事业一般允许其垄断状态，但不允许其独占地位的滥用；金融保险业一般允许其在利息、费用等方面相互协调和合作，但不能保持垄断状态。总之，对这些特别行业，市场进入要经政府特别许可或审批，对其产品或服务价格，以及其他交易条件，实行政府监管等。这些特别控制，在我国的《海商法》、《保险法》、《对外贸易法》、《银行法》、《烟草专卖法》等中，也有体现。

五、其他分类

德国商法还将商人分为拟制商人、表见商人和形式商人及商人性公司。

1. 拟制商人，是指商号已经在商业登记簿上登记注册，并以此商号的名义从事经营活动的，行为人被视为拟制商人。例如，小商人在商业登记簿上登记注册，或以完全商人的方式从事经营，则可被认为是拟制商人。

2. 表见商人。行为人既没有登记注册，也不是商人，但行为人以商人的表象从事了商行为，致使第三人据表象认其为商人的，则属表见商人。

3. 形式商人，是指具有商人身份和性质的资合公司，包括股份公司、股份两合公司、有限责任公司。资合公司为完全商人。

4. 商人性公司，是指具有商人的特性，可以在商号的名义下取得权利和承担义务的人合公司。人合公司包括无限公司和两合公司，它们不是社团，不具有法人资格，而是从事商事经营的，以公司共有关系为基础的合伙。

现代商法以淡化商人总则性规定的新思维，从没有必要强化市场主体——商人的特殊性和身份性的视角，在倾向于主观标准时，毫不犹豫地抛弃了近代商法对商人细微、繁杂的规定，包括烦琐的商人分类。理性源于市场交易的实践，现代商法把商人分类为个人和组织，这种最简单的分类，才是最科学的分类。

---

①② 参见范健：《德国商法》，65～67页，北京，中国大百科全书出版社，1993。

第四节 市场交易主体的组织形式

一、市场交易主体组织形式概述

市场交易主体组织形式即商人的组织形式。从整体上看，近代商法的商人组织形式着眼于独资企业、合伙企业。以《日本商法典》为例，其总则部分均是围绕独资企业、合伙企业以及小商人的，这样构架是为了与法典第1条“本法无规定的……适用民法”保持一致。现代商法适应现代市场，企业资本流动上升到主要地位，企业资本要实现社会化和国际化，商人的组织形式首先是公司，其次才是独资企业及合伙企业。尽管独资企业及合伙企业在数量上占很大比重，但主宰社会经济发展的是公司。以美国为例，其公司企业只占各种企业总数的15%，但它的资本总额和经营额在全国占85%到90%。独资企业及合伙企业数量虽然大，但规模小，力量单薄。在现代市场经济下起决定性作用的是公司。现代商人的典型组织形式是公司，因此，现代商法规范的商人组织形式，首先应当是公司。

二、公司形式

随着技术的进步、市场经济的发展，特别是资本密集型产业如铁路运输业、航空业等的出现，需要大量集资，靠原来的企业组织形式无法实现，靠公司就可以在短期内集聚大量资本。马克思指出：股份公司的建立，把许多已经形成或正在形成的资本融合起来，过去办不到的事……通过股份公司转瞬之间就把这件事完成了。[①] 商法充分反映了现代商人资本经营的要求，提供了资本经营的组织形式。法律所带来的决策者最强有力的工具，还要数有限责任公司形式以及伴随这种公司而出现的大规模集资方式。[②] 以我国《公司法》为例，就可以充分说明这一点：

首先，《公司法》规定的有限责任公司及股份有限公司，就是典型的对资本的组织形式。围绕公司资本，《公司法》作了全面、系统的规定。因为公司资本是关系公司是否能够存在的物质基础，也是公司对债权人的总担保，它直接决定着市场交易能不能安全进行，决定着公司发展的程度和规模。《公司法》规定设立公司要具备法定条件，以及整套的公司财务、会计制度，这些制度是公司实力、信誉的保证，显示着公司的发展前景，有利于公司吸纳资本，是公司资本经营具体操作的规则。《公司法》还规定公司可以发行新股、发行公司债券，规定可以把法定公积金转为增加公司资本等多种多样聚集资本的方式。除了可以向其他公司投资外，《公司法》还规定了公司的购并与分立，为公司产权交易提供了基本行为规范。

其次，《公司法》较完善地规定了资本的营运制度，包括资本的投向和投量，处理好资本的投入与产出关系和相应的资本经营考核指标体系及监督约束等。这些在《公司法》中都有具体的规定，如股东会决定公司的经营方针和投资计划；审议、批准公司的年度财务预算方案、决算方案；对公司增加或减少注册资本作出决议；审议、批准监事会对公司财

---

① 参见《马克思恩格斯全集》，第23卷，688页，北京，人民出版社，1972。

② 参见［美］彼得·斯坦、约翰·香德：《西方社会的法律价值》，148页，北京，中国人民公安大学出版社，1990。

务检查、监督的报告等，从而促进公司（企业）从过去对产供销全过程的直接管理，变为对投入资本的营运及效益考核为主的间接管理。为把企业过去习惯的行政管理方式变为资本营运管理方式，《公司法》规定的公司组织机构——股东会、董事会、经理、监事会的中心工作，就是组织资本营运。例如，董事会的主要职责之一就是决定公司年度经营计划和投资方案，经理的主要职责之一就是组织实施公司年度经营计划和投资方案。为把过去的直线职能式管理变为集权与分权相结合的管理模式，《公司法》明确规定了母公司与子公司制度，明确规定公司可以设立子公司，子公司具有独立人格，依法独立承担资本经营的责任。为了变综合指标评价为资本保值增值指标评价，《公司法》明确规定公司要依法建立本公司的财务、会计制度。《公司法》规定的破产、解散和清算制度，以及法律责任等，都是资本营运的具体操作规则。

最后，《公司法》对优化资本结构从各方面作了规定。例如，在资本产权结构上，《公司法》明确规定了公司享有由股东投资形成的公司财产权；在组织结构上，明确规定为有限责任公司和股份有限公司，实行权责分明、管理科学、激励和约束相结合的内部管理体制，明确规定了股东会、董事会、监事会的组织机构和明确的权责划分；在技术结构上，《公司法》首先从投资上鼓励股东以货币、实物、知识产权、土地使用权等多种形式投资，加强对公司职工的职业教育和岗位培训，提高职工的素质，即以人为本，全面、协调、可持续发展，采取诸如减排降耗、提高产品科技含量等诸多措施；为了改变我国公司规模小、集中度低、竞争力弱的现状，有关公司法规对公司收购作了规定。

三、合伙企业

合伙企业，是指由两个以上合伙人组成，合伙人根据合伙协议，共同出资、合伙经营、共享收益、共担风险，对合伙企业债务负连带无限责任的企业组织形式。

随着社会经济的发展，人们发现靠一家一户地独资经营，越来越不适应商品经济发展的需要，产生了几家合在一起，大家共同负责，共同承担风险的合伙经营。特别是海上贸易，需要具备相当的知识和经验，于是就出现了几个人合在一起，签订一个合同，把资本交给其中一个或几个有经验的人去经营，赚的钱大家分。这就是萌芽状态的资本经营。

大陆法系的合伙，分为民事合伙与商事合伙，英美法中的合伙通常是指商合伙。例如，英国 1890 年《合伙法》第 1 条规定，合伙是“基于营利目的的共同从事某项经营的人们之间结成的关系”。应当指出的是，我国于 1997 年 2 月 23 日颁布的《合伙企业法》规定的就是商合伙，因为其第 2 条明确规定：“本法所称合伙企业，是指依照本法在中国境内设立的由各合伙人订立合伙协议，共同出资、合伙经营、共享收益、共担风险，并对合伙企业债务承担无限连带责任的营利性组织。”

商合伙具有以下特征：

（1）主体的商人性。商合伙的合伙人限于商人，要求必须有 2 人以上。

（2）行为的资本经营性。商合伙是商人共同进行资本经营的初级形式，合伙人将他们的资本集中起来，共同或推举一人或数人进行经营，然后分享经营利润，具有资本经营的典型特征。

（3）设立的整体性。商合伙由早先的合同共同体发展为组织共同体。早先的合伙实际上是一个合同，现代合伙虽然也要在合伙人之间签订协议，但更注重的是将合伙看作一个组织体，将之作为一个商人看待，而不是作为合同看待。我国《合伙企业法》规定的合伙即是合伙组织，而不是合伙合同。因此，现代合伙具有整体性。

（4）形式的多样性。商合伙可以采取显名合伙、隐名合伙、有限合伙等，形式多样。在英国，合伙可以采取商行的形式。根据英国《合伙法》第 4 条的规定，商行是相关当事人之间结成合伙关系的多个人的集合，商行本身不具有独立的法律人格，法律允许合伙人以商行的商号实施诉讼行为。我国《合伙企业法》新增加了有限合伙的形式，有限合伙组织中的普通合伙人负责合伙组织的经营管理，对合伙企业承担无限连带责任；有限合伙人不参与合伙组织的经营管理，仅以其出资额为限对合伙债务承担有限责任。此外，我国《合伙企业法》还规定了“特殊的普通合伙企业”形式，适用于以专业知识和专门技能为客户提供有偿服务的专业服务机构。特殊的普通合伙企业中，一个合伙人或者数个合伙人在执业活动中因故意或者重大过失造成合伙企业债务的，应当承担无限责任或者无限连带责任，其他合伙人以其在合伙企业中的财产份额为限承担责任。合伙人在执业活动中非因故意或者重大过失造成的合伙企业债务以及合伙企业的其他债务，由全体合伙人承担无限连带责任。

（5）依据的商法性。民事合伙与商事合伙形式上的分化，是大陆法系民商分立大格局的一部分和开端，原因在于商事合伙被纳入商法典，上升到组织高度加以利用；民事合伙归民法典的合同篇。[①] 商事合伙与民事合伙依据的法律不同：商事合伙是依据商法成立的，大陆法系国家的商法典中有关商业登记、商号、商业账簿、经理人等规范，主要适用于商事合伙。

（6）组织的人合性。商合伙虽然由合伙人共同投资组成，具有资合性的特征，但商合伙更多的是一种信用关系的组合，此种信任关系就是合伙中的“人合性”因素。如果没有合伙人之间的信任，就不会产生合伙。此点不同于作为资合性代表的股份有限公司，股份有限公司的股东之间不需要相互信任关系。

（7）责任的连带性。合伙人以合伙的名义联合行事，因而他们对合伙的债务负连带责任。各国合伙法均规定，合伙的债务由合伙人连带承担。

四、商个人

商个人是以商自然人为本位而产生权利义务关系的商主体，按近代商法，包括个体商人、独资企业。

人类经过第三次社会大分工后，就产生了商人。当时作为商人的主要是个体商人，他们的地位相对低下。例加，我国西周时期，国家把商人作为奴隶，如果贵族作为顾客进入市场与商人交易，则被认为是违法行为。作为奴隶的商人通过媒介商品交换，把社会推进到封建社会，封建君主又把商人限制在家庭范围之内。

最初的商人组织形式是以家庭为本位的，一家一户开办一个作坊，生产一种产品。个人出资、个人经营，是独资企业的鲜明特征。我国几千年的封建社会里，商品经济很不发达，以家庭为本位经商是其基本形式，于是在人们心目中形成了一个根深蒂固的观念，就是经商的个人就是商人，在商人和有血有肉的家庭个人之间、在人与组织之间画了一个等号。

现代市场经济条件下，家庭关系与市场交易关系是两种根本性质不同的社会关系，区别人与组织，认为独资企业是商人资本经营的一种组织形式。

商个人具有以下特征：

---

① 参见江平等：《合伙的多种形式和合伙立法》，载《中国法学》，1996（3）。

（1）主体的商人性。自然人经营商业者，既可采取独资企业的形式，也可采取店铺、摊点或走街串巷的小商贩形式。按近代商法，虽然有完全商人和不完全商人之别，但他们都是商人。

（2）身份的多重性。商自然人不同于商人组织：作为市场交易者，是商人；回到家里，是家庭人；作为国家成员，是公民。因不同身份成为不同法律部门的主体。

（3）行为的资本经营性。作为商法主体的商个人，区别于作为民法主体的家庭人，其区别就在于商个人的市场交易行为具有资本经营性。个人以他们自己的财产作资本进行经营，以获得利润的形式增加自己的资本或财产，这是类似于公司和合伙经营目的的资本经营方式。

（4）形式的多样性。商个人既可采取独资企业的形式，也可以采取行商——走街串巷、沿街叫卖的形式。

（5）经营的集中性。商个人基本采取自己出资、自己经营的方式，将经营中的权利、义务高度集中于自身，即经营的集中性。在经营中，即使采取独资企业的组织形式，在聘有商业使用人的情况下，商个人都是业主，集经营决策等一切经营权利于个人，商业使用人只是辅助其营业。

（6）责任的无限性。商个人对外承担责任，不以投入企业或营业的资本为限。

商个人可从以下两个方面分类：

（1）按经营规模分，可以分为摊点与企业。商个人可以是一人经营的各种摊点，也可以是由营业主聘用人员，具有相当设备，具有一定规模，有商号，有账簿的独资企业。

（2）按活动形式分，可以分为行商和坐商。行商即来往城乡、流动于各处的商人；坐商是具有一定数额的经营资本，有自己的商号、账簿，在固定场所经营的独资企业。

五、合作社

合作社作为市场主体，是社员自愿联合，互助合作，以实现其成员的经济与社会进步为目的的经济组织。

马克思、列宁从来都非常重视合作社，其合作社理论是马列主义关于社会主义理论的重要组成部分，因为合作社是抵制资本剥削的一种群众性经济组织。列宁在《论合作社》一文中明确地使用了“合作企业”的概念，指出“……合作企业与资本主义企业不同，前者是集体企业，后者是私人企业”[①]；并且认为合作社是商业，明确指出合作社这一商业形式比私人商业更有利，更有好处，它可以把千百万居民组织起来。

合作社是特殊形式的合资性公司，是商人。作为商人，合作社显然是商法调整的对象，应当归属于商法范畴。例如，德国虽然没有在《德国商法典》中规定合作社，但制定了专门的《商业和农业合作社法》作为《德国商法典》的补充。《瑞士债法典》第三部分于第374条规定了商事公司与合作社。[②]

合作社在我国经济生活中占有相当重要的地位，发挥着重要作用。以供销合作社为例，多年来它在发展农业生产、繁荣城乡经济、增加农民收入等方面作出了重要贡献。因此，党和国家专门作出了《关于深化供销合作社改革的决定》，明确指出：要“加快对供销合作社的

---

① 《列宁全集》，2版，第43卷，366页，北京，人民出版社，1987。

② 参见沈达明：《德意志法上的法律行为》，41页，北京，对外贸易教育出版社，1992。

立法工作，用法律、法规形式明确其性质和宗旨，规范其行为，保护其权益”。随着改革的深入发展，我国出现了各种形式的合作社，并且颁布了《农民专业合作社法》，该法将支持、引导农民专业合作社的发展，规范农民专业合作社的组织和行为，保护农民专业合作社及其成员的合法权益，促进农业和农村经济的发展作为立法目的，是一部农民、农村、农业的发展法，是商法在建设社会主义新农村中的一大贡献。

第五章 市场交易行为

第一节 市场交易行为概述

一、市场交易行为的概念

市场交易行为即我们通常所说的商行为（commercial act），是指市场交易主体（商主体）的资本经营行为，它是商人为了确立、变更或终止市场交易法律关系而实施的行为。在市场交易关系中，市场交易主体可能会作出很多种行为，但并非所有的行为都是市场交易行为，构成市场交易行为必须符合下列要件：

(1) 必须是商人的行为。很多主体在市场交易中都可能作出行为，比如商人、政府或消费者，但只有商人作出的行为才是市场交易行为。除了某些个体商人外，商人的基本形式是各种形式的企业，因此，现代商法主要是调整企业内部关系及对外关系的基本法律，企业对外关系即企业的市场行为，就是市场交易行为。

(2) 必须是商人的资本经营行为。商人除了资本经营行为外，还有其他行为，比如，个体商人除了为卖而买的行为外，还有家庭、婚姻、继承等民事行为。市场交易行为必须是商人实施的资本经营行为。

(3) 必须以资本增值为目标。资本增值的现代商法取向，区别于传统商法在特别法的框架内，着眼于小商人的“赚钱”或营利，它具有社会化大生产集约化经营的特征，内容包括资本营运增值和资本结构优化（智力经营）增值。现代市场交易主体从个体商人变为大企业，传统的小商人营利行为虽然仍在，但现代商人的资本增值行为已成为现代市场交易行为的主流。

(4) 必须是商人合法的资本经营行为。要实现资本增值的目标，商人的行为可以是合法或者非法的，但是，为了建立和谐的市场秩序，实现资本的持续增长，商人在进行资本经营时，其行为必须受市场交易规则的约束，即不得违反软商法和硬商法的规定，以及商法之外的各种禁止性规定。如果一定要对市场行为和市场交易行为作出区分的话，前者是泛指，后者仅指合法行为。但现代商法在强化商人规则意识时不采取近代商法咬文嚼字的方式。

在商法产生和发展的历史过程中，《法国商法典》否定了中世纪商法只适用于商人这个等级的局限，以商行为为立法基础，任何人只要从事商行为就是商人。德国虽然以商人为立法基础，其商法典中商行为仍然是重要的组成部分，是一个法定的概念。《德国商法典》第 343 条规定：“商行为是商人从事其商事经营的全部行为。”现代商法不再将商人看作一个特殊的阶层，总的趋势是淡化商人的规定，但关于商行为的法律制度并未淡化，商行为法律制度已成为现代市场经济普遍的、基本的法律制度。在倾向于主观标准的同时，将关于所共同规范的主题——市场交易行为的原则和规则，经过系统组织，构成一种总体性的新型商法典，如《美国统一商法典》。

二、建立市场交易法律制度的现实意义

有利于商品经济发展的一种社会制度的建立和巩固，最终要体现在法律制度的建立与完善上。针对封建社会中国家、教会、封建领主和特权阶层对商事活动的各种粗暴干涉，商人在市场交易中，通过公司、票据、保险、海商、破产等一系列制度的建立，以及这些制度所体现的市场交易行为法的各项原则，客观上保护了资产阶级的自由经营、自由竞争、自由积累财富，也就是说，从法律制度上为建立、发展和巩固资本主义的商品经济提供了法律保障，是资产阶级反对封建复辟取得胜利的结晶。因此，尽管各国国情不同，商法的商行为法律制度所确认的各项原则及某些具体法律制度，被世界各国广泛应用，不少规则被国际商事条约吸收成为其内容。市场交易行为法律制度体现的自由经营、自由竞争、自由积累财富，一方面反映了资产阶级的意志，另一方面也反映了商品经济客观规律的要求。如果所确立的商行为的各项法律制度，不能准确地反映商品经济客观规律的要求，资产阶级在反对封建复辟的斗争中很难取胜，也很难体现资产阶级的意志。今天我们要建立和巩固社会主义市场经济的新体制，其新体制的最终建立和巩固，也必将体现在市场交易行为法律制度的建立。

建立商行为法律制度的现实意义，具体有以下几点：

1. 建立商行为法律制度，是实现“全面、协调、可持续发展”战略的需要

在我国解决所有问题的关键是要靠自己的发展。要发展，一是要把握好速度，二是要取得好的效益。人类社会所提供的三种发展模式，无一例外都是在相应的法律规范，特别是商法规范中形成的：以英国、美国、法国为代表的“原发式”，它们都有商法规范，其发展表现出稳定、和谐的特征；以日本、韩国为代表的“后发式”，它们都有商法典，在商行为法律制度的规范下，社会发展表现出快速、突进的特点；第三世界国家一般采取“新发式”的发展模式，“新发式”的最大特点是可以从“原发式”及“后发式”的发展中吸取经验和教训。我国是第三世界国家，属于“新发式”的发展模式。[①] 我国要实现全面、协调、可持续发展战略，法制建设也要适应“新发式”的特征，体现在法律制度上，就是要求吸收“原发式”和“后发式”国家商法制度的经验、教训，建立我国“新发式”的商法法律制度。因为商法的出发点是市场，落脚点是效率，其核心的概念是要充分发挥市场主体的能力。速度和效益在商法规范下的有机结合，将使我国经济全面、协调、持续、快速、健康发展。

2. 建立商行为法律制度，是实现两个根本转变的需要

经济制度从传统的计划经济体制向社会主义市场经济体制的转变，经济发展方式的转变，是具有全局意义的根本转变。我国已基本实现了计划经济向市场经济的转变，粗放型向集约型经济发展方式的转变正在展开。为深化这一转变提供最直接的、最具体行为操作规范的是商法，因为无论是优化资源配置、深化国有企业改革、建立现代企业制度，还是积极发展和完善市场体系，充分发挥市场机制的作用，使经济活动遵循价值规律，适应供求变化，体现竞争原则，都需要商法提供规范。一方面，需要市场交易行为法律制度提供完善的保护市场

---

① 参见孙鼎国：《三种发展模式及其借鉴》，载《天津社会科学》，1996（1）。

主体独立自主地在市场上公平竞争权利的规范；另一方面，对市场主体各种偏离市场规律的行为作出导向性、禁止性规定。

3. 建立商行为法律制度，是全面振兴农村经济的需要

我国的改革首先是从农村开始的，农村商品经济的发展，给改革的深化创造了条件。我国农村从家庭层次开始，逐步过渡到举办各种企业，特别是东部沿海地区和大城市郊区的工业产值已经超过农业产值。进入20世纪90年代，这些地区的非农业产值已占农村社会总产值的80%以上，有些地区已达90%以上，乡镇企业迅速得到发展。要全面振兴农村经济，提高农村商品经济本平，既需要以市场交易行为法律制度保护新的农村商人的合法权益，也需要通过市场交易行为法律制度引导、规范农村商人参与市场竞争，使他们的积极性不因市场交易行为法律制度不健全而受到挫伤。农村现代化，实质是农村城镇化、市场化，农业商业化（企业化），农民商人化即成为有农业技能、熟悉市场交易规则的新型农民。

4. 建立市场交易行为法律制度是防止“泛市场化”，坚持物质文明和精神文明共同进步的需要

没有经济的发展，社会发展和精神文明建设就没有物质基础；没有社会的发展和精神文明的进步，物质文明建设就没有精神动力、智力支持和思想保证，经济发展目标就难以实现。在社会主义市场经济条件下，存在着不同领域、不同关系，如政治关系、经济关系、家庭关系，这些不同领域、不同关系按各自规则在各自领域内运行，不允许把其中一个领域的规则用于另一个领域，例如，不允许用经济领域中商品交换等价有偿的原则调整权力关系、家庭关系，也不允许家庭关系渗透到政治领域和经济领域。要防止“泛市场化”，从法律制度上说，就必须明确界定市场行为和非市场行为，防止“泛市场化”对政府行为、家庭关系的侵蚀，弘扬社会主义精神文明。①

5. 建立市场交易行为法律制度，是实施建立创新型国家战略的需要

市场交易行为法律制度，不仅有崭新的法律理念，而且有一整套促进科学技术进步，把科学技术进步转化为生产力的法律制度。与“泛市场化”相对应的是“泛伦理化”，伦理至上的法律理念，不可能培养出现代市场经济所需的新型法律人才。从法律方面说，要为实施这一战略输送的人才，应当是大量的熟悉市场法律制度的创新人才。要实现这一战略目标，也必须建立市场交易行为法律制度。

6. 建立市场交易行为法律制度，是实行对外开放，参与国际经济合作和竞争的需要

随着改革的深入，特别是我国成为WTO的成员国，我国的对外开放将进一步扩大，国际大型跨国公司的投资、发达国家的投资比重将明显上升；禁止外商进入的领域将进一步缩小；对外资企业的市场限制将适度放开；通过外商证券形式投资利用外资的数量将会增长；利用外商直接投资的具体形式将更加多样化。所有这些利用外资战略的转变，都有待市场交易行为法律制度提供具体的操作规范。并且，随着我国企业进入现代市场，企业资本的社会化和国际化，要求我国的市场交易行为法律制度与国际市场交易行为法律制度接轨。如果各国之间的市场交易规则各异，必然增加交易成本。在商法国际统一的呼声下，一系列商法方面的国际公约、条约、统一法、统一规则问世，诸如《国际货物销售合同公约》，日内瓦有关汇票、本票、支票的公约，关于统一提单、海上货物运输、海上船舶碰撞、海难救助、共同海损、海水污染的公约以及世界贸易组织的乌拉圭回合最后文件等。尽快完善我国的商行为法律制度，才能为发展对外经济技术交流、合作与我国企业投入国际竞争提供一个普遍的准则。

---

① 参见王晓升：《社会转型时期中国文化困境探源》，载《天津社会科学》，1995（4）。

7. 建立市场交易行为法律制度，是维护正常的市场经济秩序的需要

在社会主义市场经济条件下，各种法律从不同的角度调整社会关系，都是为了保障正常的市场经济秩序。商法具有技术性、进步性，市场交易行为法律制度，特别是软商法所反映的市场交易的客观规律，是直接维护市场交易秩序的行为规则，因此，在重视硬商法的同时，应当足够重视软商法。没有一整套适合中国特色社会主义市场经济的软商法，不可能形成新的市场交易秩序。

三、市场交易行为法律制度的特征

1. 市场交易行为法律规范具有宽松、任意性的特征

在市场经济体制下，市场价格信号为市场主体的市场交易行为提供着信息和激励，“看不见的手”在市场交易中发挥着神奇的效应。适应过去的旧体制，法律多采取授权性规范，主体的权利是通过“上级”配置的，没有过多的选择余地。市场经济体制下，一方面，存在大量的选择行为；另一方面，市场交易行为需要有大量的选择自由，这样，市场交易行为从规范上必然具有软商法与硬商法有机结合即任意性、禁止性的特征，为市场主体实施选择自由创造一个宽松的环境。市场交易行为法通过其具体的规范，对市场主体的选择行为起着一种价值导向作用，将市场主体符合客观经济规律的行为排除在被禁止的范围之外，使市场主体在被禁止的范围之外，能够充分行使对市场交易行为的选择自由，从而使市场主体有可能理性地实现其在市场交易中的要求。适应市场千变万化的要求，商法所确定的市场交易行为法律规范有极大的灵活性：一是市场交易行为法律规范中任意性规范多于强制性规范，授权性规范是一般的，禁止性规范是具体的；二是对于市场交易行为除以基本法律加以规定外，将因时、因地地大量颁布补充性的法规，除硬商法外，还有示范法、示范性的标准条件；三是市场交易行为法律规范充分肯定的是市场交易自由、简易、迅速、公平等灵活性原则。

2. 市场交易行为法律制度所规范的行为具有为卖而买的资本经营行为特征

资本（智力）经营是以资本增值为目标的经营管理方式。现代市场交易如果不讲资本增值，则是违背市场经济客观规律的集中表现。市场交易行为法体现这种客观经济规律的要求，市场交易行为的出发点和归宿都贯穿着资本经营的要求，以资本经营为主线把买卖、公司、票据、海商、金融、保险、担保、破产等全部法律制度，联结成一个内部和谐、统一的整体。界定市场交易行为的基本标准就是资本增值，资本增值是市场交易行为质的规定性。市场交易具体规范也都渗透了资本经营性，例如，商法规范的主体——现代企业是资本营运、资本增值的载体，商法规范的一切行为都是资本经营行为，都是为了实现资本营运增值和资本结构优化增值。

3. 市场交易行为法律制度规范的行为的活动空间具有大市场的特征

随着企业进入现代市场，企业资本的社会化、国际化，其资本经营行为也必然是以国际市场为活动空间，在这样的市场空间内必然存在大量的选择行为，需要大量的选择自由，要求市场交易行为法确定“法不禁止即合法”的原则，使企业的资本经营行为在法律禁止范围之外有一个广阔的自由活动空间，才能适应企业进入现代市场的需要。因此，统一法、统一规则应运而生，成为现代法律制度中的亮点。

4. 市场交易行为法律制度的形成具有交易习惯法律化的特征

在长期的交易和竞争中形成的交易习惯，被法律认可后就成为市场交易行为法律制度。早在中世纪，地中海沿岸商业比较发达地区就形成了各种交易惯例，如商业合伙、票据制度、

保险制度，以及诚实信用、法律方式自由、保护善意第三人等原则。最初被法国法律化为《商事条例》和《海事条例》，后来被其他国家法律化为商法典。市场交易行为法律制度，是商人所熟悉和掌握的市场规则，这些规则是长期市场交易交易经验的升华，它准确地反映着市场交易的客观规律，展现着软商法—硬商法—软商法的时代发展趋势。

5. 市场交易行为法律制度的体系具有以协议可以改变法律的交易自由为基础的软商法特征

市场交易行为法律制度体现的自由经营、自由竞争、自由积累财富，集中到一点就是协议可以改变法律的交易自由，从这个意义上说，市场交易行为法律制度的基本属性是软法。从根本上说，商行为法律制度是为了保护交易自由，因为市场主体的权利和义务在市场中是通过无数的协议获得的，没有交易自由也就没有市场行为，也不可能有权利、义务可言。适应现代市场的要求，现代商法确立了市场交易行为规范化的原则，它是在交易自由基础上的发展和进步。

6. 市场交易行为法律制度的体例具有实体与程序相结合的特征

市场交易行为法律制度是资本经营具体操作的法律制度，操作不仅大量涉及资本经营的各种实体权利和义务，需要法律规范明确加以界定，而且要节省交易成本、提高效率，操作的具体程序也需要法律明确加以规定。商法的许多规范都是实体和程序有机结合的典范，如公司法、保险法、票据法、破产法等，都对实体和程序作了明确规定。

7. 市场交易行为法律制度的地位具有由商人法为重心转变为商行为法为重心的特征

参与市场交易的各种行业都是以商人的面貌出现的，都是市场主体，都是资本经营者，再突出他们的特殊身份，显然是不必要的。适应现代市场这种特征，淡化商人制度总则性规定已经成为现代商法的潮流。淡化商人必然强化商行为，市场交易行为成为现代商法的主要规范对象。

四、市场行为规范化原则

市场行为规范化原则，就是以一部法律对市场行为加以界定，明确其范围，并以系统、完整的法律制度对其充分加以保护的原则。

市场行为的本质特征是资本经营性。在市场经济条件下，市场主体实施市场行为，其动机主要是利益追求。市场主体对自己的市场行为总是在不断进行价值判断，在选择市场行为时总是选择自认为行为价值较大者，无论是从事商品贸易、服务贸易还是从事技术贸易，都是在作这种价值判断。市场行为的这种特性，客观上符合了我国改革、开放的需要。因为我国改革、开放的直接动因，就在于旧体制效率低下，财富短缺。改革、开放要解决的根本问题，就是要解放生产力，要提高效率。但是，一方面，市场行为的资本经营特性要求必须以立法加以规范，如果不对其加以规范，不但不能达到提高效率、促进社会生产力发展的目的，一定程度上还会产生妨碍提高效率、破坏生产力发展的后果，如坑蒙拐骗、假冒伪劣诸多现象的发生等；另一方面，要体现市场行为资本经营性的特性，引导资本经营行为符合客观规律，不违背社会公共利益，必须以立法保证交易安全，力求减少交易成本。这些都要求在市场经济立法中，要全面体现市场行为规范化的原则。

市场行为规范化原则集中表现为商法的全部规范所调整的资本经营行为是法律允许的资本经营行为，它既是企业效益与社会效益的内在、有机统一，也是物质文明和精神文明的内在、有机统一。因为法律是秩序的象征，商法调整市场主体和市场行为，就是要建立和维护社会主义市场经济运行的正常秩序。秩序是效率的外部环境，没有符合市场经济发展的正常秩序，是不可能有效率的。同时，只有赋予市场主体尽可能广泛的追求利益的自由和最大限度的活动空间，才能保证资源利用的效率；只有市场主体间通过市场公平竞争，才能保证持续、稳定的效率。

市场行为规范化原则，是长期市场经济立法实践经验的升华。如果说“从身份到契约”在初始的市场交易中是一个进步的话，那么，从合同自由到市场行为规范化是立法史上更大的一个进步。初始的市场交易呼唤合同自由，现代市场经济则要求减少交易成本、确保交易安全。要达到减少交易成本、确保交易安全的目的，唯一的途径就是市场行为规范化、程序化。要体现这一原则，就必须建立一系列的法律制度。主要市场经济国家的软商法和硬商法中的商行为法律制度，就是这方面完整的、系统的法律制度，如票据制度、证券交易制度、期货交易制度、保险制度、海商制度、破产制度，以及交易行为中的一系列制度，如合同定型化制度、明码标价制度，以及外观制度、公示制度、严格责任制度、公平竞争制度、消费者保护制度等，这些制度把交易自由的立法原则大大地向前推进了一步，是对传统的立法观念和法律制度的突破。因此，现代市场经济国家不再重视合同自由，在立法中集中体现市场交易行为规范化原则，则成为一种不可阻挡的趋势。著名的《美国统一商法典》以及各种统一法、统一规则，就是按市场行为规范化原则立法的典型，对现代市场经济国家的立法具有普遍借鉴意义。

第二节　市场交易行为的范围和分类

一、市场交易行为的范围

市场交易行为的范围，也称作商行为的范围或者市场行为的范围。

1. 采取列举主义确定市场交易行为的范围

以《德国商法典》为代表的近代商法，采取列举主义，列举的商行为大致可分为四类：第一类为买卖商行为，是商人从事的动产或有价证券的交易行为，称为“买卖商”或“固有商”。

第二类为以间接媒介货物交易为目的的行为，如行纪、代理、仓储保管、货物运送等营利行为，称为“辅助商”或“第二种商”。

第三类为与货物交易有密切关系的行为，如金融票据、信托、承揽运送、制造、加工、印刷出版、影剧等营利行为，称为“第三种商”。

第四类为与第三种商有关系的各种营利行为，如广告、保险、饮食、服务等营利行为，称为“第四种商”。

采取列举主义界定商行为范围的国家或地区达数十个。

2. 采取概括主义确定商行为的范围

以法国、瑞士等为代表，近代商法采取概括主义。如瑞士债法规定：凡经营商业、工厂或其他以商人之方法为营业，而为商业登记者，其实施的行为即商行为。

3. 采取列举、概括相结合确定商行为的范围

作为近代商法的《日本商法典》第501条列举了绝对商行为，第502条列举了营业商行为，第503条以附属商行为、第523条以准商行为对商行为又作了概括性的规定。它不仅规定商人只要是为其营业所进行的行为，都是商行为；还规定只要是商人所实施的行为，推定为营业所进行的商行为；而且规定以营利为目的设立的公司（社团），其行为准用有关商行为的

规定等。

作为现代商法的《美国统一商法典》，没有专门条款为商行为确定范围，在以“从事某类货物交易业务”界定商人时，实际确定了商行为的范围，就是从事某类货物的行为，某类货物既包括现实存在并已特定化的货物，也包括不是现实存在并已特定化的期货。

总之，市场交易行为是一个很宽泛的概念，按近代商法，市场交易行为是商人的一切营业行为；用现代商法语言表述，包括一切商品、服务、技术交易的资本经营行为，均为市场交易行为。

二、市场交易行为的分类

现代商法崇尚实用、简捷，一般不作烦琐分类。为便于人们作实证、比较研究，以下主要介绍近代商法中商行为的分类：

（一）单方商行为和双方商行为

1. 单方商行为。在市场交易的双方仅一方是商行为，另一方不是商行为的，称为单方商行为。德国商法区分市场交易活动由商人与非商人所为和由实施商行为的商人和非实施商行为的商人所为，因为它关系到如何适用法律的问题。① 现代市场经济中，交易行为是普通行为，为买而卖的行为成为特殊行为。现代商法调整的是商人之间为卖而买的资本经营行为，一般不存在单方商行为。单方商行为一般出现在商人与消费者的交易中，适用商法的特别法。现代商法的进步，一是改变了传统商法适用困难和法院管辖困难的状况；二是修正了传统商法立法技术的失误，避免给非商人带来不利；三是避免了商法具体条款的复杂化。

2. 双方商行为。市场交易中双方或多方都是商人，他们的行为都是商行为的，称为双方商行为。例如，制造商与制造商、制造商与销售商、销售商与广告商等之间的交易行为，均为双方商行为。双方商行为不仅是近代商法的调整对象，也是现代商法的调整对象，不过现代商法调整的商行为具有资本经营性，双方或多方都是资本经营者，实施的都是资本经营行为。

（二）绝对商行为和营业商行为

1. 绝对商行为。是由法律规定的某些行为，这些行为不论什么人为之，都是商行为。一般地说，这些行为的共同特征是具有明显的营利性，并且即使这些行为不是作为营业，只进行一次，也被作为商行为而适用商法，充分说明它的绝对性。从现有商法典考察，《日本商法典》对绝对商行为有明确规定，大体包括以下几类：（1）以转让而获得利益为目的，有偿取得动产、不动产或有价证券的行为，或以转让其已取得的物品为目的的行为；（2）取得他人的动产或有价证券而订立的给付合同及为履行其合同以有偿取得为目的的行为；（3）在交易所进行的交易行为；（4）取得票据和其他商业证券的行为。

这一分类的法律意义在于：从近代商法看，凡属于上述行为，不管是不是商人，不管行为的性质是不是营业，只要实施这种行为，都属于商行为。从现代商法看，上述行为均属于资本经营行为，它不强调商人身份，只要实施了资本经营行为，均适用商法，有利于建立现代市场交易秩序。

① 参见范健：《德国商法》，197页，北京，中国大百科全书出版社，1993。

2. 营业商行为。从主体上讲必须是商人，从目的上讲必须是为营业所进行的行为。《日本商法典》对营业商行为有明确规定，大体包括下列各方面的行为：（1）制造或加工的行为。以有偿方式为他人进行制造或加工的行为，如制造业、纺织业、洗染业等。（2）出租行为。以出租物品而获得利益的行为，如房屋、服装、汽车出租业等。（3）供给电气或煤气的行为。（4）运送行为，包括陆上、海上、航空货物运输和旅客运输。（5）承揽作业或劳务行为。作业一般是指道路、铁路、房屋等工程承揽；劳务是指承揽供给劳务的行为。（6）出版、印刷或摄影的行为，如出版业、新闻业、印刷业、照相业等。（7）为招徕顾客而设置的交易行为，如旅馆、饭店、理发店、游乐场等。（8）兑换及其他银行交易行为，是指从他人那里接受资金的行为。（9）保险行为，如财产保险、人身保险、责任保险等行为。（10）承担寄托的行为，如物流业等。（11）居间或代办行为。居间，是通过媒介使他人之间成立商行为，如经纪人。代办，是以自己的名义为他人进行的商行为，如批发商、运输经办人等。（12）承担代理商行为，是指自己是商人，而为其他商人从事营业的代理行为。

这一分类的法律意义在于：从近代商法看，必须是商人作为营业实施的行为，才是商行为。如果专以获得工资为目的而制造物品或从事劳务的行为，则不是商行为，如医生、会计师、律师、教师、艺术家等自由职业者，法律不认为他们是商人。从现代商法看，上述行为都是资本经营行为，具有资本经营性的行为才是商行为。艺术家、教师、律师、会计师等专以获得工资为目的的行为，不具有资本经营性，显然不是市场交易行为。

（三）基本商行为、附属商行为与准商行为

1. 基本商行为，是绝对商行为和营业商行为的总称。

2. 附属商行为（辅助商行为），是商人为了营业而附带进行的行为。如果把运输作为营业，所进行的行为则是营业商行为，其经营者也就成为商人。如果其他行业，如批发业，并不把运输行为作为目的，而仅仅是为了本身的批发营业而进行的运输，这种运输行为就是附属商行为。除此，如企业订立保险、劳动合同等，是商人为了本身营业而进行的，这些行为也是附属的商行为。另外，为开业所进行的准备行为，也是附属商行为。

3. 准商行为。以营利为目的的社团，虽然所进行的事业本身不是商行为，但由于它被看做是公司，因而以其所为为准商行为。

这一分类的法律意义在于：从近代商法看，使商行为法律制度适应复杂的经济生活。从现代商法看，商行为的分类一是要着眼于公司的资本经营行为，同时兼顾其他企业和经济实体的资本经营行为，使之更加适应现代市场经济的需要；二是资本经营的具体内容和范围还在不断扩大，商法只有及时反映这种变化，才能适应复杂的经济生活。

（四）一般商行为与特殊商行为

1. 一般商行为，是指商主体或行为不为法律特别加以限制的商行为。

2. 特殊商行为，是市场进入要经政府特别许可或审批，或者市场行为要受特别控制的行为。例如，电力、自来水、邮电通讯、公交运输、煤气供应等公用事业与金融保险业、烟草专卖业等，其组织或行为要分别从市场准入、产品或服务价格，或者其他交易条件上给予不同程度的限制。

这一分类的法律意义在于：一是有利于体现“法不禁止即合法”的现代市场经济法律原则，充分发挥现代商法优化资源配置、最大限度地调动市场主体资本经营的积极性、发展社会生产力的功效；二是通过限制“自然垄断”的负面效应，不仅有利于尽快完善我国市场经济的法律体系，也有利于保护消费者，维护社会利益，建立新的市场法律秩序。

第三节　市场交易行为的形式和内容

一、市场交易行为的形式

市场交易行为的基本形式就是契约。在市场交易与契约的关系中，契约是市场交易的表现形式，市场交易则是契约产生的直接动因。“先有交易，后来才由交易发展为法制……这种通过交换和在交换中才产生的实际关系，后来获得了契约这样的法的形式……”[①] 马克思主义的经典结论不仅科学地揭示了商法的产生和演进历程，也揭示了商法与契约的密不可分的关系。

在罗马法阶段，已经出现了许多契约形式，比如有名契约、无名契约、简约、严法契约、宽法契约等，这些契约可以依照不同的标准进行分类。从研究商法的角度来讲，罗马时代的契约可以分为两类：作为家庭行为的契约和作为市场交易行为的契约。作为家庭行为的契约主要处理与家庭有关的社会关系，比如由未婚妻或其父亲订立以提供嫁妆为目的的契约；当农奴解放时，农奴允诺为前主人承担某种义务的契约；关于家庭成员之间分家的契约等，这些契约的主体都是家庭人。作为市场交易行为的契约处理的是当时并不发达的市场交易关系，比如互易、换工、劳务互易、物劳互易、行纪等关系。由于罗马时代家商不分，契约究竟属于家庭行为契约还是市场交易行为契约，在某些情形下很难区分。

在中世纪，随着市场交易的发展，在交易实践中产生了许多新的契约形式，比如商事合伙契约、保险契约、保证契约、抵押契约等。“市场交易实践，不仅创造出商事契约，而且创造出商事契约的精神、理论。作为萌芽状态资本经营行为的商事契约，无论是从借贷契约发展起来的康美达，还是其他类型的商事契约，都体现了一种与家庭行为截然相反的精神。”[②] 此时市场交易的基本内容，都可以通过契约的形式加以表现，例如，交易自由原则，表现为契约自由；市场公平交易，表现为契约双方的权利互惠；市场交易的诚信，表现为契约履行的神圣性。

近代商法时期，大陆法系各个国家传承罗马法传统，继受了罗马法的精神，认为商法是民法的特别法，民法关于合同的规定适用于市场交易行为。以买卖为例，民法是买卖的一般规定，商法则是买卖的特殊规定。关于民事契约和商事契约的规定，仍然没有分开。

现代商法时期，作为市场交易行为的契约（合同）逐渐独立出来，商业契约与非商业契约这时有了明确的区分，以《美国统一商法典》为代表，不仅从体例、内容，而且在概念上都作了明确的区分。《美国统一商法典》采取了将商业合同（契约）作为商法典有机组成部分，统一立法的体系。第一篇为总则，实际上规定了商业合同法上的许多基本概念；第二篇为买卖，对商业合同的形式、订立和修改、当事方的一般义务和合同解释、履约、违约、毁约和免责以及救济等，作了面目一新的、全方位的规定；其他各篇是对资本经营行为其他形式契约的规定，在契约领域里开始了法律革命。

值得一提的是国际统一私法协会制定的《国际商事合同通则》，该通则明确规定将民事合同排除在外，是专门规定商事合同的统一法。这不仅为国际立法提供了范本，也为国内合同立法提供了范本。我国《合同法》的许多制度都直接采纳了该通则的相关规定。但是，我国

① 《马克思恩格斯全集》，第19卷，422～423页，北京，人民出版社，1972。

② 徐学鹿：《商法总论》，299页，北京，人民法院出版社，1999。

《合同法》仍保留了近代商法的思维，并没有区分商事合同和民事合同。

二、市场交易行为的内容

市场行为的内容是丰富多彩的，但不是杂乱无章的。市场交易行为法律制度的主要内容中最基本的是买卖，包括期货，还有融资租赁、信托、担保、票据、证券、保险、海商。列举任何时候都无法穷尽市场交易行为法律制度的全部内容，以下的内容只能是其中的部分内容，并且这些内容中的任何一项都能单独展开论述，形成一本著作。对于作为商法总论的市场交易行为，这里只能简要作些介绍。

第一，买卖。买卖是商品经济的表现形式，没有买卖，商品生产和商品流通都将不能进行。买卖是资本经营具体的操作手段，是基本的市场交易行为，是市场交易行为的重要法律制度之一。因此，发达国家都很重视买卖立法，通过这方面的法律来调整买卖活动中产生的各种关系，以保障商品生产和商品流通的顺利进行。现代商法规范的买卖行为，一方面侧重于调整商人和商人之间的买卖，关于商人和消费者之间的买卖关系，则由消费者保护法调整；另一方面，买卖的领域日益扩大，不限于货物买卖，乌拉圭回合最后文件就将买卖从货物拓宽到服务和技术领域，仅服务贸易就包括国际运输、国际旅游、跨国金融、国际保险、国际信息处理和传递等 15 项内容。此外，买卖的手段也在逐渐现代化，从传统的面对面的买卖发展出了网上买卖。

第二，期货。期货是相对于现货而言的，是非现实存在并已特定化的货物。因此，期货交易行为的对象是期货商品，与现货商品相比，其特殊性主要表现为：一是自然形态上除实物形态的商品外，还包括黄金、货币、利率、股票指数等金融商品，以及期权。二是期货商品表现为期货合约，是由专门交易机构即期货交易所统一制定的标准化期货合约，期货合约中期货商品的数量、质量、交付时间和地点等是既定的，其中价格是由众多买方和卖方公平竞价形成的，是唯一的变量。期货交易就是以期货合约规定的期货商品未来的某特定时间为交割日，在交割日到来前买卖双方多次转卖或买回，以对冲进行操作。因此，在期货商品交割日到来之前，期货合约多数已被对冲，很少发生实物交割。期货交易行为包括对冲交易行为和投机行为。

第三，融资租赁。租赁有经营租赁、维修租赁、融资租赁等形式，其中融资租赁是一种新型的租赁形式，它是由出租人根据承租人对出卖人、租赁物的选择，向出卖人购买租赁物，提供给承租人使用，由承租人支付租金的市场交易行为。这种租赁，对承租人而言，是融租人提供了百分之百的信贷，为承租人购买其希望使用的融租物，为承租人融通资金，具有融资性；对融租人而言，则是通过把融租物交由承租人使用、收益，由承租人支付租金，从而收回投资，又具有租赁的性质。融资租赁区别于传统租赁，融资租赁将融资同融物相结合，是较为复杂的租赁形式。

第四，信托。信托是委托人将其财产转移给受托人，受托人以自己的名义依照委托人的指定，为受益人的利益或特定目的，管理或处理财产的行为。商事信托是以获取商业利益为目的的商事领域方面的信托，这种信托设计的初始目的是筹集生产资本，但其附带的效应是为个人、企业或其他社会组织创造了各种资本经营的良好渠道。从目前各国信托业务开展的状况看，商事信托的品种包括：为配合投资而设的“单位信托”，为调动员工劳动积极性而设的“雇员受益信托”，以及“附抵押公司债信托”、“证券投资信托”、“贷款信托”、“职工持股信托”等。

第五，担保。担保是由双方当事人约定，债务人以财物或信用保证债务履行的一种行为。担保具有从属性，担保的成立和存在必须以一定的债权关系的存在为前提。担保的履行具有条件性，担保的履行并不一定与主债务的履行同时进行，除连带保证外，担保人履行担保责任往往基于被担保人不履行或不能履行其向债权人承担责任这一条件，即只有在被担保人到期仍未或不能履行责任时，担保人方可被要求履行其所担保的被担保人应履行的责任。

第六，票据。票据是由发票人签名于票上，无条件约定自己或委托他人以支付一定金额为目的的有价证券。市场交易是一种权利的转移，而且具有反复性、持续性和迅速性，把眼睛看不见的权利变为看得见的方法就是采取有价证券的形式。票据是最早以有价证券形式表示权利的载体，号称“有价证券之父”。商人运用票据的形式进行支付，代替了巨额现金的支付。用票据结算，免去了现金支付的不便。票据本身还代表着一种信用，由于其通常由付款人无条件付款，如不能付款，其他在票据上签章的人承担连带责任，因此接受票据已经成为商人的惯例。通常世界各国的票据都分为汇票、本票和支票。

第七，保险。保险是投保人根据约定，向保险人支付保险费，保险人对于约定可能发生的事故因其发生所造成的财产损失，承担赔偿保险金责任，或者当被保险人死亡、伤残、疾病或者达到合同约定的年龄、期限时，承担给付保险金责任的商业保险行为。商法规范的保险行为，是商行为，不包括社会保险。社会保险由社会保障法规定，本质上不属于资本经营行为。保险操作的形式是合同，保险合同按照不同标准可以分为人身保险合同和财产保险合同：人身保险合同是以人的寿命和身体为保险标的的合同；财产保险合同是以财产及其有关利益为保险标的的合同。

第八，海商。通过船舶实施的海商行为，涉及海上运输关系和船舶关系。海上运输关系主要包括海上运输合同关系，如海上货物运输合同、海上旅客运输合同、海上拖航合同、船舶租用合同，海上侵权关系，如船舶碰撞、船舶污染海洋环境引起的法律关系，以及因海难救助、共同海损等海上特殊风险所产生的权利义务关系；船舶关系主要包括船舶物权、船舶的法律地位、船舶安全、船舶管理等法律关系。海商行为是商法的重要组成部分，商法的许多制度，都能从海商行为中找到最初来源。

第六章

商法学的学习与研究方法

第一节　演绎分析方法

一、演绎分析方法的概念

演绎分析方法，又称注释法学、概念法学或规范分析法学，是指着眼于成文法的现有规定，围绕法律概念、条文本身进行学习和研究的一种法学研究方法。这种研究方法将法律概念、条文作为学习和研究对象，不去考虑法条背后的政治、经济、文化因素，是伴随着成文法一起产生的一种研究方法。在分析案件时，这种方法首先考虑法律条文是如何规定的，将法律条文的规定套用于具体案件，得出一个结论。采取的办法与逻辑学上的演绎推理相同，故称演绎分析法。这种分析方法的教学和研究，是对已经存在的法律条文加以解释，因此也称为注释法学。另外，这种研究方法是对法律规范进行分析，从概念到概念，因此也称为规范分析法学或概念法学。

演绎分析法学的法哲学基础是凯尔森的纯粹法学理论。凯尔森认为，一个学科必须就其对象实际上是什么加以描述，而不是从某种价值观念或标准出发来判断对象应该如何或不应该如何。[①] 从这个观念出发，凯尔森将法学分析局限于对实在法的结构分析、对法律条文本身进行分析，至于法律条文之外的法律价值、法律理念等，均不予以考虑。

商法学习和研究中的演绎分析方法，就是指对商法成文法条文本身加以分析，找出其适用条件、适用程序和适用结果，并将之运用于商法具体案件分析的一种学习、研究方法。

二、演绎分析方法的价值取向

演绎分析方法的价值取向在于坚持法律的纯粹性，排除政治、经济、文化对法律和法学的影响，认为“一般法理学的任务是澄清和阐述现有法的概念和结构，以建立系统的法律知识。至于应当的法则非一般法理学的对象，而是立法学—伦理学分支的对象”[②]，认为法学的主要任务是分析，而不是评论或批判。

演绎分析方法的这一价值取向必将导致法典崇拜。由于演绎分析方法以成文法条文为中心，法典自然就成为演绎分析的对象，无论是法学研究者、法官，还是学生，都会将法典作

---

① 参见吕士伦、文正邦：《法哲学论》，692页，北京，中国人民大学出版社，1999。

② 张文显：《二十世纪西方法哲学思潮研究》，71页，北京，法律出版社，2006。

为法律的唯一中心进行研究和学习，这样就会在全社会形成一种法典崇拜，认为法典的地位至高无上，经法典规定的概念都是正确而不可更改的。这是一种封闭式的扼杀创新精神、创新思维的学习和研究方法。

三、演绎分析方法的评判

演绎分析方法具有一定的优点：首先，它符合人们对法律确定性的追求。演绎分析方法认为法律是国家机关制定的“命令”，只要国家机关颁布了法律，该法律就是确定不变的。这与普通百姓心中的法律是一致的，他们认为，法律就是国家制定的那些条文，是固定不变的。其次，演绎分析方法强化了理论的现实性和司法实践的可操作性，尤其是它对实在规则和现实秩序的“精密”研究，使司法活动走向专业化和职业化。[①] 最后，演绎分析方法还防止法官和律师凭借“法律感觉”、无视法律的规定，是法官工具论的理论基础。

演绎分析方法的缺点在于：首先，这种学习、研究方法可能演化为一种纯粹对法律条文、概念的学习、研究。如果立法者用以表述的文字不精确或有错误，运用这种分析方法可能得出错误的结论。其次，这种分析方法忽视制定、适用和遵守法律的人的因素，在分析法律时过于强调纯粹的法律文本。再次，这种分析方法不注重法的价值评判、法的社会目的以及法的社会效果，使得法律在适用时可能与社会实际情况相脱节。最后，这种分析方法可能导致割断法学与其他社会科学的联系，妨碍运用其他社会科学的研究成果来学习、研究法学。

目前，我国商法学界运用这种演绎方法较为常见，甚至有的法学院系还将“以法条为中心”作为办学特色，在教学中以分析法条为主，在研究中也采取围绕法条的方法。不可否认，这种学习、研究方法对学生参加司法考试具有立竿见影的效果，因为司法考试的商法部分考查的正是对法条的熟悉状况。但是，对培养法学人才来说，这样的教学和研究方法是不足取的。法学教学研究和司法考试本身都在进步，纯粹的法条教学和研究无法适应培养具有创新精神、善于创新思维的创新型人才的需要。演绎分析方法以法条为中心只是“授人以鱼”，商法的教学和研究应当传播科学方法，“授人以渔”。

四、演绎分析方法与商法“范式危机”

所谓“范式”，按照托马斯·库恩的观点，是指科学共同体建立在某种公认的并成为传统的重大科学成就基础上的共有信念。也就是说，范式是观察世界和实践科学的方法，包括科学的基本假设、基本观点和基本方法。当一门学科的原有范式（共同信念）不能对不断发展的实践加以科学解释时，会带来该学科的“范式危机”。人们通过“范式变革”改变原有的基本假设、基本观点和基本方法，最后形成一种新的范式。这就是所谓的“范式转变”。

商法“范式危机”源于我国商法研究多采用近代商法范式的思维，其基本假设是商法是民法的特别法，基本观点是体现在近代商法典——《德国商法典》、《法国商法典》、《日本商法典》中的基本观点，基本的研究方法是演绎的分析方法，采取概念法学从概念到概念严密逻辑推理的形式。例如，在民法中存在“民事”一词，在商法中则造出“商事”一词；民法中出现“民事关系”一词，在商法中也造出“商事关系”一词。“近代商法范式”导致了商法的“失语”，即商法没有自己的语言，没有自己的基本概念、基本假设、

① 参见李其瑞：《法学研究与方法论》，170页，济南，山东人民出版社，2005。

基本观点和基本方法，商法丧失了自己的话语权。现代商法的出现，逐渐改变着这种“近代商法范式”，形成“现代商法范式”，其代表从现代商人法到《美国统一商法典》，构建了一整套自己的基本概念、基本假设、基本观点。同时，商法的学习、研究方法也在发生深刻变化。

演绎分析方法是近代商法的基本分析方法，这种封闭的分析方法，导致了商法的范式危机。虽然人们引入了诊所式教学法、案例分析方法等，但总体来说，这些方法尚不能从根本上改变封闭性的思维模式。商法的学习和研究任重道远，且须引入其他的科学方法。

第二节　比较分析方法

一、比较分析方法的概念

比较分析方法是对不同法系或者相同法系国家之间的法律规则、法律制度、法律体系以及法律文化等内容加以比较，并进行分析的研究方法。我们通常所说的比较法，具有两方面的含义：一方面，比较法是一门独立的法学学科。一般认为，比较法将各国的法律和法律实践作为自己的研究对象，已经形成法学的一个新学科。另一方面，比较法是一种学习和研究法学的方法。本节所谓的比较分析法，是后一种意义，即仅将比较法作为一种分析方法。

比较分析作为一种法学研究方法，历史比较悠久。勒内·达维德在《当代世界主要法律体系》中说：“对不同地区的法制进行比较，其历史同法学本身同样古老。”[①] 早在古希腊时期，不同政治制度的城邦林立，在客观上为法律的比较创造了条件。雅典的梭伦在立法之初，就曾游历了许多地方，考察不同的法律制度。柏拉图的《法律篇》和亚里士多德的《政治学》都是在对希腊各个城邦的政治法律制度的比较基础上完成的。可见，比较作为一种方法，是一种非常古老的法学研究方法。

商法中的比较分析方法，是指对各国的市场交易规则和制度，包括硬商法和软商法的规则、制度，进行比较研究的一种方法。受市场交易全球化趋势的影响，为减少市场交易中的法律障碍，通过比较分析的方法研究商法制度显然非常重要。

二、比较分析方法内容的分类

在比较分析法发展过程中，比较的内容在不断深入，大致可以归纳为下述几类：

（一）规范比较与功能比较

1. 规范比较。规范比较是以不同国家或地区的法律规则为比较对象的一种比较方法。这种比较方法比较的是具体的法律规则，是一种比较细微的比较。其比较方法是：首先挑选不同国家相同名称的法律文件，然后找出法律文件中关于某方面制度的具体规则，再将这些规范分解成若干因素，对每一个因素进行比较，得出相同与不同之处，在此基础上对这些规则的差异作出分析评判，解析差异产生的原因，评论制度的得失，为本国的立法或法学研究提供帮助。

2. 功能比较。功能比较是以各国法律制度解决同一问题的功能为比较对象的方法。功能比较是以问题为中心的一种比较方法。功能比较认为，如果两个被比较的国家都有相同或相

---

① ［法］勒内·达维德：《当代世界主要法律体系》，漆竹生译，7页，上海，上海译文出版社，1984。

似的问题，就可以对它们解决该问题的不同方法进行比较。例如，同样是解决公司董事的监督问题，德国、日本采取监事会制度，美国则采取独立董事制度。这种比较，首先要找出不同国家共同面对的社会问题，然后在不同国家的法律制度中寻找解决问题的不同办法，继之对这些解决办法产生的原因进行分析，最后对这些解决办法的优劣进行评估。

（二）宏观比较与微观比较

1. 宏观比较。宏观比较是指对属于不同法系的国家的法律制度从整体上进行比较。例如，对分属于大陆法系和英美法系的德国和美国的法律制度进行比较，两国的立法模式、立法程序、司法模式、司法程序、法律制度的内容等方面都存在差异。宏观比较比较的对象不是具体的法律问题，相对较为宏观，主要用于宪法比较和政治学中。

2. 微观比较。微观比较是指以各国具体的法律制度或法律问题作为比较对象的研究方法。这种比较方法旨在比较某个法律制度的概念、具体规则、适用结果等内容。例如，比较德国和法国关于有限责任公司监事会的设置方式，比较日本与韩国关于票据期后背书的不同法律后果。一般来说，这种比较易于在同一法系的几个国家中进行，但通常认为，不同法系国家之间具体制度的比较也属于微观比较。

（三）静态比较和动态比较

1. 静态比较。静态比较是指对处于某个时间和空间中的不同国家的法律进行比较。比如比较 21 世纪以来中国与各国的保险法律制度，研究中世纪大陆法系与英美国家的市场交易制度。这种比较一般仅限于法律条文的比较，不涉及法律的产生、发展以及法律的制定和实施等问题。

2. 动态比较。动态比较是对变化、发展和运行中的不同国家的法律所进行的比较。不仅比较法律条文，而且比较某种法律制度产生的历史背景，寻找推动法律发展的各种因素、法律的贯彻实施以及各个国家之间法律制度的互相影响、互相促进等现象。例如，比较《美国统一商法典》买卖部分的产生和发展，以及它对德国合同制度产生的影响。

（四）叙述比较和评价比较

1. 叙述比较，是指对不同国家的某项法律制度的特征进行客观描述，不作任何评判。这是一种简单的比较方法，意在描述各国某个法律制度的规定，使人们能够直观地了解该国某项法律制度的本来样态。这是比较法产生之初的一种研究方法。

2. 评价比较，是指不仅对不同国家的某项法律制度进行客观描述，而且根据一定的价值理念，对该制度的目的、功能、价值等进行评判的研究方法。相对于叙述比较，评价比较在理论研究上更加深入。叙述比较与评价比较相互依存：没有叙述比较，评价比较就是无源之水、无本之木；仅有叙述比较，就不能获得对该制度的本质认识。

三、比较研究方法的评判

比较研究方法的优势在于，通过不同国家法律制度的比较，首先，为本国的法律制度和法律制度的运行提供反思的依据；其次，能够为本国法律提供理论依据，使本国法律制度吸收他国的先进做法，弥补本国法律制度的缺陷和漏洞；再次，能够为法学研究者提供比较借鉴的依据，丰富法学研究，开阔研究者的视野；最后，能够为法律的全球统一化提供前提和依据。比较分析对商法的研究和完善至关重要，因为商法是具有国际性的法律，商法的世界统一需要对各国的市场交易制度进行比较研究，总结通用于世界各国的交易制度，消除不和谐因素，实现市场交易规则的统一。

目前我国很多学者在研究商法时采用了比较研究的方法，但总体来说，对商法的比较研究水平不高，尚处于规范比较、静态比较和叙述比较阶段，没有深入研究各国某个法律制度之所以不同的历史背景、影响因素及各国制度的互动，也未对制度的发展作出预测。因此，在商法研究中，比较分析的方法尚有很长的路要走。商法研究的比较分析，是一个充满希望的研究方法，是创新商法的具体、有效的方法。

第三节　经济分析方法

一、经济分析方法的概念

经济分析方法，又称法律的经济分析，是指运用经济学的有关理论和经济学的研究方法研究法律问题的一种研究方法。这是美国20世纪60年代兴起的一种新的研究方法，其特点在于：第一，善于运用经济学原理和方法评论法律制度和功能，具有定量分析的优势；第二，注重对法律问题进行实证分析，强调实用价值和操作性。[①]

法律为什么可以用经济学的原理和方法予以分析？这是因为，经济学是研究在社会中如何高效配置资源的问题，通俗点说，就是研究资源配置的效率问题。法律作为一种制度，也是资源配置的一种方法，因此，制度的设计和运行均存在是否高效的问题。既然经济学研究效率问题，而法律制度也存在是否高效的问题，那么，可以用经济学的理论和方法研究法律制度。

经济学的核心是“效益”问题，经济分析法学正是围绕“效益”这一问题对法学进行分析的。经济分析法学认为，“所有的法律活动和全部法律制度，说到底，都是以有效地利用自然资源、最大限度地增加社会财富为目的的，经济分析法学家运用经济学的观点，特别是微观经济学的观点，分析和评价法律制度及其功能和效果，朝着实现经济效益的目标改革法律制度”[②]。

商法以市场交易作为规范对象，市场交易本身讲求效率，商法全部制度着眼于促进效率，这与经济学的研究对象不谋而合。因此，在商法中运用经济分析方法，就是顺理成章的事。

二、经济分析方法的内容

围绕制度的“效益”问题，经济分析法学运用经济学原理和方法深入法学各个领域进行分析。

（一）经济分析法学使用的经济学原理和方法[③]

1. 最大化、均衡和效率。最大化是指每个经济行为体的目标，都是使自己的效益最大化。均衡是指因为每一方都同时达到最大目标而趋于持久存在的相互作用形式。效率是指以低成本成就高产值。

---

① 参见时显群：《西方法理学研究》，452～453页，北京，人民出版社，2007。

② 张文显：《二十世纪西方法哲学思潮研究》，168页，北京，法律出版社，2006。

③ 参见［美］罗伯特·考特、托马斯·尤伦：《法和经济学》，21～68页，上海，上海三联书店、上海人民出版社，1994。

2. 数学工具。这是经济学用以分析的工具，也是经济分析法学赖以分析的工具。数学工具中，最常用的是函数，经济和法律现象都可以通过数学工具构建模型加以分析。

3. 消费者选择和需求理论。这种经济学理论建立了一个模型，研究在有限的收入流量约束条件下典型的消费者如何在经济社会提供给他的许多商品和劳务之间作出选择。这是经济分析法学常用的经济学理论。

4. 供给理论。供给理论研究商品和劳务的供给，研究厂商如何决定生产什么产品、生产多少和以什么价格销售产品。这一理论可以用于法律制度的供给的研究，也可以用于分析法律制度的其他方面。

5. 福利经济学。福利经济学探讨众多的个人和厂商的决策如何相互作用，进而影响个人的福利状况。运用福利经济学，经济学家可以探讨效率与公平之间的冲突、对市场的管制、对商品和劳务的公正分配等与法律有关的问题。

(二) 经济分析法学分析的法学领域

1. 财产法领域。经济分析法学分析怎样确定和核证产权、产权的期限、产权冲突的解决、产权为什么私有等问题。

2. 合同法领域。经济分析法学分析立约抗辩和履约抗辩、违约赔偿等诸多问题。

3. 侵权法领域。经济分析法学分析产品侵权责任、过错责任、无过错责任等问题。

4. 公司法领域。经济分析法学分析企业的性质、企业融资问题、公司之债、揭开公司面纱等问题。

5. 保险法领域。经济学理论的一个分支——风险和保险经济学是分析保险法的一个重要的理论。

此外，经济分析法学还利用上述理论和方法分析证券交易、公司破产、刑法、诉讼法等许多法律问题。

三、经济分析方法评判

经济分析方法对法学研究具有重大意义：首先，经济分析方法是学科之间交叉研究的成功典范，它将经济学与法学结合进行研究，形成法学研究的一个新派别，从一个全新的角度研究法律制度，这本身就是一种创举。其次，经济分析方法使法学能够进行定量的分析。此前，法学家研究法律，都是从定性的方面研究。经济分析采用的数学工具和经济工具，使法学的定量分析成为可能。最后，经济分析方法围绕“效益”对法律进行研究，为法学注入了新的生机。此前的法学，更多地注重对公平和正义的研究，忽视对法律制度和法律运行效率的研究。经济分析方法的出现，为法学的研究，特别是商法的研究，开辟了新的道路。

当然，经济分析方法也存在很多缺陷：第一，经济分析方法过于追求效率，可能忽视公正等法律价值。在某些情况下，某个制度的效率与公正可能是矛盾的，经济分析方法在运用“效益”进行分析时，可能放弃公正，而公正是法律的固有价值。第二，经济分析方法在许多场合是无效的。由于经济分析的前提有许多是假定的，在假定基础上的分析结果可能不符合实际情况，造成分析结果无效。例如，经济学假定人都是理性的，但实践中的人并非都是理性的，基于理性人基础的经济分析结果可能与实际不符。第三，经济分析方法目前尚不发达，其深入法学领域进行微观分析的深度尚需提高。由于兼通经济学与法学的人才比较少，而且经济学需要良好的数学功底，使得经济分析方法在目前情况下较难深入法学领域。

经济分析方法对商法具有重要意义。商法是市场交易的基本法，而市场交易以交易效率为重点关注对象。效率价值是商法最重要的价值之一，商法的许多制度，都是为降低交易费用、节省交易成本和提高经济效益而设定的。因此，商法与经济分析方法之间具有天然的联系。运用此法，我们可以分析某一已经存在的商法制度是否符合效率原则。在制定商法规则、建立商法制度时，都应当用经济分析的办法加以考量，以使之符合效率原则。

第四节　软、硬商法结合分析方法

一、软、硬商法结合分析方法的概念

所谓软、硬商法结合分析方法（以下简称结合法），就是将硬商法与软商法紧密结合，进行学习和研究的方法。商法可分为硬商法和软商法，硬商法是国家制定的商法，软商法虽非国家制定，但具有实际效力。从商法的学习和研究的角度看，必须将二者结合起来，才能真正掌握商法的精髓。

硬商法和软商法结合研究的法哲学依据是奥地利法学家埃利希提出的“活法”理论，埃利希认为：“法发展的重心不在于立法，不在法学，也不在司法判决，而在社会本身。”[①] 活法是指法以外在现实生活中实际上起作用的那些类法规则。从社会法学的角度而言，法律并非静止的法条，而是体现社会生活趋向与社会终极价值的“活的法律”，它们也许是无形的、不规范的、流动性的，然而它们实际上制约着人们的法律观念和法律意识，并最终影响着人们的法律行为。

在商法领域，除了国家制定的硬商法之外，包括商人共同体制定的各种规则如各种统一法，商业交易中的各种统一规则，如章程、各种合同条款等，都是软商法。考察商法的研究方法，要考察硬商法的学习和研究方法，更要考察软商法的学习和研究方法，将二者结合起来，形成对和谐商法的系统研究方法。

二、结合法的学习与研究方法

结合法的学习与研究方法，实际上是遵循马克思主义从实践到理论，再由理论回到实践的一种研究方法。

从前法学家采用的研究方法，多是对已有法条进行概念的探讨，拒绝深入市场交易实践。“法学家们都将自己的主要研究对象限定为国家制定的法律条文。在他们的研究中，他们都假定全部法律都包括在已有的法律条文中。他们的研究方法就是收集各种成文法材料，根据自己对这些材料的理解来确定成文法的内容，然后在自己的著作和司法中利用自己对成文法内容的解释。”[②] 这种研究方法具有一定的合理性。但是，对于市场交易法律来说，其规则来源于交易实践，必须对交易实践进行考察，对实践中存在的交易规则进行考察，然后将这些实践中的规则上升到法学理论层次，再用这些法学理论指导交易实践，在交易实践中检验、校正，才能获得符合实践的科学交易规则及制度。

结合法首先要求学习和研究者深入实践，对商法来说，就是要求学习和研究者立足当前、立足现实——社会主义初级阶段，深入市场交易实践和市场交易纠纷裁判。一方面，要深入

---

① E. Ehrlich, *Fundamental Principles of the Sociology of Law*, Harvard University Press, 1936, p. 1.

② 吕士伦、文正邦：《法哲学论》，709页，北京，中国人民大学出版社，1999。

市场交易实践，从软商法中寻找关于市场交易的规律、科学、根据和方向。对学生来说，深入实践可以引导学生理解商法的自律性和自治性；对商法研究者来说，深入市场交易实践进行调查，比如深入企业内部或深入行业协会内部调查研究，从非国家制定的软商法中发现新的规律、制度。以保险业为例，国家制定的《保险法》并不能解决所有的保险纠纷，在保险市场交易中，不仅保险公司内部存在自己的规则，比如“合规”的规定[①]，而且保险行业协会还制定了各种各样的行业自律规则，商法学习和研究者必须对这些软商法进行研究，才能真正掌握商法，而不是仅仅停留在研究《保险法》条文的层面。另一方面，要深入市场交易纠纷的裁判，发现商法的新萌芽、新动向。商法的裁判一般包括法院审判和仲裁两个方面，对法院审判来说，法官在审判市场交易纠纷的过程中积累了丰富的关于商法的认识，包括其对已有法律条文的认识和对市场交易实践与商业惯例的认识，这些认识，特别是不同于已有法律规定的认识，有助于萌发商法的新意识、新思维。对仲裁来说，仲裁机构属于民间组织，孕育于商法产生之初的商事法院。仲裁在性质上属于私力救济，许多纠纷是通过仲裁方式解决的，仲裁机构对市场交易特别是市场交易习惯的认识有其特殊性，是研究商法的重要实践来源之一，有必要深入仲裁机构，从理论与实践的结合上研究市场交易的习惯、惯例，包括已成文的统一法、统一规则以及解决纠纷的相关制度。

在对市场交易实践进行调查研究之后，应当上升到理论层面研究商法的规则和制度。市场交易实践中形成的规则和制度，有些是完全符合市场交易实践的新规则、新制度，但也有一些规则可能是违背市场规律、落后或者相对陈旧的规则。例如，保险公司的某些拒赔条款对保险消费者造成不公平的损害，摄影协会关于丢失胶卷侵犯消费者利益的规定。因此，对于市场交易实践中产生的规则和制度，必须进行理论化思考，以催生新的软商法，指引商人持续保持强烈的规则意识。

从软商法和硬商法的关系上考察，软商法是源，硬商法是流。“问渠哪得清如许，为有源头活水来”（朱熹：《观书有感》），要使硬商法符合时代要求，应不断将软商法的新理念、新原则、新制度作为规则、制度，注入硬商法的规范之中，更新硬商法的理论、原则、制度；要提升硬商法的强制力、权威性，就要强化软商法在国家法律体系中的地位，就要不断提升软商法在全社会的认知度。因为硬商法对商人来说，是外部控制，是他律，是事后追惩；软商法对商人来说，是内部约束，是自律，除了事后追惩，还具有充分的事前约束的功效。例如，假、冒、伪、劣的商品质量问题，颁布再多的硬商法，也只能是治标；崇尚软商法，唤醒、激励商人的自律，强化商人的规则意识，才是治本。标本兼治是在我国实现软商法、硬商法有机结合的思想、理论基础，也是结合学习、研究商法这一教学、研究方法的出发点和归宿点。

三、结合法的评判

结合法作为一项研究方法，实际上是一种社会实证的分析方法。这种研究方法要求研究者深入市场交易实践，采用统计学的方法、社会调查的方法进行研究，也具有使法学研究量化的特征，其研究取得的数据及其分析，较之其他研究方法的说服力更强，研究结果更加符合实践需要，是值得重视的一种研究方法。

---

① 所谓“合规”，是指保险公司及其员工和营销员的保险经营行为应当符合法律法规、监管机构规定、行业自律规则、公司内部管理制度以及诚实守信的道德准则。保险公司的“合规”实际上是保险公司内部的“法律”。

采用结合法学习的现实性在于：第一，有利于学者、研究者走出书斋，投入中国特色社会主义市场经济建设的伟大实践，尽快摆脱近代商法的“范式危机”，建立一整套符合我国国情的商法基本概念、基本假设、基本观点。在学习、研究中引入统计学的方法、社会调查等方法，本身就是在商法领域实践科学发展观。尽管深入市场交易实践进行调查，对人力、物力提出很高的要求，要付出较高的调查成本，但是如果因此而产生本土化的科学的商法理论，培养出一批思想解放、务实的商法优秀人才，这种产出大于投入的结果，人们是乐于接受的。第二，有利于从枯燥乏味、从概念到概念的近代商法学习方法中走出来。“活法”必须活学，但如果用概念法学审视商法，“商法的内容是朦胧的，商法的边界是模糊的”。人们评价“大陆法系的商法已在公、私冲突和交融之中寿终正寝”[①]，致使人们“说不清它的现在，也看不透它的未来”，“被笼罩在商法的烟雾之中，感到难以名状的困惑”[②]。如果我们把硬商法与软商法结合起来活学活用，人们对商法的广阔天地，对商法内容的丰富多彩，对商法的生机活力，会有新的认知、感悟、升华，必将产生崭新的方向感。第三，有利于推进硬商法符合国情的科学发展。随着政府职能的转变、以市场为导向改革的深化，过去颁布的诸多硬商法，不可避免要进行修改。为什么要修改，向哪个方向修改，软商法都为之准备了理论、范式，甚至具体规范。例如，《企业破产法》的修改，它“摆脱了行政之手，却赋予了法院过多的权力”。学者们在指出其弊端之后，提出了“法院终将回归中立、独立的裁判者角色”[③]。这一科学理论的基础，则是软商法所提供的商人自治理念。结合法必将导致立法领域从“政府推进型”与“自然演进型”有机结合的深刻变化。第四，有利于商人共同体——各种行会、商会，企业及学者、研究者实现多赢。如果学者深入行会、企业，只是走马观花、索取资料，显然是不受欢迎的，是必然有阻力的。如果学者能帮助行会重新整合，摆脱“二政府”的角色，准确定位为强化商人规则意识、自律精神的商人自治组织，为企业建立科学的治理结构，在维权和法制建设上为企业出谋划策……企业因此获得良好的效益，学者必将被尊为专家。学者的收获不言而喻，特别是因此带来的学风转变，必然赢得学术上的丰硕成果。当这种多赢的局面受到国家的重视时，民国之初国家组织调查组的历史，在重科学发展，推进国家治理体系和治理能力现代化的当今，完全有可能重演。特别是在实施依法治国方略的过程中，为完善我国商法——市场交易的规则，国家组织市场交易习惯的调查，完全有可能提上议事日程。总之，软、硬商法结合之路，也就是产、学、研紧密结合、多赢之路。

① 史际春、陈岳琴：《论商法》，载《中国法学》，2001（4）。

② 赵旭东：《商法的困惑与思考》，载《商法论文选萃》，17页，北京，中国法制出版社，2004。

③ 罗培新：《法院能做好管家婆吗》，载《南方周末》，2007－07－19，C20版。

第二编

公司法

第七章
公司与公司法概述

第一节　公司的概念和法律特征

一、公司的概念

1. 大陆法系的公司概念。大陆法系国家的公司概念多采取概括规定的方式，以日本为代表，《日本商法典》规定："本法所谓公司，指以经营商行为为目的而设立的社团"，"依本法规定设立的以营利为目的的社团，虽不以经营商行为为业者，亦视为公司，公司为法人"。

2. 英美法系的公司概念。英美法系国家和地区不甚注重对法律概念的严格界定，因而缺少明确的公司定义。属于英国法传统的我国香港地区在其公司条例中将公司解释为"依本条例组织及登记之公司或现已存在之公司"。这一规定虽然表明了公司需依法登记的特点，但却很难说是对公司的完整定义。

3. 我国公司法中公司的概念。我国《公司法》对公司的概念采取列举式的规定："本法所称的公司是指依照本法在中国境内设立的有限责任公司和股份有限公司。"在理论上对公司概念的表述方式大同小异，比较有代表性的是：公司是依公司法组建并登记的从事商行为或以营利为目的的社团法人。① 按照商法的发展趋势，公司是依法成立的股权企业。这一界定可以避免诸多不必要的争论。例如，以营利为目的界定、与创新的公司资本经营性、公司的社会责任、公司与企业以及推进公司治理体系、治理能力现代化的关系等。

二、公司的法律特征

1. 公司须依照公司法成立。我国有多种企业类型，例如，按照所有制性质划分的全民所有制企业、集体所有制企业、个体私营企业和各种外资企业，按照责任性质等标准划分的公司、合伙企业、个人独资企业和合作社，这些企业分别按照不同的法律法规而设立，各种法律规定着具有不同的法律结构的企业形态。公司法就是规范公司这种企业形态的，公司的设立必须符合公司法规定的实体要件和程序要件，也即只有符合公司法规定的实体要件和程序要件的经济组织才能成为公司。

2. 以营利为目的。以营利为目的是公司的根本特征之一，是公司区别于其他组织的重要

① 参见江平主编：《中国大百科全书·法学卷》（修订版），139页，北京，中国大百科全书出版社，2006。

标志。营利性是公司的根本属性。在商法范式变革中，营利性已演进为资本经营性。并且，在和谐商法群体本位的语境下，必将导出公司的社会责任。

3. 公司是企业法人。我国《公司法》将公司界定为企业法人。

4. 公司有独立的财产，公司的财产与股东的财产在法律上相分离。公司的财产最初来源于股东的投资，但股东一旦将自己的财产投入公司之中，就失去了对该财产的所有权，该财产成为公司的财产，公司对该财产拥有所有权。从所有权的角度讲，这部分财产与股东的财产分别属于不同的法律主体，股东通过投资使本属于自己所有的财产转变为公司的财产，相应获得了另一种财产权利——股权。股东与公司之间的财产权结构形成了股东拥有股权、公司拥有作为组织的财产权的模式。

5. 公司以自己的财产对其债务独立承担责任。公司的财产包括股东投资的财产和公司经营活动中积累的财产。在有限责任公司与股份有限公司中，公司都以自己的财产独立对其债务承担责任。通常情况下，股东履行了出资义务以后，就不再对公司的债务负责，公司的债务与股东的债务相区分，公司的债务只能以公司的财产偿还，不得以股东的财产偿还。但在无限公司和两合公司中，公司财产不足以清偿债务时，由股东承担无限责任。

三、公司的分类

公司的分类因标准不同以及不同国家的立法差异而有区别，以下介绍主要的几种分类：

1. 以股东承担责任的形式划分

大陆法系国家公司法一般将公司分为有限责任公司、股份有限公司、无限责任公司、两合公司。我国《公司法》将公司分为有限责任公司与股份有限公司，排除了无限责任公司与两合公司。

有限责任公司是指依公司法设立的，由符合法定人数的股东组成，股东以其出资额为限对公司承担责任，公司以其全部资产对公司债务承担责任的企业。

股份有限公司是指公司全部资本划分为等额股份，公司可以向社会公开发行股份募集资本，股东以其所持股份为限对公司承担责任，公司以其全部资产对公司债务承担责任的企业。

无限责任公司是指股东对公司债务承担无限责任的公司。

两合公司是一个以上的无限责任股东和一个以上的有限责任股东组成的公司，无限责任股东对公司债务承担无限责任，有限责任股东以出资额为限对公司负责。

2. 根据公司的控制关系划分为母公司与子公司

母公司是指拥有另一公司一定比例以上的股份，或者通过协议方式能够对另一公司的经营实行实际控制的公司。母公司也称为控股公司，但控股公司的概念范围更广，它有时还指专门从事股权控制而不直接进行生产经营活动的母公司，如某些投资公司。公司一定比例以上的股权被另一公司拥有或通过协议受到另一公司实际控制的，为子公司。子公司也具有独立人格。

3. 根据公司内部的管辖系统分为本公司与分公司

本公司又称总公司，是指公司本身。分公司是指，领取营业执照，能够以自己的名义从事活动，并为诉讼中的当事人，属于本公司下属的分支机构，分公司不能独立承担责任。

4. 根据公司的信用基础划分为人合公司、资合公司

人合公司是以股东的信用为基础的公司，这种公司的股东对公司承担无限责任。

资合公司是以公司自身的资本或财产信用为基础的公司。股东承担有限责任的公司本质上都以公司自身的财产数量为信用基础，因而都属于资合公司。

5. 根据股东的人数分为一人公司与多人公司

一人公司是由一个股东出资设立或仅剩一个股东的公司；多人公司是公司由2个以上股东出资设立或存在2个以上股东的公司。

6. 根据公司的国籍划分为本国公司与外国公司

根据我国《公司法》的规定，本国公司是具有中国国籍的公司，凡是在中国境内注册登记的公司都属于本国公司，在国外注册登记的公司属于外国公司。在我国港、澳、台地区注册的公司从法理上属于中国境内的公司，但在具体制度上比照对外国公司的调整制度。

第二节　公司法的概念和性质

一、公司法的概念

广义的公司法或称实质意义上的公司法，是调整公司的组织和行为的法律规范的总称，包括专门规范公司制度的公司法典和其他一切公司规范，如我国的公司法以及外商投资企业的法律、商业银行法等其他法律有关公司的组织和行为的规定都属于公司法的范畴；狭义的公司法或称形式意义上的公司法，是专门调整公司制度的公司法典，即按照专门的立法技术制定的以公司为调整对象的专门性法律，如《中华人民共和国公司法》就是我国的公司法典。

二、公司法的性质

公司法具有综合性的调整手段，是一种以软商法为主体，兼容多种法律规范的综合性法律部门。

1. 公司法是硬商法和软商法的统一体。从总体上说，公司法属于软商法，公司法对于违反强制性或禁止性规定的，规定了严格的罚则，以制裁违法的公司或其负责人，故兼有硬商法特征；这些严格的法律责任既有行政处罚，又有刑事处罚。诸如，我国《公司法》在第十二章专门规定了“法律责任”，对公司、发起人、股东、董事、监事、清算组成员等违反公司法的法律责任，尤其是行政责任，作出了繁多而又具体的规定。

2. 公司法是自由规范与强制规范的统一体。公司法上的行为多是特定当事人之间的行为，其利害关系仅及于特定的当事人，应由当事人自治、自决，故公司法多作任意性规定，但对于涉及公共利益的，不排除作出强制性规定。公司法体现了软、硬商法的有机结合，自由主义和强制主义协调存在：前者出于简便、敏捷、弹力性的要求；后者出于安全、确实、固定的要求。

3. 公司法是实体法与程序法的统一体。公司法既有关于公司组织和行为中的实体权利、义务的规定，如股东、董事会（董事）、监事会（监事）、清算组等的权利、职权和义务，公司设立的条件等，又有大量的程序性规定，如设立、变更、终止的程序，发行股份的程序等。这种程序与实体合一的规定使公司法在适用上具有极大的便利性。

4. 公司法是具有浓厚国际性的国内法。随着国际经济交往的日益频繁，各国公司法的规定越来越趋于统一和融合，而公司法浓厚的技术性色彩又使公司法相互借鉴具有极大的便利，因此，公司法成为一种具有鲜明的国际性的国内法。诸如，大陆法系和英美法系国家的公司法相互影响和吸收，欧盟成员国正在积极推进公司法的统一化，我国《公司法》显然也吸收了大量的国际上公司立法的通行做法。

第三节　公司法的渊源和法系

一、公司法的渊源

公司法的渊源是指公司法的存在形式。我国公司法的渊源主要是：

1. 公司法

这是指狭义的公司法，即命名为《公司法》的公司法典。我国第一部《公司法》是于1993年12月29日颁布的，期间经历了几次修改，其中2005年10月27日十届全国人大常委会第十八次会议修订通过的《公司法》，对旧公司法进行了全面、重大的修改。最近一次修订是2013年12月28日，对公司注册资本制度作了重大修改。[①]

2. 特别公司法

这是指规定特种公司制度的专门法律。我国立法机关颁布了一系列特别公司法律，主要如：

（1）1995年5月10日由八届全国人大常委会第十三次会议通过的《中华人民共和国商业银行法》。商业银行是一种特种公司，商业银行法对商业银行的组织和行为作出了规定，并且明文规定商业银行法未规定的事项适用公司法的规定，因此商业银行法是公司法的特别法。

（2）外商投资企业法律，即《中华人民共和国中外合资经营企业法》、《中华人民共和国中外合作经营企业法》、《中华人民共和国外资企业法》。《公司法》规定，外商投资的有限责任公司和股份有限公司适用本法，有关外商投资的法律另有规定的，适用其规定。因此，这些外商投资企业法律是公司法的特别法。

3. 有关公司的行政法规和部门规章

国务院制定了一系列有关公司的行政法规，它们也是我国公司法的渊源。诸如国务院发布的《中华人民共和国公司登记管理条例》、《中华人民共和国中外合资经营企业法实施条例》、《中华人民共和国外资企业法实施细则》等。国务院有关主管部门也制定了一些规章，内容涉及公司的登记、注册资本、国有股的股利等。这些法规和规章在全国范围内有效。

4. 地方性法规和规章

省级立法机关、省级地方人民政府以及享有省级立法权的经济特区立法机关和人民政府制定的有关公司的法规和规章，在其辖区内具有法律效力。

5. 司法解释

同时有关企业法人的其他司法解释也适用于公司。如最高人民法院发布了关于适用《中华人民共和国公司法》若干问题的规定（一）、（二）、（三）。

6. 软商法

这是指商会、公司所制定的诸多行为规范。

---

① 如无特别说明，文中所称的或所引用的“我国公司法”或《公司法》都指2013年修订后的文本，以下各编均同此例。

二、公司法的法系

世界各国的公司法主要有大陆法系和英美法系之分，而大陆法系又有法国法系和德国法系之分。各国公司法既有区别，又有相同性。现将这些法系的大体情况简述如下。

1. 法国法系

这一法系以法国公司法为中心。1807 年《法国商法典》对公司的规定开辟了近代公司立法的先河，即其第一编第三章对公司进行了规定，其中将公司分为人的公司（societes par interet）和物的公司（societes par actions），自立法之后，前者变动较少而后者变动较多。不过，后来法国颁布了一些单行公司法，如 1867 年公司法、1925 年有限责任公司法、1966 年公司法。意大利、比利时、西班牙、葡萄牙、埃及、叙利亚、伊朗和南美洲各国都属于法国法系。

2. 德国法系

这一法系以德国为代表。1897 年《德国商法典》第二编为"商事公司及隐名合伙"，规定了 4 种公司，即无限公司、两合公司、股份有限公司和股份两合公司。1892 年颁布《有限责任公司法》，1937 年 7 月颁布了《股份法》并废除了商法典中的股份有限公司和股份两合公司的规定。瑞士、瑞典、挪威、匈牙利、保加利亚、丹麦等国家采这种立法例。日本原来属于此种法系，但二战后兼采美国立法例，因而已不是纯粹的德国法系。

3. 英美法系

英美法国家虽以判例法为主体，但其公司法以成文法为主。英国自 1848 年开始颁布具有近代法意义的公司法后，陆续颁布了一系列公司法律，并同时通过判例发展公司法制。按照美国联邦宪法的规定，公司立法权属于各州而不属于联邦，因此，美国没有全国统一的公司法。自 1928 年开始编订《统一公司法》(Uniform Business Corporation Act)，自 1950 年开始编订《模范公司法》(Model Corporation Act)，这些具有学理意义的公司文件被若干州通过立法程序采纳后，即成为有关州的公司法。

第八章
公司基本制度

第一节　公司设立制度

一、公司设立的概念

公司设立，是指公司发起人为促成公司成立并取得公司人格，依照法定的条件和程序所应当完成的一系列行为的总称。公司设立有以下三层含义：

1. 公司设立由围绕公司成立并以取得公司人格为目的的一系列行为组成，这些行为包括公司发起、筹建到成立的全过程，具有连续性。虽然公司设立的内容会因设立公司的类型不同而有所区别，但所有这些设立行为都是以取得公司人格、使设立的公司具有法律上的独立人格为宗旨。

2. 公司设立的主体是发起人。发起人的素质和行为对公司的设立至关重要。

3. 公司设立是一种法律行为，必须依法进行，才能产生预期的法律后果。公司发起人必须按照公司法规定的条件和程序实施公司设立行为。

二、公司设立原则

公司设立原则，是指一个国家在法律上对公司设立所采取的基本指导思想。各国公司法采取的设立原则因国情不同而有所差别，大致有以下几种设立原则：

1. 放任主义。放任主义，即公司的设立完全听凭当事人的自由，国家不进行任何干预和限制。放任主义产生于公司制度萌芽时期，这种设立原则是特定历史条件的产物，难以适应规范公司行为和维护社会经济秩序的要求，所以这一设立原则随着法人制度的完善和现代公司的出现而被淘汰。

2. 特许主义。特许主义是指公司的设立须以国家元首发布命令或议会通过特别法令的形式予以许可。此种制度盛行于 17、18 世纪的英国、荷兰等殖民国家，它是早期资本与绝对主义和极权主义的王权相结合的产物，并成为当时殖民国家对外推行殖民扩张和掠夺的工具。特许主义是封建特权的产物，它严重阻碍了个人之间的自由竞争和统一市场的形成，阻滞了公司制度和资本主义经济的发展，所以到 19 世纪，采用特许主义的主要资本主义国家纷纷抛弃了该项原则。

3. 核准主义。核准主义，又称“许可主义”或“审批主义”，是指公司的设立除具备法律规定的条件之外，还需经过政府主管机关的审核批准。核准主义最初为德国和法国所采用。此种制度下国家对公司设立干预程度较大，设立公司最终能否被行政机关批准当事人难以确定，这显然不利于普遍发展公司事业，促进经济发展，所以，目前采取这一原则的国家已为数不多。即便是采用这种制度，也只是针对特殊类型的公司，如特种行业的公司。

4. 准则主义。准则主义，又称“登记主义”或“注册主义”，是指设立公司不需经行政主管部门审批，只要具备法律规定的条件，即可向注册登记机关申请登记。但单纯的准则主义难防滥设公司和欺诈行为，20世纪以后，各国政府开始严格规定公司的设立条件，加重发起人的责任，强化政府的监管。这种立法现象被人们称为“严格准则主义”。

概括起来，国外公司设立的基本原则经历了先由放任主义至特许主义，转为核准主义，近代采取单纯准则主义，现代则采取严格准则主义的过程。

三、我国公司设立原则

我国公司设立制度也经历了一个演变过程。旧公司法对于有限责任公司以准则主义为原则，以核准主义为例外，对股份有限公司的设立实行核准主义原则。新公司法颁布后，对有限责任公司与股份有限公司一律实行以准则主义为原则、以核准主义为例外的制度。我国《公司法》第6条规定，有限责任公司、股份有限公司原则上实行准则主义，即设立一般的有限责任公司、股份有限公司，符合公司法规定条件的，可直接申请登记，无须由行政主管部门实行前置审批，但对特定行业和经营特定项目的公司，法律、行政法规规定在公司登记前需报经有关部门审批的，仍需经审批。

四、公司设立条件

公司的设立条件，是指公司取得公司人格所需具备的基本要素。我国《公司法》分别对有限责任公司和股份有限公司的设立条件作出了明确规定。尽管不同的国家对不同类型公司的设立条件所规定的宽严标准和具体内容有所不同，但一般都包括以下几个要件。

（一）主体要件

主体要件，是指对公司的发起人（或股东）在人数、资格等方面的要求。

1. 人数要求

传统公司法理论认为公司是社团法人，是人的组合，应具有鲜明的股东多元化的特点，所以，世界上绝大多数国家和地区的公司法都曾坚持公司的发起人必须是2人以上。对股份有限公司的发起人人数要求则更高，例如，法国、韩国、英国规定发起人应为7人以上，德国规定发起人应为5人以上，挪威规定发起人应为5人以上。我国《公司法》在允许设立国有独资公司、一人有限责任公司和外商独资的有限责任公司和股份有限公司的同时，明确规定有限责任公司的股东必须在50人以下方可设立，股份有限公司应有2个以上、200个以下的发起人。

2. 发起人的资格要求

公司发起人的设立行为对公司人格的健全、社会交易秩序的稳定都有直接的影响，为此，不少国家和地区的公司法对发起人的资格作出了相应的限制，主要包括：

(1) 无行为能力人和限制行为能力人不得成为公司的发起人。传统公司法理论认为，发起人是公司设立事务的负责人。无行为能力人和限制行为能力人因无法判断自己行为的性质，也无法对自己的行为后果负责，故不能成为公司的发起人。

(2) 组织充当发起人时，应当受该组织的宗旨限制。各国对非营利性组织从事商业活动(包括设立公司) 都施加一定的限制，原则上禁止非营利性组织从事与非营利性组织的生存或目的无关的商业活动，以保证非营利性事业的健康发展。

(3) 发起人的国籍和住所限制。各国政府为了便于对公司的管理和控制，一般从本国的利益出发，对发起人的国籍和住所作出一定的要求。我国《公司法》第 78 条仅要求设立股份有限公司时须有半数以上的发起人在中国境内有住所，对有限责任公司的发起人的国籍和住所则没加限制。

3. 组织要件

公司的组织要件是指公司作为组织体所需具备的基本条件。作为一种企业组织，公司应该具有规范的名称、赖以形成和实现公司团体意志的健全的组织机构。

(二) 资本要件

各国公司法对公司的资本要件有不同规定。我国《公司法》对法定最低注册资本限额没有要求，按照《公司法》第 23 条、第 80 条的规定，公司的出资额由股东认缴，在章程中规定，法律不设最低注册资本限额。

(三) 行为要件

所谓行为要件，是指公司的设立行为必须符合法律要求。这主要包括公司章程的制定、公司名称的选择、组织机构的确定、股份的发行等。凡公司法规定公司设立时必须具备的设立行为条件，应当符合公司法的要求，否则，公司不得成立。

五、公司设立的基本程序

公司设立程序，是指发起人设立公司时所应遵循的法定步骤。公司设立程序因各国采取的公司设立原则的不同以及不同类型的公司所采用的设立方式的不同而有所差异。一般而言，有限责任公司的设立程序比较简单，而股份有限公司的设立程序则较为复杂；发起设立程序简单，募集设立程序比较复杂，但发起人签订发起人协议、制定公司章程、认购股份、缴纳出资、确定组织机构、申请设立登记则是公司设立的基本程序。

六、公司设立的效力

(一) 公司设立完成

1. 设立完成的一般效力

公司设立完成，意味着公司自此取得法律人格，可依注册登记的经营范围和经营方式开展生产经营活动。公司设立完成后，对其名称取得专用权，其他企业或个人不得盗用其名称从事行为，而公司则可依法许可他人有偿使用其名称。

2. 发起人的责任

发起人的设立行为对于认股人、因设立行为而成立的公司都有直接的影响，为增强发起人的责任感，防止滥设公司以及以公司名义进行欺诈活动，各国或地区的公司立法均对发起人规定了较为严格的责任。

(1) 资本充实责任。发起人的资本充实责任又称“差额填补责任”，是指为了确保资本的充足和可靠，保证法律人格健全，由发起人共同承担的相互担保出资义务履行，从而确保实收资本与公司章程所规定的资本相一致的责任。资本充实责任是由德国公司法所确立的发起人的一项重要义务，不少国家或地区的公司法也有这方面的规定。我国《公司法》第 93 条也规定了发起人的出资补缴责任，即股份有限公司成立后，发现作为出资的实物、知识产权、土地使用权等非货币财产的实际价额显著低于公司章程所定价额的，应当由交付该出资的发起人补交其差额，公司设立时的其他发起人对其承担连带责任。该责任是一种严格责任，不论公司设立时发起人对资本不实这一事实是否知悉或应否知悉，发起人均须承担连带的补充责任。

（2）损害赔偿责任。为防止发起人借设立公司之名侵害公司及第三人的利益，各国或地区的公司立法多要求发起人须就自己的设立行为对公司负责。我国《公司法》第 94 条第 3 项明确规定，在公司设立过程中，由于发起人的过失致使公司利益受到损害的，发起人应当对公司承担赔偿责任。这一规定与国际上的通常做法一致。

在实践中，公司有权向发起人请求损害赔偿的情形主要有：发起人滥用其对公司所负担的设立费而致使公司受损失；发起人因设立公司而得到特别利益或报酬，使公司利益减少；发起人用以抵作股款的财产估价过高而令公司受损等。发起人对公司承担的损害赔偿责任是一种过失责任，即发起人只对自己的过失行为承担责任。

（二）公司设立失败

1. 含义

公司设立失败，是指公司未能完成设立行为的情形。公司未完成设立行为的原因有很多，例如因投资环境发生变化，发起人在申请公司注册登记之前决定停止公司设立活动，又如发起人未能够就出资方式、组织人员选任等内容达成一致，于是终止合作，不再继续公司设立活动等，但最为普遍的原因是公司设立在条件上不符合法律规定或在程序上有瑕疵，公司登记机关以合法理由不予登记，拒绝核发营业执照，因而使得公司设立行为未能全部完成。

2. 发起人的责任

我国《公司法》第 94 条规定，股份有限公司的发起人应当承担下列责任：公司不能成立时，对设立行为所产生的债务和费用负连带责任；公司不能成立时，对认股人已缴纳的股款，负返还股款并加算银行同期存款利息的连带责任。

（1）连带赔偿责任。设立行为所生费用及债务原则上应由成立后的公司承担，但当公司不能成立时，先前发生的与设立公司相关的费用及债务就失去了公司这一拟定的承担主体，只能改由实施设立行为的主体（发起人）承担。发起人之间的关系近似于合伙关系，因此，各国或地区的公司立法多规定对此准用合伙的有关规定，即由发起人对设立行为所生费用和债务负连带赔偿责任。

（2）对已收股款的返还责任。在采取募集方式设立公司的情况下，发起人对认股人已缴纳的股款，负有返还股款并加算银行同期存款利息的连带责任。至于发起人相互之间的责任承担，应按其约定或投资比例进行划分。

（三）公司设立无效

1. 含义

公司设立无效在广义上包括两种情形：一是设立失败；二是设立无效。狭义的公司设立无效仅指后者，即虽然公司设立在形式上已经完成，甚至公司已经获得营业执照，但实质上却存有条件或程序方面的缺陷，或者说设立有瑕疵，故法律认为该公司应当撤销，该公司的设立应当被认定为无效。在实行公司设立无效制度的国家或地区，即使公司已经登记成立，如果发现公司设立行为违反强制性规定或其他无效或可撤销条件，在设立登记后的法定期间内，利害关系人可以向法院提起宣告设立无效或设立撤销之诉。

公司法上的设立无效和撤销与民法上的设立无效和撤销不同。公司法上的设立无效判决和设立撤销判决，其效力虽可及于第三人，但均无溯及力，不影响判决确定前股东、第三人间产生的权利和义务。如《日本商法典》第136条第3项规定，其目的主要在于保护交易的安全和经济秩序的稳定。

从规定公司设立无效制度的国家看，大致有两种不同的立法模式：一是双重模式，如法国、日本同时规定公司设立的无效和撤销；二是单一模式，如德国只规定公司设立的无效而未规定撤销。我国《公司法》对公司设立无效制度的规定不甚明确。我国《公司法》第198条规定，虚报注册资本、提交虚假材料或者采取其他欺诈手段隐瞒重要事实取得公司登记的，由公司登记机关责令改正……情节严重的，撤销公司登记……一般认为，该规定是对公司设立无效制度的确认，但不够完善。

2. 设立无效的原因

公司必须依法设立，其中主要包括公司种类、股东人数、注册资本、股东出资、设立方式以及设立的程序等均必须合法。公司设立无效主要是因设立行为违反法律规定引起的。设立无效的原因大致可以归结为下列三方面：

（1）设立公司的发起人违反主体资格的要求。造成公司设立无效的主体上的原因，是指公司的某发起人或股东本身或其意思表示有缺陷，致使所实施的设立行为无效。主要表现有：1）公司发起人或股东中有无行为能力人或限制行为能力人，这些人所实施的设立行为无效。2）某发起人或股东所实施的设立行为并非是其真实的意思表示，而相对人已知或可知其真意的。

（2）设立行为本身有瑕疵。这主要体现在设立公司时违反法定条件和法定程序的要求，主要表现有：1）发起设立的发起人没有认足公司应发行的全部股份，或者募集设立所发行的股份超过招股说明书规定的截止期限尚未募足。2）公司的设立不符合公司法规定的条件，如发起人不符合法定资格或者不足法定人数、没有公司名称或者住所、所建立的组织机构不符合公司法的要求、公司章程绝对必要记载事项欠缺或记载违法、公司发行股份存在重大缺陷或者没有召开创立大会等。

（3）其他原因。如创立大会决议不设立公司。

3. 设立无效的提出

公司设立无效只能在公司设立登记后发生。对公司设立无效的提出可分两种情况：

（1）公司开始营业前，对公司设立无效的提出。在公司设立登记后、营业开始前，对公司设立无效的主张，任何人均可提出。

（2）公司开始营业后，对公司设立无效的提出。一般在公司设立登记完成并开始营业后，对公司设立无效的主张只能在法定期间内、由特定人通过诉讼程序提出。比如《日本商法典》第136条就规定："公司设立无效，从其成立之日起二年内，以诉讼方式提出……前项的诉讼只限于公司的股东才能提出。"

4. 设立无效的法律后果

公司设立无效的法律后果因设立无效的原因不同而有差别：（1）如果公司设立无效是因设立程序违反强制性规定等客观瑕疵导致的，则公司进入清算程序，清算完结，公司即告消灭。（2）如果设立无效是因设立人的主观瑕疵造成的，且该无效原因只存在于某股东，则经由其他股东协议一致，可以保留该公司，至于存有无效原因的股东，视为其退出公司。

(3) 于公司设立无效的诉讼，如果经法院判决原告败诉，原告有恶意或重大过失的情形时，应对公司负连带的损害赔偿责任。

(四) 公司设立瑕疵

1. 公司设立瑕疵的概念

公司设立瑕疵是指已被公司登记机关核准登记为公司并获得营业执照后，存有在设立过程中并未完全按公司法规定的条件或程序的情形。公司设立瑕疵不同于公司设立失败，后者又称设立不能，即由于种种原因公司虽经创设却不能成立，即所设立的经济组织未被核准登记。由于根本就没有取得公司人格，所以其产生的后果与公司设立瑕疵有明显的不同。

2. 公司设立瑕疵的分类

公司设立瑕疵的原因及表现形式多样，依据不同的标准可以作出不同的划分，如依据其产生的原因不同，可以分为：

(1) 主观瑕疵和客观瑕疵。主观瑕疵主要指设立人行为能力和意思表示的缺陷，如无行为能力人或限制行为能力人充任公司的发起人；客观瑕疵主要指设立行为在客观上违法，如公司没达到法定实质要件、公司章程欠缺必要记载事项或记载事项违法、公司设立程序违法等。

(2) 依据其内容不同，可分为程序瑕疵和实体瑕疵：前者指违反程序性规定，如未经有关主管机关批准、创立大会召集程序不合法等；而后者则指违反公司法所规定的实质要件，如股东未达到法定人数、公司注册资本低于法律规定、出资形式不符合法律要求等。

(3) 依据其产生的环节不同，可以分为登记前产生的瑕疵和登记时产生的瑕疵：前者如虚假出资骗取登记；后者如公司登记机关错误登记而导致登记存在瑕疵。

(4) 依据其后果的严重程度不同，可以分为可以补救的瑕疵与无法补救的瑕疵。对主观瑕疵及轻微瑕疵，立法上大都允许进行补正，至于客观瑕疵及其他较为严重的瑕疵，一般不能补正，直接导致公司设立无效或撤销的后果。

3. 法律后果

(1) 瑕疵补救与公司人格的承认。尽管公司设立瑕疵可以导致公司设立没有法律效力，但这毕竟只是一种消极的办法，对于公司的设立来说，公司人格的消灭所造成的资源损失和浪费是一个不容忽视的问题，并且对于公共交易安全及社会经济的发展极为不利，所以，绝大多数国家和地区，对于并不严重的瑕疵，通常是采取责令补救的办法，以保有公司的人格，减缓对社会经济带来的冲击。如《德国股份法》第 276 条规定："有关企业经营对象方面的规定的缺陷，可以在遵守法律和章程规定的情况下，通过修改公司章程予以弥补。"起诉权利人要求公司消除缺陷，而公司在 3 个月内未能满足此要求时，才能提起设立无效之诉。法国公司法也有类似的规定。同样在美国，依据事实原则和不容推翻原则可以有条件地承认公司的人格。

(2) 设立瑕疵公司的无效与撤销。虽然宣告已成立的公司其设立行为无效或撤销已成立的公司会导致巨大的社会资源浪费，但为维护社会交易秩序及交易安全，各国公司法对存在严重设立瑕疵或不能在规定期限内补救缺陷、消除瑕疵的公司，还是赋予利害关系人以提起公司设立无效或公司设立撤销之诉的权利，利害关系人可以在法定的期限内（一般规定在公司成立后的两年内），依照法定程序向法院提起设立无效或设立撤销之诉。法院在对公司设立瑕疵及其严重程度认定的基础上，可以宣告公司设立行为无效或作出撤销公司的判决。公司法中的设立无效判决和设立撤销判决，其效力虽然可及于第三人，但无溯及力，不影响判决确定前公司、股东及第三人间产生的权利和义务，其目的在于保护交易的安全和经济秩序的稳定。此不同于民法中无效民事行为和可撤销的民事行为，后者是自始无效。

第二节　公司章程

一、公司章程的概念和特征

（一）公司章程的定义

作为软商法的公司章程，是公司必备的规定公司组织及活动的基本规则的书面文件，是以书面形式固定下来的全体股东共同一致的意思表示。

公司章程是公司最基本的法律文件。关于公司章程的法律性质可以从下列方面进行理解：(1) 章程是规定公司组织与行为的原则和内容的基本法律文件，俗称公司的“宪法”。公司章程规定公司的性质、地位、资本构成、组织机构、能力、变更、终止，以及对内、对外关系的行为准则，这些规定对公司、股东、董事、监事、高级管理人员具有拘束力。(2) 章程是股东意思自治的产物，实质上是一种特殊的契约。章程是公司股东通过一定的形式和程序制定的，是股东自主、自愿的产物，具有契约属性。但是，章程显然又是一般契约的升华，不同于合同法意义上的契约，即：章程的制定和修改必须按照一定的形式（如创立会、股东会）和程序，通过多数表决方式，是一种软商法。它是公司建立现代治理体系、提升治理能力的法治基础。

（二）公司章程的特征

1. 法定性

法定性，是指公司章程的法律地位、主要内容以及修改程序和效力均由法律强制规定，具有鲜明的法律规定性特征。主要表现在以下三个方面：其一，地位法定，即具有不可或缺性。公司章程是法律强制要求的公司设立必不可缺的文件，一旦获得批准或获准登记，章程就会发生法律效力，因而公司法律关系中，其地位和效力是法定的，其本质是投资者之间以及投资者和经营者之间在法律约束下的“契约”，既是确定投资者权利、义务的依据，也是经营者对投资者的一种行为承诺，是投资者对经营者行使监督权、进行起诉的法律依据。其二，内容法定，即章程内容具有确定性。无论是英美法系国家还是大陆法系国家，其公司法一般都对公司章程应该记载的重要事项加以规定，从而使公司章程的内容具有确定性。其三，公司章程的制定和修改程序法定。公司章程的制定和修改必须严格按照法律规定的程序进行，否则，不会发生法律效力。公司章程的依法，使硬商法软商法化；公司章程的批准或获准登记，使软商法硬商法化。

2. 真实性

所谓真实性，是指公司章程记载的内容必须是客观存在、与实际相符的事实。这是公司章程具有强制效力的法律基础，也是章程的本质特征之一。公司章程真实与否不仅直接影响到股东权利、义务的实现，甚至会影响到公司债权人的利益，因此，各国公司立法无不强调公司章程的真实与客观，并对章程不实记载的法律后果作出具体而又详尽的规定。

3. 公开性

所谓公开性，是指公司章程不仅要对投资人和债权人公开，必要时还要向一般社会公众公开。这是保障社会交易安全的需要。对于公众持股公司，公司章程的这一特征更为显著。

二、公司章程的内容

依据法律对公司章程记载事项有无明确规定，以及所记载内容对公司章程有无效力的影响，公司章程的记载事项通常在理论界被分为绝对必要记载事项、相对必要记载事项和任意记载事项三类。

1. 绝对必要记载事项

绝对必要记载事项，是指章程中记载的、不可或缺的事项，公司章程缺少其中一项或任何一项记载不合法，就会导致整个章程的无效。

2. 相对必要记载事项

相对必要记载事项是指法律列举规定的一些事项，可以听凭章程制定人自主决定是否载入章程。一旦章程予以记载，便发生效力。如果不予以记载或某项记载不合法，则仅该项事项无效，章程的其他事项仍然有效，不影响整个章程的效力。

3. 任意记载事项

任意记载事项，是指法律并不列举，只要不违背法律的强行性规定、公共秩序和善良风俗，章程制定人便可根据实际需要载入章程的记载事项。

我国《公司法》并没有对记载事项进行效力上的划分，而是根据现实需要，列举了需要记载的事项。依据我国《公司法》第 25 条的规定，有限责任公司的章程应当记载下列事项：(1) 公司的名称和住所；(2) 公司的经营范围；(3) 公司注册资本；(4) 股东的姓名或者名称；(5) 股东的出资方式、出资额和出资时间；(6) 公司的机构及其产生办法、职权、议事规则；(7) 公司的法定代表人；(8) 股东会会议认为需要规定的其他事项。依据我国《公司法》第 81 条的规定，股份有限公司的章程应当记载下列事项：(1) 公司的名称和住所；(2) 公司经营范围；(3) 公司设立方式；(4) 公司股份总数、每股金额和注册资本；(5) 发起人的姓名或者名称、认购的股份数、出资方式和出资时间；(6) 董事会的组成、职权和议事规则；(7) 公司法定代表人；(8) 监事会的组成、职权和议事规则；(9) 公司利润分配办法；(10) 公司的解散事由与清算办法；(11) 公司的通知和公告办法；(12) 股东大会会议认为需要规定的其他事项。

三、公司章程的制定和修改

公司章程系公司团体的自治规范，是全体股东或出资人的合意，因此，原则上应由全体股东共同制定。但是在募集设立的情况下，由于股东（认股人）人数众多，会议召开极不方便，意见更难统一，要求所有认股人都参与章程的制定、对每一条款都完全赞同，不仅不现实，也没有必要。为提高公司章程的制定效率，加快公司设立进程，各国公司法允许公司在募集设立的情形下，由发起人负责制定公司章程，但最终文本要由创立大会予以确认。我国公司立法作出了同样的规定。根据我国《公司法》第 23 条、第 25 条、第 76 条、第 90 条的规定，有限责任公司的章程由全体股东共同制定，并签字、盖章；股份有限公司的章程由发起人共同制定，采取募集设立的，还应经创立大会通过。

关于公司章程生效的时间，理论界有一定的分歧。有人认为，公司章程一经出资人签字、盖章（募集设立的，经创立大会通过）即应发生效力。但不少学者对此持有异议，他们认为公司章程应以登记机关登记为生效要件。我们认为，公司章程发生效力的时间应在公司获准登记成立之时，但在公司章程经股东或发起人全体同意，并签字、盖章之后，即在发起人和公司股东之间部分地发生效力，对参与制定公司章程的股东或发起人具有相应约束力。如果其中某一股东或发起人违背公司章程的规定，致使公司不能成立，其应对其他股东或发起人承担违约责任。这与我国《公司法》的规定是相吻合的，即作为公司团体自治性规章的公司章程的生效时间为公司成立之时，但其在整体生效之前，将有条件地在发起人之间部分地发生效力。

四、公司章程的变更

公司章程的变更，即公司章程的修改，是指在公司章程登记生效后增加、删减或改变公司章程内容的行为。

1. 公司章程修改遵循的法律原则

（1）不违法原则，即公司章程的修改不得违反法律的强制性规定，不得违反善良风俗。这是大多数国家公司立法或公司法理论十分强调的一项基本原则。（2）不损害股东利益原则。股东是构成公司的基本因子，发起人创设公司的目的在于为公司股东谋求合法利益，因此，各国公司法将保护股东利益作为公司的基本原则，并给予股东平等保护，并确保其实施，而公司章程所设置的条款也往往是对公司法所规定的股东利益的确认和扩张。但股东之间，尤其是公司多数股股东和少数股股东之间存在着利益的差别，就难免会发生利益的冲突，为防止公司大股东操纵公司股东会修改公司章程，损害小股东的利益，绝大多数国家的公司法要求公司章程的修改不得损害股东的利益，否则，利益被损害股东可以诉讼方式主张修改无效。（3）不损害公司债权人利益原则。公司章程的修改并不单纯是股东之间的私事，公司章程的内容，尤其是公司资本的减少，公司的合并、分立，甚至公司住所和名称的变更，都会在一定程度上影响到公司债权人债权的实现程度，甚至给债权人的利益带来严重的影响，因此，不得损害公司债权人利益原则也是公司章程修改的一项基本原则。各国公司法大都赋予公司债权人对公司章程修改的异议权。

2. 公司章程修改的程序

大多数国家的公司立法规定修改或变更公司章程的决议应为特别决议，我国亦然，《公司法》第43条、第103条分别规定：有限责任公司修改公司章程的决议，必须经代表2/3以上表决权的股东通过，股份有限公司修改公司章程必须经出席股东大会的股东所持表决权的2/3以上通过。因此，公司章程变更通常包括以下几个程序：（1）股东或董事会提出修改建议。（2）将修改意见和内容通知股东，以便于股东及时了解公司章程修改情况，为股东会的召开做准备。（3）召集股东会，表决通过修改决议。（4）办理变更登记。公司章程的修改原则上在股东会作出决议后生效，无须经过有关机关批准等手续。但法律规定某些变更事项应经主管机关批准的，经批准后才发生法律效力。登记事项发生变更时，公司应向登记机关申请进行变更登记，不作变更登记的，不得以变更事项对抗第三人。

五、公司章程的法律效力

公司章程的效力，包括公司章程的对人效力和时间效力。章程的对人效力是指对哪些具体人（或对象）有约束力；时间效力是指公司章程生效的时间，即何时开始发生效力。

1. 公司章程对公司的效力

公司章程是公司最基本的规范文件，是公司的行为准则，公司本身的行为当然受公司章程约束。这主要表现在以下几个方面：首先，公司依章程对股东负有义务。股东在其权益受到侵犯时可以对公司起诉以取得其应有的权益。在英国，公司依章程对股东负有义务的理论依据在于公司章程所具有的契约性：章程实际上是公司与其成员之间所签订的一种契约，尽管法律没有明确规定“章程与条例（指细则）视若已由公司签名、盖章”，但公司依章程对股东负有义务。在英国 Johnson v. Lyttle's Iron Agency 一案中，公司所为的股份注销行为不符合公司章程，股东提起诉讼加以阻却。英国上诉法庭根据公司章程对公司有约束力的理论，撤销了公司注销公司股份的行为。其次，公司依章程对社会（交易第三人）负有义务。公司章程视为公司对社会的承诺，公司有义务按照章程的规定履行其所承诺的义务，如依照章程设置组织机构，使用章程所确定的公司名称，按照公司章程规定的方式行事等。

2. 公司章程对股东的效力

公司章程系股东集体意志的体现，对公司股东自然具有约束力。但与一般的契约关系不同，公司章程的效力不仅及于公司章程的制定者，还及于后续加入公司的股东，这是由章程的自治规则性质所决定的。公司章程对股东的效力主要表现为股东依章程的规定享有权利和承担义务。

首先，股东享有章程规定的权利，如出席股东会会议、参与公司管理、请求利润分配等权利。这些权利一旦载入章程，任何人即不得剥夺和侵犯。其次，股东也负有遵守公司章程的义务，包括按照章程的规定缴纳出资、维护公司人格独立、不得随意干预公司经营、不得损害公司和其他股东利益等。

股东的义务应包括两方面的内涵：其一是股东对公司的义务，其二是公司股东对其他股东所负的义务。这都是公司章程对内效力的表现。

3. 章程对公司董事以及高级管理人员或监事的效力

公司作为多个投资主体的集合体，已由原始资本时期的共同投资、共同经营发展到当代资本与经营的分离，如何让投资者放心地将资金投入公司，国家如何在确保投资者利益的前提下加强对公司的监督，既确保经营者独立经营，又防止经营者损害投资者利益，是公司法必须解决的问题，国家必须在投资者和经营者之间建立起一条在国家立法保证下的有效“通道”，这一“通道”就是公司章程。在一定意义上讲，公司章程的本质是投资者与经营者之间在法律约束下的“契约”，是经营者对投资者的一种行为承诺与法律保证，因此，公司章程必然对公司的经营者，包括公司的董事、高级管理人员以及监事，具有法定的拘束力。无论是公司董事还是监事，其权利都源于公司章程，所以他们在行使权利时，必须承担公司章程对他们权利行使所施加的义务，如果他们违反此种义务，则应对公司承担责任。

4. 公司章程对公司以外的人的效力

公司章程是否应具有对外效力是目前公司法学界争议较多的问题。传统公司法理论基于公司章程公开性的特点，认为当公司章程注册或公布之后，社会公众要同公司进行交易，完全可以通过到公司登记机关查阅公司章程的办法去了解公司的有关信息。如果公司交易相对人完全可以查阅公司章程的内容并清楚地了解公司的有关信息，而不去查阅、了解和掌握这种信息，那么公司的交易相对人应承担不利后果。此即为公司法上长期所实行的公共文件的推定知悉或推定通知制度。但这一理论正在受到质疑。为了保护善意与公司从事交易的第三人，越来越多的国家和地区开始废弃这一制度，公司章程对第三人的影响越来越小，其效力越来越表现在其对内的效力上。

第三节 公司的人格制度

一、公司人格的内涵和特征

（一）公司人格的法律内涵

公司人格即指公司的法律地位或作为商事主体的资格，它包含公司的法律地位、公司的权利能力与责任能力等内容。

（二）公司人格的特征

1. 团体人格性

公司人格是与自然人的个人人格相对应的一种团体人格。首先，公司人格的取得与自然人人格的自然取得颇不相同，公司只有在履行了法定的登记程序后才能取得法律人格。其次，公司作为一种团体人，它不像自然人那样是具有生理的有机体，而是社会的组织体，它必须通过由个人组成的机关来形成意志、进行决策、从事行为。

2. 公司人格的独立性

公司人格的独立性是指公司人格独立于组成公司的成员的人格，公司是区别于其成员的另一法律实体。公司人格独立是公司人格最为本质的特征。公司人格的独立性主要体现在：

（1）公司财产独立。公司财产独立指公司拥有与其成员财产清晰可辨的、可归其独立支配的公司财产。公司财产归公司所有，而非其成员所有。公司财产独立是公司人格赖以独立存在的物质基础，也是后者的必然要求。

（2）公司责任独立。公司责任独立指公司以其财产独立对公司债务承担责任。公司责任独立与股东的有限责任是相互统一、对应的。公司一经成立，即独立承担责任。这是公司人格独立的法律后果，并已成为现代公司制度的经典原则。

（3）公司存续独立。公司存续独立指公司人格的生命周期不受其成员构成和成员人格周期的影响，可以独立于其成员而存在。

（4）诉讼主体资格独立。诉讼主体资格独立是指公司作为组织，当其权利受到侵害或者违反法律义务时，可以以自己的名义起诉、应诉。这是公司人格独立的程序保障。

除此之外，公司人格的独立性还表现在公司可以有自己的名称、住所，有能证明其自主行动的统一的印章，能以自己的名义签订契约，获得、拥有、转让财产，有自己独立的利益等。

3. 公司人格的永续性

在公司合法存续期间，公司人格并不因公司成员的变化而变化，因此，具有相对的恒定性。公司成立后，除非发生了法律规定的情形，它可以一直存续下去。

二、公司的名称

公司都应该有自己的名称，就像自然人有自己的姓名一样。公司名称就是公司的称谓，是公司依法专有的与其他企业相区别的一种文字标志。它是公司人格独立和特定化的具体体现，是公司设立登记、从事生产经营活动，并享有权利、承担义务的基本条件。正是基于以上原因，各国公司法都对公司的名称作出了相应的规定。我国关于公司名称具体适用《公司法》、《企业名称登记管理规定》的有关制度。

（一）公司名称的特点及构成

1. 公司名称的特点

（1）唯一性，即公司只能使用一个名称。根据《企业名称登记管理规定》，企业只准使用一个名称；确有特殊需要的，经省级以上登记机关核准，企业可以在规定的范围内使用一个从属名称。

（2）特定性。设立有限责任公司，必须在名称中标明“有限责任公司”字样；设立股份有限公司，必须在公司名称中标明“股份有限公司”字样。未经公司登记机关核准登记的，不得以公司名义从事经营活动。

(3) 排他性。公司名称依法经过登记后，在一定范围内只能由该公司使用。根据《企业名称登记管理规定》，在同一登记机关辖区内，同行业的企业之间不能有相同或者类似的名称。根据《反不正当竞争法》第5条第3项的规定，擅自使用他人的企业名称或者姓名，引人误认为是他人的商品的行为，属于不正当竞争行为。

2. 公司名称的构成及要求

根据《企业名称登记管理条例》及《企业法人登记管理条例施行细则》，公司名称应由以下部分组成：(1) 字号（商号），可由当事人自主选择的、作为公司人格特定化的标记，是公司名称的核心内容。商号由两个以上汉字或少数民族文字组成。(2) 所属行业（或者经营特点）。(3) 组织形式。(4) 字号前应冠以所在地行政区划名称，在冠用的行政区划范围内享有专用权，同行业企业的名称不得混同。如在国家工商行政管理总局登记的公司，名称前可冠以“中国”、“中华”字样；在省工商行政管理局登记的公司，在名称前冠以“××省”，依此类推。但外商投资企业、“历史悠久、字号驰名的企业”、全国性企业不受这一规定的限制，在全国范围内同行业企业的名称不得混同。

根据《企业名称登记管理条例》的规定，公司名称不得含有下列内容和文字：(1) 有损国家、社会公共利益的；(2) 可能对公众造成欺骗或误解的；(3) 外国国家名称、国际组织名称；(4) 政党名称、党政军机关名称、群众组织名称、社会团体名称及部队番号；(5) 汉语拼音字母（外文名称中使用的除外）、数字；(6) 其他法律、行政法规禁止的。

根据《企业名称登记管理规定》及其他有关规定，公司在使用下列名称时须符合规定的条件：(1) 全国性公司、国务院或其授权的机关批准的大型进出口公司、国务院或其授权的机关批准的大型企业集团以及国家工商行政管理总局规定的其他公司，才可以在公司名称中使用“中国”、“中华”、“全国”“国际”等文字；(2) 具有3个以上分支机构的公司，才可以在名称中使用“总”字；(3) 只有私人企业、外商投资企业才可以在名称中使用投资者的姓名作为字号；(4) 使用“开发”、“实业”、“发展”等词汇为商号的，应有3个以上的子公司或分公司。

(二) 公司的名称权

1. 定义和特征

我国《公司法》对公司名称的法律保护未设一般性规定，《公司登记管理条例》第11条只是一般性地规定“经公司登记机关核准登记的公司名称受法律保护”。公司的名称权，是指公司对其依法取得的名称享有的独占和排他的权利。公司的名称权具有下列特征：

(1) 公司的名称权属于商号权。

(2) 取得程序和条件的法定性。公司名称的取得必须履行法定的程序和遵守法定的条件，如须经预先核准，遵守法律对公司名称规定的积极要件和消极要件，在完成工商登记后才正式取得名称权。

(3) 独占性和排他性。公司的名称权专属于特定的公司享有，未经合法方式其他个人或组织不得擅自使用，法律禁止对公司名称的干涉、盗用和冒用。

(4) 名称权的保护有范围限制。一般情况下，公司对其名称在登记机关所辖地域范围内在同行业领域享有专用权。但全国性公司等在全国范围内对其名称享有专用权。

2. 公司名称权的转让

公司有权转让其名称。根据《企业名称登记管理规定》，公司名称的转让应遵守下列规定：（1）企业名称可以随企业或者企业的一部分一并转让。大陆法系一些国家的商法要求企业的名称必须与营业一同转让。例如，《德国商法典》第23条规定："商号用于营业者，非随同营业，不得转让。"《日本商法典》也有类似的规定："让与商号，如果未经让与登记，不能以此对抗第三人。"我国的法规只是规定企业名称"可以"与企业或企业的一部分一同转让，此是任意性规定而非强制性规定。（2）企业名称只能转让给一家企业。这种规定旨在保证企业名称的专有性，防止企业名称的混同。（3）企业名称转让后，转让方不得继续使用已转让的企业名称。（4）企业名称的转让方与受让方应当签订书面合同或者协议，报原登记机关核准。

3. 公司名称权的保护

侵害名称权的行为主要表现为盗用、冒用或者非法干涉他人对名称的使用；在同行业范围内使用与在先登记的名称相同或近似的名称，造成混淆；使用他人享有名称权的字号作为商标，造成混淆等。公司对侵害其名称权的行为有权要求停止使用、赔偿损失等。

三、公司的住所

（一）公司住所的含义

与自然人一样，公司也拥有住所。公司的住所是指公司的主要办事机构所在地。

由于住所的确定具有重要的法律意义，各国公司法无不对公司的住所作出具体规定。例如，《德国股份法》第5条规定："（1）公司所在地是章程所确定的地点。（2）章程通常把一个公司设有经营场所的地点，或业务领导部门所在的地点，或行政管理部门所在的地点，作为所在地。"在此并未要求住所地必须为中心事务所在地，而列举了几种选择，让公司章程作出规定。《日本商法典》第54条第2项规定："公司以其本公司所在地为其住所。"

我国《公司法》第10条规定，公司以其主要办事机构所在地为住所。对此可作如下理解：

1. 公司的住所是公司章程载明的地点。这是对公司住所的形式要求。住所是公司章程的必要记载事项，且具有公示效力。公司的住所一旦并且只有记载于公司章程，才具有法律效力，才能作为确定相关法律事项的依据。

2. 公司的住所是公司章程载明的公司主要办事机构所在地。公司的办事机构所在地可以是一个，也可以是多个。在有多个办事机构的情况下，既可以是总公司和分公司不在一处（往往如此），也可以是公司的指挥机构与具体的生产经营场所不在一处，不论如何，公司的住所地必须是其主要办事机构所在地。所谓的主要办事机构所在地，通常是指公司发出指令的业务中枢机构所在地，如公司的独一无二的办事机构所在地，多个办事机构时的主要办事机构所在地，如公司的总部、总公司所在地。"主要办事机构所在地"与"次要办事机构所在地"的区分以公司的登记为准，即以公司登记时所注明的主要办事机构所在地为住所。

3. 公司的住所是公司注册登记的必要事项之一。公司住所的变更必须履行法定的变更登记手续，否则，不得对抗第三人。例如，公司改变了主要办事机构所在地而未变更住所的，第三人仍应按其法定住所地对其提起诉讼。

（二）公司住所的法律意义

1. 实体法上的意义。公司的住所地有时可以作为确定当事人实体权利、义务的根据。例如，履行地点不明确，给付货币的，在接收给付一方的所在地履行，其他标的在履行义务一方的所在地履行。

2. 程序法上的意义。公司的住所对于确定案件的管辖、法律文书的送达等具有重意义。例如，《民事诉讼法》规定，对法人或者其他组织提起的民事诉讼，由被告所在地人民法院管辖；因合同纠纷提起的诉讼，由被告住所地或者合同履行地人民法院管辖。

3. 行政管理法上的意义。例如，根据《公司登记管理条例》，除几类明文规定的公司外，其他公司的登记都由公司住所地的工商行政管理机关管辖。而且，公司的住所地通常与工商行政管理机关的行政管辖范围相一致。

4. 涉外法上的意义。公司的住所地可以作为认定准据法的根据之一。

四、公司的能力

（一）公司的权利能力

1. 公司的权利能力的含义

公司的权利能力是指公司享有权利和承担义务的资格。公司自其经依法登记并领取企业营业执照之日起享有权利能力，自其解散并注销企业营业执照之日起终止其权利能力。

2. 公司的权利能力的特点

（1）公司不能享有专属于自然人的权利。公司虽然是法律上的人，但毕竟不同于自然人，不存在像自然人那样的生命和生理条件，与自然人的自然属性密切相关的权利，公司不能享有，如生命健康权、肖像权、亲权等。

（2）公司的权利能力以公司章程对经营范围的规定为基本依据。公司所经营的事业或业务就是所谓的"目的事业"，这种事业应记载于公司章程。我国的法律一般将目的事业称为经营范围。公司的所有经营活动都是以章程的"目的条款"（objects clause）为中心。

确定公司的经营范围一般目的是：其一，使拟向公司投资的股东知道自己投资的企业的经营方向，据此判断自己的投资将会冒多大的风险。其二，使董事和经理知道公司的经营界限，以便在此界限内活动。其三，使与公司交往的第三人知道公司的经营范围，便于决定是否与其交往。

在我国，目的上的限制即经营范围的限制是否构成对公司权利能力的限制，不仅是公司法理论的一个重要内容，也是实践中的一个重要问题，因为它关系到公司超越经营范围订立的合同的效力问题。我国《公司法》第 12 条规定，公司的经营范围由公司章程规定，并依法登记。同时赋予公司通过修改公司章程改变经营范围的权利，但要求变更经营范围后应当办理变更登记。其中属于法律、行政法规规定须经批准的，应当经过批准。①

3. 公司的权利能力受法律规定的限制

为维护公司的正常经营，保护股东、债权人及社会的利益，公司法以及有关法律对公司的权利有具体限制，如担保的限制和转投资的限制等。

（1）公司向其他企业投资的限制。公司向其他企业投资即公司转投资，《公司法》原则上允许公司转投资，对公司转投资的比例没有限制。但是，除法律另有规定外，不得成为对所投资企业的债务承担连带责任的出资人。在进行转投资时，应依照章程的规定，由董事会或股东会、股东大会决议。公司章程对投资总额或单项投资有限额规定的，不得超过规定的

---

① 按照 1999 年《最高人民法院关于适用〈中华人民共和国合同法〉若干问题的解释（一）》第 10 条的规定，当事人超越经营范围订立合同，人民法院不因此认定合同无效，但违反国家限制经营、特许经营以及法律、行政法规禁止经营规定的除外。

限额。

（2）公司为他人提供担保的限制。我国《公司法》对公司为他人提供担保时的被担保对象没有限制，但在程序上有限制：第一，公司为他人提供担保应依照章程的规定，由董事会或股东会、股东大会决议。第二，公司章程对担保总额或单项担保有限额规定的，不得超过规定的限额。第三，公司为股东或实际控制人提供担保的，必须经股东会或股东大会决议。第四，被担保的股东或受被担保的实际控制人支配的股东，不得参加为该股东或实际控制人提供担保事项的表决。该项表决以出席会议的其他股东所持表决权的过半数通过。

（二）公司的行为能力

1. 公司的行为能力的含义

公司的行为能力是指公司基于自己的意思，以自己的行为享有权利和承担义务的能力。

2. 公司的行为能力的范围

公司的行为能力的范围与权利能力的范围是相同的。公司的行为能力始于公司的成立，终于公司的终止；公司的行为能力受公司的性质、公司的经营范围和法律规定的限制。

（三）公司的责任能力

公司的责任能力是公司以自己的名义独立承担法律责任的资格。

五、公司人格否认制度

（一）公司人格否认的含义

公司人格否认，又称“刺破公司面纱”或“揭开公司面纱”，是指为了阻止公司独立人格的滥用和保护公司债权人利益及社会公共利益，就具体法律关系中的特定事实，否定公司的独立人格，责令股东对公司债权人或公共利益负责，以实现公平和正义为目标而设置的一项法律制度。该制度最先由美国法院通过判例创设，随后被英美法系国家和大陆法系国家采纳，在有些国家甚至为立法所确认。公司人格否认实际上是对已经丧失独立人格特征状态的一种确认，是对被打破的利益平衡关系的调整，以保障公司人格制度的目的得以实现，因此，公司人格否认并不是对公司人格制度的否认，而是对公司人格制度的完善。

适用公司人格否认的效果仅为在特定的法律关系中否认公司的独立人格，从而追究滥用公司人格的股东的责任，实现利益补偿。但适用了该制度，并非意味着彻底否认公司的人格。在法律规定的情形不再存在时，公司仍然具有独立的人格。

（二）公司人格否认制度的基本特征

1. 以公司具备法律人格为前提

公司人格否认是对已经合法取得公司独立人格，且该独立人格及股东有限责任被滥用之公司而设置。所以，如果一个“公司”没有取得合法身份，不具备独立人格，它就不能行使公司之权利，其所有行为及其后果都将被视为无效，也就不存在适用公司人格否认制度而要求公司股东或成员就公司实体之行为或债务承担责任之必要。一句话，“无人格，自无否定之必要”。

2. 只是对特定个案中公司独立人格予以否认

与根本就不承认公司团体人格的法人否认说，以及具有永久剥夺公司人格效力的公司设立无效、公司组织的撤销等均不相同，公司人格否认制度只适用于个案中公司人格不合目的性而需要否认其人格的场合，其效力不涉及该公司的其他法律关系，并且不影响该公司作为一个独立实体继续合法存在。

3. 公司人格否认制度主要表现为对失衡的公司利益关系之事后的法律规制

尽管有部分国家和地区通过制定法的形式来控制公司人格及有限责任原则的滥用，但迄今为止，公司人格否认制度仍然主要体现为一种事后的司法救济。这主要是由于五花八门的公司人格滥用行为很难在公司法律制度中事先一一得到规定，只有采取事后的司法规制方式才可以既维护公司人格制度的一般正义，又灵活地调整公司利益关系的失衡以实现个别正义。所以，公司人格否认法理主要是通过追究公司人格滥用者的责任，对因公司人格滥用而无法在传统的制度框架内获得合法权益者给予一定的法律救济。

（三）公司人格否认适用的场合

1. 公司资本显著不足。在实行有限责任原则的情形下，公司资本作为公司对外独立承担财产责任的最低担保，对公司债权人至关重要，所以，公司资本显著不足，始终被作为导致公司人格否认法律适用最为重要的因素之一。

2. 利用公司回避合同义务。股东利用公司形式从事经营活动，须以公平、善意为前提，并严守股东与公司相分离的原则，股东才能享有有限责任之特权。反之，若公司仅仅为股东逃避合同义务之工具，而将合同对方当事人置于极为不利的地位，则公司人格独立性之价值就值得怀疑，公司人格将被否认。

3. 利用公司规避法律义务。利用公司规避法律所规定的强制性义务，有损社会公共利益，有违公司人格制度的根本宗旨，从而失去其存在的合法性和正当性。如为了逃税、洗钱等非法目的而成立公司，为避免自己的财产被强制执行而成立公司等，均属公司人格的滥用。

4. 公司人格的形骸化。公司人格的形骸化实质上是公司与股东完全混同，使公司成为股东或另一公司的另一个自我，或成为其代理机构和工具，以至于形成股东即公司、公司即股东的情况。如公司与股东或两个实体在组织机构上交叉、重叠，甚至雇员都完全一样，形成所谓的“一套班子，两块牌子”。这样，公司与股东或其他组织之间尽管形式上独立，但实质上是互为一体，难分彼此。

第四节　公司资本制度

一、公司资本的含义

公司资本又称股本，是指公司成立时由公司章程所确定且由股东出资所构成的公司的财产总额。为了准确地把握公司资本的内涵，需要厘清几个相关概念的关系：

1. 公司资本不同于公司资产。公司资产，又称公司财产，是公司存续过程中可供支配的全部财产权利的总称。其形态包括公司所享有的物权、债权、知识产权及商誉等有形财产和无形财产。其来源有二：一是由公司股东向公司出资的各项财产，二是公司在其经营过程中通过各种途径（如生产、销售、购买、举债、受赠等）取得的财产。在公司的存续过程中，公司资产额随时处于变动之中。而公司资本为某一确定的计算上的数额。

2. 公司资本不同于公司投资总额。公司投资总额是为公司设立和经营而向其投入的全部财产总额，包括股东出资形成的注册资本和注册资本之外向公司的投入。

3. 公司资本也不同于公司净资产。公司净资产是会计核算中使用的概念，指公司的全部资产与公司全部负债额的差额，其在形态上正是公司自有资产的价值。因此，公司净资产也是以一定的货币金额表示，但该数额并非某一确定的数额，而是随公司经营活动的变化而不断发生变化，可能大于公司资本，也可能小于公司资本。

二、公司资本原则与资本形成制度

（一）公司资本原则

为实现公司法的目标和作用，保护股东和债权人的利益，维护公司稳定和促进公司发展，各国公司法在长期的发展中，确立和形成了一系列基本的法律原则，这些原则作为各国立法的指导思想，体现在各国公司法有关资本的具体规则之中，其中最主要的是所谓的“资本三原则”，公司法中关于公司资本的许多具体规定都是这三个原则的体现和反映。

1. 资本确定原则

这一原则是指公司在设立时，必须在章程中对公司的资本总额作出明确规定，并须全部认足或募足，否则，公司不能成立。公司成立后若发行股份，必须履行增资程序，经股东会决议并修改公司章程。

资本确定原则是关于公司资本形成的基本原则。按这一原则，公司资本既要确定，又须认足。这正是资本形成制度中法定资本制的内容。法定资本制、授权资本制和折中资本制都在不同程度上体现资本确定原则的要求。

我国《公司法》关于有限责任公司章程应载明公司注册资本、股东出资方式、出资时间和出资额的规定，关于股份有限公司章程应载明公司股份总额、每股金额和注册资本的规定等，都体现了资本确定原则的要求。

2. 资本维持原则

又称资本充实原则，是指公司在其存续过程中，应经常保持与其资本额相当的财产。因为在公司成立时，公司资本即代表公司的实有财产，但在公司经营一段时间后，其实有财产会由于公司的亏损而低于公司的资本，即使公司成立后未开展经营活动，也会因时过境迁，财产无形贬损而使资本的实际财产价值低于其原有的价值，从而使公司的实际财产能力与其明示的资本数额和信用脱节。资本维持原则的立法目的正是防止资本的实质减少，保护债权人利益，同时也防止股东对盈利分配的不当要求，确保公司本身业务活动的正常开展。

资本维持原则是贯穿整个公司资本制度，适用于公司全部存续期间的重要原则，各国公司法围绕资本制度建立的绝大多数法律规则都是资本维持原则直接或间接的体现。

（1）股东退股禁止。公司成立后，股东不得抽回出资。

（2）不得折价发行股份。公司股份可以按面额平价发行或溢价发行，但不允许折价发行。

（3）限制非货币出资。由于非货币出资在价值评估和权利转移方面的特殊性，容易造成资本的虚假，因此，公司法通常限制知识产权等无形财产的出资，禁止劳务、信用等经营要素的出资。

（4）发起人和股东对出资承担连带认缴责任，其中包括股份未被全部认购时的认购担保责任、股款未全部缴纳时的缴纳担保责任和实物出资过高估价时的差额填补责任。

（5）按规定提取和使用公积金。公司公积金除用于扩大再生产外，主要用于充实公司资本和弥补公司经营的亏损。

（6）没有盈利，不得分配。“无盈不分”是公司股利分配的基本规则，公司的盈利首先应用于弥补亏损。只有在公司盈利的状态下，才能向股东分配股利，否则，等于以公司资本向股东分配。

（7）禁止收购本公司的股份。公司收购自己的股份，等于股东退股，收回的股份等于未能发行，从而导致资本虚假。因此，除特殊情况外，原则上不许公司收购自己的股份。

（8）不得接受以本公司股份提供的担保。此种担保的实现会导致公司取得自己的股份，与公司不得收购自己股份的规则相悖。

我国《公司法》对资本维持原则亦有充分的体现。《公司法》中关于有限责任公司初始股东对实物出资价值担保和差额填补责任的规定，股份有限公司不得低于股票面额发行股份的规定，公司在弥补亏损、提取公积金之前不得向公司股东分配利润的规定等，都体现了资本维持原则的要求。

3. 资本不变原则

这一原则是指公司的资本一经确定，即不得随意改变，如需增减，必须严格按法定程序进行。由此可见，这里的不变，并非资本绝对地不可改变，而是指不得随意增减。从某种意义上说，资本一经注册，就变成了纯粹的账面数字，成为一个静止不动的符号。

资本不变原则的立法意图与资本维持原则是相同的，即防止资本总额的减少导致公司财产能力的降低和责任范围的缩小，以保护债权人的利益。实质上，资本不变原则是资本维持原则的进一步要求，如果没有资本不变原则的限制，一旦公司实有财产减少，公司即可相应减少其资本额，那么资本维持原则也就失去了实际的意义。因此，有人认为，资本维持原则维持的是公司资本的实质，而资本不变原则维持的则是资本的形式。

我国《公司法》的资本不变原则主要体现在对公司增减资本的严格规定上。《公司法》中对公司增减资本规定了严格的条件和程序，要求必须经股东会议决议通过，并依法办理变更登记。而且，对于减少资本，特别规定了债权人保护程序，即在公司减少资本时，必须编制资产负债表和财产清单，向债权人发出通知，在报纸上公告，债权人有权要求清偿债务或要求提供相应担保。

（二）公司资本形成制度

公司资本形成制度主要有法定资本制、授权资本制和折中资本制三种类型。

1. 法定资本制

法定资本制，是指在公司设立时，必须在章程中明确规定公司资本总额，并一次性发行、全部认足或募足，否则，公司不得成立的资本制度。缴纳股款共有两种方式：其一为一次性缴纳，即各认股人必须一次性按认购额缴纳全部股款，不得分期缴纳；其二为分期缴纳，即各认股人可以分次缴纳股款而不必一次缴纳。

从理论上讲，法定资本制有以下优点：（1）利于公司资本的稳定和确定；（2）利于防止公司设立中的欺诈行为；（3）使公司从成立开始就有足够资产担保债务履行；（4）利于提高市场交易的安全性。其缺点是：（1）对于一些大型的股份公司，强制发行全部资本，因其数目巨大，不容易立即认足，影响公司的成立；（2）各公司所从事的行业和经济范围千差万别，不可能在设立之初都需要巨额资本，硬要全部发行，会导致某些公司资本的闲置和不应有的浪费；（3）公司需要增资时，必须履行繁杂的程序，费时费钱，给公司增加额外负担。

2. 授权资本制

授权资本制，是指在公司设立时，虽然应在章程中载明公司资本总额，但公司不必发行资本的全部，只要认足或缴足资本总额的一部分，公司即可成立。其余部分，授权董事会在认为必要时，一次或分次发行或募集。

授权资本制的主要特点是资本或股份的分期发行，而不是法定资本制下资本或股份的一次发行、分期缴纳，公司章程所规定的只是授权资本，发行资本则取决于公司决定发行的数额。同时，授权资本制之下，对于发行认缴的部分，不再允许股款的分期缴纳，而要求一次性缴纳。

授权资本制是英国和美国公司法长期发展的产物。授权资本制具有如下优势：（1）公司不必一次发行全部资本或股份，降低了公司设立的难度；（2）授权董事会自行决定发行资本而不需经股东会决议变更公司章程，简化了公司增资程序；（3）董事会根据具体情况发行资本，既适应了公司经营活动的需要，又避免了大量资金在公司中的冻结和闲置，能充分发挥财产的效益。授权资本制也有其弊端：由于公司章程中的资本仅是一种名义上的数额，同时又未对公司首次发行资本的最低限额及发行期限作出规定，因而极易造成公司实缴资本与其实际经营规模和资产实力的严重脱节，发生欺诈性的商业行为，并对债权人的利益构成风险。

3. 折中资本制

折中资本制，是在法定资本制和授权资本制基础上衍生和演变而成的资本形成制度，具体又分为许可资本制和折中授权资本制两种类型。

（1）许可资本制

许可资本制亦称认许资本制，是指在公司设立时，必须在章程中明确规定公司资本总额，并一次性发行、全部认足或募足。同时，公司章程可以授权董事会在公司成立后一定期限内，在授权时公司资本的一定比例范围内，发行新股，增加资本，而无须股东会的特别决议。原实行法定资本制的大陆法国家，包括德国、法国、奥地利等，基本上都实行了许可资本制。许可资本制是在法定资本制基础上，通过对董事会发行股份的授权、放宽限制、简化公司增资程序而形成的。这种授权和放宽适用于公司成立后的增资行为，而对公司设立时的资本发行仍适用法定资本制的要求。这种制度既坚持了法定资本制的基本原则，又吸收了授权资本制的灵活性。但许可资本制的核心仍是法定资本制。

（2）折中授权资本制

折中授权资本制是指公司设立时，也要在章程中载明资本总额，并只需发行和认足部分资本或股份，公司即可成立，未发行部分授权董事会根据需要发行，但授权发行的部分不得超过公司资本的一定比例。原实行法定资本制的一些大陆法国家和地区，如日本和我国的台湾地区，实行的就是这种折中授权资本制。《日本商法典》第166条规定，公司设立时发行的股份总数不得低于公司股份总数的1/4。我国台湾地区“公司法”第156条规定，股份总数得分次发行，但第一次应发行之股份不得少于股份总数的1/4。

折中授权资本制是在授权资本制基础上通过对董事会股份发行授权的限制、规定其发行股份的比例和期限形成的，这种限制适用于公司自设立时起到成立后的所有股份发行行为。这种制度既坚持了授权资本制的基本精神，又体现了法定资本制的要求，其核心是授权资本制。

4. 我国的规定

我国现行公司法实行认缴资本制，与授权资本制接近。《公司法》第26条规定：“有限责任公司的注册资本为在公司登记机关登记的全体股东认缴的出资额。法律、行政法规以及国务院决定对有限责任公司注册资本实缴、注册资本最低限额另有规定的，从其规定。”

这一规定取消了法定最低注册资本限额的规定，取消了首次出资额不得低于注册资本20%的规定，取消了首次出资额以外的部分自公司成立之日起2年内（投资公司在5年内）缴足的规定。

三、股东出资方式

（一）出资形式

1. 货币。货币是充当一般等价物的特殊商品，股东以货币形式出资是股东出资最常用的一种手段。所谓货币出资，即指股东用支付现金的方式出资。货币出资可以是注册资本的一部分或全部。

2. 实物，又称有形资产。以实物出资是指用建筑物、厂房、机器设备、燃料、原材料或其他物料、交通工具等具有价值和使用价值的物品作价出资。

3. 知识产权。所谓知识产权，是人们依照法律对应用于商品生产和流通中的发明、实用新型、外观设计、商标等智力成果，在一定期限和地域内享有的专有权。依据目前我国知识产权的法律、行政法规，知识产权应当包括专利权、商标权、版权（如计算机软件）、集成电路布图设计专有权、药品独占权、农业化学药品独占权等。

4. 土地使用权，即通过合法程序取得的对国有土地或集体所有土地的使用权。土地使用权是公司拥有生产经营场所的前提条件。

5. 其他可以以货币估价并可以依法转让的非货币财产。我国《公司法》第 27 条只明确列举了实物、知识产权、土地使用权这三种非货币财产，但是随着社会经济的发展，可以以货币估价并可以转让的非货币财产必然不限于以上几种。因此，我国《公司法》并未穷尽列举可以以货币估价并可以转让的非货币财产的种类。

（二）股东的出资评估

在股东以非货币形式出资时，必须对作为出资的实物、知识产权、土地使用权等可以以货币估价并可以转让的非货币财产进行评估作价。评估作价的原则是接近实际价值，即不得估价过高或估价过低。在法律、法规另有规定时，应予执行。土地使用权的作价评估与一般的实物、知识产权的作价评估有所区别，因为土地是国家的重要资源，也是人类赖以生存的基础，所以其价值评估必须依照国家有关法律、行政法规进行。

（三）对股东以非货币出资的限制

我国《公司法》将公司的出资分为货币出资和非货币出资，可以出资的非货币财产包括实物、知识产权、土地使用权等可以货币估价并可以依法转让的财产，也就是说，可以货币估价并可以依法转让的，并且不是法律、行政法规禁止出资的财产，都可以用于出资。2013 年修改的《公司法》取消了货币出资金额不得低于公司注册资本 30%的规定。

四、资本变动制度

根据资本不变原则，公司的资本一经确定即不得任意变动，如果由于公司经营和发展的需要，客观上需要增加或减少公司的资本，那么应当履行法定的资本变动程序。资本的变动制度包括资本增加制度和资本减少制度。

（一）资本的增加

资本增加，又称增资，是指公司为筹集资金、扩大经营，而依照法定的条件和程序增加公司的资本总额的行为。公司增加资本，可以提高公司的信用，增强公司的实力，扩大公司的经营规模，不会对社会交易安全和债权人的利益造成威胁，因此，各国均较少限制公司的增资行为。

增加资本的程序主要是变更公司章程，而变更章程必须经过股东会的特别决议，并办理相应的注册登记手续。违反上述增资条件和程序，公司资本的增加即归无效。

增加公司资本的方法，既可以是发行新的股份（股份有限公司）或者邀请新的股东向公司出资（有限责任公司），也可以是不增加公司股份总额（股份有限责任公司）或公司的股东（有限责任公司），而增加每股金额或者股东的出资额，还可以是将前两种方法结合起来使用。

至于增加公司资本的财源，通常是由股东向公司出资，但也可以是公司将其公积金转增为公司资本，或者是将公司应当分配给股东的利润转增为公司资本。根据我国《公司法》的规定，法定公积金转为资本时，所留存的该项公积金不得少于转增前注册资本的25%。

无论公司采取何种方法增资，均应当履行相应的增加资本程序。根据我国《公司法》的有关规定，公司增资时，应当履行如下程序：(1) 董事会制订公司增资方案。(2) 股东会议作出决议通过公司增资方案。有限责任公司的股东会或者股份有限公司的股东大会在作出增资决议时，须经代表2/3以上表决权的股东通过。(3) 交付新增资本的出资或认购新股的股款。我国《公司法》第178条规定，有限责任公司增加注册资本时，股东认缴新增资本的出资，按照公司法设立有限责任公司缴纳出资的有关规定执行；股份有限公司为增加注册资本发行新股时，股东认购新股，应当按照公司法设立股份有限公司缴纳股款的有关规定执行。(4) 依法向公司登记机关办理变更登记并公告。

（二）资本的减少

所谓公司资本的减少，又称减资，是指公司资本过剩，或公司出现严重亏损而无力弥补亏损时，根据生产经营的实际情况，依照法定条件和程序减少公司的资本总额的行为。

有限责任公司一般不得减少资本，以保护债权人的利益。按照资本不变原则，公司的资本是不允许随意减少的，但如果原定公司资本过多，形成资本过剩，那么，再保持资本的不变，就会导致资本在公司中的停滞，不利于充分发挥社会财富的经济效益。而如果公司亏损严重，资本额与其实有资产差额过大，那么，公司资本也失去了它应有的标志公司信用状况的法律意义，同时也容易因公司连年弥补亏损而使股东得不到利益的分配。因此，在特定情况下，可以依法定程序而减少公司资本。我国《公司法》第177条规定：公司需要减少注册资本时，必须编制资产负债表及财产清单。公司应当自作出减少注册资本决议之日起10日内通知债权人，并于30日内在报纸上公告。债权人自接到通知书之日起30日内，未接到通知书的自公告之日起45日内，有权要求公司清偿债务或者提供相应的担保。公司减少资本后的注册资本不得低于法定的最低限额。

第五节　公司治理结构

一、公司治理结构的概念和原则

（一）公司治理结构的概念

公司治理结构英文表述为"corporate governance"，也译作"公司治理"，是指公司内部机关设置及权力制衡的各项机制，涉及公司机关权力来源、运作和权限，公司机关及其成员的权利、义务与责任。广义的公司治理，除包括狭义上的公司治理的基本内容外，还涵括了公司的人力资源管理、收益分配激励制度、财务制度、公司战略发展决策管理系统、公司文化和一切与公司管理控制有关的其他制度。

(二) 公司治理结构的原则

公司治理是通过相应的公司组织机构的设置和活动实现的。公司治理的基本理念和原则就是分权制衡，即由不同的机构行使不同的权利，分工配合，相互制约，实现公司经营的效率和安全。

目前，世界各国公司法的修改无不吸收公司治理的基本理念，丰富和发展公司组织机构设置的原则，指导公司改善并建立更有效的治理结构。例如，1999 年 5 月，由 29 个发达国家组成的经济合作和发展组织通过了《OECD 公司治理结构原则》，作为各国政府制定有关公司治理结构法律和监管制度框架的参考。我国证监会于 2002 年 1 月 7 日发布了《上市公司治理准则》，以其作为判断上市公司是否具有良好公司治理结构的主要衡量标准。虽然不同的国家因为公司发展的历史不同而形成了不尽相同的治理模式，但是，公司治理问题产生的基础相同，所以公司治理也就形成了大体相同的原则。

1. 股东权力原则

(1) 股东会为最高权力机构。(2) 股东的平等对待，即应确保所有股东，特别是中小股东，享有平等的权利并承担相应的义务。(3) 股东权利救济。股东权利受到侵害时应得到法律救济，主要通过股东诉讼实现。

2. 激励与约束并举的权力制衡原则

(1) 对大股东的约束。(2) 对董事、董事会的约束。(3) 对经理的约束。

3. 信息披露与透明度原则

公司治理出现问题的根源之一在于信息不对称，公司的股东无法获得董事、经理等代理人行为的充分信息，从而无法对其行为进行及时、准确的绩效评价和监督。因此，要提高公司组织机构的效率，就必须加强信息披露，保持公司的透明度，从而使股东获得真实、准确、完整、及时的公司经营信息。

4. 利益相关者参与公司治理原则

近年来，随着企业理论的发展，股东以外的利益相关者也逐渐被纳入公司治理主体，虽然各国对利益相关者参与公司治理的程度规定不一，但各国公司法均开始关注利益相关者问题。

二、国外公司治理结构的模式

由于政治、经济、文化的差异，不同国家或地区公司组织机构的设置及职责划分不尽相同，由此形成了不同的公司治理模式，总的来看，主要可以分为三种：

一是美国模式。其结构是股东会之下只设立董事会，不设监事会，由董事会履行任监督职能，业务经营由董事会聘任经理并授权其负责执行。这种治理模式也称为“单层委员会制”，其突出特点是董事会兼有经营及监督双重职能，其具体方式是在董事会内设有若干专门委员会，如执行委员会、任免委员会、审计委员会等，这些委员会的成员半数以上都是不执行公司业务的外部董事或称独立董事。这种模式主要由英美国家采用，但法国等一些欧洲大陆国家也有采用。

二是德国模式。其结构是股东会行使决策权，董事会行使执行权，监事会行使监督权，三权分立。这种治理模式也称为“双层委员会制”，其突出的特点是监事会不仅负有监督职权，也具有某些实质性的管理权，最重要的就是董事会是由监事会而不是由股东会选任和罢免，也就是股东会选任监事会，再由监事会选任董事会。以德国为代表的多数欧洲大陆国家采用此种模式。

三是日本模式。是在借鉴美国模式和德国模式的基础上改造而成，其结构是设董事会和监事会（或监察人），监事会或监察人是公司的监督机关：大公司设监事会，负责对公司的全面监督；小公司设监察人，主要负责财务监督。公司业务由董事会中的代表董事执行，董事会和监事会都负有监督职能。日本模式的突出特点是董事会和监事会均由股东大会产生，地位平行，且董事会和监事会都负有监督职责，形成所谓对代表董事和经理人的双重监督。

三、我国公司治理结构

我国公司的组织机构设置采取了股东大会、董事会、监事会构成的三权分立结构，这种结构表面上看似乎采取了二元制，然而实质上与以德国为代表的二元制有本质的不同，因为德国的董事会被置于监事会之下，而我国的董事会与监事会是平行的两个机构，因此，我国的模式更接近和类似于日本模式，但日本的董事会又负有监督职能，而我国的董事会通常只是单纯的执行机构，不具有监督职能。由此可见，我国的公司组织机构的设置与上述任何一种模式都不完全相同。

根据我国《公司法》的有关规定，股东会是公司的最高权力机关，董事会是公司的经营决策及业务执行机关，监事会则为公司的业务监督机关。其特点：一是，突出董事会集体决策，详细规定了董事会会议制度和工作程序。二是，监事会的职权充实，监事会工作制度完善。三是，严格规定董事、监事、高级管理人员的忠诚、勤勉义务，并严格法律责任。

四、公司股东的资格取得及权利、义务

（一）股东资格取得

股东资格的取得有原始取得和继受取得两种方式。原始取得是基于认股行为而取得股东资格，包括公司设立时认股和公司成立后发行新股时认股两种情形。继受取得是基于继承、赠与、公司合并和从证券二级市场上购得股票而取得。

公司股东身份或资格是基于其对公司的投资行为而产生，问题是股东身份或资格何时产生，是从其认购公司股份并实际享有股东权利时取得还是从其实际交付出资之日起取得，各国立法规定并不相同。在授权资本制下，但凡认购了公司股份或出资的人即有可能取得公司的股东资格，并不以出资的实际交付为条件；而在法定资本制下，股东资格的取得通常以其出资的实际缴纳为要件，未出资者不能或不宜承认其股东资格，也就是说，股东资格的取得是以股东实际交付出资为要件，出资义务履行完毕之日为其股东资格取得之日。然而在现实生活中，股东没有交付出资或出资存在瑕疵仍取得股东资格或享有股东权利的情况时常发生，此类情形下，股东资格是否应予以承认或保有，另外，假借他人名义出资，实际出资人和名义出资人究竟谁享有股东权利，理论界和司法界存在争论。对此我国《公司法》第32条作了明确规定：在涉及公司与投资者个人之间的关系时，在备有股东名册的情况下，股东名册应成为确定股东身份和资格的依据，凡记载于公司股东名册者应为公司的股东，享有股东权利，

并承担股东义务，而公司无义务辨别具体资金的提供者为谁；在公司的对外关系上，凡在工商登记上被确认为股东者均应被认定为公司股东，而不论其是否真实或者已经转让出资及出资有无瑕疵，承担股东应负的义务。

(二) 股东的权利、义务

1. 股东权利

(1) 表决权。行使表决权是股东通过股东（大）会参与公司管理的重要手段。依我国《公司法》第 42 条、第 103 条的规定，有限责任公司的股东按照出资比例行使表决权（公司章程另有规定的除外），即股东有多少出资就有多少表决权；股份有限公司的股东所持每一股份有一个表决权。我国《公司法》第 105 条还规定，股份有限公司股东大会选举董事、监事，可以根据公司章程的规定或者股东大会的决议，实行累积投票制。

(2) 选举权和被选举权。股东有权通过股东（大）会选举公司的董事或者监事，同时，公司的股东只要符合公司法规定的公司的董事和监事的任职资格，就可依法定的议事规则被选举为公司的董事或者监事。选举权和被选举权是股东通过股东（大）会参与公司经营管理的一项重要权利。我国《公司法》第 37 条、第 99 条对股东的选举权作了规定，股东可以依自己的出资额或持有的股份的比例对所要选举的董事、监事表达自己的意志，决定是投赞成票、反对票还是弃权票。为了保护中小股东利益，我国《公司法》第 105 条规定，股份有限公司股东大会选举董事、监事，可以根据公司章程的规定或者股东大会决议，实行累积投票制。

(3) 转让出资或股份权。转让出资或股份是指公司的股东将自己所持有的出资额或股份转让给他人，使他人成为公司的股东。按照公司资本维持原则，法律禁止股东在向公司出资、获得股权后抽逃出资。但是，股东为了转移投资的风险或者收回本金，可以转让其出资或股份。一般而言，有限责任公司的股东转让出资比股份有限公司的股东转让股份受到较多限制。

(4) 知情权。知情权是股东了解公司经营状况的重要权利。股东要参与公司重大事项的决策，其前提是要掌握公司的经营状况。因此，各国或地区的公司立法普遍规定股东有权对公司经营状况和财务状况进行查阅，而且该权利不能以公司章程加以限制或剥夺。但是，为了避免股东滥用查阅权而影响公司的正常经营活动或者损害公司的利益，有些国家或地区的公司法对股东的查阅权作出某些限制，如对查阅的时间、地点和查阅的目的等方面作出规定。我国《公司法》第 33 条规定：股东有权查阅、复制公司章程、股东会会议记录、董事会会议决议、监事会会议决议和财务会计报告。股东可以要求查阅公司会计账簿。股东要求查阅公司会计账簿的，应当向公司提出书面请求，说明目的。公司有合理根据认为股东查阅会计账簿有不正当目的，可能损害公司合法利益的，可以拒绝提供查阅，并应当自股东提出书面请求之日起 15 日内书面答复股东并说明理由。公司拒绝提供查阅的，股东可以请求人民法院要求公司提供查阅。

(5) 股利分配权。股利分配权即股东按照出资或股份比例分取股利。股东投资就是为了盈利，即通过公司盈余分配获得股利，因此，股利分配权是股东权的核心。各国或地区的公司法对股利的分配多作严格的限制，我国也是如此。我国《公司法》第 166 条规定：公司弥补亏损和提取公积金后所余税后利润，有限责任公司按照股东的出资比例分配，股份有限公司按照股东持有的股份比例分配。但是，有限责任公司股东一致同意可以不按出资比例分配，股份有限公司章程规定不按持股比例分配的除外。

(6) 公司终止后对公司剩余财产的分配权。公司解散时，股东对于公司清理债权、债务后所剩余的财产有进行分配的权利。依我国《公司法》第 186 条的规定，股东有权按照自己的出资比例或股份比例分配公司的剩余财产。

(7) 公司发行新股时的新股认股权。公司成立后，为了扩大生产规模，往往依法定的条件和程序增加公司的资本总额。对此，不少国家或地区的公司立法均规定公司原有的股东对新股有优先认购权。

(8) 提议召开临时股东（大）会的权利。我国《公司法》第 39 条、第 100 条规定，在有限责任公司中，代表 1/10 以上表决权的股东，可以提议召开临时股东会议；在股份有限公司中，持有公司股份 10%以上的股东请求时，应当在两个月内召开临时股东大会。

(9) 股东诉权。为切实保护股东的权利，一些国家或地区的公司立法还赋予股东个人诉权，即当董事、监事、高级管理人员对公司应负责任而公司未予以追究时，可由股东为公司提起追究其责任的诉讼。我国《公司法》第 151 条规定：董事、高级管理人员执行公司职务违反法律、行政法规、公司章程，给公司造成损害的，有限责任公司的股东、股份有限公司连续 180 日以上单独或者合计持有公司 1%以上股份的股东，可以书面请求监事会或者不设监事会的有限责任公司的监事向人民法院提起诉讼；监事也存在违反法律、行政法规、公司章程给公司造成损害的情形的，前述股东可以书面请求董事会或者不设董事会的有限责任公司的执行董事向人民法院提起诉讼。监事会、不设监事会的有限责任公司的监事，或者董事会、执行董事收到前款规定的股东书面请求后拒绝提起诉讼，或者自收到请求之日起 30 日内未提起诉讼，或者情况紧急，不立即提起诉讼将会使公司利益受到难以弥补的损害的，前款规定的股东有权为了公司的利益以自己的名义直接向人民法院提起诉讼。他人侵犯公司合法权益，给公司造成损失的，前述股东可以依照前两款的规定向人民法院提起诉讼。我国《公司法》第 152 条规定，董事、高级管理人员违反法律、行政法规或者公司章程的规定，损害股东利益的，股东可以向人民法院提起诉讼。

我国《公司法》第 22 条还规定，股东会、股东大会、董事会的决议内容或者会议召集程序、表决方式违反法律、行政法规或者公司章程的，股东有权向人民法院提起无效或者撤销之诉，并应人民法院要求提供担保。公司已经上述决议办理变更登记的，应当撤销。

(10) 异议股东回购请求权。在公司合并、分立等经营状况发生重大改变的情况下，允许持有异议的股东退出并由公司回购其股票，是许多国家和地区公司法的通例。我国《公司法》第 142 条规定，股东对于股东大会作出公司合并、分立的决议持异议的，可以要求公司回购其持有的公司股份。

2. 股东的义务

权利与义务是相对的，股东享有权利，也要承担义务。各国或地区的公司法对股东义务的规定大同小异，基本上共同确认了股东应承担以下主要义务：

(1) 遵守法律、行政法规和公司章程的义务。各国公司法普遍规定，公司章程对股东有约束力，股东依照公司章程的规定享有权利和承担义务。因此，遵守公司章程应是股东最基本的义务。我国《公司法》第 20 条也规定，公司股东应当遵守法律、行政法规和公司章程，依法行使股东权利，不得利用股东权利损害公司或者其他股东的利益；不得滥用公司法人独立地位和股东有限责任损害公司债权人利益。

(2) 缴纳出资或认缴股款的义务。股东认购出资或股份后，就负有缴纳股款的义务，包括按照规定的方式、条件、比例和期限缴纳。我国《公司法》第 28 条规定，股东认购出资或股份后，不履行缴纳股款的义务，除应当向公司足额缴纳外，并对已经足额缴纳的股东承担违约责任。第 83 条第 2 款规定，发起人不按照规定缴纳出资的，应当按照发起人协议的约定承担违约责任。

(3) 对公司所负债务承担有限责任的义务。有限责任公司及股份有限公司的股东，对公司的债务仅以其认缴的出资额或认购的股份为限承担有限责任，此外，不负其他财产责任。这是各国公司法的通例，也是公司法的基本原则。我国《公司法》第3条，也作前述规定。

(4) 不得抽回出资的义务。股东在公司登记后，不得抽回出资。我国《公司法》第201条规定，公司的发起人、股东在公司成立后，抽逃其出资的，要追究相应责任。

(5) 填补出资。我国《公司法》第30条规定，有限责任公司成立后，发现作为设立公司出资的非货币财产的实际价额显著低于公司章程所定价额的，应当由交付该出资的股东补足其差额，公司设立时的其他股东对其承担连带责任。

(6) 对公司的赔偿责任。我国《公司法》第20条规定，公司股东滥用股东权利给公司造成损失的，应当依法承担赔偿责任。

(7) 对股东的赔偿责任。我国《公司法》20条规定，公司股东滥用股东权利给其他股东造成损失的，应当依法承担赔偿责任。

(8) 对债权人的责任。我国《公司法》第20条规定，公司股东滥用公司法人独立地位和股东有限责任，逃避债务，严重损害公司债权人利益的，应当对公司债务承担连带责任。

(三) 控股股东的诚信义务以及实际控制人的义务和责任

1. 控股股东的概念

我国《公司法》第216条第2项对控股股东作了界定：公司控股股东，是指其出资额占有限责任公司资本总额50%以上或者其持有的股份占股份有限公司股本总额50%以上的股东；出资额或者持有股份的比例虽然不足50%，但依其出资额或者持有股份所享有的表决权已足以对股东会、股东大会的决议产生重大影响的股东。我国《公司法》对控股股东的界定有两个标准：一是，出资额或者持股比例超过50%；二是，出资额或者持股比例虽然不足50%，但是能够对公司股东会或者股东大会的决议产生重大影响。凡是符合上述两个标准之一的，就是控股股东。

2. 控股股东诚信义务的内涵

在公司中股东之间的利益冲突最为集中地体现在控股股东与少数股东的利益冲突上。在资本多数决原则下，少数股东的表决权仅仅在理论上存在，控股股东往往利用自己在公司中的优势地位，欺诈、打压少数股东，因此，现代公司法在承认控股股东对公司拥有控制权的同时，也对其课以诚信义务。诚信义务源于英美国家的信托法理论，后被广泛地适用于公司法、合伙法甚至银行法等领域。按照学者们的一般理解，诚信义务是受信人（fiduciary）基于信义关系（fiduciary relation）而对受益人产生的法律义务。按照公司人格理论，公司与股东系不同的法律主体，应独自对自己的行为负责，股东（包括控股股东）除履行自己的出资义务外，本不应再承担其他额外的法律义务。但就控股股东而言，其基于强大的表决力而产生的对公司的支配和影响，可能会使控股股东的实际权限完全超越股东为维护其自身利益所需要的权利限度。根据利益与权利相一致、权利与义务相一致的理念，公司股东的表决权本身即蕴涵着一种因介入公司利益和其他股东利益而产生的诚信义务。越来越多的学者主张控股股东与公司和少数股东之间存在着事实上的信义关系，应该将诚信义务扩大适用于控股股东。

一般诚信义务包括注意义务和忠实义务。注意义务是指控股股东在经营公司时要与任何一个谨慎的人一样，在同等情形下对其所经营之事项给予同样的注意。不过，具体就注意的程度而言，应视不同情况作出具体判断。至于控股股东对公司和少数股东所负之忠实义务，属于一种客观性义务，同时也是一种道德性义务，其主旨是控股股东所实施的与公司和少数股东的利益有关的行为必须具有公正性，必须符合公司的整体利益，在个人利益（包括与个人利益有利害关系的第三人的利益）与公司利益发生冲突时，必须以公司利益为先，不得利用自己在公司中的优势地位为自己或与自己有利害关系的第三人谋求在常规交易中不能或难以获得的利益。

3. 控股股东违反诚信义务之主要表现

（1）排挤与压榨行为。排挤与压榨行为主要是指控股股东利用其控制力迫使少数股东出售所持有之股份而丧失其股东地位，或以其他方式稀释少数股东所持有的股份之行为。其典型做法包括：操纵股票价格，迫使少数股东以低价出售其所持股票；恶意增加公司资本，迫使少数股东无力认购而使其持股比例进一步降低；恶意罢免或无理阻挠少数股东担任公司高级管理职务等。

（2）侵吞公司财产。控制股东侵吞公司财产是最为常见，也最为恶劣的违反诚信义务之行为。

（3）关联交易。这里主要是指控股股东通过其直接或者间接控制的企业或者以其他方式与公司之间所进行的交易行为。关联交易成为套取上市公司资金的主要手段。

（4）内幕交易。控股股东因控制权行使的关系而得悉作为其从属企业的一家上市公司的内幕信息，然后凭借该信息卖出或买进所持上市公司的股票，从中牟取不当利益，损害广大股民的利益。

（5）夺取公司有利机会。控股股东利用自己的支配地位，夺取本应属于公司的有利机会，而损害公司及少数股东的利益，此同样构成对公司和少数股东忠实义务之违反。

我国《公司法》第21条对公司的控股股东也规定了相应的义务，即公司控股股东不得利用关联关系损害公司利益。关联关系是指公司控股股东与其直接或者间接控制的企业之间的关系，以及其他可能导致公司利益转移的关系。

4. 控股股东违反诚信义务时的救济

当控股股东违反诚信义务，侵犯公司和少数股东的权益时，各国立法、学说及判例允许少数股东通过直接诉讼和派生诉讼提出赔偿损失、请求确认行为无效、请求公司回购其股份或换取控股股东的股票等诉讼请求。

我国《公司法》第20条规定，股东滥用股东权利给公司或其他股东造成损害的，应当依法承担赔偿责任。第21条规定，控股股东利用关联关系损害公司利益，致使公司利益遭受损失的，应当承担赔偿责任。

5. 公司实际控制人的义务和责任

公司实际控制人虽然不是公司控股股东，但却能够直接或间接地对公司通过投资关系、协议或者其他安排施加实质性影响，因而公司的实际控制人往往会利用其对从属公司的这种影响力，迫使从属公司进行违背公平原则的不利益的经营，例如高价买入、低价卖出，为没有利益关系的公司的债务承担担保责任等，并从中获取利益。从属公司在这种经营中被沦为控制公司牟取自己利益的工具和牺牲品，从属公司及其中小股东的利益不合理地受到了损失。我国《公司法》第21条规定，公司的实际控制人利用关联关系损害公司利益，致使公司利益遭受损失的，应当承担赔偿责任。

五、公司董事、监事以及高级管理人员的资格和义务

（一）董事、监事、高级管理人员的任职资格及选任方式

1. 董事、监事、高级管理人员的任职资格

董事、监事、高级管理人员的任职资格是指公司董事、监事、高级管理人员所必须具备

的积极条件和消极条件，包括积极资格和消极资格。所谓积极资格是指公司董事、监事和高级管理人员所应具备的积极条件，即符合什么标准方能成为公司董事、监事和高级管理人员，主要包括住所和年龄以及经营管理经验等；消极资格是指出任公司董事、监事、高级管理人员所不应该具备和出现的情形与条件，即董事、监事、高级管理人员因为实施某种行为或存在法律规定的情况而不应当担任公司董事、监事、高级管理人员职务。综观各国公司立法规定，董事、监事、高级管理人员的任职资格主要包括以下五个方面：

（1）身份条件。关于董事、监事、高级管理人员是否应为公司股东问题，从世界各国立法趋势看，为便利公司在股东之外求取人才，以适应公司所有与经营分离的需要，一般都不再规定董事、监事、高级管理人员须持有资格股。我国《公司法》也顺应了这一潮流，对董事、监事、高级管理人员的股东身份没有作出要求。

（2）年龄条件。对年龄条件的下限，各国规定基本一致，即未成年人不能担任董事、监事、高级管理人员。我国《公司法》第146条规定，无行为能力和限制行为能力者不得担任公司董事、监事、高级管理人员。

（3）国籍条件。多数国家的公司立法对董事、监事、高级管理人员的国籍没有限制，但有少数国家的公司立法限制董事、监事、高级管理人员的国籍或居民身份。我国《公司法》对董事、监事、高级管理人员的国籍没有作出限制。

（4）兼职限制。为了防止董事、监事、高级管理人员利用其特殊地位，损害公司利益，并保证董事、监事、高级管理人员有充足的时间和精力处理公司事务，国外一般都对董事、监事、高级管理人员兼任其他公司的董事、监事、高级管理人员和实际管理人作出限制或禁止性规定。我国《公司法》第69条规定，国有独资公司的董事长、副董事长、董事、高级管理人员，未经国有资产监督管理机构同意，不得在其他有限责任公司、股份有限公司或者其他经济组织兼职。

（5）品行和信用条件。多数国家的公司法都规定，某些曾被追究刑事责任或者其他有严重违法行为的人以及个人信用状况较差的人，在一定期限内，不得担任公司的董事。我国《公司法》第146条对董事、监事、高级管理人员的消极资格也作了规定，规定有下列情形之一者，不得担任公司的董事、监事或高级管理人员：1）无行为能力或者限制行为能力；2）因犯有贪污、贿赂、侵占财产、挪用财产罪或者破坏社会经济秩序罪，被判处刑罚，执行期满未逾5年，或者因犯罪被剥夺政治权利，执行期满未逾5年；3）担任破产清算的公司、企业的董事或者厂长、经理，并对该公司、企业的破产负有个人责任的，自该公司、企业破产清算完结之日起未逾3年；4）担任因违法被吊销营业执照、责令关闭的公司、企业的法定代表人，并负有个人责任的，自该公司、企业被吊销营业执照之日起未逾3年；5）个人所负数额较大的债务到期未清偿。公司违反上述规定选举、委派董事、监事或者聘任高级管理人员的，该选举、委派或聘任无效。董事、监事、高级管理人员在任职期间出现上述情形的，公司应当依法解除其职务。

2. 董事、监事、高级管理人员的选任方式

我国《公司法》第37条和第99条只规定了董事、监事由公司股东（大）会选任这种主导形式，并规定公司的董事会成员中应有或可以有公司职工代表。职工代表由公司职工代表大会、职工大会或者其他形式民主选举产生。对于公司高级管理人员①的选任，我国《公司法》

① 根据我国《公司法》第216条的规定，高级管理人员包括：公司的经理、副经理、财务负责人，上市公司董事会秘书以及公司章程规定的其他人员。

第46条、第49条、第108条和第113条规定，经理由董事会聘任或者解聘；公司副经理和财务负责人由经理提请董事会聘任或者解聘；经理聘任或者解聘应由董事会聘任或者解聘者以外的其他高级管理人员。

（二）董事、监事、高级管理人员的义务

我国《公司法》第147条对公司董事、监事、高级管理人员，规定了勤勉和忠实义务。分别阐述如下：

1. 勤勉义务

也称注意义务，是董事、监事与高级管理人员对公司所负的一项基本义务。它要求董事、监事与高级管理人员像普通谨慎人或善良管理人在相似的情况下给予合理的注意一样，勤勉尽责，即公司的董事、监事与高级管理人员应像其他任何代理人或受托人一样，在管理公司事务时，应承担合理注意的义务。董事、监事与高级管理人员如果没有对公司尽到此种合理的注意，并因此而导致公司利益受损的，董事、监事与高级管理人员应对公司的损害承担赔偿责任。虽然董事、监事与高级管理人员的注意义务是一种专家义务，但与董事、监事、高级管理人员的忠实义务相比，其是一种轻度注意义务。因为如果强加给董事、监事与高级管理人员过于严苛的注意义务和法律责任，则董事可能会因惮于出现失误而缩手缩脚，无法激发董事、监事与高级管理人员的积极性，反有害于公司的发展。所以，在西方国家司法实践中，还有商业判断规则的运用，即董事、监事与高级管理人员基于正常的商业判断，即便给公司造成损失，也不能因董事、监事与高级管理人员之行为给公司造成了损害，而要求董事、监事与高级管理人员承担法律责任。

董事、监事与高级管理人员的注意义务分为制定法上的注意义务和非制定法上的注意义务。前者是指公司法或公司法以外的其他法律对董事、监事与高级管理人员的义务所作的规定，后者是指基于公司章程，基于董事、监事与高级管理人员的身份及公司的特殊商业性质所产生的注意义务。具体来说，董事、监事与高级管理人员注意义务的内容主要包括：负有遵守公司法和其他制定法规定的注意义务；负有遵守章程规定的注意义务；负有在自己权限内行为的注意义务；负有勤勉的义务以及谨慎行事的义务。

2. 忠实义务

在董事、监事和高级管理人员对公司所承担的义务中，忠实义务居于核心地位。董事、监事和高级管理人员所承担的忠实义务要求董事、监事和高级管理人员必须忠实地为公司谋取最大利益，不得利用职务之便为自己或他人谋取私利或将自己及与自己有关联的个人的利益置于公司利益之上。董事、监事和高级管理人员的忠实义务有三个重要的特点：其一，董事、监事和高级管理人员的忠实义务原则上是对公司本身承担的义务，而不是对公司股东所承担的义务，但在特殊情况下，董事、监事和高级管理人员对个别股东也负有忠实义务。其二，依据公司法理论，董事、监事和高级管理人员是公司而非股东的受任人或代理人，因此，董事、监事和高级管理人员应对公司整体负有义务，而非对个别股东或个别种类的股东负责，但是董事、监事和高级管理人员在与某一股东直接打交道，或以损害某一股东经济利益的方式行事时，应直接对该股东负责。其三，董事、监事和高级管理人员的忠实义务是道德义务和法律义务、主观性义务和客观性义务的结合。作为一种道德性规范的延伸，不少国家的公司立法和司法，不仅要求董事、监事和高级管理人员在任职期间对公司负有忠实义务，甚至要求公司董事、监事和高级管理人员在离任后的一定期间也须对其曾任职的公司负有相应的忠实义务，其在性质上被视为一种后合同义务。根据我国《公司法》的规定，董事、监事和高级管理人员的忠实义务，包括以下主要内容：

（1）不得利用自己的身份和地位谋取非法利益。我国《公司法》第 147 条规定，董事、监事和高级管理人员不得利用职权收受贿赂或者其他非法收入，不得侵占公司财产。董事、监事、高级管理人员违反此种义务的，均有义务返还给公司；因此给公司造成损失的，还应对公司承担赔偿责任。公司据此也可解除其董事、监事和高级管理人员职务，情节严重者，还有可能承担刑事责任。

（2）不得擅自处分公司资产。董事和高级管理人员对公司财产的管理权与处分权是建立在信赖基础之上的，因此，董事和高级管理人员负有维护公司财产完整和不得将公司财产视为个人财产而擅自处分的义务。我国《公司法》第 148 条还规定，董事和高级管理人员不得挪用公司资金；不得将公司资金以其个人名义或者其他个人名义开立账户存储；不得违反公司章程，未经股东会、股东大会或者董事会同意，将公司资金借贷给他人或者以公司资金为他人提供担保；不得接受他人与公司交易的佣金归为己有。

（3）保守公司秘密。公司秘密关系到公司的生存和发展，保守商业秘密是董事、监事和高级管理人员忠实义务的基本要求，因此，董事、监事和高级管理人员对自己所掌握的公司秘密，不得泄露于他人，否则，须承担相应的法律责任。

（4）竞业禁止义务。所谓竞业禁止，主要是指董事和高级管理人员不得为自己或第三人的利益而从事属于公司经营范围内的事业或从事损害公司利益的活动，否则，公司可以在一定的期限内行使归入权，将董事、高级管理人员所得视为公司所有。我国《公司法》第 148 条规定：未经股东会或者股东大会同意，董事、高级管理人员不得利用职务便利为自己或者他人谋取属于公司的商业机会，自营或者为他人经营与其所任职公司同类的业务。从事上述营业或者活动的，所得收入应当归公司所有。

（5）利益冲突性交易及其限制。忠实义务的核心是董事和高级管理人员不得使自己的利益与公司利益相互冲突，而董事和高级管理人员与公司从事的自我交易属于典型的利益冲突性交易，所以，各国公司法均对上述利益冲突性交易行为加以严格的规制，非经披露和公司批准，董事和高级管理人员不得从事上述交易行为。我国《公司法》第 148 条规定，董事、高级管理人员不得违反公司章程或者未经股东会、股东大会同意，与本公司订立合同或者交易。

（6）关联交易回避表决义务。我国《公司法》第 124 条对上市公司董事的关联交易作出了规定：上市公司董事与董事会会议决议事项所涉及的企业有关联关系的，不得对该项决议行使表决权，也不得代理其他董事行使表决权。该董事会会议由过半数以上无关联关系董事出席即可举行，董事会会议所作决议须经无关联关系董事过半数通过。出席董事会的无关联关系董事人数不足 3 人的，应将该事项提交上市公司股东大会审议。

（7）不得利用关联关系损害公司利益。公司董事、监事、高级管理人员不得利用关联关系损害公司利益。所谓关联关系，是指公司董事、监事、高级管理人员与其直接或者间接控制的企业之间的关系，以及其他可能导致公司利益转移的关系。

此外，我国《公司法》第 148 条还对董事、高级管理人员的忠实义务作了概括性规定，即除上述行为之外的其他违反对公司忠实义务的行为。

（三）董事、监事和高级管理人的责任

董事、监事和高级管理人员违反了法律、法规和章程规定的各项义务，就要承担相应的法律责任。

1. 董事、监事和高级管理人员对公司的责任

董事、监事和高级管理人员与公司之间是建立在信赖关系的基础之上的，董事、监事和高级管理人员管理公司事务，应以善良管理人的注意以及对公司的忠诚为其行为的自律要求，

同时，应遵守法律、章程以及股东会或董事会、监事会和高级管理人员会决议，否则，应对公司承担相应的法律责任。

我国《公司法》顺应当今世界各国不断强化董事、监事和高级管理人员的义务和责任的立法趋势，在赋予董事、监事和高级管理人员较大职权的同时，也对董事、监事和高级管理人员的责任作出了明确的规定。我国《公司法》第 149 条规定："董事、监事、高级管理人员执行公司职务时违反法律、行政法规或者公司章程的规定，给公司造成损失的，应当承担赔偿责任。"从而确立了董事、监事和高级管理人员对公司承担民事责任的一般原则。在此后的有关条文中，我国《公司法》又分别规定了董事、监事和高级管理人员对公司所应承担责任的具体情形。一般来说，董事、监事和高级管理人员对公司承担民事责任的情形主要发生在以下场合：

(1) 因参与董事会违法决议而产生之责任。我国《公司法》第 112 条第 3 款规定：股份有限公司的董事对董事会的决议承担责任。董事会的决议违反法律、行政法规或者公司章程、股东大会决议，致使公司遭受严重损失的，参与决议的董事对公司负赔偿责任。但经证明在表决时曾表明异议并记载于会议记录的，该董事可以免除责任。

(2) 董事、监事、高级管理人员越权行为而产生的法律责任。董事、监事和高级管理人员的越权行为，是指其所从事的超越职权范围的行为。董事、监事和高级管理人员权限包括法律、行政法规规定的权限和公司章程所授予的权限范围，公司董事、监事和高级管理人员违反法律、行政法规规定的权限和公司章程所授予的权限范围，给公司造成损失的，应当承担赔偿责任。

(3) 董事、监事和高级管理人员违反竞业禁止义务给公司造成损失而产生的民事责任。我国《公司法》第 148 条规定，在董事、监事和高级管理人员违反竞业禁止义务时，公司可以依法行使归入权。但如果公司无法行使归入权或归入权的行使不足以弥补其损失，公司应有权追究董事、监事和高级管理人员的赔偿责任。

(4) 公司董事、监事、高级管理人员利用关联关系损害公司利益，致使公司利益遭受损失的，应当承担赔偿责任。

2. 董事、监事和高级管理人员对第三人的责任

对于董事、监事和高级管理人员滥用权力，致使第三人（包括股东和公司的债权人）遭受损害的行为，董事、监事和高级管理人员应否承担责任，理论界意见尚不统一，各国的立法实践也不一致，但要求董事、监事和高级管理人员与公司对第三人共负连带赔偿责任，是现代公司法的发展趋势。

第六节　公司财务会计制度

一、公司财务会计制度概述

公司的财务、会计制度，本属于企业的内部事务，然而，各国公司法几乎都毫不例外地对此作了强制性的具体规定。我国《公司法》第 163 条规定公司应当依照法律、行政法规和国务院财政主管部门的规定建立本公司的财务、会计制度，主要是要求公司资产负债、利润分配规范化和向社会公开化，根本原因在于其牵涉到股东、他人和债权人的合法权益。

二、公司财务会计报告制度

所谓公司财务会计报告是指公司对外提供的反映公司某一特定日期财务状况和某一会计

期间经营成果、现金流量的文件。根据我国《公司法》、《会计法》和《企业财务会计报告条例》的有关规定，公司的财务会计报告应当在每一会计年度终了时制作，并依法经会计师事务所审计。

公司的财务会计报告由以下财务会计报表及附属明细表构成：资产负债表、利润表、现金流量表、财务情况说明书、利润分配表、会计报表附注和相关附表。

有限责任公司应当依照公司章程规定的期限将财务会计报告送交各股东。股份有限公司的财务会计报告应当在召开股东大会年会的20日前置备于本公司，供股东查阅；公开发行股票的股份有限公司必须公告其财务会计报告。

三、公司的利润分配制度

1. 公司利润分配制度的概念

所谓公司利润分配制度，是指公司应将其经营获得的利润按一定原则、方式和顺序分配给各个股东的制度。在我国，公司的利润分配制度是指由公司的董事会，根据我国《公司法》有关公司利润分配的规定，并结合本公司的财务状况和经营成果，制订出公司当年的税后利润分配方案，提交股东会或股东大会审议批准，并依法组织实施的公司基本法律制度。

2. 公司利润分配的原则和程序

我国《公司法》第166条规定：公司税后的利润，首先，要弥补亏损。因为公司每年的营业状况不同，有的连年盈利而本年亏损，也有的连年亏损而本年盈利。因此，在本年度有盈利时，应检查往年是否有亏损，如有，必须首先用盈利予以弥补。如此目的在于贯彻资本的充实、不变原则。其次，要提取法定公积金。公司当年盈利在弥补亏损后如有剩余，则必须从中提取10%作为公积金，但如公积金数额已经达到公司注册资本的50%，可以不再提取。最后，按照股东出资比例或章程规定的分配方案向股东支付股息和红利。

四、公积金制度

公积金，又称储备金，是公司基于增强自身财产能力、扩大营业范围和预防意外亏损的目的，依照法律和公司章程的规定，从盈余中提取的累积资金。公积金的建立对公司的存在和发展具有重要意义：公司财产多少往往直接决定了公司的竞争能力的强弱，而除原有资本之外，公积金就是公司最主要的财产。同时，公司要求得发展，就要扩大营业范围或营业规模，用公积金追加投资无疑是一个重要的途径。另外，公司的经营有成功，也会有失败，有时盈利，有时又会亏损。公积金的建立将使公司在亏损之年能够及时弥补亏损，使经营活动在原有规模上得以正常、稳定地进行。建立公积金是一种强行性的法律制度，不能由公司自愿取舍，各国公司法几乎无一例外地规定了公积金制度。这表明国家对经济组织活动的积极干预，其目的是通过维持公司的存在和发展，维护社会经济秩序的稳定。

公积金可分为法定公积金和任意公积金。法定公积金，是指依照法律规定而强制提取的公积金。依其来源的不同，法定公积金又分为：（1）盈余公积金，是指从公司盈余中提取的公积金。其提取比例多少，各国规定不一。根据我国《公司法》第166条的规定，我国法定公积金的提取比例为10%，达到50%以上的，可以不再提取。（2）资本公积金，是指直接由资本或资产以及其他原因所形成的公积金。具体来说，有以下几种来源：超过票面价额发行股份所得的溢价额；因资产增值所得资产价额；因公司合并而接受其他公司资产减去负债后的余额；因减少资本而多余的财产价额等。法定公积金的主要用途是弥补亏损，在特殊情况下也可以拨充资本。资本公积金不可用于弥补亏损，主要用于扩大公司经营或者增加公司注册资本。

任意公积金，又称特别盈余公积金，是指公司根据章程规定或股东（大）会的决议自由提取的公积金。此种公积金的来源仍是公司的盈余，其与法定盈余公积金的区别在于它的提取，包括提取的数额、用途等均由公司视情况自由决定，法律不予强制。根据其用途的不同，任意公积金又可具体分为以填补损失为目的的填补公积金、以资产折旧为目的的折旧公积金和以偿还公司债为目的的公司债偿还公积金等。公积金的用途一经确定，即为专用资金，非经股东会决议变更，不得挪作他用。

第九章
有限责任公司

第一节　有限责任公司概述

一、有限责任公司的概念和特征

有限责任公司，是指依公司法设立的，由符合法定人数的股东组成，股东以其出资额为限对公司承担责任，公司以其全部资产对公司债务承担责任的企业。

与其他类型的公司相比，有限责任公司具有以下特征：

1. 股东人数的限定性

对于有限责任公司的股东人数，许多国家或地区的公司法都有下限和上限的规定，有的国家虽未规定股东的最低人数，但对公司的最高人数作出限制。对有限责任公司的最高人数作出限制是由有限责任公司的自身性质决定的，因为有限责任公司虽为资合公司，却有一定的人合性，股东之间需相互合作和信任，这就决定了公司的人数不宜太多，否则，将会影响公司股东之间的了解和合作。我国《公司法》第 24 条也规定，有限责任公司应由 50 个以下的股东组成。

2. 公司资本并不划分为等额股份

股份有限公司的资本，需要划分成若干金额相等的股份，股东就其所认购的股份对公司负责。而有限责任公司的资本，除采取“出资平等制”和“复数股份制”外，一般不分为股份，每个股东只有一份出资，其出资额可以不同，股东仅以出资额为限对公司负责。在我国，有限责任公司的股东出资采单一出资制。

3. 股东责任的有限性

有限责任公司的股东仅以出资额为限对公司债务承担责任，这是有限责任公司与无限责任公司及两合公司的根本区别。

4. 公司资本的封闭性

有限责任公司的资本只能由全体股东认缴，不能向社会公开募集股份，不能发行股票。公司发给股东的出资证明书不能在证券市场上流通、转让。由于有限责任公司不能对外公开发行股份，且股东出资证明书不允许在证券市场流通，所以其财务会计账簿也无须向公众公开。其股东出资转让也有严格限制，以保证公司人合性。

5. 公司组织的简便性

有限责任公司的设立程序简单，只有发起设立，而无募集设立；其组织机构也较为简单、灵活，其中股东会由全体股东组成，董事、监事由股东选举产生，其中规模较小和股东人数较少的有限责任公司可以不设董事会和监事会，只设1名执行董事和1～2名监事。股东会的召集方法和议事程序也较为简便。

6. 资合与人合的统一性

有限责任公司虽然从本质上讲是一种资本的联合，但它与股份有限公司相比更加强调和注重股东之间的信任与合作，其上述几个特点都不同程度地体现出公司的人合色彩，因此，人合与资合的统一是有限责任公司最为本质的特征。

二、有限责任公司产生的原因

有限责任公司起源于19世纪晚期的德国，是西方国家公司类型中出现最晚的一种，其目的是创设一种具有封闭性和一定的人合性、主要适用于中小企业的一种投资形式。

在19世纪晚期以前，在西方国家并存着四种公司形式——无限公司、两合公司、股份两合公司和股份有限公司，这四种公司形式尽管都有其优点，但在19世纪中后期都在不同程度上暴露出了各自与经济发展不相适应的弊端，尤其是无法满足中小企业发展的需要。首先，无限公司虽然具有良好的信用基础，公司设立较为简便，但个人担负无限责任，加重了投资者的投资责任，加大了投资者的投资风险，沉重的财产责任无法调动投资者的投资积极性，阻碍了公司的发展。至于两合公司和股份两合公司，尽管其部分地引入了有限责任机制，但公司内部两种股东之间权利、义务、责任的不对等性及经营目标的差异，使两者之间的利益冲突很难协调，而内在的矛盾、冲突使这两种公司形式非但不能在经济生活中占据主导地位，反而在数量上呈现出逐年减少的趋势。股份有限公司虽然在当时的经济生活中已占据主要形式，成为西方市场经济国家筹集社会资金的有效组织形式，但股份有限公司由于股东人数众多，股东流动性强，股权分散，股东之间缺乏了解和信任，公司内部凝聚力差，缺乏同舟共济的协作精神，一旦公司经营出现困难，股东首先考虑的并非如何帮助企业摆脱困境，而是争相抛售股票，以转移投资风险，其结果对公司无疑是雪上加霜，从而增大了公司实现内部控制的成本和事业经营上的风险。考虑到公司资本来源的社会化，国家必然加大对股份有限公司的法律控制，使其设立有严格的程序和条件限制。这一切都决定，股份有限公司只适合于需要广泛募集资金的大型公司，而不可能成为中小规模企业的理想形式。现实经济生活的发展强烈要求立法作出一种新的制度安排以满足中小企业发展的需要。为此，1892年在德国颁布了全世界首部《有限责任公司法》，确立了有限责任公司这种新型的公司形式。

自19世纪末诞生以来，有限责任公司以其特有的制度优势，迅速在世界各国得到推广，成为中小企业的理想组织形式，深受广大投资者欢迎。迄今，其数量已跃居首位，成为极其重要的一种公司形式。

第二节　有限责任公司的设立

一、有限责任公司设立的条件

我国《公司法》第23条规定，设立有限责任公司，应当具备下列条件：（1）股东符合法定人数；（2）有符合公司章程规定的全体股东认缴的出资额；（3）股东共同制定公司章程；(4) 有公司名称，建立符合有限责任公司要求的组织机构；(5) 有公司住所。

1. 股东人数要求。从各国或地区的公司立法来看，法律对于股东人数有最高限额规定。比如，1948 年英国《公司法》规定，担保的有限责任公司不得超过 50 人；《韩国商法典》规定，设立有限责任公司不得超过 50 人。但也有国家未作此规定，如德国、意大利、奥地利等国家，不过在实践中其人数一般少于股份有限公司。对股东人数进行上限规定的原因主要在于有限责任公司很强的“人合”性质。我国《公司法》第 24 条规定，有限责任公司由 50 个以下股东共同出资设立。

2. 财产条件。为了保护股东和债权人的合法权益，防止滥设公司，保障公司的偿债能力和社会交易安全，各国或地区的公司立法多规定公司应由股东认缴出资。多数国家不要求公司成立时就具备最低资本额。

为了广泛吸引社会资金，促进经济发展和扩大就业，2013 年《公司法》取消了法定最低注册资本额的规定。

3. 组织条件。组织条件包括公司的名称、住所及依法建立符合有限责任公司要求的组织机构等。

4. 经营条件。经营条件是指公司须有固定的经营场所和必要的生产经营条件。

5. 设立行为条件。设立行为如公司要订立发起人协议、公司章程等。

二、有限责任公司的设立程序

与股份有限公司相比，有限责任公司的设立程序相对简便，其基本的设立步骤包括：签订发起人协议、订立公司章程、报经主管部门审批、缴纳出资、确立公司机关、申请设立登记等。

1. 签订发起人协议

发起人协议是发起人之间就设立公司事项所达成的，明确彼此之间权利义务关系的书面协议。与旨在规范成立后公司及其成员的公司章程不同，发起人协议重在约束、规范发起人的行为，其性质类似于合伙协议。在公司设立程序中，组建公司的方案、股权分散和集中的程度、发起人之间的职责分工等，均由发起人协议形成最初格局。因此，拟订发起人协议不仅对公司组建至关重要，而且对公司的未来发展也有着难以磨灭的影响。

2. 订立公司章程

订立公司章程是公司设立的一个必经程序。任何公司的设立均须订立公司章程，订立公司章程的目的是确定公司的宗旨、设立方式、经营范围、注册资本、组织机构以及利润分配等重大事项，为公司设立创造条件并为公司成立后的活动提供一个基本的行为规范。

3. 申请公司名称预先核准

公司名称预先核准制度是指在公司成立前先将拟设立的公司名称提请主管机关核准的制度。我国《公司登记管理条例》确认了这一制度，即设立公司应当申请名称预先核准。法律、行政法规规定必须经审批，或者公司经营范围中有法律、行政法规规定必须报经审批的项目的，应当在报送审批前办理公司名称预先核准，并以公司登记机关核准的公司名称报送审批。

4. 报经主管部门审批

根据我国《公司法》第 6 条第 2 款的规定，报经有关部门审批并非所有有限责任公司设立的必经程序，只有法律、行政法规规定必须报经审批的，才有此程序。

5. 缴纳出资

公司的资本来源于股东的出资。出资是股东基于股东资格对公司所为的一种给付，凡股东都须履行约定的出资义务。缴纳出资是有限责任公司设立的关键性程序，没有股东的出资行为，公司就无从成立。

我国《公司法》实行认缴制，缴纳出资的方式、时间、数额由股东在章程中规定。

6. 确定公司机关

公司的机关是对内管理事务、对外代表公司的法定机构。作为法人组织的有限责任公司，其意志的形成和实现，均依赖于法人机关及其成员的活动。因此，公司在登记成立前必须对公司权力机关、业务执行机关和监督机关的组织及其成员的分工作出决定，并须符合法律的规定。

7. 申请设立登记

设立有限责任公司，应当由全体股东指定的代表或者共同委托的代理人向公司登记机关申请设立登记。申请设立有限责任公司，应当向公司登记机关提交设立登记申请书、公司章程、验资证明、股东的主体资格证明或者自然人的身份证明等文件。法律、行政法规规定设立时必须经过批准的，还应提交有关批准文件。公司登记机关对于申请设立的公司进行认真审查，凡符合公司法规定条件的，应予以登记。经公司登记机关依法登记并发给营业执照，公司即告成立。

第三节　有限责任公司的股权和股权转让

一、有限责任公司股权及相关文件

（一）有限责任公司股权的特点

有限责任公司股权，是指有限责任公司股东或者出资人对公司资本所作的直接投资及所形成的相应资本份额。

虽然股份有限公司的股份与有限责任公司的股权都是组成各自公司资本的金额单位，但二者有很大的区别。首先，二者的发行主体不同。股份是股份有限公司发行的，而股权是有限责任公司发行的。股份有限公司的股东只能认购股份，而有限责任公司的股东只能认购股权。其次，二者的表现形式不同。有限责任公司的股权表现为出资证明书，而股份有限公司的股份表现为股票。最后，出资证明书的转让受到严格限制，而股份转让是相对自由的。

（二）出资证明书

1. 概念及法律特征

出资证明书是有限责任公司股东出资的凭证，是有限责任公司成立后应当向股东签发的文件，是一种权利证书。

作为有限责任公司股东出资或持股的法律形式，出资证明书的法律特征主要有：（1）出资证明书是表示有限责任公司股东的股权的证书。（2）出资证明书是股东出资的证明文书，它不仅证明出资的主体，而且可以证明出资的金额和出资的比例。（3）出资证明书是要式证书，必须依法定条件制作，必须记载法律规定的事项，并加盖公司印章。（4）出资证明书不能用于商业交易和流通。（5）出资证明书必须在公司成立以后才能向股东签发。

2. 出资证明书与验资证明书的区别

虽然股东的出资在公司成立之前就已经缴纳并经验证，但因为出资证明书是确定并记载股东与公司这两个主体之间发生投资与被投资关系的凭证及法律形式，在公司成立之前，公司的主体资格尚未取得，所以，出资证明书必须在公司成立以后才能向股东签发。而验资证明书是在股东全部缴纳出资后，由法定的验资机构出具的验资证明，没有该验资证明书，公司不能成立。

3. 记载事项

我国《公司法》第 31 条第 2 款规定："出资证明书应当载明下列事项：（一）公司名称；（二）公司成立日期；（三）公司注册资本；（四）股东的姓名或者名称、缴纳的出资额和出资日期；（五）出资证明书的编号和核发日期。"

4. 效力

出资证明书必须加盖公司的印章。在无相反证明的情形下，出资证明书的效力主要表现在：

（1）证明股东资格的效力。由于出资证明书是有限责任公司成立后向股东签发的证明其出资的证书，而向公司出资者在公司成立后即为公司股东，所以，出资证明书可以表明设立人已履行了缴付所认缴的出资的义务，其持有人已经成为该有限责任公司的股东，理应享有股权。

（2）证明股东权利、义务范围的效力。股东按照出资证明书记载的事项享有相应的权利，并承担相应的义务和责任。有限责任公司股东的权利、义务是依照股东出资比例而定的，而出资证明书中载明了股东缴纳的出资额和公司注册资本，因此，股东持有出资证明书，即可依出资比例分取股利；在出席股东会时，可依出资比例行使表决权；同时，股东也以其出资额对公司承担有限责任。

（三）股东名册

股东名册，是指有限责任公司依据公司法的规定必须置备的，用以记载股东及其所持股份数量、种类等事宜的簿册。股东名册反映着公司的信誉和集资情况，股东和债权人可以亲自查阅，也可以委托律师或其他人代为查阅。我国《公司法》第 32 条第 1 款规定，有限责任公司应当置备股东名册。公司置备股东名册的作用是：便于公司接受查询，向股东发放股利，登记股东出资的转让，与股东进行联络及接受有关部门的审查、监督。

依我国《公司法》第 32 条第 1 款的规定，有限责任公司的股东名册应记载下列事项：股东的姓名或名称及住所、股东的出资额、出资证明书的编号。

二、有限责任公司股权的转让

1. 股权转让的概念

股权转让，是指有限责任公司的股东依照法律或公司章程的规定，将自己的股权转让给他人的行为。其主要法律特征可概括如下：

（1）股权转让是一种股权买卖行为。对有限责任公司而言，股权是股东出资形成的对公司的一种控制权，股权转让方转让的正是这种控制权。

（2）股权转让不改变公司的人格。股权转让完成后，公司股东发生变化，在股权全部转让的情况下，出让方的原股东地位被受让方取代，受让方成为公司的股东。但就公司本身而言，除了因股东变更而发生若干登记事项的改变外，公司人格没有任何改变。

（3）股权转让是要式行为。这主要表现为股权转让除须符合实体条件外，还应完成法律规定的股权转让的法定程序。

2. 股权转让的方式及限制

股权转让有两种方式：一是公司内部的股权转让，即股东将股权转让给现有股东；二是公司外部的股权转让，即股东将股权转让给现有股东以外的其他投资者。

我国《公司法》第 71 条规定：有限责任公司的股东之间可以相互转让其全部股权或者部分股权。股东向股东以外的人转让其股权时，应当经其他股东过半数同意。股东就其股权转让事项应当书面通知并征求其他股东意见，其他股东自接到书面通知书 30 日内未答复的，视为同意转让。其他股东半数以上不同意转让的，不同意的股东应当购买该转让的股权；如果不购买该转让的股权，视为同意转让。经股东同意转让的股权，在同等条件下，其他股东对该股权有优先购买权。两个以上股东主张行使优先购买权的，协商确定各自的购买比例；协商不成的，按照转让时各自的出资比例行使优先购买权。此外，我国《公司法》还允许公司章程对股权转让另行作出规定。如果公司章程另有规定，从其规定。

第四节　有限责任公司的组织机构

一、股东会

1. 股东会的性质和职权

股东会是由全体股东所组成的、形成公司意志的必要的机关，是公司的权力机关和最高决策机构。有限责任公司的股东会在公司的机关中居于中心地位。股东会对外不代表公司，对内不执行业务，但股东会是任何一个有限责任公司都必须设立的议事机构，它是形成股东集体意志的机构，公司的其他机关一般都由股东会产生，并对股东会负责。与股份有限公司相比，有限责任公司具有封闭性、人合性的特点，参与公司投资的股东通常具有参与公司经营的热情和可能，所以，有限责任公司的股东会在公司的组织机构中居于特别重要的地位，对公司决策和经营都有绝对影响。在这一点上，与股份有限公司的股东大会有明显的区别。

有限责任公司的股东会作为公司的权力机构，决定公司的重大事项，是股东作为所有者行使重大决策权、选择经营管理者权及资产受益权的集中体现，这些均反映在股东会的职权之中。从公司的发展历史看，股东会的职权是随着市场经济发展阶段的不同和公司经营活动的客观需要而逐步变化的。在公司出现的初期，股东会在公司中处于全面决策和管理的地位，股东会对公司的一切事务都有直接决策权、决定权，成为万能的机关，不受任何限制和约束。这种权力高度集中的体制反映了公司发展初期所有者与经营者、所有权与经营权合一的状态，这种权力配置也是当时的历史条件下社会化生产和社会分工程度比较低下的结果。但随着市场经济的发展，公司规模不断扩大，公司的经营范围和生产经营活动的内容越来越广泛，越来越专业化，客观上需要公司的管理者具有丰富的专业知识和经营管理才能，那些手中虽有巨资而缺乏相应的专业知识和管理才能的股东逐渐游离出对公司的经营管理，而启用一些具备经营管理专业知识和能力的非股东人士担任公司董事，并赋予经营中的决策职权。为了适应现代管理的需要，各国公司法也作出相应的调整，支持和维护所有权与管理权相分离的公司内部新的经营管理秩序，将原来由股东会行使的一部分职权转移给公司董事会。为了界定股东会和董事会之间的关系，各国公司立法大都对股东会的职权作出明确列举，除必须由股东会决定的事项外，其他事项均可交由董事会决定。我国《公司法》第 37 条对股东会的职权作出了明确规定，归纳起来有以下内容：（1）决定公司的经营方针和投资计划；（2）选举和更换非由职工代表担任的董事、监事，决定有关董事、监事的报酬；（3）审议批准董事会的报告；（4）审议批准监事会或监事的报告；（5）审议批准公司的年度财务预算方案、决算方案；（6）审议批准公司的利润分配方案、弥补亏损方案；（7）对公司增加或者减少注册资本作出决议；（8）对发行公司债券作出决议；（9）对公司合并、分立、解散、清算或者变更公司形式作出决议；（10）修改公司章程；（11）公司章程规定的其他职权。

2. 股东会会议的召集、主持

股东会作为有限责任公司的非常设机关，其议事是通过会议的形式进行的，即有关公司的重大事项由股东在有关股东会会议上商议，并在此基础上形成公司的决议，不允许股东在股东会之外擅自作出决定。所以，股东会有两个层次的概念：一个是作为公司意思机关和最高权力机关的股东会，另一个是股东依法召集的股东会会议。后者是股东直接参与公司经营管理的重要形式。

股东会会议通常可以分为首次会议、定期会议和临时会议。首次会议，是指有限责任公司成立后的第一次股东会，由出资最多的股东召集和主持，并依公司法的规定行使职权。定期会议，也称股东常会，是指按照公司章程的规定定期召开的由全体股东出席的例会，目的是定期检查公司的经营决策和经营管理情况，集体决策重大问题。临时会议是指公司根据需要在定期会议的间隔中临时召开的股东会议。根据我国《公司法》第 39 条的规定，有权提议召开临时股东会的人有：（1）代表 1/10 以上表决权的股东；（2）1/3 以上的董事；（3）监事会或者不设监事会的公司的监事。

我国《公司法》第 40 条第 1、2 款规定：有限责任公司的股东会会议，一般由董事会召集，董事长主持。董事长不能履行职务或者不履行职务的，由副董事长主持。副董事长不能履行职务或者不履行职务的，由半数以上董事共同推举的一名董事主持。有限责任公司不设董事会的，由执行董事召集和主持。第 41 条规定，股东会应于会议召开 15 日以前通知全体股东。由于股东会依照法律规定是由董事会负责召集，而能够提议召集临时股东会的股东、董事和监事只享有召集临时股东会的提议权，并不享有股东会的直接召集权。在董事会或者执行董事拒绝召集的情况下，国外公司法一般都规定，提议人有权自行召集股东会。不过有的国家要求，在这种情形下，临时股东会的召集应事先得到法院的许可。为了防止董事会或者执行董事不能履行或者不履行召集董事会的情形发生，我国《公司法》第 40 条第 3 款规定，可由监事会或者不设监事会的公司的监事召集和主持；监事会或者监事不召集和主持的，代表 1/10 以上表决权的股东可以自行召集和主持股东会会议。

3. 股东会决议

股东会是通过股东行使表决权的方式形成股东会决议。考虑到有限责任公司之间有较大的相异性，我国《公司法》第 42 条仅对股东会的议事规则和表决程序作了原则性规定，除了公司法有明确规定的外，允许公司通过公司章程对公司议事方式和表决程序作出切合实际的规定。不过，不管公司章程在议事方式和表决程序上作出什么样的规定，最终必须形成股东会的决议，而股东会决议的形成，必须获得法定表决权通过。股东表决权的行使是形成公司意思、产生公司决议的唯一方式，除向股东以外的人转让出资是以不包括转让出资股东在内的其他股东人数作为计票基础而形成股东会决议外，涉及其他事项的决议的形成均以股东的出资比例作为计算表决权的基础。我国《公司法》第 42 条规定，股东会会议由股东按照出资比例行使表决权。同时，还允许有限责任公司章程作出不按照出资比例行使表决权的规定。

依据决议事项的重要程度以及所需表决权的多少，公司股东会决议可以分为普通决议和特别决议。普通决议是指适用于公司一般事项，只需要经过代表1/2以上表决权的股东通过，即经过简单多数通过的决议。特别决议是指股东会就公司重要事项所作出的，须经过代表2/3以上表决权的股东通过的决议。根据我国《公司法》第43条第2款的规定，下列事项必须由代表2/3以上表决权的股东通过：（1）公司增加或减少注册资本；（2）公司分立、合并、解散或者变更公司形式；（3）修改公司章程。

二、有限责任公司的董事会

1. 有限责任公司董事会的性质和职权

有限责任公司董事会是依照法定程序产生的，由全体董事组成的，行使经营决策和管理权、必设的公司业务执行机关。董事会的这一概念，具有以下内涵：首先，董事会是公司的业务执行机关。尽管股东是公司财产的终极所有人，股东会是公司的权力机关，但股东会的特点和弱点决定了股东会只能是公司的意志形成机关，股东会所作出的各项决议必须由董事会负责主持和实施。其次，董事会是集体执行公司事务的机关。董事会是集体决策之合议机构，董事会成员行使权力一般采取集体行使的原则，通过召集和举行董事会会议的方式形成决议。再次，董事会是公司的业务决策和行政领导机关。董事会不仅仅是股东会之下的业务执行机关，它还有独立的决策权限和责任，特别是随着董事会权力的不断扩大和股东会职权的日渐削减，董事会已成为事实上的经营决策和领导机关。一些原属于股东会的决策权已转移于董事会；除法定的由股东会决议的事项外，董事会对公司的其他各项事务，均可作出决定。又次，董事会是公司的法定的常设机关。在公司的各种机关中，董事会是一个必设机关。虽然其作为会议体有开会、闭会、休会之分，其人员有选任和撤换之变动，但作为一个合法的机构始终存在，其成员的活动并不停止。最后，董事会成员必须依法产生。

作为公司的经营决策和业务执行机关，公司董事会享有广泛的职权。目前，我国《公司法》采取列举的方式详细规定了公司董事会的职权。从我国《公司法》第47条的规定来看，董事会主要行使以下职权：（1）负责召集股东会会议，并向股东会报告工作；（2）执行股东会的决议；（3）决定公司的经营计划和投资方案；（4）制订公司的年度财务预算方案、决算方案；（5）制订公司的利润分配方案、弥补亏损方案；（6）制订公司增加或者减少注册资本以及发行公司债券的方案；（7）制订公司合并、分立、解散或者变更公司形式的方案；（8）决定公司内部管理机构的设置；（9）决定聘任或者解聘公司经理及其报酬事项，根据经理的提名决定聘任或者解聘公司副经理、财务负责人及其报酬事项；（10）制定公司的基本管理制度；（11）公司章程规定的其他职权。根据上述规定，除法律规定必须由董事会行使的职权外，还赋予公司章程规定董事会职权的权限，以增加公司经营的灵活性。

2. 有限责任公司董事会的人数和组成

我国《公司法》第44条规定：有限责任公司设董事会，其成员为3人～13人。但规模较小和股东人数较少的有限责任公司也可以不设董事会，而只设1名执行董事。

董事会由符合条件的当选董事组成。我国《公司法》第44条规定：有限责任公司董事会由3～13名成员组成，董事会设董事长1人，可设副董事长。董事长、副董事长的产生办法由公司章程规定。董事会成员一般由股东会选举产生。两个以上国有企业或者其他两个以上的国有投资主体投资设立的有限责任公司，其董事会成员中应有公司职工代表；其他有限责任公司董事会成员中可以有公司职工代表。董事会中的职工代表由公司职工通过职工代表大会、职工大会或者其他形式民主选举产生。第45条规定，董事任期由公司章程规定，但每届任期不得超过3年。董事在任期届满前，连选可以连任。董事任期届满未及时改选，或者董事在任期内辞职导致董事会成员低于法定人数的，在改选的董事就任前，原董事仍应当按照法律、行政法规和公司章程的规定，履行董事职务。

3. 董事会会议

与股东会的分类相一致，董事会会议也可分为普通会议和特别会议。普通会议是公司章程规定的定期召开的董事会，可分为每年一次或每季一次。特别会议，即临时会议，是不定期的、于必要时召开的董事会会议。

我国《公司法》第47条规定：董事会会议由董事长召集和主持，如果董事长不能履行或者不履行这一职务，则由副董事长召集和主持；副董事长不能履行或者不履行职务的，由半数以上董事共同推举的一名董事召集和主持。

一般说来，董事会的决议也可分为普通决议和特别决议两种。无论是普通决议还是特别决议，要取得法律效力，首先内容要合法，即符合法律和公司章程的规定；其次，形式上也要合法。值得注意的是，上述两种决议均与股东会的决议不同，它以董事的“人数”为计算出席及决议的标准，而不是以董事持有的股份或出资额为计算出席及决议的依据。用于一般事项的决议，只需符合法定出席董事的简单多数同意，即可通过；用于特别事项的特别决议，往往要求有2/3董事出席并经出席董事过半数同意方能形成。至于哪些事项属于特别决议事项，一般由公司章程确定。

我国《公司法》第48条规定，董事会通过决议实行的是一人一票制，即每一名董事对所需决议的事项有一票表决权。为了确保董事会决议的公正，各国公司法或公司章程一般都规定，凡涉及董事自身利益的事项，该董事不得参加表决，也不得代理他人进行表决。此为表决权回避。我国《公司法》在上市公司中设定了有关制度。

4. 有限责任公司的经理

根据我国《公司法》第49条的规定，有限责任公司设经理，由董事会聘任或者解聘。经理负责公司的日常经营管理工作，对董事会负责，享有以下职权：一是主持公司的生产经营管理工作，组织实施董事会决议；二是组织实施公司年度经营计划和投资方案；三是拟订公司内部管理机构设置方案；四是拟订公司的基本管理制度；五是制定公司的具体规章；六是提请聘任或者解聘公司的副经理、财务负责人；七是决定聘任或者解聘除应由董事会聘任或者解聘以外的负责管理人员；八是董事会授予的其他职权。公司章程对经理职权另有规定的，从其规定。经理列席董事会会议。

三、监事会

1. 监事会的性质与职权

各国公司法对监事会这一机构的称谓不同，有的称监事会，有的称监察委员会，也有的叫会计监察人或监察人。尽管称谓不同，但其实质并无差别。监事会就其性质而言，是对公司的业务活动进行监督和检查的常设监督机构。

我国《公司法》第51条规定，除股东人数较少和公司规模较小的有限责任公司可不设监事会而只设1～2名监事外，其他有限责任公司均应设立监事会。

对监事会的职权，各国的规定也不相同。强化监事会的地位，扩大监事会的权限，为当代各国公司法修改、完善的重点。作为公司的法定监督机关，监事会职权主要包括：（1）检查公司的财务；（2）对董事、高级管理人员执行公司职务的行为进行监督，对违反法律、行政法规、公司章程或者股东会决议的董事和高级管理人员提出罢免建议；（3）当董事、高级管理人员的行为损害公司利益时，要求董事、高级管理人员予以纠正；（4）监事列席董事会会议，并对董事会决议事项提出质询或者建议；（5）提议召开临时股东会会议，在董事会不履行召集和主持股东会会议职责时负责召集和主持股东会会议；（6）向股东会会议提出提案；（7）对董事和高级管理人员提起诉讼；（8）公司章程规定的其他职权。我国《公司法》第 54 条第 2 款还规定，监事会、不设监事会的公司的监事发现公司经营状况异常，可以进行调查，必要时，可以聘请会计师事务所等协助其工作，费用由公司承担。为了保证监事履行职责的经费，我国《公司法》第 57 条还规定公司承担监事（会）行使职权所必需的费用。

2. 监事会的组成

我国《公司法》第 51 条第 1 款规定：有限责任公司均应设立监事会，其成员不得少于 3 人。股东人数较少和规模较小的有限责任公司可以不设监事会，只设1～2名监事。为了体现共同治理的现代理念和国际立法趋势，我国《公司法》也规定：监事会应当由股东代表和适当比例的职工代表组成，其中职工代表不得少于 1/3，具体比例由公司章程规定。监事会中的职工代表由公司职工通过职工代表大会、职工大会或者其他形式民主选举产生。

我国《公司法》规定：监事会设主席一人，由全体监事过半数选举产生。监事会主席召集和主持监事会会议；监事会主席不能履行或者不履行职务的，由半数以上监事共同推举的一名监事召集和主持。

3. 监事的任期和任职资格

法律对董事、经理等高层管理人员任职资格的要求同样适用于监事，为保证监事的独立，我国《公司法》第 51 条第 4 款禁止公司董事、高级管理人员兼任公司的监事。

我国《公司法》第 52 条规定：监事的任期为 3 年，可以连选连任。监事任期届满未及时改选，或者监事在任期内辞职，导致监事会成员低于法定人数的，在改选出的监事就任前，原监事仍应当按照法律、行政法规和公司章程的规定，履行监事职务。

第五节　国有独资公司

一、国有独资公司的概念

国有独资公司，是指国家单独出资、由国务院或者地方人民政府授权本级人民政府国有资产监督管理机构履行出资人职责的有限责任公司。国有独资公司是我国公司法借鉴现代世界通行的公司制度，针对中国的特殊国情，为促进中国国有企业制度改革而专门创立的一种特殊公司形态。

二、国有独资公司的特征

与其他形态的公司相比较，国有独资公司具有以下特征：

（一）国有独资公司是特殊的一人公司

1. 国有独资公司是一人公司

国有独资公司的股东只有一个，即国有资产监督管理机构，因而，国有投资公司实际上是一人公司。这一点，可将国有投资公司与一般的有限责任公司区别开来。

2. 国有独资公司是特殊的一人公司

这种一人公司的特殊性在于它是由国家单独投资设立的。我国《公司法》虽然允许其他任何单位或个人单独投资设立一人公司，但一般规模不大，而我国的国有独资公司，规模通常较大。

(二) 国有独资公司是特殊的有限责任公司

1. 国有独资公司是有限责任公司

国有独资公司的资本不分为股份，不属于一人股份公司。国有独资公司与一般有限责任公司一样，公司以其全部财产对公司债务承担责任，股东以其出资额为限对公司承担责任，公司与股东互相独立。这样，国家与企业的产权关系十分清晰。

2. 国有独资公司是特殊的有限责任公司

尽管我国《公司法》将国有独资公司规定为有限责任公司形式，但其与一般的有限责任公司在许多方面，包括股东人数、股东的身份、公司的组织制度、股权的行使等方面都有所不同。当然，除有特别规定外，我国《公司法》关于有限责任公司组织和行为的一般规定也适用于国有独资公司。

3. 国有独资公司是不同于一般国有企业的公司企业

尽管国有独资公司来源于国有企业，许多国有独资公司是直接由特定的国有企业实行公司化改组而成，但国有独资公司已不同于原有的国有企业。这主要体现在：

(1) 二者的设立根据不同。国有独资公司依照《公司法》设立，并受《公司法》调整；而一般的国有企业则是依照《全民所有制工业企业法》设立，并受《全民所有制工业企业法》调整。

(2) 二者的财产权性质不同。国家通过其代表——国有资产监督管理机构作为国有独资公司的股东，对公司财产依法享有和行使股权，国有独资公司对公司财产享有财产所有权。而一般的国有企业中，国家作为企业的所有人对企业财产享有所有权，企业作为组织单位对企业财产享有的是经营管理权。

(3) 二者的管理体制不同。国有独资公司设立董事会，董事长、执行董事或者经理是公司的法定代表人，由董事会聘任或解聘经理；而一般的国有企业则实行厂长（经理）负责制，厂长或经理是企业的法定代表人。此外，二者在内部管理机制等方面也存在许多区别。

三、国有独资公司的组织机构

当然，除以下特别规定外，我国《公司法》关于有限责任公司的组织和行为的一般规定也适用于国有独资公司。

1. 国有独资公司不设股东会，由国有资产监督管理机构行使股东会职权。国有资产监督管理机构授权公司董事会行使股东会的部分职权，决定公司的重大事项，但公司的合并、分立、解散、增减注册资本和发行公司债券，须由国有资产监督管理机构决定。其中，重要的国有独资公司（按照国务院的规定确定）合并、分立、解散、申请破产的，应由国有资产监督管理机构审核后，报本级人民政府批准。

2. 董事会成员由国有资产监督管理机构委派，董事会成员中的职工代表由公司职工代表大会选举产生。董事每届任期不超过 3 年。董事会设董事长一人，可以设副董事长。董事长、副董事长，由国有资产监督管理机构从董事会成员中指定。

3. 经理由董事会聘任或者解聘。经国有资产监督管理机构同意，董事会成员可以兼任经理。

4. 监事会成员不得少于5人，监事会应当由股东代表和适当比例的职工代表组成，其中职工代表不得少于1/3，具体比例由公司章程规定。监事会中的职工代表由公司职工通过职工代表大会选举产生。监事会设主席，由国有资产监督管理机构从监事会成员中指定。

第六节　一人公司

一、一人公司的概念与意义

（一）一人公司的含义

一人公司是指所有股份为一人持有或实际上为一人持有的公司。理论上一人公司包括一人有限责任公司、一人股份有限公司、一人无限公司等，一般一人公司仅指股东承担有限责任的公司（有限责任公司和股份有限公司）。一人公司的实质在于同一笔资产上衍生出两个独立法律人格，股东与公司人格分离，其责任不同，但是实质的意思表示基本一致，也就是说，一人公司成为股东个人独自进行经营决策，却只需承担有限责任的“工具”。在传统公司法理论的框架中，一人公司遇到的最大困惑就是“公司的社团性”理论传统，一人公司的股东唯一性与公司的社团性是相悖的，为此，学说上先后提出了“潜在社团说”、“股份社团说”、“公司财团说（公司财产说、责任财产说/财产分别说）”、“立法政策说（也包括法律效果归属点说）”等。“潜在社团说”与“股份社团说”均立足于公司的社团性给予解释；而“公司财团说”则抛弃了公司的社团性，从公司财产的独立性角度解释；“立法政策说”则认为公司制度的设计完全是基于立法政策或学说解释的需要。但对于一人公司的任何解释都没有形成通说，各学说解释都有不足之处。

我国《公司法》第57条规定的一人公司，是指只有一个自然人股东或者一个法人股东的有限责任公司。

（二）一人公司的意义

一人公司的积极意义在于：（1）就自然人设立一人公司而言，将有限责任制引入一人企业（独资企业）中，既使公司的经营决策保持高效率，避免普通公司复数股东之间为经营时的商谈成本，又使企业经营者避免因一次经营失误而倾家荡产，丧失经济上翻身之机会，显然为人们所欢迎；（2）就组织设立一人公司而言，设立全资子公司，有利于集团公司分散经营风险，使其资本和人力可用于多个投资经营领域，防止因一项经营事业失误而导致整个集团公司倒闭，提高资本的使用效率。

但是，一人公司的弊端也十分明显，主要在于：（1）风险与责任不对称，容易引发公司股东的道德风险，给债权人造成损害；（2）股东人格与公司人格隔离的立法成本非常高，如果立法和执法的监控不力，很可能给公司经营者以滥用一人公司独立人格而肆意侵害他人利益的机会。

从制定法看，一人公司与个人独资企业及有限责任公司存在着具体制度上的差异，其中一人公司与个人独资企业的差异在于：（1）个人独资企业仅允许由自然人设立，而一人公司还允许由组织投资设立；（2）一人公司因具有独立人格，税负方面应就一人公司营业收入与股东个人收入分别纳税，而个人独资企业只缴纳投资者的个人所得税；（3）一人公司的内、外部监督制度非常严格，比如会计监督制度以及治理结构等都是个人独资企业所不需承担的；

(4) 一人公司股东对外承担有限责任，而个人独资企业投资者对外承担无限责任。个人独资企业相比一人公司仍有其存在价值，因此，实践中一人公司并不会彻底取代个人独资企业而将个人独资企业形态淘汰。

一人公司的设立及运营制度尽管原则上适用有限责任公司制度，但基于一人公司的特性，法律对一人公司的监控相比于有限责任公司更加严格，表现在：(1) 登记部门作特别登记公示；(2) 对一人公司设有外部监察制度，此制度是基于一人公司内部监督微弱而建立的；(3) 一人公司适用人格否认原则的可能性更高。可见，一人公司相比于有限责任公司，受到法律的强制性约束更多，这将导致实质一人公司的出现，即为规避一人公司的强制性规定而以有限责任公司的名义进行经营活动的脱法行为。

二、我国《公司法》对一人公司的规定

(一) 一人公司设立的特别规定

1. 禁止一人公司及其股东再行设立另一个一人公司

关于一人公司及其股东再设立其他一人公司的问题，欧盟公司法指令尽管有条文，但没有作出强制性禁止规定；而法国公司法规定自然人不能设立多个一人公司，同时一人公司也不能另设一人公司，认为如此是为了阻止因一人公司的滥设而导致个人财产的细分化和确保债权人担保的财产。我们认为，若允许一人公司及其股东设立另一个一人公司，其间的会计监督成本太高，极容易使一人公司成为玩弄资本游戏的工具，尤其是我国处于经济转型过程中，市场还有许多不健全之处，比如信用体系、公司外部公众监督体系等的缺失更会助长这一风险。同时，考虑到国有独资公司将成为国家参与国民经济活动的企业形式之一，禁止国家设立多个一人公司将限制国家以此形式参与国民经济活动的能力，因此，我国《公司法》第 58 条第 2 款对自然人设立一人有限责任公司作了限制：一个自然人只能投资设立一个一人有限责任公司，该一人有限责任公司不能再投资设立新的一人有限责任公司。

2. 一人公司应进行特别登记

一人公司是特殊的有限责任公司，于登记阶段即公示其特殊性，有利于向一人公司的交易相对人提供相应的风险提示，因此，我国《公司法》第 59 条规定，一人有限责任公司应当在公司登记中注明自然人或者法人独资，并在公司营业执照中载明。

(二) 一人公司治理结构

我国《公司法》主要作了如下规定：

1. 一人公司不设股东会。一人公司股东作出的任何决议，应采用书面形式并由股东签字后置备于公司。这一规定，对于一人公司股东行使股东会职权作出了明示规定，要求一人公司股东对于日常经营决策行为进行记载并置备于公司。

2. 一人公司应当在每一会计年度终了时编制公司财务会计报告，并须经会计师事务所审计。公司监察制度，可分为内部监督和外部监督两方面。内部监督是指于公司内部设立监事，由股东自由选任人员监督其他董事的业务经营活动，以保障股东及公司雇员等的利益；外部监督则是从公司外部符合条件之会计师事务所中选任，监督财务管理和自我交易不当事项，以保护债权人和相关第三人的利益。就外部监督问题，基于一人公司的种种风险弊端，独立的外部监察制度是非常必要的。我国《公司法》第 62 条规定，一人公司应当在每一会计年度终了时编制公司财务会计报告，并须经会计师事务所审计。这一制度即是在一人公司中引入

了外部监察制度。

（三）一人公司股东责任追究

一人公司与股东之人格联系非常紧密，在股东不能证明公司财产独立于自己财产的情况下，规定公司股东对公司债务承担连带责任，对公司债权人的保障更加严密，同时对公司股东并非不公平。我国《公司法》第63条规定，一人公司股东不能证明公司财产独立于自己财产的，应当对公司债务承担连带责任。

第十章 股份有限公司

第一节 股份有限公司的设立

一、股份有限公司设立的条件

我国《公司法》第76条规定，设立股份有限公司，应当具备下列条件：(1)发起人符合法定人数；(2)有符合章程规定的全体收起人认购的资本总额或者募集的实收股本总额；(3)股份发行、筹办事项符合法律规定；(4)发起人制定公司章程，采用募集方式设立的，经创立大会通过；(5)有公司名称，建立符合股份有限公司要求的组织机构；(6)有公司住所。

二、股份有限公司的设立程序

根据我国《公司法》第77条的规定，股份有限公司有两种设立方式，可供发起人自由选择：一是发起设立，是指由发起人认购公司应发行的全部股份而设立公司；二是募集设立，是指由发起人认购公司应发行的股份的一部分，其余部分向社会公开募集或者向特定对象募集而设立公司。

第二节 股份有限公司的股份发行和转让

一、股份的概念

我国《公司法》第125条规定，股份有限公司的资本划分为股份，每一股的金额相等。股份是股份有限公司股东持有的、公司资本的基本构成单位，也是划分股东权利、义务的基本构成单位。股份的主要法律特征如下：

1. 股份是公司资本构成的最小单位，具有不可分性

任何股份有限公司的资本均被划分为股份。资本分为股份，但股份不可再分。股份的不可分性并不排除某股份为数人所共有。当股份为数人所共有时，股权一般应由共有人推定一人行使，但共有人对股份利润的分享不是对股份本身的分割，比如，因继承法律关系而产生的若干名继承人共有某份股份的现象。此时的共有人不能主张分割股份，只能推荐一人行使股权，以保持这一股份与其他股份在金额上的相等性。

2. 股份是对公司资本的等额划分，具有金额的等额性

每一股份所代表的资本额一般都是相等的。我国《公司法》第125条第1款明确规定，股份有限公司股份每一股的金额相等。对于额面股份，表现为股份金额相等；对于无额面股份，则表现为在资本总额中所占比例相等。这样做的优点是便于计算股东的权利、义务。但也有的国家规定公司股份不必等额。当然，股份金额相等并不意味着所有股东获得同种股份的对价在任何情况下都相等。但作为股权平等的体现，法律要求同次发行的股份，每股发行的条件和价格应当相同。

3. 股份是股权的基础，具有权利上的平等性

股份是股东法律地位的表现形式，股份所包含的权利、义务一律平等，每一股份代表一份股权。股东权利、义务的大小，取决于其拥有股份数额的多少。除法律另有特别规定外（如对特别股股东权利的限制等），公司不得以任何理由剥夺股东的固有权利。

4. 股份表现为有价证券，具有可自由转让性

股份往往需要通过股票形式来表示。股票是股份有限公司成立后以公司名义发行的，是代表股份的一种有价证券。由于股份表示股权，所以股票也是代表股权的有价证券。除法律对特定股份的转让有限制性规定外，股份可以自由转让和流通。股份的转让和流通通常通过股票交易形式进行，合法取得股票者即合法取得股份，从而也取得股权。

二、股份的表现形式

股份的表现形式是股票。股份与股票形同表里，股票不能离开公司股份而存在。我国《公司法》第125条第2款规定，公司的股份采取股票的形式，股票是公司签发的证明股东所持股份的凭证。股票的主要法律特征是：

1. 股票是股份有限公司成立后以公司名义发行的

公司未正式登记成立前，尚无公司人格，无权发行股票。但在公司设立过程中、公司正式登记成立前，却必须发行并认购股份，未认购股份或者认购股份不足一定金额，则该公司不得成立。这说明，股份是在公司正式登记成立前就已经存在了，而当时却并不存在股票。认缴股份时，只能由公司筹建机构（发起人）发给收据，以作缴付凭证。

2. 股票是一种非设权证券

设权证券和证权证券相对应，两者的区别主要在于目的不同：证权证券以证明权利的存在为目的；而设权证券是以设定权利为目的。股票不是设权证券，而只是一种代表已经发生的股权的证券，也即股权并不因股票的发行而创设，股权实因股份的认缴而发生，股票只是股份的一种表现形式。只有在应发行的股份全部被认购后，才能将股份换成股票。当然，在公司成立以后发行股份，往往同时以股票表示；而股份的转让也必须通过股票转让。这时，股份与股票结合为一。因此，人们把两者视为等同。

3. 股票是一种有价证券

股票的价值在于股份的价值，即该股份所代表的资本金额及股权的大小。凡有价证券，其所代表的权利与对证券的占有一般是不可分的，证券转移则权利随之转移。股票也是如此，股票持有人有权取得该股票所表示的权利。

4. 股票是一种要式证券

股票必须记载一定事项，由公司负责人签章、由主管机关或核准其发行的登记机关签章，才能发行，否则，不发生法律效力。我国《公司法》第128条、第129条规定：股票采用纸面

形式或者国务院证券监督管理机构规定的其他形式；股票应当载明公司名称，公司成立的日期，股票的种类、票面金额及代表的股份数以及股票的编号；发起人的股票应当标明“发起人股票”字样；公司向发起人、法人发行的记名股票，应当为记名股票，并应当记载该发起人或者法人的名称或者姓名，不得另立户名或者以代表人姓名记名。

5. 股票是一种流通证券

股票是可以公开发行并自由转让的，即可以在社会上自由流通。

6. 股票是一种永久性证券

股票没有固定期限，除非公司终止，它将一直存在。股票的持有者可以依法转让股票，不能要求到期还本付息。

三、股东名册

股份有限公司特别是募集设立的股份有限公司，股东众多，为了掌握股东的基本情况，保障股东的权益，各国或地区的公司法一般都规定股份有限公司必须置备股东名册。

我国《公司法》第 130 条规定，公司发行记名股票的，应当置备股东名册，记载下列事项：(1) 股东的姓名或者名称及住所；(2) 各股东所持股份数；(3) 各股东所持股票的编号；(4) 各股东取得其股份的日期。发行无记名股票的，公司应当记载其股票数量、编号及发行日期。

四、股份的分类

各国或地区的公司立法关于股份分类的规定是比较灵活的，根据实际的需要而不断设计和更新，因此，股份的类别不断发展。由于拥有不同种类的股份的股东所享有的权利和承担的义务各不相同，因此，每个公司发行哪几种股份，都必须在公司的章程、招股章程中加以载明，股票上也须载明该股份的种类。这样才能明确各种股份所有人的权利义务关系，以避免发生纠纷。

(一) 普通股和特别股

依股东承担的风险和享有的权益的大小为标准分类：

普通股是股份有限公司最基本、最重要的股票种类，也是发行量最大的股票种类。普通股的股东一般都享有表决权，即参与公司重大问题决策的权利。普通股的股东在分配股利时，不享有特别利益，均按当年营业年度终了时的分配比例参加分配，其分配比例也是不确定的，完全依当年公司盈利状况确定，而且只有在支付了公司的债息和优先股股东权益得到满足后才可参加分配。在公司因破产等原因进行清算时，持有普通股的股东有权分得公司剩余财产，普通股股东必须排在公司的债权人、优先股股东之后分得财产。

特别股是有某种特别权利或者某种特别义务的股份，包括优先股与后配股两类。优先股在享有权利方面较普通股优先，后配股则劣后于普通股。

(二) 记名股与无记名股

依是否在股票票面和股东名册上记载股东姓名为标准分类：

记名股是在股票票面和股东名册上记载股东姓名的一种股票，否则，即为无记名股。记名股的优点在于有利于公司对股东状况的掌握，便于公司对股份流通情况的了解，可以有效地防止股票投机行为。而无记名股最显著的优点是便于股份的流通。各国的公司立法一般均对记名股和无记名股的转让方式作不同的规定。

（三）额面股和无额面股

依股票是否载有一定金额为标准分类：

额面股是指股票票面表示一定金额的股份。许多国家或地区的公司法对公司股票的最低票面值均作了规定。比如，德国公司法规定股份有限公司的股票的最低面值为 50 马克，也可以是 100 马克，或者是能被 100 马克整除的数额。法国公司法规定，股份有限公司的股票票面值的最低额为 100 法郎。我国对股票的面值没有最低限额的规定。

无额面股是指股票票面不表示一定金额，只表示其占公司资本总额一定比例的股份。这种股份的价值依据其所占公司的资本总额的一定比例确定，随公司财产的增减而增减，其实际上占公司资产总额比例的价值也是一个变数。这种股份的好处主要在于，当公司增资时，无须再发行或增加新的股份，只要实际上增加每股所代表的资本额即可。其弊端主要在于，股份所代表的金额经常处于不确定的状态中，增加了股份转让和交易的难度。德国在 19 世纪后半叶发行过无额面股。公司法允许发行无额面股的目前只有美国、加拿大以及卢森堡等少数国家。

我国《公司法》第 127 条规定：股票发行价格可以按票面金额，也可以超过票面金额，但不得低于票面金额。以超过票面金额发行股票所得溢价款列入公司资本公积金。这样规定的目的主要是防止造成公司资本的虚空。

（四）其他特殊类型的股份（票）

1. 国家股、法人股、社会公众股和外资股

以投资主体为标准对股份分类：

（1）国家股，是指国家以国有资产向股份有限公司投资所形成的股份。根据我国各地的不同做法，国家股的代表主要有这样几种模式：一是由政府国有资产监督管理部门来代表国家，二是由国家授权的其他政府部门来代表国家，三是由国家专门成立的国有资产经营公司来代表国家，四是由原国有企业的经营班子代表国家。在后两种情况下，在形式上是以法人股出现，但实际上国家是股东。

（2）法人股，是指具备法律人格的社会组织向股份有限公司投资而形成的股份。

（3）社会公众股，是指社会个人投资人向股份有限公司投资而形成的股份。在我国公司法实践中，社会公众股包括一般社会公众股和公司职工股。一般社会公众股是指股份有限公司采取募集设立方式设立时向社会公众（非内部职工）募集的股份。公司职工股是指股份有限公司在本公司公开向社会发行股份时，由公司的职工按照发行价格所认购的股份。需说明的是，公司职工股和内部职工股是两个完全不同的概念。在我国进行股份制试点初期，出现了一批不向社会公开发行，只对公司内部职工募集的股份，被称为内部职工股。早在 1993 年国务院已正式发文，明确规定停止内部职工股的审批和发行。

（4）外资股。外资股有广义和狭义之分。狭义的外资股是指外国投资人所持有的我国股份有限公司的股份；广义的外资股还包括我国香港、澳门、台湾地区的投资人所持有的我国内地股份有限公司的股份。

上述分类采取了混合标准，所以在国家股与法人股、法人股与外资股、社会公众股与外资股之间存在交叉关系。

2. 流通股与非流通股

如上一分类所述，我国上市公司的股权结构很复杂，有国家股、法人股、社会公众股和

外资股等，在这些股份中，可以在股票二级市场上自由转让的股份属于流通股，如社会公众股，否则，就属于非流通股，如国家股就不允许在二级市场上随意转让。实践证明，国家股的不流通导致同股同权、同股同利的原则无法兑现，为国有资产流动重组和保值增值带来法律障碍。

3. A股、B股、H股、N股、S股等

以认购股份的货币不同为标准分类：

(1) A股，又称人民币股票，是指以人民币标明股票面值，由中国境内内地投资者以人民币认购和交易的股票。

(2) B股，又称人民币特种股票。国务院最初规定B股是指以人民币标值，由外国和我国港、澳、台地区投资者认购和买卖的股票（以外汇买卖），中国境内内地投资者不得购买。但现在经国务院批准，中国证券监督管理委员会已经决定允许内地居民以合法持有的外汇开立B股账户，交易、持有B股股份。

(3) H股、N股、S股等。H股是指获香港联合交易所批准上市的人民币特种股票，即以人民币标明股票面值，以港币认购和进行交易，专供外国和我国港、澳、台地区投资者购买的股票。以此类推，N股在纽约批准上市、S股在新加坡批准上市……这些均是以外币认购和进行交易的股票。

五、股份的发行

1. 股份发行的种类

股份发行是指公司（包括设立中的公司）以筹集资本为目的，分配或出售其股份的行为。股份发行按其发行主体及发行阶段的不同，可以分为设立发行和新股发行。尚未成立的公司，为筹集成立公司所需资本而对外发行股份的行为，称为设立发行。新股发行是指已经成立的公司基于筹集资金、扩大经营规模等目的，再次发行股份的行为。依新股发行的目的、要求和方式的不同，新股发行又可细分为：增资发行和非增资发行、通常发行和特别发行、公开发行与不公开发行。

(1) 增资发行和非增资发行。增资发行是指公司基于增加公司资本、扩大经营规模而进行的股份发行。增资发行的基本特点是要使公司的资本超过原注册资本，否则，不属于增资发行。

(2) 通常发行和特别发行。通常发行即以增资为目的进行的新股发行；特别发行不以增资为目的，而是为了分配盈余、将公积金转为资本或将可转换公司债券转换为公司资本所进行的新股发行。特别发行虽不以增加公司资本为目的，但其结果却是公司资本的必然增加。

(3) 公开发行和不公开发行。公开发行是指向社会公众公开发行股份，不公开发行是指仅向特定对象（如公司的股东、职工等）所进行的发行。

2. 股份发行的原则

我国《公司法》第126条规定股份发行应坚持“公平、公正”的基本原则。公平，意味着股东取得股份的条件和支付的对价应该公允和合理，即“同次发行股份的条件和价格应当相同”。公正就是要对股东实行平等对待，做到同股同权、同股同利，不能有所歧视。

我国公司法对股份发行的条件没作专门规定，证券法及国务院有关股票发行与交易管理的法律、行政法规，对股份发行的条件有专门的规定。

六、股份的转让与限制

股份的转让是指股份有限公司的股东依照一定的程序将自己的股份让与受让人，由受让人取得股份，成为公司的股东。

股份转让以自由为原则是各国或地区公司立法的通例。由于股份的转让可能影响公司财产的稳定，某一部分股东对股份的处分也有可能损害另一部分股东的利益，而且，股份转让还可能会带来股票投机，因此，为了保护公司、股东及公司债权人的整体利益，许多国家或地区的公司法、证券法对股份转让作出一些必要限制，以便将股份转让可能产生的弊端限制在尽可能小的范围内。如 1947 年英国《外汇管理法》第三部分规定，一般不得把股份发行或转让给居住在指定地区以外的人，或者由这样的人所指定的人。依我国《公司法》第 138 条的规定，股东持有的股份可以依法公开、公平、公正转让，但要受到下列限制：

1. 对股份转让场所的限制

我国《公司法》第 138 条规定，股东转让其股份，必须在依法设立的证券交易场所或者按照国务院规定的其他方式进行。这里所说的证券交易场所，包括全国性证券集中交易系统、地方性证券交易中心和从事证券柜台交易的机构等。我国的上海证券交易所和深圳证券交易所是最具有代表性的证券交易场所。

2. 对发起人和股东所持股份的转让限制

由于股份有限公司的发起人对公司的成立及公司成立初期的财产稳定和组织管理具有重要的影响，所以，为了保护其他股东和公众的利益，防止发起人利用设立公司进行投机活动，保证公司成立后一段时期能够顺利经营，一般要对发起人所持股份的转让予以一定限制。比如，我国《公司法》第 141 条规定：发起人持有的本公司股份，自公司成立之日起 1 年内不得转让。对于公司公开发行股份在证券交易所上市交易的，公开发行股份前的股东持有的股份在上市交易之日起 1 年内不得转让。

3. 对公司董事、监事、高级管理人员所持股份的转让限制

公司董事、监事及高级管理人员个人的行为对公司经营管理影响极大。对公司董事、监事及高级管理人员持有本公司股份转让的限制，实际上是对公司董事、监事及高级管理人员进行利益制约的一种方式。这一限制，一方面是为了防止担任这些职务的人员利用内幕信息从事股票交易，非法牟利；另一方面是为了将公司经营状况同这些人员的利益联系起来，以促使其兢兢业业地工作。我国《公司法》第 141 条第 2 款规定：公司董事、监事、高级管理人员应当向公司申报所持有的本公司的股份及其变动情况，并在任职期间内每年转让的股份数不得超过其所持有本公司股份总数的 25%，但公司股票在证券交易所上市交易的，自上市交易之日起 1 年内不得转让。上述人员离职后半年内，不得转让其所持有的本公司股份。此外，公司章程可以对上述人员的转让行为作出限制性规定。

4. 对公司收购自身股份的限制

对于公司持有自己的股份，国外公司立法规定不尽相同。有的国家有限度地允许公司持有自己的股份，如荷兰规定，在不违反公司章程的条件下，公司可以用其利润购买股款已全额缴足的自己股份，购买额可占授权资本的 1/2；有的国家原则禁止、例外允许公司持有自己的股份，如法国规定，原则上公司不得获得自有股份，但在下列情况下公司可以购买自己股份：一是通过减少资本的方式取消股份；二是按照利润分配方案将股份分配给雇员；三是已

在证券交易所注册的公司，在遵守有关支付价格的某些限制的条件下，可用自由储备金购买相当于其资本额10%以下的自有股份。

我国《公司法》第142条规定：公司不得收购本公司的股份，但下列情形除外：一是，减少公司注册资本；二是，与持有本公司股份的其他公司合并；三是，将股份奖励给本公司职工；四是，股东对本公司股东大会作出的公司合并、分立决议持异议，要求公司回购股份。依据前三种情形公司回购股票的，应当经过股东大会决议，其中属于第一种情形的，公司在收购本公司的股票后，必须在10日内注销该部分股份。属于第二种或者第四种情形的，应当在6个月内转让或者注销。依据第三种情况回购的，不得超过本公司已发行股份总额的5%；应当在1年内转让给公司职工；资金在税后利润中支出。

5. 对股票抵押的限制

我国《公司法》第142条第4款规定，公司不得接受本公司的股票作为质押权的标的。公司的股份作为一种权益，股票作为一种特殊的种类物，是可以作为抵押物用作抵押的，但公司不得接受本公司的股票作为质押权的标的。作此限制的原因主要在于，当公司的债务人无力清偿到期债务，而公司拍卖质押物，无人应买时，公司自然就成为质押股票的所有人，从而违背公司不得拥有自身股份的一般原则。

第三节 股份有限公司和上市公司的组织机构

根据我国《公司法》的规定，股份有限公司应当设置股东大会、董事会、监事会，作为公司的权力机构、业务执行机构和监督机构，它们依法行使其法定职权，并按照法律的规定召集会议、议事、决议。

一、股份有限公司股东大会

(一) 股东大会的地位、性质和种类

根据《公司法》第98条的规定，股份有限公司的股东大会由全体股东组成，股东大会是公司的权力机构。因此，股份有限公司的重大决策均应由股东大会以会议形式作出，股东大会是公司的最高意思决定机关、必设机关。但股东大会并非经常召开，因此，股东大会是公司的非常设机关。

根据《公司法》第100条的规定，股东大会可分为股东大会年会和临时股东大会。股东大会年会，每年召开一次。临时股东大会，是在一定情形发生时召开的股东大会。我国《公司法》规定，发生如下情况之一的，应当在2个月内召开临时股东大会：(1) 董事人数不足公司法规定的人数或者公司章程所定人数的2/3时；(2) 公司未弥补的亏损达实收股本总额的1/3时；(3) 单独或者合计持有公司股份10%以上的股东请求时；(4) 董事会认为必要时；(5) 监事会提议召开时；(6) 公司章程规定的其他情形。此外，公司章程也可以规定在上述情形以外的其他情形发生时，公司召开临时股东大会。

(二) 股东大会的职权

根据我国《公司法》第99条、第37条的规定，股份有限公司的股东大会行使下列职权：(1) 决定公司的经营方针和投资计划；(2) 选举和更换非由职工代表担任的公司董事、监事，决定董事、监事的报酬事项；(3) 审议批准董事会的报告；(4) 审议批准监事会或监事的报

告；（5）审议批准公司的年度财务预算方案、决算方案；（6）审议批准公司的利润分配方案、弥补亏损方案；（7）对公司增加或者减少注册资本作出决议；（8）对发行公司债券作出决议；（9）对公司合并、分立、解散、清算或者变更公司形式作出决议；（10）修改公司章程；（11）公司章程规定的其他职权。

（三）股东大会的召集和主持

根据我国《公司法》第102条的规定，股份有限公司召开股东大会，应当于会议召开20日以前将会议审议的事项通知各股东。临时股东大会在会议召开15日以前将决议事项通知各股东。如股份有限公司发行无记名股票的，则应当于股东大会会议召开30日以前将会议召开的时间、地点和会议审议的事项作出公告。无记名股票持有人出席股东大会的，应当于会议召开5日以前至股东大会闭会时止将股票交存于公司。单独或者合计持有公司3%以上表决权的股东，可以在股东大会召开10日前提出临时议案并书面提交董事会；董事会应当在收到通知后2日内通知其他股东，并将该议案提交股东大会审议。该议案应当属于股东大会职权范围，并且有明确的议题和具体决议事项。股东大会不得决议前述通知未列明事项。我国《公司法》第106条规定，股东参加股东大会，可以亲自出席，也可以委托代理人出席，代理人出席股东大会时，应当向公司提交股东授权委托书，并在授权范围内行使表决权。

股东大会会议由董事会依照公司法负责召集，由董事长主持。董事长不能履行职务或者不履行职务的，由副董事长主持。副董事长不能履行职务或者不履行职务的，由半数以上董事共同推举的一名董事主持。为了防止董事会或者执行董事不能履行或者不履行召集董事会的情形发生，我国《公司法》第101条还规定，可由监事会及时召集和主持；监事会或者监事不召集和主持的，连续90日以上单独或者合计持有公司10%以上股份的股东可以自行召集和主持股东大会。

（四）股东表决权的行使

1. 股东表决权的行使原则

我国《公司法》第103条规定，股东出席股东大会，其所持有的每一股份均有一表决权。但是，公司持有的本公司的股份没有表决权。在国外，有的国家的公司法规定，公司持有的自己股份，与股东大会讨论的事项有利害关系的股东所持有的股份，没有表决权；股东与公司相互持股达一定比例时，股东所持有的公司股份没有表决权。

各国公司法均实行一股一表决权的制度，这是股东权利平等原则的体现。原则上，一股一表决权制度属于公司法上的强制性规定，不允许在法律之外由当事人作任何形式的限制。如公司章程作出与此不同的规定或者公司股东之间作出与此不同的约定，均应当认定无效。然而，一股一表决权制度也存在例外规定。如前所述，现代公司法均允许公司发行特别股份，便于公司筹资。因此，在那些允许发行特别股份的国家和地区，其公司法允许公司以其章程对其所发行的特别股份（通常为优先股）的表决权作出限制性的规定，如《德国股份法》第12条第1款规定，优先股可以作为无表决权股发行。

2. 股东表决权行使的法律限制

为了保证股东大会的决议能公正地体现多数股东的普遍意思，避免特定表决权的行使损害股东大会决议的公正性，各国公司法通常规定了限制股东表决权行使的个别情形，即法律所规定的情形存在时，处于该情形的特定股东所持有的股份不享有表决权。此种限制仅是一定条件下的暂时限制，一旦该特定情形消除，对股份的表决权的限制不复存在。通常，该特定情形包括：（1）自己股份。公司持有的自己股份，在公司持有期间无表决权。（2）相互持有的股份。两个公司之间，任何一方持有另一方的股份达一定比例时，后者所持有的前者的股份即无表决权。(3) 有特别利害关系的情形。如果股东大会的决议与某个特定股东在其股东身份之外的其他方面的利益有利害关系，如关于该股东是否应当免责，应当免除一项义务，或免除公司对该股东的一项请求权等，则该股东所持有的股份无表决权，该股份的表决权也不能由他人代理行使，而且该股东也不能代理他人行使表决权。

3. 累积投票制

在一股一表决权的资本多数决的表决制度下，少数股东不可能选出自己提名的董事、监事。为了使少数股东能够选出自己提名的董事或者监事，一些国家如美国等规定了累积投票制。我国《公司法》第105条也规定：股份有限公司股东大会选举董事、监事，可以根据公司章程的规定或者股东大会的决议，实行累积投票制。所谓累积投票制，是指公司股东大会选举董事或者监事时，有表决权的每一股份拥有与应选董事、监事人数相同的表决权，股东拥有的表决权可以集中使用。在累积投票制下，少数股东可以选举出至少一名自己提名的董事。例如，某公司有甲、乙两个股东，甲股东拥有70股，乙股东拥有30股。假设他们要选举5名董事，那么，甲股东拥有的总投票权为350个，乙的为150个。在普通投票制下，甲股东投给自己提名的5个董事候选人每个人的表决权不能多于，也不能少于70个，乙股东投给自己提名的5个董事候选人每个人的表决权不能多于，也不能少于30个，无论如何，乙股东也不能选出自己提名的董事。而在累积投票制下，乙股东可以将自己拥有的150个表决权集中投给自己提名的一名董事，无论甲股东如何分配其拥有的投票权，甲股东投给自己提名的5个董事候选人每个人的表决权不可能多于70个，因此，乙股东至少可以选出自己提名的一名董事。

二、股份有限公司的董事会

董事会是股份有限公司依法设立的由全体董事组成的公司经营决策和业务执行机关。在股份有限公司中，董事会是必设机关。董事会对内执行公司业务，对外代表公司，向公司的股东大会负责。同时，董事会又是常设机关，在股份有限公司的经营活动存续期间，董事会始终存在。

我国《公司法》第108条规定：股份有限公司的董事会由5名至19名董事构成。董事会成员中可以有公司职工代表。董事会中的职工代表由公司职工通过职工代表大会、职工大会或者其他形式民主选举产生。第109条规定：董事会设董事长一人，并可以设副董事长。董事长和副董事长由董事会以全体董事的过半数选举产生。董事长可以作为公司的法定代表人，享有代表公司的当然权利，其代表公司对外发生的行为对公司具有法律效力。根据我国《合同法》第49条的规定，董事长作为公司的法定代表人，超越权限订立的合同，除相对人知道或者应当知道董事长超越权限外，该代表行为有效。换言之，如公司对董事长的代表权加以限制，那么该限制不得对抗善意第三人。

三、股份有限公司监事会

关于监事会的组成各国立法一般视公司的股本规模、职工人数而定。大多数国家对监事会的人数未作上限规定，授权公司根据具体情况以章程确定。依据我国《公司法》第117条的规定，股份有限公司均应设立监事会，其成员不得少于3人。为了体现共同治理的现代理念和国际立法趋势，《公司法》同时规定，监事会应当由股东代表和适当比例的职工代表组成，其中职工代表不得少于1/3，具体比例由公司章程规定。监事会中的职工代表由公司职工通过职工代表大会、职工大会或者其他形式民主选举产生。监事会设主席一人，可以设副主席，由全体监事过半数选举产生。监事会主席召集和主持监事会会议；监事会主席不能履行或者不履行职务的，由监事会副主席召集和主持；监事会副主席不能或者不履行职务的，由半数以上监事共同推举的一名监事召集和主持。

对于监事会的职权，各国的规定也不相同。有的权限广泛，有的则职权有限；有的规定详细而明确，有的规定粗疏而模糊。西方国家的实践已充分表明：制度健全、权限广泛者，能收到实效；权限较小且规定不严者，则难有监督之实。强化监事会的地位，扩大监事会的权限，为当代各国公司法修改、完善的重点。作为公司的法定监督机关，监事会的职权主要包括：（1）检查公司的财务；（2）对董事、高级管理人员执行公司职务行为进行监督，并对违反法律、行政法规、公司章程或者股东会决议的董事和高级管理人员提出罢免的建议；（3）当董事、高级管理人员的行为损害公司利益时，要求董事、高级管理人员予以纠正；（4）监事列席董事会会议，并对董事会决议事项提出质询或者建议；（5）提议召开临时股东会会议，在董事会不履行召集和主持股东会会议职责时负责召集和主持股东会会议；（6）向股东会会议提出提案；（7）对董事和高级管理人员提起诉讼；（8）公司章程规定的其他职权。同时规定，监事发现公司经营状况异常，可以进行调查，必要时，可以委托会计师事务所等协助其调查，费用由公司承担。为了保证监事履行职责的经费，《公司法》还规定公司承担监事行使职权所必需的费用。

四、上市公司的治理结构

（一）上市公司的概念

上市公司是股份有限公司的一种类型，是指其股票可以在股票交易所公开挂牌并进行公开交易的公司。根据我国《公司法》第120条的规定，上市公司是指所发行的股票在证券交易所上市交易的股份有限公司。在我国，股份有限公司的股票可在境内或境外上市，或者在两地同时上市。在境内上市的股份有限公司，其股票可分为人民币股（A股）和以人民币标明面值但需以外币认购和交易的股票（B股），以及以人民币标明面值并在香港联合交易所上市且需以港元认购和交易的股票（H股）等。

（二）上市公司治理结构

上市公司内部治理完善与否，对于保护投资者的合法利益，调动投资者的投资积极性，促进证券市场的健康发展，都有着至关重要的意义。由于历史及体制上的原因，我国上市公司还存在股权结构不合理，公司机关相互之间分权制衡机制尚未形成的缺陷，从而使我国上市公司治理结构表现出“形备而实不至”的特点，损害中小股东和投资者的事件不断发生。为了规范上市公司的运作，我国公司法规定了以下制度：

1. 关于股东大会的特别规定

为了防止上市公司的董事、高级管理人员通过购买、出售公司重大资产或者对外提供担保损害公司利益，我国《公司法》第121条规定，上市公司在1年内购买、出售公司重大资产或者提供担保金额超过公司资产总额30%的，应当由股东大会作出决议，并经出席会议股东所持表决权的2/3以上通过。

2. 上市公司独立董事制度

随着我国证券市场的发展，上市公司“一股独大”和“内部人控制”的问题越来越突出。就上市公司治理结构而言，突出地表现在以下四个方面：一是绝大多数的董事会都是由清一色的股东董事组成。股东董事由于受股东委派，参与公司决策时不可避免地带有一定的局限性，要让其通盘考虑公司问题，实在勉为其难。二是在股权高度集中的情况下，公司董事会的运作通常为控股股东所控制，而不是以集体决策为基础，在控股股东与少数股东之间，存在着结构性、普遍性的利益冲突。三是许多公司的董事会成员都兼任公司经理职务，董事会对经理的制约，就逻辑地演变为自我监督。四是监事会形同虚设，缺乏监督绩效。针对这种情况，1997 年 12 月，中国证监会发布《上市公司章程指引》，其第 112 条规定，公司根据需要，可以设立独立董事。2001 年 8 月，中国证监会在公开向全社会征求意见的基础上正式发布了《关于在上市公司建立独立董事的指导意见》（以下简称《指导意见》），要求在 2002 年 6 月 30 日前，上市公司董事会成员中应当至少包括 2 名执行董事；在 2003 年 6 月 30 日前，上市公司董事会成员中应当至少包括 1/3 执行董事。《指导意见》对独立董事的资格、产生程序、职权、报酬及义务等作了较为完善的规定，这标志着独立董事制度在我国的推行。我国《公司法》第 122 条规定，上市公司设立独立董事，具体办法由国务院制定。2006 年《上市公司章程指引》修订时，对独立董事提议召开临时股东大会的权利、征集股东投票权等问题作了规定。

（1）独立董事的概念

独立董事（independent director），源于英美公司制度，指独立于公司管理层，与公司没有任何可能严重影响其作出独立判断之交易或关系等情形的董事。独立性是独立董事的根本特征。独立性要求其独立履行职责，维护公司整体利益，尤其是要关注中小股东的利益。要确保独立董事能够独立履行职责，必然要求其独立于大股东，独立于经营者，独立于公司，因此，各国对独立董事“独立性”的标准，有三个方面是基本相同的：1）独立董事与公司不存在任何雇佣关系；2）独立董事与公司不存在交易关系；3）独立董事与公司及高层管理人员不存在亲属关系。

在许多场合，独立董事又被称为非执行董事（non-executive director）和外部董事（outsider director），但实际上三者之间仍有一定的差别。正如有学者所分析的，“非执行”主要是指不从事公司日常经营管理，“外部”则强调与公司关系的疏密程度。但“非执行”和“外部”只是保证“独立”的形式，并不必然代表着“独立”。独立董事的“独立”，除了有形式要件的含义，即职务主体除担任公司的董事外，不得担任与之有其他利益冲突关系的职务，还包含实质要件的含义，即能够在不受其他董事的控制或影响的情况下对公司决策和有关事务作出独立判断并发表独立的意见。因此，“独立”较“非执行”及“外部”，不仅含义更为宽泛，标准也更为严格。中国证监会发布的《指导意见》规定，独立董事是指不在公司担任除董事外的其他职务，并与其所受聘的公司及其他主要股东不存在可能妨碍其进行独立、客观判断的关系的董事。

（2）独立董事的人数要求

上市公司董事会成员中应当至少包括 1/3 执行董事，而且至少应包括 1 名具有高级职称或注册会计师资格的会计专业人士。如果上市公司董事会下设薪酬、审计、提名等委员会的，独立董事应当在委员会成员中占有 1/2 以上的比例。

（3）独立董事的任职资格

独立董事除应符合公司法所要求的任职资格外，还有特殊的要求。其任职资格也可分为积极资格和消极资格。积极资格包括：一是根据法律、行政法规及其他有关规定，具备担任上市公司董事的资格；二是具有《指导意见》所要求的独立性；三是具备上市公司运作的基本知识，熟悉相关法律、行政法规、规章及细则；四是具有5年以上法律、经济或者其他履行独立董事职责所必需的工作经验；五是公司章程所规定的其他条件。

消极资格即不得担任上市公司独立董事的情形：1）在上市公司或者其附属企业任职的人员及其直系亲属、主要社会关系（直系亲亲属是指配偶、父母、子女等；主要社会关系是指兄弟姐妹、岳父母、儿媳女婿、兄弟姐妹的配偶、配偶的兄弟姐妹等）；2）直接或间接持有上市公司已发行股份1%以上或者是上市公司前十名股东中的自然人股东及其直系亲属；3）在直接或间接持有上市公司已发行股份5%以上的股东单位或者在上市公司前五名股东单位任职的人员及其直系亲属；4）最近一年内曾经具有前三项所列举情形的人员；5）为上市公司或者其附属企业提供财务、法律、咨询等服务的人员；6）公司章程规定的其他人员；7）中国证监会认定的其他人员。

（4）独立董事的产生程序

上市公司董事会、监事会、单独或者合并持有上市公司已发行股份1%以上的股东可以提出独立董事候选人，并经股东大会选举决定。独立董事的提名人在提名前应当征得被提名人的同意。提名人应当充分了解被提名人的职业、学历、职称、详细的工作经历、全部的兼职情况，并对其担任独立董事的资格和独立性发表意见。

（5）独立董事的职权

独立董事除行使公司法和公司章程规定的一般职权外，还享有《指导意见》及其他行政法规和规章所赋予的特别职权。其特别职权包括：

1）对重大关联交易的事前认可权。上市公司拟与关联人达成的总额高于300万元或高于上市公司最近经审计净资产值的5%的关联交易，应由独立董事认可后，提交董事会讨论。独立董事作出判断前，可以聘请中介机构出具独立财务顾问报告，作为其判断依据。

2）提议权。独立董事对以下事项享有提议权：一是向董事会提议聘用或聘请会计师事务所，二是向董事会提请召开临时股东大会，三是提议召开董事会。

3）独立决定权。独立董事可以独立决定聘请外部审计机构。

4）征集投票权。独立董事可以在股东大会召开前公开向股东征集投票权。

5）独立发表意见权。独立董事在一些重大事项上还应当向董事会或股东大会发表独立意见：一是提名任免董事，聘任或解聘高级管理人员；二是公司董事、高级管理人员的薪酬；三是上市公司的股东、实际控制人及其关联企业对上市公司现有或新发生的总额高于300万元，或高于上市公司最近经审计净资产值的5%的借贷或其他资金往来，以及公司是否采取有效措施回收欠款；四是独立董事认为可能损害中小股东权益的事项；五是公司章程规定的其他事项。

独立董事对这些事项发表独立意见时，其表达形式应当选择同意、保留意见及其理由、反对意见及其理由、无法发表意见及其障碍4种方式之一。如果有关事项属于需要披露的事项，上市公司应当将独立董事的意见予以公告。独立董事出现意见分歧，无法达成一致时，董事会应将每个独立董事的意见分别披露。

（6）独立董事的报酬

上市公司应当给予独立董事适当的津贴，津贴的标准应当由董事会制订预案，股东大会审议通过，并在公司年报中进行披露。除上述津贴外，独立董事不应从上市公司及其主要股东或有利害关系的机构和人员取得额外的、未予披露的其他利益。上市公司应建立独立董事责任补偿制度，以降低独立董事正常履行职责可能引致的风险。

3. 上市公司董事表决权的限制

我国《公司法》第124条规定，上市公司董事与董事会会议决议事项所涉及的企业有关联关系的，不得对该项决议行使表决权，也不得代理其他董事行使表决权。该董事会会议由过半数的无关联关系董事出席即可举行，董事会会议所作决议须经无关联关系董事过半数通过。出席董事会的无关联关系董事人数不足3人的，应将该事项提交上市公司股东大会审议。

第十一章 公司债

第一节　公司债概述

一、公司债的概念和特征

我国《公司法》第153条规定，公司债是指公司依照法定程序发行的，约定在一定期限内还本付息的有价证券。公司债的基本特征是：第一，必须是公司依法定条件和程序发行；第二，是约定在一定期限内还本付息的有价证券；第三，是向社会公众募集资金所产生的债务。

二、公司债和股票的区别

公司债作为一种特殊的募集资金的方式，与股票的区别在于：第一，主体的法律地位不同。公司债债权人只是作为债权人享有债权，而股票持有人是作为公司的组成成员，股东享有公司法所规定的各种权利并承担一定义务。第二，利益分配不同。公司债债权人，不管该公司是否盈利，甚至在亏损的情况下，有权要求公司支付利息，按期还本。公司债利率也是预先确定并保持不变的，并且公司债券具有优先于股票的权利，即在公司分配盈余或分配剩余财产时，应优先于股票而清偿公司债。股票持有人只有在公司有充分盈余时，才能请求支付股息和红利，而且股票的股息和红利是视公司盈余的多少灵活确定的。第三，风险责任不同。购买公司债是一种出借行为，因此，公司债债权人不承担风险责任或只承担较小的风险责任，到清偿期限时，公司必须偿还原本，如果公司破产或者解散，公司债债权人有权得到公司的公平清偿。而认购股票是一种出资行为，一般情况下，股东无权要求返还出资，相反，必须承担出资额范围内的有限责任，如果公司破产或解散，股东只能参与公司剩余财产的分配。

三、公司债的种类

根据不同的标准，可对公司债券作不同的分类。

1. 记名公司债券与不记名公司债券

以票面上是否记载债券持有人的姓名或名称为标准，公司债券可分为记名公司债券和不记名公司债券。凡在票面上记载债券持有人姓名或名称的为记名公司债券，反之，则是不记名公司债券。

这种区分的法律意义在于两者的转让方式不同。我国《公司法》第161条规定，记名公司债券应由债券持有人以背书方式或法律、行政法规规定的方式转让，并由公司将受让人的姓名或名称及住所记载于公司债券存根簿，否则，该项转让对公司不发生对抗效力。不记名公司债券的转让，由债券持有人在依法设立的证券交易场所将该债券交付给受让人后即发生法律效力。

2. 担保公司债券与无担保公司债券

以是否提供偿还本息的担保为标准，公司债券可分为担保公司债券和无担保公司债券。凡以特定财产设定偿还本息的物上担保或以第三人保证偿还本息的，为担保公司债券，反之，仅凭公司信用偿还本息而没有提供偿还本息的其他担保的，为无担保公司债券。

3. 可转换公司债券与非转换公司债

以公司债能否转换为发行公司的股票为标准，公司债可分为可转换公司债和非转换公司债。债券持有人可在一定条件下将其持有的债券转换为发行公司的股票的，为可转换公司债，反之，不能转换为公司股票的，为非转换公司债。

第二节 公司债的发行

一、公司债的发行主体

允许股份有限公司发行公司债是各国的通例。大陆法系国家的公司法中，都有允许股份有限公司发行公司债的规定，例如，德国、意大利、法国、瑞士等国家。英美法系国家，不仅有大量的有关股份有限公司可以发行公司债的判例，而且在有关的制定法中也有关于股份有限公司发行公司债的规定。

关于有限责任公司能否发行公司债，各国的法律规定并不一致，总体上可以把各国的立法体例归结为禁止型和限制型两大类。我国《公司法》第153条规定，股份有限公司和有限责任公司都可以发行公司债。

二、公司债的发行

（一）发行条件

公司债的发行条件直接关系到投资者的利益保护和证券市场的有序运行，因此，证券法对公司债发行条件作了比较严格的规定。

（二）发行决定权

西方国家公司发行公司债的决定权一般归董事会，但在有的国家，如德国和法国，归股东会。股东会决议发行公司债时，对普通公司债只需简单多数通过，而对可转换公司债和参加公司债等，则需3/4的多数方能通过。决议的内容主要包括发行总额、种类、利率、偿还方式、发行方法等。

在我国，股份有限公司和有限责任公司的股东会是公司的最高权力机关，其发行公司债，必须经股东会作出决议。国有独资公司作为国家单独出资的公司，由国有资产监督管理机构作出是否发行公司债的决定。上市公司发行可转换为股票的公司债也应当经股东大会作出决议，并应当经国务院证券监督管理机构核准。我国《证券法》第17条规定，公司发行公司债应当向国务院授权的部门或者国务院证券监督管理机构申请核准。

第三节　公司债的转让和转换

一、公司债转让的必要性及意义

作为一种有价证券，流动性或可转让性是公司债的固有特性之一，因此，对于发行公司而言，转让制度是参与债券市场的一种机制。公司债的转让，意味着可供投资者选择的投资机会的增多，在公开的证券市场上转让，可以丰富证券市场的交易品种。公司债的转让，尤其是在集中市场进行的持续不断的转让活动，可以为债券持有人、发行公司、潜在的投资者等所有市场参与者提供有关公司债的信息。

公司债的转让可以从不同的角度作不同的分类：

1. 以是否取得对价为标准，分为有偿转让和无偿转让：前者即公司债的买卖或者交易，后者因赠与、继承等原因而发生。

2. 以转让价格形成机制的不同，分为协议转让和竞价转让。

3. 以转让的具体交易场所不同，分为场内交易和场外交易：前者是指在依法设立的证券交易所进行的转让，后者是指在证券交易所之外的其他依法设立的证券交易场所进行的转让。一般情况下，场外交易多是协议转让，价格形成机制多是非竞争性的，场内交易的价格形成机制是竞争性的。

伴随着公司债的转让，公司债所表明的财产权利也转让。公司债券债权的转让无须通知作为债务人的发行公司。在将公司债转让之后，出让人基于持有公司债对发行公司所享有的到期请求还本付息的请求权也随之转让，出让人不再是公司债的债权人，公司债的受让人成为发行公司的公司债的债权人。

二、转让的形式及场所

我国《证券法》第 39 条明确规定，依法公开发行的公司债应当在依法设立的证券交易所或者国务院批准的其他证券交易场所进行转让。我国《公司法》第 160 条规定，公司债的转让方式因债券形式的不同而异。

记名债券，由债券持有人以背书方式或者法律、行政法规规定的其他方式转让。记名债券的转让，由公司将受让人的姓名或者名称及住所记载于公司债存根簿。

无记名债券，由债券持有人将该债券交付给受让人后即发生转让的效力。公司债的转让价格由转让人与受让人约定。

三、公司债的转换

（一）公司债转换的概念和转换的法律后果

公司债的转换只针对可转换公司债。转换以可转换公司债持有人自由判断为基础，在发行时已经确定的转换请求期间内，通过对可转换公司债行使转换请求权而得到实现。可转换公司债的转换是一种法律行为，所产生的法律后果是可转换公司债的发行公司与持有人之间的债权债务关系消灭。随着可转换公司债持有人行使转换权，持有人自身的身份也发生了转换——由发行公司债权人转换为发行公司的股东。持有人身份的变化也就带来了权利和义务内容的变化，由债券持有人转换而来的股东与其他股东处于同一的法律地位，享有其他股东所享有的权利，承担其他股东所应承担的义务。

对于可转换公司债的发行公司而言，在可转换公司债转换为公司的股份之前，发行公司是可转换公司债持有人的债务人。在可转换公司债转换为公司的股份之后，债券持有人与发行公司之间原来的债权债务法律关系归于消灭。由于可转换公司债所代表的债权转换为发行公司的股份，发行公司原来承担的还本付息的义务得以免除，发行公司的负债因此而减少，而已发行的股份数目及实收资本相应地增加。

（二）转换权的行使及保护

发行公司在可转换公司债发行条件中有关债券持有人享有的转换权的约定是一种单方法律行为，因此，在可转换公司债持有人请求行使转换权时，发行公司负有将可转换公司债换发为发行公司新股的义务。我国《公司法》第 162 条规定，发行可转换为股票的公司债的，公司应当按照其转换办法向债券持有人换发股票，但债券持有人对转换股票或者不转换股票有选择权。

转换权是一种形成权。将可转换公司债持有人的转换权规定为形成权，有利于保护债券持有人。转换的请求在送达约定的交付场所时即生效力。请求转换的公司债消灭，可转换公司债持有人即失去其原有的公司债权人的地位，接受发行公司换发的股份而成为发行公司的股东。原则上，发行公司必须及时向行使转换权的可转换公司债持有人换发股票。若发行公司拒绝可转换公司债持有人的转换请求，即构成违约，债权人可向发行公司请求赔偿。

第十二章
公司的合并、分立与组织变更

第一节 公司合并

一、公司合并的概念和分类

公司合并是两个或者两个以上的公司依照公司法规定的程序，通过协商一致，以订立书面协议的方式合并为一个公司的法律行为。

公司的合并可以扩大企业经营规模，产生规模经济效益，实现企业资源的最佳组合，提高劳动生产率，降低经营风险，提高市场占有份额，增强市场竞争力。自 19 世纪末至现在，世界各发达国家公司之间的合并从来就没有停止过，特别是 20 世纪末至现在，公司合并呈现新的发展趋势，即跨行业、跨国界的合并浪潮风起云涌，因这种合并而形成的“巨无霸”不断出现，如美国克莱斯勒与德国戴姆勒-奔驰合并而成的克莱斯勒-戴姆勒，美国两个最大的飞机制造公司合并而成的波音-麦道飞机制造公司，以及各大金融机构、航空公司等的合并。但公司合并加强了市场的集中垄断程度，使一些跨国公司更有效地随意控制经济活动，垄断更多的先进技术，形成垄断组织，使各国政府面临垄断的压力。因此，各国在创立公司合并制度时，也从没有停止过反垄断并加强立法，如世界上最早的反垄断法——美国的《克莱顿法》、德国的《反对限制竞争法》等。

二、公司合并的种类

我国《公司法》第 172 条规定，公司的合并有两种：新设合并与吸收合并。所谓新设合并是指两个或者两个以上的公司合并成立一个新公司，各个合并公司同时消灭的法律行为。如甲、乙、丙三个公司合并成为一新公司丁，甲、乙、丙同时消灭。所谓吸收合并又称兼并或购并，是指两个或者两个以上的公司合并时，其中一个公司吸收其他公司后继续存在，被兼并的公司消灭的法律行为。如甲、乙、丙三家公司合并，甲吸收乙、丙后继续存在，而乙、丙因被吸收而消灭。

三、公司合并的程序

公司合并必须按照公司法规定的程序进行。我国《公司法》规定公司合并的程序如下：

1. 提出并制订合并方案。公司合并必须由董事会或者执行董事制订出详细的合并方案，交由公司股东（大）会讨论。合并方案的主要内容包括：合并的各家公司的名称；合并的理由；合并的条件；公司的股份或者出资转换为存续公司股份或者出资、其他证券，或者全部或者部分兑换成现金或其他财产的方式、方法；公司财产、债权、债务的基本情况；其他需要载明的事项。

2. 通过合并决议。我国《公司法》第 37 条、第 99 条规定，董事会作出的合并方案，只有经由股东（大）会通过，才能最终具有法律效力，才能最终付诸实施。根据我国《公司法》第 43 条、第 103 条的规定，有限责任公司和股份有限公司都要经代表全体股东的 2/3以上表决权通过。我国《公司法》第 66 条规定，属于国有独资公司的，由国有资产监督管理机构依照法定程序决定其所出资企业中的国有独资公司的合并，其中，重要的国有独资公司合并的，应当由国有资产监督管理机构审核后，报本级人民政府批准。国有控股的公司、国有参股的公司的股东会、董事会决定公司的合并时，国有资产监督管理机构派出的股东代表、董事，应当按照国有资产监督管理机构的指示发表意见、行使表决权。

3. 签订合并协议。合并的各方应当根据自身的条件、要求自主地作出决定，并自主地选择合并的对象、条件等，然后再与之协商，经对方同意才能与之订立合并协议。

4. 编制资产负债表和财产清单。合并各方应按照财务制度的要求编制出各自详细的资产负债表和财产清单，以备清算使用。

5. 通知并公告债权人。公司的合并涉及广大投资者的利益，也涉及债权人的合法权益，因此，公司的合并在某种程度上受制于债权人。我国《公司法》第 173 条规定：公司合并，应当由合并各方签订合并协议，并编制资产负债表及财产清单。公司应当自作出合并决议之日起 10 日内通知债权人，并于 30 日内在报纸上公告。债权人自接到通知书之日起 30 日内，未接到通知书的自公告之日起 45 日内，可以要求公司清偿债务或者提供相应的担保。第 174 条规定，公司合并时，合并各方的债权、债务，应当由合并后存续的公司或者新设的公司承继。

6. 办理公司变更、注销或者设立登记。我国《公司法》第 179 条规定，公司合并，登记事项发生变更的，应当办理变更登记；因合并而解散的公司应同时办理注销登记；新设的公司必须依法办理设立登记。

四、公司合并的法律后果

1. 公司的解散。合并后必然有一个或者多个公司解散。在新设合并的情况下，合并的各方公司全部解散，取而代之的是新设立的公司；在吸收合并的情况下，被吸收的公司解散，而吸收公司的人格继续存在。消灭的公司应当办理注销登记手续。

2. 公司的变更。变更是指法律上的变更，即公司合并（吸收合并）后，存续的公司在注册资本、组织机构、经营范围以及经营方式等方面发生了变化，该公司必须进行变更登记。

3. 公司的设立。当公司采用新设合并后，原合并的公司全部消灭，成立了一个全新的公司，该公司就是新设合并的法律后果，新设立的公司应办理设立登记。

4. 公司权利、义务的概括承受。当公司合并后，不论是新设合并还是吸收合并，都伴随着公司人格的消灭，这些公司的财产和债权、债务并非随着主体的消灭而消灭，而是无条件地转移到新设立的公司或者存续的公司，由合并后的公司承继。

第二节　公司的分立

一、公司分立的概念

公司分立是指一个公司按照一定的方式，分成两个或者两个以上的公司的法律行为。1966 年法国第一次在其《商事公司法》确立了这一制度；1982 年欧盟实施了 6 号公司法指令后，在该指令确立的公司分立制度的基础上，大多数欧盟国家在本国的立法中确立了公司分立制度。

二、公司分立的分类

关于公司的分立我国及多数国家的立法没有明确规定法定方式，在学理上及实践中，将分立分为以下两种：

1. 新设分立。新设分立，是指一个公司分解成两个或者两个以上的公司，原公司解散，新分立的公司成为新的公司。这种分立使公司的消灭和公司的成立同时发生。

2. 派生分立。派生分立，是指一个公司分出一个或者几个部分，成立新的公司，新公司取得人格，原公司继续存在。这种分立不发生公司的消灭，只发生公司的成立。

三、公司分立的程序

公司分立同样涉及公司、股东、债权人的利益，不论是哪种分立，都必须按照法定程序进行。

1. 拟订分立方案。公司分立首先应由董事会拟订分立方案，交由公司股东会决议通过。

2. 通过分立决议。我国《公司法》第 43 条、第 103 条规定，公司分立必须由股东会或者股东大会以特别决议的方式形成分立决议，即由出席会议的股东所持表决权的 2/3 以上通过。我国《公司法》第 66 条规定，属于国有独资公司的，由国有资产监督管理机构依照法定程序决定其所出资企业中的国有独资公司的分立。其中，重要的国有独资公司分立的，应当由国有资产监督管理机构审核后，报本级人民政府批准。国有控股的公司、国有参股的公司的股东会、董事会决定公司的分立时，国有资产监督管理机构派出的股东代表、董事，应当按照国有资产监督管理机构的指示发表意见、行使表决权。

3. 编制资产负债表和财产清单。作出分立的决定或者决议后，董事会应当依法对公司进行清算，同时编制资产负债表及财产清单。

4. 达成债务承担的协议。分立公司的债务不能因分立而消灭。为了保证分立后的公司和债权人的利益，在作出分立决议或者决定后，分立各方应当就原公司债务的分担比例达成书面协议，作为对原公司债权人履行债务的依据。

5. 向债权人发出通知和公告。我国《公司法》第 175 条第 2 款规定，公司自作出分立的决议或者决定之日起 10 日内通知债权人，并于 30 日内在报纸上公告，以便公司所有的债权人都能有较为充足的时间和有效的途径获得公司分立的信息。

6. 办理相关登记手续。公司分立，会发生公司消灭、变更、设立，因此，必须到公司登记机关办理登记。

四、公司分立的法律后果

1. 公司的解散。公司新设分立后，原公司因被全部分解不复存在，这时因原公司解散应当办理其注销登记手续。

2. 公司变更。公司派生分立后，原公司因派生出一个或者几个公司而规模变小，或者公司的注册资本、经营范围、经营方式、股权结构等发生一系列变化，公司应当办理变更登记。

3. 公司设立。在新设分立情况下，原公司解散，成立了两个或者两个以上具有法律人格的新公司；在派生分立情况下，派生出的公司也取得法律人格而独立于原公司，这些新公司必须办理设立登记。

4. 发生债权、债务的承继。我国《公司法》第 176 条规定，公司分立前的债务由分立后的公司承担，但是，公司在分立前与债权人就债务清偿所达成的协议另有规定的除外。公司分立后债务分担原则上由分立后的公司承担，但是，各方已经在公司分立前与债权人书面约定债务清偿的有关事项的，依其约定办理。

第三节 公司的组织变更

一、公司组织变更的概念

公司的组织变更是指在保持公司人格持续性的前提下，将公司从一种形态转变为另一种形态的行为。

如前所述，各国公司法都规定多种公司的形态，如大陆法系公司有无限公司、有限责任公司、两合公司、股份有限公司、股份两合公司，英美国家公司有开放式公司和封闭式公司。公司在发展过程中，由于各种原因，需要从现有的形态转变为其他形态，而公司的组织变更制度满足了这一要求。通过公司组织变更制度，公司无须经过解散程序，仅通过变更登记，即可变更为其他形态的公司，公司的经营也不因此而中断。

二、组织变更的类型

大陆法系一般包括以下类型：

1. 无限公司变更为两合公司。无限公司经全体股东的同意可以变更为两合公司，变更方法有两种：一是将一部分股东变更为有限责任股东，二是另加入有限责任股东。此外，当无限公司股东经变动而只剩下一人时，可加入新的有限责任股东，而变更为两合公司。

2. 两合公司变更为无限公司。两合公司变更为无限公司的情形有两种：一是经两合公司全体股东的同意，将有限责任股东改为无限责任股东；二是在两合公司的有限责任股东全部退股时，经全体无限责任股东同意，两合公司可变更为无限公司。

3. 有限责任公司变更为股份有限公司。我国《公司法》第 9 条规定，有限责任公司可以变更为股份有限公司。根据我国《公司法》第 43 条的规定，经代表 2/3 以上表决权的股东同意，有限责任公司可变更为股份有限公司。

4. 股份有限公司变更为有限责任公司。有些国家的公司法规定，禁止股份有限公司变更为有限责任公司。有些国家的公司法允许股份有限公司变更为有限责任公司，如韩国《公司法》规定，股份有限公司经全体股东同意，可以变更为有限责任公司。我国《公司法》第 9 条也允许股份有限公司变更为有限责任公司。

三、组织变更的条件

根据我国《公司法》第 9 条的规定，有限责任公司变更为股份有限公司，或者股份有限责任公司变更为有限责任公司的，应当符合股份有限公司或者有限责任公司的条件。

四、组织变更的程序

根据我国公司法的规定，公司组织形式变更，应遵循下列程序：

1. 董事会拟订公司变更的方案。我国《公司法》第 46 条、第 108 条规定，董事会拟订变更公司形式的方案。

2. 股东（大）会决议。变更公司形式将直接影响到股东的权益和责任，所以，变更公司形式的最终决定权在股东会，而不是董事会。根据我国《公司法》第 37 条、第 99 条的规定，股东（大）会行使对变更公司形式事项作出决议的职权。

3. 办理变更登记。除公司组织形式变更外，公司的诸多事项如资本、章程等也因此变更，公司应当依法向原登记机关办理变更登记。

五、组织变更的效力

公司的组织变更只是公司的组织形式发生变化，而非新设公司，其人格继续存在，变更前公司的权利和义务当然由变更后的公司继续享有和承担。我国《公司法》第 9 条明确规定，有限责任公司依法变更为股份有限公司，或者股份有限公司变更为有限责任公司的，原公司的债权、债务由变更后的公司承继。

| 第十三章 |
公司的解散与清算

第一节　公司的解散

一、公司解散

（一）公司解散的含义

公司解散，是指已经成立的公司，因公司章程的规定或者法定事由出现而停止公司的对外积极活动，并开始公司的清算，处理未了结事务或者使公司人格消灭的法律行为。

公司解散是消灭公司人格的法律行为，但是，公司解散本身并不能了结公司与其他主体间的法律关系，而除公司合并和分立的解散外，其他原因的公司解散并不能概括移转其权利和义务。再加上大多数公司（我国为全部公司）的股东对公司债务承担有限责任，如果没有适当的法律制度，公司解散将不足以保护债权人的利益。因此，了结公司与其他主体之间法律关系的法律制度——清算，成为公司解散的必经程序。

（二）公司解散的特点

1. 公司的解散是针对已经成立的公司来说的。公司未依法成立就不能成为公司法所称的公司，不能以公司的名义对外进行活动；未依法成立的公司如果以公司名义对外进行活动，则由公司登记机关强制予以取缔。

2. 公司的解散是因公司章程的规定或者法定事由的出现才发生的。

3. 公司一经解散即停止对外的积极活动，不能再对外进行正常的经营活动。

4. 公司的解散并不意味着其人格一定立即消灭。公司解散分为两种：一种并不是人格的立即消灭。因为公司解散以后需要处理未了结的事务，如清理债权、债务等，此时，公司的人格仍然存在。另一种是公司的人格消灭，这种情况下无须进入清算程序，如公司的合并、分立。

5. 公司的解散一般情况下（除合并、分立外）是人格消灭的开始，它与清算的完结一同构成公司人格的消灭。

6. 公司的解散是一种法律行为。公司的解散需要符合法律、法规和公司章程的规定，否则，是无效行为。

二、公司解散的法定事由

公司解散是公司人格消灭的法律行为，公司的解散直接影响到公司的股东和债权人的切身利益，所以，公司必须依法解散。根据公司解散是否属于自愿，公司的解散事由可以分为两大类：一类是任意解散事由，另一类是强制解散事由。

1. 任意解散

任意解散，也称为自愿解散，是指依公司章程或股东决议而解散。这种解散与外在意志无关，而取决于公司股东的意志，股东可以选择解散或者不解散公司，因此称为任意解散。但是，任意解散不等于解散的程序也为任意，其解散仍必须依法定程序进行。任意解散的具体原因包括：

（1）公司章程规定的营业期限届满，公司未形成延长营业期限的决议。我国《公司法》既未规定公司的最高经营期限，又未强制要求公司章程对其规定，因此，经营期限是我国公司章程任意规定的事项。如果公司章程中规定了经营期限，在此期限届满前，股东会可以形成延长经营期限的决议，如果没有形成此决议，公司即进入解散程序。

（2）公司章程规定的其他解散事由出现。解散事由一般是公司章程相对必要记载的事项，股东在制定公司章程时，可以预先约定公司的各种解散事由。如果在公司经营中，公司章程规定的解散事由出现，股东会可以决议解散公司。

（3）股东会或者股东大会形成公司解散的决议。有限责任公司经代表 2/3 以上表决权的股东通过，股份有限公司经出席股东大会的股东所持表决权的 2/3 以上通过，股东（大）会可以作出解散公司的决议。国有独资公司因不设股东会，其解散的决定应由国有资产监督管理机构作出（重要的国有独资公司应当报本级人民政府批准）。中外合资有限责任公司也不设股东会，其董事会可以决议解散公司，如果董事会不能形成决议，则由合资一方向政府机关提出解散申请，由政府机关协调处理。

（4）公司合并或分立。当公司吸收合并时，吸收方存续，被吸收方解散；当公司新设合并时，合并各方均解散。当公司分立时，如果原公司存续，则不存在解散问题；如果原公司分立后不再存在，则原公司应解散。公司的合并、分立决议均应由股东会作出。

其中，属于以上第一、二项事由的，可以通过修改公司章程规定的解散事由而使公司继续存续。但是，修改公司章程须经股东会或者股东大会将 2/3 以上表决权的股东通过。

2. 强制解散

强制解散，是指因政府有关机关决定或法院判决而发生的解散。具体分为：

（1）行政解散。我国《公司法》第 180 条第 4 项规定，公司违反法律、行政法规被依法责令关闭的，被吊销营业执照或者被撤销的，应当解散。这种解散属于行政处罚方式。在公司经营严重违反了工商、税收、劳动、市场、环境保护等对公司行为进行规制的法律、法规和规章时，为了维护社会秩序，有关违法事项的主管机关可以作出决定以终止该公司的主体资格，使其永久不能进入市场进行经营。在不同的法规、规章中，解散、撤销、吊销、责令停产停业、关闭一般均属于行政解散。例如，《产品质量法》规定，在产品中掺杂、掺假，以假充真，以次充好，或者以不合格产品冒充合格产品，情节严重的，吊销营业执照。

（2）司法解散。当公司出现股东无力解决的不得已事由，或者公司董事的行为危及公司存亡，或者公司业务遇到显著困难，公司财产和股东的权利可能遭受严重损失时，持有一定比例股份的股东有权请求法院强制解散公司。法院通过特殊程序审理后，可以判决公司解散。我国《公司法》第 182 条规定，公司经营管理发生严重困难，继续存续会导致股东权益受到重大损失，通过其他途径不能解决的，持有公司 10%表决权的股东，可以起诉公司，请求法院解散公司。提起解散公司诉讼的事由是：1）公司持续两年无法召开股东会或股东大会，经营管理发生严重困难；2）股东表决时无法达到法定或章程规定比例，持续两年不能作出有效的股东会决议，经营管理发生严重困难；3）董事长期冲突，且无法通过股东会解决，公司经营管理发生严重困难；4）公司经营管理发生其他严重困难，继存会使股东利益受损。

第二节 公司的清算

一、清算的概念与法律意义

（一）概念

公司清算，是指公司解散后，依照一定程序了结公司事务，收回债权，清偿债务并分配财产，最终使公司终止、消灭的程序。

清算是公司终止的必要步骤，因为：

（1）公司往往并非由一人控制，其股东众多，并且，随着所有权与经营权分离，董事、经理开始掌握公司控制权。为了防止实际控制公司的董事、经理或控股股东在公司终止之前私自处分公司财产或不公平地分配公司的财产，损害公司股东的利益，就需要以法定的程序对公司财产进行公平的清算，以保护所有股东的利益。此外，公司股东人数较多，如果每个公司终止前都需要股东对财产分配方式和程序形成决议，则不仅难以达成一致意见，而且容易引发争议，所以从经济和效率的角度出发，也需要法律相对统一地规定一套普遍适用的清算制度。

（2）公司的股东对公司承担的是有限责任，以其投资为限，股东不再对公司承担任何责任。公司的债务是由公司的财产进行清偿，因而公司财产是公司债权人利益的保障。如果公司未经清算、清偿而终止，从而消灭主体资格，则债权人的债权将无法实现。因此，必须在公司终止前依法定的清算程序以公司的财产对债权人进行清偿，从而保障债权人的利益和经济秩序的稳定。为公司企业的终止而进行的清偿就是清算。

（3）公司的终止不仅影响股东和债权人的利益，还会影响许多利益相关人的利益，其中最重要的便是公司的职工，为了保障职工的利益，也必须通过法定程序分配公司财产。

（二）法律意义

在进入清算程序后，公司便进入终止前的特殊阶段，其权利能力和行为能力均出现重大变化。清算的法律意义为：

1. 清算期间，公司仍具有人格。公司解散或被宣告破产后，公司人格和主体资格并未立即消灭，在清算期间，公司仍有人格，只是业务活动范围有所限制。

2. 清算期间，公司的代表机构为清算组织。公司的董事会不再依其职责代表公司，公司的财产、印章、财务文件等均由清算组织接管。清算组织负责处理公司未了结的事务，并代表公司对外进行诉讼。

3. 清算期间，公司的权利能力、行为能力有所限制。虽然公司仍具有人格，但清算前和清算期间公司的主体能力有很大差异，有些国家将处于清算阶段的公司称为“清算公司”。在清算期间，公司不得再进行新的经营活动，公司的全部活动应局限于清理公司已经发生但尚未了结的事务，包括清偿债务、实现债权以及处理公司内部事务。

4. 清算期间，公司财产在未按法定程序清偿前，不得分配给股东。公司财产必须先支付清算费用、职工工资和劳动保险费用，缴纳所欠税款，清偿公司债务，这之后如果还有剩余财产，才能对股东进行分配。

5. 公司清算的最终结果是导致公司人格消灭，公司终止。清算结束后，公司所有事务均已了结，债务清偿完毕，公司财产已全部被分配。这时，清算组织即可向公司登记机关申请公司注销登记，最终消灭公司全部权利义务关系。

二、清算的分类

因清算对象、清算原因及清算的复杂程度不同，清算在立法上有不同的分类：

1. 任意清算与法定清算

任意清算，是指不需依法律规定的方式、程序，而仅依全体股东的意见或章程的规定进行的清算。它只适用于无限公司、两合公司这类结构简单且股东对公司债务负无限责任的公司。对于有限责任公司和股份有限公司而言，其社会影响面相对广泛，相关利害关系人较多，并且其股东仅对公司债务承担有限责任，为了保护债权人和相关利害关系人的利益，以使公司财产公平分配，也为了提高公司清算的效率，各国均规定了法定清算制度，即必须按法律规定的程序进行的清算。有限责任公司和股份有限公司必须进行法定清算。

2. 正常清算和破产清算

正常清算，是指除因破产的原因解散外，公司因其他一切原因解散而适用的清算程序。破产清算，是指公司被依法宣告破产时适用的清算程序。正常清算和破产清算虽然都是终结现存公司的法律关系、消灭公司人格的行为，但仍有以下区别：

（1）发生清算的原因不同。正常清算是因下列公司解散事项所引起的：公司营业期限届满，公司章程规定的其他解散事项发生，股东会议决议，以及公司因违反法律、行政法规而被依法责令关闭等。破产清算的原因是公司被宣告破产，它属司法强制解散程序。

（2）决定清算组成员的机关有所不同。正常清算的清算组，在解散事由出现后 15 日内成立：有限责任公司是由股东组成，股份有限公司由董事会或者股东大会确定的人员组成。逾期不成立的，债权人可以请求人民法院指定有关人员组成清算组进行清算。破产清算组的组成人员必须由人民法院决定。

（3）适用清算的程序不同。首先，程序的内容不同。正常清算适用一般清算程序，破产清算适用破产清算程序。适用一般清算程序解散的公司，一般有足够的财产清偿公司债务，清算程序比较简单。适用破产清算程序解散的公司处于资不抵债状态，为保护债权人利益，其清算程序远比正常清算程序复杂得多。其次，两者的程序性质也不同。正常清算不是诉讼程序，破产清算是诉讼程序。最后，适用的法律也不同。

3. 普通清算和特别清算

法定清算可以分为普通清算和特别清算。普通清算是指除任意清算外的公司清算，公司清算通常适用的是普通清算程序。特别清算是在适用普通清算时发生显著困难或清算不能或有资不抵债嫌疑时适用的清算程序。特别清算因为有上述原因，如按普通清算程序必然会损害债权人利益，必须将清算纳入比普通清算程序更为严格的程序。特别清算是介于普通清算和破产清算之间的特别程序。我国《公司法》第 187 条第 2 款规定，公司被依法宣告破产的，清算组应当将清算事务移交人民法院。因此，《公司法》未规定特别清算。

三、清算组织和清算程序

（一）清算组织

清算组织也称清算机构，是清算事务的执行人。公司解散、宣告破产后，在清算终结前，公司的人格仍然存在，其股东会和监事会作为公司机构仍然存在，只是作为公司决策机构和对外代表的董事会以及作为公司执行机构的经理不再履行其职责，而由清算组织替代，负责公司清算期间事务的处理。

各国或地区的公司法对清算组织的称谓有所不同：《美国标准公司法》称之为财产管理人及保管人；德国公司立法称之为清算人，并且规定法人可以是清算人；我国香港称之为清盘官；我国《公司法》规定为清算组，其中，破产时称为破产清算组，于外商投资公司则称为清算委员会。

1. 清算组织的成立和组成

自公司出现解散事由之日起15日内，成立清算组。

根据我国《公司法》第183条的规定，有限责任公司的清算组由股东组成，股份有限公司的清算组由董事会或者股东大会确定其人选；破产清算的，依照破产的有关法律进行。

于外商投资公司，自企业经营期限届满之日或企业审批机关批准企业解散之日或人民法院判决或仲裁机构裁决终止企业合同之日起15日内，成立至少3人组成的清算委员会，普通清算的清算委员会成员由企业权力机构在企业权力机构成员中选任或者聘请有关专业人员担任，特殊清算的清算委员会由企业审批机关或其委托的部门组织中外投资者、有关机关的代表和有关专业人员组成。如公司解散逾期不成立清算组进行清算，或虽然成立清算组，但故意拖延清算或违法清算，可能损害债权人利益的，债权人可以请求人民法院指定有关人员成立清算组，如股东、董事、监事、高级管理人员、律师会计师等。

2. 清算组织的职权和职责

公司进入清算程序后，即进入特殊状态，由清算组织负责执行公司与清算有关的必要事务并对外代表公司，因此，法律需要明确规定清算组织的职权和职责。

我国《公司法》第184条规定，清算组织的职权主要包括：（1）清理公司财产，分别编制资产负债表和财产清单；（2）通知和公告债权人；（3）处理与清算有关的公司未了结的业务；（4）缴纳公司所欠税款以及公司清算过程中产生的税款；（5）清理债权、债务；（6）处理公司清偿债务后的剩余财产；（7）代表公司参与民事诉讼活动。

为了约束清算组织成员的行为，各国法律均为清算组织的成员设定了忠实义务。我国《公司法》第189条规定：清算人员应当忠于职守，依法履行清算义务；不得利用职权收受贿赂或者其他非法收入；不得侵占公司财产等。如果清算人员因故意或者重大过失给公司或者债权人造成损失的，则应当承担赔偿责任；构成犯罪的，还应承担刑事责任。

（二）清算程序

清算组织正式成立后，公司即开始进入实质性清算程序：

1. 清理公司财产。清算组织要全面清理公司的全部财产，不仅包括固定资产，还包括流动资产；不仅包括有形资产，还包括知识产权等无形资产；不仅包括债权，还包括债务。在清理后，清算组织需要编制资产负债表和财产清单，作为下一步工作的基础。

2. 通知、公告债权人并进行债权登记。清算组织成立后应立即在法定期限内直接通知已知的债权人并公告通知未知的债权人，以便债权人在法定期限内向清算组织申报债权。债权人申报并提供相应证明后，清算组织应进行登记，以此作为财产分配的依据。我国《公司法》第185条规定：清算组应当自成立之日起10日内通知债权人，并于60日内在全国公司注册地省级有影响的报纸上公告。债权人应当自接到通知书之日起30日内，未接到通知书的自第一次公告之日起45日内，向清算组申报其债权；债权人申报其债权，应当说明债权的有关事项，并提供证明材料，清算组应当对债权进行登记。申报债权期间，不得进行债权清偿。清算组织未按规定履行通知和公告义务，导致债权人未及时申报债权而未获清偿的，应承担赔偿责任。

3. 制订清算方案。清算组织要提出合理的财产估价方案，计算出公司可分配财产的数额，并提出清算方案，以供股东、债权人、有关机关的审查和质疑。自行清算的清算方案，须报股东会、股东大会确认；法院组织清算的，清算方案应报法院确认。

4. 分配财产。清算的核心是分配财产。财产法定分配顺序依次为：（1）支付清算费用；（2）支付职工工资及劳动保险费和法定补偿金；（3）清缴所欠税款；（4）清偿公司债务；（5）前述4项款项清偿完毕后的公司剩余财产，有限责任公司按照股东的出资比例分配，股份有限公司按照股东持有的股份比例分配。同时，清算组织如果发现公司财产不足以清偿债务，应当立即向人民法院申请宣告破产，在公司经人民法院裁定宣告破产后，清算组织应当将清算事务移交给人民法院，进入破产清算程序。

四、未履行清算义务的责任

1. 执行未经确认的清算方案给公司或债权人造成损失的，公司、股东、债权人有权要求清算组织成员承担赔偿责任。

2. 有限责任公司的股东、股份有限公司的董事和控股股东未在法定期限内成立清算组织开始清算，导致公司财产贬值、流失、毁损或灭失、应在其造成损失范围内对公司债务承担赔偿责任。上述当事人怠于履行义务，导致公司主要财产、账册、重要文件等灭失，无法进行清算，应对公司债务承担连带清偿责任。上述情形系实际控制人原因造成的，实际控制人对公司债务承担相应民事责任。

3. 上述当事人在公司解散后，恶意处置公司财产，给公司债权人造成损失，或者未经清算，以虚假清算报告骗取登记机关办理法人注销登记，或未经清算办理注销登记，导致公司无法清算的，应对公司债务承担相应赔偿责任或清偿责任。

4. 公司财产不足以清偿债务时，未缴出资的股东以及公司设立时的其他股东或发起人在未缴出资范围内对公司债务承担连带责任。

第十四章
外国公司的分支机构

第一节　外国公司概述

一、外国公司的概念

外国公司是指依照外国法律在中国境外登记成立的公司。

西方国家公司法中对外国公司所下的定义都比较简单，一般是指根据其他国家的公司法组织、登记而设立的公司。凡外国公司，如果没有经所在国家政府的批准和同意，一般不得在该国从事商业性活动。但对这个问题，各国的规定不尽相同。美国公司法的规定比较严格，如《美国标准公司法》第 106 条规定："外国公司从州务卿处获取授权证书之前，无权在该州进行业务活动。"如《特拉华州公司法》第 371 条第 2 款也规定，如果一个外国（州）公司不向特拉华州的州务卿递交 50 美元的申请费并在州务卿办公室备案，该公司的任何分支机构和代理人都不得在该州从事任何商业性交易活动。

英国公司法认为，外国公司就是指根据英国以外的国家的法律而组织、设立的，通过在英国建立营业地或不建立营业地的方法从事商业活动的公司。此外，还根据该公司是否在英国建立营业地而分为海外公司和一般外国公司：在英国境内建立营业所的外国公司称为海外公司（overseas company）；不在英国境内设立营业所，但在英国从事业务活动的外国公司，称为一般外国公司（foreign company）。公司法对这两类形式的外国公司分别作出不同的规定。所谓在英国境内建立固定的营业所，是指该公司具有进行营业活动的特定和确定的地点。在此地点必须标有该外国公司的明确标志。如果仅仅通过公司的代理人进行业务活动，或者通过一个到英国访问或旅行的董事在其居住的某家旅馆里从事某些营业活动，或者通过其子公司在英国从事业务活动等，都不属于海外公司。只有当一个外国公司在英国建立了非临时性的、特定的或确定的地点之后，它才被称为海外公司。

与外国公司定义密切相关的是公司的国籍问题。如何确定公司的国籍，亦即如何确定一国境内的公司是本国公司还是外国公司，涉及该公司在东道国的待遇问题，涉及这个公司的经营活动受何种法律管辖的问题，尤其是当公司参与诉讼活动时，应适用何种法律的重要问题。在确定公司的国籍问题上，曾存在有三种不同的标准：（1）依公司注册登记所在地来确定国籍。（2）以能控制该公司的股份持有者的国籍作为确定该公司国籍的依据。（3）以公司主要营业所所在地作为确定公司国籍的标准。后两种标准存在明显的弊端。

我国《公司法》第 191 条规定，外国公司是依照外国法律在中国境外设立的公司。也即，凡依照外国法律设立在我国境外的公司，即为外国公司。至于股东的国籍如何，在所不问。

二、外国公司分支机构的概念和法律特征

（一）概念

外国公司的分支机构，是指外国公司依东道国法律在东道国境内设立的从事生产经营活动的场所或者办事机构，实际上是该外国公司在其本国之外的国家设立的分公司。例如，“甲国某公司乙国分公司”。外国公司进入我国营业，一般可以采取在我国设立分支机构、独资子公司、中外合资经营或合作经营等形式。外国公司在东道国直接设立分支机构，是外国公司进入东道国进行营业活动的主要方式，也是外国公司本身业务活动的一种延伸。

各国或地区的公司法一般均规定外国公司进入东道国营业，必须履行一定的法律手续。如美国各州公司法普遍规定：外州（国）公司为了获取在本州从事业务活动的营业执照，应向州务卿申请，申请时须提交规定的若干文件。如果州务卿审核后认为其申请是合法的，在公司支付了法律规定的全部费用及特种税后，向该公司颁发在本州营业的许可证。该公司获得该许可证后，才有权在该州从事正当的营业活动。

外国公司分支机构，是外国公司的组成部分，它在公司主要活动地点以外的一定领域内，实现公司的全部或部分职能。各个分支机构只是作为公司的一部分，分担着公司所要执行的各种职能，并在空间上扩大了公司的活动范围。分支机构通过它的负责人所为的法律行为，对公司直接产生权利、义务，并构成整个公司权利、义务的一部分。分支机构的负责人根据公司的授权主持其有关业务工作。

（二）法律特征

1. 外国公司的分支机构以外国公司的存在为前提

此即设立分支机构的外国公司已经依外国法律登记成立。值得指出的是，有的国家不区分外国公司和外国公司的分支机构，而是将外国公司与外国公司分支机构等同看待。如《日本商法典》第三编第六章“外国公司”中规定，“外国公司在日本进行继续性交易时，须确定代表人，并于其住所或者其他场所设置营业所”，并规定该外国公司须就其营业所的设立进行登记。

实际上，在涉及外国公司的场合，通常均与该外国公司在东道国进行一定的营业行为有关，并且通常涉及该外国公司分支机构在东道国的法律地位。所以，就一国的公司法而言，有关外国公司的规定，通常也就是关于外国公司分支机构的规定。在此意义上，外国公司与外国公司分支机构也就具有同一的法律意义。

但是，在我国《公司法》上，对外国公司与外国公司分支机构有着明确的区分。而且，依我国《公司法》的规定，外国公司要想在中国境内设立分支机构，如果未取得所在国公司人格，则无权到中国境内设立分支机构。对此，各国或地区的法律要求有所不同。

2. 外国公司的分支机构必须经东道国政府批准设立

外国公司的分支机构与外国公司不同。外国公司的分支机构必须依东道国法律，经东道国政府批准，在东道国境内设立，并受东道国法律的保护和管辖。这里的批准是指东道国政府准许该外国公司依法定程序在东道国设立分支机构。一般而言，经东道国政府批准的外国公司分支机构，在法定期限内，其权利、义务与东道国同种类公司基本相同。

我国《公司法》第193条规定，外国公司在中国境内依中国法律设立分支机构的，必须经过中国政府的有关主管部门批准，并到中国公司登记机关依法办理登记手续，领取营业执照。外国公司分支机构在中国境内从事生产经营活动，必须接受中国法律的管辖和中国有关主管部门的监督管理。当然，外国公司的分支机构虽然经东道国政府批准设立，但该分支机构与其在本国的公司具有相同国籍。

3. 外国公司分支机构在东道国境内的业务活动必须以营利为目的，并在东道国境内营业

外国公司必须运用自己的资金、设备、人力等，以营利为目的进行生产经营活动。之所以如此，是由其所属外国公司作为公司本身所决定的。如果外国公司分支机构无意在东道国开展经营活动，即其所从事的只是一种非营利性活动，则不属于公司法所指的外国公司的分支机构。

至于是否须在东道国建立营业地，各国或地区的立法有不同的要求。比如英国公司法虽然采用设立准据法主义，认为外国公司就是指根据英国以外的国家的法律成立的公司，但其以是否在英国建立营业地又分为海外公司（overseas company）和一般外国公司（foreign company）：在英国境内建立营业地的外国公司称为海外公司；不在英国境内设立营业地，但在英国从事业务活动的外国公司称为一般外国公司。公司法对此两类公司分别作出不同的规定：前者受英国法律管辖，而后者除法律有特别规定外，不受英国法律的管辖。

三、外国公司分支机构的性质和法律地位

（一）性质

外国公司分支机构既不同于外国公司在我国的常驻代表机构，也不同于外国公司在我国单独投资设立的外商独资企业。

外国公司常驻代表机构是指外国公司派驻我国境内的办事机构，虽然它也是非独立核算的非法人组织，但它仅仅代表其所属公司，在中国境内从事一定业务范围的联络、咨询、服务等工作，不直接从事经营活动。对此，我国国务院于1983年批准颁布的《外国企业常驻代表机构登记管理办法》中就明确规定，除政府间另有协议外，外国企业常驻代表机构应当“从事非直接经营活动”。

外商独资企业是指依中国有关法律在中国境内设立的，全部资本由外国投资者投资的企业。根据我国有关法律的规定，外商独资企业与外国公司分支机构的主要区别在于：

1. 外商独资企业是依照中国法律在中国境内设立的，具有中国国籍，属于中国企业；而外国公司分支机构本身是外国公司的组成部分，具有外国国籍，属于外国企业。不少国家或地区的公司法将这种外国公司的分支机构直接称为外国公司。

2. 外商独资企业具有独立的法律地位，能够以自己的名义对外进行活动，其中绝大部分为有限责任公司形式，具有中国法人资格，实行独立核算，能够以自己的财产独立承担法律责任；而外国公司分支机构是不具有独立的法律地位。

3. 外商独资企业的组织机构也较复杂，一般以董事会来管理企业；而外国公司分支机构是不具有独立的公司人格的内部组织机构。

（二）法律地位

外国公司均具有独立的法律地位，而外国公司分支机构本身不具有独立的法律地位。各国或地区的公司法一般均规定，外国公司的分支机构从属于外国公司，是外国公司的组成部

分，外国公司须为其分支机构的债务承担责任。在我国，外国公司与其在中国境内设立的分支机构的关系，相当于总公司与分公司。我国《公司法》第195条规定：外国公司在中国境内设立的分支机构不具有中国法人资格。外国公司对其分支机构在中国境内进行经营活动承担民事责任。具体而言，外国公司分支机构的法律地位表现为如下方面：

1. 外国公司分支机构是其所属的外国公司的一个组成部分，是在我国设立的派出机构，它不属于，也不同于外国公司依我国法律在我国境内单独登记注册的子公司。

2. 外国公司分支机构是不具有独立的公司人格的内部组织机构，一般不设股东会、董事会及监事会等整套管理机构，而只由该外国公司指定代表人或代理人负责该分支机构。

3. 外国公司分支机构没有自己独立的公司名称和公司章程，而只能以其所属的外国公司的名义进行业务活动，不能使用与其所属公司名称相区别的其他名称。我国《公司法》第194条规定，外国公司的分支机构应当在其名称中标明该外国公司的国籍及责任形式，并应当在本机构中置备该外国公司的章程。

4. 外国公司分支机构对其经营活动不独立承担责任，其业务活动结果由所属外国公司承受，即分支机构的所属公司以自己的全部财产对其分支机构的活动所产生的债务承担责任。也正因为如此，各国或地区的公司法一般要求外国公司的分支机构在其名称中标明其所属外国公司的责任形式。

第二节　外国公司分支机构的设立

一、外国公司分支机构设立的含义

外国公司分支机构的设立，是外国公司依东道国法律规定的条件和程序，在东道国境内为其分支机构取得生产经营资格的法律行为。

外国公司在东道国设立分支机构，一般必须办理申请许可手续。各东道国政府依本国国情，参照国际惯例，一般都制定了有关外国公司在本国设立分支机构的法律。各国公司立法对外国公司分支机构的设立均给予了一定的限制，如《美国标准公司法》第106条规定，外国（州）公司从州务卿处获取授权证书之前，无权在该州从事业务活动；奥地利《股份有限公司法》也规定，外国的股份有限公司如要在奥地利从事业务活动，应取得奥地利政府的批准；日本、韩国则规定，外国公司欲在该国经营，必须设立分支机构，确定外国公司在该国的代理人，并且必须进行注册登记。我国公司立法及相关法律对外国公司分支机构的设立也作了明确的规定。

二、外国公司分支机构设立的条件

各国或地区的法律一般要求申请设立分支机构的外国公司须具备一定的条件，如必须是合法的外国公司，或必须是已经在东道国营业的公司，有的甚至要求该外国公司已经在东道国境内设立了代表机构等。根据我国《公司法》及相关法律的规定，外国公司在中国设立分支机构必须符合以下基本条件：

1. 必须在中国境内指定负责该分支机构的代表人或代理人

这里的代表人是指分支机构的代表人，属于公司及其分支机构的内部人员；而代理人则是指受外国公司的委托，以该公司名义进行活动的人。代表人或代理人作为分支机构的负责人，代表外国公司在中国境内从事各项生产经营活动，其活动产生的法律后果由该外国公司承担。关于外国公司分支机构的代表人或代理人的资格，有的国家法律规定必须在本国有住所。我国公司立法对外国公司分支机构的代表人或代理人的资格未作出详细的规定，我国有关法律只对变更代表人或代理人时的登记事宜作了规定，即该代表人或代理人在更换或离境前，外国公司应另行选定代表人或代理人，并将其姓名、国籍、住所或居所申请主管机关登记；申请登记时，应附送授权证书或委托证书。

2. 必须向该分支机构拨付与其所从事的经营活动相适应的资金

对外国公司分支机构的经营资金需要规定最低限额的，由国务院根据各类分支机构的不同行业和经营规模另行规定。法律这样规定，一方面是为了保证该外国公司分支机构的生产经营活动得以正常进行，另一方面是为了防止外国公司在我国境内无本经营或从事诈骗活动，保护与其进行营业行为或其他法律行为的债权人和社会公众的利益。

上述“相适应的资金”和“最低限额”并非该外国公司分支机构承担责任的限度。当外国公司分支机构需要依法承担责任时，不以该外国公司分支机构的经营资金数额及该外国公司分支机构所支配的财产为限，而应由设立该分支机构的外国公司全部承担。

3. 外国公司的分支机构应当在其名称中标明该外国公司的国籍及责任形式，并应当在本机构中置备该外国公司章程

这一要求一则便于有关主管机关对其进行监督、管理，二则便于相对人和公众了解其情况，增进交易安全。有的国家或地区的公司法中还规定外国公司分支机构的名称还必须译为东道国文字，以达方便之目的。要求在名称中标明国籍的原因主要在于将东道国公司和外国公司、来自不同国家的外国公司之间等予以区别。

三、外国公司分支机构设立的程序

各国或地区均基于本国或本地区对外经济政策的基本立场，在维护国家主权和经济利益的前提下，从利用外国投资、发展本国经营这一目标出发，制定本国的外国投资或跨国经营的基本政策及相应的外国投资法，对外国投资进行保护、监管和引导。在有关法律中，既包含有关外国投资或跨国经营的实体法规范，也包括关于对外国投资进行审查许可的程序性规范。

我国《公司法》第192条规定，外国公司在中国境内设立分支机构，必须向中国主管机关提出申请，并提交其公司章程、所属国的公司登记证书等有关文件，经批准后，向公司登记机关依法办理登记，领取营业执照。

第三节 外国公司分支机构的权利和义务

外国公司分支机构作为外国公司在东道国的一个派出机构，在取得东道国的工商登记后，既享有在东道国境内从事生产经营活动的权利，又要承担东道国法律规定的相应义务。各国或地区的公司法一般都对外国公司分支机构的权利、义务予以专门规定。我国《公司法》第196条对外国公司分支机构的权利、义务作了概括规定：经批准设立的外国公司分支机构，在中国境内从事业务活动，必须遵守中国的法律，不得损害中国的社会公共利益，其合法权益受中国法律保护。

一、外国公司分支机构的权利

外国公司在中国境内设立的分支机构受中国法律管辖，其合法权益受中国法律保护。除法律特别规定予以限制的以外，外国公司分支机构的权利与中国同类型公司所享有的权利基本相同。根据我国法律的相关规定，外国公司分支机构的权利可概括为以下两方面：

1. 依法从事生产经营活动

外国公司分支机构取得中国工商行政管理机关颁发的营业执照，即获得在中国境内从事生产经营活动的法定资格。一般而言，各国或地区的法律多允许外国公司在本国境内开展业务活动，并使其具有与本国公司基本相同的权利，如依法取得财产的所有权、订立合同、享受东道国有关鼓励外商投资的优惠政策等。当然，各国或地区的法律对外国公司分支机构从事业务活动的范围也会有所限制，主要体现在禁止或者限制外国公司分支机构从事军工、航空、通讯、能源等与国计民生关系重大的特殊行业。如法国禁止外国公司进行军火、酒精或医药方面的贸易（欧共体国家的公司除外）；意大利禁止外国公司从事银行业、保险业、海运业等方面的交易活动，同时，所有外国投资活动均要受到意大利《外汇管理条例》的限制。

2. 合法权益受中国法律保护

外国公司分支机构遵守中国法律，在中国境内依法进行生产经营活动，其合法权益当然受中国法律保护。中国有关管理机关应依法履行自己的职责，切实保障外国公司分支机构的合法权益。任何侵犯外国公司分支机构合法权益的行为都将受到法律的追究。外国公司在其分支机构的合法经营活动受到不法侵害时，有权在中国提起诉讼，寻求司法保护，以维护其合法权益。

二、外国公司分支机构的义务

外国公司在中国境内设立的分支机构在依法享有权利的同时，也应承担相应的义务。除我国法律予以特别规定以外，外国公司分支机构的义务与我国同类公司所负有的义务基本相同。依我国《公司法》及其他相关法律的规定，外国公司分支机构在我国从事营业活动时应承担的主要义务可概括为下列两方面：

1. 遵守中国法律，不损害中国的社会公共利益

外国公司在中国境内设立分支机构开展业务活动，本质上是外国投资者对中国的投资。依属地管辖原则，外国公司分支机构在中国境内的营业活动，应受中国法律管辖，这是我国主权原则的体现。同时，外国公司分支机构在中国境内营业，不得损害中国的社会公共利益。比如，外国公司分支机构所从事的营业项目，必须符合中国的产业政策，在国家允许的范围内进行，不得进入中国禁止外资进入的特定行业。外国公司分支机构不得在中国境内非法开展业务，不得拒绝履行其应当履行的义务，不得扰乱中国正常的经济秩序，否则，将受到中国法律的制裁，并不因其为外国公司分支机构而特殊。比如，外国公司分支机构同样也要接受工商、税务部门以及外汇、海关等部门的管理和监督。

2. 标明国籍及责任形式，并置备章程

外国公司分支机构只是外国公司的一个组成部分，其本身并不具有独立的法律地位，它只能以所属外国公司的名义对外进行活动，其在中国境内的经营活动所产生的法律后果也由其所属外国公司承担。我国《公司法》第194条中明确要求外国公司的分支机构应当在其名称

中标明该外国公司的国籍及责任形式并在本机构中置备章程，以方便与其发生法律关系的当事人了解其具体情况，降低交易风险，保护债权人的利益，维护社会经济秩序。

第四节 外国公司分支机构的撤销和清算

一、外国公司分支机构的撤销

外国公司分支机构的撤销是指依法使已经设立的外国公司分支机构归于消灭，结束其在东道国境内的生产经营活动。外国公司分支机构撤销的原因可以概括为两种情形：一是由于被强制吊销营业执照而被迫撤销，二是主动撤销。东道国政府强令外国公司分支机构撤销，一般都是由于该外国公司分支机构严重违反东道国的法律。如日本《公司法》第484条就规定，法院在发生了法律规定的情形时，根据法务大臣、股东、债权人及其他利害关系人的请求，可以命令关闭外国公司的营业所。外国公司分支机构主动要求撤销一般发生在外国公司已经完成了在东道国从事营业活动的预定目标，需要转移营业地的情形。各国或地区一般都规定外国公司分支机构撤销时需要履行一定的法律手续。比如，在美国，凡外国公司要撤离某一州，必须首先向州务卿递交申请书，州务卿经审核，认为申请书的内容属实，就可以直接向该公司颁发撤销营业执照的通知。在州务卿正式颁发上述通知后，该公司就立即撤离该州。不少国家或地区的公司法也都有类似的法律规定。

我国《公司法》未明确规定外国公司分支机构的撤销原因，但依其他有关法律的规定，一般应包括下列几种情形：

1. 因外国公司被依法撤销或解散而被迫撤销。外国公司分支机构是外国公司的组成部分，外国公司分支机构的存在以外国公司的存在为前提条件，当外国公司因被依法撤销、宣告破产、股东会决议解散等原因而终止时，该外国公司下属分支机构当然需要撤销。

2. 外国公司分支机构因违法经营而被迫撤销。外国公司分支机构从事生产经营活动严重违反东道国法律，将被依法责令撤销。我国《公司法》第212条规定，外国公司违反本法规定，擅自在中国境内设立分支机构的，由公司登记机关责令改正或者关闭，可并处以5万元以上、20万元以下的罚款。此外，如果外国公司分支机构违反中国的工商管理、海关、财税、金融、外汇、环境保护等法律，情节严重的，有关主管部门也有权责令其停业，并吊销其营业执照。

3. 外国公司分支机构因无故歇业而被迫撤销。外国公司分支机构取得登记后，应依法从事生产经营活动，如果其无故歇业达到一定期限，有关主管机关可强制该外国公司分支机构解散。如《日本商法典》规定，外国公司的营业所无正当理由，在进行法定登记1年后未开始营业或停业1年以上者，法院根据法务大臣、股东、债权人及其他利害关系人的请求，可以命令予以关闭。我国《公司法》第211条第1款也规定，公司成立后无正当理由超过6个月未开业，或者开业后自行停业连续6个月以上的，可以由公司登记机关吊销其营业执照。据此，外国公司分支机构如果违反上述法律规定，公司登记机关可以依法吊销其营业执照。

4. 因外国公司分支机构的经营期限届满而撤销。各国或地区的公司法多对外国公司分支机构的经营期限有规定，外国公司分支机构因经营期限届满而撤销是很正常的。当然，外国公司分支机构在经营期限届满前的一定时间内，经原审批机关批准，可申请办理延期登记。逾期不申请延期的，视同注销。

5. 外国公司自行决定撤销。外国公司出于某种原因或需要，如已完成了在东道国从事投资和经营的预定目标或无意在东道国继续投资经营，在经营期限届满前，可以向主管机关申请批准撤销其设立的分支机构。这是外国公司分支机构撤销的一种常见情形。

6. 其他导致外国公司分支机构撤销的原因。

二、外国公司分支机构的清算

外国公司分支机构的清算，是指外国公司分支机构被撤销后，为了终结其现存的各种法律关系，了结分支机构的债权、债务，而对分支机构所生的债权、债务等进行清理的行为。由于外国公司分支机构一旦被撤销便丧失了在东道国境内进行经营的能力，故各国或地区的立法多规定在这种情形下该分支机构应依法进入清算程序。我国《公司法》第197条规定：外国公司撤销其在中国境内的分支机构时，必须依法清偿债务，依照本法有关公司清算程序的规定进行清算。未清偿债务之前，不得将其分支机构的财产移至中国境外。

1. 清算程序

外国公司分支机构的清算程序依公司法有关公司清算的规定执行。依我国《公司法》的相关规定，外国公司分支机构的清算程序可以概括为：

（1）成立清算组。在出现了外国公司分支机构主动撤销的情形后，外国公司应当在法律规定的期限内成立清算组，逾期不成立清算组，债权人可以申请人民法院指定有关人员组成清算组进行清算。

（2）通知和公告债权人。清算组应当自成立之日起法定期限内通知债权人，并于法定期限内在报纸上进行公告；债权人应当自接到通知书之日起的法定期限内，未接到通知书的自第一次公告之日起的法定期限内，向清算组申报其债权。

（3）制订清算方案，清理债权、债务。清算组在清理外国公司分支机构财产、编制资产负债表和财产清单后，应当制订清算方案，报我国有关主管机关确认。外国公司分支机构在清算期间，不得基于非清算目的处分其财产。外国公司分支机构的财产能够清偿其债务的，分别按顺序支付清算费用、职工工资和劳动保险费用以及法定补偿金，缴纳所欠税款，清偿公司债务。

（4）注销登记。清算结束后，清算人应当制作清算报告，报有关主管机关确认，并报送原公司登记机关，在法定期限内申请注销登记，由公司登记机关发布公告、缴销营业执照。

2. 清算过程中的法律地位

外国公司分支机构在撤销以后至清算结束这段时间内，在清算范围内仍视为未撤销，其民事主体资格视为存续，但其权利能力受到限制，即仅限于以清算为目的的范围之内，不得从事与清算无关的经营活动。

为保护债权人的利益，我国《公司法》第197条规定，外国公司未清偿债务之前，不得将其分支机构的财产移至中国境外。也就是说，对于外国公司分支机构所有清算未了的债务，仍由其所属外国公司予以清偿。这是由外国公司分支机构的法律地位决定的。

3. 外国公司分支机构被撤销后的责任承担

外国公司分支机构被撤销后，应依法进入清算程序，清理债权、债务。在公司法实践中，对于外国公司分支机构被撤销后的责任承担问题，有不同的看法：一种观点认为应一律直接由设立该分支机构的外国公司承担；另一种观点认为，应先以该分支机构的财产负责清偿，分支机构没有偿付能力的，再由该外国公司承担。我国《公司法》第195条虽然规定了外国公司对其分支机构在中国境内进行经营活动承担民事责任，但对承担责任的方式或程序没有具体规定。

第三编

证 券 法

第十五章
证券与《证券法》概述

第一节 《证券法》调整的证券范围

一、《证券法》中证券的特定含义

按照通常的理解，证券，是指表示一定财产权利的书面凭证，包括金券（邮票）、资格证券（电影票）、有价证券，而有价证券又包括物权证券（提单）、债权证券（债券）、股权证券（股票）。但是，《证券法》中所指的证券与此不同。

《证券法》[①] 第2条第1款规定，在中华人民共和国境内，股票、公司债券和国务院依法认定的其他证券的发行和交易，适用本法；本法未规定的，适用《中华人民共和国公司法》和其他法律、行政法规的规定。第2款规定：政府债券、证券投资基金份额的上市交易，适用本法；其他法律、行政法规有特别规定的，适用其规定。第3款规定：证券衍生品种发行、交易的管理办法，由国务院依照本法的原则规定。[②] 与以上3款的规定相对应，我国《证券法》所调整的证券范围有三大类：

第一类，股票、公司债券、国务院依法认定的其他证券的发行和交易行为。除了股票与公司债券的发行和交易行为外，国务院根据我国证券市场的发展，认为哪一类证券应该纳入，作出规定后，就可将这一类证券的发行和交易行为纳入。

第二类，政府债券和证券投资基金份额的上市交易行为。这两种证券的发行，国家有专门的法律、法规：政府债券的发行由国家有关国债管理的法律、法规规范；证券投资基金份额的发行，由2004年6月1日起实施的《中华人民共和国证券投资基金法》规范。但是，对于这类证券的公开上市交易，要通过证券交易所进行，因此，这类证券的上市交易要适用《证券法》的有关规定。

第三类，证券衍生品种发行和交易的管理办法。证券衍生品种包括证券期货、股指期货等，这些衍生产品的发行、交易的管理办法将来要适用《证券法》的基本原则。也就是说，

① 这里的《证券法》是指：2005年10月27日第十届全国人民代表大会常务委员会第十八次会议修订通过、2006年1月1日起实施的《证券法》。凡无特别说明，皆指此《证券法》。

② 《证券法》的这一规定，与我国台湾地区“证券交易法”的相关规定大体相同，我国台湾地区“证券交易法”第6条规定，本法所称有价证券，谓政府债券、公司股票、公司债券及经财政部核定之其他有价证券。新股认购权利证书、新股权利证书及前项各种有价证券之价款缴纳凭证或表明其权利之证书，视为有价证券。前两项规定之有价证券，未印制表示其权利之实体有价证券者，亦视为有价证券。

《证券法》为将来这种新品种的研制、开发、推出，扫除了法律的障碍，创造了条件。

关于《证券法》调整的证券范围，各国规定不完全相同，如果与美国《1933 年证券法》相比，我国《证券法》调整的证券范围要狭窄得多。美国《1933 年证券法》规定，"证券"一词系指任何票据、股票、库存股票、债券、公司信用债券、债务凭证、盈利分享协议下的权益证书或参与证书、以证券作抵押的信用证书，组建前证书或认购书、可转让股票、投资契约、股权信托证，证券存款单、石油、煤气或其他矿产小额利息滚存权，或一般来说，被普遍认为是"证券"的任何权益和票据，或上述任一种证券的权益或参与证书、暂时或临时证书、收据、担保证书、认股证书或订购权或购买权。[①] 我国《证券法》的规定范围过窄，有可能为他人留下规避法律监管的空间，不利于保护投资者的合法权益。

我国《证券法》调整的证券范围虽然比美国法的规定要窄，但与我国旧《证券法》相比[②]，有所扩展，除了股票和公司债券外，还增加了政府债券、证券投资基金份额，以及证券衍生品种。

二、股票和公司债券

股票和公司债券是典型的资本有价证券。有价证券，是指记载和表明一定财产权利的证券，它包括货币有价证券和资本有价证券等。货币有价证券，是指替代货币进行支付和结算的有价证券，包括汇票、本票和支票；资本有价证券，是指资金需求者通过直接融资方式取得资金后，向资金提供者签发的证券，主要是股票和公司债券，由于它们具有筹集资金和获取利益的双重作用，具有资本的性质和功能，故而得名。

（一）股票

股票（Stock），是指表示股东权的要式有价证券，是股份有限公司签发给股东的证明股东所持股份的凭证。[③] 股票既是作为股份的一种凭证，又是作为记载股东权的权利证书，因此，股权是股份的内容，股票是股份的形式。股票作为股东向公司入股，获取收益的所有者凭证，持有它只是成为公司股东的身份的证明，因为对于记名股票，取得了股票的所有权并不一定意味着取得了股东权（股份的所有权），只有持有此证明，向发行公司要求办理变更股东名册的过户手续后，才能对公司发生效力。股票的法律特征如下：

1. 股票是一种有价证券。股票作为一种有价证券，它所表示的股东权具有财产权的内容。如股票持有者即股东享有收取股息和红利的权利；公司终止清算时，有取得公司剩余财产的权利等。同时，股东权的发生要以股票的持有为条件。也就是说，股票的合法持有者就是股东权的享有者。股东持有股票主要是行使股东权或转移股东权。股票可以自由流通和转让，股票的转让即为股东权的转让。

2. 股票是一种非设权证券。股票仅是把已经存在的股东权表现为证券的形式，股东所享有的股东权并不是由股票单独创设的，而是股份本身所包含的权利。

3. 股票是公司资本的证券化。资本证券化在于通过标准化的资本分割，提高资本的流动

---

① 参见美国 1933 年《证券法》第二节（1）。

② 旧《证券法》第 2 条规定：在中国境内，股票、公司债券和国务院依法认定的其他证券的发行和交易，适用本法。本法未规定的，适用《公司法》和其他法律、行政法规的规定。政府债券的发行和交易，由法律、行政法规另行规定。

③ 《公司法》第 125 条第 2 款规定："公司的股份采取股票的形式。股票是公司签发的证明股东所持股份的凭证。"

性。在商品经济条件下，公司的资产要想通过市场进行自由流动，必须首先商品化，即公司资产的资本化，其中包括使用价值形态的资本和价值形态的资本，而后，将价值形态的资本股份化，最后，将股份资本证券化，从而使公司资本具有流动性。股票作为代表股东权利的证书，是一种独立于实际资本之外的虚拟资本，它自身并没有任何价值，但由于它与股份和股东权紧密联系，它就成为一种特殊的商品，具备了商品的一般属性：使用价值和价值。

股票可以分为记名股票和无记名股票，这是各国对股票的最基本的分类方法之一。股份公司为什么要设记名股票呢？一般股份公司是典型的资合公司，它不像人合公司以社员之间的人际关系纽带为基础运营，股东之间的关系对股份公司并不重要。但所有的公司，不管是人合公司还是资合公司，都需要人来经营，由于股份公司的股份具有很强的流动性，股东时刻都处于变动中，从公司经营考虑，有必要将那些对公司经营有重要影响的人稳定住。另外，设立记名股票也是为方便公司对股份的管理，转让记名股份时，在股东名册上进行变更登记成为对公司的对抗要件，公司因此很容易把握其股份的移动，但无记名股份仅依股票的交付即可，无须其他对抗要件，公司就很难把握股份的变动。公司为便于对股份的管理及经营权的稳定，几乎所有的股份公司都设有记名股票。

随着上市公司股票的集中托管和计算机技术的发展，股票的表现形式由纸面形式演变成一种无形的电子数据的形式，目前我国所有上市公司的股票的发行和交易全部实现了无纸化的电子形式。这对于记名股东，可以通过电子记账以不持有股票的方式来主张自己的股东权，但对于无记名股份的股东，如果不持有有形的股票，就无法向公司主张其股东权，所以，无记名股份的股东无法利用电子股票这种方式。

（二）公司债券

根据我国《公司法》第 153 条的规定，公司债券（Bond），是指公司依照法定程序发行的，约定在一定期限还本付息的有价证券。公司资本的来源主要有两个方面：一是股本，二是举债。后者主要通过两个管道：一是向银行等金融机构借贷；二是发行有价证券，向不特定的社会公众借债，由此而产生的债务就是公司债。公司债的法律特征如下：

（1）公司债必须依照法定条件和程序发行。由于发行公司债是向不特定的社会公众借债，必然涉及广大社会公众的利益，为保护社会公众的合法权益，维护社会秩序的稳定，必须按照法定条件和程序发行。

（2）公司债券是一种要式有价证券。公司债券首先是一种有价证券，它证明持券人对公司拥有一定数量的债权；其次，这种有价证券是一种要式有价证券，我国《公司法》第 156 条规定，公司以实物券方式发行公司债券的，必须在债券上载明公司名称、债券票面金额、利率、偿还期限等事项，并由法定代表人签名，公司盖章。

（3）公司债券是有一定还本付息期限的有价证券。公司以债务人的身份向公众发行债券，是吸引公众向公司投资，就承诺一定期限到来时，不仅还本，还将支付一定的利息，一般债权人所得利息要高于同期银行存款利息，使公司债券具有强大的生命力。

（4）公司债券是一种债权证券。公司债券所反映的是一种债权债务关系，这一点与股票不同，股票所反映的是一种股权关系，股票持有人可以通过股东大会参与公司事务的决策，而债券持有人则不能；股东在任何时候都无权要求公司还本付息，而债券持有人可以要求公司在期限到来时还本付息；在公司破产清算时，债券持有人优先于股东行使对公司剩余资产的分配权。

按照不同的标准，可对公司债券进行不同的分类：

（1）按是否记名分：1）记名公司债券，即在券面上登记持有人姓名，支取本息要凭印鉴领取，转让时必须背书并到债券发行公司登记的公司债券；2）不记名公司债券，即券面上不需载明持有人姓名，还本付息及流通转让仅以债券为凭证，不需登记。

（2）按持有人是否参加公司利润分配分：1）参加公司债券，是指除了可按预先约定获得利息收入外，还可在一定程度上参加公司利润分配的公司债券；2）非参加公司债券，是指持有人只能按照事先约定的利率获得利息的公司债券。

（3）按是否可提前赎回分：1）可提前赎回公司债券，即发行者可在债券到期前购回其发行的全部或部分债券；2）不可提前赎回公司债券，即只能一次到期还本付息的公司债券。

（4）按发行债券的目的分：1）普通公司债券，即以固定利率、固定期限为特征的公司债券。这是公司债券的主要形式，目的在于为公司扩大生产规模提供资金来源。2）改组公司债券，是为清理公司债务发行的债券，也称以新换旧债券。3）利息公司债券，也称调整公司债券，是指面临债务信用危机的公司经债权人同意发行的较低利率的新债券，用以换回原来发行的较高利率债券。4）延期公司债券，是指公司在已发行债券到期无力支付，又不能发新债还旧债时，征得债权人同意可延长偿还期限的公司债券。

（5）按发行人是否给予持有人选择权分：1）附有选择权的公司债券，是指在一些公司债券的发行中，发行人给予持有人一定的选择权，如可转换公司债券（附有可转换为普通股的选择权）、有认股权证的公司债券和可退还公司债券（附有持有人在债券到期前可将其回售给发行人的选择权）。可转换公司债实际上是一种证券衍生品种。2）未附选择权的公司债券，即债券发行人未给予持有人上述选择权的公司债券。

三、政府债券和证券投资基金份额

（一）政府债券

政府债券，是指政府及政府所属机构以债务人的身份，按照国家的法律规定或合同的约定，同有关各方发生的特定的债权债务关系。政府债券是政府债务收入的主要形式，也是政府财政活动的重要内容。政府债券应该包括中央政府债券和地方政府债券，目前，在我国发行的政府债券主要是中央政府债券，又称国债。国债的风险是比较小的，有金边债券的美誉（地方政府债券被称为银边债券），只有在国家出现经济危机时，或者社会的通货膨胀率比国债的回报率高时，才会出现偿付的风险或亏本，这种风险一般不容易出现。

按照不同标准，政府公债的分类如下：（1）按发行地域，分为国内公债和国外公债；（2）按照公债债务期限的长短，分为短期公债和长期公债；（3）按照公债本位，分为货币公债和实物公债；（4）按照公债是否上市或流通，分为上市公债和非上市公债；（5）按照应募条件，分为强制公债和自由公债。

（二）证券投资基金份额

根据我国《证券投资基金法》第 2 条的规定，证券投资基金，是指在中华人民共和国境内，通过公开发售基金份额募集的基金。证券投资基金由基金管理人管理，基金托管人托管，基金管理人为基金份额持有人的利益，以资产组合方式进行证券投资活动。

证券投资基金运作方式可采用封闭式、开放式或其他方式。根据我国《证券投资基金法》第 5 条的规定，采用封闭式运作方式的基金（简称封闭式基金），是指经核准的基金份额总额在基金合同期限内固定不变，基金份额可以在依法设立的证券交易场所交易，但基金份额持有人不得申请赎回的基金；采用开放式运作方式的基金（简称开放式基金），是指基金份额总额不固定，基金份额可在基金合同约定的时间和场所申购或者赎回的基金。

《证券法》所规定的证券投资基金份额，是指能够在依法设立的证券交易场所交易的证券投资基金份额。

四、证券衍生品种

证券衍生品种属于衍生工具（Derivative Instruments）的范畴，而衍生工具指一种其自身价值取决于其他基础相关变量的工具。证券衍生品种是一种金融衍生工具，是在货币、股票、债券、外汇等传统金融工具的基础上派生出来的新型金融工具或金融商品。金融衍生工具主要包括金融期货、金融期权和其他金融衍生工具。金融期货包括外汇、利率和股票期货；金融期权包括现货期权和期货期权；其他金融衍生工具包括可转换公司债、认股权证、存托凭证、备兑凭证等。金融衍生工具自20世纪70年代出现以来，经过三十多年的发展，目前已经开发了三千多个品种，年成交量达数百万亿美元，成为衍生工具市场上的主要工具。①

我国证券市场证券品种单一，证券衍生品种几乎处于空白状态，制约了证券市场发展，证券衍生品种欠缺是我国证券市场结构性矛盾和深层次问题产生的重要原因之一。权证、股票期权、指数期货、国债期货等证券衍生品种，具有套期保值、价格发现、管理风险、活跃交易等功能，这些产品长期缺位，加剧了股票、公司债券等基础证券市场的风险和困境。我国应在适当时候开发并推出证券衍生产品，以满足市场的需要。证券衍生产品可分为契约型和证券型两类：

（一）契约型证券衍生品种

契约型证券衍生品种，以股票、债券等资本证券或者资本证券的整体价值衡量标准如股票指数为基础，主要包括各类期货、期权等品种，如股指期货、股指期权、国债期货、股票期权等。其特点是：（1）契约型证券衍生品种是以证券交易场所设计的标准化、规格化合约的形式存在，而不是以证券的形式存在。（2）契约型证券衍生品种不具备融资功能，主要是作为一种风险管理工具。（3）契约型证券衍生品种没有发行人，交易的方式为期货交易，实行保证金、持仓限制、逐日盯市等交易风险控制措施。②

（二）证券型证券衍生品种

证券型证券衍生品种，是股票等基础证券和一个权利合约相结合，并将其中的权利以证券的形式表现出来，形成一种新的证券品种。有代表性的证券型证券衍生品种，包括认股权证和可转换公司债：

1. 认股权证

认股权证作为以股票为基础的衍生证券，是股票和选择权合约的结合，合约的主体是权证的发行人和权证持有人，合约内容是权证持有人有权选择是否在约定时间、按约定价格向权证发行人买进或卖出股票。与一般契约型证券衍生产品不同的是，认股权证中的合约，并不是以标准化、规格化合同的形式存在，是以证券的形式存在，合约的内容已证券化为权证的基本要素。法律上认股权证作为证券型证券衍生品种，具备证券的基本特征，并由此区别

---

① 参见范健、王建文：《证券法》，56页，北京，法律出版社，2006。

② 参见卢文道：《证券衍生品种法制构建与证券法修改》，见 http：//www.szse.cn/UpFiles/Attach/1673/2005/09/13/1544523281.doc。

于一般的契约型证券衍生品种。(1) 根据证券的基本原理，证券品种都是一种特定权利的证券化，如股票是股东权的证券化，债券是债权的证券化，认股权证系“选择权”的证券化，应属于证券范畴。称为衍生证券是因为其建立在买卖特定股票的基础上，以标的股票的存在为基础，具有衍生性。(2) 与股票和公司债券一样，认股权证有发行人，设定发行价格，经历发行和募集程序，具有直接或间接的筹资功能，但契约型证券衍生品种，并无发行人和发行程序，也无筹资功能。(3) 认股权证尽管是证券衍生品种，但其交易方式和股票、公司债券等保持一致，实行现货交易。上述认股权证的特征同样适用于认股选择权合约和公司债券相结合而衍生的可转换公司债券，是证券型证券衍生品种的共性特征。[①]

2. 可转换公司债

可转换公司债指债券持有人可按时收到固定利息，并且当持有至债券到期日时，发行公司还必须依面额收回可转换公司债；同时在其发行一段时间后，持有人可依约定的转换价格依法转换为发行公司的股票（通常为普通股）。其赋予债券持有人在发行公司获利能力提升后参与股票增值的权利，但在未转换前，持有人仍被视为债权人，具有较有利的清偿优先权，并享有债券保本保息的好处。

可转换公司债具有股票及债券双重特性，投资人行使转换权前，投资人具有债权人之身份，可依约定享受债权人之权利；投资人请求转换后，其身份将转变为公司股东，可享受股东所有的权利。可谓进可攻、退可守之投资工具。

1843 年美国 New York Erie 铁道公司发行了第一张可转换公司债券，但此后一百多年，可转换公司债券一直在证券市场中处于不清晰的地位，没有得到市场的认同和重视，直到 20 世纪 70 年代，美国经济极度通货膨胀，使得债券投资人开始寻找新的投资工具，可转换公司债券由此进入人们的视野，并在此后在全球迅速发展起来。

可转换公司债券是可转换证券（主要包括可转换公司债券和可转换优先股）的一种。可转换公司债券是一种公司债券，它赋予持有人在发债后一定时间内，可依据本身的自由意志，选择是否依约定的条件将持有的债券转换为发行公司股票的权利。可转换公司债券持有人可以选择持有至债券到期，要求公司还本付息；也可选择在约定的时间内转换成股票，享受股利分配或资本增值。可转换优先股虽然与可转换公司债券一样可以转换成普通股股票，但它毕竟是股票，固定所得不是债息，而是股票红利；它的价格随着公司权益价值的增加而增加，并随着红利派现而下跌；而且破产时对企业财产的索赔权落后于债权人。因此，它与可转换公司债券有本质不同。普通可转换公司债券具有债权性和期权性双重属性：

(1) 债权性质

可转换公司债券首先是一种公司债券，是固定收益证券，具有确定的债券期限和定期息率，并为可转换公司债券投资者提供稳定利息收入和还本保证，因此，具有较充分的债权性质。可转换公司债券持有人虽可享有还本付息的保障，但与股票投资者不同，他不是企业的拥有者，不能获取股票红利，不能参与企业决策。在企业资产负债表上，可转换公司债券属于企业“或有负债”，在转换成股票前，可转换公司债券仍属于企业的负债资产，只有在可转换公司债券转换成股票后，投资可转换公司债券才等同于投资股票。一般可转换公司债券的票面利率总是低于同等条件和同等资信的公司债券，因对可转换公司债券赋予投资人转换股

① 参见卢文道：《证券衍生品种法制构建与证券法修改》，见 http://www.szse.cn/UpFiles/Attach/1673/2005/09/13/1544523281.doc。

票权以补偿，投资人所得利息就低。

(2) 股票期权性质

可转换公司债券为投资者的提供转换成股票的权利，是一种选择权投资者既可行使转换权，将可转换公司债券转换成股票，也可放弃这种转换权，持有债券到期。可转换公司债券包含了股票买入期权的特征，投资者通过持有可转换公司债券可以获得股票上涨的收益。因此，可转换公司债券是股票期权的衍生，为期权类的二级金融衍生产品。

可转换公司债券还具有赎回和回售等特征，属性较为复杂，但以上二者是可转换公司债券最基本的属性。

第二节 《证券法》的制定与修改

一、《公司法》与《证券法》的关系

《公司法》与《证券法》的调整对象存在一个天然的交叉领域，即股份有限公司股份的发行和转让，在《公司法》中称为“股份的发行和转让”，在《证券法》中称为“股票的发行和交易”。这两部法律虽然联系非常密切，但还是有一个先后、主次之分，历史上首先出现的是股份公司（如1602年成立的荷兰东印度公司），有了发行股票的主体公司，才会出现股票（如现存于阿姆斯特丹证券交易所的，印制于1606年的荷兰东印度公司的股票）。无论从历史发展的角度来看，还是从立法的顺序来看，应该先制定《公司法》，再制定《证券法》。《证券法》是《公司法》的延伸，《公司法》是静态的《证券法》，《证券法》是动态的《公司法》。《公司法》与《证券法》的关系主要表现在以下三个方面：

1. 《公司法》中投资者权益的自由转让构成其向《证券法》延伸的法理基础。公司股份制度构成投资者权益自由转让的基础框架，证券市场的出现实现了公司股份无障碍转让的理想，使公司可以筹集到更多的资金，涉及更多人的经济利益，并进而成为占支配地位的企业组织形式。公司股票和公司债券是证券市场中最为活跃、交易量也最大的证券品种，《公司法》与《证券法》各自从不同的角度对公司股票和公司债券的发行制度加以规定，一般来说，《证券法》在《公司法》的原则性规定和一般性规定的基础上，以更具技术性与操作性的方法对公司股票和公司债券的发行制度加以规定。

2. 由《公司法》构造而成的公司是《证券法》所调整的证券市场的主角，证券市场中交易的主要产品——公司股票和公司债券都是公司发行的，证券市场的中介组织也采取公司的形式。

3. 独立发展的《证券法》促进了《公司法》的延展，《证券法》将《公司法》的效力范围从少数资本所有者扩展至一般社会公众，《公司法》的影响力也由此提升。《证券法》为《公司法》中永恒的利益争执与平衡提供了新的工具，上市公司收购与兼并、委托投票制度以及公司治理结构的创新与变革都和《证券法》密切相关，证券市场中的证券欺诈行为也为《公司法》中董事义务的规范提供了更多的素材。因此，无论是在理论研究，还是在立法、司法及实务中，均将《公司法》与《证券法》密切联系。①

① 参见范健、王建文：《证券法》，37～38页，北京，法律出版社，2006。

二、《证券法》的制定

在《证券法》颁布之前，20世纪80年代末90年代初，证券市场较为混乱，影响较大的事件是发生在深圳的“8·10事件”①。因此，七届全国人大常委会提出了制定《证券交易法》，1992年7月正式成立《证券交易法》起草组。

1993年12月29日，与《证券法》密切相关的《公司法》获得通过，由于在《公司法》中规定了股票、公司债券的发行和上市的有关内容，因而产生了如何处理《证券法》与《公司法》之间关系的问题。证券法草案的再次审议也就从此被搁置起来。

1997年的东南亚金融危机对国际金融秩序造成了巨大的冲击，《证券法》的立法工作重新启动，1998年12月29日，九届全国人大常委会第六次会议表决通过了新中国第一部《证券法》。

《证券法》是新中国成立以来，除《宪法》外第一部依靠社会力量，依靠专家，由全国人大自己起草的法律。《证券法》的立法过程是高度公开和透明的。《证券法》的出台标志着我国证券市场由“在规范中发展”进入了“在发展中规范”的新阶段。②

三、《证券法》的修订背景与修订过程③

（一）旧《证券法》存在的问题

该法是在亚洲金融危机的特殊历史背景下制定的，在强调监管的理念下，存在许多缺陷。

1. 旧《证券法》的立法技术不够成熟。首先，释义条款、援引条款、准用条款等立法技术在旧《证券法》中并未得到充分运用，结果造成不必要的重复。其次，在立法语言上，如该法第76条规定：“国有企业和国有资产控股的企业，不得炒作上市交易的股票。”第133条第1款规定：“禁止银行资金违规流入股市。”“炒作”与“违规”都不是严格的法律用语，含义模糊使法律的严肃性受到挑战。

2. 旧《证券法》的调整范围过于狭隘，制约了证券市场的发展。相关内容已在“《证券法》中证券的特定含义”中作了阐述。

3. 旧《证券法》对投资者特别是中小投资者合法权益的保护机制不完善，对损害投资者权益的行为缺乏相关责任的规定。

4. 旧《证券法》关于证券发行、交易、登记结算制度等的规定不够完备，没有为建立多

---

① 1992年8月9～10日，深圳市预计发售股票认购表500万张，凭身份证每人可购表10张。由于上海股市开放后，股票价格节节上涨，加上报刊上一些报道，1992年的下半年，已有了更多的人知道买股票可以赚钱发财。深圳股市将要发行新股的消息，迅速传遍全国各地，造成深圳在8月10日发行当日，因为来了太多的外地人，给发行股票造成了巨大压力，加上组织不力及“走后门”现象，导致买不到股票认购表的购买人，在当日晚间冲砸大街上的商店，游行示威，围攻深圳市政府和中国人民银行，造成闻名全国的“8·10事件”。深圳市政府临时决定：增发50万张新股认购兑换表，使事态得以平息。8月11日，国务院紧急决定：成立专门的证券监管机构。1992年10月26日，国务院证券委员会（简称国务院证券委）成立；同年10月底，中国证券监督管理委员会（简称证监会）宣告成立，标志着中国证券市场统一监管体制开始形成。1998年4月，根据国务院机构改革方案，决定将国务院证券委与中国证监会合并组成国务院直属正部级事业单位——中国证券监督管理委员会。

② 参见曹凤岐：《证券法出台过程及其重大意义》，载中国人民大学报刊复印资料《经济法学、劳动法学》，1999（7）。

③ 参见范健、王建文：《证券法》，70～73页，北京，法律出版社，2006。

层次证券市场体系留下必要的法律依据。虽然《证券法》施行后资本市场的运行已经形成一个比较完整的框架体系，但证券发行缺乏应有的保荐制度和完备的信息披露制度，对违法发行行为没有规定相应的法律责任。

5. 旧《证券法》相关规范的缺失导致监管部门对证券市场监管中出现的新情况、新问题缺乏有效的应对手段，有关法律责任的规定也过于原则，难以操作，不利于打击证券违法行为，不利于维护证券市场的秩序。

由于旧《证券法》存在种种问题，自2000年始，修改《证券法》的呼声不断高涨，如要求推出股指期货、实施T+0交易、解决国有股流通等问题特别突出。

(二)《证券法》的修订过程及概况

2003年7月18日，全国人大财经委负责成立了《证券法》修改起草组，《证券法》修改工作正式启动。《证券法》修改起草组旋即展开工作，对一系列问题进行调研，广泛征求各方面意见，逐渐明确了修改思路。2004年1月31日，国务院发布了《国务院关于推进资本市场改革开放和稳定发展的若干意见》(通称“国九条”)，为《证券法》的修改提供了明确指导。2005年4月24日，《证券法（修订草案)》[即《证券法（修订草案一次审议稿)》]首次提请十届全国人大常委会第十五次会议审议，正式进入全国人大常委会的立法程序。2005年8月23日，在十届全国人大常委会第十七次会议上，《证券法》与《公司法》同时进入二审。2005年10月22日，十届全国人大常委会第十八次会议上《证券法（修订草案三次审议稿)》提交三审，10月27日《证券法》修订案获得通过，并于2006年1月1日起施行。2013年6月29日，十二届全国人大常委会第三次会议通过关于修改《中华人民共和国文物保护法》等十二部法律的决定，其中对《证券法》第129条第1款作出了修改。2014年8月31日，十二届全国人大常委会第三次会议关于修改《中华人民共和国保险法》等五部法律的决定，对《证券法》个别条文作出修改。

四、《证券法》修订的主要内容及意义①

修订后的《证券法》共12章、240条，在旧《证券法》214条的基础上，新增53条、删除27条，还有一些条款作了文字修改，增加的部分还包括从《公司法》中并入的涉及证券公开发行、上市的8条。

此次《证券法》修订的指导思想是，既有利于推进资本市场稳定、健康发展，又有利于防范风险，保障资本市场运作的安全，同时加强对广大投资者合法权益的保护，是一次软、硬商法有机结合的探索与实践。修订的内容涉及证券发行、证券上市、证券交易、证券登记结算、投资者保护、市场监管等各个方面，主要包括：

1. 放松了市场管制，扩大了证券交易的方式和范围，为证券市场的创新和发展留下了制度空间。《证券法》修订过程中，五大焦点问题受到关注：(1) 是否坚持分业经营、分业管理；(2) 是否限于现货交易；(3) 是否允许融资融券；(4) 是否允许国有企业投资股票市场；(5) 是否允许银行资金进入股市。

这些问题关系到证券市场的发展，迫切需要缓和原有的严格管制，但又不便在《证券法》中作出明确规定，故以授权立法等但书方式留待有关部门择机规定，为证券市场的发展留下制度空间。

---

① 参见范健、王建文：《证券法》，73～75页，北京，法律出版社，2006。

2. 进一步完善了证券发行和收购兼并制度，全面提升了市场资源配置效率。其内容主要是：

（1）明确了公开和非公开发行证券的界限，拓展了公司融资的形式，为公司融资提供了多样化的选择。

（2）提高了发行审核透明度，建立了证券发行前公开披露信息制度，增加了社会公众的监督力度。

（3）由证券交易所行使上市审核权，提升了证券交易所的监管能力。证券（含股票和公司债券）上市的受理、暂停上市、终止上市都由证券交易所进行资质性管理，而旧《证券法》将这些权力均赋予了国务院证券监督管理机构。

（4）切实降低了公司上市以及发行公司债券的门槛。例如，将股份有限公司股票上市的股本总额由旧《公司法》规定的5 000万元降到3 000万元，有利于股本总额不高但有良好发展前景的公司通过上市发展壮大。再如，就有限责任公司发行公司债券，规定凡具备法定条件的所有有限责任公司都拥有平等地发行公司债券的权利，改变了原来只允许股份有限公司、国有独资公司和两个以上的国有企业或者其他两个以上的国有投资主体投资设立的有限责任公司发行公司债券的规定。

（5）将强制性全面要约收购制度修改为强制性要约收购制度，允许部分要约收购，降低了收购人的收购成本，扩大被收购公司股东参与收购的机会，以促进并购市场的发展。

3. 强化了对投资者权益的保护。证券市场以投资者为本位，维护投资者权益是证券市场发展的基石，是《证券法》修改的重点内容，投资者权益保护的立法宗旨渗透于整部《证券法》中，主要体现在：

（1）明确规定建立证券投资者保护基金，筑起了一道投资者权益保护的安全网。

（2）确保投资者交易结算资金和证券的安全，禁止任何单位和个人非法挪用。投资者缴纳交易结算资金的制度设计原本是为了预防股民不诚信行为，但在实践中产生了证券公司非法挪用情况。基于《信托法》的基本原理，于第139条作了明确规定，确认了证券公司破产时投资者依法享有保证金的优先取回权。

（3）强化信息披露制度，明确规定违反信息披露义务的责任，确保投资者的知情权。

（4）强化赔偿责任，保护投资者权益。在强化行政责任与刑事责任的同时，第171条特别规定，投资咨询机构及其从业人员利用传播媒介或者通过其他方式提供、传播虚假或者误导投资者的信息，给投资者造成损失的，依法承担赔偿责任。

4. 强化证券监管机构的权力，并严格设定了监管程序，保证市场在有效监管的基础上快速发展，为投资者创造公平、有效的交易环境。主要体现在：

（1）赋予国务院证券监督管理机构现场检查权、银行账户查询权、冻结权、查封权和限制证券交易权。这就赋予了证券监管机构准司法权，扩大了其执法权限。

（2）建立金融监管信息共享机制，以适应证券业、银行业、信托业、保险业相互融合、相互渗透的发展趋势，有利于加强协调、配合，避免监管真空和重复监管，提高监管效率。

（3）界定公开发行的范围和方式，强化对公开发行证券的监管。除明确证券监管机构对公开发行的监管职责外，还将保荐制度法定化，以发挥保荐机构对证券发行上市的约束和担保作用，发挥市场对发行质量的约束作用，又强化监管，从源头上为提高上市公司质量提供制度保证。

（4）将短线交易归入权的适用范围由主要股东扩大到上市公司董事、监事、高级管理人员及主要股东，防止公司内部人进行短线交易，损害公司和其他投资者的利益。

(5) 将内幕交易的主体范畴扩大到内幕信息的知情人和非法获得内幕信息的人，进一步防范内幕交易行为的发生。

(6) 对证券公司的设立依审慎监管原则审批，对证券公司的业务开展实行分类监管，加强对证券公司股东和实际控制人的监管，健全证券公司内部控制制度，保护客户资产安全，促使证券公司规范运作。使证券监督管理机构的工作重点由行政审批向市场监管转变，提高市场监管的有效性。

第三节 《证券法》的基本原则

一、公开、公正、公平原则

《证券法》第 3 条规定："证券的发行、交易活动，必须实行公开、公平、公正的原则。"公开、公平、公正原则反映了《证券法》的特性，是证券和证券市场正常运行的精髓。

(一) 公开原则

公开原则，是指证券发行人、证券经营机构等根据法律、法规的规定，应该对和证券发行与交易有关的重大信息进行公开，这是信息公开主体的法律上的义务。依法应该公开的信息必须真实、准确、完整和及时，不得有虚假、误导和重大遗漏，否则，发行人要负法律责任。

信息公开，又称信息披露，源于 1844 年的《英国公司法》关于公司章程的披露以及招股说明书所载内容披露的规定，其目的在于使投资者在购买股票之前，能充分了解发行公司的有关信息，然后自己决定是否购买。[①] 这一原则被美国 1933 年《证券法》采纳，1934 年《证券交易法》对此又作了补充，业已发行股票的公司和在证券交易所上市的公司，必须依法定期作出报告，负有持续公开义务，这种持续公开义务的范围在 1964 年《联邦证券法》的修正案中更扩及证券的柜台交易市场。我国的证券立法吸收了前人经验，把这一原则明确写进了《证券法》第 3 条，并且将这一原则具体贯彻到证券发行、上市交易、公司收购等制度当中。

公开原则是公平和公正原则的基础，没有必要信息的充分公开，也就不可能实现证券市场的公平和公正。作为公司的股东和潜在的股东，了解公司的经营情况，是股东权的应有之义，《证券法》规定强制性信息公开制度，就是为了解决信息的不对称，通过相关信息的充分公开，还可以起到对发行公司和其他证券从业机构和人员的监督、约束作用。美国联邦最高法院大法官布兰代斯有句名言："阳光是最好的防腐剂，灯光是最有效率的警察。"(Sunlight is said to be the best disinfectants, electric light is the most efficient policeman.)[②] 坏人坏事最怕曝光，通过信息公开，可以对证券违法、犯罪行为起到有效的阻吓作用。

近年来，我国证券市场上存在较多的虚假信息，其中隐藏最深、危害最大的就是上市公司对其信息的操纵，主要是有些上市公司的高层或上市公司与资产评估机构、会计师事务所、审计师事务所、证券公司、大股东、证券咨询机构等联合起来，将虚假的或严重失实的报表、公告公之于众，误导广大中小投资者。"琼民源案"、"红光事件"影响极坏。另外，还存在信

---

① 参见范健、王建文：《证券法》，221 页，北京，法律出版社，2006。

② Louis D. Brandeis, *Other People's Money*, (1914), at 92. Icf. Loss & Seligman, *Securities Regulation*, 3d ed., Aspen Law & Business, 1998, at 171.

息披露不及时的问题，上市公司在披露重大信息事件之前，很少有不发生股价异动的情况。我国证券市场信息披露的规范化建设，主要是解决好信息的准确性、及时性和保密性的问题。《证券法》对信息披露只是作了框架性的规范，信息披露的大量具体规范主要由中国证监会制定。

中国证监会作为证券市场正常秩序的维护者、监管者，监督标准应该公开，处罚结果也应该及时向社会公布。证券发行人的信息公开制度是信息公开原则的基础。证券发行和交易的信息的发出者是证券发行人，相对人是证券投资者，信息的内容是影响证券投资收益的商业信息，证券监管行为的信息的发出者是证券管理者，相对人是证券市场主体，包括证券发行人、证券交易所、证券经营和服务机构以及证券投资者等，其信息内容是监管规则和标准，以及对违法行为的处理结果等。

（二）公正原则

《证券法》的公正原则主要表现在：一是法律所确认的标准和规则公正，同一规则适用于所有的当事人进行证券的发行和交易，在同一次证券发行和交易中，对所有的投资者的条件、机会都是相同的，不得因人而异；二是管理行为公正，证券管理、监督人员对任何证券发行、交易当事人都要一视同仁，执行同一规则，禁止一切操纵市场、内幕交易等不公正交易行为的发生。《证券法》的公正原则与公开原则是一脉相承的，公开原则对市场主体一视同仁，公开本身就意味着公正，而公正和公开原则都是为了实现公平原则。

规则公正是实现公正的前提和基础，规则公正是法律正义的本质所在，也是法律关系的基础。没有规则公正，就无行为公正可言。管理行为公正主要是针对证券监管机构对证券市场的监管行为。证券监管行为不仅要合法，而且要符合证券市场的运行规律。我国证券管理行为存在有失公正的地方。政府不仅通过控制新股发行规模和掌握上市节奏调控二级市场，而且在必要时直接干预，如《人民日报》发表评论等。政府的频繁干预导致投资者的非理性预期，影响了证券市场的正常运行。要实现管理行为公正，必须将管理行为纳入法制化轨道，管理者必须服从法律，公正地对待被管理者，同时赋予被管理者相应的权利，如异议权、申诉权、建议权和损害赔偿请求权等。

（三）公平原则

公平原则，是指证券关系中双方当事人地位平等，证券发行和交易按平等、自愿、有偿的原则进行，无论是机构投资者还是个人投资者，都要公平对待给付，不得利用其优势压制对方，损害对方利益。公平原则是商品交换价值规律的基本要求。

公平原则的基础是平等原则，没有当事人的地位平等，就谈不上公平。平等原则强调当事人的地位平等，立足于个人的身份，属于机会平等。在交易中只要双方的行为完全出于自愿，尽管不符合等价交换原则，但如果双方均满意，就符合平等原则的精神。但公平原则不是个人本位，“公”有公共性、一般性和公开性之含义。公平原则侧重于从社会一般角度判断某项交易行为的价值要求和合理性，符合公平原则的交易行为也就符合价值规律，它兼顾机会平等和结果平等。证券发行和交易行为不仅是投资者与发行人、投资者与投资者之间的私人行为，而且具有巨大的市场扩散效应，单纯强调交易者的地位平等是有局限性的，因为市场很可能被那些具有资金、信息方面优势的人操纵。法律应从社会一般角度消除交易双方实质意义上的不平等，如禁止某些交易行为，判定某些交易行为无效。

在众多证券市场参与者中，投资者（尤其是中小投资者）是市场的弱者，自我保护能力较弱。《证券法》的公平原则正是为了保护广大投资者利益的，通过公开原则和公正原则的辅助，以及法律责任的制度设计，公平原则在法律上得以实现。我国《证券法》的相关规定已经扩大了赔偿责任的范围，但多数还只是原则性的规定，缺少具有可操作性的司法解释。实现真正的公平、正义，任重道远，有必要加快和谐商法的构建。

二、国家统一管理和证券业自律相结合的原则

这一原则体现了软、硬商法的有机结合，《证券法》第8条规定："在国家对证券发行、交易活动实行集中统一监督管理的前提下，依法设立证券业协会，实行自律性管理。"

在世界范围内，按照监管主体的地位不同，证券监管体制可分为国家（政府）型监管主导体制和自律型监管主导体制。前者是国家对证券市场实行统一管理居于主导地位；后者是自律机构对证券市场的自我管理居于主导地位。国家对证券市场的统一管理，是指通过国家证券立法，由政府的证券管理部门对全国证券市场履行监督、管理职权，统一监督和管理。证券业自律管理，是由证券交易所和证券业协会对证券发行和交易及其相关活动，依据法律授权制定管理规章和业务规则，进行自我约束和管理。自律组织代表的首先是市场参与者的利益，为了实现和保护自己利益的最大化，就要通过自律维护市场的公平交易；政府代表的是公众、投资者的利益，为增强公众和投资者对市场的信心，政府需要通过立法、执法等手段，维持市场的安全、秩序、公平和效率。

政府适度监管是现代市场经济的重要特征。在市场经济的自由竞争阶段，政府奉行不干预主义；在市场经济发展到垄断阶段之后，市场力量是不均衡的，极少数垄断集团控制着经济的命脉，非垄断者和消费者处于被动地位。政府作为社会利益的总代表，必须对市场竞争进行调控和监管。证券市场是整个市场体系的重要组成部分，其垄断性远高于其他市场，而且证券市场参与者多、投机性强、敏感度高，不受地域限制，是一个具有高风险的市场，且其风险具有突发性强、影响面广、传导速度快的特点，1929—1933年世界经济危机和1997—1998年东南亚金融危机是明显的例证。所以，政府对证券市场必须实行调控和监管。但政府监管有一定的局限性，如果自律组织残缺不全，自律规则和功能不完整，或自律组织与政府形成对抗态势，而政府对证券市场的微观行为并不十分熟悉，在这方面滥用权力，反而会对证券市场的发展产生阻碍甚至破坏作用。因此，证券业自律具有某种不可代替性，证券业自律组织中聚集着一批优秀的专家，他们有敏锐的市场感觉，比政府更熟悉证券市场的技术操作，容易察觉违法者利用虚假信息操纵市场以及利用现有法律空隙逃避监管。自律组织在执法检查、自律监控方面要比政府更有效率，更具有灵活性和预防性。从和谐商法的视角，有必要介绍英国的证券监管模式：英国以自律型监管为主导，自我管理由英国证券交易所、收购与合并委员会、证券业协会负责。证券交易所为证券市场的主管机关，负责检查上市说明书、监督上市公司的持续公开行为；收购与合并委员会作为研究性的机构，制定了《收购和兼并手册》及《大量购买股份规则》，专门用于调整公司股份收购中的一系列行为；证券业协会是由有关专业协会代表组成的自愿性组织，其职能是制定、解释与执行条例。英国的自律型监管在实践中表现出灵活、效率和安全的优点：一是它为投资者利益的保护、市场的竞争提供了充分的便利条件；二是它不仅让证券交易商参与制定和执行证券市场管理规则，而且模范地遵守这些规则；三是自律机构对违法行为调查和处罚往往有充分的准备，反应迅速。

我国证券市场的现实条件、投资者的素质和证券立法决定了我国是国家（政府）主导型监管模式。《证券法》规定：国务院证券监督管理机构依法对全国证券市场实行集中统一监督

管理，根据需要可以设立派出机构，按照授权履行监督管理职责。国务院证券监督管理机构有权制定有关证券市场监督、管理的规章、规则，依法制定证券业从业人员的资格和行为准则，依法对证券的发行、交易、登记、托管、结算活动进行监管，依法对发行人、上市公司、各类证券交易机构、中介机构进行监管，对违法行为进行查处。为了及时、严厉打击证券违法行为，证券监管机构被赋予必要的调查权和检查权，对当事人、被调查的单位和个人有权进行询问，对有关数据和文件有权查阅、复制和封存，对非法转移和隐匿资金或证券的行为，可申请司法机关冻结。

软、硬商法有机结合，在证券领域也是一种发展趋势。因为政府专门监管有其不可克服的局限性，需要吸收和借鉴自律监管的某些有效成分。美国属于政府主导型监管体制，美国证券交易委员会是全国证券市场的政府主管机关，但又适度引入英国证券监管体系的有效成分，证券交易所、证券商协会等自律组织的自我管理及证券经营机构的内部管理成为美国证券监管体系不可或缺的内容，美国的全国证券商协会一方面受到证券交易委员会及证券法律、法规的严格规制，另一方面又制定了大量的行业规章制度，负责证券业从业人员资格的审查、考试，并设立、管理全国证券商协会自动报价系统（NASDAQ①）。纽约证券交易所、美国证券交易所等实行不同的上市标准，相互之间开展平等、有序竞争，同时对会员单位依法实行管理，较好地处理了竞争与自律的关系。② 我国证券交易所属于场内证券交易的自律组织，《证券交易所管理办法》第3条规定："本办法所称证券交易所是指依本办法规定条件设立的，不以营利为目的，为证券的集中和有组织的交易提供场所、设施，履行国家有关法律、法规、规章、政策规定的职责，实行自律性管理的法人。"证券交易所通过制定章程，具体规定证券交易所会员资格的取得、丧失和转让等，详细规定了证券交易所成员违法或违反章程时的责任，还通过制定证券交易所交易规则和上市规则等，规范证券交易所成员的交易行为。证券交易所对场内交易的监管，发挥了巨大作用。

《证券法》作为我国证券市场的基本法，专章规定"证券交易所"，其第102条明确规定，证券交易所是为证券集中交易提供场所和设施，组织和监督证券交易，实行自律管理的法人。我国《证券法》专章规定了证券业协会的设立、地位和职责等相关内容，并明确规定证券业协会属于自律性组织，证券业协会要有真正的权威，它的功能是协调会员之间的关系，并对场外交易实施自律监管。场外交易可弥补场内交易的不足，使一些不够场内交易条件的有价证券也可合法流通。我国应在实践中进一步强化证券交易所的监管职能，包括制定证券交易所的业务规则，审核批准证券的上市申请，组织、监督证券交易活动，监管上市公司和对违规证券交易行为的处理等。证券业协会应负起自律监管特别是场外监管的责任，履行规则制定、仲裁、协调和监督各交易场所的职责。但自律组织往往过于追求私人利益，大公司领导人入选证券业协会理事会的机会较多，在处理具体事务时，往往偏袒本公司利益；证券交易所为吸引更多的市场参与者，有可能放松对会员公司的监管。因此，规范的监管体系是自律与政府监管的有机结合，自律监管必须处于政府法定监管的调控之下，自律组织制定的规则和惩戒程序在生效前必须提交国务院证券监督管理机构批准。

国家统一监管和证券业自律须建立在科学和完备的法律即"良法"的基础上，实行法治监管，即"善治"才能构建和谐的证券市场秩序。

---

① NASDAQ是英文National Association of Securities Dealers Automated Quotations的缩写。

② 参见宋玉勤、杨亮：《加强自律监管、防范金融风险》，载《中国证券报》，1998-03-31。

三、分业经营、分类管理及其例外原则

《证券法》第 6 条规定："证券业和银行业、信托业、保险业实行分业经营、分业管理，证券公司与银行、信托、保险业务机构分别设立。国家另有规定的除外。"

分业经营、分类管理原则，是指证券业、信托业、保险业分业经营和分业管理，证券公司与银行、信托、保险业务机构分别设立，法律对银行业、信托业、保险业和证券业的职能、业务范围作不同规定。证券市场是虚拟资本市场，证券是真实资本的纸制复本，证券权利是一种假想的权利，它可以脱离真实资本的运动而表现为证券市场的行情。由于没有有形物的可察觉性和可控制性，证券权利价值的市场波动直接与货币资金的对流有关，因此，证券权利包含着巨大的风险。金融业是以经营货币资本为主的行业，货币资本一旦与证券资本发生直接关联，风险极大，尤其是银行业，其资金来源主要是企业和居民的存款，银行巨额资金一旦进入证券市场，如果发生亏损，其真正的受害者是存款人，这对存款人显然是不公平的。在现阶段，我国证券市场是不发达的市场，证券市场和证券业风险比成熟的证券市场要大得多，如果允许各机构混合经营，有可能造成大量银行、保险和信托资金进入证券市场，不仅给证券市场带来冲击，而且有可能造成存款人、投保人和信托人资金损失。

宏观上经济增长的周期性波动必然带来对于货币需求的周期性变化：当实体经济呈高速增长势态，必然需要大量的货币，当大量的企业纷纷向银行借款时，银行往往会因资金紧张而抛售所持证券，结果就可能造成证券市场上的价格下跌，信用链断裂。20 世纪众多的经济和金融危机验证了这一规律。1929 年大危机之前，美国市场上的投资、包销、经纪活动空前高涨，银行家们利用自己雄厚的资金在证券市场中横冲直撞。大量银行直接经营证券业务，或者通过组建证券子公司来控制经营证券业务。银行巨额资金的加入，使得 20 世纪 20 年代的美国得了"股票市场疯狂症"，1921 年股票交易额为 1.7 亿股，股票指数平均为 66.24 点，到 1929 年交易额达到 21 亿股，股票价格指数在该年 9 月达到 569.49 点。当泡沫泛起最耀眼的亮光时，正是破灭之始。1929 年 10 月 24 日，"黑色星期四"，股票市场狂跌的浪潮阵阵涌来，迅速席卷了整个西方世界。从 1929 年年末到 1933 年年末，美国商业银行由 23 695 家减少到 14 352 家。从 1929 年到 1930 年，纽约证券交易所股票价值从 897 亿美元，暴跌到 156 亿美元。[①] 1933 年 3 月，罗斯福出任总统，公布了一系列的金融法律、法规，如《国民银行法》、《格拉斯—特加尔法》、《1933 年证券法》、《1934 年证券交易法》、《联邦住房放款银行法》和《1934 年国民住房放款法》。其中《格拉斯—斯蒂格尔法》就明确规定商业银行要与投资银行分开，商业银行不准经营代理证券发行、证券包销、证券经纪等业务；而投资银行也不能在经营上述证券业务的同时经营支票存款、存单存款等商业银行业务；对商业银行的证券贷款实行严格限制；商业银行的人员不得在投资银行兼职；银行不得设立从事证券业务的分支机构和附属机构。这部法律被称作"格拉斯—斯蒂格尔墙"，标志着商业银行与投资银行分野格局的形成。

为增强竞争实力，美国已经放弃了这一原则，开始实行混业经营。1999 年 11 月 4 日，美国参众两院通过了《1999 年金融服务法》(Financial Services Act of 1999)，废除了 1933 年制定的《格拉斯—斯蒂格尔法》，结束了银行、证券、保险的分业经营与分业监管，开辟了金融服务产业的新纪元。美国推行这一改革的重要原因是：美国银行在国际金融市场上越来越多

---

① 参见贝多广、吴清、肖远企：《证券市场与金融机构》，102～104 页，北京，中国审计出版社，1990。

地受到来自欧洲和日本的银行的竞争压力。进入 20 世纪 90 年代后，西欧和日本等国的商业银行已经突破传统的分业界限，业务范围向投资、保险等领域扩展，混业经营趋势日益明显。日本在 1996 年年底推出了名为“大爆炸”的金融业改革计划，计划在 2001 年前全面实现银行、证券公司和保险公司相互交叉，经营彼此的业务。以德国为代表的一些欧洲国家一直实行混业经营体制。这些使美国银行和证券公司的经营压力增加。尽管美国金融服务业的竞争力一直在全球名列前茅，但《格拉斯—斯蒂格尔法》的严格限制抑制了美国金融服务业全球竞争地位的进一步提高。[①]

分业经营、分业管理是在经济危机以后，美国采取的一个临时性的非常措施，而混业经营、统一管理才是金融市场发展的常态。我国旧《证券法》是在 1997 年东南亚金融危机后出台的，当时在我国证券市场发育还不成熟的条件下，采取严格的分业经营、分业管理的原则是必要的。随着我国证券市场的发展，将来采取混业经营、统一管理的原则是必然趋势。因此，修订后的《证券法》第 8 条规定了一项分业经营的例外条款，为我国金融业的体制改革，预留了法律空间。

① 参见刘铁：《混业经营：21 世纪金融业的发展趋势》，载《国外财经》，2000（2），23～26 页。

第十六章 证券法的信息公开制度

信息公开在证券法基本原则中地位最重要，可以说是证券法的核心，证券法的主要内容，从证券的发行、上市，到证券的交易、上市公司收购，直到证券市场的相关规章、规则和监督管理工作制度的公开，以及国务院证券监督管理机构依法对证券违法行为作出的处罚决定的公开等，都是围绕信息公开这一核心展开的。

第一节 证券发行信息公开制度

一、证券发行信息公开制度的含义

证券发行信息公开制度，是指在证券发行过程中，依法公开与证券发行相关的重大事实和材料的一种制度，又称证券信息的初次公开制度。证券发行中的强制性信息披露制度只适用于证券的公开发行，不适用于证券的非公开发行。

根据发行证券的不同种类，证券发行信息公开分为：股票发行信息公开与债券发行信息公开。

二、股票发行信息公开制度的基本要求

(一) 对招股说明书及其摘要的要求

中国证监会于 2006 年 5 月 18 日发布并实施的《公开发行证券的公司信息披露内容与格式准则第 1 号——招股说明书》，有明确规定。

招股说明书由以下内容构成：封面、书脊、扉页、目录、正文、备查文件，其中正文部分包括：(1) 释义；(2) 概览；(3) 本次发行概况；(4) 风险因素；(5) 发行人基本情况；(6) 业务和技术；(7) 同业竞争与关联交易；(8) 董事、监事、高级管理人员与核心技术人员；(9) 公司治理；(10) 财务会计信息；(11) 管理层讨论与分析；(12) 业务发展目标；(13) 募集资金运用；(14) 股利分配政策；(15) 其他重要事项；(16) 董事、监事、高级管理人员及有关中介机构声明。

发行人应在招股说明书摘要的显要位置声明：(1)“本招股说明书摘要的目的仅为向公众提供有关本次发行的简要情况，并不包括招股说明书全文的各部分内容。招股说明书全文同时刊载于×××网站。投资者在作出认购决定之前，应仔细阅读招股说明书全文，并以其作为投资决定的依据。”(2)“投资者若对本招股说明书及其摘要存在任何疑问，应咨询自己的

股票经纪人、律师、会计师或其他专业顾问。”（3）“发行人及全体董事、监事、高级管理人员承诺招股说明书及其摘要不存在虚假记载、误导性陈述或重大遗漏，并对招股说明书及其摘要的真实性、准确性、完整性承担个别和连带的法律责任。”（4）“公司负责人和主管会计工作的负责人、会计机构负责人保证招股说明书及其摘要中财务会计数据真实、完整。”（5）“中国证监会、其他政府部门对本次发行所作的任何决定或意见，均不表明其对发行人股票的价值或者投资者的收益作出实质性判断或者保证。任何与之相反的声明均属虚假不实陈述。”

招股说明书摘要由以下内容构成：（1）重大事项提示；（2）本次发行概况；（3）发行人基本情况；（4）募集资金运用；（5）风险因素和其他重要事项；（6）本次发行各方当事人和发行时间安排；（7）备查文件。发行人应针对公司实际情况作重大事项提示。

（二）股票发行信息公告的方式

方式是公告招股说明书。招股说明书内容与格式准则是信息披露的最低要求，不论准则是否有明确规定，凡对投资者作出投资决策有重大影响的信息，均应披露。

根据《公司法》的规定，招股说明书应附有发起人制订的公司章程，并载明下列事项：发起人认购的股份数；每股的票面金额和发行价格；无记名股票的发行总数；认股人的权利、义务；本次募股的起止期限及逾期未募足时认股人可撤回所认股份的说明。

发行人及其全体董事、监事和高级管理人员应在招股说明书上签字、盖章，保证招股说明书的内容真实、准确、完整。保荐人及其保荐代表人应对招股说明书的真实性、准确性、完整性进行核查，并在核查意见上签字、盖章。

招股说明书中引用的财务报表在其最近一期截止日后6个月内有效。在特别情况下发行人可申请适当延长，但至多不超过1个月。财务报表应当以年度末、半年度末或者季度末为截止日。

（三）预披露制度

申请文件受理后、发行审核委员会审核前，发行人应当将招股说明书（申报稿）在中国证监会网站[①]预先披露。发行人可以将招股说明书（申报稿）刊登于其企业网站，但披露内容应当完全一致，且不得早于在中国证监会网站的披露时间。

发行人及其全体董事、监事和高级管理人员当保证预先披露的招股说明书（申报稿）的内容真实、准确、完整。

预先披露的招股说明书（申报稿）不是发行人发行股票的正式文件，不能含有价格信息，发行人不得据此发行股票。发行人应在预先披露的招股说明书（申报稿）的显要位置声明：“本公司的发行申请尚未得到中国证监会核准。本招股说明书（申报稿）不具有据以发行股票的法律效力，仅供预先披露之用。投资者应当以正式公告的招股说明书全文作为作出投资决定的依据。”

（四）招股说明书的公告与查阅

发行人应在发行前将招股说明书摘要刊登于至少一种中国证监会指定的报刊，同时将招股说明书全文刊登于中国证监会指定的网站，并将招股说明书全文置备于发行人住所、拟上市证券交易所、保荐人、主承销商和其他承销机构的住所，以备公众查阅。

保荐人出具的发行保荐书、证券服务机构出具的有关文件应当作为招股说明书的备查文

① 中国证券监督管理委员会的网站地址是：http：//www.csrc.gov.cn/。

件，在中国证监会指定的网站上披露，并置备于发行人住所及拟上市证券交易所、保荐人、主承销商和其他承销机构的住所，以备公众查阅。

发行人可以将招股说明书摘要、招股说明书全文、有关备查文件刊登于其他报刊和网站，但披露内容应当完全一致，且不得早于在中国证监会指定报刊和网站的披露时间。

（五）招股说明书的有效期

招股说明书的有效期为6个月，自中国证监会核准发行申请前招股说明书最后一次签署之日起计算。

三、公司债券发行信息公开制度的基本要求

公司债券发行信息公开的方式是公告公司债券募集办法，公司债券募集办法的内容包括：公司名称；债券总额和债券的票面金额；债券的利率；还本付息的期限和方式；债券发行的起止日期；公司净资产额；已发行的尚未到期的公司债券总额；公司债券的承销机构。同时，还应公告其财务会计报告。

第二节 持续性信息公开制度

一、持续性信息公开制度的概念

持续信息公开制度，是指在证券上市交易过程中，公开与证券交易相关的影响证券交易价格的重大信息的法律制度，又称证券上市交易信息公开制度。

持续信息公开是我们前述发行信息公开的继续，是证券发行人完成发行后进入证券交易阶段的义务，与发行过程中的一次性信息公开相比，上市交易阶段的信息公开具有连续多次持续性的特点，因此，称为持续性的信息公开制度。

二、持续性信息公开制度的基本内容

（一）公告上市报告书及有关上市申请文件

1. 公告上市报告书

中国证券监督管理委员会于2001年3月15日发布并实施的《公开发行证券的公司信息披露内容与格式准则第7号——股票上市公告书》对上市报告书的内容作出明确规定。

在中华人民共和国境内首次公开发行股票并申请在经国务院批准设立的证券交易所上市的公司，应按本准则编制上市公告书。发行境内上市外资股的公司参照本准则执行。

上市公告书包括以下内容：（1）重要声明与提示；（2）概览；（3）绪言；（4）发行人概况；（5）股票发行与股本结构；（6）董事、监事、高级管理人员及核心技术人员；（7）同业竞争与关联交易；（8）财务会计资料；（9）其他重要事项；（10）董事会上市承诺；（11）上市推荐人及其意见。

以上是对发行人上市公告书信息披露的最低要求。不论准则是否有明确规定，凡在招股说明书披露日至上市公告书刊登日期间所发生的对投资者投资决策有重大影响的信息，均应披露。准则中某些具体要求对发行人确实不适用的，发行人可针对实际情况，在不影响披露

内容完整性的前提下作出适当修改，并进行书面说明。发行人未披露准则规定内容的，应以书面形式报告证券交易所同意，并报中国证监会备案。由于商业秘密等特殊原因致使某些信息确实不便披露的，发行人可向中国证监会申请豁免。

发行人应在上市公告书有关部分简要披露发行人及其所属行业在业务、市场竞争和盈利等方面的现状及前景，并向投资者简述相关的风险。发行人在招股说明书及其摘要中披露的所有信息应真实、准确、完整、公平、及时，尤其要确保所披露的财务会计资料有充分的依据。所引用的财务报告、盈利预测报告（如有）应由具有证券、期货相关业务资格的会计师事务所审计或审核。在不影响信息披露的完整性和不致引起阅读不便的前提下，发行人可采用相互引征的方法，对各相关部分的内容进行适当技术处理，以避免重复和保持文字简洁。

自招股说明书核准日至股票上市首日不超过3个月，且招股说明书及其引用的财务资料尚未失效的，可适当简化刊登有关财务会计资料，但应作必要的附注说明。招股说明书已经失效，或其引用的财务资料已失效的，应补充披露最近一期经审计的财务报告。在特别情况下可申请适当延长，但至多不超过1个月。

在编制上市公告书时还应遵循以下一般要求：（1）引用的数据应提供数据来源，事实应有充分、客观、公正的依据。（2）引用的数字应采用阿拉伯数字，货币金额除特别说明外，应指人民币金额，并以元、千元或万元为单位。（3）发行人可根据有关规定或其他需求，编制上市公告书外文译本，但应保证中、外文文本的一致性，并在外文文本上注明“本上市公告书分别以中、英（或日、法等）文编制，在对中外文本的理解上发生歧义时，以中文文本为准”。（4）上市公告书应采用质地良好的纸张印刷，幅面为209毫米×295毫米（相当于标准的A4纸规格）。（5）上市公告书封面应载明发行人的名称“上市公告书”的字样、公告日期等，可载有发行人的外文名称、徽章或其他标记、图案等。（6）上市公告书不得刊登任何有祝贺性、恭维性或广告性的词句。

发行人应在其股票上市5日前，将上市公告书全文刊登在至少一种由中国证监会指定的报刊及中国证监会指定的网站上，并将上市公告书文本备置于发行人住所、拟上市的证券交易所住所、有关证券经营机构住所及其营业网点，以供公众查阅。发行人可将上市公告书刊载于其他报刊和网站，但其披露时间不得早于在中国证监会指定报刊和网站的披露时间。上市公告书在披露前，任何当事人不得泄露有关的信息，或利用这些信息谋取利益。发行人应在披露上市公告书后10日内，将上市公告书文本一式5份分别报送中国证监会及发行人所在地的派出机构、上市的证券交易所。发行人董事会应保证上市公告书的真实性、准确性、完整性，承诺其中不存在虚假记载、误导性陈述或重大遗漏，并承担个别和连带的法律责任。

2. 公告有关上市申请文件

《证券法》第53条规定，股票上市交易申请经证券交易所审核同意后，签订上市协议的公司应当在规定的期限内公告股票上市的有关文件，并将该文件置备于指定场所供公众查阅。首次公开发行股票的上市公告文件，除了上市公告书以外，还包括公司章程、申请股票上市的股东大会决议、法律意见书、上市保荐书等。

根据《证券法》第54条的规定，签订上市协议的公司除公告前条规定的文件外，还应公告下列事项：股票获准在证券交易所交易的日期；持有公司股份最多的前10名股东的名单和持股数额；公司的实际控制人；董事、监事、高级管理人员的姓名及其持有本公司股票和债券的情况。

（二）公告中期报告

根据《证券法》第65条的规定，上市公司和公司债券上市交易的公司，应在每一会计年度的上半年结束之日起 2 个月内，向国务院证券监督管理机构和证券交易所报送记载以下内容的中期报告，并予公告：(1) 公司财务会计报告和经营情况；(2) 涉及公司的重大诉讼事项；(3) 已发行的股票、公司债券变动情况；(4) 提交股东大会审议的重要事项；(5) 国务院证券监督管理机构规定的其他事项。

(三) 公告年度报告

《证券法》第 66 条规定，上市公司和公司债券上市交易的公司，应在每一会计年度结束之日起 4 个月内，向国务院证券监督管理机构和证券交易所报送记载以下内容的年度报告，并予公告：(1) 公司概况；(2) 公司财务会计报告和经营情况；(3) 董事、监事、高级管理人员简介及持股情况；(4) 已发行的股票、公司债券情况，包括持有公司股份最多的前 10 名股东名单和持股数额；(5) 公司的实际控制人；(6) 国务院证券监督管理机构规定的其他事项。

(四) 公告临时报告

《证券法》第 67 条规定，发生可能对上市公司股票交易价格产生较大影响的重大事件，投资者尚未得知时，上市公司应当立即将有关该重大事件的情况向国务院证券监督管理机构和证券交易所报送临时报告，并予公告，说明事件的起因、目前的状态和可能产生的法律后果。

下列情况为重大事件：(1) 公司的经营方针和经营范围的重大变化；(2) 公司的重大投资行为和重大的购置财产的决定；(3) 公司订立重要合同，可能对公司的资产、负债、权益和经营成果产生重要影响；(4) 公司发生重大债务和未能清偿到期重大债务的违约情况；(5) 公司发生重大亏损或者重大损失；(6) 公司生产经营的外部条件发生的重大变化；(7) 公司的董事、1/3 以上监事或者经理发生变动；(8) 持有公司 5%以上股份的股东或者实际控制人，其持有股份或者控制公司的情况发生较大变化；(9) 公司减资、合并、分立、解散及申请破产的决定；(10) 涉及公司的重大诉讼，股东大会、董事会决议被依法撤销或者宣告无效；(11) 公司涉嫌犯罪被司法机关立案调查，公司董事、监事、高级管理人员涉嫌犯罪被司法机关采取强制措施；(12) 国务院证券监督管理机构规定的其他事项。

三、上市公司收购中的股东持股及其变动报告制度

股东持股及其变动报告制度，是指投资者持有一个上市公司的股份达到一定数额后，依法披露其持股及增减状况的一项法律制度，也称股东持股信息披露制度。

四、证券交易所市场行情的信息公开制度

管理和公布市场信息是证券交易所的主要业务和职能之一，《证券法》第 113 条规定，证券交易所应为组织公平的集中交易提供保障，公布证券交易即时行情，并按交易日制作证券市场行情表，予以公布。未经证券交易所许可，任何单位和个人不得发布证券交易即时行情。

我国证券交易所在每个交易日除了公布证券交易的即时行情、股价指数等交易信息外，在交易结束后还将公布当天股票成交的公开信息（俗称“成交龙虎榜”）。此信息主要包括 A 股和基金每日涨跌幅比例大于等于 7%的前 5 只证券，公布其成交金额最大的 5 家会员营业部或席位的名称及成交金额；涨幅和跌幅相同的证券，依次按成交金额和成交量选取。此制度类似于海外市场的大宗交易和重点成交信息披露，主要是为在众多股票中突出那些成交异常的股票以及个别有问题证券。

第三节　证券监管信息公开制度

证券监管信息公开，是指中国证监会及其派出机构应按照证券法的要求，及时、充分地将其监管信息向社会公开的制度。监管信息公开是信息管理法治化的需要，其直接受益者是证券市场主体，能够激发证券市场主体对管理主体的信任。《证券法》第 23 条第 1 款规定："国务院证券监督管理机构依照法定条件负责核准股票发行申请。核准程序应当公开，依法接受监督。"第 184 条规定："国务院证券监督管理机构依法制定的规章、规则和监督管理工作制度应当公开。国务院证券监督管理机构依据调查结果，对证券违法行为作出的处罚决定，应当公开。"

2008 年 5 月 1 日，中国证监会《证券期货监督管理信息公开办法（试行）》（以下简称《公开办法》）规定了监管信息公开的主要内容。

一、证券监管信息的概念

监管信息，是指中国证监会及其派出机构在依法履行证券、期货市场监督、管理职能的过程中制作或者获取的，以一定形式记录、保存的信息。

中国证监会办公厅是中国证监会监管信息公开工作的主管部门，负责推进、指导、协调、监督中国证监会的监管信息公开工作。

派出机构办公室（综合处）是派出机构监管信息公开工作的主管部门，负责推进、指导、协调、监督派出机构区域的监管信息公开工作。

二、监管信息公开的主要内容

《公开办法》第 7 条规定，中国证监会及其派出机构应主动公开下列监管信息：（1）中国证监会及其派出机构的机构设置、工作职责、联系方式等；（2）证券期货规章、规范性文件；（3）证券、期货市场发展规划、发展报告；（4）纳入国家统计指标体系的证券、期货市场统计信息；（5）行政许可事项、依据、条件、数量、程序、期限、材料目录、审批机构和核准结果等；（6）证券、期货交易所上市品种的批准结果；（7）证券、期货交易所，证券登记、托管、结算机构，证券业协会、期货业协会章程以及自律规则等的批准、备案结果；（8）中国证监会批准的证券、期货经营机构，基金管理公司，以及从事证券服务业务的投资咨询机构、财务顾问机构、资信评级机构、资产评估机构、会计师事务所等的名称、地址和联系方式；（9）市场禁入、行政处罚、行政复议决定；（10）其他依照法律、行政法规和中国证监会有关规定应当公开的信息。

三、监管信息公开的方式

中国证监会及其派出机构在公开监管信息前，应当按照《保守国家秘密法》和中国证监会保密制度对拟公开的监管信息进行审查。中国证监会及其派出机构对监管信息不能确定是否可以公开时，应当报中国证监会保密委员会确定。中国证监会及其派出机构不得公开涉及国家秘密、商业秘密、个人隐私的监管信息。但是，经权利人同意，或者依照法律、行政法规和中国证监会有关规定应当披露，或者中国证监会认为不公开可能对公共利益造成重大影响的，涉及商业秘密、个人隐私的监管信息，可以予以公开。中国证监会及其派出机构应当将主动公开的监管信息，通过中国证监会网站、中国证监会公告、新闻发布会以及报刊、广播、电视等其他便于公众知晓的方式公开。

第十七章

证券的发行制度

第一节　证券发行的概念和方式

一、证券发行的概念

证券发行，是指证券发行人按照法定条件和程序发售证券，并由投资者认购的一种法律行为。证券发行是证券发行人将证券交付投资者，并收取相应价款的行为，涉及的是发行人与投资者之间的法律关系。证券发行形成了证券市场中的初级市场即“一级市场”或称发行市场。

证券发行并非单一行为，包括证券募集、证券分派、缴纳资金及交付证券等一系列相互关联的行为。在证券发行中，证券募集是证券发行的起点，是证券发行的重要组成部分，通常证券的发行与募集是种属关系（前者包含后者），而不是并列关系，我国《证券法》也使用了这一广义的证券发行概念。但我国台湾地区“证券交易法”采取狭义发行的概念。

证券发行的基本程序是：发行人实施募集行为，然后按照时间优先原则或比例原则[①]进行证券分派，最后发行人收取出资并将证券交付出资者。

二、证券发行的方式

1. 以发行是否借助证券中介机构为标准，分为直接发行和间接发行

直接发行，是指发行人不通过证券承销机构而自己发行证券的一种方式。如以发起设立方式筹集股份，在公司内部以转化方式无偿发行新股等。直接发行简便易行，发行费用低廉，筹资速度快捷，但在许多国家要依法受到诸多限制。

间接发行也称承销发行，是指发行人不直接参与证券的发行过程，而委托给一家或几家证券承销机构承销的方式。承销机构一般为投资银行、证券公司、信托投资公司等。证券发行大都采用间接发行方式。以募集设立方式筹集股份，只允许间接发行。

2. 以发行对象范围的不同为标准，分为公开发行和不公开发行

公开发行，又称公募发行，是指向广泛而非特定投资者发行证券的一种方式。公募发行涉及众多的投资者，其社会责任和影响很大，政府对证券的公募发行控制很严，要求发行人

---

① 这里所谓的时间优先原则，是指发行人按照投资者认购时间的先后顺序，对其所认购的数额进行确认，余额不足时，在余额范围内确认；所谓的比例原则，是指发行人按投资者认购数额与发行数额之间的比例确定，但不能擅自改变分派方法。

具备较高的条件。《证券法》第 10 条第 2 款规定，下列情形之一为公开发行：(1) 向不特定对象发行证券；(2) 向累计超过二百人的特定对象发行证券；(3) 法律、行政法规规定的其他发行行为。我国对公开发行证券的审核制度，将来有可能由“核准制”转变为“注册制”。

不公开发行，又称私募发行，是指仅向少数特定投资者发行证券的一种方式，也称内部发行。发行对象一般是与发行者有特定关系的投资者，发行者的资信情况为投资者所了解，不必像公募发行那样向社会公开内部信息，也没有必要取得证券资信级别评定。《证券法》第 10 条第 2 款和第 3 款规定，不公开发行的条件是：(1) 向特定对象发行证券；(2) 向累计不超过 200 人的特定对象发行证券；(3) 不属于法律、行政法规规定的其他公开发行行为。非公开发行证券，不得采用广告、公开劝诱和变相公开方式。

公开发行的证券才具备上市流通的可能，公开发行的证券上市流通后，具有较高流动性，不能变现的风险相对较小，容易被广大投资者接受。

3. 以发行价格与证券面额的关系不同为标准，分为溢价发行、等价发行、折价发行

票面面额和发行价格是股票的两种不同的价值表现形式。票面面额是印刷在股票票面上的金额，表示每一单位股份所代表的资本额；发行价格则是公司发行股票时向投资者收取的价格。股票的发行价格与票面面额通常是不相等的。发行价格的制定要考虑多种因素，如发行人业绩增长性、股票的股利分配、市场利率以及证券市场的供求关系等。

溢价发行，是指发行人按高于面额的价格发行股票，可使公司用较少的股份筹集到较多的资金，还可降低筹资成本。溢价发行又可分为时价发行和中间价发行。时价发行也称市价发行，是指以同种或同类股票的流通价格为基准确定股票发行价格。股票公开发行通常采用这种形式。在发达的证券市场中，当一家公司首次发行股票时，通常会根据同类公司（产业相同，经营状况相似）股票在流通市场上的价格表现来确定自己的发行价格；而当一家公司增发新股时，则会按已发行股票在流通市场上的价格水平来确定发行价格。中间价发行指以介于面额和时价之间的价格发行股票。我国股份有限公司对老股东配股时，基本上采用中间价发行。

等价发行也称为平价发行或面额发行，是指发行人以票面金额作为发行价格。如某公司股票面额为 1 元，采用等价发行方式时，该公司发行股票时的售价也是 1 元。股票上市后的交易价格通常要高于面额，面额发行能使投资者得到交易价格高于发行价格时所产生的额外收益，故绝大多数投资者都乐于认购。平价发行方式较为简单易行，主要缺陷是发行人筹集资金量较少。目前，面额发行在发达证券市场中用得很少，多在证券市场不发达的国家和地区采用。我国最初发行股票时，就曾采用面额发行方式，如 1987 年深圳发展银行发行股票时，每股面额为 20 元，发行价也为每股 20 元。

折价发行，是指以低于面额的价格出售新股，折扣的大小主要取决于发行公司的业绩和承销商的能力。如某种股票的面额为 1 元，如果发行公司与承销商之间达成的协议折扣率为 5%，那么该股票的发行价格为每股 0.95 元。我国《公司法》第 128 条规定，股票发行价格可以按票面金额，也可以超过票面金额，但不得低于票面金额。说明我国不允许折价发行股票。

第二节　证券发行的条件和程序

按照我国《公司法》与《证券法》，公司公开发行证券的条件与不公开发行证券的条件不同[①]，公开发行证券但不上市的条件与公开发行证券且上市的条件也不同。

---

① 本书只介绍公开发行证券的条件和程序，因为私募发行的条件和程序比公开发行的条件和程序相对来说更为简单，故不加介绍。

一、首次公开发行股票但不上市的条件和程序

首次公开发行股票，必须先设立股份有限公司。《证券法》第12条规定，设立股份有限公司公开发行股票，应符合《公司法》规定的条件和经国务院批准的国务院证券监督管理机构规定的其他条件，向国务院证券监督管理机构报送募股申请和有关文件。

（一）公开募集设立发行股票但不上市的条件

《公司法》规定，设立发行股票的基本条件是：（1）发起人符合法定人数。《公司法》第78条规定，设立股份有限公司，应有2人以上200人以下为发起人，其中须有半数以上的发起人在中国境内有住所。（2）发起人认缴和社会公开募集的股本达到法定最低限额。《公司法》第81条第3款规定，股份有限公司注册资本的最低限额为人民币500万元，法律、行政法规对股份有限公司注册资本的最低限额有较高规定的，从其规定。第85条规定，以募集设立方式设立股份有限公司的，发起人认购的股份不得少于公司股份总数的35%；但是，法律、行政法规另有规定的，从其规定。（3）股份发行、筹办事项符合法律规定。

《股票发行与交易管理暂行条例》第8条规定，设立发行股票的附加条件是：（1）其生产经营符合国家产业政策；（2）其发行的普通股限于一种，同股同权；（3）发起人认购的股本数额不少于公司拟发行的股本总额的35%；（4）在公司拟发行的股本总额中，发起人认购的部分不少于人民币3 000万元，但是国家另有规定的除外；（5）向社会公众发行的部分不少于公司拟发行的股本总额的25%，其中公司职工认购的股本数额不得超过拟向社会公众发行的股本总额的10%；公司拟发行的股本总额超过人民币4亿元的，证监会按照规定可以酌情降低向社会公众发行的部分的比例，但是最低不少于公司拟发行的股本总额的10%；（6）发起人在近三年内没有重大违法行为；（7）证监会规定的其他条件。

《股票发行与交易管理暂行条例》第9条规定，原有企业改组设立股份有限公司申请公开发行股票，除应符合本条例第8条所列条件外，还应符合下列条件：（1）发行前一年年末，净资产在总资产中所占比例不低于30%，无形资产在净资产中所占比例不高于20%，但是证监会另有规定的除外；（2）近三年连续盈利。国有企业改组设立股份有限公司公开发行股票的，国家拥有的股份在公司拟发行的股本总额中所占的比例由国务院或者国务院授权的部门规定。

要特别注意，2006年5月18日施行的《首次公开发行股票并上市管理办法》第69条规定，在中华人民共和国境内，首次公开发行股票且不上市的管理办法，由中国证监会另行规定。新的管理办法一旦公布，要适用新的规定条件。

（二）公开募集设立发行股票的程序

1. 股票发行前的准备工作。主要是制订资金使用计划、拟订股票发行计划、制定有关文件等，其中编制招股说明书是发行准备阶段的主要任务。另外，还要聘请资产评估机构、承销商、律师事务所、会计师事务所等市场中介机构，并聘请具有保荐资格的机构担任保荐人。

2. 发起人认购不少于公司股本总数的35%的股票。

3. 向国务院证券监督管理机构提交有关申报材料，包括：（1）公司章程；（2）发起人协议；（3）发起人姓名或者名称，发起人认购的股份数、出资种类及验资证明；（4）招股说明书；（5）代收股款银行的名称及地址；（6）承销机构名称及有关协议；（7）报送保荐人出具

的发行保荐书。此外，法律、行政法规规定设立公司必须报经批准的，还应当提交相应的批准文件。

4. 按国务院证券监督管理机构的规定预先披露有关申请文件。

5. 发行审核。国务院证券监督管理机构设发行审核委员会，依法审核股票发行申请。发行审核委员会由国务院证券监督管理机构的专业人员和所聘请的该机构外的有关专家组成，以投票方式对股票发行申请进行表决，提出审核意见。国务院证券监督管理机构或者国务院授权的部门应当自受理证券发行申请文件之日起 3 个月内，依照法定条件和法定程序作出予以核准或者不予核准的决定，发行人根据要求补充、修改发行申请文件的时间不计算在内；不予核准的，应说明理由。

6. 公告招股说明书和制作认股书。

7. 正式发行股票。证券发行申请经核准，发行人应当依法在证券公开发行前，公告公开发行募集文件，并将该文件置备于指定场所供公众查阅。发行证券的信息依法公开前，任何知情人不得公开或者泄露该信息。发行人不得在公告公开发行募集文件前发行证券。与承销机构签订证券承销协议，与银行签订代收股款协议。

8. 缴纳股款。

9. 召开创立大会并申请设立登记。

10. 交付股票。

二、公司公开发行新股的条件和程序

（一）公司公开发行新股的条件

《证券法》第 13 条第 1 款规定，公司公开发行新股，应符合下列条件：(1) 具备健全且运行良好的组织机构；(2) 具有持续盈利能力，财务状况良好；(3) 最近三年财务会计文件无虚假记载，无其他重大违法行为；(4) 经国务院批准的国务院证券监督管理机构规定的其他条件。

《股票发行与交易管理暂行条例》第 10 条规定，股份有限公司增资申请公开发行股票，除应当符合条例第 8 条和第 9 条所列条件外，还应符合下列条件：(1) 前一次公开发行股票所得资金的使用与其招股说明书所述的用途相符，并且资金使用效益良好；(2) 距前一次公开发行股票的时间不少于 12 个月；(3) 从前一次公开发行股票到本次申请期间没有重大违法行为；(4) 证监会规定的其他条件。

《股票发行与交易管理暂行条例》第 11 条规定，定向募集公司申请公开发行股票，除应符合条例第 8 条和第 9 条所列条件外，还应符合下列条件：(1) 定向募集所得资金的使用与其招股说明书所述的用途相符，并且资金使用效益良好；(2) 距最近一次定向募集股份的时间不少于 12 个月；(3) 从最近一次定向募集到本次公开发行期间没有重大违法行为；(4) 内部职工股权证按照规定范围发放，并且已交国家指定的证券机构集中托管；(5) 证监会规定的其他条件。

（二）公司公开发行新股的程序

1. 依公司章程的规定由股东大会或者董事会作出决议。

2. 准备发行文件。主要是制订资金使用计划、拟订股票发行计划、制定有关文件等，其中编制招股说明书是发行准备阶段的主要任务。另外，还要聘请资产评估机构、承销商、律师事务所、会计师事务所等市场中介机构，并聘请具有保荐资格的机构担任保荐人。

3. 向国务院证券监督管理机构提交有关申报材料，包括：（1）公司营业执照；（2）公司章程；（3）股东大会决议；（4）招股说明书；（5）财务会计报告；（6）代收股款银行的名称及地址；（7）承销机构名称及有关协议；（8）报送保荐人出具的发行保荐书。此外，法律、行政法规规定设立公司必须报经批准的，还应当提交相应的批准文件。

4. 按国务院证券监督管理机构的规定预先披露有关申请文件。

5. 发行审核。国务院证券监督管理机构设发行审核委员会，依法审核股票发行申请。发行审核委员会由国务院证券监督管理机构的专业人员和所聘请的该机构外的有关专家组成，以投票方式对股票发行申请进行表决，提出审核意见。国务院证券监督管理机构或者国务院授权的部门应当自受理证券发行申请文件之日起 3 个月内，依照法定条件和法定程序作出予以核准或者不予核准的决定，发行人根据要求补充、修改发行申请文件的时间不计算在内；不予核准的，应说明理由。

6. 公告新股招股说明书和财务会计报告，并制作认股书。

7. 正式发行股票。证券发行申请经核准，发行人应当依照法律、行政法规的规定，在证券公开发行前，公告公开发行募集文件，并将该文件置备于指定场所供公众查阅。发行证券的信息依法公开前，任何知情人不得公开或者泄露该信息。发行人不得在公告公开发行募集文件前发行证券。与承销机构签订证券承销协议，与银行签订代收股款协议。

8. 缴纳股款。

9. 交付股票。

10. 公司发行新股募足股款后，必须向公司登记机关办理变更登记，并公告。

三、首次公开发行股票且上市的条件

股票的首次公开发行且上市，不仅要符合发行条件，而且要符合上市条件。于 2006 年 5 月 18 日发布的《首次公开发行股票并上市管理办法》第二章规定，首次公开发行股票且上市的条件是：

（一）发行人主体资格条件

1. 发行人应当是依法设立且合法存续的股份有限公司。经国务院批准，有限责任公司在依法变更为股份有限公司时，可以采取募集设立方式公开发行股票。

2. 发行人自股份有限公司成立后，持续经营时间应当在 3 年以上，但经国务院批准的除外。有限责任公司按原账面净资产值折股整体变更为股份有限公司的，持续经营时间可以从有限责任公司成立之日起计算。

3. 发行人的注册资本已足额缴纳，发起人或者股东用作出资的资产的财产权转移手续已办理完毕，发行人的主要资产不存在重大权属纠纷。

4. 发行人的生产经营符合法律、行政法规和公司章程的规定，符合国家产业政策。

5. 发行人最近三年内主营业务和董事、高级管理人员没有发生重大变化，实际控制人没有发生变更。

6. 发行人的股权清晰，控股股东和受控股股东、实际控制人支配的股东持有的发行人股份不存在重大权属纠纷。

（二）发行人独立性条件

1. 发行人应当具有完整的业务体系和直接面向市场独立经营的能力。

2. 发行人的资产完整。生产型企业应当具备与生产经营有关的生产系统、辅助生产系统和配套设施，合法拥有与生产经营有关的土地、厂房、机器设备以及商标、专利、非专利技术的所有权或者使用权，具有独立的原料采购和产品销售系统；非生产型企业应当具备与经营有关的业务体系及相关资产。

3. 发行人的人员独立。发行人的总经理、副总经理、财务负责人和董事会秘书等高级管理人员不得在控股股东、实际控制人及其控制的其他企业中担任除董事、监事以外的其他职务，不得在控股股东、实际控制人及其控制的其他企业领薪；发行人的财务人员不得在控股股东、实际控制人及其控制的其他企业中兼职。

4. 发行人的财务独立。发行人应当建立独立的财务核算体系，能够独立作出财务决策，具有规范的财务会计制度和对分公司、子公司的财务管理制度；发行人不得与控股股东、实际控制人及其控制的其他企业共享银行账户。

5. 发行人的机构独立。发行人应当建立、健全内部经营管理机构，独立行使经营管理职权，与控股股东、实际控制人及其控制的其他企业间不得有机构混同的情形。

6. 发行人的业务独立。发行人的业务应当独立于控股股东、实际控制人及其控制的其他企业，与控股股东、实际控制人及其控制的其他企业间不得有同业竞争或者显失公平的关联交易。

7. 发行人在独立性方面不得有其他严重缺陷。

（三）发行人规范运行条件

1. 发行人已经依法建立健全股东大会、董事会、监事会、独立董事、董事会秘书制度，相关机构和人员能够依法履行职责。

2. 发行人的董事、监事和高级管理人员已经了解与股票发行上市有关的法律、法规，知悉上市公司及其董事、监事和高级管理人员的法定义务和责任。

3. 发行人的董事、监事和高级管理人员符合法律、行政法规和规章规定的任职资格，且不得有下列情形：（1）被中国证监会采取证券市场禁入措施尚在禁入期的；（2）最近36个月内受到中国证监会行政处罚，或者最近12个月内受到证券交易所公开谴责；（3）因涉嫌犯罪被司法机关立案侦查或者涉嫌违法、违规被中国证监会立案调查，尚未有明确结论意见。

4. 发行人的内部控制制度健全且被有效执行，能够合理保证财务报告的可靠性、生产经营的合法性、营运的效率与效果。

5. 发行人不得有下列情形：（1）最近36个月内未经法定机关核准，擅自公开或者变相公开发行证券；或者有关违法行为虽然发生在36个月前，但目前仍处于持续状态；（2）最近36个月内违反工商、税收、土地、环保、海关以及其他法律、行政法规，受到行政处罚，且情节严重；（3）最近36个月内曾向中国证监会提出发行申请，但报送的发行申请文件有虚假记载、误导性陈述或重大遗漏，或者不符合发行条件以欺骗手段骗取发行核准，或者以不正当手段干扰中国证监会及其发行审核委员会审核工作，或者伪造、变造发行人或其董事、监事、高级管理人员的签字、盖章；（4）本次报送的发行申请文件有虚假记载、误导性陈述或者重大遗漏；（5）涉嫌犯罪被司法机关立案侦查，尚未有明确结论意见；（6）严重损害投资者合法权益和社会公共利益的其他情形。

6. 发行人的公司章程中已明确对外担保的审批权限和审议程序，不存在为控股股东、实际控制人及其控制的其他企业进行违规担保的情形。

7. 发行人有严格的资金管理制度，不得有资金被控股股东、实际控制人及其控制的其他企业以借款、代偿债务、代垫款项或者其他方式占用的情形。

(四) 发行人财务与会计制度条件

1. 发行人资产质量良好，资产负债结构合理，盈利能力较强，现金流量正常。

2. 发行人的内部控制在所有重大方面是有效的，并由注册会计师出具了无保留结论的内部控制鉴证报告。

3. 发行人会计基础工作规范，财务报表的编制符合企业会计准则和相关会计制度的规定，在所有重大方面公允地反映了发行人的财务状况、经营成果和现金流量，并由注册会计师出具了无保留意见的审计报告。

4. 发行人编制财务报表应以实际发生的交易或者事项为依据；在进行会计确认、计量和报告时应当保持应有的谨慎；对相同或者相似的经济业务，应选用一致的会计政策，不得随意变更。

5. 发行人应完整披露关联方关系并按重要性原则恰当披露关联交易。关联交易价格公允，不存在通过关联交易操纵利润的情形。

6. 发行人应当符合下列条件：(1) 最近 3 个会计年度净利润均为正数且累计超过人民币 3 000万元，净利润以扣除非经常性损益前后较低者为计算依据；(2) 最近 3 个会计年度经营活动产生的现金流量净额累计超过人民币 5 000 万元，或者最近 3 个会计年度营业收入累计超过人民币 3 亿元；(3) 发行前股本总额不少于人民币 3 000 万元；(4) 最近一期末无形资产（扣除土地使用权、水面养殖权和采矿权等后）占净资产的比例不高于 20%；(5) 最近一期末不存在未弥补亏损。

7. 发行人依法纳税，各项税收优惠符合相关法律、法规的规定。发行人的经营成果对税收优惠不存在严重依赖。

8. 发行人不存在重大偿债风险，不存在影响持续经营的担保、诉讼以及仲裁等重大事项。

9. 发行人申报文件中不得有下列情形：(1) 故意遗漏或虚构交易、事项或者其他重要信息；(2) 滥用会计政策或者会计估计；(3) 操纵、伪造或篡改编制财务报表所依据的会计记录或者相关凭证。

10. 发行人不得有下列影响持续盈利能力的情形：(1) 发行人的经营模式、产品或服务的品种结构已经或者将发生重大变化，并对发行人的持续盈利能力构成重大不利影响；(2) 发行人的行业地位或发行人所处行业的经营环境已经或者将发生重大变化，并对发行人的持续盈利能力构成重大不利影响；(3) 发行人最近 1 个会计年度的营业收入或净利润对关联方或者存在重大不确定性的客户存在重大依赖；(4) 发行人最近一个会计年度的净利润主要来自合并财务报表范围以外的投资收益；(5) 发行人在用的商标、专利、专有技术以及特许经营权等重要资产或技术的取得或者使用存在重大不利变化的风险；(6) 其他可能对发行人持续盈利能力构成重大不利影响的情形。

(五) 发行人募集资金运用条件

1. 募集资金应有明确的使用方向，原则上应当用于主营业务。除金融类企业外，募集资金使用项目不得为持有交易性金融资产和可供出售的金融资产、借与他人、委托理财等财务性投资，不得直接或者间接投资于以买卖有价证券为主要业务的公司。

2. 募集资金数额和投资项目应当与发行人现有生产经营规模、财务状况、技术水准和管理能力等相适应。

3. 募集资金投资项目应当符合国家产业政策、投资管理、环境保护、土地管理以及其他法律、法规和规章的规定。

4. 发行人董事会应当对募集资金投资项目的可行性进行认真分析，确信投资项目具有较好的市场前景和盈利能力，有效防范投资风险，提高募集资金使用效益。

5. 募集资金投资项目实施后，不会产生同业竞争或者对发行人的独立性产生不利影响。

6. 发行人应当建立募集资金专项存储制度，募集资金应当存放于董事会决定的专项账户。

四、首次公开发行股票且上市的发行程序

《首次公开发行股票并上市管理办法》第三章规定了发行程序：

1. 发行人董事会应当依法就本次股票发行的具体方案、本次募集资金使用的可行性及其他必须明确的事项作出决议，并提请股东大会批准。

2. 发行人股东大会就本次发行股票作出的决议，至少应当包括下列事项：（1）本次发行股票的种类和数量；（2）发行对象；（3）价格区间或者定价方式；（4）募集资金用途；（5）发行前滚存利润的分配方案；（6）决议的有效期；（7）对董事会办理本次发行具体事宜的授权；（8）其他必须明确的事项。

3. 发行人应当按照中国证监会的有关规定制作申请文件，由保荐人保荐并向中国证监会申报。特定行业的发行人应当提供管理部门的相关意见。中国证监会收到申请文件后，在5个工作日内作出是否受理的决定。

4. 预先披露。申请受理后、发行审核委员会审核前，发行人应当将招股说明书（申报稿）在中国证监会网站预先披露。发行人可以将招股说明书（申报稿）刊登于其企业网站，但披露内容应当完全一致，且不得早于在中国证监会网站的披露时间。

5. 中国证监会受理申请文件后，由相关职能部门对发行人的申请文件进行初审，并由发行审核委员会审核。

6. 中国证监会在初审过程中，将征求发行人注册地省级人民政府是否同意发行人发行股票的意见，并就发行人的募集资金投资项目是否符合国家产业政策和投资管理的规定征求国家发展和改革委员会的意见。

7. 中国证监会依照法定条件对发行人的发行申请作出予以核准或者不予核准的决定，并出具相关文件。

8. 公告新股招股说明书和财务会计报告，并制作认股书。

9. 正式发行股票。自中国证监会核准发行之日起，发行人应在6个月内发行股票；超过6个月未发行的，核准失效，须重新经中国证监会核准后方可发行。发行申请核准后、股票发行结束前，发行人发生重大事项的，应当暂缓或者暂停发行，并及时报告中国证监会，同时履行信息披露义务。影响发行条件的，应当重新履行核准程序。股票发行申请未获核准的，自中国证监会作出不予核准决定之日起6个月后，发行人可再次提出股票发行申请。

10. 股款交纳及股票交付。

五、公司债券的发行条件和程序

公司债券发行有两种情况：一是普通公司债券的发行；二是可转换公司债券的发行。

《证券法》第16条第1、2款规定，公开发行公司债券，应符合的条件是：（1）股份有限公司的净资产不低于人民币3 000万元，有限责任公司的净资产不低于人民币6 000万元；（2）累计债券余额不超过公司净资产的40%；（3）最近三年平均可分配利润足以支付公司债

券1年的利息；（4）筹集的资金投向符合国家产业政策；（5）债券的利率不超过国务院限定的利率水平；（6）国务院规定的其他条件。公开发行公司债券筹集的资金，必须用于核准的用途，不得用于弥补亏损和非生产性支出。

上市公司发行可转换为股票的公司债券，除应符合以上条件外，还应符合《证券法》关于公开发行股票的条件，并报国务院证券监督管理机构核准。

申请公开发行公司债券，应向国务院授权的部门或者国务院证券监督管理机构报送文件，包括：（1）公司营业执照；（2）公司章程；（3）公司债券募集办法；（4）资产评估报告和验资报告；（5）国务院授权的部门或者国务院证券监督管理机构规定的其他文件。依照证券法的规定聘请保荐人的，还应当报送保荐人出具的发行保荐书。

《证券法》第18条规定，有下列情形之一的，不得再次公开发行公司债券：（1）前一次公开发行的公司债券尚未募足；（2）对已公开发行的公司债券或者其他债务有违约或者延迟支付本息的事实，仍处于继续状态；（3）违反本法的规定，改变公开发行公司债券所募资金的用途。

第三节　证券发行中的承销和保荐制度

一、证券承销的种类

1. 证券代销

证券代销，是指证券公司代发行人发售证券，在承销期结束时，将未售出的证券全部退还给发行人的承销方式。在证券代销过程中，发行人与代销商之间是代理关系。

2. 证券包销

证券包销，是指证券公司将发行人的证券按照协议全部购入或者在承销期结束时将售后剩余证券全部自行购入的承销方式。前者为全额包销，后者为余额包销。在采证券全额包销时，发行人与包销商之间是买卖关系；在采证券余额包销时，发行人与包销商之间部分是代理关系、部分是买卖关系。

二、证券承销的组织形式

1. 单一承销商

向社会公开发行的证券票面总值人民币5 000万元以内，一般由一家承销商承销。

2. 承销团承销

向社会公开发行的证券票面总值超过人民币5 000万元的，应由承销团承销，承销团应当由主承销商和参与承销的证券公司组成。

三、承销协议及其主要条款

承销协议是证券发行人与证券经营机构之间达成的，由证券发行人支付费用，证券经营机构承销发行证券的一种合同，包括代销协议和包销协议两种基本形式。

证券承销协议的主要条款有：（1）当事人的名称、住所及法定代表人的姓名；（2）代销、包销证券的种类、数量、金额及发行价格；（3）代销、包销的期限及起止日期；（4）代销、包销的付款方式及日期；（5）代销、包销的费用和结算办法；（6）违约责任；（7）国务院证券监督管理机构规定的其他事项。

四、证券承销规则

1. 证券公司的核查义务

证券公司承销证券，应对公开发行募集文件的真实性、准确性、完整性进行核查；发现含有虚假记载、误导性陈述或者重大遗漏的，不得进行销售活动；已经销售的，必须立即停止销售活动，并采取纠正措施。

2. 证券承销的有效期

证券的代销、包销期最长不得超过 90 日。

3. 证券公司自行购销证券的限制

证券公司在代销、包销期内，对所代销、包销的证券应当保证先行出售给认购人，证券公司不得为本公司事先预留所代销的证券和预先购入并留存所包销的证券。

4. 代销公开发行的失败

《证券法》第 35 条规定，股票发行采用代销方式，代销期限届满，向投资者出售的股票数量未达到拟公开发行股票数量 70%的，为发行失败。发行人应按照发行价并加算银行同期存款利息将认购款返还股票认购人。

5. 证券发行人的备案义务

公开发行股票，代销、包销期限届满，发行人应当在规定期限内将股票代销情况报国务院证券监督管理机构备案。

五、证券发行中的保荐制度

股份公司首次发行股票，或者上市公司增发股票、发行可转换公司债等，都需要专业机构进行推荐，这个专业机构，就是保荐人，由符合条件的证券公司担任。主要负责此项工作并在保荐报告上签字的自然人，是在该证券公司任职的保荐代表人。

保荐制度，又称保荐人（Sponsor）制度，是指由具有保荐资格的保荐人负责公开发行和上市证券的推荐与辅导，并对推荐的发行人披露的信息质量和所作承诺依法进行审慎核查并承担信用担保责任，以督导发行人规范运作的制度。保荐人应尽职推荐发行人证券发行上市，持续督导发行人履行相关义务，兼具证券发行人的推荐人和担保人的身份。保荐人包括发行保荐人和上市保荐人。这里是前者，对上市保荐人将在证券上市与交易制度部分介绍。

保荐制度起源于英国的创业板市场，即“可替代性投资市场”（AIM①）。由于创业板上市公司规模小、风险大，为有效降低风险，增强投资者信心，英国在创业板市场实行了保荐人制度。后来加拿大、新加坡等国家及我国香港地区在创业板市场引入了该制度。21 世纪初，它们又先后将保荐人制度引入主板市场。我国直接将保荐人制度引入主板市场。《证券法》第 11 条规定：“发行人申请公开发行股票、可转换为股票的公司债券，依法采取承销方式的，或者公开发行法律、行政法规规定实行保荐制度的其他证券的，应当聘请具有保荐资格的机构担任保荐人。保荐人应当遵守业务规则和行业规范，诚实守信，勤勉尽责，对发行人的申请文件和信息披露数据进行审慎核查，督导发行人规范运作。保荐人的资格及其管理办法由国

---

① AIM 是英文 Alternative Investment Market 的缩写。

务院证券监督管理机构规定。”对这一制度的确认，是我国证券发行上市制度的重大变革。

（一）保荐机构和保荐代表人的资格

经中国证监会注册登记并列入保荐机构、保荐代表人名单的证券经营机构、个人，才可依法从事保荐工作。未经列入名单的任何机构、个人，不得从事保荐工作。证券经营机构申请注册登记为保荐机构的，应是综合类证券公司，并向中国证监会提交自愿履行保荐职责的声明、承诺。

证券经营机构有下列情形之一的，不得注册登记为保荐机构：（1）保荐代表人数量少于2名；（2）公司治理结构存在重大缺陷，风险控制制度不健全或者未有效执行；（3）最近24个月因违法、违规被中国证监会从名单中去除；（4）中国证监会规定的其他情形。

个人申请注册登记为保荐代表人的，应具有证券从业资格、取得执业证书且符合下列要求，通过所任职的保荐机构向中国证监会提出申请，并提交有关证明文件和声明：（1）具备中国证监会规定的投资银行业务经历；（2）参加中国证监会认可的保荐代表人胜任能力考试且成绩合格；（3）所任职保荐机构出具由董事长或者总经理签名的推荐函；（4）未负有数额较大到期未清偿的债务；（5）最近36个月未因违法、违规被中国证监会从名单中去除或者受到中国证监会行政处罚；（6）中国证监会规定的其他要求。

（二）保荐机构的职责

1. 保荐机构应尽职推荐发行人证券发行上市。

保荐机构在推荐发行人首次公开发行股票前，应当按照中国证监会的规定对发行人进行辅导。保荐机构推荐其他机构辅导的发行人首次公开发行股票的，应当在推荐前对发行人至少再辅导6个月。

保荐机构推荐发行人证券发行上市，应按照法律、行政法规和中国证监会的规定，对发行人及其发起人、大股东、实际控制人进行尽职调查、审慎核查，根据发行人的委托，组织编制申请文件并出具推荐文件。

保荐机构对发行人公开发行募集文件中无中介机构及其签名人员专业意见支持的内容，应进行充分、广泛、合理的调查，对发行人提供的资料和披露的内容进行独立判断，并有充分理由确信所作的判断与发行人公开发行募集文件的内容不存在实质性差异。

保荐机构对发行人公开发行募集文件中有中介机构及其签名人员出具专业意见的内容，应进行审慎核查，对发行人提供的数据和披露的内容进行独立判断。保荐机构所作的判断与中介机构的专业意见存在重大差异的，应对有关事项进行调查、复核，并可聘请其他中介机构提供专业服务。

2. 发行人证券上市后，保荐机构应持续督导发行人履行规范运作、信守承诺、信息披露等义务。

保荐机构应针对发行人具体情况确定持续督导的内容和重点，并承担下列工作：（1）督导发行人有效执行并完善防止大股东、其他关联方违规占用发行人资源的制度；（2）督导发行人有效执行并完善防止高管人员利用职务之便损害发行人利益的内控制度；（3）督导发行人有效执行并完善保障关联交易公允性和合规性的制度，并对关联交易发表意见；（4）督导发行人履行信息披露的义务，审阅信息披露文件及向中国证监会、证券交易所提交的其他文件；（5）持续关注发行人募集资金的使用、投资项目的实施等承诺事项；（6）持续关注发行人为他人提供担保等事项，并发表意见；（7）中国证监会规定及保荐协议约定的其他工作。

首次公开发行股票的，持续督导的期间为证券上市当年剩余时间及其后两个完整会计年度；上市公司发行新股、可转换公司债券的，持续督导的期间为证券上市当年剩余时间及其后一个完整会计年度。持续督导的期间自证券上市之日起计算。持续督导期届满，如有尚未完结的保荐工作，保荐机构应当继续完成。

保荐机构在尽职推荐期间、持续督导期间未勤勉尽责的，持续督导期届满，保荐机构仍应承担相应的责任。

六、保荐制度与承销制度的关系

理论上保荐业务与承销业务是两种不同的证券业务，保荐人的职责和承销商的职责也是不同的。《证券发行上市保荐业务管理办法》第 4 条规定，保荐机构应遵守法律、行政法规、中国证券监督管理委员会的相关规定，业务规则和行业规范，诚实守信，勤勉尽责，尽职推荐发行人证券发行上市，持续督导发行人履行规范运作、信守承诺、信息披露等义务。《证券法》第 11 条第 2 款规定，保荐人应当遵守业务规则和行业规范，诚实守信，勤勉尽责，对发行人的申请文件和信息披露资料进行审慎核查，督导发行人规范运作。可见，保荐制度是对发行证券的质量进行推荐、担保和监督；承销制度是按照承销协议，确保证券销售工作的顺利完成。

但是，《证券发行上市保荐业务管理办法》第 6 条第 3 款规定，证券发行的主承销商可以其保荐机构担任，也可以由其他具有保荐机构资格的证券公司与该保荐机构共同担任。

第十八章
证券上市与交易制度

第一节 证券的上市制度

证券上市，是指证券发行人已经公开发行的证券，经过证券交易所的审核，能在证券交易所挂牌交易的法律现象。广义的证券上市包括交易所上市和场外上市；狭义的证券上市仅指前者。我国使用狭义证券上市的概念，证券上市是指证券在证券交易所的挂牌上市，在其他交易场所挂牌交易，只能称为挂牌交易。我国台湾地区将在场外交易市场挂牌交易称为证券上柜。

证券上市以证券公开发行为前提，证券公开发行后，要实现在证券交易所挂牌交易的目的，就必须经过证券的上市环节。证券上市是连接证券发行市场和证券交易市场的桥梁。证券上市主要包括股票上市和公司债券上市，还包括证券上市的暂停和终止制度。

一、证券上市的条件和程序

（一）股票上市的条件和程序

股票上市为上市公司的行为，上市公司指所发行的股票经证券交易所批准在证券交易所上市交易的股份有限公司。

1. 股票上市的条件

《证券法》第50条规定，股份有限公司申请股票上市，应符合下列条件：(1) 股票经国务院证券监督管理机构核准已公开发行；(2) 公司股本总额不少于人民币3 000万元；(3) 公开发行的股份达到公司股份总数的25%以上，公司股本总额超过人民币4亿元的，公开发行股份的比例为10%以上；(4) 公司最近三年无重大违法行为，财务会计报告无虚假记载。证券交易所可以规定高于前款规定的上市条件，并报国务院证券监督管理机构批准。第51条规定，国家鼓励符合产业政策并符合上市条件的公司股票上市交易。

2. 股票上市的程序

(1) 上市保荐人保荐。《证券法》第49条规定，申请股票、可转换为股票的公司债券或者法律、行政法规规定实行保荐制度的其他证券上市交易，应聘请具有保荐资格的机构担任保荐人。

(2) 向证券交易所提交股票上市申请。《证券法》第52条规定，申请股票上市交易，应向证券交易所报送下列文件：上市报告书；申请股票上市的股东大会决议；公司章程；公司营业执照；依法经会计师事务所审计的公司最近三年的财务会计报告；法律意见书和上市保荐书；最近一次的招股说明书；证券交易所上市规则规定的其他文件。

(3) 证券交易所审核。《证券法》对证券上市审核机制进行了重大调整，由过去的证监会审核，改为由证券交易所进行审核，使证券上市回归为市场行为。

我国上海证券交易所和深圳证券交易所均设立了上市委员会，负责对证券上市审核，证券交易所则根据上市委员会的审核意见作出审核决定。审核的依据主要是两市的股票上市规则、企业债券上市规则等。

(4) 签订上市协议。审核同意后，证券发行人应与证券交易所签订上市协议，明确双方的权利、义务和有关事项。《证券交易所管理办法》第 52 条第 3 款规定，上市协议应包括上市费用的项目和数额，证券交易所为公司证券上市所提供的技术服务，公司要指定专人负责证券事务，上市公司定期报告、临时报告的报告程序及回复交易所质询的具体规定，股票停牌事宜，协议双方违反上市协议的处理，仲裁条款，证券交易所认为需要在上市协议中明确的其他内容。

(5) 上市公告。上市公告指证券发行人按照规定，在证券上市前，就公司及证券上市的有关事宜，通过指定的报刊等媒体向社会公众所作的信息披露。

(6) 挂牌交易。履行完所有上市手续，被批准的证券就可按照证券交易所的安排，在指定的时间挂牌交易。

(二) 公司债券上市的条件和程序

1. 公司债券上市的条件

《证券法》第 57 条规定，公司申请公司债券上市交易，应符合的条件是：公司债券的期限为 1 年以上；公司债券实际发行额不少于人民币 5 000 万元；公司申请债券上市时仍符合法定的公司债券发行条件。第 16 条规定，公开发行公司债券，应符合的条件是：股份有限公司的净资产不低于人民币 3 000 万元，有限责任公司的净资产不低于人民币 6 000 万元；累计债券余额不超过公司净资产的 40%；最近三年平均可分配利润足以支付公司债券 1 年的利息；筹集的资金投向符合国家产业政策；债券的利率不超过国务院限定的利率水平；国务院规定的其他条件。

2. 公司债券上市的程序

与股票上市的程序基本相同，只是提交的申请文件有所不同。《证券法》第 58 条规定，申请公司债券上市交易，应向证券交易所报送下列文件：上市报告书；申请公司债券上市的董事会决议；公司章程；公司营业执照；公司债券募集办法；公司债券的实际发行数额；证券交易所上市规则规定的其他文件。申请可转换为股票的公司债券上市交易，还应报送保荐人出具的上市保荐书。

二、证券上市的暂停与终止

(一) 证券上市的暂停

1. 股票上市暂停的事由

《证券法》第 55 条规定，上市公司有下列情形之一的，由证券交易所决定暂停其股票上市交易：(1) 公司股本总额、股权分布等发生变化，不再具备上市条件；(2) 公司不按照规定公开其财务状况，或者对财务会计报告作虚假记载，可能误导投资者；(3) 公司有重大违法行为；(4) 公司最近三年连续亏损；(5) 证券交易所上市规则规定的其他情形。

2. 公司债券上市暂停的事由

《证券法》第 60 条规定，公司债券上市交易后，公司有下列情形之一的，由证券交易所决定暂停其公司债券上市交易：（1）公司有重大违法行为；（2）公司情况发生重大变化，不符合公司债券上市条件；（3）公司债券所募集资金不按照核准的用途使用；（4）未按照公司债券募集办法履行义务；（5）公司最近两年连续亏损。

（二）证券上市的终止

1. 股票上市终止的事由

《证券法》第56条规定，上市公司有下列情形之一的，由证券交易所决定终止其股票上市交易：（1）公司股本总额、股权分布等发生变化，不再具备上市条件，在证券交易所规定的期限内仍不能达到上市条件；（2）公司不按照规定公开其财务状况，或者对财务会计报告作虚假记载，且拒绝纠正；（3）公司最近三年连续亏损，在其后一个年度内未能恢复盈利；（4）公司解散或者被宣告破产；（5）证券交易所上市规则规定的其他情形。

2. 公司债券上市终止的事由

《证券法》第61条规定，公司有重大违法行为、未按照公司债券募集办法履行义务两种情形之一，经查实后果严重的，或者公司情况发生重大变化不符合公司债券上市条件、公司债券所募集资金不按照核准的用途使用、公司最近两年连续亏损三种情形之一，在限期内未能消除的，由证券交易所决定终止其公司债券上市交易。公司解散或者被宣告破产的，由证券交易所终止其公司债券上市交易。

《证券法》第62条规定，对证券交易所作出的不予上市、暂停上市、终止上市决定不服的，可向证券交易所设立的复核机构申请复核。

三、证券上市的利与弊

一般证券上市后其利远大于弊，具体是：

（一）对投资者有利

证券上市后，可使广大投资者更方便地进行证券投资，给他们提供了更多的可供选择的投资工具和投资机会，使他们能更好地进行投资决策。投资者有一个可随时将手中证券转让变现的场所，有利于减少投资者的投资风险，降低投资成本。

（二）对证券监管有利

证券集中上市，有利于证券监管机构对证券市场及上市公司的监管，以保障广大投资者的合法权益，促进证券市场健康发展。

（三）对上市公司也是利大于弊

1. 有利于募集社会资金，培育社会化的大公司

上市公司最大特点在于可利用证券市场筹资，广泛吸收社会闲散资金，从而迅速扩大企业规模，增强产品的竞争力和市场占有率。股票上市提高了股票的变现能力和流通能力，既满足了公司对资金稳定性的需要，又满足了投资者追求股票的及时获利性的需要，从而能够吸引大量的短期或零散资金购买公司的股票，扩大公司筹资的来源。

2. 有利于转换企业经营机制，提高经济效益

转换经营机制是我国企业股份制改组的特殊目的。转换企业经营机制是使企业从传统计划体制下的经营方式转为市场经济体制下的经营方式，使企业产权清晰、权责明确、政企分开、管理科学，成为适应市场的竞争主体。通过建立企业竞争机制、激励机制和治理结构，促进企业经济增长方式由粗放型向集约型转变。股票上市使公司置于全社会的监督之下，股

票上市条件与上市后规范化的要求，为公司在经营管理、财务会计诸方面，确立了国际标准，有利于提高公司的经营管理水平，是公司实现经营管理水平的现代化、科学化、规范化与标准化的过程。企业上市后，股东自身利益与公司绩效紧密地结合在一起，股东的监督，股市价格涨跌的压力，公司运作透明度的提高，来自会计师事务所、律师事务所、证券交易所等的监督和制约，以及商会、证券业协会等自律组织的“自律、服务、倡导”，公司自律能力的提高，不断强化着企业的激励机制和约束机制，既增加了企业改善经营管理的压力，也增强了企业提高绩效的动力，从而形成有效的公司治理结构。

3. 优化资源配置，促进产业结构调整

通过收购上市公司，剥离不良资产，将子公司或部分资产先行上市后再将其他资产注入等企业重组活动，实现优胜劣汰，优化企业的组织结构，改善企业的发展机制，提高企业的整合能力，使企业可持续发展。

但是，公司上市后，机遇和风险并存。如果上市公司普遍经营管理不善，业绩不佳，股票将缺乏投资价值，受到投资者的冷落，使整个股票市场面临着不断下滑的压力，导致原有投资者损失惨重，并可能引起金融危机。如果放纵上市公司的违规行为，必将助长投机，并有可能导致发生严重的欺诈行为，直接损害其股东的利益，影响股票市场的稳定，甚至引起“股灾”。对股票市场和上市公司应依法严格监管，已成为各国的共识，上市公司应严格依法规范运作，其最重要的环节：一是上市公司应依法完善治理结构；二是依法履行信息披露义务。从和谐商法的视角，自治、自律才是兴利除弊的根本措施。内化的规则意识，是严格执行硬商法的前提。

第二节　证券的交易制度

一、证券交易的概念和类型

证券交易，是指当事人之间在法定证券交易场所，遵照交易规则，相互之间买卖依法公开发行并交付证券的法律行为。《证券法》第 37、39 条规定，证券交易当事人依法买卖的证券，必须是依法发行并交付的证券。非依法发行的证券，不得买卖。依法公开发行的股票、公司债券及其他证券，应在依法设立的证券交易所上市交易或者在国务院批准的其他证券交易场所转让。因此，证券交易要受一定条件限制。

由证券交易所形成的市场是证券交易市场，证券交易市场是在证券发行、上市基础上发展起来的证券市场，又称证券流通市场、证券二级市场或证券次级市场。证券发行形成了证券市场中的初级市场，即“一级市场”或称发行市场；证券交易市场称为“二级市场”。一级市场与二级市场的关系是：一级市场是二级市场的基础，没有一级市场就不会存在二级市场；在一定条件下，二级市场的容量大小会直接影响到一级市场证券发行规模的大小。

证券交易有以下不同类型：

（一）根据证券交易场所的不同，分为场内交易与场外交易

1. 场内交易

场内交易指通过证券交易所进行的股票买卖活动。证券交易所是设有固定场地、备有各种服务设施（如行情板、电视屏幕、电子计算机、电话、电传等），有必要的管理和服务人员，集中进行股票和其他证券买卖的场所，如我国的上海证券交易所和深圳证券交易所、美国的纽约证券交易所、英国的伦敦证券交易所，在这个场所内进行的股票交易称为场内交易。

世界各国大部分股票的流通、转让、交易都是在证券交易所内进行的，因此，证券交易所是股票流通市场的核心，场内交易是股票流通的主要组织方式。但只有场内交易、没有场外交易，会使大量不符合在交易所上市条件的证券，以及退市后的原上市公司股票，缺少合法的流通场所，人为地限制了证券的流通，因此，需要在证券交易所之外，建立多层次的场外交易市场，以满足社会的需要。《证券法》第 39 条从立法上作出了准备。

2. 场外交易

场外交易，是指证券发行人发行的证券在证券交易所以外的其他依法设立的证券交易场所进行交易行为的总称。柜台交易市场是场外交易市场的主体，又称 OTC[①] 市场，许多证券经营机构设有专门的证券柜台，进行证券交易。场外交易的特征如下：在证券交易所以外的其他依法设立的证券交易场所进行；非集中竞价交易；条件和程序比上市交易简单；交易标的一般是未上市证券。场外交易包括以下三类：

（1）柜台交易市场。证券商柜台交易市场又称店头交易市场，是指在证券公司开设的柜台上进行交易活动。美国的柜台交易市场始于 1792 年。柜台交易市场上交易的证券主要是依照《证券交易法》公开发行但未在证券交易所上市的证券，证券交易价格依照议价制方式确定，交易方式仅限于现货交易。

（2）第三市场。第三市场，是指在证券商柜台上从事已在证券交易所上市证券的交易。美国第三市场有鲜明特点：这种市场所容纳的主要是各种公债、保险公司债券等；交易主体是拥有巨额资金的机构投资者，每笔交易额数目庞大；所交易的证券为证券交易所已获准上市的证券。

（3）第四市场。第四市场，是指通过电子计算机网络相联系的证券投资者直接接洽成交的场所。其特点是：证券交易活动完全脱离证券商的参与，由证券的买方和卖方直接进行交易；证券交易活动借助计算机联网方式直接获得证券价格信息并完成证券的买进和卖出，买卖双方无须当面接洽；证券交易的数额比较庞大。这种市场目前主要在美国开放，其他国家多处于试验阶段。

我国曾经存在过的场外交易市场：一是 STAQ、NET 交易系统，即法人股交易市场。相当数量的个人违规进入市场，1999 年 9 月两系统停止交易。二是以淄博柜台交易市场为代表的地区交易市场。1997 年全国整顿金融秩序后陆续关闭。

目前，我国尚存的场外交易市场主要有：一是代办股份转让系统。为妥善解决原 STAQ、NET 系统挂牌公司流通股的转让，2001 年 6 月 12 日经中国证监会批准，中国证券业协会发布《证券公司代办股份转让服务业务试点办法》，代办股份转让工作正式启动，7 月 16 日第一家股份转让公司挂牌。为解决退市公司股份转让问题，2002 年 8 月 29 日起退市公司纳入代办股份转让试点范围。2006 年后，中关村一批非上市股份有限公司的股票也被安排在代办股份转让系统交易。[②] 目前，共有一百多只股票[③]通过这一系统进行转让，成为国内的“三板市场”。二是地方产权交易市场，如西安、北京的产权交易中心。我国的场外市场主要由各政府部门主办，市场定位不明确，分布不合理，缺乏统一规则且结构层次单一，有待进一步规范。

---

① OTC 是英文 Over The Counter 的缩写。

② 2006 年 1 月 16 日，中国证券业协会正式发布了经中国证券监督管理委员会批复的《证券公司代办股份转让系统中关村科技园区非上市股份有限公司股份报价转让试点办法》与《主办报价券商推荐中关村科技园区非上市股份有限公司进入证券公司代办股份转让系统报价转让的挂牌业务规则》等一系列配套规则。

③ 资料来自中国证券业协会网：http：//www.gfzr.com.cn/sshq/hqlist_updownpercent.html，访问时间：2011－03－10。

《证券法》第 39 条规定，依法公开发行的股票、公司债券及其他证券，应在依法设立的证券交易所上市交易或者在国务院批准的其他证券交易场所转让。为我国多层次证券市场的建立提供了法律依据。

(二) 根据证券交易价格形成方式的不同，分为集中竞价交易与非集中竞价交易

集中竞价交易是证券交易所内进行证券买卖的一种交易方式，目前我国上交所、深交所均采用这一交易方式，一般是两个以上的买方和两个以上的卖方通过公开竞价形式确定证券买卖价格的交易。这种形式既有买者之间的竞争，也有卖者之间的竞争，买卖各方都有比较多的人员。集中竞价时，当买者一方中的人员提出的最高价和卖者一方的人员提出的最低价一致时，证券交易价格被确定，买卖就可成交。

证券集中竞价交易的交易原则主要是：价格优先原则和时间优先原则。参与证券买卖的各方当事人公开报价，其中所有买入的有效委托按照报价由高到低顺序排列，报价相同的，按照委托的时间顺序排列；所有卖出的有效委托，其报价按照由低到高的顺序排列，报价相同的，也按照委托的先后时间顺序排列。依顺序将排在前面的买入委托与卖出委托配对成交，即按“价格优先”原则对买方最高报价与卖方最低报价优先配对；在同等出价条件下，按“时间优先”原则对顺序在先的委托进行配对成交。如果所有买入委托的报价均低于卖出委托的报价，则上述委托继续排队，等待新的卖出委托报价，以此形成连续性的竞价撮合成交的交易活动。

非集中竞价交易，是指除集中竞价交易之外的其他证券交易方式，如买卖双方一对一的协商定价交易方式。《证券法》第 40 条规定，证券在证券交易所上市交易，应采用公开的集中交易方式或者国务院证券监督管理机构批准的其他方式。这为非集中交易方式的采纳预留了法律空间。

(三) 根据证券交易交割期限的不同，分为现货交易、期货交易、期权交易和信用交易

1. 现货交易

现货交易，又称“现款交易”、“现期交易”，是指证券交易的双方当事人根据商定的付款方式，在较短时间内交割，实现股票等证券所有权的转让。

2. 期货交易

与证券的现货交易相对应，证券期货交易是以股票市场价格指数为“商品”的期货交易活动，如目前国外证券市场上的股票指数期货交易。股指期货是以股票价格指数作为标的物的金融期货合约。和其他期货品种相比，股指期货的特点是：股指期货标的物为相应的股票指数。股指期货报价单位以指数点计算，合约的价值以一定的货币乘数与股票指数报价的乘积来表示。股指期货的交割采用现金交割，即不是通过交割股票，而是通过结算差价，用现金来结清头寸。

股指期货是堪萨斯城期货交易所于 1982 年最先推出的，目前主要的股指期货有：恒生指数期货、纳斯达克 100 指数期货、日经指数期货等。

股指期货具有价格发现、套期保值、资产配置等功能：(1) 股指期货交易以集中撮合竞价方式产生未来不同到期月份的股票指数期货合约价格，反映对股票市场未来走势的预期；股指期货价格一般领先于股票现货市场的价格，并有助于提高股票现货市场价格的信息含量。(2) 股指期货给证券交易者提供避险功能。股指期货使投资者有回避风险的工具，满足市场参与者对股市风险对冲工具的强烈需求，促进一级市场和二级市场的发展。(3) 股指期货具有资产配置的功能，表现在：1) 引进做空机制，使投资者的投资策略从等待股票价格上升的单一模式转变为双向投资模式，使投资人的资金在行情下跌中也能有所作为，而非被动闲置；2) 便于发展机构投资者，促进组合投资，加强风险管理；3) 增加市场流动性，提高资金使

用效率，完善资本市场功能等。

股指期货与股票现货市场相互影响：股指期货依存于股票现货市场，两者间存在敏感的市场价格波动传递机制。股指期货的交易会增加信息传递的速度，通过指数套利等其他渠道迅速影响现货市场的价格。同时，股票现货市场价格又决定着股指期货的最终结算价格。

股指期货还具有以小博大、现金交割和更能掌握整体指数趋势的优点，因此，股指期货广受机构及基金经理人的青睐，并作为避险、套利的工具。

3. 期权交易

期权交易不是证券商品的直接交易，而是给予购买者一种选择权，他可以在规定的时间选择行使执行买卖金融期货合约的权利，也可以放弃这一权利。这是期权与期货不同之处。合约规定的价格为履约价格（敲定价格），可以高于市价，也可以低于市价。合约中规定的日期称到期日或履约日。美式期权可在到期日前任何时间履约，欧式期权只能在到期日这一天履约。

合约有效期一般为 3 个月，最长为 1 年。一个合约代表了一百个期权基数，相等于 100 股股票。人们可以根据自己的需要通过期权交易实现套期保值或投机。在套期保值下采用单个合约交易或结合多种项目的合约捆绑交易。有清算公司作为经纪人中介，为卖方提供担保，期权买主不用担心卖主违约。期货合约不必支付费用，购买期权合约者必须向卖方支付一定费用。卖方不用支付费用，但到期必须履约。买卖双方的权利与义务是不同的，卖方风险大于买方风险。

期权交易分为：看涨期权，即买入期权；看跌期权，即卖出期权。两类期权交易都是由买卖双方组成。

（1）看涨期权交易

看涨期权的买方预计股价将上升，他支付了一定的费用后买入这一权利，在到期日前股价下跌或持平，他可以放弃执行合约，最多损失了当初购买期权的费用，损失不会超过股价下跌的幅度。反之，股价上升，他则执行合约，从中获得收益。理论上看涨期权的买方所面临的亏损是有限的，赢利则随股价的上升空间无限。例如：投机者买入看涨期权有效期 3 个月，该品种市价 20 元，合约按美式期权交易。协议价格为每股 21 元，购入 100 股，期权费每股 2 元。几天后股价上升为 25 元，期权费上升为 5 元，他就执行合约。买卖差价 400 元，扣除期权费 200 元，获净利 200 元。他也可不执行合约而卖出期权合约，500 元差价－200 元期权费＝300 元净利。他如果一路持有至到期日或按欧式期权履约，则可能承担行情反转的风险，如股价下跌至 19 元，他将放弃执行权利，但亏损最大为 200 元期权费。

看涨期权的卖方看淡后市，预计股价将下跌，因此他率先出售看涨期权，当即获得一笔期权费收入。事后行情正像他所预见的一样，在合约到期日买方不会再来履约，他所得到的这笔费用就是他所获得的收益，反之，行情上涨，到期买方必来履约，那么他不得不在到期日履约，被迫以低于市价的合约价格出售股票，扣除收入费用就是他的亏损部分。理论上看涨期权的卖方所获得的收益是有限的，但亏损会随股价的上升而空间无限。例如，一位套期保值者以 10 元的价格买了 100 股股票，成本为 1 000 元，他准备长期投资，又怕行情下跌，于是卖出一份同品种的看涨期权为他的股票保值。合约协议价 10 元，期权费 1 元，这样他可立即得到 100 元的期权费而无须出一分钱。若几天后股价依然 10 元，合约的买方不会来履约，他可获 100 元收益。反之，行情上升到 13 元，合约买方定来履约，他则卖出履约协定价 10 元的股票，亏损 300 元，减去 100 元期权费，实际亏损 200 元。但他手中的 100 股股票为他带来 300 元的收益，他可以抛出，抵冲 200 元的损失，仍赢利 100 元，或继续持有等待上升，并另按市价买 100 股股票履约，则也净赚 100 元。反之，股价下跌至 8 元，买方不来履约，但卖主手中的股票也下跌，账面亏损 200 元，扣除 100 元期权费，仍亏 100 元。

（2）看跌期权交易

看跌期权的买方预计行情将下跌，在当前的股价下购买卖出期权或在行情已展开下跌时以高于市价的约定价格出售。若判断出错，他可以放弃执行权利，也可以在未到期前出售该权利而获利，因为期权费将随市价的变化而变化。看跌期权的买方的亏损是有限的期权费，而赢利也是有限的，即以股价跌至零为限。例如，一位套期保值者为防手中 30 元的股票价格下跌，买入一份同品种看跌期权，期权费 2 元，协议价格 30 元，若干天后股价下跌至 25 元，他会执行合约以 30 元出售 100 股股票，扣除成本 200 元费用，赚利 300 元。反之，股价上升至 32 元，他被迫弃权，则损失期权费 200 元，但手中的股票却增值 200 元，正好持平。当股价升至 32 元之上时他才获利。

看跌期权的卖方预计行情将上升，出售看跌期权，可直接获利。到期买方弃权，他可获期权费收入。反之，行情下跌，买方履约，他则不得不按约定的价格与下跌的市价之差额履约，亏损也是有限的，即股价为零是亏损的极限。例如，合约对应的卖方看好后市，行情下跌至 25 元，买方履约，他只能按 30 元的协议价收回，履约结果亏损 500 元，扣除 200 元收入的期权费，实际仍亏 300 元。反之，股价上升至 32 元，买方放弃执行权利，卖方则收入 200 元期权费。双方在 28 元价位上不赢不亏。

4. 信用交易

信用交易又称“保证金交易”，是指证券交易的当事人在买卖证券时，只向证券公司交付一定的保证金，或者只向证券公司交付一定的证券，由证券公司提供融资或者融券进行交易。信用交易分为融资买进和融券卖出两种。客户在买卖证券时仅向证券公司支付一定数额的保证金或交付部分证券，其应支付的价款和应交付的证券不足时，由证券公司进行垫付，代理进行证券的买卖交易。融资买入证券为“买空”，融券卖出证券为“卖空”。

《证券法》第 42 条规定，证券交易以现货和国务院规定的其他方式进行交易。这就为非现货交易方式的采纳预留了法律空间。但是，《证券法》第 142 条规定，证券公司为客户买卖证券提供融资、融券服务，应按照国务院的规定并经国务院证券监督管理机构批准。

二、证券交易的一般程序

《证券法》第 110 条规定，进入证券交易所参与集中交易的，必须是证券交易所的会员。非会员投资者是不准进入场内从事证券买卖的，只能在会员证券商的营业处委托证券商代其执行交易。委托交易过程包括以下步骤：

1. 开立证券交易账户

开立证券交易账户，指愿意参与证券买卖的人在证券商处开立委托买卖的账户。这是投资者委托证券公司代为买卖证券的前提条件。凡申请开户者，必须填写“证券买卖合同”，交证券公司审核无误后，发给投资者（客户）同意书，并予以编列账号，发给委托人“开户账卡”。从事证券交易的投资者开立账户，一般要有两个：一个是现金账户，另一个是证券账户。

2. 发出委托

《证券法》第 111 条规定，投资者应与证券公司签订证券交易委托协议，并在证券公司开立证券交易账户，以书面、电话以及其他方式，委托该证券公司代其买卖证券。

委托是投资者向证券商发出的表明其以某种价格买入或者卖出一定数量的某种证券的请求。开户后，投资者就可向证券商发出委托。发出委托的方式有：（1）书面委托，包括电报委托、信函委托等；（2）电话委托；（3）其他委托方式，如口头委托、计算机终端委托等。

3. 确定委托种类

委托的种类有多种，依交易数量大小，委托可分为整份委托和零数委托；依交易方式，委托可分为购买委托和出售委托；依委托是否附有限制条件，委托可分为市价委托和限价委托；依委托有效期长短，委托可分为当日委托、一周期委托、一月期委托和开口式委托。其他还有特殊性委托，如限价补进委托、停止损失委托、立即撤销委托、特殊指示委托等。

我国投资者通过其开户的证券公司买卖证券，一般采用市价委托或者限价委托。市价委托，指投资者按可能出现的市场价格委托证券商立即成交。可能出现的市场价格并不由投资者自己决定，而是委托证券商尽最大努力，采取最快的速度，设法为投资者按最低报价买进，按最高价格卖出。市价委托是常见的委托，具有成交迅速和成交的把握性大等好处。限价委托，指投资者要求证券商按限定的价格或者优于限定的价格为其完成交易。若是限价卖出委托，最终执行的成交价应等于或者高于委托价；若限价买入委托，最终执行的成交价应等于或者低于委托价。限价委托的好处在于投资者有可能按最优惠的价格成交。但若定价缺乏依据，限价委托将难以完成。

4. 提出交易申报

证券公司业务员受理委托后，应立即通知驻场交易员，驻场交易员接通知后，须立即按时间优先的规则根据委托提出交易申报，参与证券交易所场内的集中竞价交易。交易申报竞价的方式主要有：口头申报竞价，是证券商交易员在交易所指定区域喊价而达成交易；计算机终端申报竞价，是利用计算机系统申报竞价；专柜书面竞价，是在交易所设立专门的竞价交易柜台，竞价交易。

随着交易系统计算机化程度提高，有些已采取自助式报价方式，自助报价仍需事先通过证券公司分终端，在法律关系上构成委托代理关系。

5. 清算、交割与过户

证券交易成交后，证券登记结算机构根据成交结果，按照清算交割规则，进行证券和资金的清算交割，办理证券的登记过户手续。《证券法》第112条规定，证券公司根据投资者的委托，按照证券交易规则提出交易申报，参与证券交易所场内的集中交易，并根据成交结果承担相应的清算交收责任；证券登记结算机构根据成交结果，按照清算交收规则，与证券公司进行证券和资金的清算交收，并为证券公司客户办理证券的登记过户手续。

清算，是指证券登记清算机构将证券经纪人之间买卖证券的数量与金额分别予以抵消，结清余额的行为。清算的目的在于减少证券商之间实际交割的证券和资金，以节省时间、人力和物力。

交割，是指证券买卖双方成交后，一方付出款项、收到证券，另一方交出证券、收到价款的行为。交割包括证券商之间的交割和证券商与投资者之间的交割。据交割时间不同，交割又分为当日交割、次日交割、普通交割、特约交割、发行日交割等。

过户，是指证券所有权从原所有权人手中转移到新所有权人手中时所作记录的过程。包括的内容有：一是转让经背书的证券凭证，二是把有关所有权的转移事项记入证券发行公司的账簿中。过户只针对记名股票或者记名债券。

三、证券持有和交易的限制

证券实行自由交易原则，国家法律一般对投资者的交易行为不加限制，但在特定情况下，考虑到社会利益及交易的公平和公正，会适当加以限制。

1. 对转让期限的限制

《证券法》第 38 条规定，依法发行的股票、公司债券及其他证券，法律对其转让期限有限制性规定的，在限定的期限内不得买卖。主要是公司发起人和高级管理人员持有本公司股票的转让限制。

《公司法》第 141 条规定，发起人持有的本公司股份，自公司成立之日起 1 年内不得转让。公司公开发行股份前已发行的股份，自公司股票在证券交易所上市交易之日起 1 年内不得转让。公司董事、监事、高级管理人员应向公司申报所持有的本公司的股份及变动情况，在任职期间每年转让的股份不得超过其所持有本公司股份总数的 25%；所持本公司股份自公司股票上市交易之日起 1 年内不得转让。上述人员离职后半年内，不得转让所持有的本公司股份。公司章程可以对公司董事、监事、高级管理人员转让所持有的本公司股份作出其他限制性规定。

2. 对特定机构从业、工作人员持有和买卖股票的限制

《证券法》第 43 条规定，证券交易所、证券公司和证券登记结算机构的从业人员、证券监督管理机构的工作人员以及依法禁止参与股票交易的其他人员，在任期或者法定限期内，不得直接或者以化名、借他人名义持有、买卖股票，也不得收受他人赠送的股票。任何人成为上述所列人员时，其原已持有的股票，必须依法转让。

《证券法》第 45 条规定，为股票发行出具审计报告、资产评估报告或者法律意见书等文件的证券服务机构和人员，在该股票承销期内和期满后 6 个月内，不得买卖该种股票。为上市公司出具审计报告、资产评估报告或者法律意见书等文件的证券服务机构和人员，自接受上市公司委托之日起至上述文件公开后 5 日内，不得买卖该种股票。

3. 对内幕人短线交易的限制

《证券法》第 47 条规定，上市公司董事、监事、高级管理人员、持有上市公司股份 5% 以上的股东，将其持有的该公司的股票在买入后 6 个月内卖出，或者在卖出后 6 个月内又买入，由此所得收益归该公司所有，公司董事会应收回其所得收益。但证券公司因包销购入售后剩余股票而持有 5%以上股份，卖出该股票不受 6 个月时间限制。公司董事会不按照此规定执行的，股东有权要求董事会在 30 日内执行。公司董事会未在上述期限内执行的，股东有权为公司的利益以自己的名义直接向人民法院提起诉讼。董事会负有责任的董事依法承担连带责任。

第十九章
上市公司收购制度

上市公司收购，是指投资者依法购买股份有限公司已发行上市的股份，以达到对该公司控股或者兼并目的的行为。分为要约收购和协议收购。①

宏观上，上市公司收购的过程是产业结构调整的过程；微观上，上市公司收购是投资者对上市的股票的买卖行为，这一行为对证券市场的影响非同小可，因此，投资者在收购上市公司时要遵守一些特殊的规则，以保障股票交易的公开、公平和公正。

第一节　股东持股及其变动报告制度

一、概念

股东持股及其变动报告制度，是指投资者持有一个上市公司的股份达到一定数额后，依法披露其持股及增减状况的一种法律制度，也称股东持股信息披露制度。

《证券法》第 86 条规定，通过证券交易所的证券交易，投资者持有或者通过协议、其他安排与他人共同持有一个上市公司已发行的股份达到 5%时，应在该事实发生之日起 3 日内，向国务院证券监督管理机构、证券交易所作出书面报告，通知该上市公司，并予公告；在上述期限内，不得再行买卖该上市公司的股票。投资者持有或者通过协议、其他安排与他人共同持有一个上市公司已发行的股份达到 5%后，其所持该上市公司已发行的股份比例每增加或者减少 5%，应报告和公告。在报告期限内和作出报告、公告后 2 日内，不得再行买卖该上市公司的股票。

以上规则被称为"慢走规则"，目的是通过这一规则，使收购者大量收购股票的节奏受到限制，有利于中小投资者和目标公司及时作出相应反应，维护自身合法权益。

二、股东持股及其变动报告的范围

1. 股东持股的信息披露

通过证券交易所的证券交易，投资者持有一个上市公司已发行股份的 5%时，应在该事实发生之日起 3 日内，向国务院证券监督管理机构、证券交易所作出书面报告，通知该上市公司，并予以公告。

---

① 《证券法》第 85 条规定，投资者可以采取要约收购、协议收购及其他合法方式收购上市公司。

2. 股东持股变动的信息披露

投资者持有一个上市公司已发行股份的5%后，通过证券交易所的证券交易，其所持该上市公司已发行的股份比例每增加或者减少5%，应报告和公告。

三、股东持股及其变动报告的内容和法律后果

1. 股东持股及其变动报告的内容

《证券法》第87条规定，股东持股及其变动信息的书面报告和公告，应包括的内容有：(1) 持股人的名称、住所；(2) 持有的股票的名称、数额；(3) 持股达到法定比例或者持股增减变化达到法定比例的日期。

2. 股东持股及其变动报告的法律后果

(1) 投资者持股达到应予报告的法定比例后，在报告期内不得再行买卖该上市公司的股票。

(2) 投资者持股变动情况达到应予报告的法定比例后，在报告期限内和作出报告、公告后2日内，不得再行买卖该上市公司的股票。

第二节　要约收购

要约收购，是指收购人通过向被收购的上市公司的全体股东发出收购要约的方式，收购该公司股票的收购方式。

一、要约收购的种类

《证券法》第88条规定，通过证券交易所的证券交易，投资者持有或者通过协议、其他安排与他人共同持有一个上市公司已发行股份达到30%时，继续收购的，应依法向该上市公司所有股东发出收购上市公司全部或者部分股份的要约。要约收购包括：部分要约收购与全部要约收购。

(1) 上市公司部分要约收购，是指通过公开要约方式收购一家上市公司少于100%的股份，获得对该公司控制权的行为。特点是：1) 收购者购买的股份额少于100%是从要约之始即意欲部分收购，而不是以收购最终购买到的股份总额是否少于100%为标准；2) 以取得对上市公司的控制权为目的；3) 皆为自愿收购，收购者可依据自己的资金实力、时机好坏等自由决定收购数量和时机。收购上市公司部分股份的收购要约应当约定，被收购公司股东承诺出售的股份数额超过预定收购的股份数额的，收购人按比例进行收购。

部分要约收购有利于公开收购的完成。由于我国上市公司股权结构的特殊性，全部要约收购几乎不可能发生，造成协议收购盛行，而协议收购特别容易导致内幕交易的盛行，侵害中小股东的权益。因此，公开收购很大程度上需要部分要约收购来促进实现。部分要约收购有利于降低收购成本，实现资源的优化组合，因此，修订后的《证券法》第88条在原来全部要约收购的基础上增加了部分要约收购。

(2) 上市公司全部要约收购，是指通过公开要约方式以收购一家上市公司股票100%为目的的行为。与部分要约收购比，全部要约收购收购成本高，而且收购目标不容易达到。

不管是部分要约收购，还是全部要约收购，收购方都要向其他全体股东发出公开收购要

约，部分要约收购人不是将所有股票全部买下，而是按比例进行收购。

二、要约收购的程序

（一）公告上市公司收购报告书

依法发出收购要约，收购人必须事先向国务院证券监督管理机构报送上市公司收购报告书，并载明下列事项：（1）收购人的名称、住所；（2）收购人关于收购的决定；（3）被收购的上市公司名称；（4）收购目的；（5）收购股份的详细名称和预定收购的股份数额；（6）收购期限、收购价格；（7）收购所需资金额及资金保证；（8）报送上市公司收购报告书时持有被收购公司股份数占该公司已发行的股份总数的比例。

收购人还应将上市公司收购报告书同时提交证券交易所。

收购要约约定的收购期限不得少于30日，并不得超过60日。

《证券法》第91、92条规定，在收购要约确定的承诺期限内，收购人不得撤销其收购要约。收购人需要变更收购要约的，必须及时公告，载明具体变更事项。

收购要约提出的各项收购条件，适用于被收购公司的所有股东。

（二）受要约人承诺

受要约人承诺，是指受要约人同意以收购要约的全部条件向收购要约人卖出其所持有股票的意思表示。《上市公司收购管理办法》第42条规定，同意接受收购要约的股东（以下简称预受股东），应委托证券公司办理预受要约的相关手续。收购人应委托证券公司向证券登记结算机构申请办理预受要约股票的临时保管。证券登记结算机构临时保管的预受要约的股票，在要约收购期间不得转让。

预受，是指被收购公司股东同意接受要约的初步意思表示，在要约收购期限内、不可撤回之前不构成承诺。在要约收购期限届满3个交易日前，预受股东可以委托证券公司办理撤回预受要约的手续，证券登记结算机构根据预受要约股东的撤回申请解除对预受要约股票的临时保管。在要约收购期限届满前3个交易日内，预受股东不得撤回其对要约的接受。在要约收购期限内，收购人应每日在证券交易所网站上公告已预受收购要约的股份数量。

出现竞争要约时，接受初始要约的预受股东撤回全部或者部分预受的股份，并将撤回的股份售与竞争要约人的，应委托证券公司办理撤回预受初始要约的手续和预受竞争要约的相关手续。

（三）收购合约的履行

《上市公司收购管理办法》第43条规定，收购期限届满，发出部分要约的收购人应按照收购要约约定的条件购买被收购公司股东预受的股份，预受要约股份的数量超过预定收购数量时，收购人应按照同等比例收购预受要约的股份；以终止被收购公司上市地位为目的的，收购人应按照收购要约约定的条件购买被收购公司股东预受的全部股份；未取得中国证监会豁免而发出全面要约的收购人应购买被收购公司股东预受的全部股份。

收购期限届满后3个交易日内，接受委托的证券公司应向证券登记结算机构申请办理股份转让结算、过户登记手续，解除对超过预定收购比例的股票的临时保管。

（四）报告收购情况

收购行为完成后，收购人应在15日内将收购情况报告国务院证券监督管理机构和证券交易所，并予公告。

《证券法》第 93 条规定，采取要约收购方式的，收购人在收购期限内，不得卖出被收购公司的股票，也不得采取要约规定以外的形式和超出要约的条件买入被收购公司的股票。

第三节 协议收购

一、协议收购的概念

协议收购，是指由收购人通过与目标公司的股票持有人订立股票买卖协议的方式，收购目标公司股票的上市公司收购方式。

以协议方式收购上市公司时，达成协议后，收购人必须在 3 日内将该收购协议向国务院证券监督管理机构及证券交易所作出书面报告，并予公告。在公告前不得履行收购协议。

采取协议收购方式，收购人收购或者通过协议、其他安排与他人共同收购一个上市公司已发行的股份达到 30%时，继续进行收购的，应向该上市公司所有股东发出收购上市公司全部或者部分股份的要约。经国务院证券监督管理机构免除发出要约的除外。

收购人依照上述规定以要约方式收购上市公司股份，应遵守《证券法》第 89 条至第 93 条关于强制要约收购的规定。

二、协议收购与要约收购的区别

一是交易场地不同。要约收购只能通过证券交易所的证券交易进行，协议收购可在证券交易所场外通过协议转让股份的方式进行。

二是股份限制不同。要约收购在收购人持有上市公司发行在外的股份达到 30%时，若继续收购，须向被收购公司的全体股东发出全部或部分收购上市公司股份的要约。协议收购的实施对持有股份的比例限制相对要少。

三是收购态度不同。协议收购是收购者与目标公司的控股股东或大股东友好协商，订立合同收购股份以实现公司控制权的转移，协议收购通常表现为善意收购；要约收购的对象是目标公司全体股东持有的股份，不需征得目标公司的同意，有可能是敌意收购。

四是收购对象的股权结构不同。协议收购方大多选择股权集中、存在控股股东的目标公司，以较少协议次数、较低成本获得控制权；要约收购倾向于选择股权较为分散的公司，以降低收购难度。

三、公司收购的法律后果

《证券法》第 97～99 条规定，不管是要约收购还是协议收购，收购期限届满，被收购公司股权分布不符合上市条件的，该上市公司的股票应由证券交易所依法终止上市交易；其余仍持有被收购公司股票的股东，有权向收购人以收购要约的同等条件出售其股票，收购人应当收购。收购行为完成后，被收购公司不再具备股份有限公司条件的，应依法变更企业形式。在上市公司收购中，收购人持有的被收购的上市公司的股票，在收购行为完成后的 12 个月内不得转让。收购行为完成后，收购人与被收购公司合并，并将该公司解散的，被解散公司的原有股票由收购人依法更换。

第二十章
证券交易所

第一节　证券交易所的产生

一、证券交易所的概念

证券交易所，是指为证券集中交易提供场所和设施，组织和监督证券交易，实行自律管理的法人。证券交易所包括两类：一是会员制的证券交易所；二是公司制的证券交易所。目前，我国的上海和深圳两个证券交易所实行的是会员制。

证券交易所可以自行支配的各项费用收入，应首先用于保证其证券交易场所和设施的正常运行并逐步改善。实行会员制的证券交易所的财产积累归会员所有，其权益由会员共同享有，在其存续期间，不得将其财产积累分配给会员。

二、证券交易所的产生[①]

证券交易所是随着经济生活中出现证券这一财产权利凭证形式后，由于证券交易的需要而发展起来的。开始时只是买卖证券的人相互之间进行零散交易，后来才逐渐发展为在一个固定的、配备相应设施的交易场所即证券交易所进行。

荷兰的阿姆斯特丹有一座非常著名的桥，名叫“新桥”。16 世纪中期，这里汇聚了许多来自于世界各地的证券商人，有法国的，还有英国的，他们都在这座桥上进行证券交易。“新桥”是人类历史上最早的股票交易场所，人们可以在那里进行每天两到三个小时的交易。在这个露天的交易市场中，交易者在一起谈论着，或者相互讨价还价，寻找着交易对手，或者传递和探询着各种有关股票的信息。这时的“新桥”是个非常热闹的地方。16 世纪末，每逢恶劣天气，股票交易人就跑到一个距离“新桥”最近的圣欧拉夫教堂，他们在那里继续进行交易。1578 年，他们把圣欧拉夫教堂当成第二个交易场所。到了 1611 年，交易商们自行集资建造了阿姆斯特丹证券交易所，专门用于股票交易。它正是人类历史上的第一个证券交易所，存在了大约两个半世纪。

交易所是证券交易市场的一种形式，交易所最重要的特点是集中的交易行为，集中的优势在于：一是它可以进行大规模大量的交易，如果没有这一场所，卖者可能找不到买者，买者也不一

① 参见 2001 年由中国中央电视台经济部制作的十集电视纪录片《资本市场》第二集“交易之道”中的解说词。

定能找到卖者。集中起来，所有的买方和卖方都能凑到一起，就会形成一个均衡的价格。若是分散买卖，你说你愿意卖 10 块钱，人家说 8 块钱，你可能就卖了。但有人愿意出 15 块钱你也不知道。二是集中的交易行为相对透明，并且有利于整个资源的大规模配置。1611 年到今天，人们一直在努力扩大着这样集中交易的优势。以英国为例，19 世纪之后，在英国各郡存在着 21 家证券交易所，1973 年 3 月，21 家证券交易所被合并成了一家，这就是伦敦证券交易所。

证券交易所近四百年的历程中，无论怎样变化，提高市场效率，降低交易成本，是证券交易所历史轨迹中一个永恒的理念。在这一理念引导下，每次改革都使市场信息更加透明，参与者更加广泛，竞争更加充分，从而使整个社会的资源配置更加迅捷、有效。

三、各国证券交易所简介

现在国际上著名的证券交易所有纽约、伦敦、法兰克福、东京、香港等证券交易所。

1. 纽约证券交易所

纽约证券交易所是目前世界上规模最大的有价证券交易市场。在美国证券发行之初，尚无集中交易的证券交易所，证券交易大都在咖啡馆或拍卖行里进行。1792 年 5 月 17 日，24 名经纪人在纽约华尔街和威廉街西北角的一个咖啡馆门前的梧桐树下签订了“梧桐树协定”，这是纽约交易所的前身。到了 1817 年，华尔街上的股票交易已十分活跃，于是市场参加者成立了“纽约证券和交易管理处”，一个集中的证券交易市场基本形成。1863 年，管理处易名为纽约证券交易所，一直沿用至今。目前，它仍然是美国全国性的证券交易所中规模最大、最具代表性的证券交易所，也是世界上规模最大、组织最健全、设备最完善、管理最严密、对世界经济有着重大影响的证券交易所。

纽约证券交易所（NYSE[①]）是美国和世界上最大的证券交易市场。1865 年交易所拥有自己的大楼，坐落在纽约市华尔街 11 号的大楼是 1903 年启用的。交易所内设有主厅、蓝厅、“车房”共三个股票交易厅和一个债券交易厅，是证券经纪人聚集和互相交易的场所，共设有 16 个交易亭，每个交易亭有 16 个至 20 个交易柜台，均装备有现代化办公设备和通讯设施。交易所经营对象主要为股票，其次为各种国内外债券。除节假日外，交易时间每周 5 天，每天 5 小时。自 20 世纪 20 年代起，它一直是国际金融中心。这里的股票行市，会在其他资本主义国家的股票市场产生连锁反应，引起波动。

2. 伦敦证券交易所

伦敦证券交易所是世界上历史最悠久的证券交易所，它的前身为 17 世纪末伦敦交易街的露天市场，是当时买卖政府债券的“皇家交易所”。1773 年由露天市场迁入司威丁街的室内，并正式改名为“伦敦证券交易所”。1802 年，交易所获得英国政府正式批准。此后，在英国其他地方也出现了一些证券交易所，高峰时期达三十余家。1967 年，英国各地交易所组成了 7 个区域性的证券交易所。1973 年，伦敦证券交易所与设在英国格拉斯哥、利物浦、曼彻斯特、伯明翰和都柏林等地的交易所合并成大不列颠及爱尔兰证券交易所，各地证券交易所于 20 世纪 80 年代后期停止运作。1995 年 12 月，该交易所分为两个独立的部分，一部分归属爱尔兰共和国，另一部分归属英国，即现在的伦敦证券交易所。

3. 我国的证券交易所

20 世纪 20 年代初我国曾经在上海、武汉等地开设几家证券交易所。新中国成立后，在实

---

① NYSE 是英文 New York Stock Exchange 的缩写。

行计划经济的时期，证券交易所不可能存在。改革开放后，为适应社会主义市场经济和建立现代企业制度的要求，20 世纪 90 年代初，我国先后在上海和深圳设立了两家证券交易所。[①]

四、证券交易所的设立

证券交易所是一个特殊的证券交易服务机构，所以，其设立和解散要由国家特别批准。《证券法》规定，我国证券交易所的设立和解散，由国务院决定。设立证券交易所必须制定章程。证券交易所章程的制定和修改，必须经国务院证券监督管理机构批准。证券交易所必须在其名称中标明“证券交易所”字样。其他任何单位或者个人不得使用证券交易所或者近似的名称。

证券交易所设理事会。证券交易所设总经理 1 人，由国务院证券监督管理机构任免。

第二节　证券交易所的职责和组织机构

一、证券交易所的职责

（1）证券交易所应为组织公平的集中交易提供保障，公布证券交易实时行情，并按交易日制作证券市场行情表，予以公布。未经证券交易所许可，任何单位和个人不得发布证券交易实时行情。

（2）因突发性事件而影响证券交易的正常进行时，证券交易所可采取技术性停牌的措施；因不可抗力的突发性事件或者为维护证券交易的正常秩序，证券交易所可决定临时停市。证券交易所采取技术性停牌或者决定临时停市，必须及时报告国务院证券监督管理机构。

证券交易所对在交易所进行的证券交易实行实时监控，并按照国务院证券监督管理机构的要求，对异常的交易情况提出报告。

证券交易所应对上市公司及相关信息披露义务人披露信息进行监督，督促其依法及时、准确地披露信息。

证券交易所根据需要，可以对出现重大异常交易情况的证券账户限制交易，并报国务院证券监督管理机构备案。

（3）设立风险基金。证券交易所应从其收取的交易费用和会员费、席位费中提取一定比例的金额设立风险基金。风险基金由证券交易所理事会管理。风险基金提取的具体比例和使用办法，由国务院证券监督管理机构会同国务院财政部门规定。证券交易所应当将收存的风险基金存入开户银行专门账户，不得擅自使用。

（4）严格账户资金管理。

（5）证券交易所的负责人和其他从业人员在执行与证券交易有关的职务时，与本人或亲属有利害关系的，应回避。

（6）证券交易所依法制定上市规则、交易规则、会员管理规则和其他有关规则，并报国务院证券监督管理机构批准。按照依法制定的交易规则进行的交易，不得改变其交易结果。对交易中违规交易者应负的责任不得免除；在违规交易中所获利益，依照规定处理。在证券交易所内从事证券交易的人员，违反证券交易所交易规则的，由证券交易所给予纪律处分；

① 参见上海证券交易所网站：http：//www. sse. com. cn/，深圳证券交易所网站：http：//www. sse. com. cn/。

情节严重的，撤销其资格，禁止入场进行证券交易。

二、证券交易所的组织机构

证券交易所的组织机构，根据其组织形式的不同而有所不同：公司制的证券交易所采取公司化的组织机构；会员制的证券交易所采取的是会员制的组织机构。会员制证券交易所的组织机构如下：

1. 会员大会

（1）会员大会概述。我国证券交易所实行会员制。会员应具备两项基本条件：一是必须是依法设立的证券经营机构；二是必须具有证券业协会的会员资格。会员的权利有：表决权；选举权；席位使用权；席位转让权；积累财产所有权等。会员的义务有：遵守法律、行政法规和章程；服从会员大会决议；缴纳入会费、席位费及其他必要费用；缴存交易保证金、赔偿基金；缴付证券交易费用等。

（2）会员大会的地位。会员大会是证券交易所全体会员组成的证券交易所的最高权力机构，负责证券交易所重大事项的决策。会员大会的职权为：1）制订和修改证券交易所章程；2）选举和罢免会员理事；3）审议和通过理事会与总经理的工作报告；4）审议和通过证券交易所的财务预算、决算报告等。

2. 理事会

（1）理事会的地位。理事会是由全体理事组成的证券交易所的执行机构。

（2）理事会的组成和议事规则。理事会由7～13人组成，其中非会员理事不少于理事会总成员人数的1/3且不超过1/2。理事会会议至少每季度召开一次。会议须有2/3以上理事出席，其决议应当经出席会议的2/3以上理事表决同意，方为有效。

3. 监察委员会

监察委员会是由监察委员组成的证券交易所的监督机构，对理事会负责。

4. 总经理

总经理是负责证券交易所日常管理工作的组织机构，是证券交易所必设的、常设的机构。

5. 担任证券交易所负责人及招聘从业人员的限制事由

（1）担任证券交易所负责人的限制事由：1）因违法行为或者违纪行为被解除职务的证券交易所、证券登记结算机构的负责人或者证券公司的董事、监事、经理，自被解除职务之日起未逾5年；2）因违法行为或者违纪行为被撤销资格的律师、注册会计师或者法定资产评估机构、验证机构的专业人员，自被撤销资格之日起未逾5年。

（2）证券交易所招聘从业人员的限制事由：因违法行为或者违纪行为被开除的证券交易所、证券登记结算机构、证券公司的从业人员和被开除的国家机关工作人员，不得招聘为证券交易所的从业人员。

第三节　证券交易所的非互助化

一、证券交易所的非互助化趋势

以组织结构为标准，证券交易所可以分为会员制交易所和公司制交易所，传统的交易所大多为会员制交易所。证券交易所从传统的会员组织结构转变为公司的组织结构，这一过程称为交易所的“非互助化（demutualization）”。证监会国际组织（IOSCO[①]）于2001年发布的一份关于交易所非互助化的报告指出：传统的交易所大都是会员所有的非营利机构，属于互助性或者合作性机构；传统的交易所转变为由股东持有股份的营利性公司的过程称为交易所的非互助化。[②] 在另一份2002年由亚洲开发银行编辑公布的报告中，该报告主编Shamshad Akhtar认为：非互助化，在最严格的意义上指交易所在法律地位上由实行一人一票的互助性组织转变为实行一股一票的股份公司。[③]

20世纪90年代以来，世界范围内的证券交易所纷纷从传统的会员制交易所变成营利性的公司，迅速形成一股非互助化的浪潮。1993年斯德哥尔摩证券交易所作为第一家证券交易所进行公司制改造以来，10年左右时间内，全球范围的交易所纷纷从传统的会员制转变为公司制组织结构。据世界交易所联合会（WFE）统计，截至2003年12月，WFE统计的50家交易所中，14家证券交易所已经完成公司制改制，但股票还没有公开上市；13家证券交易所已经变成公开上市的交易所；公司制交易所占统计的全部成员交易所的54%。[④] 令人关注的是，世界著名的交易所，如纽约证券交易所（2005年）、澳大利亚证券交易所（1998年）、新加坡交易所（1999年）、伦敦证券交易所（2000年）、纳斯达克股票市场（2000年）、香港交易所（2000年）、泛欧交易所（Euro next，2000年）、多伦多证券交易所（2000年）、东京证券交易所（2001年）都已经变成公司制交易所。同时，斯德哥尔摩证券交易所（1993年）、澳大利亚证券交易所（1998年）、香港交易所（2000年）、新加坡交易所（2000年）、多伦多证券交易所（2001年）、伦敦证券交易所（2001年）、纳斯达克股票市场（2002年）的股票已公开交易，这些交易所已变成上市公司。发展中国家的许多证券交易所也进行了公司制改造，如菲律宾证券交易所（2001年）、匈牙利布达佩斯证券交易所（2002年）、马来西亚吉隆坡证券交易所（2004年）先后变成公司制交易所。

二、证券交易所公司制改制的主要原因

证券交易所公司制改制有外部和内部原因：

（1）外部原因在于随着技术的进步，证券交易的电子化、无中介化、国际化使交易所面临激烈的国内外竞争，交易所必须提高运营效率。

（2）内在原因，即传统会员制交易所的缺陷以及公司制改造可能带来的优势。公司制改制有助于减少会员制交易所中会员对交易所的过分控制，使交易所的管理层以交易所和股东利益最大化为出发点，而不是追求某一会员或者利益团体的利益。交易所改制为公司制后，由于股票流动性的加强，将为交易所的联合和并购提供便利，并有利于实现股东的利益。成为交易所的股东之后，原来的会员享有股东的权利，可以通过转让股份或者分配盈余实现股东的价值。此外，交易所成为股份公司或者上市公司有助于交易所广泛筹措资金，用于技术更新或者投资于其他商业领域。“公司制证券交易所，由于摆脱了会员的控制，将拥有更专业

① IOSCO是英文International Organization of Securities Commissions的缩写。

② See *Issues Paper on Exchange Demutualization*, Technical Committee of International Organization of Securities Commissions (IOSCO), June, 2001.

③ See Shamshad Akhtar, “Demutualization of Asian Stock Exchanges—Critical Issues and Challenges”, in Shamshad Akhtar ed., *Demutualization of Stock Exchanges—Problems, Solutions and Case Studies* (Asian Development Bank, 2002), p. 4.

④ See World Federation of Exchanges, *Cost & Revenue Survey 2003*.

的管理以及更有效率的决策，从而使得交易所能够快速地应对变化，保持创新和竞争力。”①

《证券法》第102条规定，证券交易所是为证券集中交易提供场所和设施，组织和监督证券交易，实行自律管理的法人。旧《证券法》第95条规定，证券交易所是提供证券集中竞价交易场所的不以营利为目的的法人。从以上新、旧《证券法》相关规定的对比来看，现行《证券法》不再强调证券交易所的非营利性，这就为将来我国证券交易所向营利性方向转化预留了法律空间。

① Jennifer Elliott, *Demutualization of Securities Exchanges: a Regulatory Perspective*, IMF Working Paper, 2002, p. 13.

第二十一章 证券经营机构

证券经营机构，是依法设立的具有证券经营资格的企业法人，包括证券公司、证券登记结算机构和证券服务机构等。

第一节 证券公司的业务范围和设立条件

一、证券公司的概念

证券公司，是依法设立的具有从事证券经营业务资格的有限责任公司或者股份有限公司。与其他公司相比，证券公司的设立、组织和管理规则，除了要符合《公司法》的一般规定外，还要符合《证券法》的特别规定。

二、证券公司的基本类型和业务范围

1. 证券公司的基本类型

旧《证券法》第119条规定，证券公司实行分类管理，分为综合类证券公司和经纪类证券公司，并由国务院证券监督管理机构按照其分类颁发业务许可证。综合类证券公司，是指可以从事经纪和自营等所有证券业务的证券公司。经纪类证券公司，是指只能从事经纪类的业务，而不能从事自营业务的证券公司。

新《证券法》已经取消了这一类型的划分，但实务中人们仍然使用这一分类方法。

2. 证券公司的业务范围

《证券法》第125条规定，经国务院证券监督管理机构批准，证券公司可以经营下列部分或者全部业务：(1) 证券经纪；(2) 证券投资咨询；(3) 与证券交易、证券投资活动有关的财务顾问；(4) 证券承销与保荐；(5) 证券自营；(6) 证券资产管理；(7) 其他证券业务。

三、证券公司的设立

(一) 设立条件

《证券法》第124条规定，设立证券公司，除符合《公司法》规定的公司设立的条件外，应当具备下列条件：(1) 有符合法律、行政法规规定的公司章程；(2) 主要股东具有持续盈利能力，信誉良好，最近三年无重大违法、违规记录，净资产不低于人民币2亿元；

(3) 有符合本法规定的注册资本；(4) 董事、监事、高级管理人员具备任职资格，从业人员具有证券从业资格；(5) 有完善的风险管理与内部控制制度；(6) 有合格的经营场所和业务设施；(7) 法律、行政法规规定的和经国务院批准的国务院证券监督管理机构规定的其他条件。

关于法定最低注册资本的要求，《证券法》第127条规定，证券公司经营证券经纪，证券投资咨询，与证券交易、证券投资活动有关的财务顾问3项业务的，注册资本最低限额为人民币5 000万元。对于证券承销与保荐、证券自营、证券资产管理、其他证券业务4项业务，经营其中之一的，注册资本最低限额为人民币1亿元；经营其中两项以上的，注册资本最低限额为人民币5亿元。证券公司的注册资本应当是实缴资本。国务院证券监督管理机构根据审慎监管原则和各项业务的风险程度，可以调整注册资本最低限额，但不得少于前述限额。

(二) 设立程序

设立证券公司，必须经国务院证券监督管理机构审查批准。未经国务院证券监督管理机构批准，任何单位和个人不得经营证券业务。

国务院证券监督管理机构应当自受理证券公司设立申请之日起6个月内，依照法定条件和法定程序并根据审慎监管原则进行审查，作出批准或者不予批准的决定，并通知申请人；不予批准的，应当说明理由。

证券公司设立申请获得批准的，申请人应当在规定的期限内向公司登记机关申请设立登记，领取营业执照。

证券公司应当自领取营业执照之日起15日内，向国务院证券监督管理机构申请经营证券业务许可证。未取得经营证券业务许可证，证券公司不得经营证券业务。

证券公司设立、收购或者撤销分支机构，变更业务范围或者注册资本，变更持有5%以上股权的股东、实际控制人，变更公司章程中的重要条款，合并、分立、变更公司形式、停业、解散、破产，必须经国务院证券监督管理机构批准。

证券公司在境外设立、收购或者参股证券经营机构，必须经国务院证券监督管理机构批准。

第二节 证券公司的管理制度

一、证券公司的资信管理

国务院证券监督管理机构应对证券公司的净资本，净资本与负债的比例，净资本与净资产的比例，净资本与自营、承销、资产管理等业务规模的比例，负债与净资产的比例，以及流动资产与流动负债的比例等风险控制指标作出规定。

证券公司不得为其股东或者股东的关联人提供融资或者担保。

二、证券公司管理人员及业务人员的管理

证券公司的董事、监事、高级管理人员，应正直诚实，品行良好，熟悉证券法律、行政法规，具有履行职责所需的经营管理能力，并在任职前取得国务院证券监督管理机构核准的任职资格。

1. 禁止担任证券公司董事、监事、经理的事由

有《公司法》第146条规定的事由或有下列情形之一的，不得担任证券公司的董事、监事、高级管理人员：(1) 无行为能力或者限制行为能力；(2) 因贪污、贿赂、侵占财产、挪用财产或者破坏社会主义市场经济秩序，被判处刑罚，执行期满未逾5年，或者因犯罪被剥夺政治权利，执行期满未逾5年；(3) 担任破产清算的公司、企业的董事或者厂长、经理，对该公司、企业的破产负有个人责任的，自该公司、企业破产清算完结之日起未逾5年；(4) 担任因违法被吊销营业执照、责令关闭的公司、企业的法定代表人，并负有个人责任的，自该公司、企业被吊销营业执照之日起未逾5年；(5) 个人所负数额较大的债务到期未清偿；(6) 因违法行为或者违纪行为被解除职务的证券交易所、证券登记结算机构的负责人或者证券公司的董事、监事、高级管理人员，自被解除职务之日起未逾5年；(7) 因违法行为或者违纪行为被撤销资格的律师、注册会计师或者投资咨询机构、财务顾问机构、资信评级机构、资产评估机构、验证机构的专业人员，自被撤销资格之日起未逾5年。

2. 证券公司从业人员招聘的禁止事由

《证券法》第132条规定，因违法行为或者违纪行为被开除的证券交易所、证券登记结算机构、证券服务机构、证券公司的从业人员和被开除的国家机关工作人员，不得招聘为证券公司的从业人员。

3. 证券公司中的兼职限制

国家机关工作人员和法律、行政法规规定的禁止在公司中兼职的其他人员，不得在证券公司中兼任职务。

证券公司的董事、监事、经理和业务人员不得在其他证券公司中兼任职务。

三、证券公司利润分配的管理

国家设立证券投资者保护基金，证券投资者保护基金由证券公司缴纳的资金及其他依法筹集的资金组成，其筹集、管理和使用的具体办法由国务院规定。

证券公司从每年的税后利润中提取交易风险准备金，用于弥补证券交易的损失，其提取的具体比例由国务院证券监督管理机构规定。

四、证券公司业务管理

证券公司依法享有自主经营的权利，其合法经营不受干涉。

证券公司应建立、健全内部控制制度，采取有效隔离措施，防范公司与客户之间、不同客户之间的利益冲突。

1. 证券业务的分账管理

证券公司必须将其证券经纪业务、证券承销业务、证券自营业务和证券资产管理业务分开办理，不得混合操作。

证券公司客户的交易结算资金应当存放在商业银行，以每个客户的名义单独立户管理。具体办法和实施步骤由国务院规定。

证券公司不得将客户的交易结算资金和证券归入其自有财产。禁止任何单位或者个人以任何形式挪用客户的交易结算资金和证券。证券公司破产或者清算时，客户的交易结算资金和证券不属于其破产财产或者清算财产。非因客户本身的债务或者法律规定的其他情形，不

得查封、冻结、扣划或者强制执行客户的交易结算资金和证券。

2. 证券经纪业务活动的管理

(1) 客户委托的内容和要求。证券公司办理经纪业务，应当置备统一制订的证券买卖委托书，供委托人使用。采取其他委托方式的，必须作出委托记录。不得接受客户的全权委托而决定证券买卖、选择证券种类、决定买卖数量或者买卖价格。证券公司不得以任何方式对客户证券买卖的收益或者赔偿证券买卖的损失作出承诺。

客户的证券买卖委托，不论是否成交，其委托记录应当按照规定的期限，保存于证券公司。证券公司及其从业人员不得未经过其依法设立的营业场所私下接受客户委托买卖证券。

(2) 客户委托买卖成交的管理。证券公司接受证券买卖的委托，应当根据委托书载明的证券名称、买卖数量、出价方式、价格幅度等，按照交易规则代理买卖证券，如实进行交易记录；买卖成交后，应当按照规定制作买卖成交报告单交付客户。

证券交易中确认交易行为及其交易结果的对账单必须真实，并由交易经办人员以外的审核人员逐笔审核，保证账面证券余额与实际持有的证券相一致。

证券公司的从业人员在证券交易活动中，执行所属的证券公司的指令或者利用职务违反交易规则的，由所属的证券公司承担全部责任。

证券公司应当妥善保存客户开户资料、委托记录、交易记录和与内部管理、业务经营有关的各项资料，任何人不得隐匿、伪造、篡改或者毁损。上述资料的保存期限不得少于20年。

3. 国务院证券监督管理机构对证券公司的管理

针对我国有些证券公司中存在的内部管理混乱的状况，修订后的《证券法》在原有的基础上，增加了国务院证券监督管理机构对证券公司进行管理的规定，其中，第148～154条明确规定证券监督管理机构的职责。

第三节 证券登记结算机构、证券交易服务机构

一、证券登记结算机构

证券登记结算机构，是为证券交易提供集中登记、存管与结算服务，不以营利为目的的法人。证券登记结算采取全国集中、统一的运营方式。

我国统一的证券登记结算机构是2001年成立的中国证券登记结算有限责任公司。公司总资本为人民币12亿元，上海、深圳证券交易所是公司的两个股东，各持50%的股份。公司总部设在北京，下设上海、深圳两个分公司。中国证监会是公司的主管部门。中国证券登记结算有限责任公司的成立，对沪深两个相互独立的登记结算系统进行了业务整合，标志着我国统一的登记结算系统初步建立。①

1. 证券登记结算机构的设立

设立证券登记结算机构必须经国务院证券监督管理机构批准，应当具备下列条件：(1) 自有资金不少于人民币2亿元；(2) 具有证券登记、托管和结算服务所必需的场所和设施；(3) 主要管理人员和业务人员必须具有证券从业资格；(4) 证券登记结算机构章程、业务规则应当依法制定，并须经国务院证券监督管理机构批准；(5) 国务院证券监督管理机构

① 参见中清公司网站"公司简介"：http://www.chinaclear.cn/main/02/0203/0203.html。

规定的其他条件。证券登记结算机构的名称中应当标明“证券登记结算”字样。

2. 证券登记结算机构的职能

证券登记结算机构履行下列职能：

（1）证券账户、结算账户的设立。

（2）证券的托管和过户。证券持有人持有的证券，在上市交易时，应当全部存管在证券登记结算机构。证券登记结算机构不得挪用客户的证券。

（3）证券持有人名册登记。证券登记结算机构应当向证券发行人提供证券持有人名册及其有关资料。证券登记结算机构应当根据证券登记结算的结果，确认证券持有人持有证券的事实，提供证券持有人登记资料。证券登记结算机构应当保证证券持有人名册和登记过户记录真实、准确、完整，不得隐匿、伪造、篡改或者毁损。

（4）证券交易所上市证券交易的清算和交收。

（5）受发行人的委托派发证券权益。

（6）办理与上述业务有关的查询。

（7）证券登记结算机构应当采取下列措施保证业务的正常进行：1）具有必备的服务设备和完善的数据安全保护措施；2）建立完善的业务、财务和安全防范等管理制度；3）建立完善的风险管理系统。

（8）证券登记结算机构应当妥善保存登记、存管和结算的原始凭证及有关文件和资料。其保存期限不得少于20年。

（9）证券登记结算机构应当设立结算风险基金，用于垫付或者弥补因违约交收、技术故障、操作失误、不可抗力造成的证券登记结算机构的损失。证券结算风险基金从证券登记结算机构的业务收入和收益中提取，并可以由结算参与人按照证券交易业务量的一定比例缴纳。证券结算风险基金的筹集、管理办法，由国务院证券监督管理机构会同国务院财政部门规定。证券结算风险基金应当存入指定银行的专门账户，实行专项管理。证券登记结算机构以风险基金赔偿后，应当向有关责任人追偿。

（10）国务院证券监督管理机构批准的其他业务。

3. 证券登记结算机构的解散

根据《证券法》第165条的规定，证券登记结算机构申请解散，应当经国务院证券监督管理机构批准。

二、证券服务机构

根据证券投资和证券交易业务的需要，可以设立专业的投资咨询机构、财务顾问机构、资信评级机构、资产评估机构、会计师事务所。

投资咨询机构、财务顾问机构、资信评级机构、资产评估机构、会计师事务所从事证券服务业务，必须经国务院证券监督管理机构和有关主管部门批准。

投资咨询机构、财务顾问机构、资信评级机构中从事证券服务业务的人员，必须具备证券专业知识和从事证券业务或者证券服务业务2年以上经验。认定其证券从业资格的标准和管理办法，由国务院证券监督管理机构制定。

投资咨询机构及其从业人员从事证券服务业务不得有下列行为：（1）代理委托人从事证券投资；（2）与委托人约定分享证券投资收益或者分担证券投资损失；（3）买卖本咨询机构提供服务的上市公司股票；（4）利用传播媒介或者通过其他方式提供、传播虚假或者误导投资者的信息；(5) 法律、行政法规禁止的其他行为。有以上所列行为之一，给投资者造成损失的，依法承担赔偿责任。

从事证券服务业务的投资咨询机构和资信评级机构，应当按照国务院有关主管部门规定的标准或者收费办法收取服务费用。

证券服务机构为证券的发行、上市、交易等证券业务活动制作、出具审计报告、资产评估报告、财务顾问报告、资信评级报告或者法律意见书等文件，应当勤勉尽责，对所制作、出具的文件内容的真实性、准确性、完整性进行核查和验证。其制作、出具的文件有虚假记载、误导性陈述或者重大遗漏，给他人造成损失的，应当与发行人、上市公司承担连带赔偿责任，但是能够证明自己没有过错的除外。

第四节 证券业协会

一、证券业协会的概念

证券业协会是证券业的自律性组织，是社会团体法人。

中国证券业协会（SAC[①]）成立于 1991 年 8 月 28 日。中国证券业协会是依据《证券法》、《证券投资基金法》和《社会团体登记管理条例》的有关规定设立的证券业自律性组织，属于非营利性社会团体法人，接受中国证监会和国家民政部的业务指导与监督管理。

中国证券业协会的最高权力机构是由全体会员组成的会员大会，理事会为其执行机构。证券业协会实行会长负责制。截至 2010 年 6 月 17 日，协会共有会员 332 家，其中证券公司 106 家，基金管理公司 60 家，证券投资咨询公司 95 家，金融资产管理公司 3 家，资信评估机构 5 家，基金评价机构 5 家，特别会员 58 家（其中地方证券业协会 36 家，基金托管银行 19 家，证券交易所 2 家，证券登记结算公司 1 家）。

协会的宗旨是：在国家对证券业实行集中、统一监督、管理的前提下，进行证券业自律管理；发挥政府与证券行业间的桥梁和纽带作用；为会员服务，维护会员的合法权益；维持证券业的正当竞争秩序，促进证券市场的公开、公平、公正，推动证券市场的健康、稳定发展。履行的是“自律、服务、传导”三大职能。[②]

二、证券业协会的组织机构

1. 会员大会

证券公司应加入证券业协会。证券业协会的权力机构为由全体会员组成的会员大会。协会章程由会员大会制定，并报国务院证券监督管理机构备案。

2. 理事会

证券业协会设理事会，成员依章程规定选举产生。

---

① SAC 是英文 Securities Association of China 的缩写。

② 参见协会网站“协会简介”：http：//www.sac.net.cn/newcn/home/forward.jsp? cateid=81183691803100，访问时间：2011-03-10。

三、证券业协会的职责

证券业协会履行下列职责：(1) 教育和组织会员遵守证券法律、行政法规；(2) 依法维护会员的合法权益，向证券监督管理机构反映会员的建议和要求；(3) 收集整理证券信息，为会员提供服务；(4) 制定会员应遵守的规则，组织会员单位的从业人员的业务培训，开展会员间的业务交流；(5) 调解会员之间、会员与客户之间发生的证券业务纠纷；(6) 组织会员研究证券业的发展、运作及有关问题；(7) 监督、检查会员行为，对违反法律、行政法规或协会章程的，按照规定给予纪律处分；(8) 证券业协会章程规定的职责。

第四编

破 产 法

第二十二章 破产与破产法概述

第一节 破产及破产制度的产生

一、破产的概念

破产有两层含义：一是债务人经济状况恶化，不能清偿到期债务的客观事实；二是法院受理当事人的破产申请，成立专门组织清理债权、债务，以债务人的全部财产对债权人进行公平的、有限的偿还的一种特殊程序。

这里的清偿是指全部偿还，并非部分偿还。不能清偿是指债务人尽一切所能，穷尽所有办法也不能偿还全部债务。具体说，不存在以下三种情形：

1. 债务人如果能说服债权人允许其延期还债或者减免部分或全部债务，债务人就可以摆脱窘境，避免破产。

2. 如果债务人有与到期债务价值相当的财产如房屋、土地、知识产权等，就可以以该财产获得抵押贷款，用以清偿到期债务，该债务人也不会破产。

3. 如果债务人信誉良好，能够通过举新债还旧债的方式来偿还到期债务，即使其全部财产不能抵偿其全部债务，债务的总额也没有减少，那么债务人也不会破产，因为其总能将到期债务转换为未到期债务。

例如，早在1979年，美国三大汽车制造公司之一的克莱斯勒公司，因欠债处于破产的边缘，该公司的总裁雅科卡经多方努力也不能找到一个合作者以解燃眉之急，以至于许多人认为克莱斯勒破产只是一个时间问题。但在最后的关头，雅科卡说服了美国国会参众两院，争取到了15亿美元的贷款，因而避免了克莱斯勒的破产厄运。①

二、破产制度的功能

1. 保护债务人的利益。现代破产制度是为保护债务人的利益而产生的，所以现代破产法一般都实行免责主义，以最大限度地对符合法定条件的诚实的债务人进行免责，使其摆脱债务危机，获得重新再起的机会。各发达国家的破产法经过一系列的改革后，由原来以对债权人的公平受偿为目标转为以破产企业再建为目标后，对债务人保护的倾向更加突出。

---

① 参见北京思源兼并与破产咨询事务所编著：《困境与出路：中国企业兼并与破产手册》，291页，北京，经济管理出版社，1993。

2. 公平保护债权人的利益。公平是破产法的第一理念，这一理念具体体现在：在破产程序开始时将所有债权视为到期。按照一般理论，债务人对未到期的债务不负有履行的义务，债权人无权请求。如果将这一理论适用于破产法，债权未到期的债权人就不能参加破产分配，但等其债权到期，债务人可能早已不存在了，这样对未到期债权的债权人是极不公平的。为避免这种情况的出现，法律规定在破产立案时所有到期和未到期的债权都享有申报的权利，破产宣告时所有债权视为到期并平等参加破产分配。

3. 弥补普通救济手段的不足。依照一般的救济手段，各债权人通过个别诉讼，对于取得执行名义的债权可对债务人的财产请求强制执行。但是，当债务人的财产不足以清偿全部债务时，先通过诉讼而取得判决的债权人可以得到全部清偿，而诉讼在后或者没有诉讼的债权人得不到任何偿还。另外，一旦债务人经济状况不佳，各债权人就会纷纷诉讼，以取得先行偿还。为避免这些不足，建立破产清偿制度是必要的。

4. 淘汰落后，优化资源配置。一个企业可能由于各种主观或者客观的原因在市场中丧失竞争优势，濒临破产，进而被破产清算。对这个企业来说是运气不佳，被淘汰出局，但对于整个社会来说却是一个正常的、必然的现象。因为破产是市场经济中的一种机制，这种机制是淘汰落后的一种法定途径，它比通过行政命令途径使落后的经营者出局更具有科学性和合理性。所以，通过破产程序使落后的企业遭到淘汰，是优化资源配置的一种有效途径。

5. 维护市场的和谐。无论是让债权人公平受偿，还是让破产企业摆脱困境等全部制度设计，所表征的均是和谐商法制度，都是为维护市场和谐。

第二节　破产制度的沿革

一、外国破产制度的历史沿革

1. 大陆法系国家破产制度的沿革

从《汉谟拉比法典》到最早的成文法及古罗马的《十二铜表法》，都有关于债权、债务处理的规定，但还没有真正意义的破产法。中世纪意大利出现了众多城邦国家，它们颁布了不少的条例，其中有1244年的《威尼斯条例》、1341年的《米兰条例》、1415年的《佛罗伦萨条例》等，都较详细地规定了对商人破产问题的处理办法。在近代，1861年在亚平宁半岛上成立了统一的意大利王国，统一前的1856年即颁布了统一的意大利破产法。1883年，意大利实行新商法法典，第三卷为破产法。

15世纪，德国原“假扣押程序”受到罗马法和意大利法影响，产生了“普通法”，其将破产程序分为开始阶段、债权确认阶段、债权顺序确定阶段、变价阶段和分配阶段。1855年，在普通法基础上，吸取《法国商法典》破产法的内容，颁布了普鲁士破产法。1867年德意志联邦制定统一破产法，1877年颁布了《德意志帝国破产法》，后作了近三十次修订。1999年10月1日生效的现行破产法，取代了1877年破产法。

法国在1667年颁布了法国第一部成文破产法——里昂地方破产法，该法实行惩戒主义。1673年法国路易十四颁布了著名的《商事敕令》，其中第十一章为破产制度。《商事敕令》实行非惩戒主义破产。1789年法国大革命后，拿破仑直接主持制定了一系列重要的法典，其中《法国商法典》第四卷为破产法，学者们普遍认为这是近代最完备的破产法。20世纪中期以后，随着世界范围内的破产法改革浪潮，1967年法国实行了全面的破产法改革，由原商人破产主义改为一般破产主义。经后来一系列的修改，新破产法于1986年1月1日生效。

2. 英美法系国家破产制度的沿革

判例是英美法系国家重要的法律渊源，但是破产法却主要以成文法的形式出现。在某些具体的制度中，通过法院判例建立的普通法规则也起着重要作用。

早在亨利八世时，英国就颁布了第一部成文破产法《破产条例》，该破产法采一般破产主义。该法所确定的一些基本原则和制度，如和解前置主义、免责主义、管理人制度等在以后的几百年中一直被广泛运用。该法经 1571 年、1867 年、1869 年、1883 年等多次修改，1913 年至 1914 年又进行了整理，1915 年 1 月 1 日颁布实施。英国现行破产法于 1986 年实施，后在 1989 年至 2003 年又进行了多次修改。

美国在 1800 年效仿英国破产法制定了第一部联邦破产法，该破产法只适用于商人且采惩戒主义，使大量商人因破产而身陷囹圄，遂于 1803 年废止。1841 年颁布第二部联邦破产法，依该法建立了非商人破产程序，并从惩戒主义走向另一个极端而过分强调债务人保护政策，于 1843 年废止。1867 年美国颁布了第三部联邦破产法，该法设自愿申请和非自愿申请两种程序，并设立和解制度与破产财产管理制度。1898 年美国颁布了第四部联邦破产法，该法经 1932 年和 1938 年修订，增设了对债务人救助的条件和企业重整制度，后经 20 世纪 50 年代和 60 年代的多次重大修订，仍显陈旧，于是经过长期研究和论证，于 1978 年卡特总统签署颁布了《破产改革法》，后又称《破产法典》，即美国现行破产法。该法于 1984 年至 2003 年又进行了多次修改。

二、中国破产制度的沿革

1. 中国古代的债务执行

中国古代封建社会一直将债权、债务作为民间“细故”（即细小的、微不足道的事情）对待，鲜见有律法对此作出专门规定。但私债必偿、父债子还是我国封建社会普遍存在的习惯法，所以古代的中国不存在破产免责的概念，债务免除只以其他方式存在。自两晋南北朝起，皇帝因重大庆典或比岁荒歉而下诏赦免民间债务几成常例，亦常见私人债主焚券免债的事例。清律规定，贫民欠官府之债可因债务人人亡产绝而请求免除。

2. 中国近代破产制度

晚清时代的 1906 年（光绪三十二年），清政府起草了一部破产律，共 9 节、69 条。该破产律实行商人破产主义，其程序自始至终由地方官主持，商会协助。因对其第 40 条争议颇大（该条规定“归还成数，各债主一律办理”，即债权人平等受偿。户部以该条有违“先洋款、后官款、后华商分摊”的先例为由行文商部表示反对，而商部和京、沪商人则坚持原文），虽经奏准实施，但终因各方无法妥协而于 1908 年 11 月被明令废止。

1915 年，北京法律修订馆受民国政府之命，以德、日破产法为蓝本，拟订破产法草案，内容分为实体法、程序法和罚则 3 编，共 337 条。此草案因缺失较多未能实施。

1934 年，中华民国政府颁布了《商人债务清理暂行条例》，该条例建立了强行和解制度，和解不成时以强行和解程序了结债务。其适用范围仅限于商人。

1935 年 4 月，中华民国立法院开始起草“破产法”，该法同年 7 月公布并于 10 月实施。该法经过多次修改后，目前仍在我国台湾地区施行。

3. 新中国破产制度

新中国成立后，废除了中华民国的所有法律。20 世纪 50 年代，在没有破产法的情况下，根据最高人民法院和司法部的一些规范性法律文件，如 1955 年 10 月《关于私营企业破产还债程序中两个问题的批复》、1956 年 1 月《关于私营企业破产还债中的问题的批复》、1957 年 1 月《关于破产清算的几个问题的复函》等，处理一些私营企业的破产问题。在整个计划经济时期，我国没有破产制度。1986 年 8 月 3 日，沈阳防爆器材厂宣告倒闭破产，这是改革开放以后我国破产第一案。1986 年 12 月 2 日，六届全国人大常委会第十八次会议通过了《中华人民共和国企业破产法（试行）》，该法于 1988 年 11 月 1 日生效，只适用于全民所有制即国有企业。为了对非国有企业的破产有所规范，1991 年颁布的《民事诉讼法》（2007 年修订）以第十九章“企业法人破产还债程序”对非国有企业破产作出了概括性的规定。

1994 年，全国人大财经委员会根据八届全国人大常委会立法规划的要求，着手起草新的破产法。经过 12 年的努力，《中华人民共和国企业破产法》（以下简称《企业破产法》）于 2006 年 8 月 27 日在十届全国人大常委会第二十三次会议上获得通过，于 2007 年 6 月 1 日起施行。

第三节　破产法概述

一、破产法的概念

破产法是规范债务人的破产程序，使债权人获得公平受偿的法律规范。广义的破产法既包括清算程序，也包括和解与重整程序；而狭义的破产法只包括清算程序。

目前，采取广义破产法的国家和地区有美国、英国、德国、法国、俄罗斯和我国的台湾地区，这些国家和地区将和解、重整与清算程序规定在一部法律之中。采狭义破产法的国家有日本和意大利。日本破产法将破产制度分为 5 个部分，分别单独立法，包括：1922 年的破产清算法和和解法、1938 年的会社整理法和特别清算法、1952 年的会社更生法；在 1998 年至 2004 年的“破产五法”的改革中，于 2000 年 4 月颁布民事再生法，代替原和解法。意大利有破产法和破产预防法。

二、破产法的性质

（一）破产法是实体法和程序法的结合

破产法是处理债务人不能清偿到期债务事件的法律，它不可避免地涉及债权债务问题、财产权问题、法律关系主体的资格和地位问题等，这些都是实体法规范的对象。而处理这类事件所涉及的实体法规范又分为两类，即一般实体规范和特别实体规范。前者是指在破产案件和非破产案件中都适用的实体法律规范，包括物权法、合同法、担保法、公司法、票据法、保险法、劳动法、税法等法律中的有关规定；后者是仅适用于破产案件的实体性规范，包括债务人财产与破产财产、破产债权、可撤销的和无效的破产行为、破产撤销权、破产取回权、破产抵销权、别除权、破产费用与共益债务、破产免责、破产违法行为的法律责任等制度和规则。这些特别实体规范是破产法的重要组成部分。

破产法又是以债务偿还为首要任务的法，从这个角度讲，破产程序属于执行程序的范畴。因为破产程序不解决债权争议，而是实现既定的债权。而且受理破产案件的法院在整个破产程序中所作出的所有判定都是以裁定方式作出，我们都知道，法院对实体问题所作出的判定为判决或决定，而对程序问题所作出的判定是裁定。从这个意义上讲，整个破产程序实际上是实施法院裁定的过程。在这个过程中，确保生效的法律文书和债权得以实现。所以，破产法又有一系列程序性的规定，包括破产案件的管辖、破产的申请和受理、破产原因、债权申报、债权人会议及债权人委员会、破产宣告、和解程序、重整、破产清算、破产分配和破产程序终结。

因此，除了在日本等个别国家外，破产法既不被单纯看做是程序法，也不被单纯看成是实体法，它是程序法和实体法的结合体。

(二) 破产法是兼具私法和公法性质的法律

依照大陆法系的传统观点，程序法属于公法，商事实体法属于私法。但按照现代观点，软法和硬法间没有绝对不可逾越的鸿沟，有的法律规范既有软法因素，又有硬法因素，破产法就是这样的法。这是现代社会群体本位视角下，个人利益和社会利益、当事人意思自治与国家干预、效率价值与公平价值相互协调、沟通和配合的发展趋势所决定的。

在破产程序中，同时存在国家干预和当事人自治的空间，如法院的裁定是国家司法权力的体现，债权人会议决议则是当事人自治的表现。将国家意志和社会意志，软、硬商法有机结合，具体体现了和谐商法的要求。破产法对应由法院决定的事项和应由债权人会议决定的事项都作了明确规定。

债权人自治原则是破产法中当事人自治的重要体现。法院在破产程序中只解决程序问题，只有很少的实体问题在特殊情况下由法院解决。债权人实体权利主要由债权人通过债权人会议集体表达意志和行使权利实现。破产法中当事人自治不仅适用于债权人，也适用于债务人，例如在和解与重整程序中，债务人在同债权人谈判时享有自主权和主动权。

当事人自治在破产法中的另一个体现是破产法并不强迫当事人必须通过破产程序解决债务清偿，而是给予当事人协商解决的自由。债权人和债务人可在进入破产程序前作出他们认为适当的债务清偿安排，也可在破产程序开始后达成和解或重整协议。

三、我国破产法的立法宗旨

《企业破产法》的立法宗旨是制定《企业破产法》所要追求的目标，也即学界所称的法义。根据《企业破产法》第1条的规定，立法宗旨包括以下五个方面：

1. 规范企业破产程序

在《企业破产法》生效之前，我国没有统一的破产法。在法人企业破产这一大框架下，法出多门，不同的企业法人适用不同的规范，破产程序的规定也各不相同，国有企业法人破产是一套程序，而非国有法人企业破产是另一套程序。关于破产原因，有的规定单一原因，有的规定复合原因，在实践中带来很多不便。现行破产法对所有企业破产的程序作出了统一的规定。这样既使破产程序合理规范，又方便破产案件的顺利进行，能更好地维护各方当事人的合法权益。

2. 公平清理债权、债务

公平是破产法的第一理念。英国著名破产法学者弗莱切有一段论述：“发达的破产法的一个重要特点就是集体受偿原则。这一原则的根本信条就是，在管理债务人资产和处理债权人请求时，不必考虑债权取得和债务发生的时间顺序。破产法运行的进一步特点则是它旨在体现道德正当性的独特理念，这种道德正当性贯穿于债权人与他们的无力偿债的债务人的关系中，也贯穿于作为一个群体的债权人当中。”债务人进入破产程序后，往往其资产不足以偿付全部债务，这就需要对债务人的全部财产予以彻底清理，并在全体债权人中进行公平分配。在整个过程中，不得对个别债权人清偿而损害其他债权人的利益，也不得为满足债权人的请求而使债务人的利益受损。如果破产企业有挽救的希望，可以依债务人或者债权人的申请启动和解或重整等再建程序，在这些程序中，同样不能忽视债权人的利益，必须对债权人的债权满足作出合理安排，以既能保证债务人的起死回生，又能使债权人的债权得到最大限度的公平受偿。

3. 保护债权人的合法权益

破产法要实现的最重要的目标，就是尽可能地保护债权人因未获清偿到期债权而享有的合法权益。在整个程序中，为保证所有债权人利益的实现，要充分尊重债权人的集体意思自治。如果债权人一致认为只有通过破产清算才能最大限度地满足其利益，那就按破产法进行清算；如果债权人认为债务人有挽救可能而愿意和解或对债务人进行重整，那就在合法的前提下进入和解或重整程序。

4. 保护债务人的合法权益

债务人因出现破产原因而进入破产程序，债务人的权利没有完全被剥夺，他仍享有一定的经营权、和解与重整申请权等。如果实现了程序的转换，为了保证再建程序的进行与目标的实现，必须在照顾债权人利益的同时，保护好债务人的利益。

5. 维护社会主义市场经济秩序

《企业破产法》通过债务清理、清算，可及时解决债务人长期拖欠的债务，使债权人不为其所累，保证他们能平等地进入市场从事经营和开展公平竞争；也可通过企业再建程序使债务人起死回生，不至于因复杂的债务纠纷导致整个市场秩序不和谐。

四、破产法的立法原则

破产法的立法原则是破产立法中就一些基本的制度采取的态度或所作出的选择，主要包括以下几个方面：

（一）一般破产主义和商人破产主义

从破产法适用范围角度讲，商人破产主义是指只有具备商人身份的人及从事商事活动的人才适用破产程序。一般破产主义是指不论商人还是非商人，只要是具有权利能力的人，都可适用破产程序。如德国和英美法系国家采一般破产主义，现在绝大多数国家也都采一般破产主义。还有一种被称为折中主义，即规定破产不为商人所特有，但商人破产和非商人破产适用不同的程序。曾经采折中主义的国家有普鲁士、奥地利、西班牙、丹麦等。

我国的现行破产法既不是一般破产主义，也不是完全的商人破产主义，而只适用于企业法人。

（二）惩戒主义和非惩戒主义

这种划分一般是针对自然人破产而确立的立法原则。惩戒主义是以限制或者剥夺破产人的人身自由和具有人身性质的权利如出任公职或企业高级管理人员为破产事件的必然结果。一旦破产人遭遇这样的后果，其受到的限制或剥夺只能在具备法定条件时以复权的方式加以恢复，所以含有惩罚之意。

非惩戒主义是破产程序仅针对破产财产，不以对破产人的人身拘束为破产程序的结果，或者仅以这种拘束作为破产程序的辅助条件，其目的是保证破产程序的进行，一旦破产程序终结，即自动解除，所以不含有惩罚之意。

现代世界各国在自然人破产问题上一般都采非惩戒主义，但对破产欺诈者及有渎职行为的企业负责人仍采惩戒主义。如法国 1986 年的《困境企业司法重整及清算法》就规定，自然人或企业领导人，有该法规定的违法情事者，法院可以宣告其个人破产或者宣告其禁治产，处分期限不低于 5 年，期满自动终止；受此处分者 5 年内无履行公职资格。

(三) 自力救济主义和公力救济主义

自力救济，是指债权人依靠自己的力量占有、变卖债务人的财产而受偿的行为。破产法贯彻自力救济的结果产生了自力救济主义。它起源于罗马法，为中世纪许多国家所继受。自力救济主义的实行导致债权人权利的滥用，故其最后让位于公力救济主义。

公力救济是由法院占有、变卖债务人的财产而对债权人进行分配的制度。其优点是避免了债权人权利的滥用，其弊端是法院的意志代替了债权人的自治，导致公权力对个人意志的过分侵入。

现代各国破产法没有完全摒弃自力救济，只是表现形式不直接，法律规定自力救济的形式包括：债权人自治机构——债权人会议的设立，债权人自主选择监督人，对破产程序的全程监督，有的国家还规定债权人有选择破产财产管理人的权利等。

(四) 破产原因的列举主义和概括主义

破产原因的列举主义是将导致破产程序开始的各种原因逐一列举，只要符合法律规定或判例要求，就可启动破产程序。破产原因的概括主义是对破产原因只作概括性和定义性的规定。

历史上英美法系国家采取列举主义，这主要是由英美法系国家判例法渊源所决定。因这些国家每一个判例所确定的破产规则就构成一个原因，且在法律没有规定时法官可以造法，即使原来的判例没有，法官也可将自己新的判例作为破产法规则而创设。列举主义的优点是简单明了，对破产原因的认定较容易，适用性和操作性都比较强。缺点是列举不能穷尽所有原因，可能因法官造法越来越多使原因数量庞大。美国破产法 1978 年前采列举主义，1978 年后改为概括主义。

大陆法系国家采概括主义，优点是能抽象地概括所有破产原因，有较大的弹性。缺点是操作性比较差，在判断上不如列举主义容易。

(五) 破产程序的受理开始主义和宣告开始主义

受理开始主义是破产程序以法院受理破产申请为开始标志，不论是否已进入破产宣告程序。采这种立法例的国家的破产程序一般都包括申请与受理程序、宣告程序、清算程序和分配程序。我国《企业破产法》采这一立法原则。

宣告开始主义是破产程序的开始以对债务人作出破产宣告为标志，在宣告程序开始前破产程序未开始。大陆法系国家多采这一立法原则。

(六) 破产立案申请主义和职权主义

破产立案的申请主义是破产立案以申请为根据，没有人对债务人提出破产申请，法院不对债务人破产立案。它体现商法自治的特点。破产立案的职权主义是法院不依当事人的申请，在查明债务人具备破产原因的情况下，依职权立案并开始破产程序。它体现公力救济主义的特点。

二者各有不足：前者有时会造成不公平，即使法院发现债务人具备破产原因，也不能主动启动破产程序，不利于对全体债权人的及时保护；后者体现国家的干预，会损害破产法所确认的自治原则，还会造成程序性成本的浪费。现代各国均将软、硬商法相结合，以申请主义为原则，以职权主义为例外。

（七）和解前置主义与分离主义

和解前置主义，是指在进入破产程序前，应先行和解，只有在和解不成的情况下，方可进入破产程序。分离主义是将破产程序与和解程序作为两个独立的程序，是否和解完全取决于当事人的选择，法院不加干涉；破产程序是否开始，不以和解为前提。

前者最早起源于英国。我国《企业破产法（试行）》采取了部分和解前置主义的立法例，债权人申请国有企业破产，需先行和解。《企业破产法》则是将破产程序、和解程序与重整程序并列，当事人可选择一种程序；在程序开始前，当事人还可有条件地申请程序转换。

（八）破产普及主义和属地主义

普及主义主张破产宣告的效力不仅限于境内，也及于境外，即一国法院所作的破产宣告，既及于破产人在宣告国的财产，也及于其在境外的财产。属地主义是指一国法院所作的破产宣告裁定的效力仅及于破产人在破产宣告国境内的财产。普及主义贯彻“一人一破产”原则，能最大限度地保护债权人的利益，尽管很多发达国家采用，真正实行和最终能实现的不多。属地主义只限于宣告国，有可能使破产人受到2次甚至多次破产宣告。

（九）破产宣告的溯及主义和不溯及主义

破产宣告的溯及主义，是指破产宣告的效力不仅及于宣告后债务人对财产的处分行为，而且及于债务人在破产宣告前的法定时间内所为的有害于债权人的债权的财产处分行为。我国新、旧破产法都采这种立法例。例如，《企业破产法》第33条关于无效行为的规定就体现了溯及主义的立法原则。

不溯及主义，是指破产宣告的效力仅及于破产宣告后债务人对财产的处分行为，对破产宣告前债务人所为的处分财产的行为不发生效力。为弥补这一不足，又辅以撤销制度。日本、德国破产法都实行这一制度。我国《企业破产法》第31条、第32条规定了这一制度。

（十）破产财产的固定主义和膨胀主义

固定主义，是指破产财产以债务人在破产宣告时所拥有的财产为限，不包括破产人在破产宣告后新取得的财产。膨胀主义，是指破产财产不仅包括破产宣告时债务人所拥有的全部财产，而且包括破产宣告后到破产程序终结前所取得的全部财产。我国新、旧破产法均采取膨胀主义的立法主张。

（十一）清算主义和再建主义

清算主义是以消极地、最大限度地保护债权人利益为目的的主张，强调破产程序的目的就是以债务人的全部财产来偿还债权人的债权，也就是要将债务人的全部资产予以变卖或分配用来偿债。再建主义是在保全债务人的全部财产和营业的基础上，通过一定的债务安排，拯救债务人并避免破产，并积极地使债权人得到清偿。

自20世纪70年代起，破产法改革的趋势是强调再建主义，但不否定清算程序。只要是在立法上规定了和解与重整程序，都有再建主义的色彩。再建主义又分为前置主义和并列主义。前置主义以英国1914年的《破产整理法》和法国1985年的《困境企业司法重整及清算法》为代表，一个强调和解前置，一个强调重整前置，即不经和解或重整不得进入清算程序。并列主义强调当事人可以自由选择和解、重整或清算程序。

（十二）免责主义和非免责主义

对自然人破产，破产法规定破产程序终结后的债务清偿责任，存在免责主义和非免责主义两种立法原则。免责主义主张在破产程序终结后，免除债务人在破产程序中未清偿的债务，使债务人最终解脱。不免责主义主张，在破产程序终结后，未清偿的债务不豁免，日后取得财产、恢复清偿能力时，仍负清偿责任。

早期破产法均实行不免责主义，注重对债权人的保护，对债务人过于严酷，使债务人永不能解脱，不利于社会的稳定。免责主义源于英国，后扩大到英美法系、大陆法系各国，现今是各国破产法普遍采用的立法准则。我国《企业破产法》规定破产主体是企业法人，实行的是免责主义。实行免责主义的国家，通常将免责范围局限于诚实的债务人，有欺诈行为、恶意破产，不免责。

第二十三章 破产范围与破产原因

第一节 破产范围与制度适用

破产范围也称破产法适用范围，是依破产法规定破产的主体范围，属于破产范围的主体方有资格申请或被申请破产。

一、破产范围

1. 企业法人

我国《企业破产法》第 2 条规定："企业法人不能清偿到期债务，并且资产不足以清偿全部债务或者明显缺乏清偿能力的，依照本法规定清理债务。"因此，《企业破产法》适用的范围是企业法人，除法人企业之外，个体工商户、自然人不属于破产范围的主体，非法人企业原则上也不属于破产范围的主体。

2. 非法人组织

《企业破产法》第 135 条规定，企业法人以外的组织破产清算，参照该法规定的程序。也即只有其他法律对非法人企业有破产规定时，其程序才参照破产法进行。目前，规定非法人企业破产清算的只有《合伙企业法》第 92 条相关规定："合伙企业不能清偿到期债务的，债权人可以依法向人民法院提出破产清算申请，也可以要求普通合伙人清偿。合伙企业依法被宣告破产的，普通合伙人对合伙企业债务仍应承担无限连带责任。"非法人组织破产，参照破产法适用的只是程序部分，不包括实体内容。

二、制度适用

企业法人破产原则上不应有区别，但根据我国具体情况，《企业破产法》除适用于所有企业法人外，对国有企业法人破产与金融机构法人破产的制度适用的特殊情况作了规定。

（一）国有企业法人

国有企业法人是国家单独投资，或各级人民政府授权本级政府的国有资产监督管理部门以投资人身份投资设立的企业，其全部投资的资产为国有资产。这类企业包括国有独资公司和没有进行公司改制的国有企业、国有控股公司。作为法人企业，这类企业毫无疑问地适用《企业破产法》。但《企业破产法》第 133 条对部分国有法人企业的破产作出了专门规定："在本法施行前国务院规定的期限和范围内的国有企业实施破产的特殊事宜，按照国务院有关规定办理。”

这一规定是基于历史原因对部分国有法人企业破产的特殊安排，针对那些大型的、资源型的国有企业和军工企业。这些企业为后来改革开放政策的实施作出了巨大贡献，但在计划经济时期没有自己支配的收入，利润全部上缴，在实行市场经济后因经营范围和产品不适应市场经济的要求面临困境，加之有的企业资源枯竭，面临破产，但长期为企业作出贡献的职工的安置问题解决不了。为了解决这一问题，将这些企业中原来由国家划拨的国有土地使用权授权给企业进行变现，用以安置职工。这种情况在过去曾对三千多家企业适用，在现在和将来一段时间内仍要按照这种特殊政策执行。适用这些政策的企业范围和时间应由国务院作出明确规定，所以对于这类国有企业破产制度的适用，破产法在规定时预留了空间，作出了特别的规定。在国务院规定范围外的国有企业一律按照其他企业法人一样的破产程序处理。

（二）金融机构法人

金融机构法人包括商业银行、证券公司、保险公司、信托投资公司、证券投资基金管理公司、融资租赁公司等企业。这类企业法人的最大特点是“用别人的钱来赚钱”，其财产构成与一般的企业法人都不一样，一般企业法人的财产主要是自有财产，而金融机构法人的财产绝大部分是客户的财产。这些企业的破产问题有特殊性：一是金融机构法人的经营活动都是以客户财产进行；二是其自有财产和客户财产不能完全分离；三是破产要求必须以自有财产偿债，不能破客户的产。所以金融机构法人发生债务危机时，除破产、重整外，还有接管、托管等特殊措施。因此，在这类法人破产适用破产法的前提下，又存在一些特殊规定：

第一，作为债务人的金融机构出现破产原因时，自己不能提出破产申请，而只能由国务院金融监督管理机构作为申请人向法院提出申请；第二，如果是债权人对金融机构债务人向法院提起诉讼或申请执行，国务院金融监督管理机构需要对其采取接管、托管措施的，有权申请法院中止诉讼程序或者执行程序；第三，金融机构适用破产法的同时，国务院有权制定专门适用于金融机构的实施办法。

第二节 破产原因

一、破产原因的概念和构成

破产原因是适用破产程序所依据的特定法律事实，是使法院作出破产宣告的特定事实状态，是破产程序得以发生的实质条件。破产原因的特征是：第一，必须是实际存在的事实状态，而不是债权人或债务人的主观臆断；第二，必须是法律规定的事实状态，而不能以法定以外的事实作判断。

破产原因有单一原因和复合原因之分。单一原因即是指以债务人不能清偿到期债务为破产的唯一原因；复合原因是在不能清偿到期债务的基础上又加了其他条件。我国现行法律中，采单一原因的有公司法、商业银行法和合伙企业法。

《公司法》第 187 条第 1 款规定，清算组在清理公司财产、编制资产负债表和财产清单后，发现公司财产不足以清偿债务的，应当依法向人民法院申请宣告破产。《商业银行法》第 71 条第 1 款规定，商业银行不能支付到期债务，经国务院银行业监督管理机构同意，由人民法院依法宣告其破产。《合伙企业法》第 92 条规定，合伙企业不能清偿到期债务的，债权人可以依法向人民法院提出破产清算申请，也可以要求普通合伙人清偿。

以上三部法律规定的都是单一原因，即只要财产不足以清偿债务，或者不能支付到期债务，就具备了破产原因。

《企业破产法》对破产原因采取复合原因。其第 2 条第 1 款规定："企业法人不能清偿到期债务，并且资产不足以清偿全部债务或者明显缺乏清偿能力的，依照本法规定清理债务。"这一规定表明，不能清偿到期债务与资产不足以清偿全部债务或者明显缺乏清偿能力这两个选择项中的任何一项组合在一起，才构成一个完整的破产原因。这三项中的任何一项都不能单独构成破产原因。这里的破产原因与《公司法》和《商业银行法》规定的不一致，应当按照新法优于旧法的原则处理，即只要是法人破产，应一律采用复合原因。但对于合伙企业破产，其破产原因不适用破产法规定的复合原因，因为非法人企业破产参照的只是程序，不参照实体。

1. 不能清偿到期债务

不能清偿到期债务包括客观的不能清偿和推定的不能清偿。客观的不能清偿是指债务的履行期限已经届满，而债务人没有按时履行的客观事实；推定的不能清偿是指债务人停止清偿债务并呈连续状态，如无相反证据，可推定为不能清偿到期债务。

2. 资产不足以清偿全部债务

资产不足以清偿全部债务就是俗称的"资不抵债"，它是一个动态的概念，强调的是资产负债比，主要是指债务人资产的客观、真实价值，而不是账面资产。如果这类资产的总值低于债务人欠的债务总额，就可以认定是资产不足以清偿全部债务。

3. 明显缺乏清偿能力

明显缺乏清偿能力即穷尽了清偿债务的一切可能。

二、"资不抵债"、"明显缺乏清偿能力"与"不能清偿到期债务"的关系

有人认为只要债务人"资不抵债"，该债务人就要破产了。也就是将"资不抵债"作为破产原因。可以说，破产就是债务人失去偿还债务的能力，其物质标准是债务大于资产。如一个企业总资产只有 100 万元，而总债务却有 500 万元，其显然没有偿还债务的能力。所以，一般地说，"资不抵债"就是失去偿还债务能力的物质标准，但它不等于就是破产原因。例如，虽然一个企业的全部资产只有 100 万元，全部债务有 500 万元，但该企业有良好的信誉，在债务到期时总能通过举新债还旧债的方式一一偿还。这样，虽然债务总额没变，但不能宣告其破产。

相反，假如一个企业有 200 万元的债务，有 240 万元的总资产，但如果其可用于偿债的款项只有 80 万元，全都用于偿债后，未得到清偿的债权人并不让步，申请法院执行债务人的不动产，结果执行了 120 万元的不动产，如此，这个企业赖以生存的物质基础就不完整了，必然无法经营，最终走向破产。

总之，"资不抵债"只是破产的一个物质条件，不是充分条件。它和"不能清偿到期债务"相比，一个是事实上的破产原因，一个是法律上的破产原因，二者结合才构成一个完整的破产原因。所以"资不抵债"只能在破产原因中作为一个从项，只有与核心主项"不能清偿到期债务"结合，才形成破产法上的破产原因。"资不抵债"不等于"不能清偿到期债务"，也不能替代"不能清偿到期债务"而单独适用。

"明显缺乏清偿能力"也是一个动态的标准，它会因时而变，所以它和"资不抵债"一样，不能单独作为破产原因，只能和全部资产不能抵偿全部债务作为选择项，在债务人具备

不能清偿到期债务的客观事由的前提下，与其结合，才可作为申请破产的根据。

对于债权人来说，申请债务人破产只要能证明债务人不能清偿到期债务即可，而无须证明债务人是否资产不足以清偿债务或者明显缺乏清偿能力，因为债权人无法了解债务人财产的具体情况，也无法进入债务人内部进行调查。债权人提出申请以后，由法院根据审查确认债务人破产原因是否具备，最终决定是否裁定受理。

第二十四章 破产案件的申请与受理

第一节 破产案件的管辖和申请

一、破产案件的管辖

各国立法对破产案件的管辖主要有三种模式：第一种是由专门法院管辖，如美国，其破产法规定破产案件由联邦法院管辖，联邦法院之下共设93个地区破产法院或法庭，并在11个联邦巡回审判区设置破产上诉法院；第二种就是由普通法院管辖，如英国、意大利、德国等；第三种是由商事法院管辖，在实行商人破产主义的国家，一般根据破产人身份确定管辖法院，即商人破产由商事法院管辖，非商人破产由民事法院管辖。在我国，实行的是普通法院管辖。

（一）地域管辖和级别管辖

1. 地域管辖，是债务人住所地的法院对破产案件有管辖权。债务人的主要办事机构所在地为其住所地，债务人无办事机构的，其注册地人民法院对该破产案件有管辖权。

2. 级别管辖。级别管辖是根据企业登记管理机关的级别来确定法院的管辖级别。基层人民法院一般管辖县、区、县级市工商行政管理机关登记的企业破产案件；中级人民法院管辖地区、地级市（含本级市）以上工商管理机关核准登记的企业破产的案件。纳入国家计划调整的企业破产案件也由中级人民法院管辖。

3. 特殊管辖，即在地域管辖和级别管辖之外，针对一些特殊企业的破产案件来确定管辖原则。上、下级法院之间可以依照《民事诉讼法》第38条的规定实行移交管辖。省、自治区、直辖市范围内因特殊情况需对个别企业破产案件的地域管辖作调整的，必须经共同上级法院批准。

（二）跨界破产的管辖原则

跨界破产又称为跨境破产，一般是指境外破产人的部分财产在我国境内或者我国境内破产人的部分财产在我国境外的破产。由于我国是采取破产普及主义的国家，即我国坚持“一人一破产”的原则，所以我国《企业破产法》规定在我国境内的债务人破产，其效力及于债务人在中国境外的财产。但这只是一种立法上的宣誓，是一种原则。债务人在境外的财产不在我国法院的管辖之下，这个原则真要得到实现，必须通过双边或者多边的司法互助协定或者合作协定才能解决我国法院作出的破产裁定在境外的效力问题。

对于境外法院作出的破产裁定，《企业破产法》规定有条件承认其效力，即必须具备以下两个条件之一，我国才能承认境外法院的破产裁定的效力：第一，该法院所属国同我国缔结了双边条约或者共同参加了国际条约；第二，按照互惠原则进行审查，认为不违反我国法律的基本原则，不损害我国的国家主权、安全和社会公共利益，不损害我国领域内债权人的合法权益。只有符合这两个条件之一，我国法院对境外法院的破产裁定方可裁定承认和执行。

二、破产案件的申请

破产程序是依申请而发生的程序，所以破产程序的启动必须有申请人。根据《企业破产法》第 7 条的规定，有权提出破产申请的主体有三个，即债权人、债务人和负有清算责任的人。

（一）债权人申请

债权人申请不具有集体诉讼的性质，提出破产申请的债权人只能行使自己的请求权，且其请求权必须具备下述条件：第一，债权人享有的请求权必须是具有财产给付内容的请求权；第二，必须是法律上可强制执行的请求权；第三，必须是已经到期的请求权。

有以下情形之一的债权人不享有破产申请权：

1. 基于物权或人身权提出的无给付内容的请求，如停止侵害、消除影响、排斥妨害、赔礼道歉。特定物的返还请求权一般不得作为破产申请权行使，但特定物因毁损或灭失转化为损害赔偿请求权的，可以行使破产请求权。

2. 已超过诉讼时效的请求权。破产程序也属于司法程序，所以超过诉讼时效期间的请求权不受破产程序保护。

3. 丧失了申请执行权的债权。对生效法律文书所确认的给付内容，在《民事诉讼法》第 215 条规定的申请执行期限内没有申请执行的，丧失请求法院强制执行的权利，享有这种请求权的债权人不得申请对方破产。

4. 未到期的债权。未到期的债权不能申请强制执行，当然不能据以申请宣告债务人破产。所以未到期债权的债权人没有破产申请的主体资格，只享有参加破产程序的权利。

另外，债权人提出破产申请必须具备一个关键的实质要件，就是破产原因必须具备，即企业不能清偿到期债务。债权人申请破产应提供的法定文件包括：申请人、被申请人的基本情况；申请目的；申请的事实和理由；法院认为应当载明的其他事项等。

（二）债务人申请

债务人在具备破产原因的情况下，可以申请自己破产。债务人申请破产还应当提交下列文件：（1）财产状况说明；（2）债务清册和债权清册；（3）企业法定代表人与主要负责人名单；（4）企业职工情况和安置预案；（5）企业亏损情况的书面说明，并附审计报告；（6）企业至破产申请日的资产状况明细表，包括有形资产、无形资产和企业投资情况等；（7）企业在金融机构开设账户的详细情况，包括开户审批材料、账号、资金等；（8）企业债权情况表，列明企业的债务人名称、住所、债务数额、发生时间和催讨偿还情况；（9）企业债务情况表，列明企业的债权人名称、住所、债权数额、发生时间；（10）企业涉及的担保情况；（11）企业已发生的诉讼情况；（12）人民法院认为应当提交的其他材料。

金融机构作为债务人，其破产申请不能由自己提出，因为其经营管理的财产虽有自有财产，但绝大部分是客户的财产，按照破产法的精神，破产人用于偿还债务的财产只能是自有财产，但金融机构破产又不可避免地会使客户的财产遭受损失，为了最大限度地保护客户利益，以免带来不必要的社会问题，《企业破产法》第 134 条第 1 款赋予国务院金融监督管理机构破产申请人资格，即金融机构破产的申请人不是金融机构本身，而只能是国务院金融监督管理机构。

（三）对债务人负有清算责任的人

这是指除金融机构和有特殊规定的国有企业以外的企业，在解散后进入清算程序，在清算过程中发现该清算法人出现破产原因时，有义务申请解散企业进入破产清算程序的人。破产法和合伙企业法称之为清算人，公司法称之为清算组。

公司解散以后，依照公司法的规定，其清算组的产生方式包括：有限责任公司由股东组成，股份有限公司由董事会或股东大会确定的人员组成。在解散事由出现后 15 日内清算组不能成立的，由债权人请求法院指定清算组成员。

合伙企业的清算人的产生方式有五种：由全体合伙人担任；经全体合伙人过半数同意，自解散事由出现之日起 15 日内指定一名合伙人担任；经全体合伙人过半数同意，自解散事由出现之日起 15 日内指定数名合伙人担任；经全体合伙人过半数同意，自解散事由出现之日起 15 日内委托第三人担任；自解散事由出现之日起 15 日内没有确定清算人的，合伙人或利害关系人可以申请法院指定清算人。

上述清算组或清算人都有资格成为破产申请人。清算组或清算人申请破产与债权人、债务人不同，必须具备法定要件：第一，企业已经解散、被有关行政机关撤销或被责令关闭；第二，没有清算或清算程序尚未结束；第三，资产不足以清偿债务。

申请人在法院裁定受理破产申请前，可以撤回破产申请。

第二节　破产案件的受理及其法律后果

一、破产申请的受理时限

破产案件的受理，是指法院在接到申请人的申请后，经审查认为符合破产法规定的受理条件，而裁定受理的法律行为。

根据《企业破产法》第 10 条的规定，债权人提出破产申请的，法院在接到申请之日起 5 日内通知债务人；债务人自接到法院通知之日起 7 日内，有权提出异议；法院应当自异议期届满之日起 10 日内，裁定是否受理。债务人、清算人或清算组、国务院金融管理监督机构提出破产申请的，没有异议期，法院应自接到申请之日起 15 日内裁定是否受理。如果因特殊情况需要延长期限，经上一级人民法院批准可以延长 15 日。

这里之所以给债务人 7 日的异议期，是为了保证债务人对债权人的破产申请有一个申辩的机会，体现破产法谨慎破产的立法原则，符合我国破产法再建主义的立法主张。其他申请人申请破产的，规定裁定受理的时间为 15 日，这样，给法院对申请认真审查的期限，也给当事人对自身行为预见的机会和认为申请不妥而撤回申请的机会。但是，如果法院处理不当，或相应的制度不配套、不健全，这么长时间会给不法债务人恶意转移财产提供机会。

破产法规定的时限延长，受理破产案件的法院无权自行决定，在需要延长的特殊情况出现时，须向上一级法院提出申请，由上一级法院批准。特殊情况依具体案件而定，根据司法实践，一般包括金融机构破产、上市公司破产、国有企业政策性破产、涉外破产，债权人众多、债权债务关系复杂，以及关系国计民生和社会稳定的破产申请等。

二、破产申请的审查

法院在接到申请人提出的破产申请后，应对申请进行全面审查，以确认是否具备受理条件，决定是否受理。法院审查包括形式审查和实质审查。

1. 形式审查。应审查申请人的申请书和依法应提交的文件、资料、证据是否齐备，债务人应提交的财产状况说明、债务清册和债权清册等、职工安置预案是否已经提交；审查是否属于本法院管辖范围；审查债务人是否具备破产主体资格，以及审查有无恶意破产，或串通破产，或假破产、真逃债的情形。

2. 实质审查。实质审查是判断破产申请是否具备破产申请的实质条件。实质审查又称为理由审查，所审查的事项是破产原因存在与否。破产原因的存在是一个事实问题，对这种事实的确定通常需要一个调查和证明的过程，而这个过程只能在破产程序开始后进行。所以破产案件开始阶段的实质审查是一种表面实质审查，即依据申请人提供的资料进行书面审。只要申请人提交的资料符合《企业破产法》第 8 条和最高人民法院相关司法解释的规定，达到齐备、清楚的要求，就可以确定表面事实的存在。

三、裁定

法院接到破产申请并经过审查应在法定的期限内作出受理、不受理或驳回的裁定。

(一) 裁定受理和法院应做的工作

法院经过审查认为破产申请符合《企业破产法》规定的立案条件的，通过裁定的方式决定立案。裁定受理后，法院应当完成以下工作：

1. 送达

法院受理破产申请的，应自作出受理裁定之日起 5 日内将裁定送达申请人和债务人。送达不是针对所有破产案件的关系人，而只限申请人和债务人。如果申请人是债务人，只对其送达即可；如果申请人是债权人或清算人及金融监督管理机构，那么既要对申请人送达，也要对债务人送达。这是新、旧破产法不同的重要一点。旧破产法一律规定为通知，而新破产法规定破产申请的受理必须以裁定方式作出，而按照民事诉讼法的规定，法院将判决、裁定、决定告知当事人只能以送达方式完成，而不能以通知或其他方式完成。《企业破产法》既然规定是裁定，就只能是以送达方式告知当事人。这种方式比通知有更高的权威性，便于在破产受理裁定书送达后与该破产程序有关系的企业、单位和个人都能按照法院裁定的时间判断破产程序的启动时间，按照破产程序的要求参与相关活动；也便于当事人计算权利、义务的起始时间。更重要的是，债务人在裁定送达之后负有提交的义务，即在裁定送达之日起 15 日内向法院提交财产状况说明、债务清册、债权清册、有关财务会计报告、职工工资的支付情况和社会保险费用的缴纳情况。

2. 通知与公告

除了申请人和债务人外，法院对其他人，包括全体债权人和债务人的债务人、债务人财产的持有人，以通知和公告的方式告知裁定内容。

法院应在接到债务人提交的债务清册后，自裁定受理申请之日起 25 日内通知已知的债权人，并同时向社会发布公告。不论破产申请是谁提出的，必然关系到所有实际的和潜在的债权人，所以法院必须向这些债权人告知其债务人破产立案的事实，以便其申报债权并参加破产程序。对已知的债权人以直接通知的方式告知，对未知的债权人和潜在的债权人无法直接通知，就以公告的方式告知。这里，公告的效力不仅针对债权人，也包括债务人的债务人和债务人财产的持有人。而且公告一经发出即视为送达，公告所针对的任何对象都不得以不知公告而抗辩，抗辩无效。在公告规定的期限内不行使权利或不履行义务的，后果自负。通知和公告是裁定破产立案的重要程序，其内容包括：(1) 申请人、被申请人的名称或姓名；(2) 法院受理破产申请的时间；(3) 申报债权的期限、地点、注意事项；(4) 管理人的名称或者姓名及处理事务的地址；(5) 债务人的债务人或财产持有人应当向管理人清偿债务或交付财产的要求；(6) 第一次债权人会议召开的时间、地点；(7) 法院认为应当通知和公告的其他事项。

3. 指定管理人

法院裁定破产立案的，应在作出裁定的同时指定管理人。

（二）裁定不受理破产申请

法院接到破产申请后经审查，认为不符合《企业破产法》的规定，债务人对提出破产申请的债权人的债权提出异议并且法院认为异议成立，应告知债权人先行提起民事诉讼，对该破产申请可以裁定不予受理。法院裁定不予受理的，必须自作出破产不予受理裁定之日起5日内将裁定书送达当事人，同时说明理由。申请人对裁定不服的，可自送达之日起10日内向上一级人民法院提起上诉。

（三）驳回破产申请

驳回破产申请是法院裁定受理破产申请后，发现受理有所不当，对破产申请予以驳回的情形。它与不予受理的区别在于其是在裁定受理后，而不予受理是在裁定受理前。适用驳回程序的情形包括：

1. 不符合破产法规定的受理条件。主要是指不具备破产法规定的破产原因和不属于破产法规定的适用范围。如债务人没有出现不能清偿到期债务并资产不足以清偿到期债务或明显缺乏清偿能力的情形；债务人为个人独资企业、个体工商户或个人。另外，如果申请人不具备申请资格，又未经授权，以及所提供的材料文件属伪造，等等，都属于驳回的情形。

2. 恶意申请破产。债务人有隐匿、转移财产等行为，为了逃避债务而申请破产，或者债务人巨额财产下落不明且不能合理解释财产去向，都是借破产之名逃避债务，是损害债权人利益的行为，所以应当裁定驳回。

3. 债权人有不正当竞争的意图。债权人借破产申请毁损债务人商业信誉，意图损害公平竞争。

同裁定不予受理一样，申请人不服驳回破产申请的裁定，有权提起上诉，上诉期限为自驳回申请裁定送达之日起10日。

在《企业破产法》中，当事人不服裁定，有权上诉的只有这三种情况，因为这三种情形是对申请人申请权的否定。为了保证申请人有救济途径，法律授予其上诉权。在破产程序中，当事人对法院作出的所有其他裁定都不享有上诉权。

四、破产案件受理的法律效力

法院受理破产申请表明破产程序的开始。破产程序作为特别强制程序，其所涉及的当事人即债务人、债权人和第三人都受到约束，相应地，其他民事诉讼程序、民事执行程序和民事强制措施等也都因破产程序的启动而受到影响。具体表现在以下各方面：

（一）对债务人的效力

1. 债务人不得对个别债权人清偿债务，又称为个别清偿冻结。它的起止时间为自破产申请受理之日至破产财产分配完毕。如果对个别债权人清偿，其他债权人就会因此而受到损失。因此，债务人不经法院许可，既不得个别清偿债务，也不得以其财产设立新的担保。其维持正常生产经营所必须支付的费用也必须经法院审查批准。但是，以下三类项目的支付不属于个别清偿：债务人为维系基本生产需要而支付水费、电费等的；债务人支付劳动报酬、人身损害赔偿金的；使债务人财产受益的其他个别清偿。这一规定是为了保证债务人财产的完整性，实现对全体债权人的公平。

2. 对债务人的有关人员产生一系列义务。自受理裁定送达债务人之日起至破产程序终结之日，债务人的法定代表人、经法院决定的财务管理人员和其他经营管理人员必须履行下列义务：(1) 妥善保管其占有和保管的财产、印章、账簿、文书等资料；(2) 根据法院、管理人的要求进行工作，并如实回答询问；(3) 列席债权人会议并如实回答债权人的询问；(4) 未经人民法院许可不得离开住所地；(5) 不得新任其他企业的董事、监事、高级管理人员，即到其他企业任职。这些是为了保证破产程序的顺利进行，而对债务人的法定代表人、董事、监事、高级管理人员所规定的配合和协助义务。这种配合和协助义务体现的是资产控制权的交出和行动自由的约束，这时企业的实际控制者已由原管理班子转为管理人。在此期间，管理人在对企业实行有效控制的同时，必须尽到保密的义务，对债务人提交的文书、资料不得用于破产程序之外的刑事调查、行政调查及处罚。

在立案后，因债务人的法定代表人、董事、监事、高级管理人员对企业出现破产状态负有不可推卸的责任，故其私权利受到限制，即在整个破产程序中不得到其他企业任职，但原已兼任的职务不受影响。

（二）对债权人的效力

1. 法院受理破产案件后，债权人不得单独向债务人行使债权；其所有权利的行使都必须通过破产程序进行，有关债务人的民事诉讼不能向其他法院提起，只能向受理破产案件的法院提起。

2. 有财产担保的债权人，在破产申请受理至破产宣告的期间内，未经法院许可，不得就担保物行使优先受偿权。

3. 取回权人、抵销权人的权利在破产宣告前进入冻结状态。

（三）对第三人的效力

这里的第三人包括债务人的债务人、债务人财产的持有人。债务人的债务人是指对进入破产状态的债务人因合同、侵权、违约、不当得利、无因管理而负有债务的企业法人、行政机关、社会团体、其他经济组织或个人。债务人财产的持有人是指基于仓储、保管、加工承揽、委托交易、代销、借用、寄存、租赁等法律关系，占有、使用债务人财产的人，以及因非法侵占、拾得债务人遗失物、购买赃物而占有债务人财产并经司法程序确定应当返还财产的人。

《企业破产法》第 17 条规定，债务人的债务人和债务人财产的持有人在法院受理破产申请后，应当向管理人清偿债务或交付财产。履行这一义务的开始时间是法院发布受理裁定公告之日。这里的债务不论是否已到期，也不论合法占有的期限是否已届满，都必须履行。

另外，需要注意的是，债务人的债务人和债务人财产的持有人清偿债务和交付财产的相对人只能是管理人，而不能是债务人。如果向债务人清偿或交付，其行为无效。因明知债务人已经进入破产程序并明知应向管理人清偿或交付而故意向债务人实施这种行为，给债权人造成损失的，不免除其再次清偿债务或交付财产的义务。行为人不免除义务的要件是：主观上是故意的，并且给债权人造成了损失（因这种行为使债务人财产减少而造成的间接损失和直接损失，包括债权人对交付的物享有担保物权，因为违法交付而使其价值减损等）。不免除的义务责任范围应以已造成的损失为限。

（四）对未履行完毕合同的效果

未履行完毕的合同，是指在法院裁定受理破产申请前成立并生效，在法院破产立案后未履行或未履行完毕的合同。由于债务人进入破产程序后其所有的经营活动都必须围绕破产事务展开，所以对这类合同必须作出不同于正常状态下的特殊处理。

1. 对该类合同，管理人有继续履行或者解除的决定权

在破产程序中，债务人合同的履行或者解除关系到债务人财产和破产财产增减，更关系到全体债权人的多方面利益，所以决定解除还是履行的权利不在合同对方当事人，更不在债务人，法律将其授予管理人。管理人作出解除还是继续履行合同的决定，不是随意的，是以不减少债务人财产为根据。如果解除合同会给债务人的财产带来损失，就必须继续履行；相反，就必须解除。不论解除还是继续履行，管理人必须尽到对合同对方当事人通知的义务。

2. 合同对方当事人的催告权及合同的推定解除

在法院裁定破产立案后，合同对方当事人有权就合同解除或者履行向管理人发出催告，这是因为法律已经将该权利授予管理人，对方当事人在这类合同中完全处于被动地位，为了使其合法权利得到保障，法律赋予其催告权。管理人在接到催告之日起30日内没有作出答复的，视为合同解除；或者管理人自破产立案之日起2个月内没有将解除还是继续履行合同的决定通知对方当事人，也视为解除合同。

3. 管理人决定继续履行合同时对对方当事人产生的相应权利和义务

管理人行使继续履行合同的决定权完全是为破产秩序和债务人财产安全着想，而没有考虑合同对方当事人的利益。而债务人已进入破产状态，不但其财产状况不佳，而且其最终是破产还是起死回生，都不明朗，所以继续履行合同会给对方当事人带来利益损失的风险。正因如此，破产法规定，管理人决定继续履行合同时，对方当事人有权要求管理人提供担保，只要管理人提供了担保，对方当事人就有必须继续履行合同的义务。管理人不提供担保的，视为合同解除，对方当事人不负有继续履行合同的义务。

4. 合同解除后，对方当事人请求权的行使

不论因管理人的何种行为解除合同，都可能给合同对方当事人造成损失。一旦因解除合同给对方造成损害，法律规定的救济途径既不是单独赔偿，也不是列入共益债务，从破产财产中支付，而是受损害的合同对方当事人作为破产债权人就损害赔偿依破产程序申报债权，依该请求权参加破产财产分配。

（五）对债务人财产保全和执行程序的影响

1. 对债务人财产保全措施的影响

《企业破产法》第19条规定，人民法院受理破产案件后，有关债务人财产的保全措施应当解除。对债务人财产的保全措施是指在诉讼、仲裁或行政执法活动中，为避免债务人的财产被非法转移、人为或自然毁损或灭失，而对该财产临时采取的保证其安全的措施，包括查封、扣押、冻结等。一般情况下，被采取的保全措施因引起保全的原因消除而解除。而破产程序

是特别强制程序，关系到多数人的利益，所以破产程序优于个别的保全措施。为了维护债务人财产的完整和安全，法律规定在破产程序开始后，保全措施必须解除，使保全的财产归入债务人财产，由管理人统一管理。

2. 对执行程序的效果

《企业破产法》第19条规定，法院受理破产案件后，有关债务人财产的执行程序应当中止。对债务人财产的执行程序是指通过诉讼或仲裁以及行政执法程序，在法院、仲裁机构或行政机关作出判决、裁决或决定并生效后，当事人自动交付财产、履行债务，或者应有关当事人的申请，法院对债务人的财产强制执行。在债务人进入破产程序后，如果继续执行债务人的财产，就会使其财产减少，损害全体债权人的利益，所以，同样依照破产特别程序优先的原则，中止对债务人财产的执行程序。

（六）对仲裁程序和诉讼程序的效果

《企业破产法》第20条规定，法院受理破产申请后，已经开始而尚未终结的有关债务人的民事诉讼或者仲裁应当中止。在管理人接管债务人的财产后，该诉讼或者仲裁继续进行。

管理人制度的设计就是要由专业人员全面接管债务人的财产并负责债务人财产的管理、运作和接管债务人所有其他事务。由于涉及债务人的其他民事诉讼和仲裁最终会影响债务人财产的总额，是债务人事务的重要内容，所以必须由管理人来接管。这类诉讼既包括债务人为原告的诉讼，也包括债务人为被告的诉讼。管理人接管诉讼和仲裁，不是在诉讼、仲裁进行中接管，而是在程序被中止后接管，所以中止诉讼或仲裁就是为管理人接管创造条件。接管的时机是管理人接管债务人财产后。接管的诉讼可以是一审，也可是二审或再审，还可以是执行程序。中止和接管就是为了破产程序的顺利进行和债务人财产的安全。接管后，诉讼和仲裁程序即行恢复。

第二十五章
破产管理人

第一节　破产管理人的概念及制度沿革

一、破产管理人的概念

破产管理人制度是在破产程序中，由具有专业知识与资格的人员或机构负责债务人财产管理与破产事务的一种制度。破产管理人又称管理人，是指在破产程序进行过程中负责接管债务人企业、接受债权申报并审查，并为了防止债务人恶意处分财产而对债务人财产实施管理、处分，负责业务经营、破产方案拟订和执行的专门机构。这一机构是《企业破产法》借鉴别国经验并结合我国破产实践创设的一种制度。管理人是破产法上的重要机构，自破产程序开始至破产程序终结，所有有关破产财产的管理、处分均由管理人负责。在《企业破产法(试行)》中没有管理人，类似于管理人的机构是清算组。

二、管理人制度的沿革

管理人制度产生于英国。在英国1986年破产法中，规定了十分严格的管理人制度，表现在以下三个方面：

1. 在破产程序中，管理人仅限于破产法承认其资格的从业人员，而且只限于自然人。不具备该法规定资格的人任职的，即构成犯罪行为。

2. 在英国要取得管理人从业资格，必须同时具备两个条件：一是必须向工商部申请个人营业执照，二是参加政府承认的职业团体。目前在英国政府承认的职业团体有7个，这些团体有的是律师事务所，有的是会计师事务所。

申请人或从业人员被拒绝或被撤销许可的补救措施为，其可以在法定期限内向行政法院及破产案件从业人员法院提起行政诉讼。行政法院应经调查后作出处理意见并附以理由，交工商部。工商部应按法院的意见作出决定。不服行政法院处理意见的，可向最高法院提起上诉。

3. 严格的保证金制度。从业人员必须提供执行职务的保证金，先提供25万英镑的总担保，以后还可以追加担保，但追加金额不得超过500万英镑。

破产管理人资格取得的高门槛和严格的保证金制度，在保证管理人以善良管理人的注意执行职务方面具有重要作用，值得我们借鉴。

管理人制度在英国产生后受到其他国家的效仿，但各国关于管理人的称呼、产生方式和出任主体的规定各有不同：日本称之为破产管理人，其产生方式为法院选任，并且只能是自然人；法国称其为司法代理人，为自然人，由法庭指定；德国称其为管理人，先由法院临时指定，再由债权人选任，只能由自然人出任；美国称其为托管人，分为联邦托管人和私人托管人。

我国《企业破产法》引进了管理人制度，取代旧破产法中的清算组制度。

第二节 管理人的产生与人选

一、管理人的产生

《企业破产法》第 22 条第 1、2 款规定："管理人由人民法院指定。债权人会议认为管理人不能依法、公正执行职务或者有其他不能胜任职务情形的，可以申请人民法院予以更换。"从这一条规定可以看出，管理人的产生方式非常明确，即由法院指定，但保留债权人的异议权和更换请求权。

管理人的产生时间是法院作出受理破产申请裁定时指定。

债权人提出更换管理人的条件是：

1. 管理人不能依法执行职务。管理人在客观上因法律知识欠缺或根本不具有法律修养而不能准确理解把握法律，因此不能正确处理破产程序中的有关法律问题；或者在主观上因怀有个人目的或其他目的，在破产程序中故意不按照法律规定执行职务。

2. 管理人不能公正执行职务。管理人在破产事务中不能正确处理债权人、债务人及其他利害关系人的关系，或者在重整、破产清算过程中偏袒某一债权人或其他利害关系人，使其他人的利益受到不公正的待遇。

3. 管理人有其他不能胜任职务的情形。这指在破产程序中影响程序正常进行的各类情形，例如与该破产案件有利害关系，不能很好地处理各种突发事件等。

二、管理人的人选

管理人的产生解决的是管理人产生的方式和时间，而什么样的人有资格出任管理人涉及管理人的人选问题。管理人作为有显著独立性的债务人财产和破产财产的代表，在破产程序中处于非常重要的地位，有着非常重要的作用。他不仅要负责债务人财产的管理，还负责债权、债务的清理与偿还和接受偿还，还需要参加破产程序中发生的各种诉讼，所以管理人必须有丰富的法律知识和法律工作经验，并具有丰富的处理破产事务的经验和能力。我国《企业破产法》借鉴国外经验，规定可以出任管理人的主体有两类：机构管理人和个人管理人。

（一）机构管理人

《企业破产法》第 24 条规定："管理人可以由有关部门、机构的人员组成的清算组或者依法设立的律师事务所、会计师事务所、破产清算事务所等社会中介机构担任。"通常，法院应指定中介机构担任管理人。机构管理人有以下五种：

1. 由有关部门、机构人员组成的清算组

《企业破产法》的这一规定是与其他现行法律所作的衔接，并专指企业已经解散，但未进行清算或清算过程中发现资产不足以清偿债务的情况。我国现行法律中《公司法》、《商业银行法》、“三资”企业法、《全民所有制工业企业法》和《合伙企业法》，都规定以破产外的其他方式解散后，应依法在15日内组成清算组进行清算。对于公司，除自愿解散外，因被依法责令关闭而解散的，《公司法》第183条规定由有关机关组织股东、有关机关及有关专业人员成立清算组进行清算。《商业银行法》第70条规定，商业银行因吊销经营许可证被撤销的，国务院银行业监督管理机构应当依法及时组织成立清算组，进行清算。这类由有关部门、机构、人员组成的清算组，在清算企业出现破产原因时，既是破产申请人，又是破产管理人。

2. 律师事务所

律师事务所是根据律师法的规定成立的，由数名律师组成的律师执业机构。依照破产法的规定，律师事务所可以由法院指定担任进入破产程序的债务人的管理人，承担债务人财产和破产财产的管理与其他破产事务。

3. 会计师事务所

会计师事务所是依照注册会计师法，经省级以上人民政府财政部门批准，由数名会计师设立的执业机构。根据注册会计师法的规定，会计师事务所可以合伙设立，也可以在具备法定条件时设立有限责任的法人。会计师事务所除法律另有规定外，受理业务不受行政区域、行业的限制。根据破产法的规定，会计师事务所可以接受受理破产申请的法院的指定，作为管理人。

4. 破产清算事务所

破产清算事务所是依法成立的专门从事破产清算事务的专业服务机构，是一种新型的社会中介机构。最近几年在全国范围内已成立有上百家这类机构。有的地方还为此成立了破产清算协会，以协调各破产清算事务所的工作。随着破产法的实施，这类专业机构将越来越多。由于《企业破产法》将企业破产的清算机构和管理人合二为一，这类机构介入破产程序只能以管理人的身份出现。

5. 其他社会中介机构

其他社会中介机构是能够胜任破产事务工作，具有破产相关专业能力，适合出任管理人的除上述机构以外的社会中介机构，如审计事务所等。

（二）个人管理人

除了机构管理人外，根据破产情况的实际需要，可以指定个人担任管理人。指定个人管理人的人选同样是来自于社会中介机构。法院在征询有关社会中介机构的意见后，指定该机构具备专业知识并取得执业资格的人员担任管理人。所以法院指定个人管理人时，首先要征询其所在机构的意见并经其同意，一般不能直接指定。

指定个人为管理人的，一般是事实清楚、债权债务关系简单、债务人财产相对集中的破产案件。

（三）清算组管理人

破产案件受理前根据有关规定已经成立了清算组，有关法律规定成立清算组且破产法实施前在国务院规定的范围内国有企业破产的案件，可指定清算组为管理人。

（四）禁止担任管理人的情形

管理人角色重要，关系重大，其工作涉及多方主体利益，所以，不论是机构管理人还是个人管理人、清算组管理人，在道德品质、执业操守等方面不能存在严重瑕疵。《企业破产法》从消极方面规定了管理人的条件，包括：

1. 因故意犯罪受过刑事处罚的，不得被指定为管理人。这里仅指故意犯罪，过失犯罪不包括在内。

2. 曾被吊销相关专业执业证书的，也不能被指定为管理人。专业执业证书是相关行业准入的资格凭证，主管机关对有违法、违反职业道德行为的中介机构及其从业人员有权依法吊销其执业资格证书。律师法、注册会计师法、拍卖法、审计法等都有此类规定。机构或个人一旦被吊销专业执业证书，哪怕后来又重新获得，也终身不能被指定为管理人。

3. 与本案有利害关系。这是指与债权人、债务人有未了结的债权债务关系；在受理破产申请前 3 年内，曾为债务人提供相对固定的中介服务；现在或前 3 年内担任债务人、债权人的财务顾问或法律顾问，或者是债务人、债权人的控股股东或实际控制人，或担任债权人、债务人的董事、监事、高级管理人员，与债权人或债务人的控股股东、董事、监事、高级管理人员存在夫妻、直系血亲、三代以内旁系血亲或姻亲关系。

4. 法院认为不宜担任管理人的。法院通过考察认为虽然不属于上述情况，但确有其他不能出任管理人的情形的，也不能指定为管理人。

第三节 管理人的职责与监督

一、管理人的职责

管理人的职责，是指管理人在破产程序中由法律赋予的职权和必须依法履行的责任的总称。

根据破产法的规定，管理人应履行下列职责：（1）接管债务人财产、印章和账簿、文书等资料。破产程序开始，管理人既被指定，从被指定之日起，管理人既有权也有责任全面接管债务人的财产、印章、账册、文书等。管理人的接管权来源于法院破产立案的裁定。（2）调查债务人的财产状况，制作财产状况报告。（3）决定债务人的内部管理事务。（4）决定债务人的日常开支和其他必要开支。（5）在第一次债权人会议召开前，决定继续或者停止债务人的营业。（6）管理和处分债务人的财产。（7）代表债务人进行诉讼、仲裁或者其他法律程序。（8）提议召开债权人会议。（9）人民法院认为管理人应当履行的其他职责。

除上述职权外，管理人在履行职务时必须尽到勤勉、忠实执行职务的义务。

二、对管理人的监督和约束

管理人在被指定后，即全面接管债务人的财产和事务，几乎完全取代债务人的全部角色。所以如果对其没有明确的监督机构和监督程序，其可能会滥权而导致腐败，损害债权人和债务人及其他利益主体的利益。所以破产法在赋予管理人职权的同时，也规定了对管理人的监督机制。对管理人的监督体现在以下几个方面：

1. 法院的监督和约束

管理人是因法院的指定而产生的，所以对管理人的第一监督和约束主体就是法院，主要体现在：管理人在破产程序中执行职务时，必须将执行情况时时向法院报告；管理人决定债务人营业的继续或停止，在没有成立债权人委员会情况下的财产及财产权利的转让、借款、设定担保及取回担保物、放弃权利、履行或解除合同，以及其他对债权人有重大影响的财产处分，在执行职务中聘请工作人员等，都必须经法院许可。此外，法律规定管理人没有正当理由不得辞职，如辞职，必须经法院许可。

2. 债权人会议和债权人委员会的监督

破产程序中管理人的每一项工作内容都涉及债权人的切身利益，所以，法律规定债权人的集体意思机构——债权人会议对其有监督权，具体表现在：管理人必须列席债权人会议并回答债权人的询问，向债权人会议报告职务执行情况。同时，债权人委员会对管理人依法享有监督权，包括要求管理人对其职权范围内的事务作出说明或提供有关文件，对于财产及财产权利的转让、借款、设定担保及取回担保物、放弃权利、履行或解除合同，以及其他对债权人有重大影响的财产处分等，必须向债权人委员会报告。

3. 债务人和其他有利害关系人的监督

债务人虽已进入破产程序，但还未最终消亡，它有可能通过重整、和解获得再生。管理人的行为也直接影响到债务人的切身利益，所以债务人在被管理人接管后，也对其享有一定的监督权。其他人如取回权人、抵销权人等为维护自身利益对管理人执行职务也享有一定的监督权。

三、管理人的报酬和职业责任保险

1. 管理人的报酬

社会中介机构及其人员被指定为管理人，负责执行破产事务，与通过合同关系接受委托从事有关事务不同，它不能通过向当事人收费的方式获得收益，但在市场经济条件下又不能无偿工作。所以其收益表现为报酬，而不是收费。关于其报酬的数额和支付方式，不是通过协商确定，而是由法院单方确定。但管理人的报酬是从债务人财产和破产财产中列支，直接关系到债权人的利益，因此，债权人会议依法对其有异议权。

2. 管理人的执业责任保险

执业责任保险，是指保险机构针对有一定风险或高风险的专业执业机构或人员由于执业中违法或失误给当事人造成损失、引起损害赔偿而开设的险种。在专业服务领域，律师、注册会计师、审计师、评估师等都是以自己的专业知识和专业技能向客户提供服务，收取报酬。虽然从事各类服务的资本投入很低，一般收费也不很高，但有可能存在与其投入和收入极不成比例的高风险。如果因其违法或失误给客户造成损失，以其收取的费用抵偿难以弥补，但可通过保险特有的属性，通过参加保险获得赔偿。这样既保证了受损方的利益，也使专业服务人员免于陷入困境。管理人在接管债务人后，其执业对各方利益主体来说也是高风险的，因管理人故意违法或过错造成损失时，如果没有一个赔偿机制，很难保证破产程序的顺利进行。所以破产法规定了管理人应当参加执业责任保险，但只针对个人担任管理人的情形，对机构管理人没有这项规定。

第二十六章
债务人财产与相关制度

第一节　债务人财产的概念和范围

一、债务人财产的概念

债务人财产，是指法院受理破产申请时属于债务人的全部财产，以及破产申请受理后至破产程序终结前债务人取得的财产。债务人财产是我国现行破产制度中首次采用的一个概念。在我国原有的破产法律规范中，只使用破产财产的概念，存在局限性，因为它只限于破产宣告时债务人拥有的全部财产和破产宣告至破产程序终结前债务人取得的财产。而在法院受理破产申请至破产宣告期间的财产已不同于法院受理破产申请之前的财产，它的使用、管理已经受到了限制，所以原有的破产财产的概念没有明确这一阶段的财产性质；加之《企业破产法》中不仅规定了和解程序，还规定了重整程序，这两个程序中的债务人财产也受到了限制，但又不能称其为破产财产，所以有必要用一个统一的概念将破产各个程序中受到限制的债务人的财产统一起来，债务人财产的称谓解决了这一问题。

根据《企业破产法》第四章的规定，法院受理破产申请后，原企业的财产就转变为债务人财产，这种财产就不再是一般意义的债务人享有占有、使用、收益和处分权的财产，而是具有特定用途和目的的财产。债务人财产具有两个突出特点：一是财产存在的目的由原来的以只为生产经营为特征转变为专为破产法规定的各个程序服务；二是财产的占有人和管理人发生了变化。

二、债务人财产的范围

根据《企业破产法》第 30 条的规定，债务人财产的范围包括破产立案时属于债务人的全部财产和在整个破产程序中取得的财产。这些财产具体包括：

（1）法院受理破产申请时债务人企业所有的和经营管理的全部资产。

（2）债务人在破产申请受理后到破产程序终结前所取得的财产，债务人的债务人偿还的债务和获得的利息，债务人的财产持有人交付的财产，行使撤销权追回的财产等，都应该归入债务人财产。

（3）应该由债务人行使的其他财产权利，包括专利权、商标权、著作权、专有技术等，还包括债务人企业与其他企业联营所投入的财产和应当得到的利益。

（4）债务人在中国境外购买的股票、债券和投资及其他在中国境外的财产也并入债务人财产。

（5）债务人对按份享有所有权的共有财产的相关份额，或者共同享有所有权的共有财产的相应财产权利，以及依法分割共有财产所得部分，人民法院均应认定为债务人财产。

（6）债务人的开办人在开办时出资不足的，在债务人破产立案后应当予以补足，补足部分属于债务人财产。

（7）债务人破产申请受理前受让他人财产并依法取得所有权或者土地使用权的，不论是否已支付或者已完全支付对价，该财产仍属于债务人财产。如债务人在破产立案前买了一辆汽车，但是只支付1/3价款时被破产立案，这时该汽车仍是债务人财产。

（8）债务人的财产被采取民事诉讼执行措施的，在受理破产案件后尚未执行的或者未执行完毕的剩余部分，在破产立案后列入债务人财产。因错误执行而应当执行回转的财产，在执行回转后列入债务人财产。

（9）债务人依照法律规定取得代位求偿权的，依该代位求偿权享有的债权属于债务人财产。如债务人作为保证人履行了保证义务后，他对被保证人享有的债权列入债务人财产。

（10）债务人在破产立案时未到期的债权视为已到期的债权，属于债务人财产，但是应当减去未到期的利息。

（11）债务人设立的分支机构和没有法人资格的全资机构的财产以及在其全资企业中的投资权益属于债务人财产。

（12）债务人对外投资形成的股权，管理人可以将其出售、转让，出售、转让所得和股权收益为债务人财产。

（13）债务人依法享有的可以用货币估价并可以依法转让的债权、股权、知识产权、用益物权等财产和财产权益。

（14）债务人已依法设定担保物权的特定财产，人民法院应当认定为债务人财产。

三、债务人财产的除外情形

下列财产不属于债务人财产：

（1）取回权的标的物。包括债务人基于仓储、保管、承揽、代销、借用、寄存、租赁等法律关系占有、使用的他人财产。

（2）担保物灭失后产生的保险金、补偿金、赔偿金等代位物。

（3）特定物买卖中，尚未转移占有，但相对人已完全支付对价的特定物。

（4）尚未办理产权证或者产权过户手续，但已向买方交付的财产。

（5）债务人在所有权保留买卖中尚未取得所有权的财产。

（6）所有权专属于国家且不得转让的财产。

（7）债务人工会所有的财产。

（8）债务人的职工住房，已经签订合同、交付房款，进行房而改给个人的，不属于债务人财产。

（9）债务人的幼儿园、学校、医院等公益福利性设施，不属于债务人财产。

第二节 债务人处分财产行为的撤销、无效和财产的追回

一、债务人处分财产行为的撤销

（一）撤销权的含义及要件

债务人平时处分自己的财产，只要不违反法律的禁止性规定，是自己权利范围内的事，法律一般不作干涉。但是债务人进入破产程序后，其在破产程序前的一定期限内所为的一些处分财产的行为对债权人的利益可能构成实质性损害，如果对其不加追究，这种损害就难以补救。所以各国破产法赋予管理人或债权人以破产法上的撤销权，这样就使破产程序作为强制程序有了一个特殊的功能，即溯及既往的效力。

破产法上的撤销权，是指破产程序开始后，管理人请求法院对债务人在破产程序开始前的法定期限内实施的损害破产关系人利益的行为予以撤销，并使因此而转让的财产或者利益回归债务人的权利。撤销权的构成要件是：

（1）债务人在破产程序开始前实施了损害债权人利益的行为。所谓损害债权人利益的行为，是指该行为引起了作为债务履行担保的一般财产的减少，或直接导致破产程序的开始，或者该行为在日后开始的破产程序中影响债权人按破产程序所受的分配。

损害债权人利益的行为还必须具备两点：第一，这种行为必须是有效行为，并且其危害性在撤销权行使时仍然存在。如果开始即为无效行为，无所谓撤销。该行为在成立时对债权人有害，而在撤销权行使时危害性已不复存在的，行使撤销权已无意义。第二，可撤销的行为必须是法律明确规定的。法律未规定的，即使实质损害了债权人的利益，也不可以撤销。

（2）该行为发生在破产程序开始前的法定期限内。破产程序开始后债务人对其财产的管理权已由管理人行使，债务人已丧失了对其财产的所有处分权。这时债务人处分财产的行为均为无效行为，所以即使其处分了其财产，也不发生法律效力，故无须撤销。所以，可撤销的行为必然发生在破产程序开始前，但不是破产程序开始前的任何时间内所为的行为均可以撤销，是有法定期限的。我国《企业破产法》规定的期限是法院受理破产案件前的 1 年内。

（3）对有偿行为，当事人须有主观上的恶意；对无偿行为，只要损害了债权人的利益，都应撤销。

（二）可撤销行为的范围

可撤销行为分为两类，即损害全体债权人的行为和偏袒部分债权人的行为。这两类行为如果是发生在法院受理破产申请前 1 年内，均属应撤销范围。

1. 损害全体破产债权人的行为

（1）无偿转让财产。无偿转让财产是指债务人在不取得对价的情况下，将属于自己所有的财产让渡给他人。不论无偿转让财产的受益人主观上是否存在过错，也无论是直接受益人还是间接受益人，都应撤销该行为，使债务人财产恢复原状。但受益人以公平价格将该财产转让给了他人，受让人又无过错的，该受让人不受追究，只能由第一取得人将转让所得价款返还。

债务人为纯公益事业所为的无偿转让行为不予撤销。

（2）以明显不合理价格进行交易。以明显不合理价格进行交易是指债务人在交易时放弃部分可得利益，使其财产减少的行为，具体是指债务人以明显低于当时市场同类产品价格的价格销售产品，或者以明显高于当时市场同类产品的价格购买产品或接受服务的行为。如果

以明显高于市场价格的价格销售产品，且并未因此而多付出成本和代价，也未因此而减少财产总额，不在撤销之列。

（3）放弃自己的债权。一般债务人依法有权放弃自己的债权，但在出现债务危机的情况下，债务人放弃自己的债权是处分了全体债权人的应得利益，所以，《企业破产法》规定该行为属于可撤销的行为。但是债务人因放弃债权获得了公平的回报，没有因放弃行为而减少财产的，这种放弃行为有效。

2. 偏袒部分债权人的行为

（1）对没有财产担保的债务提供财产担保。按照《企业破产法》的规定，于有财产担保的债权，债权人有权就担保物不依破产财产分配程序而优先受偿，在一般情况下，该债权人所获偿还部分或者是足额的，或者不足额，但是比其他债权人获得更充分受偿。只要是依法成立的，这一权利是受法律保护的。但如果债务人在法定期限内对原来没有担保的债务提供了财产担保，使该债权人变为可就担保物优先受偿的债权人，那么债务人财产就会因该债权人优先就特定物行使权利而减少，其他债权人因此会受到损失，所以法律规定应当撤销这种行为。

（2）对未到期的债务提前清偿。一般债务除了合同关系中约定属于即时清结的外，都有偿还期限，以明确债务的起始和终结时间。只要债权人接受，债务人可以提前清偿未到期的债务。但涉及破产时，在法定期限内对未到期的债务提前清偿，使该债务的债权人获得了优于其他破产债权人的机会和满足，使这部分债权免却了作为一般破产债权所受到的损失，而因此使其他债权人应受偿还额减少，所以，破产法规定对这种行为应予撤销。

另外，根据《企业破产法》第32条的规定，法院受理破产申请前6个月内，债务人已出现破产原因，但仍对个别债权人进行清偿的，也属应当撤销的行为。因为这种清偿肯定不是对全体债权人，而是对部分债权人，属于偏袒行为。所以，该条规定，对该行为，管理人有权请求法院予以撤销。但是对该行为有一种例外，即在这一法定时间内因个别清偿使债务人财产受益的，这种清偿行为有效，不予撤销。因为虽然债务人清偿了部分债权人，但并未因此使债务人财产减少，反倒增加。

二、债务人处分财产行为的无效

无效行为，是指当事人所为的行为不具备法律规定的有效条件而不发生法律效力。无效行为本身具有违法性，因而其自始即不发生法律效力。在《企业破产法》中，无效行为不同于可撤销行为，对其没有期限的规定。按照《企业破产法》第33条的规定，涉及债务人财产的下列两种行为均不发生法律效力：

（1）为逃避债务而隐匿、转移财产。这是债务人为了逃避债务而为的行为。隐匿是指隐瞒、藏匿，即对债务人有关财产的信息不予披露，或者将债务人财产或财产权凭证转移于隐蔽处所，使之不能被依法接管和处分。转移是指将债务人的财产或财产权利置于其他权利主体名下，或者将债务人财产无正当理由在企业内部成员中私自分配。这些行为不仅违法，而且使债权人的利益直接受损，所以自始即不发生法律上的效力。

（2）虚构债务或者承认不真实的债务。虚构债务是指故意编造虚假债务以掩盖其非法的财产转移或损失的行为，如制造虚假债务凭证、虚假合同、欠款证明等。承认不真实债务是指债务人在财务会计报告、债务清册中列入不真实的债务内容，使不应获得利益的人获得利益，或者掩盖债务人真实财产状况的行为。这些行为对破产债权人的利益造成实质性损害，所以自始无效。

三、对可撤销行为和无效行为处置财产的追回

债务人实施的处置财产的行为被法院认定为应撤销的行为或无效行为后，因该行为所处分的财产应当恢复原状，因为该财产的取得人取得、占有该财产已构成不当得利，管理人有权依法行使对该财产的追回权。财产追回权是指破产申请前的法定期限内因债务人实施的违反公平清偿原则并有损于债权人利益的行为而处分的财产，管理人依法通过法院予以追回的权利。追回权必须具备以下要件：（1）追回权的标的物是债务人在破产申请受理前一定期限内违法并损害债权人利益而处分的财产；（2）行使追回权的主体是管理人；（3）管理人行使追回权，必须以债务人处分财产的行为已被撤销或被确认无效为前提。行使追回权的结果是使债务人的财产恢复原状。

第三节　出资人出资的补缴及债务人相关人员非正常收益的追回

一、出资人出资的补缴

企业出资人的出资是企业从事经营管理和对外承担责任的物质基础。出资人不履行或不完全履行出资，在该企业进入破产程序后，债权人的债权实现必然会因此而受到消极影响。所以《企业破产法》第35条规定，管理人对出资人未履行或未完全履行所认缴的出资有要求出资人缴纳的权利。

出资人未履行或未完全履行所认缴的出资的情形包括：

（1）虚报注册资本。在企业设立登记时，采取提供虚假的验资证明或其他欺骗性手段，使注册资本不实而骗取公司设立登记。

（2）虚假出资、抽逃出资。出资人在企业设立或增资时不交付货币、不转移财产权而谎称已出资，或者在企业成立时真实、足额出资，而在企业成立后将出资抽回。

（3）出资不足。股东或其他出资人不缴纳或不足额缴纳其认缴的出资额。

（4）非货币财产估价过高。实物、知识产权或其他非货币财产的作价显著高于章程所定价额或其实际价值。

（5）承诺的增资不到位。在公司或其他企业增加资本时，股东或出资人承诺增资而拒不缴纳或不足额缴纳。

出资人的上述行为在正常情况下会影响企业的正常经营，损害其他出资人的权益，所以对其他出资人依法应承担违约责任；给企业造成损失的，应承担赔偿责任。在破产程序中，这类行为减少了债务人的财产，所以不缴纳或不足额缴纳出资的，构成对债务人的欠债，管理人依法有权要求其缴纳，即使是按照公司法的规定属于分期出资而出资期限未到，也不能以此为由而拒绝缴纳。

二、对债务人相关人员非正常收益的追回

根据《企业破产法》第36条的规定，这里的相关人员是指债务人的董事、监事和高级管理人员。非正常收益是指上述人员利用职务之便从企业获取的非正常收入和侵占的企业财产。

此外，还包括绩效奖金、普遍拖欠职工工资情况下获取的工资性收入、其他非正常收入。对这类非正常收益，法律赋予管理人追回权予以追回。

第四节　抵销权

抵销权，是指破产债权人在破产申请受理前对债务人负有债务的，不论债务性质、种类及是否到期，在破产程序中可以向管理人主张等额抵销的权利。

抵销权的行使对破产债权人来说，等于抵销部分破产债权，是完全受偿。从这个角度看，它也是一种优先受偿权，因此，它的行使必然涉及全体债权人的利益，所以依照《企业破产法》的精神，行使抵销权必须符合法定条件：

第一，破产抵销权的行使必须以破产债权已申报为前提，并且该债权已经得到确认。第二，主张抵销的债权、债务均发生在破产申请受理前。第三，附生效条件的破产债权，在条件未成就时，破产债权人不得行使抵销权；附解除条件的破产债权，在条件未成就时，破产债权人可以行使抵销权，但是，破产债权人在解除条件成就前主张抵销的，必须按抵销额提供相应的担保。第四，破产债权人行使抵销权必须向管理人提出请求，必须以明确的意思表示为之。第五，债务人的债务人在破产程序开始后取得他人对债务人的债权的，不得抵销。第六，债权人已知债务人出现破产原因，甚至提出破产申请的情况后，而对债务人负担债务的，不得抵销。但是债权人因法律规定或在破产申请 1 年前所发生的原因而负担债务的，可以抵销。第七，债务人的债务人已知债务人有不能清偿到期债务或破产申请的事实，对债务人取得债权的，不得抵销。但是债务人的债务人因法律规定或在破产申请 1 年前所发生的原因而取得债权的，可以抵销。第八，债务人股东因欠缴债务人的出资或者抽逃出资对债务人所负的债务，债务人股东滥用股东权利或者关联关系损害公司利益对债务人所负的债务，均不得抵销。

第五节　取回权

一、取回权的概念和特征

取回权，是指法院受理破产申请后，权利人通过管理人取回债务人占有但不属于债务人所有的财产的请求权。取回权有以下特征：

（1）取回权是对特定财产的返还请求权。债务人对他人特定物的占有包括债务人基于仓储、保管、加工承揽、委托交易、代销、借用、寄存、租赁等法律关系占有、使用他人财产，以及因非法侵占、拾得遗失物、购买赃物而占有他人财产。取回权必须以被请求人占有请求人的财产事实为前提，这里的占有包括实际占有、即将占有和曾经占有。对前两者，权利人行使权利取回的即为原物；对后者，分不同情况，可能取回等值价款，也可能只能申报债权。取回权以特定物为请求标的，取回权针对的一定是特定物，不会是种类物，如果是种类物，也是特定化了的种类物。

（2）取回权是以物权为基础的请求权。取回权的发生基础是物权而非债权，取回权人必须是以物的所有权人身份提出权利主张，如果没有物的所有权，即不能主张取回权。

（3）取回权是在破产程序中行使的特别请求权。其特别性表现在此种权利自法院受理破产申请之日起生效，而且应以管理人为相对人。

(4) 在重整程序中取回权的行使受到限制。在重整程序中，取回权人行使取回权必须符合事先约定的条件。

二、取回权的种类

取回权的种类是按照取回权性质的不同所进行的分类，一般分为以下三种：

1. 一般取回权

一般取回权是当债务人实际占有他人所有的物而进入破产程序后，权利人可以通过管理人取回该物。所谓实际占有，是指债务人基于仓储、保管、加工承揽、委托交易、代销、借用、寄存、租赁等法律关系合法占有、使用他人财产，或者因非法侵占、拾得遗失物、购买赃物而非法占有他人财产，该财产没有毁损、灭失，在债务人进入破产程序后，该财产正处于管理人的实际控制下，权利人向管理人主张取回。管理人在接到权利人提出的取回主张后，经审查符合《企业破产法》规定的取回权行使的条件，又没有《企业破产法》限制权利行使的情形的，管理人应准予权利人取回。

2. 出卖人对出卖物的取回权

根据《企业破产法》第 39 条的规定，法院受理破产申请时，出卖人在符合法定条件下可以将出卖物取回。出卖人取回出卖物必须同时符合以下三个条件：(1) 出卖人在法院受理破产申请时，已经将买卖标的物向作为买方的债务人发运，且正处于运输途中；(2) 作为买方的债务人尚未收到该买卖标的物而没有实际占有；(3) 作为买方的债务人没有付清全额价款。在这三个条件同时具备的情况下，出卖人有权依法将该出卖物原物追回。上述三个条件有一个不具备，出卖人即丧失对出卖物的取回权。

3. 赔偿取回权

赔偿取回权是完全不同于上两种取回权的一种特别取回权。一般取回权和出卖人对出卖物的取回权都是原物返还请求权，而赔偿取回权取回的却不是原物，即当取回权的标的物在法院受理破产申请后因管理人的过错毁损或者灭失，原物已无法取回时，取回权人可以请求取回等值价款。赔偿取回权行使的条件是：第一，债务人曾经占有取回权的标的物，不论合法占有还是非法占有；第二，取回权的标的物已被毁损或者灭失，而且必须是在债务人进入破产程序后发生的；第三，取回权标的物的毁损、灭失是因管理人故意或未尽到妥善管理造成的。如果取回权标的物是在破产程序开始前毁损或者灭失的，只能产生赔偿请求权，该赔偿请求权是债权，权利人只能通过债权申报、通过破产财产分配实现；如果取回权标的物是在破产程序中非因管理人的过错而毁损、灭失，如系不可抗力所致，权利人也不能主张赔偿取回权。

第六节 别除权

一、别除权的概念和特征

别除权又称为有财产担保债权，是指对债务人特定财产享有担保权或者依法享有优先权的人，有权就该特定财产优先受偿。别除权的权利人即有财产担保债权人不依破产分配程序而就担保物优先受偿。别除权的标的物是从债务人财产中别除掉的那部分特定财产，除非别除权人放弃优先受偿权，其标的物在破产宣告后不得列入破产财产。别除权具有如下法律特征：

（1）别除权必须是在破产程序开始前一定时间合法成立的。《企业破产法》第 31 条第 3 项规定，在法院受理破产申请前 1 年内，债务人对没有财产担保的债务提供财产担保，管理人有权请求法院予以撤销。也就是说，别除权必须是在法院受理破产申请 1 年前即已合法成立，否则，不属于别除权。

（2）别除权是以担保物权为基础的权利。别除权本身不是《企业破产法》新创设的权利，而是对依照物权法、担保法的规定而形成的既成实体权利给予的特殊待遇，所以，只有在破产程序开始前已经取得担保物权的债权人才享有别除权。

（3）别除权人对其享有的债权必须依法申报并经确认。即使是有财产担保的债权，如果权利人不按法院确定的申报期限申报，在破产程序中也不得优先受偿。

（4）别除权是以实现债权为目的的权利。根据物权法和担保法的精神，担保物权从属于受担保的债权，债权的有效和存续决定着担保物权的有效和存续，债权消灭，担保物权随之消灭。债权的范围和实现条件也是担保物权的范围和实现条件。这些基本精神在《企业破产法》中同样遵循。所以，别除权以担保的债权合法、有效为前提，其行使以债权清偿为限度，担保物的价款超过债权部分必须返还，归入债务人财产。

（5）别除权是以债务人的特定财产为标的物的请求权。别除权人享有优先受偿权的财产来源是依约定或法定设立了担保权的担保物，该担保物即别除权的标的物。按照《企业破产法》的规定，别除权的标的物必须是债务人的特定财产，别除权人只能针对该特定财产行使优先受偿权，而不是针对债务人的其他财产行使优先受偿权。当别除权的标的物不足清偿时，别除权人只能以未受偿的债权作为普通债权参加集体受偿。

（6）别除权人不参加以破产财产分配为内容的集体受偿。别除权人就担保物单独受偿，其权利行使的内容是针对物而不是针对人，只能以就担保物行使优先受偿权后未受清偿部分参加集体受偿。

二、别除权的种类

别除权包括抵押权、质权和留置权等担保物权，也包括依合同法、海商法、民用航空法等法律的规定有关请求权人对在建工程、船舶、民用航空器的优先权。

三、别除权的行使

别除权人行使优先受偿权不受破产程序进程的约束，如果别除权人占有担保物，可自行折价或变价以优先受偿；如果别除权人不占有担保物，其行使优先受偿权时必须通过管理人，才能折价或变价以优先受偿。

行使别除权时，如果其标的物的价款超过债权数额，超过部分收归债务人财产和破产财产；如果债权数额超过担保物价款，超过部分作为破产债权申报并参加破产程序，通过破产财产分配实现。

特别值得注意的是，按照我国《企业破产法》的规定，对破产人的特定财产享有担保权的权利人，对该特定财产享有优先受偿的权利。但是别除权人的该优先权不是绝对的，《企业破产法》施行后，破产人在该法公布之日前所欠职工的工资和医疗、伤残补助、抚恤费用，所欠的应当划入职工个人账户的基本养老保险、基本医疗保险费用，以及法律、行政法规规定应当支付给职工的补偿金，从破产财产受偿后就不足的部分，对存在担保物权的特定财产优先于对该特定财产享有担保权的权利人受偿。

第七节 破产费用与共益债务

一、破产费用

破产费用，是指破产程序开始和进行中为了破产程序的顺利进行而支付的各项费用。哪些支出应列为破产费用，不是任意的，必须由法律作出明确规定。因为破产费用依法从债务人财产中列支，它的支出关系到全体债权人的利益，其支出的多少与债权人在财产分配时的所得额呈反比关系。并且如果债务人由破产程序转入重整或者和解程序的，破产费用的过多支出会削弱债务人实施这两种程序的物质基础，所以同样会影响债务人的利益。正因如此，《企业破产法》对破产费用的范围作出了明确规定，只有以下几项才能作为破产费用从债务人财产中列支：

1. 破产案件的诉讼费用

破产案件的诉讼费用的范围比较广，包括破产申请费，破产程序中法院作出各种裁定所需费用以及发出通知和公告、送达法律文书的费用，为追回债务人财产而发生的诉讼、仲裁费用，管理人代表债务人作为原告或被告起诉或应诉的费用，参加与债务人有关的仲裁的费用，以及为了破产程序的进行而发生的鉴定费、审计费、翻译费，等等。

2. 管理、变价和分配债务人财产的费用

管理人在破产程序开始时接管债务人的财产及事务，需要对债务人财产尽妥善管理的职责，在管理过程中所发生的支出均是为了破产程序的进行和全体债权人的利益，当然应从债务人财产中支出。为了破产财产的分配，对于除不能变现的财产外的绝大部分财产都需要通过鉴定、估价，并以拍卖、招标、标价等方式变价，因此发生的费用也是破产费用。管理人在分配财产时要发布分配公告、通知，并且依法对应提存的分配额提存，这类费用都从债务人财产中支出，也当然属于破产费用。

3. 管理人执行职务的费用、报酬和聘用工作人员的费用

管理人由法院指定后，它虽然不代表债权人和债务人，但为全体债权人的共同利益而工作，所以其执行职务的费用及报酬和聘用工作人员的费用均属破产费用。

二、共益债务

共益债务是在法院受理破产申请后的破产程序进行中为全体债权人的利益而发生的各种债务。它和破产费用区别的关键点在于：破产费用是为了保证破产程序的进行而产生的常规性、程序性的支出，虽然其也必然涉及债权人的实体权利，但主要是为了程序的进行；而共益债务是在破产程序中为债权人的共同受益即实体财产权利的增加和保有而产生的支出。

共益债务同破产费用一样，都是从债务人财产中支付，其支付的多少将同破产费用一样，对债权人、债务人产生消极影响，所以，其范围也必须由《企业破产法》作出明确的界定。根据《企业破产法》的规定，共益债务包括以下六种：

（1）因管理人或者债务人请求对方当事人履行双方均未履行完毕的合同所产生的费用。根据《企业破产法》的规定，对债务人未履行或未履行完毕的合同，管理人有解除或履行的决定权。当管理人为全体债权人利益考虑而决定继续履行该类合同时，履行该合同本身的支

出应从债务人财产中列支，这当然为使全体债权人受益的支出，所以为共益债务；同时，对方当事人有要求管理人提供担保的权利，如因合同履行对对方当事人产生债务，对方当事人行使担保权即形成对全体债权人的共益债务。

(2) 债务人财产因受无因管理所产生的债务。在法院受理破产申请后，债务人的财产或事务由第三人管理，而第三人的这种管理行为并没有法律上或合同上的义务，其管理债务人财产或事务所支出的费用就形成了共益债务。

(3) 因债务人财产取得不当得利所产生的债务。在破产程序中，管理人管理债务人财产和事务时没有合法根据而取得不当利益并使他人受到损害的，形成不当得利之债，该债务应为共益债务，从债务人财产中拨付偿还。

(4) 为债务人继续营业而应向职工支付的劳动报酬和社会保险费用。《企业破产法》第 61 条第 1 款第 5 项赋予债权人会议继续或停止债务人营业的权利。如果债权人会议决定债务人继续营业，对为该营业而工作的职工应按按劳取酬的原则支付报酬，并依法支付社会保险费用，这些费用应作为共益债务从债务人财产中支付。

(5) 管理人或相关人员执行职务致人损害所产生的债务。在破产程序中，管理人或相关人员为了维护债务人财产和增加债务人财产总额，提升全体债权人的利益，执行职务所产生的消极后果应作为共益债务。但这里仅限于职务行为给他人造成损害，非职务行为所造成的他人损害应由管理人或相关人员自负责任。

(6) 债务人财产致人损害所产生的债务。在破产程序中，债务人财产致他人损害，如化学物品遭雷击泄漏，污染了他人鱼塘等后果，属于共益债务。

三、破产费用和共益债务的关系

破产费用是常规性、程序性支出，在破产的整个程序进行中，只有保证该程序的顺利进行才能实现破产清算的价值目标——债权人集体公平受偿，从这一点来讲，保证破产费用比保证共益债务更重要，所以在处理二者关系时，在债务人财产有限的情况下，《企业破产法》规定应先满足破产费用。

1. 破产费用和共益债务均为绝对优先支付项目

破产费用和共益债务在我国《企业破产法》中不被列入破产财产分配顺序，而是在分配顺序之外优先支付，即在职工债权、税款债权和普通债权均不考虑的前提下优先考虑破产费用和共益债务，二者在破产程序中随时支付，也就是何时发生何时支付。但其与债权人的利益休戚相关，其支付应接受债权人会议的监督。

2. 债务人财产不足以清偿破产费用和共益债务时应优先清偿破产费用

在破产费用和共益债务优先随时支付的前提下，当债务人财产足以支付破产费用和共益债务时，二者处于平等地位。但是当债务人财产不能满足破产费用和共益债务两者的全部清偿要求时，为了保证破产程序的进行，就必须优先支付破产费用。《企业破产法》第 43 条第 2 款规定："债务人财产不足以清偿所有破产费用和共益债务的，先行清偿破产费用。"例如，债务人财产有 12 万元，而破产费用和共益债务分别有 10 万元，那么就先拿出 10 万元支付破产费用，剩余部分支付共益债务。

3. 债务人财产不足以支付所有破产费用或者共益债务的，按照比例清偿

当债务人财产不足以支付破产费用的全部各项或者共益债务的全部各项时，在破产费用内部和共益债务内部对各项按比例支付。如上述在债务人财产满足破产费用的情况下，共益

债务共 10 万元，而能用于支付的债务人财产只有 2 万元，如共益债务的 6 项中有 4 项分别是 2 万元，2 项分别是 1 万元，那么这 6 项即按照比例分配。假设破产费用 10 万元，分别是诉讼费 4 万元，管理、变价、分配费 3 万元，管理人报酬 3 万元，而债务人财产只有 8 万元，那么按照比例分，诉讼费 3.2 万元，管理、变价、分配费 2.4 万元，管理人报酬 2.4 万元。

4. 当债务人财产不足以支付破产费用时，破产程序终止

进入破产程序的债务人，其财产有时不仅不能支付欠债权人的全部债务，甚至连破产费用都不能支付。这时的债务人已丧失了进行重整与和解的物质基础，破产程序都无法继续进行了。所以，《企业破产法》规定：债务人财产不足以清偿破产费用的，管理人应当提请法院终结破产程序。法院应当自收到请求之日起 15 日内裁定终结破产程序，并予以公告。

第二十七章 破产程序中的债权、债权申报与债权人会议

第一节 破产程序中的债权及债权申报

一、破产程序中的债权的概念及特征

从程序角度，债权是债权人依破产程序申报并经确认的、能够依破产程序受偿的财产请求权；从实体角度，债权是指在破产程序开始前或破产程序开始后成立的对债务人享有的金钱或可以用金钱计算的请求权。此类债权具有如下法律特征：

第一，债权人在破产程序中，只能通过债权申报提出权利请求，最后经过清算程序通过分配实现权利请求。

第二，破产程序中的债权是以债务人财产为对象而又不能直接、即时行使的请求权。法院受理破产案件前，债权行使的对象是债务人。而法院受理破产案件后，债务人对个别债权人清偿的行为已被禁止，按照破产的集体受偿原则，任何债权人在破产程序中都不能就债务人财产即时受偿，何时受偿依程序发展而定。

第三，破产程序中的债权应在破产程序开始前或基于破产宣告前的原因成立。债权划定的时间界限是为了使债权的范围固定化，以便破产程序的顺利进行。所以除非特殊情况，破产程序中的债权必须是在破产程序开始前就已经成立，或者虽未成立，但成立债权的原因已经具备，如正在诉讼或仲裁过程中，否则，不能在破产程序中行使。特殊情况如破产程序开始后管理人解除合同给合同对方当事人造成的损失可以作为债权申报。

二、申报债权的范围

破产程序中可以申报的债权类别如下：

(1) 确定的并成立于破产程序开始前的无财产担保债权和有财产担保债权。所有在法院受理破产申请前已经成立的债权均包括在内。但在破产宣告后，这两种债权的性质发生的变化、实现的途径和方式各不相同：有财产担保债权依据别除权就担保物优先受偿，无财产担保债权作为破产债权依分配实现。

(2) 税收债权。破产程序开始前债务人欠缴的税款，也作为一种特殊的债权在破产程序中行使。之所以说它特殊，是因为税收债权产生的法律基础、权利主体和性质用途都不同于一般债权：其产生的法律基础是公法而非私法；其权利主体是国家；其性质是国家财产的构

成部分并用于行使国家职能和社会管理职能的支出。对其在破产程序中的地位，有的国家作为一般债权处理（德国现行破产法），有的国家作为公益债权处理，我国《企业破产法》第113条第1款第2项则作为优先债权处理。

（3）未到期的债权。破产程序开始时债权人享有的未到期的债权视为到期，但如果该类债权是附有利息的，从破产程序开始时起计息停止，即债权的总额为破产程序开始前的本金加利息和破产程序开始后的本金。

（4）附条件的债权。附条件的债权是指由将来不确定事实的成就或不成就决定生效或消灭的债权，所附条件包括生效条件和解除条件。前者是指当所附条件成就即发生效力的债权，即虽然债权已成立，但因条件未成就而没有最终生效；后者是指所附条件成就即消灭的债权，即债权虽已生效，但因条件成就而消灭。这两种债权中前者不论条件成就与否均可通过破产程序申报，但最终条件未成就者不得参加分配；后者只有在条件未成就时才可通过破产程序申报。

（5）附期限的债权。附期限的债权是指以将来确定事实或日期的到来为条件决定生效或消灭的债权。附期限的债权包括附始期的债权和附终期的债权：前者在期限到来时发生效力；后者在期限届满时失去效力。学理上又将附期限的债权分为附确定期限的债权和附不确定期限的债权：前者是指债权据以发生或消灭的事实或时间都是确定的，如国庆到来之日；后者是指债权据以发生或消灭的事实或时间有其一不确定，如企业老板去世之日。

（6）因票据关系产生的债权。这是指票据的出票人进入破产程序，而付款人或承兑人继续付款或承兑，因此产生的请求权。

（7）因解除合同给对方当事人造成损失而产生的债权。法院受理破产申请后，其指定的管理人依法有权决定未履行或未履行完毕的合同的解除或继续履行，如果管理人决定解除合同或因管理人不作为推定解除合同，合同对方当事人因此遭受损失的，该损失赔偿请求权，作为可申报的债权。

（8）债务人的受托人为债务人利益处理受托事务产生的债权。作为委托合同委托人的债务人进入破产程序后，受托人不知该事实，继续处理委托事务而产生的请求权作为申报的债权。这是破产法规定的不知，如果知道，却仍为了债务人的利益处理，也应算在内。

（9）债务人的保证人依照《担保法》第32条的规定预先行使追偿权而申报的债权为可申报的债权。《担保法》第32条规定：“人民法院受理债务人破产案件后，债权人未申报债权的，保证人可以参加破产财产分配，预先行使追偿权。”

（10）债务人为保证人的，在破产程序开始前已经被生效的法律文书确定承担的保证责任，因此而形成的债权，其债权人有权申报。

（11）债务人在破产程序开始前因侵权、违约给他人造成财产损失而产生赔偿责任的，对方享有的请求权为可申报的债权。

（12）债务人退出联营应当对该联营企业的债务承担责任的，联营企业的债权人对该债务人享有的债权有权申报。

（13）财政、扶贫、科技管理等行政部门通过签订合同，按有偿使用、定期归还原则发放的款项可以作为申报的债权。

（14）取回权的标的物在破产程序开始前毁损、灭失的，取回权人只能以直接损失额申报债权。

（15）因交互计算关系产生的债权。交互计算是一种信用关系，是指当事人之间以相互间交易而产生的债权、债务进行定期计算并相互抵销，仅支付其差额的约定。在交互计算一方进入破产程序后，交互计算关系应当停止，对方当事人因交互计算所产生的余额，作为债权在破产程序中行使。

（16）债务人发行债券而形成的债权。

三、债权申报的期限与程序

债权申报，是指债权人在破产程序开始后法律规定的期限内，向法院或者法院指定的管理人呈报债权，以明确其依破产程序行使权利的意思表示。债权申报是破产程序中的重要制度，它是债权人参加破产程序并行使权利的前提。未申报债权的债权人即使是实质上的债权人，也不能被视为程序上的债权人，即不能通过破产程序行使各项权利。所以，法院自裁定破产立案之日起的法定期限内必须发出通知和公告，告知申报债权的时间、地点。

（一）债权申报的期限

债权申报期限，是指法律规定或法院酌定的，债权人向法院或者其指定的管理人申报债权的期间。各国（地区）破产法中关于债权申报期限都有规定，期限长短及决定期限的方式各有不同，一般分为法定主义和法院酌定主义。

法定主义，是指债权申报的期限由法律直接规定。我国《企业破产法（试行）》就是采取法定主义的，如其第9条规定：法院立案后的10日内通知债务人并发布公告，法院接到债务人提交的债务清册之日起10日内通知已知的债权人。债权人在接到通知之日起1个月内，未接到通知的债权人自公告之日起3个月内，申报债权。

法院酌定主义，是指债权申报的期限由法院根据具体情况加以确定。美国、日本、法国和我国台湾地区均采法院酌定主义。如《日本破产法》第142条规定，债权申报的期限由法院决定，但必须在破产宣告后2周以上、4个月以下。

我国《企业破产法》采法院酌定主义，其第45条规定，法院受理破产申请后，应当确定债权人申报债权的期限。债权申报期限自法院发布受理破产申请公告之日起计算，最短不少于30日，最长不得超过3个月。

（二）接受债权申报的机构和债权申报方式

关于接受债权申报的机构，各国法律规定有所不同，有的国家规定由法院接受债权申报，如日本、美国，我国《企业破产法（试行）》也规定向法院申报债权。有的规定向债权人代表申报债权，如法国85—98号法律第50条规定："自程序开始裁定公告之日起，除雇员外，所有持有程序开始前发生的债权的债权人均应向债权人代表申报他们的债权。"有的国家规定向管理人申报债权，如新《德国破产法》第174条规定，债权人应向破产管理人书面申报债权。

我国《企业破产法》规定的接受债权申报的机构为管理人，其第48条规定，债权人应当在法院确定的债权申报期限内向管理人申报债权。

关于债权申报方式，为了保证债权申报的严肃性，各国破产法一般都规定口头申报方式不被允许，即多采用书面申报方式。我国不论《企业破产法（试行）》还是《企业破产法》，均认可书面申报方式，而不认可口头申报方式。《企业破产法》第49条规定，债权人申报债权时，应当书面说明债权的数额和有无财产担保，并提交有关证据。

债权申报的内容包括申报人的姓名、名称、住所、债权数额及性质、债权有效成立的证据等，但债权人在申报债权时不负有举证责任。如果债权人在申报时对自己申报的债权的成立或有效与否举证不能，其申报权并不因此而被剥夺，因为申报债权只是债权人主张参加破产程序并行使权利的意思表示，其申报权的行使并不会对其他债权人的利益构成损害。所以管理人、债务人或其他债权人对任何债权人申报的债权都无异议权，也不能要求申报人必须举证。但如果申报的债权已被审查和确认，就会对其他债权人的利益带来影响，所以债务人和其他债权人对经审查确认的债权有异议权。

（三）申报债权的范围和几种特殊情况的处理

前述所列的债权均在申报之列，包括有担保的、无担保的，到期的、未到期的，附条件的、附期限的，已成立的、未成立的，甚至不能证明其是否成立的债权都可申报。但就以下几种特殊情况，依照我国《企业破产法》的规定分别处理：

1. 连带债权的申报

连带债权是就一份债权有数个债权人，各债权人之间有连带关系。按照债法的一般原理，各连带债权人均有权要求债务人履行全部债务，每一债权人都有权接受债务人的全部给付，只要一个债权人受领债务人的全部给付，全部债权债务关系归于消灭，所以连带债权人可以单独，也可以共同就全部债权对债务人行使权利，行使权利的结果归于全体债权人。按照这一原理，《企业破产法》作了很好的衔接，其规定，连带债权人可以由其中一人代表全体连带债权人申报债权，也可以共同申报债权。

2. 债务人的保证人及连带债务人债权的申报

（1）债务人的保证人的债权申报。按照担保法的规定，保证分一般保证和连带责任保证。一般保证是基于当事人的约定，债务人不能履行债务时，由保证人承担保证责任；保证人在主合同纠纷未经审判或仲裁，并就债务人财产依法强制执行仍不能履行债务前，对债权人可以拒绝承担保证责任。连带责任保证是债务人的债务期限届满，债权人可以向债务人行使债权，也可以向保证人行使债权。但一旦债务人进入破产程序，所有的保证均变为连带责任保证，即债权人可以申报债权，参加破产程序，然后就未受清偿部分向保证人追偿；也可以直接向保证人主张债权，而保证人不能以一般保证或债务未到期为由对抗债权人。所以进入破产程序后，保证人的责任更重。为了保护保证人权利的行使，《企业破产法》分两种情况对保证人申报债权作出了特别规定：第一，保证人已经代替债务人清偿债务的，因此取得代位债权，其可以就该请求权申报债权；第二，保证人尚未代替债务人清偿债务而未取得代位求偿权的，在债权人没有向管理人申报债权的前提下，其可就对债务人的将来请求权申报债权。

（2）债务人的其他连带债务人债权的申报。与保证人和债权申报相同。

3. 连带债务人数人进入破产程序的，其债权人债权的申报

连带债务人对债权人均负有清偿全部债务的义务，债权人有权向任何一个连带债务人主张全部债权。前面已阐述，如果一个连带债务人破产，债权人可就全部债权申报，其他连带债务人也可就代位债权或将来的请求权申报。但连带债务人数人或全部进入破产程序，债权人可就多少债权额对哪个债务人行使债权，必须由法律作出规定。对此，有的国家规定债权人可就债权总额即包括已受偿还的部分向每个债务人申报，如瑞士；有的国家规定只能就债权总额减去已受偿还部分的余额向每个债务人申报，如德国。我国《企业破产法》第 52 条规定："连带债务人数人被裁定适用本法规定的程序的，其债权人有权就全部债权分别在各破产案件中申报债权。"这里规定得不甚明确，但应理解为包括已受偿还的全部，在审查时应将受清偿部分排除掉。

4. 免申报的债权

免申报的债权即在破产程序开始后无须按照法院规定的期限进行申报的债权。能够列入免申报的债权必须具备以下四个条件：一是必须法律作出明确规定，没有列入免申报范围的

债权必须申报，否则，在破产程序中不得行使权利；二是在债务人处有清晰的账目，有据可查；三是利益集中并利益请求相同；四是直接关系到利益主体的基本权益，甚至关系到社会的稳定。符合这四个条件的债权只有债务人所欠的职工工资，医疗、伤残补助和抚恤费用，所欠的应当划入职工个人账户的基本养老保险、基本医疗保险费用，以及法律、行政法规规定应当支付给职工的补偿金。按照现行破产法的规定，这类债权由管理人调查后列出清单予以公示即可，而无须申报，因为如果这类债权必须走申报程序，在规定的时间内不申报利益就会受到影响的话，就会影响到职工的生存。正因如此，《企业破产法》不仅规定这类债权免申报，还规定了补救程序，即职工对管理人公示的清单记载有异议，有权要求管理人更正；管理人拒不更正的，职工可以向法院提起诉讼。

(四) 未如期申报债权的处理

未如期申报的债权是债权人未能在法定或法院要求的期限内向管理人申报自己对债务人享有的债权。对于未如期申报的后果，各国规定差异很大：有的国家规定，不论出于什么原因未如期申报债权，其所导致的法律后果即是债权归于消灭，也就是不如期履行申报程序，就导致实体权利的消灭。如我国《企业破产法（试行）》和法国破产与清算法就是这样规定的。有的国家对未如期申报的债权区别不同情况给予适当救济，所谓不同情况就是看不申报能否归责于债权人自己。

基于这两种原因，各国（地区）的做法分为两类：一类是因不可归责于债权人自己的事由而未如期申报的，可以补充申报；而完全是归责于债权人自己的原因未如期申报的，不得再补充申报。另一类是不论出于何种原因未如期申报，均可补充申报。前者又分为两种：一种是导致未申报的事由终止后的法定时间内，无条件补充申报，如日本和我国台湾地区。另一种是即使因不可归责于自己的原因导致未如期申报，也必须通过诉讼程序复权，才可以补充申报。如法国 85—98 号法律第 53 条规定：“债权人在最高行政法院指定的期限内不申报债权，将不能参与财产分配。除非法官监督人确认债权人逾期不申报属不能归责于他的原因，并恢复其权利。”

我国《企业破产法》在认识到不申报即丧失实体权利具有不合理性的前提下，借鉴他国经验，对未如期申报债权区别不同情形采取较宽松的补充申报的原则：

一是债权人在法院确定的债权申报期限内没有申报，又没有在破产财产最后分配前补充申报的，该债权人不得依破产程序行使权利。

二是债权人在法院确定的期限内未申报债权，有权在破产财产最后分配前补充申报，并可以参加破产财产分配。但已经分配的部分不再对其补充分配。为审查和确认其申报的债权所支出的费用由补充申报人承担。而其他债权人的该项费用属于破产费用，从债务人财产中列支。

(五) 对申报债权的处理

为了保证参与破产分配的债权的真实性，以使全体破产债权人公平受偿，《企业破产法》对申报的债权的处理作了具体、明确的规定。

1. 登记、审查与编制债权表

对于申报的债权，接受申报的机构应当就债权的不同性质制作债权登记册，进行登记，登记的内容应当包括债权人的姓名、名称、住所、债权数额及性质、债权发生的原因等。关于这一工作的主体，有的国家规定为法院书记官，有的国家规定为债权人代表。我国《企业破产法（试行）》规定为法院，《企业破产法》规定为管理人：管理人对所有申报的债权登记造册后，即开始对债权的真实性、有效性进行审查，在此基础上编制债权表。管理人将编制的债权表和债权申报材料一并保存，供利害关系人查阅。

2. 核查与确认

管理人编制并经其审查的债权表所列债权，仍不是可以参加破产分配和可以行使优先权的债权。其数额是否准确，性质如何，是否有表决权，还不能最终确定，需要由特定的机关来核查和最终确认。我国《企业破产法》规定，对债权表的核查权属于债权人会议，在第一次债权人会议上管理人应将债权表提交核查，债权人、债务人对债权表记载的债权没有异议的，由法院最终裁定确认债权的效力。

（六）对申报债权异议的处理

债权人或债务人对经管理人登记并审查的债权表记载的债权有异议的，《企业破产法》规定了救济途径。因为对申报债权的认可或否定，实际是对债权人权利的认可和否定。这不仅关系到该债权人的利益，也关系到全体债权人的利益，还关系到债务人的利益。所以不论是债权人还是债务人，对债权有异议的，均可向受理破产申请的法院提起确认债权或否认债权的诉讼。如果是债权人起诉，其被告理应是债务人，但因债务人的所有事务已转移给了管理人，所以由管理人作被告。如果是债务人起诉，其被告是个别债权人或全体债权人。

经诉讼，法院所作出的裁决为终审裁决，其确认债权的债权人可以据以参加破产程序并行使权利，其否认债权的债权人无权参加破产程序。

第二节　债权人会议

一、债权人会议的概念和法律地位

债权人会议是由依法申报债权的债权人组成的，通过集体行使权利，讨论、决定破产法定事项的临时性自治意思机构。

破产程序的功能之一就是保障全体债权人公平受偿，所以，应尊重债权人集体意志，保障他们的参与权。在普通的民事程序中，各当事人享有的权利都单独行使。而在破产程序中，债权人单独行使权利是受到限制或者禁止的。由于债权人人数众多并且存在着利益冲突，各债权人不能单独表达自己的意志，更不能单独采取实现其权利的措施和行动，如单独要求债务人还债，单独申请法院强制执行等，而只能通过全体债权人统一行动来实现其权利，否则，有的债权人的利益就会受损，破产程序所追求的公平受偿目标就无法实现。所以，在破产案件中，为保证破产程序的顺利进行，需要对各个债权人的意志、利益、行为通过一定的组织方式进行协调，尽量公正地统一起来，并体现到对破产程序的共同参与之中。为此，我国及大多数国家在破产立法中都规定设立债权人会议这一机关，通过这一机关表达绝大多数债权人的意志，就破产事项协调意见，通过集体表决的方式决定采取的法律行动。债权人会议法律地位表现在：

（1）在破产程序中，债权人会议是全体债权人的自治性组织，在整个程序进行中，有自己自治的权限和范围。破产程序中的所有重大事项，均应由债权人会议集体决议，特别是和解和重整程序中可作为协议的一方当事人。管理人虽然并不产生于债权人会议，也不对债权人会议负责，但债权人会议有更换管理人的请求权，对其工作有监督权。

（2）债权人会议只代表全体债权人的一般利益，而不代表个别债权人的特殊利益，所以债权人会议的工作机制是多数表决有效制度。

（3）债权人会议不具有一般民事主体的资格。债权人会议不能直接作为诉讼的原告和被告，没有诉讼能力。

二、债权人会议的组成

根据我国《企业破产法》的规定，债权人会议由依法申报债权的债权人组成。债权人会议的成员，可以分为三类：完全表决权的债权人、不得行使表决权的债权人和限制表决权的债权人。

（一）完全表决权的债权人

完全表决权的债权人即在债权人会议上不受限制地行使表决权的人。这类债权人包括以下几种：

1. 无财产担保债权人

无财产担保债权人，是指经依法申报并经最终确认成立的，在其债权上没有设立任何财产担保的债权人。这类债权人债权的实现只能通过破产程序参加破产分配，所以，法律赋予这类债权人在债权人会议上充分的表决权。

2. 放弃优先权的有财产担保的债权人

有财产担保的债权人一旦放弃了优先受偿权，即被视为无财产担保的债权人，在债权人会议上享有表决权。

3. 债权数额超过担保物价款的债权人

债权额超过担保物价款的，债权人可以就该超过部分行使完全表决权。

4. 代位求偿权人

代位求偿权人是因代位清偿制度而产生的债权人。代位清偿又称代位或法律上的债权转移，是指第三人或共同债务人中的一人因清偿了全部债务而导致债权人的债权转移于清偿人，清偿人就该债权以自己的名义代位行使的制度。按照各国现行法律规定，清偿人行使代位求偿权无须请求，只要清偿了全部债务，即当然取得债权。代位清偿分为两类，即法定代位和约定代位。

（1）法定代位。法定代位是指依法律的规定当然发生的代位。法定代位的代位求偿权人包括以下几种：

1）共同债务人：一是连带债务人。债权人有权就债权全额向任何一个连带债务人主张履行，该连带债务人有义务就全额债务予以偿还。连带债务人履行超过自己应承担份额的债务后，有权就超过部分向其他连带债务人求偿。这一原则适用于共同保证人和共同继承人。如《担保法》第12条规定：同一债务有两个以上保证人的，保证人应当按照保证合同约定的保证份额，承担保证责任；没有约定保证份额的，保证人承担连带责任，债权人可以要求任何一个保证人承担全部保证责任，保证人都负有担保全部债权实现的义务。已经承担保证责任的保证人，有权向债务人追偿。二是不可分债务人。不可分债务是指以同一不可分割给付为标的物的复数债务。它一般是依据法律行为或法律规定而发生。前者如合同，后者如《消费者权益保护法》第40条第2款规定："消费者或者其他受害人因商品缺陷造成人身、财产损害的，可以向销售者要求赔偿，也可以向生产者要求赔偿。属于生产者责任的，销售者赔偿后，有权向生产者追偿。属于销售者责任的，生产者赔偿后，有权向销售者追偿。"不可分债务的履行适用连带债务履行的原则。因债务的不可分性，一个债务人必须为全体债务人进行全部清偿，否则，不发生部分债务消灭的效力。当一个债务人清偿全部债务后，该债务人对其他债务人享有代位求偿权。三是保证人。保证人代替债务人清偿全部债务后，债权人对被保证人的债权在其求偿的限度内转移于保证人。如《担保法》第31条规定，保证人承担保证责任后，有权向债务人追偿。

2）有法定代位利益的第三人：有法定代位利益的第三人是与债的履行有利害关系的人，即因债的清偿当然获得法律上的利益。包括：第一，物上保证人。物上保证人是以财产为他人债务的履行提供担保的人，就债的履行有利害关系，因清偿债务而当然代位。如《担保法》第57条规定："为债务人抵押担保的第三人，在抵押权人实现抵押权后，有权向债务人追偿。"第二，担保财产的第三取得人。第三人取得已经设立了担保的财产时，为消灭财产上的担保权而向担保权人清偿债务的，依法取得担保权人对债务人的求偿权。如甲购买乙的房屋，而乙的该房屋已抵押给了丙，甲为了取得该房屋而向丙清偿了债务，该清偿产生代位求偿权。第三，共有人。共有是指财产共有，不论是共同共有还是按份共有，共有人均可就共有债务的清偿而取得代位求偿权，如普通合伙企业。

（2）约定代位。约定代位又称意定代位，是指经债权人或债务人承诺的代位。这类代位分两种：第一，债权人接受第三人的清偿，然后该第三人行使其对债务人的权利，如优先权、抵押权等。该第三人既不是保证人，也不是其他担保人。这种代位必须明示，并在清偿的同时进行。第二，债务人向第三人借款以清偿债务，并约定由该第三人行使债权人的权利。这种代位权有效的要件是借款证书和受领收据必须由公证人制作，并说明借款人的借款是用于清偿债务，并应在受领收据中说明债务是以新债务人所提供的金钱清偿。这种代位无须债权人同意。

以上代位求偿权人必须取得实际代位权，才有完全的表决权。

5. 法院为其行使表决权临时确定债权额的债权人

这是针对有的债权人虽然债权尚未确定，但其债权必然会生效，只是因为某种原因如正在诉讼或仲裁过程中将很快结案，或所附生效条件或期限已经具备成立要件即很快到来，如果不采取临时措施会对该债权人造成不应有的损失，采取临时措施也不会给其他债权人带来不利影响。在这种情况下，法院可临时为其确定债权额，该债权人可以依此在债权人会议上行使表决权。

（二）不得行使表决权的债权人

按照《企业破产法》的规定，债权尚未确定的债权人在债权人会议上没有表决权。这类债权人之所以没有表决权，是因为表决权是债权人会议形成决议的基础，而债权人会议形成决议除了按人计票外，还必须计算债权额数。而债权未确定，债权额数就无法计算，债权人会议就形不成有效的决议。该类债权人包括：（1）附生效条件的债权，条件尚未成就，享有该债权的债权人在债权人会议上不得行使表决权。（2）附始期的债权所依据的确定事实尚未发生或期限尚未到来，该债权人不得行使表决权。（3）诉讼、仲裁未决的债权。（4）债务人的保证人尚未代替债务人清偿债务，而依照《担保法》第32条行使预先追偿权，在债权人会议上不得行使表决权。（5）债务人的连带债务人尚未代替债务人清偿债务，在债权人未申报债权的情况下申报债权的，在债权人会议上不得行使表决权。

（三）限制表决权的债权人

限制表决权的债权人即别除权人，是指对债务人的特定财产享有担保权的债权人。关于这类债权人是否是债权人会议成员，以及在债权人会议上是否享有表决权，各国立法规定不同。

有的国家规定这类债权人不能成为债权人会议成员，如日本。认为这类债权人就债务人的特定财产享有担保权，其债权的实现方式是就该担保物优先受偿，其权利行使不受破产程序限制，债权人会议决议关于破产财产的分配方案等事宜与其没有关系，所以没必要让其参加债权人会议，否则的话，会出现这类债权人在不承担实际义务的情况下通过行使表决权任意处置他人权利的现象，甚至这类债权人可能与某些债权人或债务人恶意串通，合谋作弊，违反权利和义务对等原则与公平原则。但是当这类债权人除了享有担保债权外，又享有破产债权，或者其债权额超过担保物价款时，可以就该债权参加债权人会议并行使表决权。

在有的国家别除权人同破产债权人一样，均为债权人会议成员。理由是别除权人的债权同属于对债务人的债权，其基础权利与破产债权相同，只是别除权人对担保物享有优先受偿权。但在债权人会议上，对与其无关的事项，别除权人无表决权，同时也不受债权人会议决议的约束。

我国《企业破产法（试行）》规定，别除权人是债权人会议的成员，但在债权人会议上没有表决权；同时又规定债权人会议的决议对其有约束力。这一规定明显地对别除权人不平等，没有实现权利、义务的对应，实际执行中会对别除权人的利益造成损害。

《企业破产法》通过借鉴别国经验，结合我国旧破产法的不足之处，作出了更体现公平原则的规定，将别除权人规定为债权人会议的当然成员，但是属于限制表决权人，即：别除权人未放弃优先受偿权的，在债权人会议就和解协议草案和破产财产分配方案进行表决时，其不享有表决权。除这两项之外的事项的表决，包括对重整计划草案的表决，别除权人和破产债权人享有同等表决权。

(四) 债权人参加债权人会议的资格

按照《企业破产法》的规定，申报债权的债权人为债权人会议的成员。但是，是否所有申报债权的债权人都自始至终地成为债权人会议的成员呢？不一定。申报债权的债权人，对第一次债权人会议均有参加权，而是否可以参加以后的债权人会议，要看其申报的债权是不是在第一次债权人会议上被根本否定。因为对债权的审查、核准和确认是在第一次债权人会议完成的，在对债权的这一程序没有完成之前，所有申报债权的债权人都有资格参加第一次债权人会议。至于以后的债权人会议，在第一次债权人会议上债权被彻底否定的债权人，丧失参加资格。但需要注意的是，这里的被否定只是程序上的否定，而不是实体上的否定。最终的债权是否成立，由受理破产案件的法院通过诉讼来决定。只要债权没被否定，即使债权尚未确定，其债权人也是债权人会议的成员，只不过不得行使表决权。

(五) 债权人会议的参加人员和列席人员

1. 参加人员

根据《企业破产法》的规定，债权人会议的参加人是债务人的职工代表和工会代表，这些代表只是债权人会议的参加人，而不能作为债权人会议成员行使表决权，他们所代表的职工意志是通过发表意见实现，而不是通过投票表决实现。原因有二：第一，法律规定职工债权在破产分配时是优先债权，故同破产债权相比，职工债权是有保障的；第二，职工人数众多，可能其债权数额很大，如果允许职工代表行使表决权，就可能对债权人会议的决议构成实质性否定，或根本形不成照顾债权人利益的决议，从而使债权人会议决议失去意义。

2. 列席人员

债权人会议的列席人员是指除其成员和参加人之外的，没有表决权和发言权，但为保证破产程序顺利进行，履行法定或职务义务而出席债权人会议的人员。列席人员包括以下几类：

（1）债务人的有关人员。债务人的有关人员主要是债务人的法定代表人，另外还有经法院决定的企业财务管理人员和其他管理人员。《企业破产法》第15条第1款第3项规定，这些人列席债权人会议并如实回答债权人提问。因债权人会议所讨论的事项不论是债权的审查还是和解、重整等，都需要债务人的知情人员提供情况说明，以利于债权人会议形成正确的决议。

（2）管理人。根据《企业破产法》第23条第2款的规定，管理人应当列席债权人会议，向债权人会议报告职务执行情况，并回答询问。管理人是破产程序中非常重要的机构，为保证债权人会议的有效进行，需要管理人列席会议，对破产程序的进行情况、债务人财产和破产财产的管理与处理、费用支出、债务人营业、涉讼情况等作出说明。

（3）其他列席人员。对于其他列席人员，《企业破产法》未作出明确规定。这要根据破产程序的需要由法院决定。一般有国有企业的上级主管部门，债务人的开办人或股东，参与破产程序的审计、评估机构等。上述人员在法院通知后应当列席债权人会议，就其负责的事项向债权人会议报告和说明。另外，每一次债权人会议应有主办的法院工作人员列席，以监督、指导、了解和掌握破产程序的进展情况。

（六）债权人会议主席

债权人会议主席由法院指定，是负责召集、主持债权人会议的人员。《企业破产法》规定，债权人会议设主席一人，从有表决权的债权人中指定。

债权人会议主席的职权为：提议召开除第一次债权人会议以后的债权人会议；主持债权人会议；编订债权人会议的议事日程；宣布开会和闭会；维护会议秩序；安排发言次序；负责制成会议记录。

三、债权人会议的召集和召开

债权人会议分第一次会议和其他会议，第一次会议的召集及会议议事内容和其他会议不同。

1. 第一次债权人会议的召集和召开

第一次债权人会议的召集人只能是受理破产申请的法院，召开的时间有明确规定，即必须自债权申报期限届满之日起15日内召开。关于这一期限，法院既不得任意提前，也不得随意拖后，因为要照顾所有债权人尽可能参加第一次会议。主持人是债权人会议主席。

2. 其他会议

其他会议的召开没有固定时间的规定，《企业破产法》规定，出现以下四种情况之一时可以由债权人会议主席召集债权人会议：（1）法院认为必要时可向债权人会议主席提议召开债权人会议；（2）管理人可提议召开；（3）债权人委员会可提议召开；（4）债权人可提议召开，但有提议权的债权人所拥有的债权额必须占债权总额1/4以上。

不论是谁提议召开的，会议的召集人和主持人都是债权人会议主席。

四、债权人会议的职权

根据《企业破产法》的规定，债权人会议行使下列职权：（1）核查债权。管理人审查、确认的债权，由债权人会议核查。（2）申请人民法院更换管理人，审查管理人的费用和报酬。管理人的费用和报酬均由债务人财产和破产财产中列支，严格地讲，是从债权人应分得的财产份额中支付，支出的不合理会直接损害债权人的利益，所以，债权人会议依法有审查权。

(3) 监督管理人。(4) 选举和更换债权人委员会成员。债权人委员会是债权人会议的常设执行机构，其必须代表债权人会议履行职务，所以其成员也只能由债权人会议选举和更换，包括债权人代表和工会或职工代表。(5) 决定继续或者停止债务人的营业。债务人的营业是否继续，直接关系到债务人财产总额的变化：如果营业继续，会增加债务人财产总额，会对全体债权人有利；如果营业停止，会使债务人财产停止减少，也会对债权人有利。所以法律将该权利赋予债权人会议。(6) 通过重整计划。(7) 通过和解协议。(8) 通过债务人财产的管理方案。债务人财产的管理方案由管理人制订，该方案是否可行以及是否有利于全体债权人的利益，由债权人会议首先审查并表决通过。(9) 通过破产财产的变价方案。(10) 通过破产财产分配方案。(11) 法院认为应当由债权人会议行使的其他职权。

五、债权人会议的决议

各国对债权人会议通过决议条件的规定不尽相同。有的国家规定由出席会议的债权人多数同意通过（如意大利），有的国家规定以同意决议的债权人所代表的债权额简单多数或者绝对多数通过（如德国），有的国家上述两个条件并用。我国对于债权人会议通过决议的条件是采取双重条件并用的做法，而且规定普通决议和特别决议适用不同条件。

1. 普通决议

债权人会议通过普通决议，应由出席会议的有表决权的债权人过半数通过，并且其所代表的债权额占无财产担保债权总额的1/2以上。以该条件通过决议的事项包括：除债权人会议第6项、第7项职权以外的事项。

2. 特别决议

包括通过重整计划与和解协议草案。详细内容见“重整与和解”部分。

3. 债权人会议决议的效力和撤销

债权人会议以法定条件和程序形成的决议，对全体债权人均有约束力。如果债权人认为决议违法并损害其利益的，可自决议作出之日起15日内请求法院裁定撤销。不论决议的事项如何，决议被裁定撤销的，债权人会议必须依法重新作出决议。

4. 法院对债权人会议未通过事项的裁定

债务人财产管理方案和破产财产变价方案在债权人会议上经一次表决未获通过的，由法院直接裁定。任何债权人对法院的这一裁定不服，均可以自裁定宣布之日或接到通知之日起15日内向作出裁定的法院申请复议一次，复议期间不停止裁定的执行。

破产财产分配方案在债权人会议上经两次表决未获通过的，由法院直接裁定。裁定作出后，法院可以在债权人会议上宣布，也可以另行通知债权人。占无财产担保债权总额1/2以上的债权人对法院的这一裁定不服的，也可以自裁定宣布之日或接到通知之日起15日内向作出裁定的法院申请复议一次，复议期间不停止裁定的执行。

第三节　债权人委员会

一、债权人委员会的概念和性质

债权人委员会是债权人会议决定设立的债权人会议的常设机构，代表债权人的共同意志，代表债权人会议在法定的职权范围内负责对管理人的活动及破产程序的合法、公正性进行日常监督，并处理破产程序中债权人会议授权其解决的有关事项。

二、债权人委员会的组成

债权人委员会的组成应当具有广泛的代表性。例如《德国支付不能法》第 67 条第 2 款规定，债权人委员会应当包括别除权人、大额债权人和小额债权人参加，雇员作为支付不能债权人具有非为不显著的债权的，在债权人委员会中应有一名雇员代表。对债权人委员会的人数，有的国家规定为 3 人以上，有的国家不作规定。我国《企业破产法》规定的债权人委员会的组成为债权人会议选任的债权人代表和 1 名债务人职工或工会代表，而且最高人数不得超过 9 人。债权人委员会的成员产生后，必须经法院书面决定认可。

三、债权人委员会的职权

债权人委员会的职权分为以下四种：（1）监督权。监督管理人对债务人财产的管理和处分以及破产财产的分配。（2）债权人会议召开提议权。（3）要求管理人和债务人协助权。债权人委员会在执行职务时，有权要求管理人、债务人的有关人员对其职权范围内的事务作出说明或者提供有关文件。（4）请求法院决定管理人、债务人接受监督的权利。管理人、债务人的有关人员就有关事项违法拒不接受监督的，债权人委员会有权就该事项请求法院作出决定。法院应在 5 日内作出决定。

四、管理人实施的应向债权人委员会报告的行为

根据我国《企业破产法》第 69 条第 1 款的规定，管理人实施下列行为，应当向债权人委员会报告：涉及土地、房屋等不动产权益的转让；探矿权、采矿权、知识产权等财产权的转让；全部库存或者营业的转让；借款；设定财产担保；债权和有价证券的转让；履行债务人和对方当事人均未履行完毕的合同；放弃权利；担保物的取回；对债权人利益有重大影响的其他财产处分行为。

第二十八章
重整与和解

第一节　重　整

一、重整的概念和特征

重整是指对已具备破产原因或可能出现破产原因而有拯救希望的债务人实施的，保护其继续营业并挽救其生存的积极程序。重整程序的追求目标不同于破产程序，它并不是为对债权人公平分配而使债务人归于消灭，也不同于和解程序只是消极地避免债务人受破产宣告，而是一种积极的拯救程序。重整程序有以下特征：

1. 适用对象特定化

重整程序非常复杂，代价巨大，所以，除美国和法国等少数国家规定适用对象较为宽松外，其他国家对重整适用对象的范围限制得都比较小。如日本仅限于股份有限公司。我国《企业破产法》规定重整的适用对象只为法人企业。合伙企业虽然可以参照《企业破产法》实施破产清算，但不能适用重整程序。

2. 原因多元化

重整原因不像破产清算与和解那样单一，申请重整程序可以在具备破产原因而未开始破产程序时或者破产程序开始后，也可以在破产原因未完全具备之前。如我国《企业破产法》规定"明显丧失清偿能力的"即属此类。

3. 申请主体多元化

申请破产的主体可以是债权人，也可以是债务人或负有清算责任的机构；申请和解的主体只能是债务人；而申请重整的主体既可以是债权人、债务人，也可以是出资人。在我国，出资额占债务人注册资本 1/10 以上的出资人有权申请重整。

4. 重整程序优先化

重整程序不仅优先于一般民事诉讼程序，而且优先于破产程序与和解程序。只要重整程序开始，不仅一般民事诉讼程序应当中止，破产程序与和解程序也应当中止。当破产申请、和解申请与重整申请同时并存时，法院应当优先受理重整申请。

5. 重整期间特定权利行使受限制

重整程序开始后，其效力及于别除权、取回权、股东收益分配请求权和特定主体股权转让权。重整程序应充分体现社会利益优先原则，而应将债权人利益和其他因素放于次要位置。所以重整期间除非特殊情况，别除权暂停行使，取回权人行使取回权必须符合法定的特殊条件，出资人不得请求分配收益，董事、监事、高级管理人员未经法院许可不得转让股权。

6. 参与主体的广泛化

在重整程序中，参与者除了债权人、债务人外，在破产程序与和解程序中没有任何参与资格的出资人不仅有权列席债权人会议，而且对有的重整计划草案还有表决权。

二、重整制度的产生与发展

重整制度的产生远远迟于破产制度与和解制度，它的产生既有其历史的必然性，又源于对既有法律制度的缺陷予以补充的客观性。20 世纪 70 年代以后，在全球范围内出现了破产法改革风潮，这股风潮延续到今天，其最重要的表现和改革内容就是适应生产社会化的发展，建立和完善以企业复兴为目标的再建型债务清理制度，具体说，建立重整制度是各国在这次改革中所取得的一项重要成果。随着破产实践的发展，各国越来越重视对出现或可能出现债务危机企业的重整，在本国的破产制度中，要么制定重整的专门法律，要么在破产法中设专章规定。

美国破产法中的重整制度在 20 世纪得以确认并发展起来。1929 年美国国会在修改其破产法时在保留和解内容的情况下增加了“延期偿还”的内容，即第 74 条。1930 年又制定了第 77B 条，规定了企业重整制度。1938 年美国国会对破产法进行全面修改，形成第十章“公司重整”和第十一章“债务安排组成”的一般企业破产制度。1978 年卡特总统正式签署、颁布破产改革法，该法第十一章即为重整，其重整制度的最大特点是不仅适用于法人，还用于合伙和个人。该破产改革法实施后，到目前适用该法实施重整的增长率一直远远高于企业破产清算的增长率。

法国于 1985 年制定了困境企业司法重整及清算法，该法对原破产法进行了全面修改，将重心转向再建型债务清理制度。同其原破产法相比，该破产法有两点重大突破：第一，实行重整前置。在破产程序中，原则上应当先进行重整，在没有重整可能或重整失败的情况下才转入破产清算程序。第二，实行社会本位，其最为明显的表现是重整计划无须债权人同意即可由法院直接批准。

我国破产法在全球改革大潮中诞生，适应了以企业再建为目标的破产法改革潮流，在其中设专章规定了重整制度，使我国破产制度的内涵更为完备和丰富，同时也开始了破产制度发展的新里程。

三、重整申请

重整程序同破产程序一样，是依有资格的法定申请人申请而发生的程序。

（一）申请重整的条件

1. 债务人具备重整原因，即债务人已具备破产原因或可能出现破产原因。从这一点看，重整原因比破产原因宽泛。

2. 债务人有挽救的希望。启动重整程序的目的是对债务人进行挽救，所以当债务人具备重整原因时，并不当然开始重整程序，法院还必须审查债务人是否有重整的希望。对没有挽救希望的债务人进行重整，最终还得转入破产程序，这样既徒劳无益，又会浪费资源，损害债权人的利益。

3. 债务人属于重整制度的适用范围。在我国必须是法人企业才能适用重整程序。

4. 重整申请必须向有管辖权的法院提出。申请重整必须向债务人住所地法院即债务人主要办事机构所在地法院提出，无法确定债务人主要办事机构的，向债务人登记地法院提出重整申请。

（二）重整申请人

根据《企业破产法》第 7 条和第 70 条的规定，重整申请人包括债务人、债权人和出资额占债务人注册资本 1/10 以上的出资人。

1. 债务人

债务人依法可以申请重整。根据《企业破产法》的规定，债务人在以下两种情形下，可以申请重整：

（1）债务人在自己出现破产原因或可能出现破产原因时主动申请重整。出现不能清偿到期债务，并且资产不足以清偿债务或者明显缺乏清偿能力，以及虽未出现破产原因，但有明显丧失清偿能力可能的，债务人可以直接向法院提出重整申请。在这种情况下，虽然还没有外在原因迫使其采取重整措施，但债务人为了摆脱经营困境，避免进入破产程序，可以积极、主动申请重整。

（2）债务人在进入破产程序后可以申请重整。债务人出现破产原因，被债权人申请其破产并经法院裁定受理，已经正式开始破产程序，但在法院裁定破产宣告之前，债务人可以向法院申请重整。这是在不想被破产清算情况下的无奈之举，所以是被动的重整申请。如果债务人申请的破产程序开始后，债务人自己不能申请重整。

2. 债权人

债权人在债务人出现破产原因或可能出现破产原因的情形下，可以直接向法院提出重整申请。在债务人出现破产原因时，债权人有申请破产清算和申请重整的选择权：如果债权人认为对债务人实施重整比通过破产清算对自己更有利，而且债务人有较充分的挽救希望，他可以直接申请重整；债权人发现债务人可能出现破产原因，为了避免债务人破产给自己带来更大损失，也可以直接申请重整。但在破产程序中，无论是债权人申请的还是债务人申请的破产案件，《企业破产法》都没有赋予债权人申请重整的权利，即债权人只能在破产程序开始前提出重整申请。

3. 出资人

出资人可以是自然人、法人、其他组织，或者是政府授权的国有资产管理部门。这是重整程序与破产及和解程序最大的不同，在后两种程序中，出资人没有参与程序的机会。而实际上，法人的出资人虽然一般只承担有限责任，但企业的利益与其是一致的：企业破产，会使其投资化为泡影；企业挽救成功，对其必然有利。所以重整制度为了调动出资人的积极性，赋予其重整申请权，以便在重整程序中必要时出资人追加新的出资，以达到重整的目的。但出资人申请重整必须具备法定条件：

（1）出资人提出重整申请必须在破产程序开始后，而且必须是债权人申请破产的案件。在债务人出现或可能出现破产原因而无人提出破产申请，债权人或债务人申请破产而法院未受理或裁定驳回，即使债务人具备重整原因而没有进入破产程序，债务人的出资人也不能像债务人一样申请重整。破产程序开始后，如果是债务人申请破产的案件，其出资人也不能申请重整。

（2）出资额占债务人注册资本 1/10 以上的出资人才有资格申请重整。这里不按人数计算，只按出资额计算。可以是一人，也可以是多人，但只要出资额占债务人注册资本的 1/10，就具备了申请重整的资格。

4. 国务院金融监督管理机构

金融机构出现重整原因时，国务院金融监督管理机构作为重整申请人向法院提出重整申请。金融监督管理机构包括中国银监会、中国保监会和中国证监会。

重整申请人提出重整申请时，应向法院提交重整申请书和相关证据材料。法院对申请书和材料审查后认为符合重整条件的，应当裁定债务人重整并予以公告。

四、重整期间

自法院裁定债务人重整之日起至重整程序终止，为重整期间。

1. 重整期间的开始

重整期间开始于法院裁定债务人重整之日。法院裁定债务人重整之日是指法院作出的重整裁定中所确定的债务人开始进行重整的日期，即裁定所确定的具体日期。所以，重整开始之日既不是法院作出裁定之日，也不是裁定送达之日，更不是裁定公告之日，而是法院裁定书所确定的债务人开始重整的日期。

2. 重整的终止时间

重整期间终止于重整程序终止之日。重整程序终止之日是指法院所作的裁定中确定终止重整程序的日期。根据《企业破产法》的规定，有下列情形之一的，法院裁定中止重整程序，宣告债务人破产：一是重整程序开始后，重整计划草案未获债权人会议通过，且未获法院批准。二是重整程序开始后，已经债权人会议通过的重整计划草案未获法院批准。三是在重整期间债务人出现下列各种情形，并且管理人或利害关系人请求法院终结重整程序：（1）债务人的经营状况和财产状况继续恶化，缺乏拯救的可能性；（2）债务人有欺诈、恶意减少自身财产或其他显著不利于债权人的行为；（3）由于债务人的行为致使管理人无法执行职务。四是重整期间债务人或管理人未按期提出重整计划草案，被法院裁定终结重整程序。五是重整计划获得通过并经批准后，债务人不能执行或者不执行，被法院裁定终止重整计划执行。

五、重整期间债务人财产及营业事务的管理

重整期间，债务人财产与营业事务的管理关系到重整目标的实现，所以，谁有资格管理和有能力管理是非常重要的问题。这一主体一般称为重整管理人、重整机构或者重整人。根据《企业破产法》的规定，在重整期间债务人财产与营业事务的管理原则上由管理人负责。

但是，重整程序和破产程序不同，它不是单纯的财产管理和债权、债务清理，它最大的特点是通过加强、改善生产经营活动实现对企业的拯救。这既强调经营的连续性，又有很高的专业性，管理人很难胜任，所以，《企业破产法》作了灵活的规定，重整管理人可以是债务人本身，也可以是管理人。

（一）债务人自行管理其财产和营业事务

《企业破产法》第73条规定，在重整期间，经债务人申请，人民法院批准，债务人可以在管理人监督下自行管理财产和营业事务。在破产程序中开始重整程序的，依法已接管债务人财产和营业事务的管理人应当向债务人移交财产和营业事务，之后法律赋予管理人的职权由债务人行使。

通过这一条规定可以看出，债务人自行管理财产和营业事务同平时管理不同，法律规定了严格条件，这些条件包括：

（1）债务人必须提出自行管理的申请。在重整期间债务人自行管理财产及经营事务的权利不是自然产生的，申请是其取得这一权利的前提条件。如果债务人不申请，这一权利当然由管理人行使，而不是债务人。

（2）必须经法院批准。即使债务人提出管理申请，也不能当然取得该管理权。申请必须经法院批准，债务人才可自行管理。

（3）债务人对财产和营业事务的管理必须在管理人的监督下进行。重整期间债务人对财产和营业事务的管理不同于以往的营利目的，而是为了保证重整目标的实现，所以必须在管理人的监督下进行。

（4）自行管理必须在法定期限内进行。债务人自行管理的期限是重整期间，即法院裁定重整之日起，至法院裁定终止重整程序之日止。

（5）在破产程序中进入重整程序的，必须按照法律规定办理移交。重整分直接启动程序和在破产程序中启动程序。如果重整程序是在破产程序中启动的，在此前债务人的事务依法已经由管理人接管，法院批准由债务人自行管理财产和营业事务的，已经接管债务人财产和营业事务的管理人，应当按照法律规定向债务人移交财产和营业事务。同时，法律赋予管理人的职权也由债务人行使。这时的管理人只享有对债务人监督的权利和义务。

（二）管理人负责管理债务人财产和营业事务

根据《企业破产法》第74条的规定，重整程序开始于破产程序进行中的，在重整期间也可以由管理人管理债务人财产和营业事务。这样的好处是管理人接管债务人后，不需履行移交程序而直接进入重整事务的管理，降低了程序成本；但弊端是重整期间的经营活动对管理人来说并不一定在行，它比一般的破产财产的管理、处分更复杂，所以法律规定由管理人负责管理财产和营业事务的，管理人有权聘请债务人的经营管理人员负责管理营业事务，而其只负责管理财产事务。

六、重整期间有关权利的行使和事务的处理

重整是为了拯救债务人而创立的一种特殊法律制度。为了实现重整目的，达到重整所追求的效果，必须有特殊的法律措施予以保障。在重整期间，一些权利的行使或者受到限制，或者在破产程序中已经受到的限制予以免除。根据《企业破产法》，重整期间有关权利的行使的规定包括以下两个方面：

（一）重整期间别除权行使的限制

在破产程序中，别除权人可就债务人特定财产即担保物优先受偿。但在重整程序中，别除权以暂停行使为原则，以不停止行使为例外。重整是在债务人现有财产基础上实施的挽救，别除权的行使必然会使债务人现有财产减少，这会使已经处于困境的债务人更加困难，使债务人继续营业的物质基础进一步削弱，特别是别除权的标的物是重要的关键的财产时。这样重整目的的实现就增加了困难，所以《企业破产法》规定，在重整期间，对债务人的特定财产享有的担保权暂停行使。但是，担保物有损坏或者价值明显减少的可能，足以危害担保权人的权利的，担保权人可以向法院请求恢复行使担保权。

（二）对债务人设定新担保限制的免除

在破产程序中，债务人在法定期限内对原来没有担保的债务提供担保的，属于撤销权的范畴，管理人可申请法院予以撤销。这是为了避免破产财产减少而使债权人的利益受损。所

以进入破产程序后，原则上不得设立新的担保。

但是，在重整程序中，如果还仍然机械地秉持这一原则，将会出现继续营业急需补充适当资金但又无法借款的现实问题，从而无法实现重整目标。所以，针对重整期间的特殊情况，《企业破产法》规定，在特定条件下债务人仍然可以提供担保。

1. 为继续营业需要取回质押物、留置物而提供替代担保

质押，是指债务人或第三人将其动产移交债权人占有，将该动产作为债权的担保，债务人不履行债务时，债权人有权依法以该动产折价或者以拍卖、变卖该动产的价款优先受偿，其中债务人移交的动产就是质物。留置，是指债权人根据保管合同、运输合同、加工承揽合同的约定占有债务人的动产，债务人不按照合同约定的期限履行债务时，债权人有权依照担保法的规定留置该财产，以该财产折价或者以拍卖、变卖该财产的价款优先受偿，其中被债权人留置的财产就是留置物。重整期间，债务人或者管理人为了继续营业的需要，可以通过提供能为债权人接受的新的担保而取回质物、留置物。

2. 为继续营业需要借款而新设担保

借款，是指借款人向贷款人借款，到期返还本金并支付利息的行为。在重整期间，债务人或管理人为了营业需要注入资金是可以借款的，也有权为该借款提供新的担保。

3. 对取回权人行使取回权的限制

《企业破产法》第76条规定，债务人合法占有的他人财产，该财产的权利人在重整期间要求取回的，应当符合事先约定的条件。这一条的规定就是对取回权行使的限制。根据《企业破产法》第38条的规定，法院受理破产申请后，取回权人就可以行使取回权。但是在重整期间，为了对债务人更有效地挽救，保证重整目标的实现，权利人对债务人任何权利的行使都不得妨碍债务人的经营，所以取回权这种在破产程序中行使不受限制的权利，在重整中也受到了限制。在破产程序中不论约定行使的条件是否具备，取回权都可行使。而在重整程序中，约定条件未成就的，取回权即不得行使。只有符合约定条件的，取回权才能行使。例如，约定设备租赁期限届满出租人才能取回设备的，必须遵守这一约定。

4. 对出资人收益分配请求权行使的限制

出资人对企业出资的目的就是获得出资回报，这种回报是以分配企业经营取得的利润来实现的。出资人的这一权利是受法律保护的。但在重整期间，债务人已经出现不能清偿债务的事实或可能，为了挽救企业，不能作出任何降低经营所需的物质能力的行为，即使通过重整恢复了部分盈利，也应该先用于偿还债务、弥补亏损，而不能对股东进行利润分配。

5. 对特殊主体股权转让的限制

这里的特殊主体是指债务人的董事、监事和高级管理人员，这些人是企业的决策者、监督者和经营管理者，同时又可能是企业的股东。这些人如果持有公司的股权或股份，除法律另有规定外，有权对外转让。但在重整期间，除了保证其能对企业尽到正常的忠实和勤勉的义务外，还得保证其有更高的经营管理责任心，这靠其本人自觉履行有时很难保证，必须使其不能改变与企业直接的利益联系。所以《企业破产法》规定，董事、监事、高级管理人员在重整期间不得向第三人转让其持有的债务人的股权和股份。即使符合其他法律规定的转让条件，也是如此，除非经法院同意。

七、重整计划的制订、通过和批准

重整计划又称重整方案，是指为维持债务人继续营业，由具有法定资格的主体提出，债

权人会议通过并经法院批准，以谋求债务人重生并清理债权债务关系的方案。重整计划是重整的指针，是规范债务人在重整期间内外事务的规范。它具有以下特点：第一，重整计划是重整程序必备的法律文件。重整程序开始后，重整计划的有无、是否获得通过或者通过以后是否被批准，是决定重整程序继续还是终止的关键。第二，重整计划对债务人和全体债权人都具有约束力。有人将重整方案直接定义为协议，所以一经生效，其内容对债权人和债务人双方都具有约束力，任何一方都不得违反方案所确定的义务。第三，重整计划必须依照法定程序制订并通过。重整计划必须由债务人或管理人拟订，经债权人会议通过、法院批准，才能最终付诸实施。

重整计划的制订包括草案的拟订、通过和批准等程序。

（一）重整计划草案的拟订

1. 重整计划草案的拟订主体

重整计划草案的拟订主体必须具有法定资格。《企业破产法》第79条规定，债务人或管理人应当自法院裁定债务人重整之日起6个月内提交重整计划草案。最终由二者中谁来拟订，要看在重整期间谁获得了对债务人财产或营业事务的管理权：如果债务人申请自行管理并被批准，由债务人拟订；如果债务人未经批准获得管理权，则由管理人拟订。

2. 重整计划草案拟订和提交的期限

债务人或者管理人提出重整计划草案的期限为法院裁定债务人重整之日起6个月。如果因特殊情况在6个月内没有能够提出草案，在期限届满时又有正当理由，债务人或管理人可以请求法院延期，法院可以裁定延期3个月。所以，债务人或管理人提出重整计划草案的期限应当为：一般为6个月，特殊情况为9个月。

3. 重整计划草案的提交对象

根据《企业破产法》的规定，债务人或管理人提交草案的对象为法院和债权人会议，而且必须同时向法院和债权人会议提交。

4. 重整计划草案的内容

如果说重整计划是协议的话，那么重整计划草案就是要约，所以，其必须有确定的内容，这些内容应分为法定内容和任意内容。除了必须贯彻“双方意思自治”原则外，法律应对其内容作出必要指引。根据《企业破产法》第81条的规定，重整计划草案的法定内容应包括：(1) 债务人的经营方案；(2) 债权分类；(3) 债权调整方案；(4) 债权受偿方案；(5) 重整计划的执行期限；(6) 重整计划执行的监督期限；(7) 有利于债务人重整的其他方案。

（二）重整计划草案的讨论、表决和通过

重整计划草案的讨论、表决和通过，是指将重整计划草案交由关系人组织讨论并同意的过程。这里的关系人组织是债权人会议和出资人表决组的总称。重整计划草案的讨论、表决和通过的程序包括：

1. 在法定期限内召开债权人会议

债务人或管理人在法定期限内制订出重整计划草案并同时提交给法院和债权人会议。法院应当自收到重整计划草案之日起30日内召开债权人会议，表决重整计划草案。

2. 划分表决组

划分表决组，是指将债权人和出资人按照不同的标准分为若干组，再以小组为单位分别进行表决，然后按照各组表决的结果计算关系人组织表决的总结果。这是重整计划草案表决最有特色之处。对债权人划分表决组又分强制性划分和任意性划分两种。

(1) 强制性划分。强制性划分是指法律明确规定分组标准，法院在分组时不能作出改变。《企业破产法》第 82 条第 1 款规定的分类标准属于强制性划分，具体如下：第一，对债务人的特定财产享有担保权的债权人组；第二，职工债权表决组，即债务人所欠职工的工资和医疗、伤残补助、抚恤费用，所欠的应当划入职工个人账户的基本养老保险、基本医疗保险费用，以及法律、行政法规规定应当向职工支付的补偿金；第三，税款表决组；第四，普通债权表决组。

(2) 任意性划分。任意性划分是指在法律强制性划分标准的基础上，赋予法院根据实际情况改变分组标准的权利。我国《企业破产法》赋予法院的这项权利只限于对普通债权表决组的进一步划分。《企业破产法》第 82 条第 2 款规定，法院在必要时可以决定在普通债权表决组中设小额债权表决组对重整计划草案进行表决。这一规定说明法院的任意划分权只限于对普通债权表决组作进一步划分。

(3) 出资人表决组。出资人表决组与债权人表决组不同，它不是当然的表决权组，只有重整计划草案涉及出资人权益调整事项的，出资人才有权作为出资人组对草案进行表决。在无须组成出资人表决组时，出资人代表有权列席讨论重整计划草案的债权人会议。组成出资人表决组后，其同样参加债权人会议作为表决组进行表决。

(4) 不得列入表决组对草案进行表决的债权。职工债权以外的社会保险费用，在破产分配时是仅次于职工债权的、同税款并列的优先债权序列的债权，《企业破产法》第 83 条规定，该社会保险费用不能像其他债权一样在重整计划中规定减免，所以重整计划不涉及该社会保险费用的权益调整，该债权人在重整期间不存在利益损失威胁，因此，该项费用的债权人无权参加重整计划草案的表决。

3. 重整计划草案的表决与通过

(1) 每一表决组通过草案的条件。每一表决组通过草案的条件是统一的，即出席会议的同一表决组的债权人过半数同意重整计划草案，并且其所代表的债权额占该组债权总额的 2/3 以上。

(2) 重整计划的通过。每个表决组都通过了重整计划草案，即债权人会议各表决组与出资人表决组均通过草案，重整计划即为通过。

4. 协商

对重整计划草案的表决可能有三种情况：各表决组均通过草案，进入批准程序，法院一般应予批准；各表决组均未通过草案，不会进入批准程序；部分表决组未通过草案，法院酌情决定是否批准。在第三种情况出现后、法院决定批准前，《企业破产法》赋予债务人或管理人与该表决组协商的权利，协商的内容是对草案是否再表决一次，但协商不得损害其他表决组的利益。

(三) 重整计划的批准

重整计划草案获各表决组通过即成为重整计划，重整计划不是可直接付诸实施的计划，它还必须报法院审查并批准后，才可执行。法院的批准分为重整计划的批准和重整计划草案的直接批准。

1. 重整计划的批准

自重整计划通过之日起 10 日内，债务人或管理人应申请法院批准重整计划。法院在接到批准申请后应依照《企业破产法》的规定对重整计划进行审查，经审查认为符合《企业破产法》规定的，法院应在接到批准申请之日起 30 日内裁定批准，同时裁定终止重整程序，并发布公告。重整进入另一阶段。

2. 重整计划草案的直接批准

重整计划草案的直接批准又称强制批准，是指重整计划草案未获所有表决组通过，但因符合《企业破产法》规定的情形，债务人或管理人申请法院对重整计划草案予以直接批准。

对重整计划草案的直接批准是立法充分重视重整的价值目标即社会利益和部分债权人及出资人利益以外的其他更大利益的保护而确立的一项强制措施。为了保证这种强制措施的正当性，直接批准重整计划草案必须建立在三大原则基础上，即最小限度区别原则、符合公平补偿原则和符合绝对优先原则。

最小限度区别原则是，至少有一个表决组通过了重整计划草案，法院才能直接批准重整计划草案。如果所有表决组均未通过重整计划草案，不存在直接批准问题。必须是部分表决组未通过草案，并且债务人或管理人与其协商后该表决组拒绝再次表决或同意再次表决可是表决结果是仍未通过草案。符合这一条件，同时又具备法定的批准情形，法院才能对重整计划草案直接予以批准。

符合公平补偿原则，是指如果某一表决组未通过重整计划草案，那么直接批准的计划草案必须保证这些持反对意见的表决组能获得公平待遇而不会因此受到歧视。

符合绝对优先原则，是指破产清算程序所规定的受偿顺序，在重整计划执行程序中对持反对意见的表决组必须同样适用。也就是说，持反对意见的表决组在清算程序中处于优先顺位，其在重整计划执行中的受偿应优先于其他的表决组。如别除权人不同意重整计划草案，而普通债权人同意该草案，如果普通债权人在重整计划执行中能获得清偿，别除权人就必须能得到100%的清偿。重整计划草案如果得到优先权人的同意，则不受清偿顺序的约束。所以，这一原则的内容包括两点：第一，任何一个表决组反对一项重整计划草案，该草案获得批准后必须保证这个组别获得充分清偿后，在顺位上后于该组别的其他组别才可以受偿；第二，批准的草案必须保证在持反对意见的表决组获得充分清偿前，在顺位上处于其后的组别不能得到100%的清偿。

根据上述原则，具备下列六种情形之一的，法院可依债务人或管理人的申请，自其申请之日起 30 日内裁定直接批准重整计划草案，终止重整程序，并予公告：

（1）按照重整计划草案，对债务人特定财产享有担保权的债权就该特定财产将获得全额受偿，其因延期清偿所受的损失将得到公平补偿，并且其担保权未受到实质性损害，或者该表决组已经通过重整计划草案；（2）按照重整计划草案，债务人所欠职工的工资和医疗、伤残补助、抚恤费用，所欠的应当划入职工个人账户的基本养老保险、基本医疗保险费用，以及法律、行政法规规定应当向职工支付的补偿金、债务人所欠税款等债权将获得全额清偿，或者相应表决组已经通过重整计划草案；（3）按照重整计划草案，普通债权所获得的清偿比例不低于其在重整计划草案被提请批准时依照破产清算程序所能获得的清偿比例，或者该表决组已经通过重整计划草案；（4）重整计划草案对出资人权益的调整公平、公正，或者出资人表决组已经通过重整计划草案；（5）重整计划草案公平对待同一表决组的成员，并且所规定的债权清偿顺序不违反破产清算程序所确定的偿还顺序；（6）债务人的经营方案具有可行性。

（四）经批准的重整计划的效力

《企业破产法》第 92 条规定，经法院裁定批准的重整计划，对债务人和全体债权人均有约束力。重整计划被批准后，原申报的债权变为重整债权，重整债权依重整计划的规定行使，任何债权人均不得主张重整前的权利。重整计划被批准后，债权人、担保权人和出资人的权利一并随重整计划的规定而变更，上述权利人不得按照变更前的权利主张权利。

未依法申报的债权在重整计划执行期间不得行使权利；在重整计划执行完毕后，可以按照重整计划规定的同类债权的清偿条件行使权利。

重整计划的效力不及于债务人的保证人和其他连带债务人，债权人对债务人的保证人和其他连带债务人所享有的权利不受重整计划影响。

八、重整计划的执行和监督

1. 执行人

重整计划被批准后，重整程序终止，重整进入另一个阶段，即重整计划执行和监督期。重整计划的执行是指被批准的重整计划由执行人具体实施的行为和过程的总称。《企业破产法》第 89 条规定："重整计划由债务人负责执行。人民法院裁定批准重整计划后，已接管财产和营业事务的管理人应当向债务人移交财产和营业事务。"这一规定表明，在我国的制度框架下，重整计划的唯一执行人是债务人，尽管在重整程序开始后管理人也可能曾接管债务人的财产，但不影响债务人作为执行人，在重整计划被批准后，管理人曾接管债务人的财产的，必须向债务人办理移交手续。执行人不得将重整计划交由他人代为执行，必须亲自执行。我国适用重整制度的主体为法人，作为法人都有健全的组织机构，各机构在执行重整计划时应民主决策，各司其职、协调运作，保证计划执行的有效性。

2. 重整计划执行的监督

为了贯彻重整计划的执行原则，保证重整计划的顺利执行，作为执行人的债务人，并不是自由地随意而为，而必须在监督人的监督下执行。

(1) 监督人。重整计划的执行，由管理人负责监督，所以管理人是重整计划执行的法定监督人。

(2) 监督期。监督期是重整计划规定的监督人对重整执行人实施监督的期限，自法院批准重整计划之日计算，具体时间的长短在重整计划中明确。管理人认为必要时，可以请求法院裁定延长监督期限，经法院裁定后，监督期限按照法院裁定的期限执行。

(3) 监督期内债务人的报告义务。在监督期内，管理人监督重整计划的执行，债务人应当向管理人报告重整计划的执行情况和债务人的财务状况，以便管理人对重整计划的执行实施更有效的监督，并据以决定重整计划的继续执行或申请终止执行。

(4) 监督人监督报告的提交。重整计划规定的或者法院裁定的监督期届满时，管理人应当依法向法院提交监督报告，说明债务人执行计划的情况。监督报告提交之日就是管理人监督职责终止之日。监督报告由管理人提交给法院后，重整计划的所有利害关系人都有权查阅。

九、重整计划执行的终止和执行完毕及其法律后果

1. 重整计划执行的终止及其法律后果

重整计划执行终止，是指在重整计划执行期间债务人不执行或不能执行重整计划，经管理人或利害关系人请求，法院裁定重整计划不再执行。它是重整失败的结果，产生以下法律后果：(1) 法院应当对债务人立即作出破产宣告，债务人因此成为破产人，进入破产清算程序。(2) 债权人在重整计划中作出的债权调整的承诺失去效力。如债权人承诺减免部分债权的，该减免部分对债权人不再有约束力，债权恢复到原来的状态。(3) 债权人在重整计划执行中所受的债权偿还仍然有效，未受清偿部分成为破产债权。(4) 进入破产程序后，在重整

计划执行期受到偿还的债权人，只有在其他同顺位的债权人的受偿达到其受偿的同一比例时，才能继续接受分配。(5) 在重整计划执行期为重整计划执行提供的担保继续有效。

2. 重整计划执行完毕及其法律后果

重整计划执行完毕是指在重整计划所确定的执行期内，通过重整实现了重整计划所确定的目标，完成了重整计划所确定的所有任务，达到了维持企业继续经营、恢复企业清偿能力的目的。它是重整成功的结果，其法律后果是，对于重整计划减免的债务，债务人不再承担清偿责任。

第二节 破产和解

破产和解是继重整之外的又一种破产再建程序，又称破产挽救程序，产生于 19 世纪后期，是最早出现于英国的一种债务纠纷处理制度，早于重整程序半个世纪。

1883 年，英国通过立法正式将和解制度引入破产程序，1886 年比利时率先颁布了以预防破产为目的的专门的和解法，1927 年德国出台了自己的第一部和解法，1933 年美国在其破产法中规定了和解制度。我国 1986 年《企业破产法（试行）》规定了和解制度，《企业破产法》亦设专章确认了这一制度。

一、破产和解的概念和特征

破产和解又称破产和解制度，是指当债务人出现破产原因或进入破产程序后，为了避免被破产清算，由债务人申请法院同意，与全体债权人或债权人会议协商，就债务的延期偿还或减免达成一致，从而终止破产程序的一种法律制度。和解具有以下特征：

(1) 和解以债务人向法院提出和解申请为前提。一般情况下，和解申请都必须由债务人提出，而且只能向法院提出。其他任何人提出和解申请都是无效的，但债务人与全体债权人自行和解的除外。

(2) 和解的成立以债权人会议特别决议通过为基础。债务人提出的和解协议草案必须经债权人会议表决通过，而且必须以特别决议方式通过，即由出席会议的有表决权的债权人过半数通过，并且其所代表的债权额占无财产担保债权总额的 2/3 以上。不能满足这两个条件，债权人会议的该决议即不能形成，和解也就不能成立。

(3) 债权人通过的和解协议必须经法院认可。和解协议虽然是双方的意思表示，但并非经债权人会议通过即生效，它必须经法院认可，才最终成立并生效。

(4) 和解有阻却破产宣告的效力。和解像重整一样，其效力优先于破产清算，所以和解一旦成立，破产程序即告中止。除非和解失败，法院不得在和解成立后再对债务人作出破产宣告。

(5) 和解协议不具有强制执行力。和解协议是债务人与债权人达成的协议，所以其对债务人和债权人都具有约束力。但当债务人不履行和解协议时，债权人不能申请法院强制执行，而只能申请法院宣告债务人破产。

二、破产和解的制度价值

与重整相比，和解并不主要为了债务人的再生，它对债务人的挽救是有限的，它只是在客观上为债务人提供了一个喘息的机会，和解是否成立，决定于债权人对自己利益的估算，只有债权人认为和解比通过破产清算能获得更大限度的满足，才会和债务人和解，否则，债权人不会与债务人和解，所以和解的主动权掌握在债权人手中。和解的价值功能体现在以下四个方面：

1. 有利于社会和经济秩序的稳定

经债务人申请，并经债权人会议讨论，给有挽救希望的债务人以再生的机会，对维护社会的稳定和正常的经济秩序具有重大意义。一旦和解成功，和解协议得到完全执行，使债务人获得再生，就会避免因破产清算而发生的各种消极后果，包括债务人倒闭、失业的增加、税收减少等。

2. 有利于债权人利益最大化

破产程序使债务人的财产进入静止状态，导致其价值贬损；破产清算主要通过拍卖变现债务人财产，使破产财产的价值进一步贬损；破产程序复杂，支出庞大并且优先支付，这样会使债权人获得偿还的物质基础减弱。所有这些破产带来的对债务人财产的不利因素最终都由债权人承担，所以，通过破产清算债权人获得偿还的债权数额都少得可怜。通过和解，如果能对债务人挽救成功，使债权人的债权能获得最大限度受偿，最大受益者将是债权人。

3. 有利于债务人再生并避免因破产宣告带来的公法和私法上的限制

和解客观上给债务人创造了一个再生的机会和条件，所以债务人有和解的原动力。和解对债务人的意义不仅如此，其会使债务人避免因破产宣告给其带来的一系列公法和私法上的限制，并且也会避免其商业信誉的完全丧失。

4. 同重整制度相比，和解制度成本较低

和解没有重整那种复杂的程序，也不需要管理人的介入。和解作为一种挽救程序，成本相对较低。

三、破产和解的分类

我国《企业破产法》规定，和解分为破产程序开始前的和解与破产程序开始后的和解。

（一）破产程序开始前的和解

破产程序开始前的和解，是指未进入破产程序而直接根据当事人的申请开始的和解程序，即和解不是从破产程序转换而来。我国《企业破产法》第 2 条、第 7 条和第 95 条规定，债务人出现破产原因，可以依法直接向人民法院申请和解。这种和解也称为分离和解或直接和解。这种和解除了债务人想获得再生外，还有避免债权人申请破产可能的目的。

（二）破产程序开始后的和解

破产程序开始后的和解，是指在破产程序开始后、破产宣告前根据债务人的申请而开始的和解程序。这种和解是在破产程序进行中发生的，由破产程序转换而来。分为两种：

1. 自行和解

自行和解是在破产程序中，债务人与全体债权人就债权、债务的处理自行达成协议而和解。这种和解的最大特点是债务人谋求和解的相对人不是债权人集体，而是各个债权人。债务人不需要提出一个总的和解协议草案，而是与各债权人个别协商，最后与所有的债权人分别就债权、债务的处理达成协议，在申请法院裁定认可后和解即成立。这种和解有终结破产程序的效力。我国《企业破产法》第105条作出了这一规定。

2. 强制和解

强制和解，是指在破产程序中，债务人向法院提出和解申请，经法院裁定和解，债务人提出的和解协议草案经债权人会议通过并经法院认可而成立的和解。这种和解的特点是，和解申请必须向法院提出，和解协议草案必须针对债权人集体提出并经债权人会议通过。这种和解有中止破产程序的效力。所谓强制，是指这种和解并不需要每一个债权人的同意，而是由债权人会议以多数表决制度通过。这种和解实际上是债务人同债权人会议的和解，不是一对一的和解。即使不同意和解的债权人也受依法通过并经法院认可的和解协议的约束。从这个意义上讲，破产程序开始前的和解也是强制和解。这些和解都有别于民法上的和解。

四、和解申请

和解同破产、重整一样，相当于“不告不理”，即必须有人申请，才可能开始和解这一程序。

（一）和解申请人

和解申请人，是指依法有资格向法院提出和解申请的主体。和解申请人不像破产申请人和重整申请人那样具有多主体性和多元性，破产申请人可以是债权人、债务人，清算人；重整申请人可以是债务人、债权人，也可以是适格的出资人。而和解申请人仅限于债务人，其他人都无权代替债务人申请和解。债务人申请可以在破产程序开始前，也可以在破产程序开始后破产宣告前提出。

债务人向法院提出和解申请时，应提交和解申请书，并提交相关证据。申请书应载明申请人的基本情况、申请的事实和理由等。相关证据包括债务人的财产状况和经营状况说明、债务清册、债权清册、财务会计报告等，还应当同时向法院提交和解协议草案。

（二）审查、裁定及其效力

法院接到债务人和解申请后，应当对申请进行形式审查和实质审查。形式审查是审查申请人提供的申请书和证据材料以及和解协议草案是否齐备；实质审查首先审查债务人是否具备主体资格，即是否是企业法人：如果债务人是在破产程序开始前申请和解的，看其是否具备破产原因；如果是在破产程序开始后申请和解的，看其是否有符合破产法规定的挽救希望。但这里的审查是表面审查。

经审查，法院认为申请符合破产法规定的，应裁定和解并予以公告。

裁定和解产生如下法律效力：

（1）法院裁定和解的，和解程序即为开始。

（2）如果是破产程序开始前申请和解，法院裁定后，债权人、债务人或其他人即不得再提出破产申请和重整申请；如果是在破产程序开始后申请和解，破产程序中止，进入和解程序。

（3）法院裁定和解的，自法院作出该裁定之日起对债务人的特定财产享有担保权的债权人可以行使权利。

（三）申请和解的条件

债务人申请和解的条件是其必须具备破产原因。这和申请重整不同，申请重整的条件除了具备破产原因外，在可能出现破产原因的情况下也可以申请重整。而申请和解只能在具备破产原因的情况下，即债务人不能清偿到期债务，并且资产不足以清偿债务或者明显缺乏清偿能力。

债务人在具备破产原因的情况下，可以直接申请和解，同时也可以申请破产清算或者申请重整。法律赋予债务人这种选择权。如果在破产程序中申请和解，毫无疑问是在具备破产原因的前提下申请。

五、和解协议草案的通过、认可与和解成立

（一）和解协议草案及其通过

和解协议草案是债务人提出的，说明和解意图及和解具体议案的文件，类似于债务人向债权人发出的要约。它的内容应当包括：债务人的财产状况，和解债权总额，清偿债务的方式、时间；债权调整的内容以及请求减免的债务数额、比例；执行和解协议的担保等。

和解协议草案必须在债权人会议上获得通过才能成为和解协议。《企业破产法》第96条规定，法院裁定和解，予以公告，并召集债权人会议，讨论通过和解协议草案。如果债务人直接申请和解，法院负责召集的第一次债权人会议就是讨论和解协议草案的会议；如果在破产程序中和解，法院应及时召集债权人会议讨论和解协议草案。债权人会议通过和解协议草案应当具备下列条件：（1）由出席债权人会议的有表决权的债权人过半数通过；（2）同意和解协议草案的债权人所代表的债权额占无财产担保债权总额的2/3以上。

（二）法院对和解协议的认可及其效力

和解协议草案经债权人会议依照法定程序和条件通过后，该和解协议草案即成为和解协议，但其并不具有执行力，它还依法必须经法院裁定认可，才最终成立。债权人会议通过的和解协议经法院审查不属于裁定无效情形的，法院裁定认可。法院裁定认可和解协议产生以下法律效力：

（1）如果是在破产程序中和解的，债务人成为和解债务人，在法院受理破产申请时无财产担保债权的债权人成为和解债权人，该债权人享有的债权为和解债权。

（2）和解协议对债务人与和解债权人均产生约束力。

（3）法院裁定认可和解协议后，和解程序终止，开始和解协议执行程序。管理人应依法向债务人移交财产和营业事务，并向法院提交执行职务的报告。

（4）和解债权人没有依法申报债权的，在和解协议执行期间不得行使权利，在和解协议执行完毕后，可以按照和解协议规定的清偿条件行使权利。

（5）和解协议不影响和解债权人对债务人的保证人和其他连带债务人所享有的权利。

（三）和解协议草案未获通过与和解协议未获认可的法律后果

和解协议在债权人会议上经表决未获通过，或者同意草案的有表决权的债权人未过半数，或者同意草案的债权人所代表的债权额未达无财产担保债权总额的1/2以上，那么债权人会议不得再行表决，这时法院就应当裁定终止和解程序，恢复或开始破产程序并作出破产宣告。

经债权人会议通过的和解协议，法院经审查认为不符合《企业破产法》的规定，也裁定中止和解程序并宣告债务人破产。法院不予认可的情形包括：（1）债务人和债权人恶意串通，损害国家、集体或他人利益而达成和解协议；（2）债权人或债务人附加不合理条件，强迫对方达成和解协议；（3）债权人或债务人乘人之危，强迫对方达成显失公平的和解协议；（4）债权人或债务人采用胁迫手段达成和解协议。

六、和解协议违法、不执行或不能执行的法律后果

1. 和解协议违法的法律后果

和解协议违法包括债务人实施欺诈行为，告知债权人会议虚假情况或隐瞒真实情况，诱使债权人会议作出错误的意思表示而通过和解协议，或者协议内容及通过程序违反法律、行政法规的强制性规定，或者损害公共利益及善良风俗，或者以合法形式掩盖非法目的，等等。对因这些情形之一而成立的和解协议，法院应依法裁定为无效，即自始就不发生约束力。裁定无效后，法院应即宣告债务人破产。

和解协议因违法被法院裁定无效后，和解债权人因执行和解协议所受的清偿，没有超过其他债权人所受清偿同等比例的范围，即没有发生和解债权人受偿不平等情况的，该受偿部分有效，不予返还；反之，超过部分应予返还。

2. 债务人不执行或不能执行和解协议的法律后果

债务人不执行和解协议，是指债务人拒绝执行和解协议所确定的内容，或者不按照和解协议的约定清偿债务，以及清偿债务不符合和解协议规定的条件。债务人不能执行和解协议，是指债务人主观上有执行和解协议的积极性，但债务人本身的能力及其他客观条件的影响使协议执行没有可能性。不论是哪种情形，都会产生以下法律后果：

（1）经和解债权人申请，法院应当裁定终止和解协议的执行并宣告债务人破产；（2）和解债权人在和解协议执行程序中所受的清偿仍然有效，和解债权未受清偿部分作为破产债权；（3）受到偿还的和解债权人，只有在其他同顺位的债权人受偿同自己所受的偿还达到同一比例时才能继续接受分配；（4）和解债权人在和解协议中所作出的债权调整的承诺失去效力，对该和解债权人不再具有约束力；（5）为和解协议的执行提供的担保继续有效。

七、和解协议执行和执行完毕及其法律后果

1. 和解协议的执行

和解协议的执行，是指债务人对和解协议内容的集体实施。和解协议成立后，严格执行和解协议是债务人的法定义务。《企业破产法》第102条规定，债务人应当按照和解协议规定的条件清偿债务。所以，债务人应当按照和解协议规定的时间、地点、数额、方式等履行义务，向和解债权人清偿债务。

另外，和解债权人也应当严格遵守和解协议规定的义务。在债务人按照和解协议清偿债务时，债权人应当及时受领，同时不得向债务人主张和解协议规定之外的债权清偿。

2. 和解协议执行完毕及其法律后果

和解协议执行完毕，是指和解协议规定的全部内容因债务人的执行而得以实现，债务人按照和解协议规定的条件清偿了和解协议规定的全部债务。和解协议执行完毕产生以下法律后果：（1）债务人所为的债务清偿全部有效；（2）自和解协议执行完毕时起，对于按照和解协议减免的债务，债务人不再承担清偿责任；（3）破产程序因和解协议执行完毕而终结。在和解期间与和解协议执行期间，破产的威胁对债务人来说还一直存在，只有在和解协议执行完毕后，破产的威胁才因破产程序的终结而最后消失。

第二十九章
破产宣告与破产清算

第一节 破产宣告

一、破产宣告的概念和特征

破产宣告，是指法院依照法定程序，对已经出现破产原因并具备破产条件的债务人所作出的宣告其为破产人的司法裁定。破产宣告是法院作出的一种司法行为，这种行为产生一系列的法律后果。破产宣告是破产程序的一个关键环节，使破产程序划分为两个性质完全不同的阶段。在法院作出破产宣告后，债务人既不能申请重整，也不能与债权人会议进行和解。它使债务人不可逆转地进入清算程序，是债务人无可挽回地陷入倒闭的标志。破产宣告有以下法律特征：

第一，破产宣告的适用对象是具备破产原因的债务人。破产宣告的适用对象应当具备两个基本要素：一是特定的主体，二是特定的事实状态。这里的特定就是指存在种种限制。从《企业破产法》的规定来看，特定主体即除非其他法律有规定，破产法一般适用的范围限于企业法人。对于事实状态的限制，首先表现为对破产原因设定的种种条件，如债务人不能清偿到期债务，并且全部财产不足以清偿全部债务或明显缺乏清偿能力；其次表现为某些例外情况的设置，如《企业破产法》第108条规定的例外：第三人为债务人提供足额担保或者为债务人清偿全部到期债务，或者债务人已清偿全部到期债务，不予宣告破产。

第二，作出破产宣告的主体是法院。破产宣告是一种非同寻常的事实确认，对债务人的命运和债权人的利益都会产生重大影响，而且其结果具有不可逆转性，所以，只有依法享有审判职能的法院才有权对债务人作出破产宣告。对于一般的民事纠纷，法院和仲裁机构都拥有裁决权；而对债务人的破产宣告，其裁判权专属于法院。

第三，破产宣告是破产程序的转折点。当今世界各国的破产法基本都否定破产程序的宣告开始主义，因此，破产宣告必须是在破产申请经法院裁定受理以后，经历一系列程序如债权申报、审查、核查、确认，以及召开债权人会议、成立债权人委员会等以后作出。特别是实行重整、和解等再建主义立法原则的情况下，破产宣告作为重整、和解等拯救程序被彻底否定或无法达到目的的时候才适用的后备程序。破产宣告既不是破产程序的起点，也不是破产程序的终点，破产宣告以后要进行一整套破产清算程序，包括清算、破产财产、破产债权、别除权、取回权、抵销权、撤销权、破产财产变价和分配等。

第四，破产宣告产生一系列法律后果。破产宣告的作出意味着破产程序进入了以清算、分配为主的阶段，这一阶段的中心任务就是实现破产财产的变价和分配。为此，法律也对债务人、债务人财产进行拘束和处分，对债权人和其他利害关系人曾经加以拘束的权利进行释放并对其给予公平分配和满足。同时需要设立相应机构和程序规则来保证这些任务的实现。

二、破产宣告的适用情形

破产宣告的适用情形为债务人具备破产原因，且拯救程序被否定。债务人具备破产原因，是作出破产宣告的基本依据。没有破产原因的事实存在，不得作出破产宣告。在破产宣告时对破产原因的认定，应以债务人当时的事实状态为准。

在债务人具备破产原因的前提下，有下列情形之一的，法院应当作出破产宣告：(1) 破产程序开始后，没有人申请重整或和解。包括债务人向法院提出破产清算申请或债权人提出对债务人进行破产清算申请并经法院裁定受理后，以及企业已解散但未清算或未清算完毕出现破产原因，清算人向法院提出破产清算申请后，自始至终无人提出重整或和解而没有启动拯救程序。(2) 重整程序开始后，重整计划草案未获债权人会议通过，且未获得法院批准。(3) 重整程序开始后，已经债权人会议通过的重整计划草案未获得法院批准。(4) 在重整期间债务人出现下列各种情形，并经管理人或利害关系人请求，法院终结重整程序：第一，债务人的经营状况和财产状况继续恶化，缺乏拯救的可能性；第二，债务人有欺诈、恶意减少财产或其他显著不利于债权人的行为；第三，由于债务人的行为管理人无法执行职务。(5) 重整期间债务人或管理人未按期提出重整计划草案，被法院裁定终结重整程序。(6) 重整计划获得通过并经批准后，债务人不能执行或者不执行，被法院裁定终止重整计划执行。(7) 和解协议草案经债权人会议表决未获通过，或者债权人会议通过的和解协议未获法院认可，经法院裁定终结和解程序。(8) 因债务人欺诈或其他违法行为成立的和解协议被法院裁定无效。(9) 债务人不能执行或不执行和解协议，经和解债权人请求，法院裁定终止和解协议执行。

三、不予宣告破产的情形

债务人具备破产原因，但有法律规定的特定事由的，不予宣告破产：(1) 债务人在重整或和解期间，没有出现终结重整或和解程序情形的，重整程序与和解程序具有阻却破产宣告的效力；(2) 在破产宣告前有证据证明不具备破产原因的；(3) 在破产宣告前，第三人为债务人提供足额担保或者为债务人清偿全部到期债务的；(4) 债务人已清偿全部到期债务的；(5) 重整计划或和解协议执行完毕，导致破产程序终结的；(6) 在破产宣告前某种情况的出现导致破产原因消灭的，如房地产价格暴涨，使债务人财产大幅增值，恢复清偿能力；(7) 在破产宣告前，债务人与全体债权人就债权、债务的处理自行达成协议，经法院裁定认可而终结破产程序的。

四、破产宣告裁定的送达、通知与公告

破产宣告必须以书面裁定的方式作出。按照《企业破产法》第 107 条的规定，应当自裁定作出之日起 5 日内送达债务人和管理人，并自裁定作出之日起 10 日内通知已知的债权人，并

予以公告。从这一规定看出，对债务人和管理人必须采取送达的方式使其得知，一方面表明破产宣告的严肃性，另一方面表明债务人的破产已成现实，清算程序正式开始，债务人和管理人因此承担相应的义务。通知是告知债权人可以开始行使有关权利并可以参加破产财产的分配。公告即警示潜在的债权人申报债权，参加破产程序。

五、破产宣告的效力

破产宣告产生一系列的法律效力。

(一) 破产宣告对破产程序的效力

破产宣告使破产程序进入一个新阶段，即进入清算程序。在法院受理破产申请后至破产宣告前，债务人在管理人的监督下还可以继续生产经营。在破产宣告后，除有利于债权人的经营活动继续进行外，其他经营活动必须停止，只能进行单纯的清算活动。在破产宣告前，债务人还可以申请重整、和解或以其他方式避免破产清算，一旦法院作出破产宣告，破产程序即不可逆转地转入清算阶段，这时不能以任何方式退回到破产宣告以前的状态，而只能通过清算实现最终分配，债务人最终走向消亡。

(二) 破产宣告对债务人的效力

破产宣告对债务人产生身份上、财产上的一系列法律后果，包括：

1. 债务人被宣告破产后，债务人成为破产人。所谓破产人，就是权利受到破产程序拘束的人。其在破产宣告前为生产经营而存在，在破产宣告后只为偿还债务而暂时存在。在国外，破产人的迁徙自由、通讯自由都受到限制，同时必须履行提交有关文件、账册、资料与随时向法院和管理人说明破产财产状况的义务，法院可随时传唤破产人作相关陈述并回答询问，拒不到庭的，可以适用拘传。破产人有欺诈行为、逃逸行为、伪证行为和其他妨碍破产程序违法行为的，法院可以对其实施拘禁。在司法和公法上的权利受到限制，如破产人在一定期间内，不得担任公务员、律师、会计师、仲裁员、证券经纪人与公司董事、监事、经理等高级管理人员。

2. 债务人财产成为破产财产。破产宣告前债务人的财产是用于经营的财产，而因破产宣告成为破产财产后，即成为完全脱离债务人支配而归管理人占有、支配并用于破产分配的财产。有关破产财产的一切活动，都服从于破产清算的目的。破产财产作为一个财产集合体，受到破产法一系列规则的保护。

(三) 破产宣告对债权人的效力

在破产宣告前，所有的债务请求均处于冻结状态，破产宣告使债权人获得了行使债权的特别许可。《企业破产法》第 107 条第 2 款规定，法院受理破产申请时对债务人享有的债权称为破产债权，破产债权可以依照破产程序的规定接受偿还。

别除权人因破产立案而被冻结的优先受偿权，在破产宣告后可以就破产人的特定财产行使优先权了。行使优先权后未受清偿的部分作为普通债权参加破产财产的分配。别除权人放弃优先受偿权利的，其债权全部作为普通债权参加破产财产的分配。

第二节 破产清算

破产清算是在法院作出破产宣告后，由管理人实施的包括破产人债权债务的清理、破产财产的变价和分配等一系列法律行为的总称。关于实施破产清算的主体，新、旧破产法规定得完全不同。《企业破产法（试行）》规定实施清算的主体是法院依法成立的清算组，《企业破产法》规定由管理人实施清算。《企业破产法（试行）》规定的清算组是在法院作出破产宣告之日起15日内成立并开始清算活动，《企业破产法》规定的实施清算的主体是自法院受理破产申请之日指定的管理人在破产宣告时自然过渡而成为清算人。

一、破产财产的变价

破产财产的变价，是指在破产清算程序中，为了便于财产分配，由管理人将破产财产中的非货币性财产以法定的拍卖方式或债权人会议决定的其他方式转变为货币财产的法律行为。

各国的通例是，破产财产分配均以金钱分配为原则，以实物分配为例外。我国《企业破产法》第114条规定，破产财产分配应当以货币分配方式进行，但是，债权人会议另有决议的除外。

（一）变价方案

《企业破产法》第111条规定，管理人应当及时拟订破产财产变价方案，提交债权人会议讨论。管理人应当按照债权人会议通过的或者债权人会议一次表决未通过、法院依法作出裁定的破产财产变价方案，适时变价出售破产财产。

按照这一规定，管理人是破产财产变价方案的编制人。管理人编制变价方案应当遵循公开、公平、公正原则。破产财产变价方案的编制和提交应当在破产债权被确认后进行。因为有了确定的债权人和债权额，才能保证方案是否能通过。管理人编制的变价方案应当在债权人会议上经讨论通过，债权人会议以普通决议的方式表决通过。经一次表决未获通过的，由法院裁定。经债权人会议通过或法院裁定变价方案后，管理人适时变价出售财产。之所以规定“适时”，就是要贯彻破产财产价值最大化原则。

（二）变价方式

《企业破产法》第112条规定，变价出售破产财产应当通过拍卖进行，但是，债权人会议另有决议的除外。

对于破产财产，依法可以整体变价出售，也可以部分变价出售。这是最大限度地实现其财产价值并降低成本的变价方式，同时也能更好地发挥财产的使用性能。在实施这种变价方式时，其中的无形财产可以单独变价出售，包括知识产权、非专利技术、商业秘密、企业名称及其他可以用货币估价并可依法转让的财产；其他财产也可单独变价出售。

按照拍卖法的规定，法律、法规禁止买卖的物品或者财产权利不得作为拍卖标的，如出土文物、枪支弹药、机密文件、机密技术资料等。限制转让的财产包括金银、麻醉品、必须经批准或者取得许可证才能出售的财产及特殊监管的物品等，这些财产一般应由国家指定的部门收购或办理相关手续购买。

二、破产财产的分配

（一）破产财产分配的概念

破产财产分配，是指管理人将变价后的破产财产依照债权人会议通过的分配方案和法定分配顺序对全体破产债权人进行公平偿还的程序。这一程序的开始标志着清算程序的完成，它的结束也是破产程序终结的原因之一。

破产财产分配的特征是：第一，破产财产分配是由管理人负责实施的。第二，破产财产分配以变价后的破产财产为标的；变价后的破产财产包括变现后的现金和因不能变现而需要折价分配的实物、债权和投资权益。第三，破产财产分配依照法定顺序并按照债权人会议通过、经法院认可的分配方案进行。

（二）破产财产分配的方式

《企业破产法》第 116 条、第 117 条、第 118 条规定，破产财产的分配方式包括以下两类：

1. 一次分配和多次分配

破产财产数量少且变现方便容易的，可以采用一次分配，分配完了，清算程序结束。破产财产数量多、种类复杂，变现难度大，或者有部分破产财产尚在追索中或处于诉讼、仲裁中，不能在短期内一次性完成分配，拖延时间又难以保全现有财产，甚至会造成财产损失的，可以实行多次分配，变现一批分配一批，追回一批分配一批，直到将所有破产财产分配完毕。

2. 中间分配和最后分配

多次分配有中间分配和最后分配之分。在有部分财产未变现的情况下，将已变现或者虽未变现但可以折价分配的破产财产对债权人所进行的各次分配，为中间分配。中间分配可以是一次，也可以是多次。中间分配的完成不构成破产程序终结的原因。

在经过中间分配后，将最后一批财产对债权人进行的分配称为最后分配。最后分配的完成构成破产程序终结的原因。

（三）破产财产分配顺序

在破产程序中，不排除有的破产人的破产财产足以清偿全部破产债务，但绝大多数情况下破产财产是不足以清偿全部破产债务的，所以《企业破产法》将参与分配的债权依照一定的原则进行分类后加以排序，然后以全部破产财产按照该法定顺序进行偿还。几乎各国破产法都有破产财产分配顺序的规定，但如何排序，各国差异很大。

我国《企业破产法》规定的破产财产分配顺序是：破产财产优先清偿破产费用和共益债务后，依照下列顺序清偿：（1）破产人所欠的职工工资和医疗、伤残补助、抚恤费用，所欠的应当划入职工个人账户的基本养老保险、基本医疗保险费用，以及法律、行政法规规定应当支付给职工的补偿金；（2）破产人欠缴的除前项规定以外的社会保险费用和破产人所欠税款；（3）普通破产债权。破产企业董事、监事和高级管理人员的工资按该企业职工的平均工资计算，在第一顺序支付。

破产财产分配顺序的执行规则是：（1）破产财产分配必须严格执行法定分配顺序；（2）破产财产未满足上一顺位的全部清偿要求时，不得开始下一顺位的清偿；（3）破产财产不能满足同一顺位的清偿要求时，按比例分配。

（四）破产财产分配方案

破产财产分配方案是指载明破产财产分配事项的书面文件。分配方案由管理人拟订，债权人会议讨论通过并经法院裁定认可，最后由管理人执行。

分配方案必须列明的事项是：参加破产财产分配的债权人姓名、名称、住所；参加破产财产分配的债权额；可供分配的财产数额；分配的顺序、比例和数额；实施分配的方法；提存分配、多次分配和最后分配时提存额的处理等。

1. 提存分配

提存分配，是指在破产财产分配时管理人依法对未生效的债权、未决的债权和债权人未按时受领的分配额以提存方式对其进行的分配。实施提存分配的债权包括：第一，附条件的债权的分配额；第二，债权人未受领的破产财产分配额；第三，在破产财产分配时，因处于诉讼或仲裁过程中而未决的债权的分配额。

2. 多次分配

按照破产财产分配方案实施多次分配的，管理人应当公告每一次分配的财产额和债权额。

3. 最后分配时提存额的处理

第一，附生效条件的债权，在最后分配公告日条件仍未成就，或者附解除条件的债权条件已成就，应当将提存的分配额分配给其他债权人；反之，在最后分配公告日，生效条件已成就或解除条件未成就，应当将提存的分配额交付给该债权人。第二，债权人自最后分配公告日起满两个月仍不领取因未按时受领破产财产分配额而提存的财产，视为放弃权利，管理人或法院应将该分配额分配给其他债权人。第三，已被提存的未决债权的分配额，自破产程序终结之日起满 2 年仍不能领取的，法院应当将该分配额分配给其他债权人。

第三节　破产程序终结

一、破产程序终结的概念和分类

破产程序终结又称破产程序终止，是指出现破产程序终结的原因，即破产程序预期目标已经实现或预期目标无法实现，由法院裁定结束破产程序。破产程序终结分为破产宣告前的终结、破产宣告时的终结和破产宣告后的终结三类。

1. 破产宣告前的终结　破产宣告前破产程序因存在下列情形之一而宣告终结：（1）在破产宣告前有证据证明不具备破产原因的；（2）在破产宣告前，第三人为债务人提供足额担保或者为债务人清偿全部到期债务的；（3）债务人已清偿全部到期债务的；（4）因重整计划或和解协议的执行完毕导致破产程序终结的；（5）在破产宣告前因某种情况的出现导致破产原因的消灭的，如房地产价格暴涨，使债务人财产大幅增值，恢复清偿能力；（6）在破产宣告前，债务人与全体债权人就债权、债务的处理自行达成协议，经法院裁定认可而终结破产程序的。

2. 破产宣告时的终结《企业破产法》第 43 条第 4 款规定，债务人财产不足以清偿破产费用的，管理人应当提请法院终结破产程序。此种终结既是破产宣告时的终结，也可以是宣告前的终结。

3. 破产宣告后的终结《企业破产法》第 120 条规定的终结情形就是破产宣告后的终结：（1）破产人无财产可供分配；（2）破产财产最后分配完毕。

二、破产程序终结的程序

上述（1）、（2）、（3）、（5）情形出现的，由法院直接作出终结破产程序的裁定；（4）、（6）情形出现的，由债务人向法院提出申请，由法院作出终结破产程序的裁定。（2）、（3）情形出现的，由管理人提出终结破产程序的请求，法院自接到请求之日起 15 日内作出终结破产程序的裁定。法院作出终结破产程序的裁定的同时应发布公告。

三、破产程序终结的法律后果

1. 破产程序在破产宣告前终结的，债务人的法律人格继续存在，破产程序终结产生阻却破产宣告的效力，债务人重新恢复其主体地位。

2. 破产程序在破产宣告时或破产宣告后终结的，债务人的法律人格归于消灭。管理人应当自破产程序终结之日起10日内，持法院的裁定向破产人的原登记机关办理注销登记。

3. 破产程序终结后，如果破产人为法人的，其未清偿的债务全部免除；破产人为合伙企业的，对于其未清偿的债务，有限合伙人不再承担清偿责任，普通合伙人仍应承担无限连带责任。

4. 破产程序终结后，管理人办理完企业注销登记的次日，其职务自行终止，对以后出现的与破产人有关的事务不再承担责任。但是与破产人有关的诉讼或仲裁尚未了结的，管理人继续履行职务。

5. 破产程序终结后，破产人的保证人和其他连带债务人对债权人依照破产程序未受清偿的债权，依法继续承担清偿责任。

6. 破产程序终结后的追加分配。追加分配是指因破产宣告时或破产宣告后的情形而终结破产程序后，又发现因破产人实施可撤销的或无效的处分财产的行为处分的财产，通过行使追回权将该处分财产追回，按照《企业破产法》的规定将该财产对债权人实施补充分配。追加分配的财产包括两类：一是破产人实施可撤销的或无效的处分财产的行为处分的被追回的财产；二是发现的破产人可供分配的其他财产，并且这些财产是在破产程序终结之日起的两年内发现的。追加分配由法院来执行，分配的依据是原来的破产财产分配方案。发现的财产不足以支付分配费用的，不再进行追加分配，该财产由法院上缴国库。

第五编

票据法

第三十章
票据与票据法概述

第一节　票据概述

一、票据的含义

票据是出票人签发的，由自己或委托他人无条件向收款人或持票人支付一定金额的有价证券。

理解准确票据的含义是：

1. 票据是持票人请求他人支付款项的一种法律文书，或是付款人向持票人支付一定金额的法律文书，代表着一定的权利义务关系。在财务会计实务中，人们把发票、进账单、汇款凭证等会计凭证也称为票据。后者并非法律意义上的术语，是各种原始会计凭证的泛称，与票据法中的票据是完全不同的概念。

2. 票据是无条件支付一定金额给持票人的法律文书。票据上体现出票人向付款人发出的或由自己承诺的向持票人付款的命令，在票据上不得附有付款条件，凡出现附条件付款的记载内容的，就不是票据。

3. 票据是按法定的形式要件签发的书面文件。凡不符合法律规定的必须记载事项，也不属票据。

4. 票据用纸必须使用法律规定的，有权制定票据格式的机构统一印制的书面格式用纸。在理论上以及票据产生时并无统一使用固定格式用纸的要求，现代各国一般都规定当事人只能使用有权机构所制定的统一格式用纸，当事人不能自行选择票据用纸。凡没有使用统一格式用纸、当事人自己选择用纸的，即使记载内容符合票据法的规定，所制作的文书也不属于票据。

5. 票据是一种有价证券。一般有价证券是代表一定的财产价值或财产权利，权利的行使和转移原则上以证券的持有和交付为必要的书面法律文书。有价证券是权利证券化的体现，法律对各种有价证券的规制存在以下特点：(1) 财产权利直接体现在证券上，不是在证券之外；证券券面所表示的权利与证券原则上不能分离，权利的行使不能离开证券，权利的转移以交付证券为条件。(2) 证券须以一定的形式体现才能产生代表财产权利的效力，即有价证券的要式性。不按照法律规定的形式要件加以制作或记载，在该证券上就不会存在相应的权利。(3) 权利的性质和内容完全取决于证券上记载的内容。(4) 票据作为一种有价证券，可视为合法持票人拥有的财产，独立地成为交易的标的，把票据本身作为买卖的对象。当票据本身作为交易标的时，票据持有人通过转让或出让票据获得金钱，票据受让人支付金钱获得票据；票据转让人通过卖出票据实现融资目的，受让人获得相应期间票据金额的贴现利息，或折扣价与票面价格的差额。[①]

6. 票据通常是对交易中形成的债权债务关系进行支付结算的工具。票据产生的最早动因就在于解决商人们从事经营时异地携款的不便，通过汇票实现汇兑和支付的功能。

二、票据的种类

票据种类是法定的，当事人不得自行创设。

（一）根据票据的基本当事人及付款人不同分为汇票、本票和支票

1. 汇票

汇票是出票人签发的，委托付款人在见票时或者指定日期无条件支付确定金额给收款人或持票人的票据。

在我国汇票又分为银行汇票与商业汇票。银行汇票是银行作为出票人签发的，由自己或代理付款人在见票时无条件支付一定金额给收款人或持票人的票据。商业汇票是由银行以外的单位签发的，委托付款人在指定日期无条件支付确定金额给收款人或持票人的票据。商业汇票根据承兑人（付款人）的不同分为银行承兑汇票和商业承兑汇票。

附 1：银行承兑汇票和商业承兑汇票票样[②]

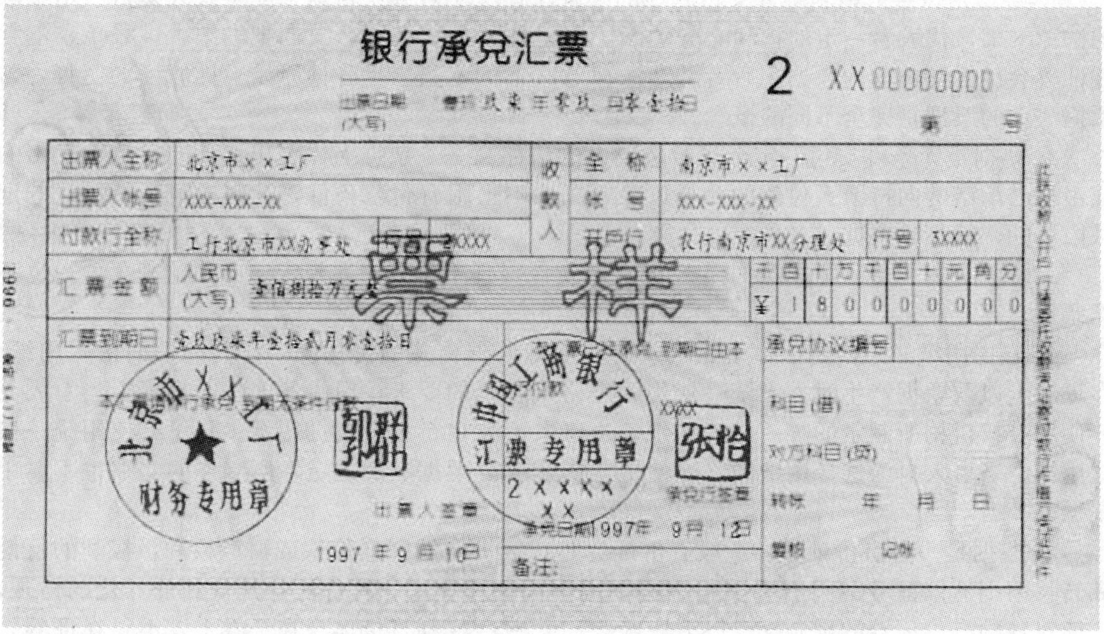
银行承兑汇票 2 XX00000000
出票日期（大写） 第 号
出票人全称 北京市××工厂
出票人帐号 XXX-XXX-XX
付款行全称 工行北京市XX办事处 行号 XXXX
收款人 全称 南京市××工厂
帐号 XXX-XXX-XX
开户行 农行南京市XX分理处 行号 3XXXX
汇票金额 人民币（大写） 壹佰捌拾万元整 ¥1800000000
汇票到期日
承兑协议编号
票样
北京市××工厂 财务专用章
中国工商银行 汇票专用章 2XXXX XX
出票人签章 1997年9月10日
承兑行签章 承兑日期1997年9月12日
科目（借）
对方科目（贷）
转帐 年 月 日
复核 记帐
备注：

---

① 参见谢怀栻：《票据法概论》，8页，北京，法律出版社，1991。

② 见 http：//law. dnscq. cn/show/65. html。

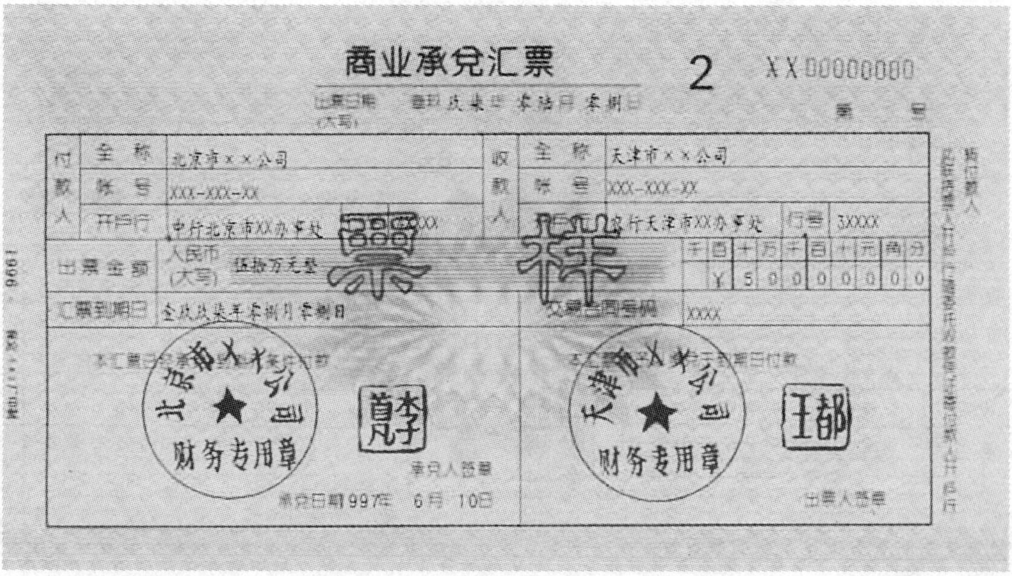
商业承兑汇票 2 XX00000000
出票日期（大写） 壹玖玖柒年零陆月零捌日
第 号
付款人 全称 北京市××公司
账号 XXX-XXX-XX
开户行 中行北京市XX办事处
收款人 全称 天津市××公司
账号 XXX-XXX-XX
开户行 农行天津市XX办事处 行号 3XXXX
出票金额 人民币（大写） 伍拾万元整
千 百 十 万 千 百 十 元 角 分
¥ 5 0 0 0 0 0 0 0
汇票到期日 壹玖玖柒年零捌月零捌日
交易合同号码 XXXX
票样
北京市××公司 财务专用章
天津市××公司 财务专用章
承兑人签章
承兑日期1997年 6月 10日
出票人签章

附2：银行汇票式样①

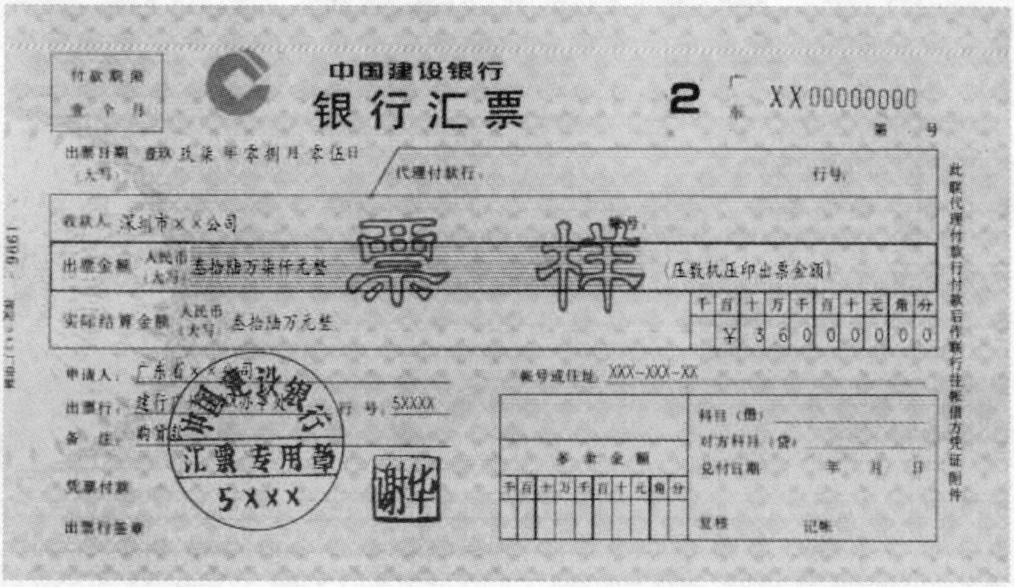
中国建设银行
银行汇票 2 XX00000000
第 号
出票日期（大写） 壹玖玖柒年零捌月零伍日
代理付款行： 行号：
收款人：深圳市××公司
出票金额 人民币（大写） 叁拾陆万柒仟元整
（压数机压印出票金额）
实际结算金额 人民币（大写） 叁拾陆万元整
千 百 十 万 千 百 十 元 角 分
¥ 3 6 0 0 0 0 0 0
申请人：广东省××公司
账号或住址：XXX-XXX-XX
出票行：建行 行号：5XXXX
备注：购货款
凭票付款
出票行签章
中国建设银行 汇票专用章 5XXX
多余金额
科目（借）
对方科目（贷）
兑付日期 年 月 日
复核 记账
票样

2. 本票

本票是出票人签发的，由自己在见票时无条件支付确定金额给收款人或持票人的票据。根据出票人的不同，本票分为银行本票与商业本票。

① 见 http：//law. dnscq. cn/show/65. html。

附 3：不定额本票和定额本票票样[①]

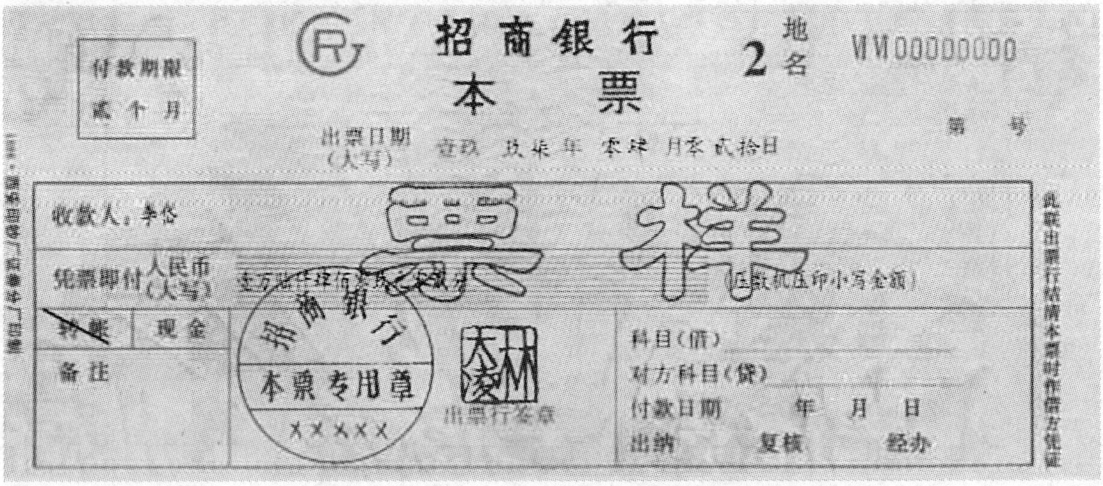
招商银行
本票
付款期限
贰个月
地名 2
WW00000000
出票日期（大写）
第 号
收款人：
凭票即付人民币（大写）
（压数机压印小写金额）
转账 现金
备注
招商银行
本票专用章
××××
出票行签章
科目（借）
对方科目（贷）
付款日期 年 月 日
出纳 复核 经办
此联出票行结清本票时作借方凭证

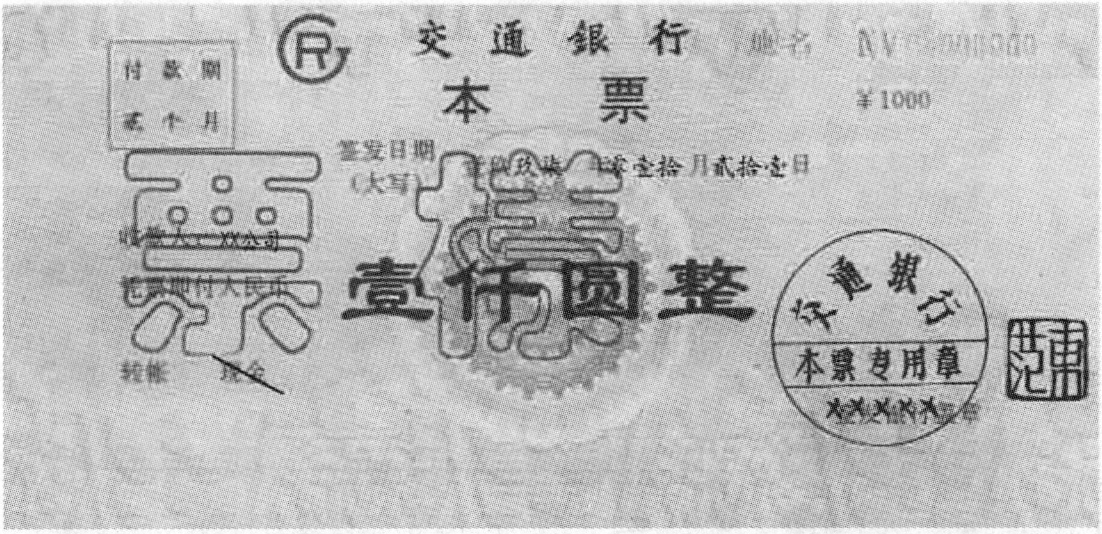
交通银行
本票
付款期
贰个月
¥1000
签发日期（大写）
收款人：XX公司
凭票即付人民币
壹仟圆整
转账 现金
交通银行
本票专用章

3. 支票

支票是出票人签发的，委托办理支票存款业务的银行或者其他金融机构在见票时无条件支付确定的金额给收款人或者持票人的票据。支票分为普通支票、转账支票与现金支票，普通支票可以转账支付，也可以支取现金。

① 见 http：//law. dnscq. cn/show/65. html。

附 4：转账支票与现金支票图样①

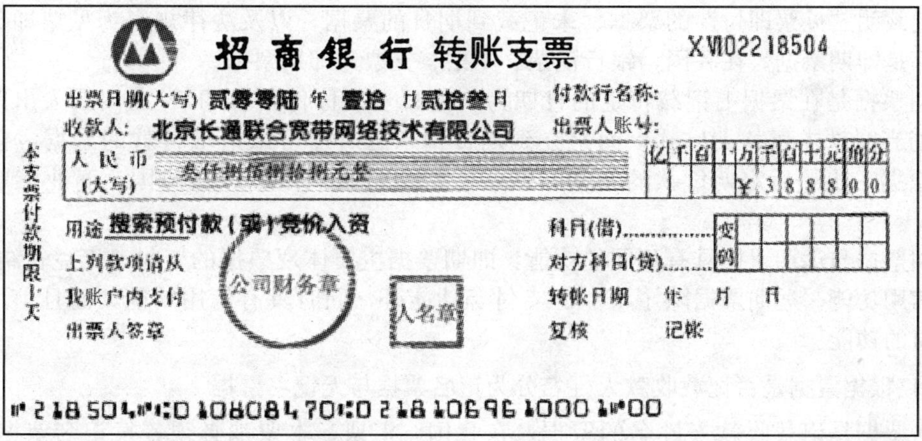
招商银行 转账支票 XVI02218504
出票日期(大写) 贰零零陆 年 壹拾 月贰拾叁日 付款行名称:
收款人: 北京长通联合宽带网络技术有限公司 出票人账号:
本支票付款期限十天
人民币（大写） 叁仟捌佰捌拾捌元整
亿 千 百 十 万 千 百 十 元 角 分
¥ 3 8 8 8 0 0
用途 搜索预付款（费）竞价入资 科目(借)
上列款项请从 对方科目(贷)
我账户内支付 转帐日期 年 月 日
出票人签章 公司财务章 人名章 复核 记账

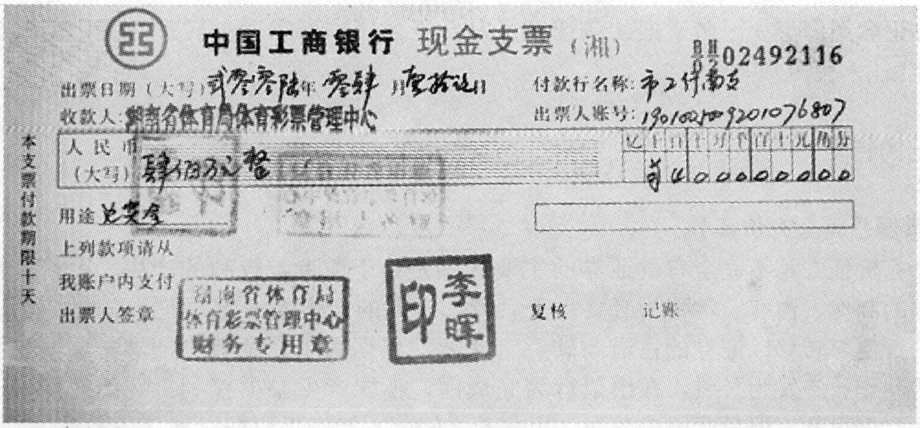
中国工商银行 现金支票（湘） 02492116
出票日期（大写） 付款行名称:
收款人: 出票人账号:
本支票付款期限十天
人民币（大写）
亿 千 百 十 万 千 百 十 元 角 分
用途
上列款项请从
我账户内支付
出票人签章 复核 记账

（二）根据票据的签发、转让是否存在基础交易关系分为真实票据与融资票据

真实票据是票据签发、转让的各个环节中存在相应的商品服务等基础交易关系的票据，创设票据关系或转让票据权利是为了支付、清偿基础交易关系中的债务②，例如，为了支付买卖合同的价款而签发的票据。

融资票据又称空票，是当事人签发的，不以真实的商品或劳务等交易为基础，而是仅作为融资工具在市场上流通的票据。融资票据的持票人因向票据的出票人或背书人提供资金而取得票据，即所谓票据的买卖。我国《票据法》第 10 条规定："票据的签发、取得和转让，应当遵循诚实信用的原则，具有真实的交易关系和债权债务关系。"这一规定表明，我国现行票据制度实行的是真实票据原则，排除了融资票据。除了允许银行对票据进行贴现外，一般不允许当事人在没有真实基础交易关系的情况下从出票人或背书人处购买取得票据。

---

① 见 http://sp.tom.com/remit_address.php。

② 参见《美国统一商法典》，潘琪译，第 3—102 条，北京，中国对外经济贸易出版社，1990。

（三）根据票据付款日期不同分为即期票据与远期票据

即期票据又称见票即付的票据，是从出票日开始起即可请求付款人付款的票据。出票人在票据上载明“见票即付”的票据、未记载到期日的票据，以及法律规定为见票即付的某些票据，都是即期票据。在我国，银行汇票、本票、支票为即期票据。

远期票据是在票据上记载特定的日期为到期日（或称付款日期），在出票人出票后，持票人不能当时请求付款人付款，而是在到期日到来之时才可以请求付款的票据，包括定日付款的票据、出票后定期付款的票据、见票后定期付款的票据。在我国，商业汇票为远期票据。

即期票据与远期票据具有不同的功能：即期票据主要体现票据的支付、汇兑、结算功能，不具有信用功能。远期票据除了汇兑、支付等功能外，同时具有信用功能，而且信用功能是其最本质的功能。

（四）根据票据是否记载收款人姓名分为记名票据与无记名票据

记名票据是记载收款人姓名的票据。在我国，汇票、本票都必须签发记名票据，否则，票据无效。无记名票据是出票时不记载收款人姓名的票据，在我国，只有支票才可签发无记名票据。

区分记名票据与无记名票据的法律意义是：记名票据必须背书转让，无记名票据可单纯交付转让。

三、票据的特征

1. 票据是完全有价证券

完全有价证券与不完全有价证券的主要区别是：于前者，权利的产生、行使、转移分别要以证券的制作、占有、转移为必要；于后者，权利的产生不一定以证券的做成为必要，只是权利的行使与转移以证券的占有与转移为必要。票据属于完全有价证券，票据权利的产生以票据的制作、签发为必要，在出票行为完成前，不能产生票据权利。例如，甲和乙约定甲向乙签发票据付款，但只要甲未签发，甲、乙之间就不能产生票据权利义务关系。

2. 票据是要式证券

票据的形式和记载事项，必须按照票据法的规定进行，不遵守票据法的形式要件要求，将会导致票据无效或持票人不享有票据权利或票据权利不完整。

3. 票据是无因证券

票据的无因性是基于票据行为的票据关系一经形成，就与基础关系相分离，二者各自独立，基础关系是否存在、是否有效。原则上对票据关系不发生影响。票据一经生效，原则上票据关系与原因关系就相互分离，即原因关系有效与否原则上对票据上的权利、义务不产生影响，票据权利人一般只要持有票据即可行使权利，不必证明原因关系，更不必证明原因关系的有效。除票据法明确规定的以外，票据债务人一般不得以原因关系不存在、无效等事由，否认其票据义务。

4. 票据是文义证券

票据行为的内容完全以票据上的文字记载为准，即使文字记载与实际情形不一致，仍以文字记载的内容确定其效力，不允许当事人以票据上文字记载以外的证据推翻文字记载的内容。

5. 票据是流通证券

票据的流通性包括两层含义：一是票据可由持票人按票据法规定的形式要求自由转让，不必通知票据债务人；二是随着票据的转让，原则上票据权利也转移。

四、票据的沿革及功能

早在唐代，我国就出现了具有现在票据特征的法律文书，唐代的汇兑叫“飞钱”，又叫“便换”。到了宋代，票据得到了进一步发展，出现了便钱、交子、关子、茶引、盐引等大量票据。明朝后期，我国出现了另一种从事汇兑放款、存款的机构——钱庄，钱庄在清朝初期得到初步发展，钱庄广泛使用庄票汇票向进出口商人提供信贷。庄票是由钱庄签发的载有一定金额并由其负责兑现的一种票据。清代除了钱庄外，还出现另外一种经营票据汇兑业务的信用机构——票号，票号主要业务是汇兑，发行类似今天汇票、本票的票券，票券有多种名称，广泛流行的如汇券、汇兑票、汇兑信、汇条、期票等。票号在19世纪50年代后迅速发展，20世纪初期进入极盛时期，20世纪20年代衰亡。

西方现代票据起源于12世纪意大利地中海沿岸的商业城市兑换商发行的兑换证书。

1. 票据的产生阶段与汇兑功能。当时商人间异地贸易携带现金较危险，各国之间货币种类不同，产生兑换问题，于是出现专门从事货币兑换业务的经营机构。商人将现金交给当地的兑换商，兑换商发给兑换证书，商人持兑换证书到兑换商在异地的分店兑取现金。兑换证书是现代本票的前身。汇款和兑换业务发展后，为扩大业务，汇款和货币兑换经营者相互建立业务往来，开始互相接受各地货币兑换经营者所签发的付款证书，相互代为付款。这是现代汇票的雏形。此阶段的票据仅有汇兑功能。

2. 支付功能的出现。汇票、本票作为汇兑工具形成后，交易中以支付票据代替现金支付方式逐渐流行，现代支票的前身始于16世纪的荷兰，17世纪中叶传到英国。

3. 信用功能的出现。16世纪后，背书制度形成，票据成为流通证券，票据的信用功能开始成为核心功能。票据的信用功能主要体现在远期汇票和本票。如果说票据的汇兑功能克服了金钱支付在空间上的障碍，那么，票据的信用功能克服了金钱支付在时间上的障碍。在交易中债务人以签发远期票据作为履行债务方式时，自己或付款人在票据到期日到来时，方履行付款义务；同样，持票人在票据到期日届临时，才可行使付款请求权。票据所表现的不仅是付款关系，还包括一定期限的信用关系。基础交易关系中债务人以提供将来付款的信用证券为条件，获得货物或接受服务，实际上是把未来可取得的金钱作为现在的金钱使用；持票人以取得认为将来可获得金钱的票据为条件，履行基础交易关系中的交货义务，相当于为出票人提供了一定期限的信用贷款，票据成为表现这种信用关系的工具。

4. 融资功能的出现。20世纪六七十年代在英美等发达国家出现了与商品、劳务交易无联系的、独立的融资性商业票据。我国票据制度中规定的票据贴现、转贴现，也是利用票据融资的体现，只不过票据贴现的主体仅限于银行、城市信用社等金融机构，贴现的金融机构只能对具有真实商品交易的票据贴现。

5. 结算功能。随着票据的不断发展，交易方式的现代化与通讯技术的发展，各国为简便手续、保证安全，广泛设立票据结算中心，实行票据交换制度，票据从而具有结算功能。

五、票据与货币的关系

票据在商品交易中可充当支付手段和流通手段，因此，票据在一定范围内可代替货币的职能。票据的使用，可有效地减少流通中的现金，提高货币流通的周转速度。

票据和货币虽在职能上存在共同点，但在法律意义上并不相同：（1）票据是代表货币请求权的有价证券，权利、义务指向的标的是货币，票据并非货币。票据权利是一种请求权，不是货币所有权，票据权利人对票据上记载的金额不享有所有权，在票据款项交付前，该货币的所有权仍属于票据债务人。尽管远期票据具有票据权利人为债务人提供一定期限的信用的功能，但当票据提示期间届满时，如果票据权利人不主动提示票据、请求付款，票据债务人并不承担迟延付款的利息，这与贷款存在差别：在借款关系中，如果履行期限届满，借款人不主动偿还借款，就应承担迟延履行的利息。（2）票据与货币在效力上另外一个不同点在于，票据关系与原因关系虽然独立，但不是绝对独立，而货币是国家强制流通的，货币不因取得原因的非法而丧失流通职能，即使是贪污、盗窃的货币，其同其他货币具有一样的职能和效力，只不过相应的责任人有义务返还相同数量的货币。因此，票据可以抗辩、止付，货币则不存在抗辩。（3）票据与票据权利原则上不得分离，在特殊情况下可通过司法程序分离，如票据的除权判决。货币用纸和所代表的价值绝对不能分离，货币丧失，货币所代表的财产价值绝对丧失。①

第二节　票据法概述

一、票据法的概念与特征

票据法是调整票据关系以及因票据的使用而产生的相关权利义务关系的法律规范。票据法的特征是：

1. 严格性，又称票据严格主义，是指票据法中的大多数规范都是有明确要件要求的强制性规范，这些规范一般都明确、具体，有特定要求，不得由当事人任意创设或更改，如票据的种类、格式、各种票据行为的要件、当事人的权利与义务及行使方式等。

2. 技术性，是指票据法中的规范以技术性规范为主，不少条文都是为了方便使用，明确具体操作、使用规则的法律规范。如关于票据记载事项及各种票据行为等，都是技术性规范。

3. 严密的逻辑性和一定的独立性。票据法自身前后关联、体系严密、逻辑关联性强，同时由于涉及的法律关系比较抽象，逻辑演绎过程相对复杂。在制度适用上，与合同法等调整实质交易关系的法律制度牵连较少。

二、票据法的立法例与国际统一化

当今世界上票据法律制度主要包括三个体系：

1. 日内公约体系。20 世纪初，各国票据立法差异较大，1930 年在当时国际联盟的主持下，于瑞士日内瓦召开了国际票据法统一会议，通过了《统一汇票和本票法公约》和《解决汇票与本票若干法律冲突的公约》、《汇票与本票印花税公约》；1931 年又通过了《统一支票法公约》、《解决支票法律冲突的公约》、《支票印花税公约》。日内瓦公约的成员国包括几乎所有的欧洲大陆国家和一些拉美国家。公约生效后，绝大多数成员国纷纷以日内瓦公约为蓝本修改本国的票据法，使票据法在大陆法系国家基本统一，形成票据立法中的日内瓦公约体系。

① 参见吕来明：《票据法基本制度评判》，7 页，北京，中国法制出版社，2003。

日内瓦公约体系票据立法体例的基本特点是实行分离主义，即将汇票和本票规定在一起，称为汇票本票法或票据法；将支票以另外的法律专门规定，称为支票法。原因除法律传统的因素外，主要是认为汇票与本票是信用证券，称为票据，支票是支付证券，是独立的种类。[①]

2. 英美法体系，又称为普通法体系。英美法系国家没有加入日内瓦公约，保留了自己的法律传统。目前有关汇票、支票、本票的法律在英国、美国和其他普通法国家是统一的。此统一建立在1882年英国票据法基础上，尽管文字上的统一已不存在，但普通法系的流通票据法仍然以1882年英国票据法的概念为依据，且此项统一与建立在日内瓦公约基础上的统一同等重要。[②] 英美法系票据立法体例的特点是合并主义，即将汇票、本票、支票规定在一部法律中。英国1882年《票据法》[③] 将汇票、本票、支票均纳入其中，1959年虽然又制定《支票法》，但该法是对《票据法》的补充，不是单独的支票法。《美国统一商法典》第三编名称为“票据”，规定了汇票、本票、支票和存款单。

3. 联合国统一票据法。日内瓦公约体系与英美法体系的对峙，成为在国际贸易中使用票据的障碍。在联合国国际贸易法委员会的主持下，1988年12月联合国第43次大会通过了《国际汇票本票法公约》，并定于1990年6月30日前开放签字。目前签的国家不多。我国虽没有签字，但在《票据法》制定时，考虑票据法国际统一的时代趋势，大量采用了公约的规范。国际公约国内化，是软、硬商法结合的又一种形式。

三、我国票据立法及特征

我国《票据法》于1995年5月10日制定，1996年1月1日起施行。除《票据法》外，我国还有一些行政法规、部门规章、司法解释，也是票据法律制度的组成部分，例如中国人民银行发布的经国务院批准的《票据管理实施办法》，中国人民银行颁布的《支付结算办法》，最高人民法院发布的《关于审理票据纠纷案件若干问题的规定》等。

立法体例上，我国《票据法》采取合并主义，将汇票、本票、支票统一规定在票据法中；内容上，与日内瓦公约体系更为接近；结构上，专门规定了“总则”一章，将各种票据共同适用的规范集中、统一规定，另外专门规定了“法律责任”一章；在立法原则上，原则上不允许签发融资票据，除贴现外，也不允许任意转让票据进行融资。

---

① 德国新票据法于1933年制定，规定汇票与本票；法国于1935年修改票据法，在商法典中规定了汇票与本票法，《日本商法典》也规定了票据法，调整汇票和本票。

② 参见［英］施米托夫：《国际贸易法文选》，69页，北京，中国大百科全书出版社，1993。

③ 也称为《汇票法》。

第三十一章 票据制度通则

第一节 票据流转过程中存在的法律关系

票据使用、流转过程中，当事人之间存在多种法律关系，这些法律关系中有的属于票据法调整，包括票据关系与票据法规定的非票据关系；有的不属于票据法调整，由合同法等法律调整，但与票据的签发、使用有牵连，称为票据基础关系。

一、票据关系

票据关系是当事人之间基于票据行为或其他合法事由而发生的，体现在票据上的债权债务关系，也称票据上的关系。票据关系是票据法规定的各种法律关系中最基本、最核心的法律关系。票据关系通常基于票据行为而发生，在特殊情况下也可依法定事由使某一当事人与其他当事人之间存在票据关系，例如依继承、公司合并、破产等原因取得票据的当事人，虽然不是基于票据行为而取得，仍与票据上的其他当事人存在票据关系。

（一）票据关系的特征

1. 票据关系是由当事人实施的票据行为创设的法律关系。当事人之间虽约定签发票据，但未实施票据行为时，票据关系不存在；反之，没有约定签发票据而实际上实施了票据行为的在该当事人之间就形成了票据关系。

2. 票据关系是一种形式关系或抽象关系，最初仅由出票人签发票据、收款人取得票据这种票据授受的形式而产生。至于当事人之所以授受票据的原因或实质内容，不属于票据关系的范围，也不是票据法规定的事项。授受票据的原因或前提在票据授受之前就存在，票据关系则是发生在票据授受之后。

3. 票据关系的内容是票据权利与票据义务。票据权利是持票人以票据债权人的身份所享有的向票据债务人请求支付票据金额的权利，包括对付款人的付款请求权和对前手的追索权。票据义务是在票据上签名的票据债务人，如出票人、背书人、承兑人、保证人等，对票据权利人所承担的一种支付一定金额或担保支付一定金额的义务，在我国票据法中也称为票据责任。票据权利义务关系是一种纯粹的、抽象的金钱支付关系，它本身并不反映当事人之间的实质交易关系或票据用途。同一张票据可以用作不同用途，背后存在不同的实质交易关系，但票据上所代表的权利义务关系即一定数量的金钱给付关系是不变的。

4. 在票据关系中，原则上持有票据的人才能行使票据权利，只有在票据上签名的人才承担票据义务，因此，票据关系是持有票据的债权人与在票据上签名的债务人之间的关系。

（二）票据关系的当事人

票据关系的当事人是票据关系中承受权利、义务的主体。票据关系的当事人分为基本当事人与非基本当事人。在票据签发时就存在的当事人为基本当事人，在汇票与支票中包括出票人、收款人（或持票人）、付款人，在本票中是出票人和收款人。需要说明的是，在我国，银行汇票的出票人与付款人为同一当事人，因此，基本当事人只有两个，即出票人与收款人。这种票据属于变式汇票，称为对己汇票。非基本当事人是票据签发、票据关系产生后通过其他各种票据行为而加入票据关系之中，成为票据当事人的人，例如背书人、被背书人、保证人、承兑人等。

票据上的当事人在各种票据行为中都有特定名称，如出票行为中有出票人、付款人、收款人等。有时同一当事人在不同行为中具有双重身份，因而名称不同，例如汇票中的付款人在承兑后成为承兑人，背书中前次背书的被背书人在后次背书中是背书人等。票据上多数当事人之间，依其持有票据顺序的先后，分为前手和后手。例如A签发票据交付给B，B背书转让给C，则C是A、B的后手，A、B是C的前手。

我国现行票据制度中，票据当事人的范围是有一定限制的：银行汇票的出票人与付款人是同一银行，收款人或持票人不存在范围限制。商业汇票的当事人包括出票人、付款人、收款人、持票人、保证人等，都必须是法人或非法人组织，不包括自然人，其中银行承兑汇票的付款人是银行。本票的当事人中签发人为银行或经批准的法人机构。支票的当事人中除付款人应当是银行或办理支票业务的其他金融机构外，其他当事人的范围未有限制。

票据关系的当事人分别处于债权人与债务人的地位。最初的债权人是出票时的收款人，以后通过转让票据而取得票据的持票人成为票据权利人，这种票据权利人行使的是付款请求权或追索权。此外，因履行了受追索义务而取得票据的人也是票据权利人，这种权利人只能向其前手行使追索权。票据上的义务人即票据债务人，是因实施一定票据行为而在票据上签名的当事人。票据债务人分为第一债务人和第二债务人，前者主要指有付款义务的人，如汇票的承兑人、银行汇票与本票的出票人、支票的保付人等；后者主要指有担保付款义务的人，包括票据的出票人及持票人的所有前手、票据保证人等。

二、票据基础关系

基础关系是在票据关系当事人之间接受票据的实质原因，或某一人成为票据付款人的实质原因的法律关系，即原因关系与资金关系，也包括票据预约。基础关系不属于票据法调整的范围。

1. 原因关系

原因关系又称票据原因，是票据出票人与收款人之间或其他直接前手与后手之间之所以授受票据的原因。例如，A签发票据给B，是因为A与B存在买卖关系，A作为买方向B购买汽车，通过签发票据的形式向B付款。此时，A与B之间的汽车买卖关系即是该票据行为的原因关系。

在一张票据上，票据关系有多个环节时，在不同环节的票据当事人之间可能存在许多不同的原因关系。例如，在前述票据中，B为支付租金，将票据背书转让给C，则B与C作为票据关系的直接前、后手当事人，他们授受票据的原因关系是二人之间的租赁关系。

原因关系可以是有对价的，也可以是无对价的，不论有无对价，在同一票据上的多个前、后手之间，不同环节的票据当事人之间的原因关系并无法律上的必然联系，即每一对授受票据的直接当事人之间的原因关系都是各自独立的法律关系。

2. 资金关系

资金关系是出票人与付款人之间的基础关系，是出票人之所以记载某一特定当事人为票据付款人的前提或原因的法律关系。资金关系只存在于汇票与支票之中，一般包括以下几种：出票人在付款人处开立了账户，在付款人处存有资金；出票人与付款人有信用合同，付款人同意为出票人垫付款项；付款人对出票人负有债务，以支付票款作为清偿方式等。

3. 票据预约

这是授受票据的当事人之间有了原因关系后，在签发票据前，就票据的种类、金额、到期日等事项达成的协议。票据预约属于以授受票据有关事项为内容的合同，其本身不是票据关系。

三、票据关系与票据基础关系的关系——票据的无因性

票据关系与票据基础关系的关系实行票据无因性规则。票据的无因性是指基于票据行为的票据关系一经形成，就与基础关系相分离，二者各自独立，基础关系是否存在、是否有效，原则上对票据关系不产生影响。票据的无因性主要表现为以下三个方面的内容：

1. 就原因关系而言，票据一经生效，原则上票据关系与原因关系就相互分离，即原因关系有效与否原则上对票据上的权利、义务不产生影响，票据权利人一般只要持有票据即可行使权利，不必证明原因关系，更不必证明原因关系的有效，除票据法明确规定的以外，票据债务人一般不得以原因关系不存在、无效等事由，否认其票据义务，反过来，票据关系的存在也不能当然表明原因关系的存在或履行，也不能表明原因关系的有效。例如，A签发票据给B，B背书转让给C，C向A行使追索权时，A不能以他与B的原因关系无效或B未履行原因关系中的义务加以拒绝；C向付款人请求付款时，无须证明他与B之间的原因关系。反过来，C取得票据后，也不能当然说明他已履行了与B之间原因关系中的义务或该原因关系有效。

2. 就资金关系而言，资金关系是否存在、是否有效对票据关系不产生影响。首先，出票人与付款人是否存在资金关系，不影响持票人的权利。持票人的付款请求权来自票据，与出票人是否向付款人提供资金并无关系，即使出票人在不存在资金关系的情况下签发票据，票据仍有效。其次，出票人不得以已供给资金于付款人为由拒绝承担票据义务。再次，付款人即使与出票人存在资金关系，也无付款的义务，如付款人已经承兑，即使没有资金关系，也应承担票据的付款义务。

3. 就票据预约而言，即使票据预约的当事人违反预约签发票据，其票据仍有效，票据权利、义务仍依票据文义确定。

在以上情形中，关于基础关系的纠纷，如未履行原因关系中的义务，作为原因关系的交易是否合法，有资金关系而不付款，违反预约等，属于其他有关原因关系的法律如合同法、税法、银行法等调整的内容，票据法不加调整。

票据的无因性有一定的例外，即票据关系与基础关系在例外情况下具有牵连性，主要表现在：（1）如果原因关系与票据关系当事人范围一致的，即授受票据的直接前、后手之间，可用原因关系对抗票据关系。例如，A向B购买一批货物，签发汇票给B，B背书转让给C，C背书转让给D，则A与B、B与C、C与D，分别属于直接前、后手，当D向B行使追索

权，B偿付款项后取得票据，向A进行追索，A可以B未交付货物（未履行原因关系中的义务）为理由拒绝受追索。(2) 持票人取得票据时如无对价，则不得享有优于前手的权利。例如，上述B是基于赠与关系将票据转让给C，则C的权利不得优于B的权利，简单地讲，就是A可基于原因关系对抗B，就能以同样的理由对抗C。(3) 票据关系与资金关系的牵连表现在，当出票人成为持票人，并向付款人或承兑人请求付款时，如他与付款人或承兑人无资金关系，则付款人或承兑人可以此为由加以拒绝。

无因性规则是相对的，持票人自身实施违法交易，或以不合法的手段取得票据，或在没有真实交易关系的情况下取得票据，对该持票人而言，不能以票据无因性为由，确认其票据权利，票据无因性的规则不能适用。

四、票据法规定的非票据关系

票据法规定的非票据关系并非票据关系，但是由票据法直接规定，为平衡当事人之间权利、义务或作为票据使用必要程序的法律关系。票据法规定的非票据关系并非票据权利义务关系，不包括票据权利人的付款请求权与追索权，但此种关系由票据法直接规定而当然存在于票据当事人之间，受票据法调整。票据法规定此种关系是为了对票据关系不能涉及，但又是使用票据时必须加以涉及的领域予以调整，主要包括利益返还请求权、票据返还请求权、票据交付请求权、回单签发请求权、票据使用中的损害赔偿关系。

(一) 利益返还请求权关系

1. 概念与性质

此种关系是因某种原因而丧失票据权利的人与因此而得到额外利益的人之间存在的返还额外利益的关系，即持票人的票据权利因时效届满或欠缺保全手续而丧失，该持票人要求出票人或承兑人在所受利益范围内予以返还的制度。利益返还请求权是票据法特别规定的请求权，是为了平衡当事人之间的权利义务关系，纠正一方失去权利而受损失、另一方却额外获得利益所产生的利益失衡现象。

2. 要件

利益返还请求权关系的成立条件是：(1) 票据关系有效，票据权利曾经存在。(2) 票据权利因时效超过或欠缺保全手续而丧失。(3) 出票人或承兑人因此获得额外利益。额外利益是取得对价或资金后本来需要付出代价，由于持票人权利丧失而无须付出的获益。如汇票出票人已经取得对价，但还没有向付款人提供资金，由于票据权利的消灭而无须提供；或承兑人已经从出票人处收到出票人提供的资金，但因持票人票据权利的消灭而免除了付款义务。(4) 出票人或承兑人向持票人返还的金额，以所受利益范围为限。

3. 时效

关于利益返还请求权的时效起算，《票据法》及《最高人民法院关于审理票据纠纷案件若干问题的规定》(以下简称"票据法司法解释") 没有明确规定。我们认为，应从因欠缺保全手续或票据权利时效超过而丧失对出票人或承兑人的票据权利之日起计算。

(二) 票据返还请求权关系

票据返还请求权关系是出票人或原持票人与其后手持票人之间基于某种理由要求返还票据的关系。主要包括：一是出票人或票据的真正权利人否认持票人享有票据权利而要求返还票据的关系。如持票人以偷盗、欺诈、胁迫等手段取得票据，或持票人因拾得而取得票据，再如持票人因恶意或重大过失从无权利人手中取得票据，出票人或真正权利人要求其返还票据。二是出票人或前手持票人基于基础关系中的抗辩事由要求其直接后手返还票据的关系。如甲向乙签发一张票据用以支付购买乙方货物的货款，但乙未按合同规定的期限交出货物，或甲与乙之间的买卖行为违法，或甲与乙之间的买卖关系是虚构的，甲可以以此为由要求乙返还票据。基于基础关系中的抗辩事由要求返还票据，只能在直接当事人之间进行。

（三）票据交付请求权关系

票据交付请求权关系是票据债务人履行了票据义务后要求票据权利人交付票据的关系，包括付款人支付票据款项后要求持票人将票据交付给付款人，以及被追索人承担了票据责任后要求持票人交付票据和拒绝证明等。我国《票据法》第 55 条、第 70 条第 2 款分别规定了这两种情形。票据交付请求权关系并不包括基础关系中的债权人要求债务人向其签发票据或向其转让票据的请求关系，这种请求权实际上是履行基础关系中的义务的请求权，不受票据法调整。

（四）回单签发请求权关系

回单是我国票据法规定的持票人因向付款人提示票据而将票据交给付款人时，付款人签发给持票人的一种凭证，用以证明收到票据。回单有两种：一种是持票人向付款人提示承兑时，付款人向持票人签发的收到汇票的回单。回单上应证明汇票提示承兑日期并签章。另外一种是贷记支票付款程序中的回单。贷记支票付款程序是由支票出票人持支票向其开户银行提示付款，该银行以进账单按票据交换的规定向收款人的开户银行进行交换并付款的程序。

交付票据的一方当事人请求付款人签发回单的关系并非票据关系，是票据法规定的非票据关系。

（五）票据使用中的损害赔偿关系

票据使用中造成他人损失有两种情形：

一是以非法手段取得票据或实施票据伪造、变造等违法行为，受损失的一方要求实施违法行为一方赔偿的关系。以上非法行为属于侵权行为，此种损害赔偿关系由侵权行为法调整，当事人依侵权行为法即可得到救济。

二是违反票据法形式要件或程序实施某种行为，给当事人造成损失或导致当事人票据权利丧失，受损失一方当事人要求实施该行为一方承担赔偿责任的关系。当事人违反票据法规定的形式要件、程序实施某种行为，除导致票据关系的产生、变更或消灭，影响票据权利、义务的存在与变更外，还可能出现虽不承担票据责任，但仍给有关当事人造成损失的后果。此时当事人承担的责任并不是一般侵权责任，而是由票据法直接规定的赔偿责任，属于违反法定要件造成他人损失而依票据法的规定产生的损害赔偿关系。如付款人拒绝付款并拒绝出具退票理由书或拒绝证书，导致持票人无法行使追索权，持票人要求付款人承担赔偿责任。

五、票据结算关系

票据结算关系是银行通过票据进行款项划转和资金收付时，与办理结算的个人或单位间的权利义务关系。票据结算关系一般通过中介机构（银行）进行，因而结算关系的当事人不一定都是票据关系当事人。总体上票据结算关系不在票据法调整范围，而由支付结算制度与合同法、代理法等相关制度调整。但票据结算的工具是票据，票据法与票据支付结算制度中的某些内容，在一定情形下成为票据关系与票据结算关系共同适用的规则。票据结算关系主要包括：

1. 委托收款关系

票据委托收款关系是票据持票人委托开户银行代收票据款项所形成的法律关系。

2. 代理付款关系

票据代理付款关系是票据付款人委托代理人向持票人或代收银行付款所形成的法律关系。票据代理付款关系在性质上也属于付款人与代理付款人之间的代理关系。票据代理付款关系的当事人是付款人和经办票据代理付款业务的银行等金融机构。代理付款关系分为：一是银行汇票和银行本票的代理付款关系，付款人与代理付款人都是银行；二是商业承兑汇票的代理付款关系，代理付款人是付款人的开户银行。

3. 申请出票关系

申请出票关系是银行汇票、本票的申请人向银行申请签发票据时，与出票人间因办理款项结算产生的法律关系。申请出票关系当事人一方是申请人，另一方是出票人。申请人并不是票据关系当事人。申请出票关系由结算制度及银行法、合同法的相关领域调整，票据法不加调整。申请出票关系中申请人的基本义务是将款项交存到银行，银行的基本义务是签发银行汇票或本票，超过付款提示期间或因其他原因申请人要求退款的，申请人持票据可要求退款；银行汇票付款后，出票人应将多余款项退还申请人。

4. 银行间的票据资金结算关系

银行间的票据资金清算关系是代收银行与付款银行或代理付款银行之间在票据款项的代收、付款或代付过程中款项划转与资金清算的法律关系，由支付结算制度调整，不在票据法调整范围内。

第二节 票据行为

一、票据行为概述

(一) 概念

票据行为是依照票据法规定的形式要求加以实施，旨在当事人间产生、变更、消灭特定权利义务关系的书面法律行为。这一概念的含义是：(1) 票据行为是一种法律行为，当事人在这一行为中以产生、变更、消灭特定权利义务关系为意思表示的内容。如出票行为的目的是赋予持票人付款请求权和追索权，并使出票人承担担保付款义务。(2) 票据行为是按票据法规定的形式要求在票据上完成的书面行为，不是当事人任意选择形式的行为。票据行为表现为当事人在票据上记载相关事项并交付票据的行为。(3) 票据行为是在当事人之间产生、变更、消灭票据权利义务关系的行为。(4) 票据行为是确定一方单方承担义务的行为。

(二) 特征

1. 要式性。票据行为必须具备法律规定的形式要件，否则，不生效力。

2. 无因性。票据行为的无因性与票据的无因性含义相同，票据行为的效力与原因关系或资金关系的效力原则上相互分离，彼此独立。

3. 文义性。票据行为的内容完全以票据上的文字记载为准，即使文字记载与实际不一致，仍依文字记载的内容确定其效力，不允许当事人以票据上文字记载以外的证据推翻文字记载的内容。

4. 票据行为的独立性。票据上存在若干个票据行为时，各个票据行为原则上各自独立发生效力，互不影响。一个票据行为无效，不影响其他票据行为的效力。

理论上票据行为独立性在制度方面的体现主要是：

（1）票据上有无行为能力或限制行为能力人的签章时，其签章无效，但不影响其他签章的效力。包括：一方面，持票人基于无行为能力人或限制行为能力人的签章取得票据时，票据行为无效。不论持票人是否对签章人为无行为能力人或限制行为能力人具有恶意，持票人均不能取得票据权利。但该票据行为无效，并不影响此后票据流通过程中其他持票人基于完全行为能力人的签章取得票据时享有票据权利。另一方面，在票据上签章的无行为能力人或限制行为能力人，并不因其在票据上签章而承担票据义务，任何人都不能对该无行为能力人或限制行为能力人主张票据权利，但并不影响完全行为能力人基于其在票据上的签章对票据权利人承担票据义务。

（2）票据上存在伪造签章时，伪造的签章无效，但并不影响票据上其他真实签章的效力。大体上与对无行为能力人或限制行为能力人的签章相同。

（3）票据存在保证行为时，被保证的债务因欠缺实质要件而无效的，不影响保证行为的效力，保证人对持票人承担票据责任。

理论认为，票据行为独立性制度的适用，以相关的票据行为在形式上为有效行为为前提，一个票据行为实质上无效而非形式要件无效，并不影响其他票据行为的效力。如果一个票据行为在形式上无效，就不适用票据行为独立性制度，会对其他票据行为的效力产生影响。①

我们认为，一个票据行为因欠缺形式要件而无效，是否影响其他票据行为的效力，要根据无效票据行为的种类而定，不能笼统地说票据行为独立性制度只能适用于票据行为实质上无效的情形。

（1）就出票行为，出票行为因欠缺形式要件而无效，票据也无效，在该票据上不可能存在有效的票据行为，票据行为独立性制度不适用。

（2）就保证行为与被保证的票据债务，票据保证行为赖以发生的票据行为因形式要件的欠缺而无效，票据保证无效。

（3）就承兑行为和保证行为本身，这两种票据行为并不是其他票据行为赖以产生的前提，不论票据上是否存在承兑行为或保证行为，都不影响其他票据行为的效力，因此，承兑行为或者保证行为本身因欠缺形式要件而无效，不妨碍票据行为独立性制度的适用，不影响其他票据行为的效力。

（4）就背书行为，前一背书行为因欠缺形式要件而无效，是否影响此后背书行为的效力，即在背书行为因欠缺形式要件而无效时，票据行为独立性制度是否适用？背书行为的主要形式要件是背书人的签章，背书行为因欠缺形式要件而无效，实际上主要就是没有背书签章或背书签章不符合法定形式。“票据法司法解释”第16条规定，持有背书不连续的票据，债务人可抗辩。第46条规定，背书签章不符合规定而无效时，不影响其他签章效力的认定。据上述司法解释，前一背书因欠缺形式要件而无效时，对此后背书行为的效力产生影响，影响的程度是后面的背书不具有权利证明的效力，持票人需要举证，法院确认为合法持票人后，该持票人仍可向其他背书人主张票据权利。

（三）票据行为的类型

理论上票据行为有广义与狭义之分：广义的票据行为是指能够引起票据法律关系发生、

① 参见赵新华：《票据法论》，68页，长春，吉林大学出版社，1998。

变更、消灭的一切法律行为和准法律行为，包括出票、背书、承兑、保证、保付、付款、参加承兑、参加付款、更改、划线、涂销、禁止背书等。狭义的票据行为是以发生票据上债务为目的的要式法律行为，或指以意思表示为要素，以发生票据上权利、承担票据上义务为目的的要式法律行为，包括出票、背书、承兑、保证、参加承兑、保付六种，其中出票、背书是均适用于汇票、本票、支票的票据行为。在我国，保证是只适用于汇票、本票的票据行为，支票不存在保证行为。[①] 承兑与参加承兑只适用于远期汇票，保付只适用于支票。狭义票据行为只包括出票、背书、承兑、保证。

付款行为是票据使用，流转过程中非常重要的环节，是最后一个环节。尽管付款行为在理论上不属于狭义的票据行为，但由于其重要性，各国票据立法均把付款行为与出票、背书、承兑、保证等狭义票据行为并列，并详细规定。实务中可把付款行为作为特殊票据行为。

二、票据行为的有效要件

(一) 票据有效要件与票据行为有效要件的区别

票据有效与票据行为有效是既有区别又存在联系的两个概念：票据有效是票据本身符合法定要件，客观上可作为一种有价证券存在。票据行为有效是当事人实施的行为符合法定要件可形成当事人预期产生的票据权利义务关系。票据有效是各当事人之间产生票据关系的必要条件，如果票据无效，谈不上票据行为的有效性。票据有效并不意味着当事人所实施的票据行为必然有效，反之，一个人因相应的票据行为无效而不能取得票据权利，也并不意味着他持有的票据是无效票据。票据上存在多个票据行为，某一特定票据行为无效时，持票人不能取得票据权利，只要票据本身有效，其他人持有票据时，仍然可成为票据权利人。票据有效与票据行为有效的联系在于：出票行为是创设票据关系的行为。当出票行为因记载事项不符合票据法规定的要件而无效时，票据本身也归于无效。

票据有效要件包括：

（1）使用统一印制的票据凭证的格式。

（2）出票时绝对必要记载事项符合票据法规定。

（3）除上两个要件外，《票据法》第 9 条第 2 款规定，票据金额、收款人名称、日期不得更改，更改的票据无效。日期应理解为出票日期，因为到期日本身是相对必要记载事项，更改到期日的，票据无效。

(二) 票据行为有效的实质要件

票据行为是一种要式法律行为，理论上票据行为的有效要件包括实质要件与形式要件。实质要件是票据行为应具备的法律行为的有效要件，包括权利能力与行为能力[②]、意思表示真实、内容合法。理论上票据行为有效的实质要件包括票据能力和意思表示，合法性不属票据行为有效要件。

1. 行为人具有行为能力

票据行为能力是当事人以独立的意思实施票据行为的资格。票据行为人不具有行为能力的，所实施的票据行为无效。有行为能力的自然人就有票据行为能力，可以实施有效的票据行为。我

---

① 我国《票据法》第 93 条规定出票、背书、付款、追索除另有规定外，适用汇票的规定，但未规定汇票的保证制度适用于支票。

② 理论上也有人把这一要件称为主体资格。

国票据关系中不区分限制行为能力人与无行为能力人，他们的地位一样，即不具有行为能力的票据行为人所为的票据行为均无效。[①] 法人或非法人组织的权利能力受章程所定目的范围的限制，这一规则不适用于票据行为：票据是无因证券，法人的票据权利能力不受章程所定目的或范围的限制，法人或非法人组织存在期间，不因超越权利能力范围而使票据行为无效。

2. 意思表示真实

意思表示作为票据行为的实质要件，是指当事人实施票据行为的意思表示应真实，票据法不保护不真实、虚伪的意思表示，一方以欺诈、胁迫的手段或乘人之危，使对方在违背真实意志的情况下所实施的票据行为无效。一方以欺诈、胁迫的手段或乘人之危使对方实施票据行为，实际上是以非法手段取得票据，当然不能享有票据权利。虽然票据关系与原因关系是不同的法律关系，原因关系中的行为与票据行为是不同性质的法律行为，但意思表示是否真实，二者是重合的，如签订合同等。受欺诈、胁迫的一方基于该原因关系实施票据行为，同时构成一方以欺诈、胁迫等非法手段使对方违背真实意志实施票据行为的，该票据行为无效。

3. 目的合法

票据行为是在票据上记载相关事项并交付票据的行为，是一种形式上的行为，本身并无合法与不合法的问题。票据行为的合法性最终表现为作为前提的原因关系的合法性，票据行为的不合法是票据行为的目的不合法。由于票据行为具有无因性，理论上合法性并非票据行为有效的实质要件，在票据行为不合法，即票据行为目的不合法时，票据行为不当然无效。但绝对地认为合法性不是票据行为有效要件，逻辑上就只能认为在任何非法目的情况下持票人都可取得票据权利，这在现实生活中有时是难以成立的。如甲向乙购买毒品而签发或转让票据，如该票据行为有效，乙可取得票据权利，显然荒谬。理论上有观点认为票据行为目的违法，票据行为仍有效，基于违法目的所产生的票据行为适用直接当事人之间的抗辩规则处理。[②] 这意味着只有直接前手可以以票据行为目的违法加以抗辩，意味着该持票人可向承兑人或持票人的间接前手、保证人等其他票据债务人主张权利。这在现实生活中不可能得到认可。试想，一个贩卖毒品的人取得一张汇票后，怎么可能仅受直接前手抗辩而能对其他票据债务人主张权利呢？

因此，票据行为目的严重违法时，基于非法原因关系取得票据的人不能取得票据权利。是不是只要原因关系存在任何违法性，都将导致由此产生的票据行为无效，将使持票人不能取得票据权利？我们认为，此时，票据无因性原则仍然适用于票据行为原因关系违法情形。如果违法行为导致原因关系无效，对一方因此产生的权利的处置，国家并不强行干预，如合同被确认无效后，一方是否要求赔偿损失或要求返还财产，国家并不干预，应认为虽有违法行为，票据行为仍有效，仅在直接当事人之间可进行抗辩。如果违法行为是国家法律强行禁止的行为，例如走私、贩毒、非法集资等行为，排除当事人对权利的处分，甚至追究刑事责任，违法行为将导致该票据行为无效，持票人向任何人都不得主张票据权利。[③]

（三）票据行为有效的形式要件

票据行为形式要件是票据行为具备票据法规定的要式性条件：

1. 书面格式

票据行为必须用统一印制的票据格式用纸。

---

① 参见《票据法》第6条。

② 参见王小能编著：《票据法教程》，2版，42页，北京，北京大学出版社，2001。

③ 参见吕来明：《票据法基本制度评判》，167页，北京，中国法制出版社，2003。

2. 记载事项

记载事项是票据行为人在票据上记载的内容。作为票据行为有效要件的记载事项是票据法规定实施某种票据行为必须记载的内容，称为绝对必要记载事项。票据行为不同，记载事项不同。绝对必要记载事项，是票据有效要件，是一切票据行为共同的形式要件。欠缺绝对必要记载事项之一或绝对必要记载事项不符合票据法规定，票据无效。在具备一切票据行为共同形式要件的前提下，票据上各个票据行为还需具备自身的形式要件，该票据行为才有效。如在票据有效的情况下，持票人实施的背书行为必须是背书人按票据法规定签章并交付票据后才有效，承兑人的承兑行为必须是依法定签章并不附条件方才有效。《票据法》第 22 条、第 75 条规定，票据出票时必须记载的事项包括：

（1）表明票据种类的文字

《票据法》针对汇票、本票和支票分别要求有表明“汇票”、“本票”、“支票”的字样，在我国，表明票据种类的文字是绝对必要记载事项，理论上出票人应在票据正面记载相应票据种类的文字。实际上，由于我国使用的是中国人民银行统一规定、印制的票据格式，各种票据名称已印在相应票据的正上方，因此，票据种类的文字无须出票人自己记载。

（2）无条件支付的委托或无条件支付的承诺

各国票据法把无条件支付的委托作为汇票和支票出票时的绝对必要记载事项，把无条件支付的承诺作为本票的绝对必要记载事项。我国票据法也不例外。对于无条件支付的委托或无条件付款的承诺的表述方式，票据法并无统一要求。理论上只要有足以表示对委托付款或自己付款不附加条件意思的文句即可，并不要求写明“无条件”的字样，且法律对此在适用上是一种反面要求，即不允许在票据上记载有任何对委托付款或自己付款附加条件的文字，只要没有对付款附加条件，即使票据没有明文记载无条件付款，也视为已存在无条件支付的委托或无条件付款的承诺，票据仍然有效。

（3）确定的金额

金额是出票时应记载的绝对必要记载事项。票据金额应以中文大写和阿拉伯数字同时记载，二者必须一致，并且未经更改。二者不一致或经更改，票据无效。在我国银行实务中，对票据金额记载有具体要求。①

（4）收款人与付款人姓名或名称

在我国，收款人姓名或名称是汇票、本票的绝对必要记载事项，欠缺收款人名称的汇票、本票是无效票据；支票的收款人名称允许在出票时空白，并由出票人授权持票人补记。

（5）出票人签章

出票人签章作为绝对必要记载事项具有特殊重要性，签章是各种票据行为共同的形式要件，是表明票据行为所必要的、最重要的条件。《票据法》、《票据管理实施办法》、《支付结算办法》以及“票据法司法解释”等规定了对票据上签章的要求：

① 根据银行办理票据结算业务相关制度的规定，中文大写金额数字前应标明“人民币”字样，大写数字应紧接“人民币”字样填写，不得留有空白；中文大写数字金额应用正楷或行书填写；中文大写数字金额到“元”为止的，在“元”之后写“整”（或“正”）字，在“角”或“分”之后，不写“整”（或“正”）字。阿拉伯小写金额数字中有“0”时，中文大写应按照汉语语言规律、金额数字构成和防止涂改的要求进行书写，中文大写金额应写“零”字，阿拉伯数字中间连续有几个“0”时，中文大字金额中间只写一个“零”字；阿拉伯金额数字万位或元位是“0”，但千位、角位不是“0”时，中文大写金额可以只写一个“零”字，也可以不写“零”字，例如￥107 000.53，应写成“人民币壹拾万柒仟元零伍角叁分”或“壹拾万零柒仟元伍角叁分”；阿拉伯金额数字角位是“0”，分位不是“0”时，中文大字金额“元”后应写成“零”字。票据上的金额可以是手写的，也可以是打印的。

自然人在票据上的签名为该当事人的本名，本名是符合法律、行政法规以及国家有关规定的身份证件上的姓名。

法人和其他使用票据的单位在票据上的签章为该法人或者单位的盖章加其法定代表人或者其授权代理人的签章。银行汇票的出票人签章和银行承兑汇票的承兑人签章，为该银行汇票专用章加其法定代表人或者授权代理人的签名或者盖章；银行本票上的出票人签章，为该银行的本票专用章加其法定代表人或者授权代理人的签名或者盖章；商业汇票上出票人的签章，为该法人或者该单位的财务专用章或者公章加其法定代表人、单位负责人或者授权代理人的签名或盖章。

支票上的出票人签章，出票人为单位的，为与该单位在银行预留签章一致的财务专用章或者公章加其法定代表人或者授权代理人的签名或者盖章；出票人为个人的，为与该个人在银行预留签章一致的签名或者盖章。签发支票要使用碳素墨水或墨汁填写。

出票人的签章形式不符合规定的形式要求，票据无效；其他签章人的签章不符合法定形式要求，基于该签章所实施的票据行为无效，但不影响对其他签章效力的认定。[①]

（6）出票日期

出票日期是票据上记载的签发票据的日期。出票日期对票据许多制度的适用具有独特的作用。出票日期的记载，应遵循以下规则：出票日期的记载应完整、具体，年月日应记载齐全，未记载任何一项的，票据无效；出票日期的记载必须符合事实逻辑，如果出票日期晚于到期日，该记载无效；出票日期必须记载日历上存在的日期。

除了必须记载的事项外，有些事项在实施票据行为时也应记载，但如没有记载，并不导致票据行为无效，根据法定可加以补充，这些事项属相对必要记载事项。《票据法》第 23 条规定：汇票上未记载付款日期的，为见票即付。

（四）票据行为有效的交付要件

票据法上交付是票据行为人基于其意志将票据转移持票人占有的行为。各国票据法理论与立法一致认为，交付是票据行为的生效要件之一，当事人在票据上签章并记载了相关事项，如未交付，票据行为未完成，不生效。《票据法》第 20 条规定：出票是出票人签发票据并将其交付给收款人的票据行为。说明我国也把交付作为出票这一基本票据行为的要件对待。[②]

交付是票据行为的有效要件，不仅出票、背书行为在记载有关事项并交付后才生效，而且承兑、保证行为在承兑人或保证人签章后将票据交还给持票人之前不生效，此时的交付表现为交还。交付为票据行为有效要件中哪种要件？票据法理论认为，交付是票据行为的形式要件。[③] 另

---

① 参见“票据法司法解释”第 46 条。

② 理论上认为背书是持票人为将票据权利转让给他人或将一定的票据权利授予他人行使，在票据背面或者粘单上记载有关事项并签章，然后将票据交付给被背书人的一种票据行为。（参见王小能编著：《票据法教程》，2 版，177 页，北京，北京大学出版社，2001。）这一表述无疑是正确的，它反映了对出票与背书在概念界定上所采用标准的一致性与严谨性，也能说明背书行为的生效要件包括交付。而《票据法》对出票与背书概念的界定所采用的标准不一致：其第 27 条第 3 款规定：持票人将票据权利转让给他人或将一定的票据权利授予他人行使时，应当背书并交付。而背书是指在票据背面或粘单上记载有关事项并签章的票据行为。按这一规定，背书这种票据行为的生效要件不包括交付。这将难以解释交付之前背书行为是否生效，如果生效，后果是什么。这是我国票据立法在技术上欠缺周严性的表现之一。

③ 参见范健主编：《商法》，197 页，北京，高等教育出版社，2000；徐学鹿主编：《商法学》，434 页，北京，中国财政经济出版社，1998；刘家琛主编：《票据法原理与法律适用》，70 页，北京，人民法院出版社，1996。

一种意见认为，交付是与实质要件、形式要件并列的第三类要件。[①] 我们同意后一种意见，理由是：所谓形式要件只能是人们从外观上可得知有无或有关内容的要件，是固定在某一物质形式上的，不论何人，只要看到相应的载体，就能得知该要件的状态，不存在看到相应的载体后还不知道其有无或如何构成。票据的交付是基于当事人的意志转移占有的行为，该行为不能固定在票据这一券面上，一个人持有一张票据，其他人从外观上无法直接认定持票人取得票据时是否有交付行为的存在，可见将交付作为形式要件不恰当。

欠缺交付与欠缺其他要件在法律后果上的共同之处在于：票据行为不生效或无效。即使持票人持有票据，如果并非基于他人交付而取得，其后果是票据行为自始无效，持票人不能取得票据权利。但即使是出票行为欠缺交付，只要形式要件具备，票据就有效，此票据行为因欠缺交付而无效，只要票据实际经过流转而存在其他票据行为，其他票据行为仍然可有效。当票据客观上脱离出票人或原持票人的占有而开始流通，若该票据为善意持票人持有，只要该持票人具备取得票据权利的要件，出票人或原持票人仍应对善意持票人承担票据义务。

三、票据行为有效与无效的后果

（一）票据行为有效的法律后果

持票人取得票据权利后，实施相应票据行为的人对持票人及其后手承担票据义务。

（1）出票行为有效，票据关系产生，收款人取得票据权利，出票人对收款人及作为其后手的合法持票人承担担保承兑或担保付款的义务，在本票则承担付款的义务。

（2）转让背书行为有效，被背书人取得票据权利，背书人的票据权利转移给被背书人，成为票据债务人，背书人对被背书人及其合法持有票据的后手承担担保承兑或担保付款的义务。

（3）保证行为有效，保证人成为票据债务人，对票据权利人所享有的票据权利的实现承担保证责任，并且保证人与被保证人承担连带责任。

（4）承兑行为有效，使付款人成为必须履行票据义务的债务人，向票据权利人承担汇票到期时无条件付款的责任。

（二）票据行为无效的法律后果

欠缺实质要件或形式要件的票据行为无效，票据行为无效的后果因不同的票据行为而有所不同：

（1）出票行为无效，收款人不能取得票据权利，出票人对收款人不承担票据义务；背书行为无效，被背书人不能取得票据权利，背书人对被背书人不承担票据义务。

（2）出票行为或背书行为无效，出票人或背书人是对所有的持票人不承担担保付款或担保承兑的义务，还是仅对直接基于该无效出票行为或无效背书行为取得票据的人不承担担保付款或担保承兑的责任，而对其他合法取得票据的人仍承担票据责任，取决于导致出票行为或背书行为无效的事由：如果书面格式、记载事项等形式要件欠缺，以及签章被伪造或欠缺票据能力导致出票行为或背书行为无效，出票人或背书人对任何持票人均不承担票据义务；如果出票行为或背书行为是由于意思表示不真实等实质要件的欠缺而无效，或由于票据行

① 参见施文森：《票据法新论》，29页，台北，三民书局，1987。

为目的不合法而无效，出票人或背书人仍应对善意取得票据的第三人及其后手承担付款或担保付款的责任。

出票行为或背书行为无效时，虽然其直接后手不享有票据权利，但其他持票人仍有可能取得票据权利，成为票据权利人。

(3) 承兑行为与保证行为只产生行为人单方承担票据义务的后果，并不创设票据权利义务关系或转移票据权利、义务，因此，承兑无效或保证无效的后果是，行为人不对票据权利人承担相应的票据义务，但不影响持票人对其他票据债务人的权利，甚至不影响持票人于票据到期后请求付款人付款，只是付款人因承兑无效而不承担必须付款的义务。

承兑行为与保证行为之不同要件的欠缺，后果不完全相同：因形式要件欠缺使承兑行为或保证行为无效的，行为人不对任何持票人承担必须付款的责任或票据保证责任；因伪造签章而使承兑行为或保证行为无效的，承兑人或保证人同样不对任何持票人承担相应的票据义务；欠缺票据能力而使承兑行为或保证行为无效的，承兑人或保证人也不对任何持票人承担必须付款的责任或保证责任；因意思表示不真实而承兑或保证的，承兑人或保证人只对导致其产生不真实意思表示的持票人主张承兑或保证无效，不向该持票人承担票据义务，但对于其他善意、合法地取得票据的持票人，该承兑行为或保证行为应有效，承兑人或保证人仍应对善意、合法取得票据的人承担票据义务。

四、票据代理

票据代理是代理人基于被代理人的授权，代理他人实施票据行为。票据代理方式是，票据上记载代理关系，并以代理人名义在票据上签章。票据代理由被代理人承担票据责任，但对于无权代理和越权代理，应由签章人承担责任或就越权部分承担责任。

第三节　票据权利

一、票据权利的概念与特征

票据权利是票据持票人向票据债务人请求支付一定票据金额的权利。票据权利人具有债权人的法律地位，并且票据权利人是单方享有权利的债权人，持票人取得票据权利并不伴随承担票据义务。票据权利具有以下特征：

(1) 票据权利是体现在票据上的权利，是一种证券权利，此种权利只能依票据上的记载事项而确定，不能体现在票据记载事项以外。

(2) 票据权利是一方当事人单独享有而不承担票据义务的权利。票据权利原则上只能由持票人享有，持票人持有票据时是票据关系中单方的权利人。与此相对应，出票人以及其他在票据上实施票据行为的债务人包括背书人、保证人、承兑人等，则是单方承担票据义务的人。票据权利的这一特征与双务合同关系中双方当事人互有权利、义务有所不同。

(3) 票据权利是一种抽象的、纯粹的金钱债权。一方面，票据权利是依票据文义记载的金钱支付关系中的权利，此种金钱支付关系是抽象的，不代表任何具体的实质交易，于同一张票据，实质交易关系可能有多种，但票据上所体现的票据权利并不因此而有所不同，是始终一致的。由于票据权利是一种抽象的、纯粹的金钱债权，因此对票据权利的行使可以附期限，但不得附条件。另一方面，票据权利是一种金钱债权，其标的只能是一定数量的货币，而不能以其他标的替代履行。

(4) 票据权利是单一性的权利。就同一票据而言，不能同时存在两个以上的票据权利。

(5) 票据权利是具有双重请求权的权利，包括付款请求权与追索权。付款请求权是持票人向票据付款人请求支付票据金额的权利；追索权是持票人到期行使付款请求权被拒绝或因法定原因而使付款请求权的实现出现障碍时，向其前手请求偿还票据金额及其利息和相关费用的权利。票据权利包含的双重权利，存在行使顺序的先后，其中付款请求权是首先要行使的权利，又称第一顺位债权，追索权是行使付款请求权未果或出现法定事由使付款请求权的行使面临障碍时才可以行使的权利。但是，对于普通汇票和支票而言，付款请求权只是一种形式上的权利或相对的权利，持票人可以请求付款，但付款人并不对持票人承担必须付款的义务，只有经过承兑或保付以后，汇票或支票的付款人才承担必须付款的义务，付款请求权才成为现实的权利。

二、票据权利的取得要件

票据权利是证券权利，一般情况下，取得和行使票据权利，以持有票据为前提。但票据的取得并不完全等同于票据权利的取得，有些情形下，虽然持票人持有票据，但并不能够享有票据权利。只有持有票据并具备相应的法律要件，才能取得票据权利。

取得票据的方式有各种不同的划分，其中就票据权利取得要件而言，最有意义的分类可划分为两种基本类型，即以票据行为取得票据和以票据行为以外的法律事实取得票据。

(一) 票据权利取得的一般要件

票据权利取得的一般要件，是各种取得票据权利的方式中均须具备的要件，包括以下三个方面：

(1) 持有票据。因为票据是设权证券、完全有价证券，完全有价证券的特性就在于取得权利以持有证券为必要，权利体现在证券上，离开证券，原则上无从谈取得权利。[①] 作为例外情形，持票人遗失票据，须依法院的除权判决，才可使权利与证券分离。

(2) 取得的票据应具备法律规定的必要记载事项。票据是要式证券，这一特征决定了票据上的绝对必要记载事项如不符合票据法的要求，就不能产生有效的票据，实际上是一张废纸，不论以何种方式取得此种“票据”，都不可能取得票据权利。

(3) 不得以非法手段取得票据。所谓以非法的手段取得票据，是指以法律所禁止的行为取得票据。我国《票据法》第12条明确规定：“以欺诈、偷盗或者胁迫等手段取得票据的，或者明知有前列情形，出于恶意取得票据的，不得享有票据权利。”通过非法手段取得票据，有时在形式上表现为票据行为，如欺诈、胁迫他人签发、转让票据等，有时也表现为非票据行为，如偷盗、抢夺等。需要说明的是，以串通、合谋等手段取得票据，以损害他人利益或骗取他人财产的，也属于以非法手段取得票据。

(二) 以票据行为取得票据时票据权利取得的特殊要件

以票据行为取得票据时，除具备一般要件外，还应具备相应的特殊要件，此种特殊要件总体上讲是指某一特定票据行为的有效要件。包括以下四个方面：

(1) 票据行为的形式要件。形式要件又包括记载事项，其中出票行为的记载事项是票据

---

① 参见谢怀栻：《票据法概论》，4页，北京，法律出版社，1990。

权利取得的一般要件。

（2）实质要件，即票据行为的实质要件。包括行为能力与意思表示，其中真实的意思表示又包含在以合法手段取得票据这一票据权利取得的一般要件之中，即因欺诈、胁迫等手段导致他人实施票据行为的，属于以不合法的手段取得票据。在票据上签章、实施票据行为的人具有行为能力是以票据行为取得票据权利的特殊要件。

（3）签章的真实性。持票人从出票人或背书人处取得票据，只有出票人或背书人的签章是真实的，才能取得票据权利。因此，签章的真实性也是以票据行为取得票据权利的特殊要件。

（4）交付。

（三）以票据行为以外的事实取得票据时票据权利取得的特殊要件

以票据行为以外的事实取得票据时，持票人取得票据权利，同样需要具备票据权利取得的一般要件，同时也有其特殊要件，这些特殊要件主要是：

（1）并非以票据行为取得。

（2）存在某种事实，该事实涉及持票人的权利、义务，例如，继承对于继承人、追索票据债务对于承担了清偿义务的被追索人、破产对于破产债权人等。

（3）基于该事实，法律规定或司法机关裁判确定持票人有权持有该票据并享有权利。如果持票人基于某种事实持有票据，但该事实并不能产生其有权持票的法律后果，则持票人不能取得票据权利。例如某人拾得票据，拾得行为固然不违法，但并不能成为其有权持有票据的依据，故拾得票据的人不能取得票据权利。

（四）票据权利的取得与对价的关系

1. 支付对价不是票据权利取得的一般要件

在我国票据法理论上，有学者主张对价是票据权利取得的一般要件，认为取得票据，必须支付对价，没有对价给付，持票人不能取得票据权利。至于因赠与、继承等原因取得票据的，作为对价原则的例外，可以取得票据权利。[①] 主要依据是，我国《票据法》第10条第2款的规定：票据的取得，必须给付对价，即应当给付票据双方当事人认可的相对应的代价。

我国《票据法》在体例和基本内容上与日内瓦公约体系相近，但《票据法》中出现的“对价”的概念则在日内瓦公约体系中不存在。

对价不能，也不应成为票据权利取得的一般要件。理由如下：

第一，票据的无因性是世界上绝大多数国家的票据立法及票据法理论普遍公认的制度，也是保障票据流通、促进票据功能发挥、使票据在社会经济生活中有其存在价值的支柱，任何与票据无因性根本抵触的制度都违背票据制度的宗旨。《票据法》中所规定的对价，实际上是实质交易关系或其他原因关系中的对待给付。以支付票据原因关系中的对应代价作为票据权利取得的一般要件，从根本上违背了票据无因性的基本原理。就我国《票据法》第10条第2款的规定而言，其实是第10条第1款“票据的签发、取得和转让，应当遵循诚实信用的原则，具有真实的交易关系和债权债务关系”这一规定的具体化和进一步发挥，

① 参见郑孟状：《票据法研究》，41页，北京，北京大学出版社，1999；王小能主编：《中国票据法律制度研究》，65页，北京，北京大学出版社，1999。

是否定或动摇票据无因性的体现。这一规定不仅被众多学者批评，而且不被司法实践确认。①

第二，以“给付对价”作为票据权利取得的一般要件不具有可操作性和现实意义。因为即使当事人授受票据时存在对价关系，也可能约定先交付票据后给付对价，甚至持票人实现了票据权利、获得付款后给付对价。如果严格按照《票据法》第10条第2款的规定操作，必将导致无论交易关系中有何约定，凡使用票据的，持票人必须先给付了对价才能取得票据或票据权利的局面，而这在现实生活中是荒谬的，任何法律作这样的强制性要求都是不具有可操作性的。

第三，即使是把给付对价解释为“存在对价关系”，也不能成为票据权利取得的一般要件。除了对价关系属于原因关系这一理由外，《票据法》第11条规定：“因税收、继承、赠与可以依法无偿取得票据的，不受给付对价的限制。”有学者认为这是对价原则的例外。② 其实，在现实生活中，只要签发、转让票据的一方是有权签发票据的人或合法票据权利人，以合法手段、目的，无对价向持票人签发、转让票据，只能理解为赠与，此时并不存在有些学者所说的赠与之外的一般无对价取得票据的情形。也就是说，此时赠与关系是唯一的情况，而不是例外情况，不存在适用“因非赠与的无对价”而不能取得票据权利的可能性。可见，在具体制度的操作性上，对价是不能作为票据权利取得的一般要件的。

第四，就相关国际公约和世界大多数国家的票据立法而言，从来没有将对价作为票据权利取得的一般要件。

2. 无对价关系取得票据对票据权利的影响

（1）根据《票据法》第11条的规定，无对价取得票据的，所享有的权利不得优于前手的权利。因此对价的有无，虽然不是取得票据权利的要件，但成为限制持票人行使票据权利或导致其权利不完整的要素。

（2）对价虽不是票据权利取得的一般要件，但可以成为某些情形下取得票据时票据权利取得的特殊要件，即适用善意取得时，以持票人支付对价作为要件之一。

三、票据权利的善意取得

（一）票据权利善意取得的概念

票据权利善意取得，是指持票人从无权利人处取得票据，若为善意，则取得票据权利；若主观上具有恶意或重大过失，则不享有票据权利。《票据法》第12条规定：“以欺诈、偷盗或者胁迫等手段取得票据的，或者明知有前列情形，出于恶意取得票据的，不得享有票据权利。持票人因重大过失取得不符合本法规定的票据的，也不得享有票据权利。”这一规定实际上从反面确认了票据权利善意取得制度。

（二）票据权利善意取得的构成要件

1. 受让人从无权利人处取得票据。如果转让人是合法票据权利人，有权处分该票据，则无所谓善意与恶意的问题。善意取得票据权利制度中的无权利人是指基于盗窃、欺诈、胁迫

---

① 参见谢怀栻：《评新公布的我国票据法》，载《法学研究》，1995（6）；徐学鹿主编：《商法教程》，52页，北京，中国财政经济出版社，1997；《最高人民法院关于中国农业银行武汉市分行硚口区支行与中国工商银行大理市支行、云南省大理物资贸易中心银行承兑汇票纠纷一案的请示答复》。

② 参见王小能主编：《中国票据法律制度研究》，65页，北京，北京大学出版社，1999。

等法律强行禁止的非法手段而持有票据的人或拾得票据的人，或基于无行为能力人或限制行为能力人的签章或伪造的签章而不能取得票据权利的人。此外，无处分权人还应当包括依原持票人的意志占有票据但不享有票据权利，又不属于票据代理人的持票人。

2. 受让人按照票据法规定的转让方式取得票据。票据流通转让的方式一般有两种，即背书转让和单纯交付转让。背书转让适用于记名式票据，单纯交付转让适用于无记名式票据和空白背书票据。① 依我国《票据法》第22条、第75条、第84条的规定，汇票、本票都是记名式的，支票可以是记名式的，也可以是不记名的，因此，汇票、本票只能依背书转让。这些规定表明，在我国，汇票、本票、记名式支票要适用善意取得制度，必须以完全背书的方式进行转让；而不记名支票要适用善意取得制度，则既可以采用背书方式，也可以采用单纯交付方式。

3. 受让人善意或无重大过失。受让人在从无权利人处取得票据时，主观上对转让人为无权利人不知情，也没有重大过失。确定恶意的标准是“明知”，即只要受让人明知转让人为无权利人，均为恶意。另外，受让人在取得票据时虽无恶意，但存在重大过失的，也不得享有票据的权利。理论上一般认为，票据取得人只要尽一般人起码的注意，稍加分析即能发现无权处分的情形，但取得人没有注意到，即为重大过失。

4. 受让人支付了对价。转让人为无权利人，若受让人未支付对价或无对价取得票据，则不得享有优于转让人的权利，故未支付对价或无对价从无权利人手中取得票据时，不构成善意取得。

5. 转让方在形式上为合法持票人与实际转让人。这一要件包括两层含义：其一，背书的连续。如果转让方持有的票据为不连续背书，则需另行证明其权利的合法性。按我国《票据法》的规定，背书转让票据，必须连续。因此，受让人在接受票据时，如背书不连续，则转让方在形式上并不能证明其权利的合法性。在此情况下，受让方仍受让票据，不能构成善意取得。其二，转让方向受让方背书时，其签章签的是其真实姓名或名称。如所签章是伪造的，则适用票据伪造的规定，受让人不能取得票据权利。

（三）票据权利善意取得的效力

1. 原权利人（或原持票人）丧失票据权利，无论丧失票据的原因如何，不得向善意取得人请求返还票据，只能要求加害人承担侵权责任。

2. 善意取得人取得的票据权利一般不受转让人的权利存在瑕疵的影响，票据债务人不得以转让人为无权利人为理由对善意取得人加以抗辩。②

3. 原权利人的记名票据被盗窃或遗失后，善意第三人取得票据权利的，原权利人虽不再享有该票据上的权利，但他也无须对善意第三人及其后手承担担保付款的责任，即善意取得人及其后手无权向原权利人追索。因为在以上情况下，连续背书的构成必然是以伪造原权利人的签章为前提的，也就是说，善意第三人形式上的间接前手（原权利人）的背书是被伪造的（直接前手是无处分权人）。根据《票据法》第14条关于票据伪造效力的规定，被伪造人因未在票据上签名，故不承担票据责任。

4. 原权利人因受欺诈、胁迫而将票据背书转让给无权利人，无权利人取得票据后又转让给善意第三人的，按《票据法》上依签名承担票据责任的原理以及外观主义原则，原权利人只能以背书的票据行为欠缺实质要件对抗无权利人，但不能以此为由对抗善意第三人，即善

① 参见［英］施米托夫：《国际贸易法文选》，157页，北京，中国大百科全书出版社，1993。

② 参见刘家琛主编：《票据法原理与法律适用》，121页，北京，人民法院出版社，1996。

意取得人在被拒绝付款或被拒绝承兑时，原权利人不能免除受追索的义务。

5. 无权利人基于原权利人自己的意志占有票据，但未取得票据权利或未经授权的情况下将该无记名票据转让给第三人，例如，票据权利人或出票人将票据交与某人保管，而保管人将票据转让于他人，或原持票人将票据交与某人办理某项特定业务，而该人将票据转让等，在实践中出现以上情形的，通常是使用无记名支票时，被委托的人未在票据上表示代理关系而受托人又越权处分票据的状态，此时，若转让人以原权利人的名义转让，且原权利人的签章是真实的，即使该签章未经原权利人同意而由印章的保管人盖上，原权利人也不得以此为由对抗善意取得该票据的人，而应当对其后手承担担保付款的责任；若转让人是以自己的名义转让该票据，由于转让人在形式上并不是票据权利人，故以其名义转让票据构成背书不连续，无从适用善意取得，原权利人有权要求返还票据。

（四）票据权利善意取得的适用范围

1. 票据权利善意取得只适用于持票人转让票据的场合，不适用于出票取得票据的情形，因为出票人谈不上是无权利人。

2. 非以票据行为转让的方式取得的票据，如继承、公司合并、破产等，因以这些方式取得的票据不是以外观确定权利状态，故不能适用善意取得票据权利的制度。

3. 超过付款提示期间的票据或出票人禁止背书的票据已丧失流通性，且从票据外观可以得知，故不适用善意取得制度。

4. 从无行为能力人或限制行为能力人处取得的票据。无行为能力人和限制行为能力人在一切票据上的签章均无效，这是法律为保护无行为能力人和限制行为能力人的利益，规范票据关系的特别规定，因此，受让人从无行为能力人或限制行为能力人处取得票据的，无论是否善意，均不享有票据权利。

5. 基于伪造签章取得的票据，后手应当对直接前手背书签章的真实性负责，直接前手背书签章为伪造的签章时，后手应当承担相应的风险，不得主张善意取得。

四、票据权利的行使

（一）付款请求权的行使要件与方式

1. 行使付款请求权的要件

行使付款请求权的前提条件是享有票据权利。在一般情况下，行使付款请求权以持有票据为必要条件，但在特殊情况下，通过法院的特定司法程序作出判决，也可以使权利与票据相分离，从而在未持有票据的情况下也可行使票据权利。例如，票据丧失后，失票人通过公示催告程序请求法院作出除权判决，从而在未持有票据的情况下行使付款请求权。

另外一个条件是票据已到到期日。尽管票据法未禁止期前请求付款，但在到期日到来之前，任何一个票据债务人都可以以票据到期日未到而进行物的抗辩，所以，票据到期日已到也属于行使付款请求权的要件之一。

2. 行使付款请求权的方式

行使付款请求权的方式是提示票据，即进行付款提示行为。付款提示是持票人或其代理人向付款人或其代理人出示票据，要求付款的行为。

（二）追索权的行使要件与方式

如同付款请求权，行使追索权也须以持有票据并取得票据权利为前提条件，在此前提下，就行使追索权而言，其具体要件包括实质要件与形式要件两个方面。

实质要件，又称为行使追索权的原因，即到期不获付款或期前不获承兑或出现其他法定事由。形式要件，即完成了保全追索权的手续。具备了行使追索权的原因，并不能当然地行使追索权，只有具备了追索权的形式要件，追索权不至于丧失，才可行使追索权。行使追索权的形式要件包括两个方面：一是按期提示票据。票据提示是持票人在票据法规定的提示期间内向付款人出示票据以请求承兑或请求付款的行为，包括承兑提示与付款提示，承兑提示适用于远期汇票的追索权保全，付款提示适用于一切票据。二是提供拒绝证明或其他有关证明。有关追索权行使要件和程序的具体内容，在“汇票”一章“追索权”一节中介绍。

（三）票据权利行使与原因关系中权利行使的关系

在票据授受的直接当事人之间，存在票据关系与票据原因关系两类不同的法律关系，也就是说，出现两种不同性质的债权债务关系并列的情形，且票据原因债权关系先于票据债权关系而形成。票据债权关系与票据原因关系在权利行使上的关系如下：

1. 原因关系债务人为履行债务向持票人签发或转让票据后，持票人票据权利未丧失时，若没有行使票据权利，暂时阻却其行使原因关系债权。

2. 持票人行使票据权利请求付款人付款，付款人支付了票据款项后，票据权利实现，原因关系中债务人的债务同时消灭。

3. 持票人怠于行使票据权利或因其他事由而使票据权利丧失的，若持票人与出票人之间存在原因关系，只要未超过时效，原因关系中的债权人仍可向债务人请求履行原因关系债权，但是如果因为上述情形使原因关系中的债务人履行债务的期限超过合同约定期限的，债务人并不承担违约责任。若持票人与背书人存在原因关系，则持票人只能向出票人或承兑人行使利益返还请求权。出票人与背书人之间的原因关系债权消灭。

4. 当持票人在行使票据权利之前表示放弃其原因关系债权的，原因关系中的债务人（即票据关系中的出票人或背书人）可以请求持票人返还票据，或持票人向其行使追索权时进行抗辩。但放弃原因关系债权并不当然导致票据权利的丧失，虽持票人表示放弃其原因关系债权，只要该债务人不行使票据返还请求权，持票人仍可向承兑人或付款人行使票据付款请求权，在遭到拒绝后，仍可向其他票据债务人行使追索权，但原因关系中的债务人对其直接后手不承担担保付款的责任。

5. 持票人行使付款请求权或请求承兑被拒绝或具备其他追索原因时，无论对其直接前手的票据权利是否丧失，对其直接前手的原因关系债权并不因之丧失，持票人以原因关系中的债权人的身份有权请求直接前手履行原因关系债务。

五、票据时效

票据时效是票据权利行使的时效期间。根据《票据法》第 17 条及“票据法司法解释”的规定，票据权利因在下列期限内不行使而消灭。

（1）持票人对于出票人、承兑人的权利，自到期日起 2 年。见票即付的汇票、本票，自出票日起 2 年。

（2）持票人对支票出票人的权利，自出票日起 6 个月。

（3）持票人对于前手的追索权，自被拒绝承兑或被拒绝付款之日起 6 个月，但对出票人的权利除外。

（4）持票人对于前手的追索权，自清偿日或被提起诉讼之日起 3 个月，但对出票人的权利除外。

票据时效因出现时效中断事由而中断，但当票据债务人为多个时，时效中断只对发生中断事由的当事人有效。

第四节 票据责任与票据抗辩

一、票据责任与票据使用中的赔偿责任

（一）票据责任的概念

票据责任，是指票据债务人向持票人支付票据金额的义务，与票据权利相对应。票据责任作为我国票据法理论与立法中使用的术语，并不是一般意义上法律责任的一种。一般意义上的法律责任，包括行政责任、刑事责任与民事责任，均是行为人违反法定或约定义务所承担的不利后果，而票据责任则是票据义务的同义语。

（二）票据使用中的赔偿责任

票据使用中的赔偿责任，是指在票据使用流转过程中，票据关系当事人或其他当事人通过票据实施某种行为而给他人造成损害所产生的赔偿责任。根据我国《票据法》与“票据法司法解释”的有关规定，主要包括以下内容：

1. 代理付款人的赔偿责任。代理付款人不是票据当事人，不可能承担票据责任，但我国《票据法》第 57 条第 2 款以及“票据法司法解释”第 43 条、第 69 条、第 70 条均规定了代理付款人的责任。

2. 承兑人或付款人未出具退票理由书或拒绝证明的责任。我国《票据法》第 62 条把出具拒绝证明或退票理由书作为承兑人或付款人必须承担的法定义务加以规定，违反这一义务应承担相应的赔偿责任，承担这一责任的唯一要件是未出具退票理由书或拒绝证明的事实，与承兑人或付款人是否应当承担票据责任以及有无过错无关。

3. 出票人对空白票据应承担的责任。“票据法司法解释”第 68 条规定，对票据未记载事项或者未完全记载事项作补充记载，补充事项超出授权范围的，出票人对补充后的票据应当承担票据责任。给他人造成损失的，出票人还应当承担相应的赔偿责任。依现行规定承担这一赔偿责任的要件是补充事项超出授权范围，且不论出票人是否承担了票据责任，只要他人存在损失，就有可能承担票据文义记载范围以外的赔偿责任。

4. 金融机构及其工作人员在票据业务中玩忽职守的赔偿责任。《票据法》第 104 条规定了这一责任，依该条规定，承担此种责任的要件是：（1）金融机构的工作人实施票据业务。（2）在实施票据业务过程中玩忽职守，具体表现为对违反票据法规定的票据予以承兑、付款或保证，依“票据法司法解释”第 75 条的规定还包括贴现。（3）给当事人造成损失。承担责任的主体是金融机构和直接责任人员，责任性质是赔偿责任。

5. 票据付款人故意压票、拖延支付的赔偿责任。《票据法》第 105 条第 2 款规定，付款人故意压票、拖延支付给持票人造成损失的，承担赔偿责任。承担这一责任的要件是故意压票、拖延支付，若不属于故意压票拖延支付，则不承担这一责任。

6. 出票人或背书人因出票人签发空头支票、与其预留签名式样不符的支票承担的赔偿责任。“票据法司法解释”第 73 条规定，因出票人签发空头支票、与其预留本名的签名式样或印鉴不符的支票给他人造成损失的，支票的出票人和背书人应当依法承担民事责任。承担这一

责任的要件是出票人签发空头支票或与预留印鉴不符的支票，承担责任的主体不限于出票人，还包括背书人。

7. 伪造、变造票据的赔偿责任。

8. 持票人行使追索权时因延期通知而给前手造成损失时应当承担的赔偿责任。

9. 后手对直接前手伪造背书的赔偿责任。我国《票据法》第 32 条第 1 款规定，以背书转让的汇票，后手应当对其直接前手背书的真实性负责。当持票人的直接前手以伪造背书将该票据转让给该持票人时，持票人不仅不享有票据权利，而且因伪造背书给原合法持票人造成损失时，持票人应当对原合法持票人的损失承担赔偿责任。这一责任不以持票人恶意或有重大过失为条件，即使持票人并不知道其直接前手的背书是伪造的，仍不能免除这一责任。

10. 票据使用过程中的其他赔偿责任。除了以上明确规定的票据使用过程中的赔偿责任以外，我国《票据法》第 106 条规定了一个“口袋条款”：“依照本法规定承担赔偿责任以外的其他违反本法规定的行为，给他人造成损失的，应当依法承担民事责任。”“票据法司法解释”第 76 条规定，由于出票人制作票据，或者其他票据债务人未按法定条件在票据上签章，给他人造成损失的，除应当按照记载事项承担票据责任外，还应当承担相应的赔偿责任。依上述规定，任何在票据使用过程中违反票据法规定的形式要件或程序要求的行为，都存在承担赔偿责任的问题，并且出票人制作票据或其他票据债务人未按法定条件签章，给其他人造成损失时，既要承担票据责任，又要承担赔偿责任。

（三）票据责任与票据使用中的赔偿责任的主要区别

1. 票据责任是当事人基于票据行为而产生的一种义务，票据行为是一种法律行为，义务是行为人基于其意思表示所设定的，一般不具有赔偿的属性。[①] 票据使用中的赔偿责任是人们在使用票据过程中违反了法律的强制性规定而由相关当事人所承担的一种赔偿责任，是法律强制规定由行为人承担的不利后果。

2. 票据责任是体现在票据上的一种义务，以票据的有效性为基本前提，票据责任的内容，如付款的金额、时间、地点等，只能以票据上的文字记载为依据确定，除了不获付款时票面金额的利息与追索费用以外，票据责任不能依票据文字记载以外的事实或行为确定。至于票据使用过程中的赔偿责任，虽然这种责任的产生与使用票据有关，但责任的承担并不以票据上的文字记载为依据确定，也不以票据的有效为前提。

3. 承担票据责任的主体只能是票据当事人，具体地说，只有票据债务人才可能承担票据责任。在我国票据债务人包括出票人、背书人、承兑人（付款人）、保证人，其他任何人都不存在承担票据责任的问题。而承担票据使用过程中赔偿责任的主体不限于票据债务人，还包括其他人，例如，金融机构的直接责任人员、代理付款人等。

4. 票据责任的承担者即票据债务人具有身份上的互易性。[②] 一方面，除承兑人和保证人以外，背书人作为票据债务人是由原来的票据权利人的身份转换而成；另一方面，除了承兑人或付款人以外，其他票据债务人可以在一定情形下转换成票据权利人。例如，在回头背书的情况下，原来的票据债务人成为票据权利人，不再承担票据责任；再如，第二顺序票据债务人在承担了票据责任以后可以转换为票据权利人，向其前手或第一顺序债务人行使票据权利。票据使用中的赔偿责任的承担者不具有身份上的互易性，承担赔偿责任的

---

① 在不获付款情况下，除票据金额外，票据责任人应承担迟延支付的利息和追索费用具有赔偿性。

② 参见马向红等：《论票据责任》，载《当代法学》，1998（5）。

一方是基于某种违反法律规定的行为对主张权利的一方承担责任，他和主张权利的一方不存在身份转换的问题。

二、票据责任的承担要件

票据责任的承担要件，是确定某个特定的票据债务人承担票据责任的要件，主要包括以下六个方面：

1. 票据有效

票据有效是当事人之间存在票据关系的前提，若票据无效，票据上任何记载内容在票据法上都没有意义，不可能存在票据关系的当事人，也就不存在承担票据责任的当事人，因此，票据有效是任何人承担票据责任的前提条件。

2. 在票据上签章

在一张有效的票据上，确定某一当事人是否承担票据责任最基本的条件是当事人在票据上存在签章，只有在票据上签章，才可能承担票据责任；没有在票据上签章，就不承担票据责任。对于曾经持有票据后凭单纯交付转让的当事人而言，虽然曾经是持票人，但在转让时并未在票据上签章，从票据文义上不能反映其票据债务人的身份，因此在转让后就退出了票据关系，不再属于票据关系的当事人，不承担票据责任。

3. 签章有效

在票据上存在某一当事人的签章，是该当事人承担票据责任的必要条件，但并不是充分条件，虽然在票据上存在某人名义的签章，但只有依票据法的规定该签章属于有效的签章时，该当事人才承担票据责任，若签章无效，该当事人就不承担票据责任。

4. 对票据权利人承担票据责任

某一当事人在票据上进行了有效的签章，在一般情况下就可以确定他应当承担票据责任，但即使在票据上进行了有效的签章，也并不一定对任何持票人都要承担票据责任，而是只对合法取得票据的持票人承担票据责任，也就是说，只对票据权利人承担票据责任。虽然行为人在票据上进行了有效签章，但如果持票人因不具备取得票据权利的要件而不享有票据权利，签章人纵然是票据债务人，也不对该持票人承担票据责任，甚至在某些情形下有权要求该持票人返还票据。

5. 进行签章的票据债务人对主张权利的票据权利人无抗辩权

在票据上签章的票据债务人，对票据权利人不存在抗辩事由时，该债务人才向票据权利人承担票据责任。虽然有的持票人享有票据权利，但某一在票据上签章的票据债务人对其可以行使抗辩权时，该签章人就可以不对该票据权利人承担票据责任。例如，甲签发票据给乙，乙背书转让给丙，丁为承兑人，此时丙为持票人，具备取得票据权利的条件，当不存在抗辩事由时，丁、甲、乙承担票据责任，但丙在取得票据后向乙交付货物不符合合同约定的条件，丙仍为票据权利人，可以要求承兑人丁承担票据责任；若丁拒绝，丙可以要求甲承担担保付款的票据责任；但是向乙进行追索，要求乙承担票据责任时，乙可以原因关系中未按合同规定履行义务进行抗辩，不对丙承担票据责任，甚至可以要求丙返还票据。

6. 持票人提示票据才有义务履行票据债务

票据是提示证券，票据责任的履行，一般以票据权利人主动向票据债务人提示票据、要求履行为条件。持票人不向票据债务人提示票据、要求履行的，即使票据已经到期，票据债务人也没有义务主动向票据权利人履行票据债务，同时也不承担迟延履行的赔偿责任或利息。

三、票据责任的基本内容

票据责任的基本内容就是票据债务人的付款义务和担保付款义务。原则上付款义务由承兑人或付款人承担，担保付款义务由出票人、背书人、保证人承担。根据票据行为的类型，可以分为出票人的票据责任、背书人的票据责任、承兑人的票据责任、保证人的票据责任。关于票据责任的具体内容，将在“汇票”一章阐明。

四、票据抗辩的概念和类型

票据抗辩是指被请求承担票据责任的人对于持票人提出的主张权利的请求，基于某种法定事由予以拒绝，不承担票据责任的行为。理论上也称为票据债务人的抗辩权。票据抗辩包括以下两种类型：

（一）物的抗辩

物的抗辩又称绝对的抗辩或客观的抗辩，是指基于票据本身的内容即记载事项或票据的性质发生的抗辩。这种抗辩可以对抗一切持票人，同时，不论持票人对抗辩事由是否为善意，均可进行抗辩。根据可以主张抗辩的人的范围，物的抗辩又分可两种：

1. 任何票据债务人可以对一切持票人行使的抗辩

构成此类抗辩的事由主要有：

（1）因记载事项的欠缺而导致票据无效的抗辩。票据出票绝对应记载事项欠缺或不符合票据法规定的要求时，票据无效。在票据无效的情况下，不论该“票据”流转多少次，不产生任何票据法上的效力，从票据法的角度相当于一张废纸。不论何人持有该“票据”，也不论向何人主张权利，任何人都可进行抗辩。

（2）因票据上记载的到期日未到或提示付款地与记载的付款地不符而进行的抗辩。在到期日未到时，即使持票人是权利人，任何票据债务人均可以此为由拒绝任何持票人行使权利。此外，持票人提示付款的地点与票据上记载的地点不符时，任何人均可对持票人行使物的抗辩。

（3）票据关系已经消灭的抗辩。当票据关系因付款或抵销、免除而消灭，由付款人或持票人记载“注销”、“收讫”等字样时，该“票据”不再是表现一定权利的有价证券，任何被请求履行票据义务的人都可以主张物的抗辩。

（4）票据被法院作出除权判决而失效的抗辩。票据丧失后，失票人向法院提起公示催告程序，当法院依失票人的申请作出除权判决时，票据所代表的权利即与票据相分离，任何人均可以此为由进行抗辩，拒绝向持票人履行票据义务。

（5）背书不连续的抗辩。持票人持有的票据背书不连续的，票据债务人可以抗辩。

2. 特定债务人可以对抗一切持票人的抗辩

这种抗辩实际上是某一被请求承担票据义务的人不对任何人承担票据义务的抗辩，包括：

（1）无行为能力人及限制行为能力人的抗辩。依票据法的规定，无行为能力人及限制行为能力人不具有票据行为能力，其签章无效。任何持票人请求无行为能力人或限制行为能力人承担票据责任时，该无行为能力人或限制行为能力人均可以其欠缺行为能力、签章无效为由主张抗辩。

(2) 被伪造人的抗辩。承担票据责任的前提条件是在票据上签章，当某人的签章是被伪造的签章时，实际上被伪造人并未实施票据行为，因此，被伪造人可以其签章系伪造的签章为由向任何持票人主张抗辩。

(3) 无权代理或越权代理的抗辩。依我国《票据法》的规定，没有代理权而以代理人名义在票据上签章的，应当由签章人承担票据责任；代理人超越代理权的，应当就其超越权限的部分承担票据责任。可见，在上述情况下，票据上记载的债务人作为无权代理或越权代理的"被代理人"，可以自己未进行授权或行为人超越权限范围为由，对任何持票人进行抗辩。

(4) 时效超过的抗辩。票据时效对某个特定的票据债务人已经超过时，该票据债务人可以票据时效已经超过为由对任何持票人进行抗辩。

(5) 保全手续欠缺的抗辩。在票据使用、流通过程中，因保全手续的欠缺使某些特定的债务人免于承担票据责任时，该票据债务人可以此为由对任何持票人主张抗辩。

(二) 人的抗辩

人的抗辩又称相对的抗辩，是指基于票据债务人与特定的持票人之间的一定关系或特定持票人自身的某种原因而产生的抗辩。这种抗辩事由来自于当事人之间的特定关系而不是票据本身，因此称为人的抗辩。人的抗辩的基本特点是仅能对特定的持票人主张而不能对任何持票人主张。根据可以主张抗辩的当事人的范围，人的抗辩也可分为两种：

1. 任何票据债务人可以对特定持票人主张的抗辩

构成此类抗辩的事由主要有：

(1) 票据权利人在实质上失去或欠缺受领资格的抗辩。例如，持票人因实施违法行为而被依法没收、扣押财产，票据也在其中。

(2) 特定持票人不具备取得票据权利的要件。特定持票人不具备取得票据权利要件的情形主要有：以盗窃、欺诈、胁迫等非法手段取得票据，拾得票据，基于票据行为取得时该票据行为无效，从无权利人手中取得票据且不具备善意取得的要件，通过票据的授受实施违法行为等。

2. 特定票据债务人可以对抗特定持票人的抗辩

构成此类抗辩的事由主要有：

(1) 原因关系的抗辩。在票据关系与原因关系的当事人一致，即票据授受的直接当事人之间，票据债务人可以用原因关系中存在的抗辩事由对抗持票人主张票权利。我国《票据法》第 13 条第 2 款规定："票据债务人可以对不履行约定义务的与自己有直接债权债务关系的持票人，进行抗辩。"这里所指的持票人与票据债务人的"直接债权债权关系"是指作为票据关系基础关系的债权债务关系。这种抗辩包括原因关系不存在，双方不具有真实交易关系和债权债务关系的抗辩；原因关系无效的抗辩，例如，票据债务人可以作为原因关系的买卖合同无效，需要各自返还财产或不再继续履行为由拒绝向直接后手承担票据责任；原因关系中对方未支付对价或未履行原因关系中的其他义务所形成的抗辩，例如，甲向乙购买货物，向乙签发票据，乙向甲主张票权利时，甲可以乙未按合同规定交付货物为由进行抗辩。原因关系中的抗辩通常只能对抗直接当事人。

(2) 无对价的抗辩。当票据债务人对持票人的直接前手具有抗辩事由时，如该持票人是从其前手无对价取得票据，则该持票人不得享有优于其前手的权利，票据债务人可以援引对抗持票人直接前手的抗辩事由，对抗持票人。

(3) 恶意抗辩。持票人明知票据债务人与出票人或持票人的直接前手之间存在抗辩事由仍然接受票据时，当该票据债务人对出票人或持票人直接前手存在抗辩事由时，可以用相同的抗辩事由对抗持票人。

(4) 特约抗辩。票据授受的直接当事人之间对于票据签发、转让、使用等存在特别约定时，若持票人违背该约定，该票据债务人可以以此为由向作为直接当事人的持票人主张抗辩。在我国，特约抗辩的情形多发生在空白支票的授权补记过程中，持票人违反出票人的授权进行补记，出票人对持票人主张抗辩。

五、票据抗辩限制及其例外

(一) 票据抗辩的限制

与民法中债务人的抗辩相比，票据抗辩的最大特点是票据抗辩的限制。票据抗辩的限制是指随着票据权利的转移，票据债务人对原持票人所存在的抗辩事由原则上并不及于票据权利的受让人，换句话说，票据债务人不得以对抗原持票人的抗辩事由对抗后手票据权利人，这在理论上称为票据抗辩的切断。在民法的债务抗辩中，债务人对原债权人存在的抗辩事由可以用来对抗债权受让人，抗辩随债权的转移而扩及新的债权人，不能被切断。而在票据法上，票据转让一次，票据债务人对原持票人（即让与人）的抗辩即被切断，票据债务人的抗辩权限制在他和原持票人之间，不能扩大到其他人。票据抗辩限制的目的是侧重保护受让人的利益，保障票据的流通性。

票据抗辩限制制度并不是在任何抗辩中都存在。由于物的抗辩是随票据本身而发生并存在的，无论票据转让到何人手中，这种抗辩都要随票据而存在，并且物的抗辩事由在许多情况下都可以从票据外观上得知，持票人对此应当承担风险，因此，在物的抗辩中，并不存在票据抗辩限制的问题。票据抗辩的限制只存在于人的抗辩之中。在人的抗辩之中，直接当事人之间的抗辩也不存在限制问题，因为抗辩限制的目的是保障票据流通性，降低票据受让人的风险，是相对原债权人的权利瑕疵而言的，其内容是债务人对原债权人抗辩权的“切断”，而在直接当事人之间并不存在“切断”问题。

依我国《票据法》的规定，票据抗辩限制的内容表现在以下两个方面：一是票据债务人不得以自己与出票人之间的抗辩事由对抗持票人。主要是指承兑人与出票人之间存在资金关系的抗辩事由时，承兑人不得以此为由对抗持票人。二是票据债务人不得以自己与持票人的前手之间的抗辩事由对抗持票人。

(二) 票据抗辩的例外

票据抗辩限制的实质在于为保障票据的流通性而降低票据受让人的风险，加重票据债务人的风险。如果票据受让人存在某种情形而应当承担风险，仍然由票据债务人承担风险而利益明显失衡的，就不应当对票据债务人的抗辩权加以限制。这在理论上称为票据抗辩限制的反限制或票据抗辩限制的例外。在符合反限制的条件下，票据债务人可以用对抗原持票人的抗辩事由对抗持票人（票据受让人）。

票据抗辩限制的例外情形有以下两个方面：

1. 持票人明知票据债务人与出票人或持票人的前手存在抗辩事由而取得票据。这在理论上称为“恶意抗辩”。

(1) 这里的“前手”从制度适用上只能理解为直接前手，因为持票人是从直接前手取得票据的，票据债务人对持票人的间接前手存在抗辩事由时，对直接前手并不一定存在抗辩事由。

例如，甲为第一次背书人，乙为被背书人，乙为第二次背书人，丙为被背书人，丙为第三次背书人，丁为最后持票人，当甲对乙存在原因关系的抗辩时，如丙从乙处取得票据时并不知道此种抗辩，且存在对价，则甲对丙不存在抗辩权，丙的票据权利是完整的。丁从丙处取得票据，是从享有完整票据权利的背书人手中合法取得票据，丁当然享有完整的票据权利，即使丁从丙处取得票据时明知甲对乙存在抗辩事由，因丁的权利来自于丙的转让，因此，甲对丁不得主张抗辩。

(2) 持票人对票据债务人与持票人的直接前手存在抗辩事由明知的时间认定，应以取得票据时是否存在明知为标准确定是否构成“恶意抗辩”。

(3) 票据债务人与出票人之间存在抗辩事由，是指承兑人与出票人之间的抗辩事由，即出票人持有票据时，承兑人基于与出票人之间的资金关系等事由对出票人进行抗辩。至于背书人、保证人，本身就不对出票人承担票据责任，不存在对出票人进行抗辩的问题。所以，只有从出票人手中取得票据的持票人，也就是只有票据上的收款人取得票据时，明知承兑人与出票人存在抗辩事由而取得票据的，承兑人才可对收款人主张恶意抗辩。

2. 持票人无对价取得票据。

第五节 票据伪造、变造、更改

一、票据伪造

(一) 票据伪造与相关概念

狭义的票据伪造，是指在统一印制的票据格式上假冒他人名义签章或虚构他人名义在票据上签章。广义的票据伪造，还包括对票据外观的非法印制，即既包括违反票据印制管理规定仿制票据，也就是伪造票据格式，也包括在真实的统一印制的格式上伪造签章。

狭义的票据伪造应具备以下三个要件：

1. 伪造人所使用的票据以及伪造的签章在形式上符合票据法规定的要件，从外观上符合票据行为的要件。如果伪造人并非在统一印制的真实的票据格式上伪造签章，而是在伪造、仿制的“假票据”上伪造签章，或者在统一印制的票据格式上伪造签章时，其签章形式不符合票据法的规定，在外观形式上就是无效的票据或无效的票据行为，则不构成票据法意义上的票据伪造，因为这些行为无论其签章是否属于伪造，都不产生票据法上的效力。

2. 签章系伪造，即行为人并未以自己的名义在票据上签章，而是以他人名义或虚构名义在票据上签章。伪造签章包括仿照、假冒他人名义签章与盗用他人印章在票据上签章。

3. 被伪造人对伪造的事实不知情。如果一人以他人名义在票据上签章，被使用姓名或名称的人已经授权他人以自己的名义在票据上签章，或被伪造人已经知道他人使用自己的名义在票据上签章而不作反对的表示，应视为票据代理，由被使用姓名或名称的人承担票据责任。

我国《票据法》并未区分伪造的签章和未经授权的签章，依一般理论，行为人未经他人许可以他人名义在票据上签章，均属于伪造签章，其签章无效。假冒他人名义签章，一般都是与欺诈行为相伴而行的，为维护票据使用、流通的正常秩序以及对欺诈行为进行公法上制裁的必要性，原则上不应允许对伪造的签章进行追认。但是对于未经他人授权以他人名义在票据上签字，主观上是为了他人的利益行事，并不存在欺诈行为的情况，应允许本人进行追认。

（二）票据伪造的法律后果

我国《票据法》及理论关于票据伪造的法律后果与日内瓦公约基本相同，主要表现在以下五个方面：

1. 对伪造人：伪造人不是以自己的名义在票据上签名，即不是以自己的名义实施票据行为，所以不承担票据责任，但应当承担其他法律责任。

2. 对被伪造人：被伪造人自己并未在票据上签章，故该签章无效，被伪造人不承担票据责任，一般也不承担其他法律责任。

需要明确的问题是，盗用他人印章或未经授权以他人印章在票据上签章时，被伪造人应否承担票据责任。在我国，使用票据的当事人大多是单位，印章是其签章的必要组成部分，在印章被盗用的情况下，签章是真实的，但不代表印章所有人的意志，该单位是否应当承担票据责任？在实践中，未经他人许可而使用他人印章进行签章的情形有所不同：一种是行为人以盗窃或其他非法手段取得他人的印章，并以该印章在票据上签章。在被盗用人能够举证证明印章系被盗用时，确认为票据伪造，被盗用单位不承担票据责任，否则，应推定为经授权所为或成立票据签章的表见代理，印章所有人应当对善意取得票据的人承担票据责任。另一种是行为人基于职务行为占有单位的印章，或印章所有人基于票据签章以外的目的授权他人持有印章，而占有印章的人未经许可以该印章在票据上签章。在此情形下，一般应确认签章的有效性，善意接受票据的人取得票据权利，印章所有人应对该持票人及其后手承担票据责任。在此将排除票据伪造规则的适用，因为印章所有人应当对其授权他人占有印章的行为承担相应的风险。

3. 对真实签章人：票据上有伪造的签章时，依票据行为独立性原则，票据本身并非无效，票据上的真实签章依然有效，真实签章人仍要承担票据责任。

4. 对持票人：持票人从伪造人手中取得票据，票据行为无效时，持票人不得享有票据权利。虽有伪造签章，但也有真实签章时，如果持票人是从真实签章人手中取得票据，在具备票据权利取得其他要件的情况下，持票人仍可取得票据权利，尽管在此之前有伪造行为，持票人仍可向所有进行真实签章的人主张票据权利。

5. 对于付款人而言，付款人原则上对票据上签章的真伪只负形式审查义务而不负实质审查义务，即审查背书在形式上的连续性。当尽到了形式审查义务且没有恶意或重大过失时，付款人也将免责。

二、票据变造与更改

1. 票据变造与更改的概念

票据变造是没有更改权限的人改变票据上签章以外的记载事项，票据更改则是有更改权限的人改变票据上的记载事项。变造是一种违法行为，除按票据法的规定承担责任外，还应承担民事责任、行政责任或刑事责任。

2. 票据更改的法律后果

更改的规则是：（1）更改应由原记载人更改。（2）法律规定不得更改的事项，不得更改。我国《票据法》规定金额、收款人名称、日期不得更改，更改则导致票据无效。这里的日期应当理解为出票日期，因为付款日期不是必须记载事项。（3）更改时应由更改人在更改处签章。（4）我国台湾地区“票据法”规定，更改应在交付前进行。我国《票据法》对此未作明确规定。在制度适用上，票据一旦交付，受让人可能基于原有文义支付了对价或具有信赖利益，如果票据又流转到第三人手中，涉及第三人权利的内容以及背书人的责任，因此，一旦票据交付，原记载人就不能基于其单方意志进行更改，如需更改，就必须由全体票据当事人同意并在更改处签章，即共同更改。原记载人在交付票据后单方更改的，应视为变造。

按照规则更改的，票据依更改后的内容对所有票据当事人产生相应的效力。

3. 票据变造的法律后果

我国《票据法》规定，票据变造的，在变造前签章的人，对原记载事项负责；在变造后签章的人，对变造后的记载事项负责。不能辨别在变造之前或变造之后签章的，视同在变造之前签章。

第六节　票据丧失的法律救济

一、票据丧失的概念与失票人的范围

票据丧失是指失票人基于自己意志以外的原因失去对票据占有的事实状态。票据丧失以后当事人往往通过一定的法律程序予以救济，预防损失发生。这就需要对失票人的范围在票据法的意义上进行确定，在法律上确定失票人的意义在于确定有权提起公示催告或诉讼程序的当事人。失票人的确定，应从构成要件和范围两个方面分析：

1. 构成要件

(1) 失票人必须是票据丧失以前的最后持票人。

(2) 失票人必须是票据丧失以前的最后合法持票人。当最后持票人以非法手段取得票据时，即使丧失对票据的占有，也不受保护。此时最后持票人之前的最后一个合法持票人为失票人。应当注意的问题是，当最后持票人取得票据的手段合法，但因是基于他人的伪造签章、无行为能力人或限制行为能力人之签章取得票据，或取得票据的背书形式要件欠缺而不享有票据权利时，能否成为失票人。原则上应当允许，因为上述当事人虽不享有票据权利，但存在因丧失票据而向以后取得票据的人承担责任的风险，对这种风险进行控制，是其合法权利，应当保护。如果被伪造人与从伪造人手中取得票据的人同时主张自己是失票人，应以前者为失票人。

(3) 失票人是对票据丧失承担风险或可能遭受损失的人，并不一定是票据权利人。固然票据权利人失去票据可能受损失，即使不是票据权利人，但依权利人的意志实际占有票据而代权利人行使权利的人，例如委托收款的被背书人或票据质权人，在票据丧失后也存在承担票据丧失的风险问题。前者是因票据丧失而使票据权利人的权利丧失时向票据权利人承担的赔偿责任，后者是票据质权的丧失以及可能向票据权利人承担的赔偿责任。此外，某些情况下，票据义务人也会因其在持有票据期间丧失票据而受损失或承担风险，例如，出票人在填写票据相关事项签章后、交付收款人前丧失了票据，出票人因此可能要向善意第三人承担票据责任，或付款人基于该票据向提示付款人付款并从出票人账户划转款项，此时出票人将受损失并承担该风险。此时当事人虽然不是票据权利人，但票据丧失可能使其受损失或承担风险，因而可以成为失票人。另外，在某些票据中既不是权利人，也不是票据义务人，但票据丧失后会导致其遭受损失的人，也可以成为失票人，例如银行汇票、本票的申请人。故应对最后合法持票人作比较宽泛的理解，不应限定于票据权利人。

(4) 基于自己的意志以外的原因失去了票据的占有，如系以自己的意志将票据交付给他人，不能成为失票人。在实践中有的出票人在将票据交付收款人后，以失票人的身份向法院

提起公示催告程序，要求作出除权判决。对此应不予受理。但如果票据权利人将票据交给他人保管、代收款项、质押时，保管人、代收人、质权人丧失票据的，票据权利人可以同时成为失票人。

（5）最后合法持票人失去票据的占有且无法恢复票据占有，或无法确定他人是否已经占有票据，或虽可确定票据已由他人占有，但实际占有人不能确定，例如，票据灭失、毁损而无法恢复占有，票据丧失而不能确定是否已由他人占有，票据被盗、被抢而不能确定占有人的身份等。如果票据的转移占有虽然存在意思表示的瑕疵，例如被欺诈、胁迫等，最后合法持票人可以确定实际占有人的，原则上不能成为失票人，依照票据返还请求权予以救济。①

2. 失票人的范围

失票人应当包括以下五个方面：（1）票据丧失以前最后持有票据的票据权利人；（2）票据丧失以前票据权利人将票据交付给其保管、代收款项、质押的保管人、委托收款的被背书人、质权人；（3）票据丧失以前以合法手段取得票据，但因欠缺其他要件而不享有票据权利的最后持票人；（4）在交付票据以前丧失票据的出票人或背书人以及申请人；（5）对票据付款后、尚未注销而丧失票据的付款人、承兑人。

二、救济方式

（一）挂失止付

1. 概念

挂失止付，是指失票人在票据丧失以后，以止付通知的方式告知付款人或代理付款人票据丧失的情形，并请求付款人在法律规定的止付期间内暂时停止支付的救济方法。我国《票据法》第15条以及中国人民银行颁布的《支付结算办法》规定了挂失止付制度。

2. 作用与效力

挂失止付是失票人向付款人或代理付款人单方面通知停止支付的救济方式，其作用在于防止票据金额被无权利人冒领。挂失止付手续简便，仅依失票人书面通知即可发生效力，能够在最短的时间内控制损失的发生，故有其特有的优越性。但挂失止付毕竟不是通过司法机关对票据丧失进行救济的方式，不涉及对丧失的票据本身作评价，也不能确定究竟谁有权行使票据权利，因此，只能发生付款人暂时停止支付的效力，并不能彻底解决票据丧失后的法律后果，也不能从根本上控制风险或损失，因此，挂失止付的救济方式往往与其他救济方式结合在一起进行救济。挂失止付产生以下法律效力：（1）付款人或代理付款人承担暂时停止支付的责任。付款人或代理付款人在收到挂失止付通知书后应在12日内停止向提示付款人付款，付款人若在此期间内付款，应对由此发生的损失承担责任。12日内未收到人民法院的挂

① 票据是否可以背书转让，不应影响其持票人成为失票人。因为出票人禁止转让的票据以及超过付款提示期间的票据，虽然票据法规定不得转让，但此种票据一旦丧失，非以失票人身份向法院提起公示催告程序或诉讼，失票人无法行使其权利。再者，按《支付结算办法》的规定，只有现金银行汇票、现金银行本票才可以挂失止付，转账支票和现金支票均可挂失止付。而《支付结算办法》又规定，现金银行汇票、现金本票、现金支票不得背书转让。以可以背书转让的票据作为成为申请公示催告失票人的要件，就产生了可以挂失止付的现金票据不可以申请公示催告的问题。而《票据法》又规定，失票人应在通知挂失止付后3日内，依法向人民法院申请公示催告，或者向人民法院提起诉讼。这将导致在司法实践中无所适从。

失止付通知书的，自第13日起，挂失止付通知书失效[①]，付款人或代理付款人按正常操作程序善意付款的，免除其错误付款的责任。(2) 挂失止付不产生使票据失效或禁止转让的效力，不能排除票据被他人善意取得时他人享有票据权利。(3) 失票人在挂失止付期满后，未经法定程序，无权要求付款人或代理付款人付款。(4) 挂失止付通知前，付款人或代理付款人已经基于善意向提示付款人付款的，付款人不对失票人承担责任，风险由失票人承担。

3. 适用范围

挂失止付的救济方式不能适用于代理付款人不确定的票据，只能适用于代理付款人确定的票据。我国《票据法》第15条规定，未记载付款人或者无法确定付款人及代理付款人的票据不可以采取挂失止付方式。实际上，该条规定只在代理付款人不确定时才有适用条件，因为当票据上未记载付款人或付款人不确定时，票据无效，不存在挂失止付的问题。除了代理付款人不确定的票据不得挂失止付外，《支付结算办法》第48条规定，已承兑的商业汇票、支票、填明"现金"字样和代理付款人的银行汇票以及填明"现金"字样的银行本票丧失，可以由失票人通知付款人或者代理付款人挂失止付。未填明"现金"字样和代理付款人的银行汇票以及未填明"现金"字样的银行本票丧失，不得挂失止付。《支付结算办法》虽未直接规定尚未承兑的商业汇票不得挂失止付，但在解释上可以推知，未承兑的商业汇票，银行不予挂失止付。

从表面上看，《支付结算办法》关于不得挂失止付的票据的范围比《票据法》规定的有所扩大[②]，但从我国票据使用制度的实践看，二者实际上是一致的。

(二) 公示催告

1. 概念

公示催告，是指票据等有价证券丧失后，依据申请人的申请，法院以公告的形式，告知利害关系人在一定期限内申报权利，否则，将由法院依申请人的申请作出除权判决，确认票据失去效力，使票据与权利分离，使丧失票据的人行使票据权利的救济方法。我国《民事诉讼法》及《票据法》都规定了票据丧失后的公示催告制度。公示催告制度的理论基础是无权推定论，即票据是有价证券，权利和票据原则上不得分离，持票人丧失票据后因未持有票据，就首先推定其不享有票据权利，因而在不持有票据的情况下不能行使票据权利，只有通过特定的司法程序，法院判决权利与票据相分离时，才可以行使票据权利。

银行汇票的代理付款人遍及全国各地，公示催告的止付通知书无法一一送达，使公示催告难以实行[③]，因此，公示催告方式也有其局限性。

2. 申请与受理公示催告的条件

公示催告程序是一种独立的救济方式，并不以挂失止付为前提条件，即使是有些不得挂失止付的票据，也可以以公示催告的方式进行救济。申请与受理公示催告的条件是：第一，只有法律意义上的失票人提出申请方可受理。第二，必须是法律规定可以适用公示催告程序的票据丧失。《民事诉讼法》规定，可以背书转让的票据丧失，失票人可以向法院申请公示催告。"票据法司法解释"倾向于扩大公示催告程序所适用的票据范围，按该司法解释，出票人已经签章的授权补记的支票丧失后，失票人可以向法院申请公示催告；超过付款提示期间的票据丧失后，失票人可以向法院申请公示催告。第三，申请人应提出书面申请，并在申请书

① 参见《票据管理实施办法》第20条。但根据《中国人民银行关于施行〈中华人民共和国票据法〉有关问题通知》，付款人的止付期限实际为15日。

② 参见赵威：《票据权利研究》，218页，北京，法律出版社，1997。

③ 参见周正庆：《关于〈中华人民共和国票据法（草案）〉的说明》。

中填明票据金额、出票人、付款人、背书人等主要内容。不过，未记载金额的空白支票丧失的，可以不填金额。

3. 公示催告及相关程序的进行

(1) 法院接受申请人提出的书面申请，经审理认为符合受理条件的，应决定受理，否则，应当在当事人申请之日起 7 日内裁定驳回申请。

(2) 法院决定受理公示催告申请，应当同时通知付款人及代理付款人停止支付，并自立案之日起 3 日内发出公示。公示催告的期间是国内票据自公告发布之日起 60 日，涉外票据最长不超过 90 日。

(3) 在催告期间，没有利害关系人申报权利，或虽然有利害关系人申报，但由于申请公示催告的票据与利害关系人出示的票据不一致而裁定驳回申报的，申请人应自催告期间届满之日起申请作出除权判决，逾期不申请的，裁定终结公示催告程序。

(4) 在催告期间，利害关系人申报权利且不属于驳回申报情形的，应裁定终结公示催告程序，申请人不能申请作出除权判决，申请人与申报人可以依普通程序提起诉讼，确认票据权利的归属。

(5) 催告期间届满，在法院作出除权判决之前，利害关系人申报权利且不属于应驳回申报情形的，即使申请人已经申请作出除权判决，法院也不再作出除权判决，而是裁定终结公示催告程序，申请人或利害关系人可依普通诉讼程序提起诉讼，确认票据权利的归属；在催告期内，申请人撤回申请的，法院应裁定终结公示催告程序。

(6) 利害关系人因正当理由不能在判决前向法院申报权利的，自知道或应当知道判决公告之日起 1 年内，可以向作出判决的法院起诉，此时，法院应按普通程序审理该案件，确认票据权利人以及申请人与申报人应承担的义务。

4. 公示催告程序与除权判决的效力

(1) 止付的效力。公示催告程序开始，法院发出止付通知之日起，直至法院允许解付之日止，付款人或代理付款人不得向提示付款人支付票款，否则，就对由此造成的损失自行承担责任。

(2) 排除善意取得的效力。《民事诉讼法》第 195 条以及“票据法司法解释”第 34 条规定，在公示催告期间，以公示催告的票据转让、质押的行为无效，接受该票据的人向法院主张票据权利的，不予支持，但公示催告期满以后、法院作出除权判决以前取得票据的除外。依上述规定，持票人在公示催告期间取得票据的，即使是善意的，不知该票据已被公示催告，仍不能享有票据权利；在公示催告期间届满以后、法院作出除权判决以前取得的，才可能构成善意取得。

(3) 票据失效与恢复权利的效力。除权判决产生两个方面的效力：一是票据失去效力，不再代表权利；二是失票人在未持有票据的情况下恢复其权利，凭法院判决向付款人及代理人请求付款，并可行使追索权。

(4) 中止票据时效的效力。公示催告程序开始后，若申请人是票据权利人，因票据丧失而无法行使票据权利；若申报人是权利人，也因法院发出止付通知而无法行使权利，因而公示催告程序产生中止时效的效力。中止事由自公示催告终结，法院发出允许解付的通知之日起或除权判决生效之日起消除，票据时效继续计算。若一方当事人起诉，或依法院除权判决请求付款的，票据时效中断。

（三）诉讼

1. 概念

票据丧失的诉讼救济方式，是指失票人丧失票据以后，直接向法院提起诉讼，要求补发票据或支付款项的救济方式。诉讼救济方式的理论基础是有权推定论，即假定失票人并不因丧失票据而失去票据权利，故赋予失票人以有条件的权利，使失票人可以提供担保来实现自己的权利。[①]

2. 适用条件

我国《票据法》第15条以及“票据法司法解释”在采用公示催告方式的同时，也把直接提起诉讼作为救济方式之一。依上述规定，直接提起诉讼方式的适用，主要有以下条件：(1) 失票人丧失票据，但票据权利时效期间未超过；(2) 失票人向出票人或承兑人提出补发票据的要求或付款的要求，在提供担保的情况下被拒绝；(3) 失票人应向法院说明曾经持有票据的情形及丧失票据的情形；(4) 失票人提起诉讼时，被告为与失票人具有票据债务关系的出票人、拒绝付款的票据付款人或承兑人；(5) 起诉时需要提供担保。

在适用诉讼方式的过程中，有两个问题需要明确：一是出票人或票据付款人、承兑人对失票人的人的抗辩和物的抗辩事由依然存在。除了不得以未持有票据进行抗辩外，出票人、付款人或承兑人对失票人的其他抗辩权依然可以行使，因为不能使失票人因失去票据而取得不受抗辩的权利，从而比不丧失票据的情形处于更加有利的地位。二是失票人丧失票据后，除了对出票人和承兑人提起诉讼外，可否对付款人提起诉讼？从最高人民法院的司法解释的规定看，似乎可以起诉付款人。如果把付款人理解为银行汇票和本票的付款人，因其与出票人是同一人，则这一规定是正确的。但如果把付款人理解为所有的票据的付款人，则不正确。因为商业汇票的付款人在未承兑前、支票的付款人在未保付时，本来就不对持票人承担必须付款的票据责任，严格地讲，它们并不是绝对意义上的票据债务人，有学者称其为票据关系人而不是票据当事人，即使持票人未丧失票据，付款人也不承担必须付款的义务，在拒绝付款时，持票人只能向前手起诉，无权起诉未承兑的付款人。

---

① 参见赵威：《票据权利研究》，237页，北京，法律出版社，1997。

第三十二章 汇票

第一节 汇票的类型及特征

一、商业汇票的特征与使用流程

商业汇票是由银行以外的其他单位签发的汇票。根据我国票据实务及《支付结算办法》等相关规章制度，商业汇票具有以下特征：

1. 商业汇票的出票人是银行以外的组织。

2. 商业汇票的付款人（承兑人）可以是银行，也可以是其他单位。付款人为银行的，称为银行承兑汇票；付款人为银行以外的单位的，称为商业承兑汇票。

3. 商业汇票可以签发远期票据，也可以签发即期票据。签发远期票据的，可以贴现。

4. 商业汇票的基本当事人包括出票人、收款人、付款人。银行承兑汇票通常是基础关系交易双方分别为出票人和收款人，出票人的开户银行或其他与出票人签订承兑协议的银行为承兑人（付款人）。持票人可通过自己的开户银行或直接向承兑人请求付款。商业承兑汇票有三种情况：一是基础关系交易双方分别为出票人和收款人，付款人（承兑人）为第三方。二是基础关系交易双方分别为出票人和收款人，付款人（承兑人）为出票人，称为对己汇票。三是基础关系交易双方分别为出票人和付款人（承兑人），收款人为出票人，称为指己汇票。

5. 商业汇票支付方式都是转账支付。例如，商业承兑汇票的持票人一般以自己的开户银行作为代收银行，向付款人的开户银行提示票据，付款人的开户银行是代理付款人。代理付款人得到付款人同意付款的确认后，将付款人在本行账户上的款项划入代收银行的账上，代收银行将该款项划入持票人账户。

附5：商业汇票使用流程图

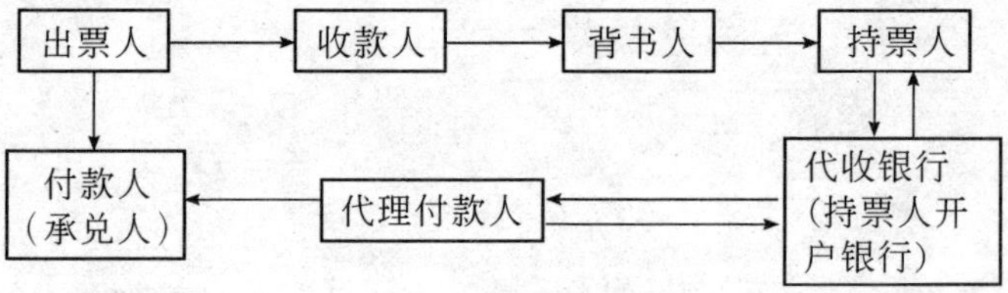

二、银行汇票的特征及使用流程

《票据法》对银行汇票的定义及相关内容未作具体规定，有关银行汇票具体制度的基本依据是中国人民银行颁布的《支付结算办法》及相关的规章。我国汇票制度中的银行汇票极具特殊性，与普通意义的汇票相比，存在很大差异。[①]

1. 银行汇票是见票即付的汇票，从签发票据之日即可提示付款。银行汇票不允许设定远期票据，因此，银行汇票的基本功能就是汇兑、结算，一般不具有信用功能与融资功能。

2. 银行汇票是对己汇票，即出票人与付款人为同一当事人。

3. 银行汇票的记载事项具有特殊性：（1）记载有出票金额、实际结算金额和多余金额三个金额。出票金额是汇票金额，属于绝对应记载事项，出票时可以不填写实际结算金额和多余金额，但持票人提示付款时应填写实际结算金额和多余金额，持票人行使付款请求权时主张的金额不是以出票金额而是以实际结算金额为准；未填写实际结算金额和多余金额的，持票人不得提示付款，银行不予受理。此外，更改实际结算金额的，将导致银行汇票无效。（2）因出票人是票据关系的付款人，故不再记载付款人名称，但在票据格式上有“代理付款行”一栏。在实际结算制度中，分两种情况：转账银行汇票不得填写代理付款人名称，现金银行汇票则必须填写代理付款人名称。（3）记载有“申请人”一项。申请人是向银行申请签发银行汇票，并将款项交存到出票银行的当事人。依票据法理论与我国《票据法》的规定，“申请人”不属于票据法规定的记载事项，不产生票据法上的效力。但在结算制度中，不填写申请人名称，银行不予受理。

4. 银行汇票除出票人为银行外，收款人或持票人既可以是个人，也可以是单位。

5. 银行汇票分现金银行汇票与转账银行汇票两种。签发现金银行汇票，申请人和收款人必须均为个人；申请人或收款人为单位的，只能签发转账银行汇票。

6. 银行汇票的申请人不享有票据权利，也不承担票据责任。申请人与出票人之间存在委托汇款关系。就委托汇款关系而言，申请人的义务是将相应款项交存出票银行，按照规定填写银行汇票申请书，向银行交纳相应的汇费。银行作为受托方的义务是按照《支付结算办法》的规定签发银行汇票，并将银行汇票和解讫通知交给申请人。[②] 申请人以自己为收款人时，同时成为票据权利人，可以把票据背书转让给基础交易关系的相对方，申请人也可以直接把基础交易关系的相对方记载为收款人。申请人的权利主要有两个方面：一是出票银行未尽到审核义务或未按照票据法的规定而付款的，在没有票据权利人的情况下，出票银行应对申请人的资金损失承担赔偿责任；二是在不需要办理汇兑时或无法办理时，申请人有权要求出票银行退款或在汇兑完成后退回多余款项。

7. 实践中使用银行汇票一般都是持往异地办理结算汇兑。收款人或持票人通常都是向代理付款人提示付款。银行汇票的代理付款人是代理本系统出票银行或跨系统签约银行审核、支付汇票款项的银行。转账银行汇票不填写代理付款人名称，持票人为个人且

---

① 参见胡德胜：《银行汇票制度完善研究》，16页，郑州，郑州大学出版社，2004。

② 实务中，银行签发银行汇票时，一共要填写标有“银行汇票”字样的4张凭证：银行汇票（卡片）1是出票银行留存的，在结清汇票时作为汇出汇款借方凭证；银行汇票2是票据法意义上的银行汇票，由代理付款行付款后作为联行往账借方凭证附件，该汇票由出票人签发后交给申请人；银行汇票（解决通知）3是解讫通知，由出票人将其与银行汇票2一道交给申请人，代理付款行兑付后随报单寄往出票行，由出票行作为多余款贷方凭证；银行汇票（多余款收账通知）4是出票行结清多余款后交给申请人的通知。

未在银行开户的，可以向选择的任何一家银行机构提示付款；持票人为单位或已在银行开立存款账户的个人，应当以其开户银行作为代理付款人提示付款。但由于当事人可以自行确定其开户银行，并且转账银行汇票背书转让后被背书人的开户银行与背书人的开户银行可能不一致，或者被背书人为个人时，未在银行开户，所以，转账银行汇票的代理付款人是不确定的，此种汇票签发后，可以在本系统内全国任一银行机构或跨系统的签约银行的任一机构提示付款。

8.《支付结算办法》规定，只有申请人与收款人均为个人时，才可以签发现金银行汇票，并且现金银行汇票不得转让。

9. 解讫通知虽然不是银行汇票，但在银行汇票使用流程中，有其特殊的作用，表现在持票人向代理付款人或出票银行请求付款时，不仅要提示银行汇票，而且还要提交解讫通知。解讫通知实际上成为行使付款请求权必须具备的形式要件，而代理付款人或出票银行在没有解讫通知的情况下向持票人付款，则是确定代理付款人或出票银行承担错误付款责任的重要标准。此外，由于缺少解讫通知时代理付款人一般不予付款，解讫通知又成为当事人办理汇兑、结算时控制风险的手段。

附 6：银行汇票使用流程图

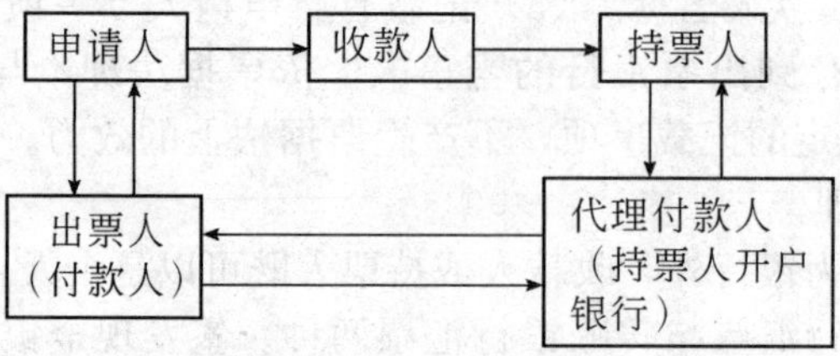

第二节　出　票

一、出票的概念与形式要件

出票是出票人签发票据并将其交付给收款人的票据行为。出票行为要符合形式要件和实质要件并交付方有效。出票行为的形式要件包括统一的书面格式用纸、绝对必要记载事项两个方面。绝对必要记载事项是《票据法》第 22 条规定的 7 项内容，已经在“票据行为”一节加以介绍。不符合《票据法》以及《票据管理实施办法》规定的绝对必要记载事项的，例如，在票据上记载付款条件、金额书写大小写不一致、更改出票日期、绝对必要记载事项记载不全面或记载方式不符合规定等，票据无效。

这里需要分析我国《票据法》第 21 条对出票行为的某些要求的规定，是不是出票行为有效要件的规定。

《票据法》第 21 条规定：“汇票的出票人必须与付款人具有真实的委托付款关系，并且具有支付汇票金额的可靠资金来源。”这一规定是对票据基础关系中出票人与付款人之间资金关系真实性以及支付能力的要求。根据票据无因性规则，资金关系的存在与否，不影响票据关系的效力。即使出票人在没有真实委托付款关系或没有支付汇票金额的可靠资金来源的情况下签发汇票，只要票据形式要件合法，持票人取得票据的实质要件具备，出票行为仍有效，持票人仍可享有票据权利。

《票据法》第 21 条规定：“不得签发无对价的汇票用以骗取银行或者其他票据当事人的资

金。"这一规定实际上是对出票人出票目的正当、合法的要求，主要目的是防止出票人与收款人串通，通过签发无对价的票据，从承兑银行或其他承兑人处套取资金。如果出票人与收款人串通，通过签发无对价票据骗取资金，属于票据行为目的严重违法，是国家法律强行禁止的行为，不能产生私法上的效力，出票行为无效，收款人不能取得票据权利。但如果该票据的形式要件合法，则票据仍有效，善意第三人取得票据的，仍可享有票据权利。

二、到期日

到期日即付款日期，是指当事人在出票时记载的一个日期，在该日期到来时，持票人方有权向付款人提示付款。因此，到期日实际上是持票人可以请求付款的第一日。到期日包括以下四种情况：

(1) 见票即付，是指持票人从出票日起即可以向付款人提示付款，不再另行确定将来的一个日期为到期日。见票即付的票据属于即期票据。

以下三种到期日的票据属于远期票据，只有到期日到来时，持票人才可以向付款人或承兑人提示付款。

(2) 定日付款，是指在票据上记载一个确定的日期为到期日，例如 2008 年 5 月 8 日。

(3) 出票后定期付款，是指在票据上记载以出票日为起算日，经过一定期限后的对应日为到期日。例如，一张票据的出票日期是 2007 年 6 月 19 日，在票据上记载，"出票后二个月付款"，则到期日为 2007 年 8 月 19 日。

(4) 见票后定期付款，是指在票据上记载以承兑日为起算日，经过一定期限后的对应日为到期日。例如，在票据上记载，"见票后二个月付款"，持票人提示承兑、付款人承兑的时间是 2007 年 7 月 8 日，则到期日为 2007 年 9 月 8 日。

到期日是出票时在票据上记载的事项，属于相对必要记载事项。汇票上没有记载到期日的，视为见票即付。

确定到期日的法律意义有以下三个方面：

第一，到期日是确定持票人有权行使付款请求权的起始日期。到期日到来之前，持票人无权要求付款人或承兑人付款，持票人于到期日前提示付款的，即使他是票据权利人，付款人或承兑人也可以付款日期未到予以拒绝。

第二，到期日是计算付款提示期间的起始日期。例如，定日付款的汇票，付款提示期间是从到期日起 10 日内。

第三，到期日是计算票据时效期间的起始日期。根据我国《票据法》的规定，持票人对于出票人、承兑人的权利，自到期日起 2 年内不行使则消灭。

三、出票的效力

在具备出票行为有效要件的情况下，出票行为完成后，产生创设票据关系的效力，票据上的当事人依文义承受相应的权利、义务。具体包括以下几个方面：

1. 对出票人的效力

出票人在出票行为完成后要承担担保承兑和担保付款的义务，即存在收款人或持票人不能从付款人处获得承兑或者不能获得付款的事由时，收款人或持票人有权向出票人行使追索权，出票人应该自己承担偿付票据金额及相关费用和利息的义务。出票人的这种义务只在付款人没有承兑或不付款时才承担，故属于第二顺序的票据债务，出票人称为第二顺序债务人。但是，在出票人与付款人为同一人的汇票中，出票人为第一顺序债务人。

出票人担保承兑和担保付款的义务是票据法直接规定的法定义务。大陆法系国家的票据法大多不允许出票人以特别记载的方式免除其担保付款的责任。我国《票据法》对此没有明确规定，但在司法实践中以及理论上一般看法是，不允许出票人记载免除担保付款和担保承兑的内容，若出票人记载该内容，视为无记载。

2. 对收款人或持票人的效力

收款人取得票据后，即取得票据权利，包括付款请求权和追索权。收款人或持票人有权向付款人提示承兑或提示付款，收款人或持票人不获付款或不获承兑时，有权向包括出票人在内的前手以及他们的保证人行使追索权。但在汇票关系中，收款人因出票行为享有的票据权利中，付款请求权在付款人承兑前只是一种形式上的权利，持票人可以请求付款，但付款人并不对持票人承担必须付款的义务，只有经过承兑以后，付款请求权才成为现实的权利。

3. 对付款人的效力

出票行为是单方行为，该行为并不直接对付款人产生票据关系上的约束力。在票据关系中，出票对于付款人并不产生必须向持票人付款的义务，付款人是否向持票人付款由其自行决定，付款人拒绝付款时，持票人只能向前手和出票人追索，无权起诉付款人。至于付款人拒绝付款违反了与出票人之间资金关系中的义务，是另外的法律关系。付款人一旦承兑，就对收款人或持票人承担必须付款的义务。

第三节　背　书

一、背书的概念与分类

背书是收款人或持票人在票据背面或粘单上记载有关事项并签章后，将票据交付给他人的票据行为。其中，实施背书行为者称为背书人，接受票据者称为被背书人。除法律另有规定或出票人专门记载禁止背书外，被背书人受让票据后还可以再背书，第一次背书的被背书人在第二次背书中成为背书人，依此类推，可以进行多次背书。背书中的一系列背书人与被背书人，依其持有票据的先后顺序，在先持有票据者称为前手，在后持有票据者称为后手。

附 7：票据背书样图

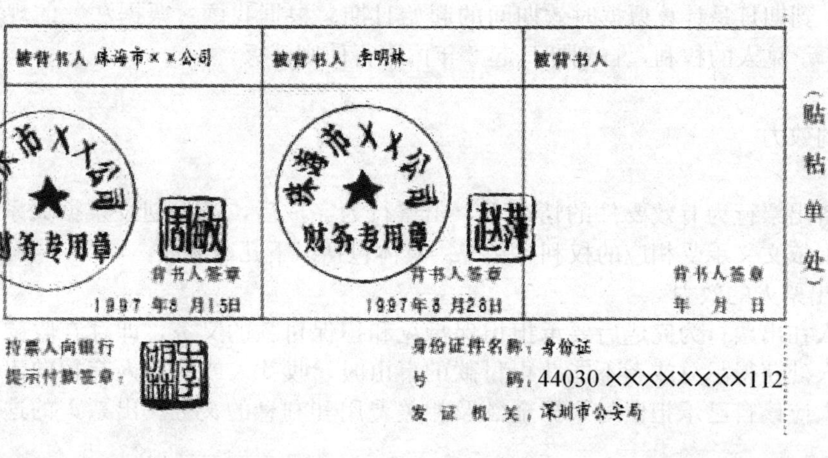

背书的分类有不同的层次。

第一层次是根据背的目的分为转让背书与非转让背书。转让背书是以转让票据权利为目的的背书；非转让背书是不以转让票据权利为目的，而以将票据权利授予他人行使或以票据设定质押为目的的背书。由于背书是票据权利转让的基本方式，并且票据权利的转让是票据功能发挥的重要途径，因此，转让背书是背书制度的主要内容。

第二层次是对转让背书和非转让背书各自的划分。转让背书依效力内容的不同分为一般转让背书和特殊转让背书。一般转让背书是指在背书效力上具备一般内容的背书，特殊转让背书是指在背书效力上与一般背书相比存在特殊性的背书。转让背书依背书记载形式又分为完全背书与空白背书。完全背书是背书时由背书人签章并记载被背书人姓名或名称的背书；空白背书是只由背书人签名，不记载被背书人姓名或名称的背书。非转让背书分为委托收款背书和设质背书。委托收款背书是指将票据权利授予他人行使的背书，背书人并不转让票据权利，而是委托被背书人收取款项，被背书人代背书人行使票据权利。设质背书是背书人为设定质权，将票据权利作为质押标的向被背书人所作的背书，被背书人是票据质权人，被背书人只有在依法实现其质权时，才可行使票据权利。

第三层次是对特殊转让背书依其不同的效力进行的具体划分。包括：无担保背书，是背书人在背书中记载不承担担保承兑或担保付款责任的背书；禁止背书的背书，是背书人在背书时记载“不得转让”字样，即不允许被背书人再次转让的背书；回头背书，是指持票人以包括出票人在内的持票人的前手或承兑人、付款人为被背书人的背书；期后背书，是指背书时间超过一定的期限所作的背书。在不同国家的票据立法中，期后背书的含义有所不同：英美票据法规定到期日以后的背书为期后背书；日内瓦公约规定的期后背书是指作成拒绝付款证书后或在规定的作成拒绝证书期限届满后所作的背书[①]；我国《票据法》第 36 条规定的期后背书是指超过付款提示期间的背书，被拒绝承兑、被拒绝付款后的背书。

背书的种类，如下图所示[②]：

- 背书
  - 转让背书
    - 一般转让背书
      - 完全背书
      - 空白背书
    - 特殊转让背书
      - 无担保背书
      - 禁止背书的背书
      - 回头背书
      - 期后背书
      - 被拒绝承兑、被拒绝付款后的背书
  - 非转让背书
    - 委托收款背书
    - 设质背书

二、票据权利转让的方式

票据权利的转让，应按一定的方式进行，只有按票据法规定的相应方式加以转让，才发

① 参见《英国票据法》第 36 条，《美国统一商法典》第 3—302 条，《日内瓦统一汇票本票法公约》第 20 条。

② 参见徐学鹿主编：《票据法教程》，194 页，北京，首都经济贸易大学出版社，2002。

生相应的效力。依票据的种类不同，票据权利转让的方式也有所不同。

（一）单纯交付方式

单纯交付方式转让是原持票人（转让人）以转让票据权利为目的，将票据直接交付给受让人而不在票据上记载任何内容的转让方式。单纯交付只适用于无记名票据和空白背书票据，对于记名票据以及完全背书票据而言，单纯交付并不构成票据法承认的有效的转让。

（二）背书方式

背书方式转让是持票人以转让票据权利为目的，通过背书行为将票据转让给受让人的转让方式。记名票据和完全背书票据必须用背书方式转让，无记名票据和空白背书票据既可以用单纯交付方式转让，也可以用背书方式转让。

（三）两种转让方式的比较

无记名票据和空白背书票据的单纯交付方式转让以及任何票据的背书方式转让，都能产生票据权利转让的效力，二者的差异是：

1. 适用范围不同，这在前面已经分析。

2. 于单纯交付方式转让，转让人在交付票据以后就退出了票据关系，不再是票据关系当事人，不对受让人承担担保承兑或担保付款的票据责任，但转让人与受让人之间基于其基础关系，转让人仍对受让人承担瑕疵担保责任，也就是说，受让人受让的票据存在权利瑕疵而无法实现时，受让人仍有权基于基础交易关系要求转让人承担相应的责任。例如，支票持有人甲将一张支票以单纯交付方式转让给乙，用于购买货物，由于该支票为空头支票被拒付，乙仍有权要求甲承担违约责任。背书转让的背书人在背书行为完成以后并不退出票据关系，而是成为新的票据债务人，与自己的前手及出票人对被背书人及其后手承担担保承兑或担保付款的票据责任。

3. 单纯交付方式比较便捷、灵活，使转让人不承担票据责任，对转让人有利。背书方式则以背书人签章的形式在票据外观上展现出票据经过哪些当事人，安全性程度高，并且背书人对被背书人及其后手承担担保承兑和担保付款的责任，有利于保护持票人的利益。由于单纯交付方式无法查知票据经过了哪些当事人，安全性程度低，且最后持票人对各个环节的转让人均没有追索权，不利于对持票人利益的保护，因此，票据权利转让实践中，受让人往往愿意采用背书转让方式，背书转让是票据权利转让的主要方式，背书制度成为票据权利转让的基本制度。

应当说明的是，票据权利的转让与票据权利人的变更并非同一概念。票据权利的转让是通过票据转让实现的。所谓转让包括两个要素：一是存在转让方和受让方；二是转让方的意思表示。票据转让固然导致票据权利人的变更，但票据权利人的变更并非都是通过票据转让实现的，在有些情况下，票据权利人的变更是基于法律规定而实现的，主要包括：（1）依继承而取得票据；（2）依公司、企业合并而取得票据；（3）原持票人破产，债权人通过破产还债程序取得票据；（4）司法机关或行政机关依法没收而取得票据。

（四）记名票据与完全背书票据单纯交付转让的效力

记名票据与完全背书票据须以背书方式转让票据权利是各国票据法的普遍规定，关于持票人以单纯交付方式转让记名票据或完全背书票据产生何种法律后果，存在不同认识。

一种意见认为，单纯交付转让记名票据或完全背书票据，可以产生票据权利转让的效力，只是不受票据法的保护，而产生相当于一般债权转让的效力。

另一种意见认为，票据法已经规定了记名票据或完全背书票据须以背书方式转让，以背书方式转让记名票据或完全背书票据是票据权利转让的唯一方式。因单纯交付方式取得票据并享有票据权利，一般应具备三个要件：（1）须票据形式上有效；（2）须经交付；（3）须为无记名票据。[①] 以单纯交付方式转让汇票的，其转让行为无效。[②] 依这种意见，以单纯交付方式转让记名票据或完全背书票据的，受让人不能取得票据权利，票据债务人可以此为由拒绝对受让人承担票据责任。

我们认为，以单纯交付方式转让记名票据或完全背书票据，若违反票据文义性，即持票人与最后被背书人不是同一人，则受让人不能取得票据权利。若不违反票据文义性，则受让人依法举证，可证明其票据权利。例如，空白背书的票据，受让人未记载自己名称而以单纯交付方式转让给他人。经过若干次单纯交付转让，最后持票人在空白背书的被背书人栏内记载自己的名称，即属于此种情形。

三、转让背书有效的形式要件与规则

（一）形式要件

转让背书有效的形式要件包括以下两个方面：

1. 绝对应记载事项。在日内瓦公约、英美票据法以及《联合国国际汇票本票法公约》中允许空白背书，因此，空白背书的绝对应记载事项只有一项，即背书人签章。我国《票据法》规定的背书行为的绝对必要事项包括背书人签章以及被背书人姓名或名称，“票据法司法解释”第49条对《票据法》的绝对严格性作了一定的修正，规定，背书人未记载被背书人姓名或名称，并不绝对使背书无效，只要受让人在被背书人栏内记载自己的名称，也与背书人记载具有相同的效力。

2. 背书位置。我国《票据法》第27条第4款规定，背书是指在票据背面或者粘单上记载有关事项并签章的票据行为。粘单是票据背书多次后没有空白地方书写、记载相关内容或签章处时，在票据上粘贴的，用以进行背书的空白纸张。背书人可在票据粘单上进行背书。依我国《票据法》第28条第2款的规定，粘单上的第一记载人，应当在汇票和粘单的粘接处签章。如果粘单的第一记载人未在粘单的骑缝线上签章，即应确认粘单不产生票据法上的效力。[③]

（二）转让规则

1. 整体转让规则

除了背书人签章以外，就转让背书有效要件还存在一个普遍的规则，这就是整体转让规则，即背书人只能将汇票金额全部予以背书转让。我国《票据法》第33条第2款规定：“将汇票金额的一部分转让的背书或者将汇票金额分别转让给二人以上的背书无效。”即部分转让和分割转让的背书均无效。

2. 后手对直接前手背书真实性负责的规则

我国《票据法》第32条第1款规定，后手对其直接前手背书的真实性负责。按照这一规定，当持票人直接前手的背书是伪造的签章时，不论该持票人对伪造签章是否属于善意，该背书行为都无效，持票人不能取得票据权利。

---

① 参见姜建初主编：《票据法》，82页，北京，北京大学出版社，1998。

② 参见王保树主编：《中国商事法》，421页，北京，人民法院出版社，1996。

③ 参见李国光主编：《经济审判指导与参考》，第3卷，470页，北京，法律出版社，2000。

四、一般转让背书的效力

(一) 权利转移的效力

背书人进行转让背书的目的就是转让票据权利，因此，转让背书最基本的效力就是票据权利转移的效力，原持票人（背书人）的一切票据权利转移给新的持票人（被背书人），包括付款请求权、追索权、对保证人的权利及再次转让票据的权利等。

(二) 权利担保的效力

又称为担保承兑与担保付款的效力，即背书人负有担保该票据获得承兑或获得付款的义务，具体说，被背书人及其后手在不能获得承兑或不能获得付款时，可以向背书人行使追索权，背书人应当承担清偿义务。担保承兑或担保付款的义务是背书人的一种法定义务，只要没有相反记载，背书人均应承担此种义务。

(三) 权利证明的效力

又称为资格授予的效力，是指持有形式上连续背书的最后持票人，只要他持有票据，就推定为合法的票据权利人，他不必说明票据实际转移过程，无须另外举证，即可行使票据权利。

具体包括以下几个方面：

(1) 持票人所持票据的背书如为连续，推定其为票据权利人，持票人不必举证，即可行使票据权利。

(2) 票据债务人主张持有连续背书的持票人为无权利人时应承担举证责任。一旦票据债务人能够证明该持票人在实质上为无权利人，将推翻背书连续所产生的推定效力，持票人将不享有票据权利。

(3) 票据债务人向持有连续背书的持票人付款，只要不存在恶意或重大过失，即使该持票人实际上为无权利人，票据债务人也免责。

(4) 持票人从无权利人手中受让票据时，背书的连续是构成善意取得的必要条件。

背书的连续如何认定？背书的连续性是指为转让票据权利而进行的背书中，转让权利的背书人与受让权利的被背书人的签章及记载的名称或姓名在顺序上是衔接的。第一次背书的背书人是票据上记载的收款人，票据有多次背书时，在背书形式上前一次背书的被背书人是后一次背书的背书人，以此顺序连接，直到最后的背书人，即持票人。连续背书的认定涉及以下几个方面的内容：

第一，背书连续是指背书形式上还是实质上的连续？在日内瓦公约以及《联合国国际汇票本票法公约》中，背书在形式上连续，就构成背书连续。也即背书签章形式上的前后衔接，并且每一次背书签章都是形式上符合票据法要求的签章，即可构成背书连续，至于存在实质上无效的签章如无行为能力人或限制行为能力人的签章以及被伪造的签章等，并不影响背书的连续。① 我国《票据法》实行的也是形式连续的制度。

---

① 参见《日内瓦统一汇票本票法公约》第6条，《联合国国际汇票本票法公约》第15条。另外，有学者认为："实质上的连续性是指只要汇票持有人所持有的汇票是从前手善意取得的，即使在汇票上没有记载某前手（在空白背书或依单纯交付时），也承认这种背书是连续的。《日内瓦统一汇票本票法公约》由于其承认空白背书，因此是以实质连续为判断标准的。"[阮赞林：《中外汇票背书制度立法研究》，载《法学》，1996 (9)。] 我们认为，上述看法是不正确的，单纯交付转让根本就不存在背书，谈不上背书连续性的问题，依单纯交付能否取得票据权利、其后果如何，则是另外一个问题。至于是否承认空白背书可以构成连续背书，则是连续背书形式要件要求相对宽松和严格的区分，仍是形式方面的问题。实质连续是指背书的各次签章不仅是形式上有效的签章，而且是真实的签章。在日内瓦公约中，承认空白背书可以成为连续背书，同样不以每一次背书的签章为真实签章为条件，因此，仍然是形式连续的判断标准。

第二，连续背书的当事人记载顺序应具有同一性与连续性，前一次背书的被背书人与后一次背书的背书人名称在形式上应当一致。多数国家的票据立法采取公认的一致原则，即使前一次背书的被背书人名称与后一次背书的背书人签章并非绝对相同，甚至形式上不同，只要从一般公众的角度理解，公认二者是同一当事人，也构成背书的连续。我国《票据法》及《票据管理实施办法》、《支付结算办法》规定：自然人在票据上的签名，必须为其“本名”。单位和银行的签章应符合《票据法》、《票据管理实施办法》的规定：填写票据和结算凭证时，对单位或银行名称的记载，应当记载全称或规范化的简称。① 从上述规定看，对于背书人与被背书人均为单位的，实行的是公认的一致的原则；对于自然人在票据上的背书、签章，实行绝对一致原则。

第三，连续背书应当是具有同一性质的背书。背书中既有转让背书，又有非转让背书，即在转让背书中间夹杂着非转让背书时，由于非转让背书与转让背书不具有同一性质，所以非转让背书的被背书人再进行转让背书时，造成背书的不连续。② 接受委托收款的被背书人将该票据作转让背书时，就属这种情况，如下图，即为背书不连续：

A→B—— B→C—— C→D—— D→E

转让背书 转让背书 委托收款背书 转让背书

如果一系列的背书中，所有转让背书是连续的，即使中间有非转让背书，也不影响背书的连续性，也就是说，只有非转让背书的背书人再为转让背书或授权他人代理转让背书时，背书仍是连续的。下图为连续背书：

A→B—— B→C—— C→（D） ……C→E

转让背书 转让背书 非转让背书 转让背书

第四，空白背书可否构成连续背书？背书中被背书人名称不是必须由背书人记载，背书人未记载的，在交付时为空白背书，该背书可以由被背书人在相应位置记载自己的名称而成为完全背书，此时仍属于连续背书。

五、特殊转让背书的效力

特殊转让背书的效力，因具体类型不同而各不相同。分述如下：

1. 无担保背书

大陆法系与英美法系国家的票据立法普遍承认无担保背书。背书人在票据上记载“不担保”、“不受追索”等文句的，属于任意记载事项，按相应记载发生效力，即背书人对被背书人及其后手不承担担保承兑和担保付款的责任。我国《票据法》并未规定无担保背书。理论上一般认为，背书人在背书时记载了不担保的相应文句的，该记载不发生票据法上的效力，背书按一般转让背书发生效力。

2. 禁止背书的背书

在我国《票据法》以及日内瓦公约中，背书人在背书时记载“不得转让”等文句的，并不影响权利转移和连续背书权利证明的效力，只是权利担保的效力有所变化，即原背书人对被背书人的后手不承担担保承兑与担保付款的责任，其他票据债务人的票据责任并不发生变

① 参见《支付结算办法》第10条、第11条，《票据实施管理办法》第16条。

② 非转让背书中的设质背书，质权人进行票据背书转让是否影响背书的连续性，将在后面分析。

化。《联合国国际汇票本票法公约》的规定与此不同。①

3. 回头背书

回头背书效力的特殊性也在于权利担保效力方面。当原持票人将票据背书转让给前手的某一背书人或出票人时，若新的持票人是出票人，则对原持票人以及票据上的一切背书人及他们的保证人均无追索权，只能向承兑人或承兑人的保证人行使票据权利；若新的持票人是原持票人的某个前手背书人，新持票人对原持票人及新持票人的一切后手及他们的保证人均无追索权，但新持票人对其原来的前手及出票人以及他们的保证人的追索权仍然存在。

4. 期后背书

期后背书是超过票据法规定的某种期限或时间后进行的背书。根据我国《票据法》第36条的规定，期后背书属于法律规定的禁止转让票据的范畴。有关期后背书的效力，在“票据权利禁止转让”问题中分析。

六、背书不连续的后果

背书不连续，是指票据经历多个流通环节时，其中一次或几次前一次背书的被背书人与后一次背书的背书人名称不同一，或票据上记载的收款人与第一次背书的背书人名称不同一，即票据上的前、后手之间的签章与名称记载不能顺序相连。

背书不连续的持票人能否取得票据权利？我国《票据法》第27条第3款规定，转让汇票权利，应当采用背书方式进行转让。第31条第1款规定：“以背书转让的汇票，背书应当连续。持票人以背书的连续，证明其汇票权利……”那么，持票人以背书转让取得票据而背书不连续时，持票人固然无法以背书连续证明其汇票权利，但可否用其他证据证明其汇票权利，《票据法》并未规定，只是在第31条第1款后半段规定了：“非经背书转让，而以其他合法方式取得汇票的，依法举证，证明其汇票权利。”以上规定体现了我国《票据法》对背书转让取得票据权利形式要件要求的严格性。② 但这种严格性要求是否意味着持票人以背书方式取得票据时只能以连续背书证明其票据权利，背书不连续时不能以其他证据证明票据权利，在法律条文的规定中尚不明确。“票据法司法解释”第16条规定：“票据债务人……对持票人提出下列抗辩的，人民法院应予支持……（四）以背书方式取得但背书不连续的。”按这一规定，如果最后持票人是以背书方式取得票据，只要背书不连续，任何票据债务人均可抗辩，没有任何余地。但是该司法解释第46条又规定：“票据的背书人、承兑人、保证人在票据上的签章不符合票据法以及《票据管理实施办法》规定的，或者无民事行为能力人、限制民事行为能力人在票据上签章的，其签章无效，但不影响人民法院对票据上其他签章效力的认定。”从该规定来看，当前一个背书人的签章不符合《票据法》的规定时，往往造成背书形式的不连续，例如，张三不是以其本名而是以其艺名签章，或甲公司未盖公章而由其法定代表人签章等。在这种情况下，该司法解释第46条又承认此后基于其他背书人的有效签章受让票据的人可以取得票据权利。这等于确认，以背书转让取得票据的，即使背书不连续，持票人仍有可能取得票据权利。该司法解释第16条与第46条的冲突，反映了对这一问题在认识上的不一贯。

在理论上，票据权利转移时背书产生权利转移和权利担保的效力，连续背书同时产生第

---

① 《联合国国际汇票本票法公约》规定，背书人禁止转让的，不得继续转让，任何以后的背书，均视为委托收款背书。

② 参见吕来明：《票据权利的取得要件与对价问题》，载徐学鹿主编：《商法研究》，第4辑，212页，北京，人民法院出版社，2001。

三个效力，即权利证明的效力，反之，如果背书不连续，只是不产生第三个效力，即不产生权利证明的效力，并不排除权利转移和权利担保的效力。但是，背书不连续时，持票人毕竟不具备取得票据权利的外观形式，付款人对该票据付款，要承担错误付款的责任，因此，结合《票据法》与“票据法司法解释”前述条文的规定，背书不连续的效力应当实行以下规则：

（1）按照单纯交付转让记名票据和完全背书票据，转让行为无效的规则，最后持票人以单纯交付方式受让记名票据或完全背书票据，从而造成最后一个环节票据上记载的被背书人与实际持票人不一致的，不论在此之前的背书是否连续，持票人均不能取得票据权利。

（2）最后持票人是因继承、公司破产等合法原因取得票据，并非基于原持票人的背书转让或单纯交付转让取得票据，从而造成最后一个环节背书不连续的，最后持票人依法举证，证明其并非基于原持票人转让，而是基于继承、公司合并、破产等合法事由取得票据的，可以确认其享有票据权利，在证明之前，推定其不能取得票据权利。

（3）最后持票人是以背书转让方式取得票据，但在此之前的背书不连续的，持票人应举证证明不连续环节的票据转让或转移占有在实质原因上的合法性。因为持票人虽然自己取得票据时是以背书方式取得的，但其取得票据时背书已经不连续，在外观上不具有权利证明的效力，持票人受让此种票据，应对不连续环节票据转移占有在实质原因关系的不合法性承担相应风险，即当不连续环节的票据转移占有在实质上不合法时，在证明之前推定其不能取得票据权利。

（4）票据债务人对不连续背书的持票人有权进行抗辩，拒绝付款；如未进行抗辩，对不连续背书的持票人付款，应承担错误付款的责任。若债务人进行抗辩，但最后持票人举证证明其是合法权利人的，票据债务人应当履行票据义务。

七、票据权利的禁止转让

票据权利的禁止转让包括出票人记载不得转让、背书人记载不得转让和法定不得转让三种情况。

（一）出票人记载不得转让

出票人记载不得转让，是指出票人在出票时在票据上记载“不得转让”或具有相同意思的文句。出票是基本票据行为，出票人在票据上记载“不得转让”时，票据的性质就发生了变化，由可转让的证券变成了不可转让的证券。

我国《票据法》第27条第2款规定：“出票人在汇票上记载‘不得转让’字样的，汇票不得转让。”“票据法司法解释”第48条规定：“票据的出票人在票据上记载‘不得转让’字样，票据持有人背书转让的，背书行为无效。背书转让后的受让人不得享有票据权利，票据的出票人、承兑人对受让人不承担票据责任。”可见，我国法律规定，出票人禁止转让的票据，持票人进行背书转让后，受让人不享有票据权利。

（二）背书人记载不得转让

背书人记载不得转让属于前面所述的禁止背书的背书，由于背书行为不是主票据行为，背书人无权决定票据的性质，因而，背书人禁止转让时，背书人对被背书人的后手不承担担保责任，但不影响权利转移的效力及其他票据债务人的责任。

（三）法定不得转让票据

严格地讲，在国外票据法中，并不存在法定禁止转让的情形，除了法律确认出票人或背书人禁止转让的不得转让外，票据法并未另行规定不得转让的情形，只是规定了某些情形下转让票据权利的效力特殊性。我国《票据法》第36条规定：“汇票被拒绝承兑、被拒绝付款或者超过付款提示期限的，不得背书转让；背书转让的，背书人应当承担汇票责任。”由于该条是禁止性规定，所以在我国存在法定禁止转让的情形。

在我国票据法理论中，许多学者都把被拒绝承兑和被拒绝付款后的背书与超过付款提示期间的背书统称为期后背书。

各国和地区对期后背书的时间界限规定不同，其效力也不相同。日内瓦公约规定：到期日后的背书与到期日前的背书效力相同，因不获付款作成拒绝证书后，或已过作成拒绝证书的期限后进行的背书，仅具有普通债权让与的效力。[①] 英国票据法与我国台湾地区“票据法”所指的期后背书均系到期日之后的背书，其效力分别是：前者规定，到期日之后的背书，受让人不能获得或让出优于其前手的权利；后者规定，到期日后的背书，仅有通常债权转让的效力。[②] 二者实际上没有根本区别。可见，在国际上的通行规则是，不禁止期后背书，承认期后背书可以产生权利转移的效力，只是对期后背书所转移的票据权利的保护减弱而已。

我国《票据法》第36条前半句规定，票据被拒绝承兑或被拒绝付款或者超过付款提示期限的，不得背书转让。该条后半段规定：“背书转让的，背书人应当承担汇票责任”。第36条的规定可以理解为：被拒绝承兑、被拒绝付款后的背书或超过付款提示期间的背书，被背书人只能要求直接背书人承担票据责任，而不能要求其他票据人承担票据责任。

八、非转让背书

当事人之间转移票据占有的行为，依其目的划分，分为以转让票据权利为目的转移占有和不以转让票据权利为目的转移占有，后者包括两种类型，因票据质押而转移占有和因委托收款而转移占有，票据法规定这两种票据转让都需要用背书形式，理论上称为非转让背书。

（一）票据质押背书

票据质押背书是债务人为担保其债务的履行而将其持有的票据设定质权的背书行为。票据质押在性质上属于权利质押的一种。

1. 设定票据质押的生效要件

我国《票据法》第35条第2款规定：汇票可以设定质押，质押时应当以背书记载“质押”字样。因此，从票据法的角度讲，进行质押背书是票据质押生效的形式要件。但是，由于法律的规定不一致，理论上以及司法实务中对票据质押的生效要件存在不同认识。

票据权利属于债权，因而票据（权利）质押属于权利质押。对于权利质押的生效要件，我国《物权法》、《担保法》规定，票据、债券、仓单、提单、存款单等权利质押实行交付生效主义。我国《票据法》第35条第2款规定：汇票可以设定质押，质押时应当以“背书”记载“质押”字样。于是产生了票据质押的生效要件究竟是仅凭交付票据即生效，还是必须以背书交付方式并记载“质押”字样后方生效的问题。《最高人民法院关于适用〈中华人民共和国担保法〉若干问题的解释》第98条与“票据法司法解释”第55条对此问题的规定产生了明显的冲突。前者规定：以汇票、本票、支票出质的，出质人与质权人没有背书记载“质押”字样，以票据出质对抗善意第三人的，人民法院不予支持。后者规定：依照《票据法》第35

① 参见《日内瓦统一汇票本票法公约》第20条。

② 参见《英国票据法》第36条，我国台湾地区“票据法”第40条。

条第2款的规定，以汇票设定质押时，出质人在汇票上只记载了“质押”字样，未在票据上签章的，或者出质人未在汇票、粘单上记载“质押”字样而另行签订质押合同、质押条款的，不构成票据质押。

关于如何解释和适用上述法律和司法解释中的不同规定，有不同的意见：第一种意见认为，质押背书是票据质权的对抗要件而非生效要件。第二种意见认为，质押背书应当是票据质押的生效要件，非对抗要件，出质人未在票据上进行背书签章的，持票人不能取得相应的质权，不能基于质权行使票据权利。①

2. 票据质押背书的效力

有效的票据质押背书产生以下效力：

（1）质权设定的效力。被背书人取得票据质权。质权生效时，质权人并不是票据权利人，票据权利人仍是背书人，质权人无权再行转让或质押票据。当质权人依法可以实现质权时，质权人即票据权利人，有权行使票据权利，要求票据债务人清偿票据金额，并以取得的价款优先受偿，剩余部分应退还给出质人。担保的主债务因履行等原因而消灭时，质权消灭，被背书人应当将票据返还给背书人。这里需要明确的问题是，质权人实现质权、行使票据权利时，是否需要证明已具备实现质权的条件，即主债权到期未受清偿。票据到期日先于主债务履行期限届满时，质权人无须证明主债务履行期限届满，在出质人未提出相反的证据或异议的情况下，应推定主债权存在，质权人即可行使票据权利；当票据到期日晚于主债务履行期限届满或与主债务履行期限届满之日为同一日时，出质人未提出相反证据或提出异议时，推定主债务履行期限届满而未履行，质权人可以行使票据权利，付款人或承兑人付款的，解除其票据责任。在以上两种情形下出质人已提出异议并用相关证据证明主债权已消灭时，质权人不得行使票据权利，付款人或承兑人不得向质权人付款，否则，应承担相应的责任。之所以推定主债权存在或未按清偿期履行而由出质人承担主债权消灭的举证责任，是因为在客观上，当事人证明对方未履行被担保的债务或主债权未消灭是非常困难的，而对方证明已消灭则容易得多。

（2）切断抗辩的效力。被背书人依法实现质权、行使票据权利时，成为票据权利人，此时质押背书与一般转让背书一样，产生切断抗辩的效力，票据债务人不得以与背书人之间的抗辩事由，对抗被背书人。

（3）权利证明的效力。质权背书仅证明被背书人享有票据质权而非直接取得票据权利。

（4）权利担保的效力。质权人行使票据权利时，背书人应对质押背书的被背书人承担担保承兑和担保付款的责任。

3. 质押票据的背书转让或再行背书质押的效力

质押票据的质权人即被背书人是否可以以背书方式转让票据或再行背书质押？若转让，是否影响背书的连续性？“票据法司法解释”第47条规定：“因票据质权人以质押票据再行背书质押或者背书转让引起纠纷而提起诉讼的，人民法院应当认定背书行为无效。”因此，质押票据的质权人即被背书人背书转让票据或再行背书质押的，受让人不能取得票据权利或票据质权，并且质权人进行了转让背书后视为背书不连续。

4. 禁止转让票据的质押

出票人记载不得转让的票据、背书人记载不得转让的票据，以及法律规定不得转让的票据质押的效力，应当比照转让的规定予以调整，确认其法律后果。因为虽然质押本身不是转

① 参见韩良主编：《贷款担保法前沿问题案例研究》，234页，北京，中国经济出版社，2001。

让，但质权实现时，相当于票据权利转让。

（二）委托收款背书

委托收款背书，是指将票据权利授予他人行使的背书，背书人并不转让票据权利，而是委托被背书人收取款项，代背书人行使票据权利。持票人将票据权利授予他人行使时，只能通过委托收款背书的方式来实施。委托收款须以背书的方式来实施，在理论上并无争议。在正常的委托收款背书中，其效力是：被背书人以代理人的身份行使票据权利，票据债务人可以以对抗背书人的事由对抗被背书人。委托收款的被背书人不得进行转让背书，否则，该转让背书无效，受让人不能取得票据权利，原背书人要求返还票据时，受让人应予返还；同样，委托收款的被背书人也不得将该票据进行质押背书。委托收款的背书人与被背书人之间不存在担保付款关系。

当背书人与被背书人实质上存在委托收款关系，但未记载“委托收款”的字样，在形式上是一般转让背书时，理论上称为隐存的委托收款背书。基于票据的文义性，票据当事人的权利、义务的性质、内容、效力应以文字记载为准，因此，隐存的委托收款背书对其他当事人而言，视为一般转让背书，被背书人被视为票据权利人，但被背书人以票据权利人身份向背书人行使追索权的，背书人可以基于他们之间的委托收款关系进行抗辩。被背书人未将收取的款项交付给背书人，或被背书人违反委托付款关系的约定，将票据转让或设定质押时，背书人有权要求被背书人返还款项或赔偿损失，当然，背书人的此种权利属于基础关系中的权利。

九、商业汇票贴现的特殊法律问题

（一）贴现的概念与性质

依现行规定，贴现是商业汇票的持票人在汇票到期日前，为了取得资金而贴付一定利息，将票据权利转让给金融机构的票据行为，是金融机构向持票人融通资金的一种方式。[①] 贴现具有以下性质。

1. 贴现是持票人卖出票据、商业银行买入票据的行为，是银行参与商业信用的一种形式

在我国，票据的签发、取得、转让原则上应以真实的交易关系和债权债务关系为基础关系，在通常情形下，不允许在没有具体的商品交易或其他债权债务关系的情形下直接向对方卖出票据，或支付一定的价款而买入票据。贴现则是特定范围内、特定主体的票据买卖行为。在我国，并不是任何人都可以买入票据进行贴现，只有经过批准，有权开展票据贴现的银行和其他金融机构才可以从事此种票据买入行为。商业银行买入票据、对票据予以贴现与其他情形下当事人之间转让票据的目的正好相反，贴现人取得票据不是为了获得价款，而是以提供一定款项为对价，取得票据权利，最终目的是获得贴现日至到期日这一期间内的利息。

2. 贴现行为是商业银行贷款的一种特殊形式

从银行业务的角度讲，向他人提供一定资金、取得票据，与银行贷款具有相同的法律属性。贴现主体是中国人民银行批准经营贷款业务的机构，贴现行为又被认为是商业银行短期贷款的一种形式。

3. 贴现是原持票人转移票据权利的行为

贴现的实质是持票人转移票据权利的行为。同一般的票据权利转让不同，贴现转移的是

① 参见《商业汇票承兑、贴现与再贴现管理暂行办法》。

票据权利，取得的对价是一定的价款。贴现银行并不是以直接获得金额为目的，而是以赚取贴现利息和相关手续费用为目的。票据贴现后，贴现银行除了可以转贴现、再贴现以外，一般是等票据到期后，通过向付款人收取票据款项来实现债权。票据贴现后，贴现人取得了票据权利，成为票据关系的当事人。

4. 贴现是持票人的融资行为

一般情况下，持票人持有票据并在票据到期日到来之时可才行使票据权利，在到期日前主张付款请求权或追索权的，除另有规定外，票据债务人可以主张物的抗辩。票据贴现可以在票据未到期前通过转让票据获得资金，从而解决持票人急需资金的问题，因此，相当于提前获得了扣除利息后的票据金额，是一种比较便利的融资方式。

5. 贴现是以票据行为为基本环节和必要程序的双方行为

票据贴现作为票据买卖行为是一种双方法律行为，包括两个基本环节：转让票据和支付款项。转让票据是通过背书行为实现的，也就是贴现申请人履行义务是以背书转让这一票据行为作为基本内容。而贴现人的义务主要是支付贴现款项。因此，不能将贴现与背书两个概念等同起来。

（二）贴现业务的经营规则

贴现业务作为一种特殊的信贷业务以及转让票据权利的形态，应当遵循以下业务规则：

1. 贴现人必须具有从事票据贴现业务的资格。票据贴现是一种特殊的资金信贷，因此，并非任何人都可以经营票据贴现业务，只有经中国人民银行批准的经营贷款业务的金融机构，才可以从事贴现业务，以贴现人的身份买入票据。不具备贴现主体资格的人不得进行票据贴现。

2. 根据中国人民银行《商业汇票承兑、贴现、再贴现管理暂行办法》，申请贴现的持票人应具备一定的条件，持票人要将票据贴现，必须具备以下条件：一是持票人是企业法人或其他经济组织，并依法从事经营活动；二是持票人与出票人或其前手之间具有真实的商品交易关系；三是持票人在申请贴现的金融机构开立存款账户。

3. 贴现的票据应当符合票据法的规定。这里所说的贴现的票据符合票据法的规定，首先是指票据本身在形式要件方面符合票据法的规定，即：绝对应记载事项齐备；金额、收款人名称、出票日期没有更改；票据在形式上没有涂改、伪造等痕迹；如票据已经背书转让，背书应当连续；当事人的签章符合票据法的要求等。其次是指具有真实交易关系的合法持票人持有的票据。

4. 贴现的票据必须是未到期的商业汇票，而且是已经承兑的汇票。已到期的商业汇票持票人可以请求付款人或承兑人付款，无须贴现，贴现人也无法计算贴现日与到期日的贴现利息，因此不能贴现。至于银行汇票、本票、支票，本身就是即期票据，不存在贴现问题。

5. 贴现票据应当以背书转让的方式进行。贴现是票据的转让行为，按照《支付结算办法》第 93 条的规定，贴现、转贴现、再贴现时，应作成转让背书，因此，持票人在申请贴现转让票据时，必须在汇票背面“背书人签章”处签章，并写明贴现银行的名称。

6. 持票人申请贴现时，应提交证明其所持票据是以真实交易关系为基础的文件，贴现银行应对持票人所提交的文件进行审核。根据《支付结算办法》与《商业汇票承兑、贴现、再贴现管理暂行办法》的规定，贴现申请人应提供与其直接前手之间的增值税发票和商品发运单据复印件，或提供持票人与出票人或其前手之间的增值税发票和商品交易合同复印件。

7. 贴现人选择贴现票据应当遵循效益性、安全性和流动性原则，贴现资金投向应符合国家产业政策和信贷政策。贴现作为银行向企业融通资金的一种信用方式，与一般贷款同为银行的授信业务，银行用于贴现放款的资金来源，是信贷资金的组成部分，商业汇票贴现，必须纳入信贷计划。

（三）贴现的效力与违规贴现的后果

从票据关系的角度而言，持票人以背书转让的方式贴现票据，其效力与其他场合下的背书转让效力相同，背书行为的有效与无效、贴现银行取得票据权利的效力、票据债务人的票据责任与抗辩，都适用票据法有关转让票据权利的规定。

违反上述贴现经营规则的规定，对票据进行贴现的后果如下：

1. 贴现人不具备贴现主体资格的违规贴现，其行为无效，贴现人不得享有票据权利。

2. 贴现申请人不具备相应条件时的违规贴现。《支付结算办法》等规章中对贴现申请人条件的规定，也是监管部门对贴现人办理贴现业务过程在规章制度上的要求，即贴现人不得为不具备相应条件的人办理票据贴现。但这不能认为这些人不具备从事申请票据贴现、取得融资的法律主体资格。即使违反《支付结算办法》的规定，也不必然导致贴现行为以及相应的票据背书转让行为无效。

3. 对不符合票据法规定的票据进行贴现。一种情形是对不具备票据法规定的形式要件的票据予以贴现。当票据不具备绝对必要记载事项时，票据无效，贴现人不享有票据权利。当票据具备绝对必要记载事项，但票据背书不连续时，贴现人对不连续背书票据进行贴现，也应自行承担风险。也就是说，贴现申请人为无权利人时，贴现人也不得享有票据权利，并应承担向原合法持票人返还票据或赔偿损失的义务。当贴现申请人为合法持票人时，贴现人可以取得票据权利。另一种情形是对不具有真实交易关系的持票人持有的票据进行贴现。此时持票人往往不享有票据权利，贴现人能否取得票据权利，要根据其是否具备善意取得的要件而定。这就要求贴现银行在办理贴现业务时，应当尽到一定审查义务。当持票人与其前手事实上不存在真实、合法的交易关系而贴现人将票据予以贴现时，贴现人是否享有票据权利，取决于审查义务是否尽到。

一般来讲，贴现人应当尽到的审查义务包括三个方面：一是审查票据是否具备票据法规定的绝对应记载事项、票据的背书是否连续；二是向承兑人作出票据是否真实的查询，并得到肯定的答复；三是贴现人对贴现申请人提交的交易合同复印件以及增值税发票复印件进行形式审查。只要尽到以上三个方面的审查义务，应该认为贴现人履行了必要的审查义务，享有票据权利。至于贴现申请人与其前手事实上是否存在真实、合法的交易关系，不属于贴现人负责审查的范畴。①

4. 对未提供交易合同和增值税发票的票据进行贴现。《支付结算办法》和《商业汇票承兑、贴现、再贴现管理暂行办法》规定，持票人申请贴现时，除了提交经背书的未到期的商业汇票外，还应向贴现人提交持票人与出票人或其前手之间的增值税发票和商品交易合同复印件。这一规定在性质上与对贴现申请人条件的规定一样，是对商业银行受理贴现业务所作的要求，并不必然导致贴现行为无效。不过该规定在内容上是贴现银行进行审核时的操作性规定，因此，在司法实践中，是否要求申请人提交交易合同和增值税发票复印件并进行审查后才予以贴现，是判断贴现人有无重大过失的重要标准之一。也就是说，在贴现申请人未提交交易合同和增值税发票复印件的情况下贴现人予以贴现，若贴现申请人为无权利人，则贴现人将被认为具有重大过失而不享有票据权利。

① 参见吕来明主编：《商法学》，162页，北京，北京大学出版社，2007。

第四节 承 兑

一、承兑的概念与形式要件

承兑是汇票付款人承诺在汇票到期日支付票据金额的票据行为。承兑是远期汇票特有的制度，汇票持票人在到期日以前，向付款人出示汇票，请求付款人承诺于到期日届至时支付票款，称为提示承兑。

承兑的形式要件包括两个方面：

(1) 付款人在票据正面记载“承兑”字样并签章。见票后定期付款的汇票，应当在承兑时记载付款日期。

(2) 不得附条件，附有条件的，视为拒绝承兑。

二、承兑的原则

从票据关系的角度讲，承兑实行自由原则。承兑自由原则包括两个方面：一是除了根据汇票的性质必须提示承兑外，例如，见票后定期付款的汇票，只有提示承兑才有可能行使票据权利，持票人是否提示承兑是他可以自行决定的事项，提示承兑只是保全追索权的手段和确定付款人承担票据责任的手段，而不是持票人必须承担的义务，持票人可以提示承兑，也可以不提示承兑。持票人不提示承兑，虽然可能丧失对前手的追索权，也不能确定付款人承担必须付款的义务，但并不影响票据权利人到期直接请求付款人付款，只要付款人愿意付款，其行为仍有效。二是付款人是否承兑是他的自由。这是因为，在票据关系中，出票行为对付款人并不产生必须付款的责任，是否付款以及是否承诺付款都是付款人的自由，即使不同意付款、拒绝承兑，付款人也不向持票人承担责任。

三、承兑提示期间与承兑生效时间

1. 承兑提示期间

根据《票据法》第 39 条和第 40 条的规定，提示承兑的期间是，定日付款、出票后定期付款的票据，应在汇票到期日前提示承兑；见票后定期付款的票据应在出票后 1 个月内提示承兑。

2. 承兑的生效时间

付款人对向其提示承兑的汇票，应当自收到汇票之日起 3 日内承兑或拒绝承兑。汇票上未记载承兑日期的，以付款人收到汇票的第三日为承兑日期。

承兑是一种独立的票据行为，承兑的生效除了完成记载事项以外，还要完成交付，即将票据交还给持票人后才生效。在交还票据以前，承兑人涂销承兑记载事项和签章的，视为拒绝承兑。承兑人在票据上完成了承兑应记载事项，在将票据交还给持票人前票据丧失，对持票人而言，承兑不生效，但承兑人应对善意取得票据权利的第三人承担付款责任。

在我国票据实务中，大多数票据是在出票完成后或同时即由出票人将票据提交付款人进行承兑，然后才交付给收款人。这是因为，经过承兑的汇票，付款人承担必须付款的义务，信用程度高；未经承兑的汇票，收款人提示承兑时付款人是否予以承兑还是未知数，因此，收款人或持票人一般不愿意接受没有经过承兑的汇票。

四、提示承兑与承兑的效力

1. 按期提示承兑的效力

按期提示承兑产生保全追索权的效力，即按期提示承兑的，追索权将不因未按期提示承兑而丧失。

2. 未按期提示承兑的效力

根据《票据法》第 39 条、第 40 条和“票据法司法解释”第 19 条的规定，除免于提示承兑票据的情形外，持票人未按期提示承兑将丧失对除出票人以外的其他前手的追索权。

另外，如果持票人未按规定期限提示承兑，但在期限以外提示承兑的，若付款人进行了承兑，其承兑是否有效?《票据法》没有明确规定。我们认为，从坚持票据法的严格性出发，不应承认期外提示承兑的效力，应将期外提示承兑视为未提示承兑。另外，对于大部分票据而言，期外提示承兑就是到期日到来之后提示承兑，此时可以直接请求付款人付款，若付款人同意承兑，则应直接付款，先承兑再付款没有意义，若付款人不愿意付款，就不会承兑。

3. 承兑的效力

付款人依照票据法的规定承兑后，成为必须承担付款义务的第一顺序债务人，同时也是最终承担票据责任的债务人。付款人承兑后称为承兑人，负有于汇票到期时无条件向票据权利人付款的责任。

第五节　保　证

一、票据保证的概念与形式要件

1. 票据保证的概念

票据保证是票据债务人以外的人，为担保票据债务的履行，在票据上记载相应事项并签章，成为票据债务人，担保票据债务履行的行为。

票据保证人是在票据上实施保证的行为，对持票人的付款请求权或追索权承担保证责任的票据债务人。票据保证是对另一票据债务人票据责任的担保，票据保证中的被保证人也是票据债务人，被保证人可以是保证人之外的任何其他票据债务人，包括出票人、背书人、承兑人等。保证人票据责任的基本内容是当被保证人不能履行票据义务时，由保证人与被保证人承担连带责任。

2. 票据保证的形式要件

根据《票据法》第 46 条的规定，票据保证的形式要件是在票据或粘单上记载以下内容：表明“保证”的字样；保证人名称和住所；保证人签章；被保证人的名称；保证日期。其中前三项是必须记载事项。被保证人名称未记载的，于已承兑的汇票，承兑人为被保证人；于未承兑的汇票，出票人为被保证人。未记载保证日期的，出票日期为保证日期。

二、票据保证的特点

1. 保证人的票据责任具有独立性。保证行为是一种票据行为，基于票据行为独立性的规则，被保证的票据债务即使因行为人欠缺行为能力、签章不真实等原因而无效，保证人仍应承担保证责任。

2. 保证人的票据责任具有一定的从属性。这是由票据保证仍然是一种保证这一性质决定的。保证人票据责任的独立性是首要的原则，但并不能完全否认其从属性的一面。保证人票据责任的从属性体现在：被保证的票据债务因形式要件的欠缺而无效时，票据保证相应无效，保证人不承担保证责任；被保证的票据债务因支付、抵销或免除而消灭时，保证责任也归于消灭；持票人对被保证人实施的保全票据权利的行为，对保证人也发生效力，被保证人的票据责任因持票人欠缺保全手续而免除时，保证人的票据责任也免除；保证人保证责任的时效期间与被保证人票据责任的时效期间相同；持票人以非法手段取得票据或因重大过失取得票据而不享有票据权利时，保证人对该持票人不承担保证责任。

3. 票据保证责任是一种连带责任。一方面，保证人与被保证人承担连带责任，被保证人不享有先诉抗辩权；另一方面，保证人为二人以上的，保证人之间承担连带责任。

三、票据保证的效力

1. 汇票不能获得承兑或到期后得不到付款的，票据权利人有权要求保证人承担票据责任，保证人与被保证人承担连带责任。

2. 保证人与被保证人负同一责任。保证人与被保证人承担同一责任是由保证责任的从属性所决定的，具体表现为以下几个方面：第一，保证人与被保证人作为票据债务人的地位相同。保证人的票据责任取决于被保证人的责任地位：当被保证人为承兑人时，保证人处于与承兑人相同的地位，承担与承兑人相同的责任；当被保证人为出票人时，保证人处于与出票人相同的地位，承担与出票人相同的责任，即担保承兑或担保付款的责任；当被保证人为背书人时，保证人处于与背书人相同的地位，承担与该背书人相同的责任。第二，保证人和被保证人在责任顺位上相同，保证人的责任顺序与被保证人的责任顺序相同，即被保证人是第一顺序债务人的，保证人也是第一顺序债务人；被保证人是第二顺序债务人的，保证人也是第二顺序债务人。第三，保证人与被保证人承担票据责任的范围相同，即保证人承担的票据债务数额与被保证人应承担的票据债务数额相同。第四，保证人与被保证人的票据时效期间相同。[①] 第五，保证人与被保证人因保全手续欠缺而免责的条件相同。例如，当被保证人为本票出票人时，即使持票人未按提示期间提示付款，本票出票人与保证人仍应承担票据责任；如被保证人为背书人，持票人未按提示期间付款，丧失对前手的追索权，同时也丧失对保证人的追索权。

3. 票据是提示证券，故票据到期日到来时，票据付款人或承兑人履行票据义务的前提条件是持票人向其提示票据，要求付款。持票人不向付款人或承兑人提示票据的，并不构成不履行。在票据保证中，承兑人或付款人不构成不履行时，就不能要求保证人承担保证责任，所以当被保证人是承兑人或银行汇票、本票的出票人（付款人）时，只有持票人向承兑人或付款人提示付款被拒绝或出现了票据法规定的其他追索事由时，保证人才与作为被保证人的承兑人或付款人承担连带责任。概括言之，当被保证人为承兑人或付款人时，保证人虽然没有先诉抗辩权，但应当拥有先提示付款的抗辩权，当持票人未向承兑人或付款人提示付款而又不具备票据法规定的追索事由时，不得径行要求保证人付款。当被保证人为背书人或出票

① 参见杜文聪：《论票据保证责任》，载《中南财政大学学报》，1995 (5)。

人时，被保证人承担的票据责任是被追索的责任，保证人承担的票据责任也是被追索的责任。持票人行使追索权的前提条件是付款请求权不能正常实现，已经出现了票据主债务人不履行票据义务的事实，同时，被保证人（出票人或背书人）又是对主债务人承担担保承兑或担保付款义务的债务人，被保证人的责任已经确定，持票人向被保证人与其他票据债务人行使追索权不受顺序限制，此时，保证人与被保证人承担连带责任就意味着，持票人可以直接向保证人行使追索权。

4. 保证人只向合法取得票据的持票人承担保证责任。对于以非法手段取得票据的持票人，保证人不承担票据责任。

5. 保证人承担保证责任后，取得对被保证人及其前手的追索权。

四、票据保证人的抗辩权

票据保证作为一种票据行为具有独立性，一般来讲，被保证的票据债务因实质要件欠缺而无效，不影响保证行为的效力，保证人仍应基于保证行为而承担票据责任。保证人作为票据债务人，在票据抗辩问题上，原则上与其他债务人一样，在存在抗辩事由时，可对持票人进行抗辩。

（1）一切债务人可以对抗一切持票人的抗辩事由，保证人可以作为抗辩理由对抗持票人。

（2）特定票据债务人可以对抗一切持票人的抗辩事由，只要该抗辩事由发生在保证人身上，保证人可以对任何持票人进行抗辩。例如，保证行为欠缺必要记载事项，保证人为无行为能力人或限制行为能力人，保证人的签章是被伪造的，保证人不具备保证资格等导致保证无效。[①]

（3）保证人与特定持票人之间就票据保证行为有专门约定的，例如保证人与持票人约定履行保证义务的条件，当该条件未成就或该持票人未履行特约义务时，保证人可以对该持票人进行人的抗辩。

（4）保证人可对以非法手段取得票据的持票人进行人的抗辩。

（5）保证人与被保证人具有相同的地位，保证人与被保证人承担同一责任，当被保证人的票据责任因保全手续的欠缺而免除时，保证人的票据责任也免除，保证人可以对持票人进行抗辩。

第六节　付　款

一、票据付款的概念

付款是一种广义上的票据行为，是付款人支付票据金额以消灭票据关系的行为。在依票据法的规定向票据权利人付款的情况下，票据关系消灭，付款人对出票人不再承担委托付款的责任，对持票人不再承担付款责任。

二、付款的程序与方式

付款经过付款提示与支付票款两个环节。

① “票据法司法解释”第60条规定：国家机关、以公益为目的的事业单位、社会团体、企业法人的分支机构和职能部门作为票据保证人的，票据保证无效，但经国务院批准为使用外国政府或者国际经济组织贷款进行转贷，国家机关提供票据保证的，以及企业法人的分支机构在法人书面授权范围内提供票据保证的除外。

(一) 付款提示

付款提示是持票人或其代理人向付款人或其代理人出示票据、要求付款的行为。

1. 提示付款的当事人与提示方式

提示付款的当事人包括提示人与被提示人。提示人可以是持票人本人，也可以是持票人委托的代理人或票据交换系统。依据我国《票据法》第53条第3款的规定，持票人通过委托收款银行或者通过票据交换系统向付款人提示付款的，视同持票人提示付款。在票据实务中，对于转账票据，持票人通常不是直接向付款人进行提示，而是委托其开户银行代理收款，由代收银行通过票据交换系统向付款人或者代理付款人提示付款。对于现金票据，可以由持票人本人向付款人或代理付款人提示付款，也可以委托他人向付款人或代理付款人提示付款。持票人使用现金票据委托他人向付款人或代理付款人提示付款的，应在票据上作成委托收款背书，代理收款的人向付款人或代理付款人提示付款的，应在票据背面“持票人向银行提示付款签章”处签章[①]，记载证件名称、号码及发证机关，并同时向银行交验委托人与受托人的身份证件和复印件。提示付款的被提示人可以是票据上记载的付款人，也可以是代理付款人。依我国《票据管理实施办法》的规定，代理付款人只能是根据付款人的委托，代其支付票据款项的银行或城市信用社、农村信用合作社。作为代理付款人的银行等金融机构，包括两种情形：一种是代理付款人是付款人的开户银行，即付款人委托其开户银行付款；另一种情形是银行为付款人时，委托其他银行或同一系统银行的其他分支机构付款，受托银行是代理付款人，同时也是持票人的开户银行，银行汇票、本票就是这种情形。

2. 提示付款的期间

又称付款提示期间，是票据法规定的持票人向付款人出示票据并请求付款的法定期限。根据《票据法》第53条第1款的规定，付款提示期间是：见票即付的汇票，自出票日起1个月内；定日付款、出票后定期付款或者见票后定期付款的汇票，自到期日起10日内。通过委托代收银行或者通过票据交换系统向付款人提示付款的，持票人向银行提交票据日为提示付款日。[②] 另外，即期票据中的银行汇票和本票，一般是持票人向代理付款人提示付款，因此，这两种票据的提示付款期限，实际上是向代理付款人提示付款的期限，而代理付款人又不是债务人，因此《支付结算办法》规定，持票人超过期限向代理付款银行提示付款而不获付款的，须在票据权利时效内向出票银行作出说明，向出票银行请求付款。所以持票人向代理付款人提示付款时，也应遵守票据法所规定的提示付款期间。另外，提示付款的时间应在营业时间内。

3. 提示付款的地点

提示付款应在票据记载的付款地进行。票据上未记载付款地的，汇票以付款人或代理付款人的营业场所、住所或经常居住地，本票以出票人或代理付款人的营业场所，支票以付款人的营业场所为提示付款的地点。

(二) 支付票款

1. 持票人于提示期间内提示付款时，付款人及代理付款人应当对票据及提示付款人的身份证件进行审查。

2. 付款人进行付款的，应当当时足额付款，不允许部分付款。

3. 持票人获得票款的，应当在汇票上签收，并将汇票交给付款人。持票人委托银行收款

---

① 在我国现行的票据种类中，只有银行汇票、本票、支票才可以使用现金票据，这种票据的付款人都是银行。

② 参见《票据管理实施办法》第26条。

的，受委托的银行将代收的汇票金额转账收入持票人账户的，视同签收。

三、提示付款与付款的效力

（一）提示付款的效力

1. 按期提示付款的效力

在票据权利人方面，按期提示付款发生两方面的效力：一是发生保全追索权的效果，即持票人在法定期间内提示付款，不丧失对前手的追索权；二是发生票据时效中断的效果，即持票人向付款人或承兑人提示付款的，对于该票据债务人而言，票据时效中断。

在付款人方面，付款人是票据法规定的必须承担票据义务的当事人，如承兑人或银行汇票、本票的出票人等，如果付款人不付款，应向票据权利人承担迟延付款的责任。

2. 未按期提示付款对票据权利的影响

未按期提示付款的具体情形可以分为以下三种：

（1）持票人已按期提示承兑，付款人进行承兑，但持票人未按期提示付款。

已承兑的汇票未按期提示付款不影响持票人对承兑人行使付款请求权。日内瓦公约、《联合国国际汇票本票法公约》及英国票据法、我国台湾地区“票据法”均规定，未按规定期限提示付款的，丧失对包括出票人、背书人在内的一切前手的追索权。[①] 我国《票据法》并未规定在汇票已经承兑的情况下，持票人未按规定期限提示付款是否丧失追索权。《支付结算办法》第 36 条规定：“商业汇票的持票人超过规定期限提示付款的，丧失对其前手的追索权”。这一规定与国际上票据立法的规定相一致，能够促使持票人及时行使票据权利，使付款提示期间的规定有存在价值，因而应当在司法实践中适用。

（2）持票人已按期提示承兑，但付款人拒绝承兑，此后持票人又未按期提示付款。

此情形又分为承兑人作成拒绝承兑证书与承兑人未作成拒绝承兑证书两种情况：依日内瓦公约及我国台湾地区“票据法”、《联合国国际汇票本票法公约》的规定，如果承兑人在规定期限内作成了拒绝证书，则付款提示的责任免除，即使超过付款提示期间提示付款，持票人并不丧失追索权。相反，如果承兑人未按期作成拒绝证书，持票人的追索权已经丧失，不论是否按期提示付款，持票人对包括出票人在内的前手的追索权均丧失。在美国票据立法中，拒绝承兑也构成免于付款提示的原因。[②] 我国《票据法》规定汇票到期日以前被拒绝承兑构成行使追索权的原因，同时，对持票人提供拒绝证明的期限未作规定，因此，在我国，持票人只要按照规定期限提示承兑而被拒绝，并且在票据时效期间内取得了拒绝证明或退票理由书，持票人并不因未按期提示付款而丧失追索权。至于已按期提示承兑被拒绝后，持票人在超过付款提示期间以后有无付款请求权，从尽可能促使票据款项得到支付的原则考虑，不应因未按期提示付款而使持票人丧失付款请求权，如付款人愿意付款，仍应产生期内付款的效力，但因未承兑，付款人并无必须付款的义务。

（3）未按期提示承兑，也未按期提示付款。

按“票据法司法解释”的规定，未按期提示承兑的，持票人对出票人仍有追索权。结合

---

① 参见《日内瓦统一汇票本票法公约》第 53 条，《联合国国际汇票本票法公约》第 57 条，《英国票据法》第 46 条，我国台湾地区“票据法”第 104 条。

② 参见《日内瓦统一汇票本票法公约》第 44 条，《联合国国际汇票本票法公约》第 56 条，《美国统一商法典》第 3—511 条。

我国司法解释的规定及票据时效制度分析，如果票据付款提示期间超过，但提示付款时未超过追索权的时效，由于持票人对出票人仍有追索权，从理论上讲就不应彻底否定持票人的付款请求权，如果持票人提示付款，付款人又愿意付款，就无须行使追索权，因而此种情形下应当确认持票人仍有付款请求权，当然，是否同意付款取决于付款人。

（二）付款的效力

1. 付款人对票据权利人足额付款的效力

付款人或代理付款人在付款提示期间内向票据权利人足额付款的，全体票据债务人的责任解除，票据关系消灭。在到期日前付款人向票据权利人付款的，因付款对象正确，一般不存在继续承担票据责任，票据关系也消灭。但付款人在到期日前付款给持票人，造成出票人利息损失的，付款人仍应当对出票人的利息损失承担赔偿责任。

2. 付款人错误付款的效力

所谓错误付款，是指对无权利人付款。付款人对无权利人付款，产生何种效力，分以下情况：

（1）付款时间并无不当的付款人尽到了审查义务，不存在恶意或重大过失的，付款人不承担错误付款的责任，票据关系消灭。遭受损失的一方如真正权利人或出票人等当事人，只能请求无权利人或实施票据欺诈、伪造等违法行为的人赔偿损失。

我国《票据法》第 57 条规定："付款人及其代理付款人付款时，应当审查汇票背书的连续，并审查提示付款人的合法身份证明或者有效证件。付款人及其代理付款人以恶意或者有重大过失付款的，应当自行承担责任。"《支付结算办法》第 17 条规定："银行以善意且符合规定和正常操作程序审查，对伪造、变造的票据和结算凭证上的签章以及需要交验的个人有效身份证件，未发现异常而支付金额的，对出票人或付款人不再承担受委托付款的责任，对持票人或收款人不再承担付款的责任。"因此，付款人错误付款，在具备以下三个条件时，免于承担责任，即不再承担付款和接受委托付款的责任。

第一，付款时间并无不当。付款时间不当的基本形态是在到期日前付款，也称为期前付款，同时，也包括在挂失止付的暂停付款期间内付款、收到法院的止付通知后付款、在公示催告期间付款等。按照《票据法》第 58 条及"票据法司法解释"第 70 条的规定，付款人及代理付款人在上述期间内向无权利人付款的，付款时间不当本身就直接构成了其承担责任的条件，不论付款人及代理付款人是否尽到了票据法规定的审查义务，也不必考虑付款人及代理付款人是否有恶意或重大过失，均应当对相关当事人的损失承担相应的责任。

第二，付款人履行了审查义务。这里所谓的审查义务，是指付款人对票据本身进行审查以及对持票人的身份证件进行审查，而不包括对票据流通过程中当事人的具体交易行为和取得票据的手段进行审查。对票据进行审查包括对票据记载事项、格式的审查和对票据背书连续性的审查。至于付款人对票据本身及持票人身份证件进行审查的标准是什么，一般认为，我国同日内瓦公约一样，《票据法》第 57 条和《支付结算办法》第 17 条规定付款人承担的是形式审查义务。[①] 所谓形式审查就是从票据外观形式上审查持票人是否为票据权利人，主要就是审查票据格式、记载事项是否合法以及背书是否连续，除了有恶意或重大过失（如虽然不知票据有伪造、变造，但稍加注意或按正常的操作程序即可发现）以外，对票据上的签章是否真实并不承担实质上的审查义务。对持票人身份证件的审查，也采用同一标准。但是，

① 参见谢怀栻：《票据法概论》，166 页，北京，法律出版社，1990；王小能主编：《中国票据法律制度研究》，290 页，北京，北京大学出版社，1999。

2000年11月“票据法司法解释”的颁布，使这一问题开始复杂化。“票据法司法解释”第69条规定：“付款人或者代理付款人未能识别出伪造、变造的票据或者身份证件而错误付款，属于票据法第五十七条规定的‘重大过失’，给持票人造成损失的，应当依法承担民事责任。”这种对“重大过失”无限扩张的司法解释，实际上使付款人及代理付款人的审查义务从形式审查义务转变为实质审查义务，对付款人过于苛刻，不利于票据业务的发展，因此，应当对该司法解释的适用予以限制。我们认为，原则上仍应实行付款人承担形式审查义务的原则，但在以下情形中，付款人承担实质审查义务。其一，票据凭证格式用纸的审查。由于票据凭证的格式及用纸是按照中国人民银行的规定印制的，付款人及代理付款人主要是银行，有义务而且有能力对票据凭证格式用纸的真实性进行审查。其二，对于伪造出票的情形，如果出票人在付款人处存有预留印鉴，付款人对出票签章应当承担实质审查的义务。其三，付款人或代理付款人有能力审查身份证件真伪的，应承担实质审查义务。

第三，付款人没有恶意或重大过失。所谓恶意，是指对持票人为无权利人知情；重大过失，是指按照普通人的要求标准，只要稍加注意即可发现持票人为无权利人而付款人没有发现，或是付款人没有按照正常的程序去操作。即使付款人进行了形式审查，如果有恶意或重大过失，也不能免责。

（2）付款时间虽无不当，但付款人没有尽到审查义务或对持票人为无权利人存在恶意或重大过失的，付款人应当承担错误付款的责任。具体而言，如果受损失的是真正权利人，付款人应当承担向真正权利人再次付款的责任。如果受损失的是出票人，出票人有权基于资金关系要求付款人赔偿损失。如果资金是付款人自己垫付的，付款人自行承担该项损失，只能向无权利人追偿。

（3）付款时间不当，不论付款人是否尽到审查义务或对持票人为无权利人是否存在恶意或重大过失，只要存在付款对象错误的情形，付款人都应当承担错误付款的责任。根据我国《票据法》第58条以及“票据法司法解释”第70条的规定，付款人在不当时间内付款的，自行承担所产生的责任。

3. 代理付款人错误付款的效力

代理付款人错误付款时，其所免于承担责任的条件和承担责任的条件与付款人的条件相同。但是，代理付款人承担责任的性质，无论对票据权利人还是对出票人承担的责任，都不属于票据责任，而是票据使用中的赔偿责任。

4. 期后付款的效力

所谓期后付款，是指超过付款提示期间后对持票人进行付款。根据“票据法司法解释”第59条的规定，承兑人或者付款人对逾期提示付款的持票人付款与按照规定的期限付款具有同等法律效力。根据这一规定，付款人进行期后付款的，如付款对象正确，票据关系消灭，全体债务人责任解除；如付款对象错误，则只要付款人进行了审查义务。对错误付款无恶意或重大过失，也可免责，产生票据关系消灭的后果。

但是，《支票结算办法》和中国人民银行《关于施行〈中华人民共和国票据法〉有关问题的通知》规定：超过付款提示期间的银行汇票、银行本票或银行承兑汇票，代理付款银行不予受理；超过提示付款期间的商业承兑汇票，持票人开户银行不予受理。[①] 根据上述规定，票据业务的一般规则和交易习惯是，代理付款人对于期后提示付款的，不拥有代理付款的权利、义务。因此，代理付款人受理并支付期后提示付款，若发生错误付款，应当承担责任。

---

① 参见最高人民法院研究室编：《票据纠纷案件审判手册》，47页，北京，法律出版社，2001。

第七节 追索权

一、追索权的含义与特征

追索权，是指持票人在票据到期日行使付款请求权而被拒绝，或期前不能获得承兑，或有其他法定事由而使付款请求权出现障碍时，请求具有担保付款义务的票据债务人偿还票据金额及其他法定款项的权利。在票据法中追索权是一种票据上的权利，是票据权利的组成部分。此种权利具有以下特征：

（1）追索权是票据权利中第二顺序的权利，又称为第二债权，被追索人为第二债务人，即持票人行使付款请求权被拒绝或因法定情形得不到付款时，才能行使。

（2）追索权是持票人履行了一定形式的保全手续以后才能行使的权利，如果没有履行相应的保全手续，则会导致追索权的丧失或对部分被追索人丧失追索权，因此，保全手续也被称为行使追索权的形式要件。

（3）追索权具有选择性。持票人可以不依票据债务人的先后顺序，而对任意一个、数个或全体被追索人行使追索权。除有抗辩事由的以外，全体被追索人对持票人承担连带责任。

（4）追索权具有变更性。持票人不受已开始的追索权行使的限制，在未实现其追索权之前，对于债务人中的一人或者数人已经进行了追索的，对于其他尚未被追索的债务人仍可行使追索权。

（5）追索权具有转移性。追索权的行使，并不绝对地导致票据上的债权债务关系消失，此种权利具有转移性，第一次的追索权人行使后追索权并不消失，而是转移给该被追索人，被追索人清偿后，与持票人享有同一权利，成为第二次的追索权人，可以以他的前手为被追索人再次行使追索权，这样，追索权可以逐次转移、逐次行使，直到最后承担担保付款义务的人。最终承担担保付款义务的人是出票人，当追索权人向出票人行使追索权后，出票人一般再无前手，追索权即消失。

二、行使追索权的要件

同付款请求权一样，行使追索权也须以持有票据并取得票据权利为前提条件，在此前提下，就行使追索权而言，其具体行使要件包括实质要件与形式要件两个方面。

（一）实质要件

又称为行使追索权的原因。依我国《票据法》第 61 条的规定，主要包括以下两种情形：

1. 到期追索的原因：票据到期不能获得付款。关于到期追索的原因，我国《票据法》规定的是汇票“到期被拒绝付款”。到期被拒绝付款固然是到期追索最常见的原因，但是汇票到期时有可能存在付款人下落不明而无法找到付款人进行付款提示，或到期时付款人已经破产、解散而无从得到付款的情形，此时虽然没有确定拒绝付款的表示，但持票人实际上已无从得到票据款项，也应当属于到期追索的原因。日内瓦公约、我国台湾地区“票据法”以及英国票据法均把到期追索的原因概括为“到期不获付款”①，我国《票据法》只规定“到期被拒绝付款”，在文字含义上失之过窄，因此在适用这一规定时应当对被拒绝付款作广义理解，即不

① 《日内瓦统一汇票本票法公约》第 43 条，《英国票据法》第 47 条，我国台湾地区“票据法”第 47 条。

获付款。另外应注意，在我国票据法不允许部分付款，如果付款人提出部分付款，视为拒绝付款。

2. 期前追索的原因有：（1）汇票在到期日前被拒绝承兑；（2）汇票到期日前承兑人或付款人死亡、逃匿；（3）到期日前承兑人或付款人被依法宣告破产或因违法被责令终止业务活动。

期前追索的第二种情形是承兑人或者付款人死亡、逃匿，这种情形虽然在理论上是期前追索的原因，但由于我国现行票据制度中各种票据的付款人、承兑人都不包括自然人，只能是法人或非法单位，因此这一规定目前无实际意义。第三种情形是承兑人或者付款人被依法宣告破产或因违法被责令终止业务活动，这一情形无疑可以构成期前追索的原因，但如果把期前追索的原因限定在这一范围内，则不够全面。因为在票据到期日前，不仅因被宣告破产或被责令终止业务活动会导致持票人无从进行票据提示，而且付款人或承兑人自行歇业、无法找到其住所或营业场所时，持票人同样无法进行承兑提示或将来无法进行付款提示，所以应把因付款人或承兑人自行歇业、下落不明等而无法进行承兑提示或将来可能无法进行付款提示等情形也作为期前追索的原因。

（二）形式要件

形式要件是保全追索权的手续。只有具备了追索权的形式要件，即完成了保全追索权的手续，追索权不至于丧失，才可行使追索权。行使追索权的形式要件包括两个方面：

1. 按期提示票据

提示票据包括承兑提示与付款提示。承兑提示适用于远期汇票的追索权保全，付款提示适用于一切票据。因此，对于远期汇票而言，除非法律另有规定，一般需要进行两次按期提示，才可能保全追索权。持票人只有按照法定的期限进行了票据提示，才可能行使追索权。不在规定的期间内提示票据的，丧失对全部或部分被追索人的追索权。

在法律另外规定免于票据提示的情况下，不进行票据提示并不影响追索权的行使。我国票据法并未就免于票据提示的情形作出明确规定。从《票据法》第 63 条规定的精神、其他国家及相关国际公约的规定来看，免于承兑提示的情形主要如下：付款人死亡、逃避或因其他原因使持票人无从为承兑的提示；付款人受破产宣告或解散、歇业、下落不明等。免于付款提示的情形主要有：作成拒绝承兑证书；承兑人、付款人死亡或有其他原因使持票人无从为付款揭示；付款人受破产宣告或解散、歇业等。①

2. 提供拒绝证明或其他有关证明

拒绝证明是用以证明持票人曾依法提示承兑或提示付款而被拒绝的一种法律文书。其他合法证明是用以证明因法定事由而无法进行票据提示或无法取得拒绝证明的一种法律文书。《票据法》第 65 条规定："持票人不能出示拒绝证明、退票理由书或者未按照规定期限提供其他合法证明的，丧失对其前手的追索权。"可见，我国票据法把提供相关拒绝证明作为行使追索权的形式要件。在国外票据立法中，正式的拒绝证书是由一定机关或人员制作的公证书，但是由于其手续烦琐而不能适应现代社会中高效率、快节奏的经济生活的要求，于是略式拒绝证书（即付款人在票据上表示拒绝意思并签章）或退票理由书在实践中代之而起，并得到票据法的认可。

我国《票据法》第 62 条规定，持票人行使追索权时，应当提供被拒绝承兑或者被拒绝付

① 参见《英国票据法》第 41 条第 2 款，《日内瓦统一汇票本票法公约》第 44 条第 2 款，《联合国国际汇票本票法公约》第 52 条、第 56 条，《美国统一商法典》第 3—511 条。

款的有关证明。持票人提示承兑或者提示付款被拒绝的，承兑人或者付款人必须出具拒绝证明，或者出具退票理由书。未出具拒绝证明或者退票理由书的，应当承担由此产生的民事责任。第63条规定，持票人因承兑人或者付款人死亡、逃匿或者其他原因，不能取得拒绝证明的，可以依法取得其他有关证明。在具体适用时，应注意以下四点：

(1) 我国《票据法》规定的“拒绝证明”与日内瓦公约中的拒绝证书并非完全相同的概念：前者是由付款人或承兑人向持票人出具的，后者则是经持票人请求，由有关机关制作成的公证书；前者相当于略式拒绝证书，与退票理由书具有同一性质。

(2) 我国《票据法》把持票人提供“拒绝证明”和“退票理由书”作为行使追索权的通常形式要件，而把通过有关机关提供其他合法证明作为不能取得“拒绝证明”或“退票理由书”时的补充形式要件。根据《票据法》第63条、第64条及《票据管理实施办法》第28条的规定，其他合法证明包括：1）医院或有关单位出具的付款人、承兑人死亡证明；2）法院出具的宣告失踪、宣告死亡的文书，宣告破产的裁定；3）有关行政主管部门作出的责令付款人终止业务活动的处罚决定；4）公安机关出具的证明付款人逃匿的文书；5）公证机关出具的具有拒绝证明效力的文书。

(3) 我国票据法规定，付款人或承兑人在拒绝付款或拒绝承兑时有义务向持票人出具“拒绝证明”或“退票理由书”。未出具拒绝证明或者退票理由书的，应当承担由此产生的民事责任。

(4) 日内瓦公约、《联合国国际汇票本票法公约》均对持票人作成拒绝证书的期限有明确规定，超过规定期限的，丧失追索权。我国票据法规定持票人不能出示拒绝证明、退票理由书或者未按规定期限提供其他合法证明的，丧失对前手的追索权，但是，对于提供拒绝证明、退票理由书的期限没有具体限定，因此，只要在时效期间内取得拒绝证明或退票理由书并向被追索人提供，均可行使追索权。

三、追索的主体、标的与程序

(一) 追索的主体

追索的主体为追索权人与被追索人。依法享有追索权的人为追索权人，包括最后合法持票人和已承担了被追索义务的票据债务人。最后合法持票人是最初的追索权人，已承担了被追索义务的人是再追索权人，包括承担了被追索义务的背书人以及清偿了票据债务的保证人。被追索人是追索权所针对的义务人，概括地讲，泛指持票人的一切前手及票据保证人；具体来说，是指出票人、背书人、保证人，这些当事人对持票人承担担保承兑或担保付款的义务，因而是被追索人。至于承兑人是否属于被追索人，在理论上有不同认识：一种意见认为，出票人是最终承担担保付款义务的人，追索到出票人时，追索结束。承兑人不是被追索人。① 另一种意见认为，我国《票据法》第68条规定承兑人与出票人、背书人、保证人承担连带责任，即承认了承兑人作为被追索人的法律地位。承兑人成为被追索人的意义在于，承兑人依法应当承担最终付款责任时，出票人也可作为现实持票人，向承兑人行使追索权。② 我们同意第一

---

① 参见谢怀栻：《票据法概论》，178页，北京，法律出版社，1990；赵威：《票据权利研究》，87页，北京，法律出版社，1997。

② 参见赵新华：《票据法》，295页，北京，人民法院出版社，1999；王小能编著：《票据法教程》，2版，274页，北京，北京大学出版社，2001。

种观点，因为：追索权是第二顺序的债权，被追索人承担的是担保承兑或担保付款的义务，是第二债务人；而承兑人承担的是付款义务，是第一债务人，两者的法律地位是非常明确的。如果将承兑人列入被追索人之列，则混同了第一债务人与第二债务人的地位。承兑人不属于被追索人并不等于他不承担票据义务，相反，他应当首先承担付款责任。同时，被追索人承担了被追索义务、取得票据后，承兑人的付款责任并不免除或发生变化，此时取得票据的被追索人成为票据权利人，他要求承兑人支付票据金额及其他法定金额，仍然是行使付款请求权，承兑人承担的仍然是直接的付款义务以及迟延付款的责任，而不是担保付款的义务。从这个意义上说，承兑人承担的是最终的票据责任。无论是背书人还是出票人，承担了被追索义务以后向承兑人要求清偿票据款项及相关金额时，不必提供拒绝证明，只要持有票据即可。承兑人拒绝付款时与出票人、背书人、保证人承担连带责任只表明第一债务人与第二债务人对票据权利人承担连带责任，并不意味着承兑人法律地位的改变。

（二）追索的标的

依我国《票据法》第70条、第71条的规定，持票人行使追索权，可以请求被追索人支付下列金额和利息：被拒绝付款的票据金额；票据金额自到期日或者提示付款日起至清偿日止，按中国人民银行规定的利率计算的利息；取得有关拒绝证明和发出通知书的费用。被追索人清偿后，可向其前手行使再追索权，请求支付下列金额和费用：已清偿的全部金额；前项金额自清偿日起至再追索清偿日止，按照中国人民银行规定的利率计算的利息；发出通知书的费用。以上利率指中国人民银行规定的流动资金贷款利率。

（三）行使追索权的程序

依我国《票据法》行使追索权的程序主要如下：

(1) 拒绝事由的通知。持票人应当自收到被拒绝承兑或者被拒绝付款的有关证明之日起3日内，将被拒绝事由书面通知其前手，其前手应当自收到通知之日起3日内书面通知其自前手；持票人也可以同时向各票据债务人发出书面通知。未按照前述规定期限通知的，持票人仍可以行使追索权。因延期通知给其前手或者出票人造成损失的，由没有按照规定期限通知的票据当事人承担对该损失的赔偿责任，但是所赔偿的金额以票据金额为限。在规定期限内将通知按照法定地址或者规定地址邮寄的，视为已经发出通知。

(2) 确定追索对象。除有抗辩事由以外，持票人在确定追索对象时可以选择包括出票人在内的所有被追索人，也可以选择部分被追索人，不受票据债务人顺序的限制。

(3) 被追索人清偿以及持票人受领。被追索人清偿债务时，持票人应当交出票据和有关拒绝证明，并出具所收到利息和费用的收据。

(4) 再追索，直至出票人。再追索人获得清偿时，应当向清偿债务的人交出票据和有关拒绝证明，并出具所收到利息和费用的收据。

在追索过程中，如果某一被追索人清偿了部分票据金额，能否向其前手进行再追索？此时持票人的票据权利已经部分实现，持票人仍有权向其他被追索人进行追索，但追索的金额应当扣除已实现部分的金额。而最初的被追索人由于未进行全部清偿而不能取得票据。在此情况下，最初清偿了部分票据金额的被追索人只要凭清偿证明就可向其前手就已清偿的部分进行再追索，而不必持有票据。

第三十三章 本票与支票

第一节 本 票

一、本票的概念与特点

本票是出票人签发的，承诺无条件支付确定金额给收款人或持票人的票据。在我国，本票具有以下特点：

（1）本票的出票人与付款人为同一人，属于自付证券。

（2）本票没有承兑制度。出票人在票据权利人提示付款时，必须承担付款的责任。

（3）在国外，本票包括即期本票与远期本票，远期本票具有汇兑、支付、信用、融资功能，但在我国，本票为见票即付的票据，没有信用、融资功能，仅有汇兑、支付、结算的功能。

（4）国外的本票包括银行本票与商业本票。银行本票的出票人是银行，商业本票的出票人是银行以外的单位。我国的本票只有银行本票一种。

（5）本票的申请人、收款人可以是单位，也可以是个人。申请人和收款人为个人的，可以使用现金本票。申请人或收款人为单位的，只能使用转账本票。

二、本票的形式要件

本票出票时，必须记载下列事项：（1）表明“本票”的字样；（2）无条件支付的承诺；（3）确定的金额；（4）收款人名称；（5）出票日期；（6）出票人签章。本票上未记载前述事项之一的，本票无效。

三、使用本票的基本流程

在我国，现阶段使用的本票主要是银行本票。基本流程是：

1. 申请人使用银行本票，应向银行填写“银行本票申请书”，填明收款人名称、申请人名称、支付金额、申请日期等事项并签章。申请人和收款人均为个人，需要支取现金的，应在“支付金额”栏先填写“现金”字样，后填写支付金额。申请人或收款人为单位的，不得申请签发现金银行本票。

2. 出票银行受理银行本票申请书，收妥款项，签发银行本票。用于转账的，在银行本票上划去“现金”字样；申请人和收款人均为个人，需要支取现金的，在银行本票上划去“转账”字样。不定额银行本票用压数机压印出票金额。出票银行在银行本票上签章后交给申请人。申请人或收款人为单位的，银行不得为其签发现金银行本票。

3. 申请人应将银行本票交付给本票上记明的收款人。

4. 收款人受理银行本票时，应审查下列事项：收款人是否确为本单位或本人；银行本票是否在提示付款期限内；必须记载的事项是否齐全；出票人签章是否符合规定，不定额银行本票是否有压数机压印的出票金额，并与大写出票金额一致；出票金额、出票日期、收款人名称是否更改，更改的其他记载事项是否由原记载人签章证明。

5. 收款人可以将银行本票背书转让给被背书人。被背书人受理银行本票时，除按照《支付结算办法》第106条的规定审查外，还应审查下列事项：背书是否连续；背书人签章是否符合规定；背书使用粘单的，是否按规定签章；背书人为个人的身份证件。

6. 银行本票见票即付。在银行开立存款账户的持票人向开户银行提示付款时，应在银行本票背面“持票人向银行提示付款签章”处签章，签章须与预留银行签章相同，并将银行本票、进账单送交开户银行。银行审查无误后办理转账。未在银行开立存款账户的个人持票人，凭注明“现金”字样的银行本票向出票银行支取现金的，应在银行本票背面签章，记载本人身份证件名称、号码及发证机关，并交验本人身份证件及其复印件。持票人对注明“现金”字样的银行本票需要委托他人向出票银行提示付款的，应在银行本票背面“持票人向银行提示付款签章”处签章，记载“委托收款”字样、受托人姓名和背书日期以及委托人身份证件名称、号码、发证机关。受托人向出票银行提示付款时，也应在银行本票背面“持票人向银行提示付款签章”处签章，记载证件名称、号码及发证机关，并同时交验委托人和受托人的身份证件及其复印件。

7. 持票人超过提示付款期限不获付款的，在票据权利时效内向出票银行作出说明，并提供本人身份证件或单位证明，可持银行本票向出票银行请求付款。

8. 申请人因银行本票超过提示付款期限或其他原因要求退款时，应将银行本票提交到出票银行。申请人为单位的，应出具该单位的证明；申请人为个人的，应出具该本人的身份证件。出票银行对于在本行开立存款账户的申请人，只能将款项转入原申请人账户；对于现金银行本票和未在本行开立存款账户的申请人，才能退付现金。

四、本票的制度适用

1. 本票自出票日起，付款提示期间不超过2个月。

2. 本票的持票人未按提示期间提示付款的，丧失对出票人以外的前手的追索权。

3. 除本票制度另有规定外，本票出票、背书、保证、付款和追索权的行使，适用票据法有关汇票的规定。

第二节　支　票

一、支票的概念与特征

支票是出票人签发的，委托办理支票存款业务的银行或者其他金融机构在见票时无条件支付确定的金额给收款人或者持票人的票据。支票具有以下特征：

(1) 支票在现实生活中的职能主要是支付工具的功能，一般不具有信用功能与融资功能。这是支票与汇票、本票最本质的区别。

(2) 同汇票一样，支票开立之时的基本当事人包括出票人、收款人与付款人。但支票的付款人限于可以办理支票存款业务的银行或其他金融机构，这是为保证付款人有足够的资金可以随时兑付。支票的出票人应当是在银行或金融机构开立支票存款账户的人。

(3) 支票的出票人应以其本名事先开立支票存款账户，并预留其本名的签名式样或印鉴。出票人签发支票时，应当与其在银行预留印鉴相同。

(4) 与汇票相比，法律也往往强调支票出票人与付款人之间必须存在资金关系。①

(5) 支票没有承兑制度。

(6) 支票在法律调整上注重即时兑现性。支票的签发，限于见票即付，不得在支票上另行记载到期日。这是支票作为支付工具的要求。出票人另行记载到期日的，该记载无效。

(7) 在我国可以签发空白支票，但不允许签发空白汇票、本票。

二、支票的种类

1. 根据支付方式分为现金支票、转账支票与普通支票。现金支票只能支取现金；转账支票只能转账支付；普通支票可以支取现金，也可以转账支付。

2. 根据是否记载收款人名称分为记名支票与无记名支票。记名支票转让时应当背书转让，无记名支票可以单纯交付转让。

三、支票的形式要件

支票必须记载的事项有：(1) 表明“支票”的字样；(2) 无条件支付的委托；(3) 确定的金额；(4) 付款人名称；(5) 出票日期；(6) 出票人签章。出票人签章应当与其在银行预留印鉴相同，否则，支票无效。

四、支票使用中的几个特殊问题

(一) 签发空头支票问题

出票人签发支票，应当与付款银行存在资金关系，具体地讲，就是支票存款账户的开户人与开户银行之间的存款账户关系，这种关系的基本内容是出票人在其账户上存入一定的款项。在我国，签发支票绝对不允许透支。《票据法》第87条规定，支票的出票人所签发的支票金额不得超过其付款时在付款人处实有的存款金额。出票人签发的支票金额超过其付款时在付款人处实有的存款金额的，为空头支票。禁止签发空头支票。

出票人签发空头支票，应当承担刑事责任或行政责任，但不影响票据的效力，出票人仍应承担票据责任。

(二) 无记名支票的使用

各国票据法普遍规定，出票人可以签发记名支票，也可以签发无记名支票或来人支票。

---

① 参见《日内瓦统一支票法公约》第3条，我国《票据法》第82条。

在我国支票使用的相关操作制度和实务中，尽管在签发时可以无记名的形式出现，并可以单纯交付的方式转让，但持票人在提示付款时，必须在收款人栏内补记自己的名称，也就是说，在提示付款时必须以记名支票的形式出现，否则，付款银行不予受理。

（三）支票的使用范围

在我国，支票原则上限于在同一票据交换区域办理款项结算，也就是通常所说的同城结算。《票据法》第 91 条规定，支票的持票人应当自出票日起 10 日内提示付款；异地使用的支票，其提示付款的期限由中国人民银行另行规定。可见，在实践中使用的支票一般都是出票人住所地、付款人住所地与收款人住所地在同一票据交换区域内。超出同一票据交换区域使用支票的，区域外的银行不予受理，但出票人、背书人仍应承担票据责任。随着票据交换系统的不断发展和完善以及银行之间业务往来的增多，各个票据交换区域和范围正在逐渐扩大。

（四）支票的付款程序

1. 持票人应在法定的付款提示期间内提示付款。支票的付款提示期间是出票日起 10 日。出票人在付款人处的存款足以支付支票金额时，付款人应当日足额付款。超过付款提示期间的，代收银行不予受理，付款银行可以不予付款。持票人在付款提示期间内未提示付款的，丧失对出票人以外的前手的追索权，但在票据时效期间内，仍可向出票人行使追索权。

2. 转账支付的，持票人可以委托开户银行代收款项或直接向付款人提示付款。现金支付的，仅限于持票人向付款人提示付款。

持票人持用于转账的支票向付款人提示付款时，应在支票背面背书人栏签章，并将支票和填制的进账单交送出票人开户银行。

持票人持用于转账的支票委托其开户银行代收款项的，应作成委托收款背书，在被背书人栏记载其开户银行名称，由该银行通过同城票据交换系统向付款银行提示付款。

持票人持用于支取现金的支票向付款人提示付款时，应在支票背面“收款人签章”处签章，持票人为个人时，还需交验本人身份证件，并在支票背面注明证件相关内容。付款人审查无误后，以现金方式向持票人支付票款，并借记出票人账户。

（五）空白支票的构成要件与法律效力

空白支票是空白票据的一种，是指出票人签发票据时，有意识地将票据上应记载事项不记载齐备，授权持票人以后补记的票据。空白票据的出现以及法律承认空白票据的合法性，是由交易实践的现实需要所决定的。世界上大多数国家的票据立法均承认空白票据，我国《票据法》仅承认空白支票，不允许签发空白汇票、本票。

1. 空白支票的构成要件

（1）必须有出票人签章。签章是票据行为最起码的要素，是行为人内在意志的外观表现，因此，空白支票必须有出票人的签章，没有出票人签章的所谓“空白支票”，不产生任何法律效力。

（2）有绝对应记载事项的欠缺。在我国空白事项限于票据金额与收款人名称。支票的金额是绝对应记载事项，未补记前不得行使票据权利。收款人名称不是绝对应记载事项，出票人可以签发无记名支票，不记载收款人名称。

（3）必须是出票人有意将相应事项空白并授予持票人补充记载的权利。这是空白票据与不完全票据的区别所在。如果出票人未记载相应事项是由于疏漏或故意不记载完全，但没有授权持票人使之补充记载后生效的意思，则不属于空白票据，而是不完全票据，不完全票据是无效的。在实践中区分空白票据与不完全票据时，若一方主张是不完全票据、另一方主张是空白票据，如何予以认定？只要出票人将票据交付给他人，则应推定交付行为本身就包含了授予持票人补充权的意思，应认定为空白票据。如果持票人并非基于出票人交付取得票据的，则应认定未授予补充权，该票据为不完全票据。

（4）应有出票人向持票人交付票据的行为。交付不仅是认定出票人授予补充权的标准，而且本身也是票据行为的生效要件。出票人已经签章的票据未记载金额或收款人名称，他人未经交付以盗窃、拾得等方式取得票据的，持票人即便补记了相关内容，也不能产生空白票据补记的效力，持票人不能取得票据权利。但如果该票据流转到善意第三人手中，出票人应承担失票风险，对善意第三人承担票据责任。至于空白支票是否基于出票人交付取得，理论上有学者认为占有票据时即推定为交付取得，出票人否认交付的，应承担举证责任。[①] 我们认为不可一概而论。若出票人记载收款人名称，而金额空白时，收款人占有票据即推定为经交付取得；若未记载收款人名称的，持票人应当对持票的合法性承担举证责任，因为在此情形下，出票人很难证明未向持票人交付票据。

2. 空白支票补充权的行使及效力

（1）在授权范围内行使补充权的效力。

持票人在出票人授权范围内行使补充权，对空白事项予以补充，产生票据关系自始生效的效力，持票人可以行使票据权利，出票人对持票人及其后手依补充记载的事项承担票据责任。

（2）滥用补充权的后果。

滥用补充权是虽然出票人授权持票人予以补记，而持票人超出授权范围进行补充记载的行为。其典型形式是对票据金额的补充超出授权范围。滥用补充权的后果是，出票人不得以持票人滥用补充权为由对抗善意第三人，即第三人取得票据时对持票人滥用补充权不知情的，出票人仍应对善意第三人依补充记载的文句承担票据责任。[②] 至于出票人有权追究滥用补充权的持票人的违约责任或侵权责任，则是不言自明的事。在我国，对于滥用补充权的后果，“票据法司法解释”第 68 条不区分第三人是否为善意，一律规定补充事项超出授权范围的，出票人对补充后的票据应当承担票据责任。

（3）空白支票的转让及补充权的行使。

在我国，出票人未记载收款人名称而将票据交付给持票人后，若持票人在收款人栏内未补记其名称而将票据以单纯交付方式转让给他人，其收款人名称的补充权也转让给受让人，受让人补充自己的名称为收款人时，可以行使票据权利。此时原持票人退出了票据关系，出票人不得以原持票人未行使补充权对抗受让人。

持票人未补记收款人名称时，不得背书转让。

（4）空白支票补充权的行使时间。

空白支票补充权应在何时行使？正常情形下应在付款提示期间超过以前行使。付款提示期间超过以后行使补充权的，付款人可以拒绝付款，持票人仍可向出票人行使追索权。但票据时效超过以后持票人行使补充权的，不产生补记的效力，其票据权利消灭。

（六）支票付款人的法律地位与责任

就票据关系而言，虽然支票付款人在票据文义记载上是支付票据款项的人，但无论是日内瓦公约还是英美法系的票据法，都认为支票付款人只是相对意义上的义务人，在出票人存款账户上的资金可以足额支付票据金额的情况下，付款人通常要予以付款。但付款人并不因

① 参见《日内瓦统一支票法公约》第 13 条，《英国票据法》第 20 条，《美国统一商法典》第3—115 条。

② 参见郑孟状：《票据法研究》，147 页，北京，北京大学出版社，1999。

出票人的出票行为而向持票人承担必须付款的责任，即使付款人无故拒绝付款，收款人无权起诉付款人，只能向其前手背书人或出票人追索，只不过付款人若错误拒付，要对出票人承担违约责任或破坏出票人信用的责任而已。[①] 正是在这个意义上，我国票据法理论上有学者不把支票的付款人作为票据债务人，而列为票据关系人。[②]

我国《票据法》第 89 条第 2 款规定："出票人在付款人处的存款足以支付支票金额时，付款人应当在当日足额付款。"这一规定应当理解为，从资金关系的角度付款人对出票人承担的义务是按照出票人的委托向持票人付款，违反此项义务，应向出票人承担违约责任，而不是必须向收款人承担票据责任。但也有学者理解为，我国票据法中支票付款人法律地位有特殊性，应向持票人承担付款义务。

（七）预留印鉴与支票密码的相关问题

依我国《票据法》及相关司法解释的规定，支票出票人的签章应与其在付款人处预留的印鉴相符，出票人的签章与预留印鉴不一致的，支票无效，付款人对出票人的签章与预留印鉴不一致的支票，应当拒付；在支票上出票人的签章与预留印鉴不一致，付款人错误付款的，付款人应对出票人承担赔偿责任。同时，根据"票据法司法解释"第 73 条的规定，出票人签发与其预留印鉴不符的支票而给他人造成损失的，应当承担赔偿责任。

支票密码是出票人与付款人约定的于付款时应核对的一种代码，是为防止错误付款、保证安全性以及扩大支票交换区域而作出的特别约定。支票密码属于资金关系中约定的付款条件，持票人提示付款时，如支票的密码错误，即使支票的记载事项符合票据法的规定，付款人也应予退票。出票人未记载支票密码的，视为支票密码错误。付款人在支票密码错误的情形下付款，应承担错误付款的责任。但是，支票密码的错误，不影响票据以及票据行为的效力，持票人因支票密码错误而遭退票的，可以向出票人、背书人行使追索权。

（八）划线支票、保付支票与远期支票

1. 划线支票

划线支票，是指在支票正面划两道平行线的支票，又称为平行线支票。在日内瓦公约以及英美票据法中，均存在划线支票。我国《票据法》虽然没有规定划线支票，但《支付结算办法》中存在关于划线支票的规定。

在支票上划线是出票人或持票人指示付款人只能向特定的人付款的一种意思表示。划线制度是为弥补支票见票即付，常采无记名式，付款人如善意错误付款而不承担责任，真正权利人无从查找收款人这一缺陷而设定的，其目的是保护出票人或持票人的资金安全。划线支票分为普通划线支票和特别划线支票：前者是在支票正面划两道平行线，只有在银行或付款人的客户提示付款时，付款银行才可付款。特别划线支票是在平行线内注明特定银行的名称，付款人只能对指定的银行付款，当付款人本身是指定的银行时，只能对其客户付款。在我国，划线支票只能用于转账支付。

2. 保付支票

保付支票是付款人在支票上记载"保付"及同义文句后承担付款责任的支票。日内瓦公约中不存在保付支票的规定，在美国票据立法中，有保付支票的规定。保付作为支票中的一种制度，与汇票中的承兑制度存在相似之处。保付并非付款人的义务，付款人拒绝保付，持

---

① 参见张耀麟：《支票法律制度研究》，118 页，北京，中国金融出版社，1997。

② 参见王小能编著：《票据法教程》，2 版，32 页，北京，北京大学出版社，2001。

票人不得以此为由行使追索权。不过付款人一旦保付，即成为支票上唯一的债务人，出票人与背书人均免除票据责任。支票成为保付支票后，不论出票人在付款人处有无资金，不论持票人是否在提示期间内提示付款，付款人均须付款。

3. 远期支票

远期支票是出票人签发支票时有意以实际出票日以后一个时间作为票据上载明的出票日的支票。我国票据制度中，禁止签发远期支票。但从票据的文义性出发，出票人签发了远期支票的，仍然应认定为有效的票据，出票日应以票据上记载的时间确定，但签发远期支票的风险应由出票人承担。

五、支票的制度适用

除支票制度另有规定外，支票出票、背书、付款和追索权的行使，适用票据法有关汇票的规定。

第六编

保 险 法

第三十四章
保险与保险法概述

第一节　保险概述

一、保险的概念

经济学上保险是转移危险、分散损失的制度，就是将集中于某一个体的风险，转移给团体中众多主体共同承担，当团体中的成员发生损失时，以团体成员共同聚集的金钱补偿该遭受损失成员的损失。在现代社会中，保险也是一种财务安排手段，人们通过保险理财，保险成为投资的方式。

法律上保险是合同行为，即当事人签订合同，一方交付保险费，另一方为该方承担保险标的物风险的法律行为。当保险标的物发生损失时，承担风险的一方支付保险费，补偿交付保险费一方的经济损失。我国《保险法》第2条对保险进行了界定：保险"是指投保人根据合同约定，向保险人支付保险费，保险人对于合同约定的可能发生的事故因其发生所造成的财产损失承担赔偿保险金责任，或者当被保险人死亡、伤残、疾病或者达到合同约定的年龄、期限等条件时承担给付保险金责任的商业保险行为"。

二、保险的分类

1. 自愿保险与强制保险

自愿保险是在自愿的原则下，根据投保人与保险人订立的合同而构成的保险关系。保险公司经营的保险产品，绝大多数属于自愿保险。

强制保险又称为法定保险，是以国家颁布法律、法规的形式来实施的保险。保险公司经营的保险产品中，仅有一小部分属于强制保险，其典型代表是机动车第三者责任强制保险。

2. 财产保险与人身保险

财产保险是以财产及其有关利益为保险标的的保险，主要包括财产损失保险、责任保险、信用保险、保证保险等。

人身保险是以人的寿命和身体为保险标的的保险，主要包括人寿保险、健康保险、意外伤害保险等。

3. 原保险与再保险

原保险是由保险人直接承保业务并与投保人签订合同的保险。原保险的保险人直接与投保人签订合同，发生保险事故时由保险人承担赔偿责任。

再保险是对原保险的保险责任再承保的保险。再保险合同由原保险人与再保险人签订，再保险人根据再保险合同对原保险人因承担原保险合同的责任所受损失承担再保险合同的责任。

4. 社会保险与商业保险

商业保险是由保险公司按照商业经营原则开办的各种保险。保险公司经营的保险绝大多数属于商业保险，其规制法律为保险法。

社会保险是国家为实现某种社会政策或保障公民利益而采取的经济补偿手段的总称。社会保险不由保险公司经营，其规制法律为社会保险法。

三、保险与相关概念

1. 保险与储蓄

（1）实施方法不同。储蓄可单独、个别地进行；保险必须依靠多数人的互助共济实现。储蓄是自助行为，保险是多数人的互助合作行为。

（2）支出与获得不同。储蓄获得的利息很少；保险支出的保险费很少，获得的保险金是几十倍。

（3）技术性不同。储蓄较少技术性，交纳本金就可储蓄；保险以大数法则为基础，具有技术性，并不是交纳保险费就可保险。

（4）处分自由度不同。储蓄自由度较高，存取自由；保险自由度较低，只有保险事故发生或期限届至才能领取保险金。

2. 保险与赌博

（1）合法性不同。除了在少数国家，赌博通常为非法行为；保险在任何国家均为合法行为。

（2）目的与功能不同。赌博不能成为安定社会经济生活的手段，对社会带来消极作用；保险可安定经济生活。

（3）对象不同。赌博的对象不受限制，可是任何物，且赌注大小与获得金钱数没有固定比例；保险以保险利益为前提，保险费与保险金之间有一定比例关系。

第二节　保险法概述

一、保险法的概念与分类

保险法是以保险关系为调整对象的法律规范的总称。保险关系是当事人间依保险合同发生的权利义务关系和国家对保险业进行监督管理时发生的关系，前者为保险合同关系，后者为保险监管关系。

保险法有广义与狭义之分。广义保险法的调整对象包括保险监管关系和保险合同关系，我国保险法是广义保险法。我国《保险法》第二章“保险合同”部分调整保险合同关系；第三、四、五、六、七章关于保险公司、保险经营规则、保险代理人和保险经纪人、保险业监督管理、法律责任的规定，调整保险监管关系。[①] 狭义的保险法只包括保险合同法和保险特别法[②]，保险特

---

① 在国外，许多国家将保险合同法与保险业法分别立法。

② 参见李玉泉：《保险法》，2版，15页，北京，法律出版社，2003。

别法主要是对特别保险合同的规定，如《海商法》中关于海上保险合同的规定，《机动车交通事故强制责任保险条例》中关于交通事故强制责任保险合同的规定。

二、保险法的特征

1. 社会性

保险是具有社会性的经济制度，通过保险制度，社会风险得以分散。它的补偿损失、融通资金等职能，能有效地推动社会经济交往，扩大资金积累，安定人民生活。这就决定了规范保险活动的保险法必然是群体本位，在立法上规范保险的社会性功能，以保证保险制度在构建和谐社会中发挥最大功效。保险法注重保险的社会作用，强调保险业的社会责任与公众责任，社会性造就保险法成为和谐保险法。

2. 技术性

技术性与伦理性相对应，商法的部门法通常都具有技术性。保险经营行为以大数法则和保险精算为基础，从保险费的收取到保险资金的运用，再到各种准备金的提取，无不具有技术性。法律制度规范保险交易，形成保险法的技术性特征。

3. 国际性

起源于海上保险的保险法，天生具有国际性。全球化背景下，各国保险法尽管某方面的制度可能存在一些小的差异，但正朝着统一的方向发展。欧盟起草的统一《保险合同法》，是保险制度国际统一的典型例证。

三、保险法的历史

（一）国外保险法的历史

早在拜占庭帝国时期，爱琴海东部的罗德岛就出现了海上保险的习惯规则，公元前 9 世纪制定的《罗得海法》中规定的“共同海损”制度已经类似于保险制度。真正意义的保险法产生于公元 14 世纪，1435 年的巴塞罗那法令规定了有关海上保险的承保规则及损害赔偿手续，被世人公认为最早的海上保险法典。1523 年的佛罗伦萨法令总结了海上保险的做法，规定了保单格式，进一步推动了海上保险法的发展。

近代以来，1681 年法国国王路易十四制定的《海事敕令》及 1808 年的《拿破仑商法典》均有关于海上保险的规定。也有人认为法国是现代保险法的发源地，路易十四的《海事敕令》是欧洲大陆最早的现代意义的保险法。法国于 1930 年公布实施《保险契约法》。在此之前，德国于 1910 年施行《保险契约法》（2008 年重新修改）。瑞士 1908 年通过《保险契约法》。意大利 1942 年《民法典》中规定了保险合同。日本 1892 年商法典规定了保险制度，2008 年，日本将商法典中的保险独立，制定了《日本保险法》。英美国家虽为判例法国家，但也存在保险方面的成文法，如早在 1906 年，英国就制定了《1906 年海上保险法》，成为现代保险法的范本。英国还制定了 1923 年《简易保险法》，1966 年《道路交通法》规定了机动车强制保险制度。在美国，保险立法权属于各州，没有统一的国家保险法，各州保险法中最著名的《纽约州保险法》和《加利福尼亚州保险法》都将保险业法和保险合同法规定在一部法典。

（二）我国保险法的历史

中国最早的保险法出现在《大清商律草案》中，其第七、八章分别对损害保险和生命保险作了规定。由于 1903 年颁布《大清商律》时商行为一编未公布，保险部分也被束之高阁。1917 年，北洋政府拟定《保险业法案》，1927 年又拟定了《保险契约法草案》，随着北洋政府瓦解，法律未公布。1929 年 12 月 30 日，国民党政府公布了《保险法》，是我国台湾地区“保险法”的基础。

新中国自 1949 年 10 月 20 日成立中国人民保险公司至 1958 年，国家颁布的保险法规有 1951 年《财产强制保险条例》、《船舶强制保险条例》、《铁路车辆强制保险条例》、《轮船、铁路、飞机三方面旅客意外强制保险条例》，1957 年《公民财产自愿保险办法》，推动了我国保险业的发展。党的十一届三中全会后，1981 年《经济合同法》中有对财产保险合同的规定，是新中国第一个与保险有关的法律。1983 年，国务院颁布《中华人民共和国财产保险条例》。1992 年 11 月 7 日，全国人大常委会通过《中华人民共和国海商法》，第一次以法律形式对海上保险作了明确规定。

1995 年 6 月 30 日，八届全国人大常委会第十四次会议通过的《中华人民共和国保险法》，是新中国第一部保险基本法。2002 年 10 月 28 日，为适应保险业环境变化，履行我国加入世界贸易组织的承诺，九届全国人大常委会第三十次会议对《保险法》进行第一次修正。2009 年 2 月 28 日，为适应保险业的发展，保护保险消费者利益，十一届全国人大常委会通过再次修订《中华人民共和国保险法》的决议，推动我国保险业进一步发展。2014 年 8 月 31 日，十二届全国人大常委会第十次会议通过《关于修改〈中华人民共和国保险法〉等五部法律决定》，对《保险法》进行了第二次修正。

第三十五章 保险合同通则

第一节 保险合同概述

一、保险合同的概念

保险合同是投保人和保险人约定，由投保人向保险人支付保险费，保险人按合同约定承担给付保险金责任的协议。我国《保险法》第10条规定：“保险合同是投保人与保险人约定保险权利义务关系的协议。”投保人的主要义务是支付保险费，保险人的主要义务是承担合同期间的风险，并于风险发生时对被保险人给予经济补偿。

二、保险合同的分类

（一）以保险标的不同为标准，分为财产保险合同和人身保险合同

1. 财产保险合同是以财产及其有关利益为保险标的的保险合同。保险实务中的火灾保险合同、企业财产保险合同、家庭财产保险合同、机动车辆保险合同、农业保险合同、责任保险合同、信用保险和保证保险合同，均以财产或有关利益作为保险标的，属于财产保险合同。

2. 人身保险合同是以人的寿命或身体为保险标的的保险合同。人寿保险合同、意外伤害保险合同和健康保险合同为人身保险合同。

（二）以保险人给付保险金的目的为标准，分为补偿性保险合同和定额给付性保险合同

1. 补偿性保险合同，是指设立目的在于补偿被保险人因保险事故所遭受的经济损失的保险合同。保险事故发生时，由保险人在被保险人所受损失的范围内对被保险人予以经济性补偿，补偿数额不得超过被保险人的实际损失。一般来说，财产保险合同多数属于补偿性保险合同，人身保险合同中只有极少部分保险合同属于补偿性保险合同，例如住院医疗保险合同，其仅对被保险人住院期间的医疗费用予以补偿。

2. 定额给付保险合同，简称给付性保险合同，是当保险合同约定的事故发生或约定期限届满时，保险人按照约定的保险金额给付保险金的保险合同。此类合同属于非补偿性质，保险人赔付的数额是一个确定的数额，可能高于，也可能低于被保险人的实际损失。大部分人身保险合同都属于定额给付保险合同。

（三）以保险标的的保险价值确定与否为标准，分为定值保险合同与不定值保险合同

1. 定值保险合同，又称定价保险合同，是双方当事人在订立合同时即已确定保险标的的

的保险价值，并将之载明于合同中的保险合同。定值保险合同多适用于以某些不易确定价值的财产（如字画、古玩、矿物标本等）为保险标的的财产保险合同。此外，由于货物在不同时间、不同地点价值不同，为避免价值争议，货物运输保险合同也可能出现定值保险合同。

2. 不定值保险合同，是双方当事人在订立合同时不预先确定保险标的的保险价值，仅载明须至危险事故发生后，再行估计其价值而确定损失的保险合同。不定值保险合同中保险标的的保险价值，只有在发生保险事故的时候才能经过评估确定。一般财产保险合同均为不定值保险合同，例如火灾保险。

（四）以合同保障利益的主体不同，分为为自己利益订立的保险合同与为他人利益订立的保险合同

1. 为自己利益订立的保险合同，是投保人为自己的利益订立合同，投保人自己享有保险金赔偿请求权的保险合同，一般有两种情形：（1）投保人自己为被保险人，而未另行指定受益人；（2）投保人以他人为被保险人，而指定自己为受益人。

2. 为他人利益订立的保险合同，是投保人为他人的利益而订立保险合同，使他人享有保险金请求权的保险合同，一般有三种情况：（1）投保人自己为被保险人，而指定他人为受益人；（2）投保人以他人为被保险人，而未另行指定受益人；（3）投保人以他人为被保险人，而又另行指定受益人。

三、保险合同的特征

1. 保险合同是有偿合同

在合同法上，当事人依合同取得利益需要支付相应对价的合同，称为有偿合同。在保险合同问题上，须投保人支付保险费，保险人才为其承担风险，保险费是承担风险之对价。与之相对，保险人须承担风险方能获得保险费，承担风险又是获得保险费之对价，因此，保险合同属于有偿合同。①

2. 保险合同是双务合同

双务合同是当事人双方互负对待给付义务的合同。与之相对应的单务合同是合同当事人仅有一方负担给付义务的合同。保险合同中，投保方与保险方相互负有一定的义务，例如，投保人负有交付保险费的义务，保险人负有承担危险的义务；被保险人或受益人负有危险发生的通知义务，保险人则负有承担合理费用的义务等。

3. 保险合同是射幸合同

以是否具有不确定的偶然性为标准，可以将合同分为实定合同与射幸合同。实定合同是在契约订立时当事人的给付义务即已确定的合同。射幸合同是在契约订立时当事人的给付义务尚未确定的合同。保险合同属于射幸合同，合同中约定由保险人承担的危险，是一种不确定的事件，其发生具有偶然性：当事故发生时，保险人应当承担赔付责任；当事故

① 有人认为，在没有发生保险事故的情况下，保险人收取了保险费，但未支付保险赔款，这种情况下，保险合同并非有偿合同。我们认为，投保人交付保险费的对价应当是保险人承担的风险，而不是保险赔款。所谓风险，就是不确定的危险，其可能发生，也可能不发生，但无论发生与否，都不能否认保险人为被保险人承担风险的事实。一般有偿合同的有偿性主要表现在双方当事人的权利、义务应当按照价值规律以等价交换为基础来确立，保险合同的有偿性具有整体性特征，即从保险经营的整体来看，通过精算所确定的保险费率收取的保险费总和与保险人在一定时期内所支出的赔付金额大体相当。从这个角度看，保险合同属于有偿合同。

不发生时，保险公司可以收取保险费，但不承担赔付责任。不过，保险合同作为射幸合同与同为射幸行为的赌博行为有所不同，前者对保险标的具有保险利益，后者则不要求具有保险利益。

4. 保险合同是附合合同

所谓附合合同，是指合同条款由一方当事人拟定，他方当事人只能就该条款表示同意接受与否，而不能与对方协商条款内容的合同。对绝大多数保险合同来说，合同条款由保险人拟定，投保人或被保险人不能与保险人进行协商，只能采取“要么接受，要么走开”的态度，因此，大多数保险合同属于附合合同。但保险实务中，也有小部分保险合同属于议商合同，即投保人或被保险人可以与保险人协商保险条款的内容，例如，当投保人或被保险人实力强大时，其往往要求与保险公司谈判保险合同的内容。

5. 保险合同是诺成性合同

诺成性合同，是指当事人一方的意思表示一旦为对方同意即能产生法律效果的合同。与其相对应的为实践性合同，是指除当事人双方意思表示一致以外，尚需交付标的物才能成立的合同。我国《保险法》第 13 条第 1 款规定：“投保人提出保险要求，经保险人同意承保，保险合同成立。”这意味着，投保人的保险要求一经保险人同意，保险合同即成立，无论保险费交付与否。由此可见，保险合同是诺成性合同。

6. 保险合同是不要式合同

要式合同是指必须依一定方式而为意思表示的合同。不要式合同是指意思表示不受一定方式限制的合同。保险合同既可以采取口头形式，也可以采取书面形式，其订立方式灵活，不要求有一定的形式，多数学者认为其属于不要式合同。[①]

7. 保险合同是继续性合同

以合同履行在时间上是否具有延续性为标准，可以将合同分为一时性合同和继续性合同。一时性合同是指一次给付即可将合同履行完毕，继续性合同的履行则需要经过一定期间。保险合同的履行，需要经过一段期间，在整个保险合同期限内，保险人都在履行保险合同，因此，保险合同是继续性合同。保险合同的继续性特征，使其在合同无效等问题上具有不同于一时性合同的特征。

第二节 保险合同的基本原则

一、最大诚信原则

1. 最大诚信原则的概念

最大诚信原则，是指保险合同当事人在签订和履行保险合同时必须以最大的诚意履行自己的义务，互不欺骗和隐瞒，恪守合同承诺的原则。诚信原则是商法的基本原则之一，其在

① 有学者认为，我国《保险法》第 13 条的规定“投保人提出保险要求，经保险人同意承保，保险合同成立。保险人应当及时向投保人签发保险单或者其他保险凭证。保险单或者其他保险凭证应当载明当事人双方约定的合同内容。当事人也可以约定采用其他书面形式载明合同内容”中的“签发保险单或其他保险凭证”以及“其他书面形式”，可以看作法律要求保险合同采取一定的形式。但绝大部分学者认为，保险单或保险凭证仅仅是保险合同的证明形式，不能将其理解为法律要求保险合同必须具有的形式。

保险法领域的表现便是最大诚信原则。[①] 我国《保险法》第 5 条明确规定："保险活动当事人行使权利、履行义务应当遵循诚实信用原则。"

2. 最大诚信原则的基础

最大诚信原则产生的基础是保险交易双方当事人的信息不对称。一方面，投保人、被保险人了解的有关保险标的的情况保险人不能充分了解。例如，假如投保人不如实告知，保险标的是否存在某种危险隐患保险人无从知晓，由此导致保险人无法确定是否承保以及保险费率，而投保人或被保险人容易隐瞒真实情况骗取保险金。另一方面，保险人了解的情况投保人或被保险人无法充分了解，例如，关于保险条款的内容，投保人或被保险人很难全部了解，一个不诚信的保险人可能利用这一客观情况设置众多拒赔条款，损害投保人或被保险人的利益。正是由于这样的信息不对称情况，最大诚信原则才成为保险合同法最基本的原则。

3. 最大诚信原则的表现

最大诚信原则表现在保险合同法中的诸多方面：首先，投保人的如实告知义务。投保人在保险合同签订前，必须将与保险标的相关的重要事实告知保险人，以便保险人决定是否承保及保险费率（将在"保险合同的成立与生效"一节详细阐述）。其次，保险人的说明义务。保险人应当就保险合同的内容对投保人进行说明，特别是对保险合同中免除保险人责任的条款，保险人应当通过提示与解释相结合的方式加以说明，否则该条款无效（将在"保险合同的成立与生效"一节详细阐述）。再次，英美保险法中的保证制度体现了最大诚信原则。保证是指投保人或被保险人就特定事项向保险人所作的担保，这种担保可能表现为对过去或当前某项事实的确认，也可能表现为承诺在一定期间内采取某种作为或杜绝某种行为。被保险人违反保证，便违背了最大诚信原则，将遭到保险人的拒赔。最后，弃权和禁止反言制度。弃权是指合同当事人放弃其在合同关系中可以享有或主张的某项权利，但放弃后不得反悔。禁止反言则是指合同当事人不得提出相互矛盾、相互冲突的主张。在英美法上，二者的区分并不明确，但其实质都是禁止对从前的行为反悔，从这个意义上说，这两个制度都是最大诚信原则的表现。

二、保险利益原则

（一）保险利益原则的概念

保险利益又称为可保利益，是指投保人或被保险人对保险标的所具有的法律上承认的利益（《保险法》第 12 条第 6 款）。保险利益原则是指在特定的时间，投保人或被保险人必须对保险标的享有保险利益，否则，保险人可以拒赔或者保险合同无效的原则。

（二）保险利益原则的意义

保险合同法之所以将保险利益原则作为基本原则，主要是因为：（1）保险利益可以防止道德危险。所谓道德危险，就是投保人、被保险人或受益人故意破坏保险标的所造成或扩大的危险。如果投保人、被保险人或受益人对保险标的具有保险利益，则由于破坏行为同时导

① 保险合同之所以被称为"最大诚信合同"，并非诚信与最大诚信的内容有所不同，而是因为：（1）保险合同诚信的范围更广。在保险合同订立前就需要披露标的的有关情况，而在一般合同订立前不需要披露标的的有关情况。（2）防止保险逆向选择的需要。逆向选择即投保人选择以风险较大的标的投保，从而增大整个保险团体的风险，最终动摇保险制度的根基。为防止逆向选择，保险法要求双方当事人的诚信大于一般合同当事人的诚信。参见梁鹏：《保险人抗辩限制研究》，28 页，北京，中国人民公安大学出版社，2008。

致其对保险标的所具有的利益遭到损失，两相权衡，投保人、被保险人或受益人通常不会作出道德危险行为。(2) 保险利益可以防止赌博行为。如果不要求投保人对保险标的具有保险利益，则任何人均可以以与自己无关的保险标的投保。若发生保险事故，投保人自身没有利益损失，仅需支出少量保险费便获得大量保险金；若未发生保险事故，投保人所损失者不过是少量保险费。如此以小搏大的行为，本质上便是赌博。但如果要求投保人对保险标的具有保险利益，则不会出现如此赌博现象。(3) 保险利益可以限定保险人的赔付额度。一般来说，财产保险中保险人的赔付以被保险人对该保险标的拥有的利益价值为上限，即保险利益的价值是保险人赔偿的最高额度，故而保险利益原则客观上起到了限制赔付额度的作用。

(三) 保险利益的构成要件

保险利益的构成要件包括：(1) 保险利益是合法利益。保险利益必须是符合法律规定，符合社会公共秩序，为法律所认可并受到法律保护的利益。(2) 保险利益应是确定的利益。投保人或者被保险人对保险标的所具有的利益，已经确定或者可以确定，才能构成保险利益。主观臆测的利益不能被肯认为保险利益。(3) 保险利益具有一定的经济性。保险利益须可以通过货币进行计量或转化为货币加以评估。

(四) 财产保险的保险利益

财产保险的保险利益，是指被保险人在特定的时点对作为保险标的的财产及其有关利益所享有的法律上承认的利益。依照我国《保险法》第 12 条第 2 款的规定，关于财产保险的保险利益，以下三个方面值得关注：(1) 财产保险利益的享有者应当是被保险人。投保人在投保时对保险标的不具有保险利益者，保险合同仍可成立并生效。(2) 保险利益的时点为发生保险事故时。发生保险事故前，被保险人不具有保险利益不影响保险人对保险事故的赔付，只要发生保险事故时被保险人具有保险利益，保险人就应当赔付。(3) 被保险人不具有保险利益的法律后果为保险人可以拒绝赔付。我国《保险法》第 48 条规定："保险事故发生时，被保险人对保险标的不具有保险利益的，不得向保险人请求赔偿保险金。"需要注意的是，法律并未明文规定在此种情形下保险合同无效，只是规定被保险人不得向保险人请求赔偿。

(五) 人身保险的保险利益

人身保险的保险利益，是指投保人在特定的时点对作为保险标的的人的寿命和身体所享有的法律上承认的利益。关于人身保险的保险利益，以下三个方面值得关注：

(1) 投保人须具有保险利益。[①] 我国《保险法》第 31 条第 1、2 款规定："投保人对下列人员具有保险利益：(一) 本人；(二) 配偶、子女、父母；(三) 前项以外与投保人有抚养、赡养或者扶养关系的家庭其他成员、近亲属；(四) 与投保人有劳动关系的劳动者。[②] 除前款规定外，被保险人同意投保人为其订立合同的，视为投保人对被保险人具有保险利益。"由于法律规定投保人对上述人员具有保险利益，故而投保人可以为上述人员投保人身保险。

(2) 投保人在投保时应当具有保险利益。也就是说，只要投保人在投保时具有保险利益，保险合同即可成立并生效。如果保险合同成立后投保人丧失保险利益，保险合同仍然继续有效。例如，丈夫为妻子投保人身保险后，因感情破裂而离婚，离婚后丈夫丧失了对妻子的保险利益，但保险合同仍为有效合同，发生保险事故的，保险人应当赔付。

---

① 也有学者认为，从防止赌博和道德危险的角度看，在人身保险中，享有保险金请求权的主体应当具有保险利益，也就是说，被保险人或受益人应当具有保险利益。但从我国《保险法》第 12 条第 1 款的规定来看，投保人应当具有保险利益。

② 此种情形，主要是指公司为其员工投保人身保险的情形。

（3）投保人不具有保险利益的法律后果是保险合同无效。我国《保险法》第31条第3款规定："订立合同时，投保人对被保险人不具有保险利益的，合同无效。"与财产保险的保险利益不同，法律明文规定在此种情形下保险合同无效。

三、损失补偿原则

（一）损失补偿原则的概念

损失补偿原则，是指在补偿性保险合同中，若被保险人因保险事故的发生遭受经济损失，保险人给予被保险人的经济赔偿数额，以弥补其实际损失为限的原则。损失补偿原则作为保险合同法的基本原则有其合理基础：从保险精算学的角度看，保险人收取的保险费总额与其补偿支出大致相当，如果超过实际损失数额，则保险制度将难以为继；从法律的角度来看，补偿一直是商法的原则；从被保险人的期待来看，被保险人通常也仅要求其损失能够获得补偿，而不是通过保险赚取更多的利益。

（二）损失补偿原则的适用条件

适用损失补偿原则须符合下列条件：（1）被保险人必须发生了实际损失。如果被保险人的损失是主观臆断的，客观上并不存在，则无法适用损失补偿原则。（2）保险人仅补偿实际损失。如果实际损失小于保险金额，则保险人的赔付只能以实际损失为限。（3）补偿数额受保险金额和保险利益的限制。如果实际损失高于保险金额，保险人的赔偿以保险金额为限。同时，对被保险人的补偿不能超过被保险人对保险标的享有的保险利益，因为补偿数额超过保险利益，可能导致道德危险。

（三）损失补偿原则的表现

损失补偿原则主要表现在以下三个方面：（1）重复保险各保险人的赔偿总额不得超过保险价值。重复保险是指投保人对同一保险标的、同一保险利益、同一保险事故分别与两个以上保险人订立保险合同。依照我国《保险法》第56条第2款的规定，重复保险的各保险人赔偿保险金的总和不得超过保险价值。（2）代位求偿使被保险人获得的赔偿以实际损失为限。当保险标的的损失由第三人造成时，被保险人若从第三人处获得完全赔偿，则保险公司不再予以赔付；若被保险人从保险公司获得赔付，则应将对第三人的赔偿请求权转移给保险公司。总之，被保险人从第三人或保险公司获得的赔偿不能超过被保险人的实际损失。（3）超额保险赔偿以保险价值为限。超额保险是指保险金额超过保险价值的保险。依照我国《保险法》第55条第3款之规定，当保险金额超过保险价值时，超过的部分无效，保险人的赔偿以保险价值为限。

（四）损失补偿原则的例外情况

损失补偿原则不能适用于所有保险，以下情形属于损失补偿原则的例外：（1）定值保险。定值保险中，在发生全部损失时，不论保险标的价值如何变化，保险人仍按保险合同所约定的保险金额计算赔款。从损失补偿原则的角度看，该保险是一种例外。（2）重置成本保险。重置成本保险又称复旧保险或恢复保险，是按照重置成本确定损失额的保险。由于这种保险在确定损失赔付时不扣除折旧，而是按重置成本确定损失额，所以，对于损失补偿原则而言，也是一种例外。（3）定额给付性保险。人寿保险中的保险金额是由投保人或被保险人自行确定的，而且当被保险人残疾或死亡时，倘若其持有多份保单，被保险人或受益人可获得多重给付。因此，人寿保险对损失补偿原则而言也是一种例外。

我国《保险法》中因第三人行为导致被保险人损害的，保险人无权获得代位追偿权的规定，也是损失补偿原则的例外表现之一。《保险法》第 46 条规定："被保险人因第三者的行为而发生死亡、伤残或者疾病等保险事故的，保险人向被保险人或者受益人给付保险金后，不享有向第三者追偿的权利，但被保险人或者受益人仍有权向第三者请求赔偿。"由此可见，被保险人不仅可以向第三人请求赔偿，也可以向保险人请求赔付，最终获得双份补偿，显然与保险合同的损失补偿原则有所不同。

由于人身保险多数属于定额保险合同①，故而多数人身保险合同无法适用损失补偿原则。②

四、近因原则

（一）近因与近因原则的概念

所谓近因，是指对损害或损失的发生起决定性作用的，有效的，并且引起法律责任承担的原因。对其理解应分为三个方面：（1）近因是对损害或损失的发生起决定性作用的原因。比如说，发生火灾，时有大风，造成房屋烧毁。风的存在对于这一损害来说也是重要的原因，但是火灾才是引起损害的决定性原因。（2）近因是对损害或损失的发生起有效作用的原因。比如说，火苗腾起，摆放花瓶的木架本身脆弱，火烧导致其倒塌，名贵花瓶毁损。在火灾和木架倒塌二原因中，火灾是有效原因。（3）近因是能够引起法律责任承担的原因。例如，火灾发生，家人用灭火器灭火，火已熄灭后，惊慌导致其失手，致家中名贵花瓶跌落粉碎，火灾并非导致保险公司承担花瓶破碎法律责任的原因。

保险法上的近因原则，是指只有保险事故的发生对损失结果的形成起着直接的、决定性的作用，保险人才承担责任的原则。

（二）近因的认定与保险赔付

1. 单一原因造成保险标的的损失

造成损害结果的原因只有一个时，只需判断该原因是否属于保险保障范围即可确认是否近因。如果该原因属于保险合同中所规定的保险责任范围，则保险公司应承担赔付责任，该原因即是近因；如果该原因属于保险合同的除外责任，则保险公司不承担赔付责任，该原因并非近因。

2. 多个原因造成保险标的的损失

（1）多个原因同时发生。如果这些原因都属于保险合同所规定的保险责任范围，无须区分近因，保险公司应承担全部损失赔偿责任；如果这些原因都属于保险合同的除外责任，则这些原因中没有保险事故的近因，保险公司不承担任何赔偿责任；如果这些原因中有的属于保险合同所规定的保险责任范围，有的属于保险合同的除外责任，则近因为保险责任范围内的原因，应分析损失结果是否易于分解而承担保险责任：在损失结果可以分解时，保险公司只对承保的风险所导致的损失承担赔偿责任。在损失结果不能分解时，一种观点主张损失由保险公司与被保险人协商按比例分摊，另一种观点主张保险公司应负赔偿责任。

（2）多个原因连续发生。多个原因连续发生导致损失，并且各原因之间的因果关系没有中断的，则最先发生并造成一连串事故的原因为近因。如果该近因属于保险合同中所规定的

---

① 住院医疗保险等健康保险不属于定额给付性保险合同，本质上应属补偿性保险合同。

② 从这个意义上说，将损失补偿原则作为保险合同法的基本原则，值得商榷。不过，在各种教材中，损失补偿原则作为保险合同法的基本原则已成通说。

保险责任范围，保险公司应当承担赔付责任。如果最先发生的原因即近因属于保险合同的除外责任，其后发生的具有因果关系的各原因即使都属于保险责任范围，保险公司也不承担赔付责任。

（3）多个原因间断发生。如果各个原因之间不存在任何因果关系，损失近因的判定及保险公司的损失赔偿责任的确定方法与多个原因同时发生导致损失基本相同。如果一连串发生的原因中有间断，即有新的独立的原因介人，则新介入的独立原因是近因。若该原因属于保险责任范围，则保险公司应负赔偿责任；若该原因属于除外责任，则保险公司不负赔偿责任，而只承担新介入的独立原因发生之前由承保风险所导致的损失。

第三节　保险合同的主体

保险合同的主体，是指围绕保险合同的签订与履行出现的各方主体，包括保险合同当事人、保险合同关系人及保险合同辅助人。

一、保险合同当事人

（一）投保人

1. 投保人的概念

投保人，又称要保人，是指向保险人申请订立保险合同，并负有交付保险费义务的人。我国《保险法》第10条第2款将投保人定义为“与保险人订立保险合同，并按照合同约定负有支付保险费义务的人”。投保人可以是自然人，也可以是法人，在公司为其员工投保的情况下，公司作为法人便成为投保人。

2. 投保人应当具备的条件

（1）要有相应的行为能力。1）完全行为能力人可以作为投保人；根据我国相关法律，年满18周岁且精神状态正常的自然人，以及16周岁以上、不满18周岁但以自己的劳动收入为主要生活来源的自然人，都是具有完全行为能力的法律主体。2）限制行为能力人经其法定代理人同意可以作为投保人。10周岁以上、未满18周岁的自然人和不能完全辨认自己行为的精神病人属于限制行为能力人，限制行为能力人可以作出与自己精神状态相适应的法律行为，对投保这样重要的经济行为来说，限制行为能力人未经其法定代理人同意不能进行。3）无行为能力人不得作为投保人。无行为能力人是指不满10周岁的自然人或不能辨认自己行为的精神病人，因其年龄或精神状态不同于常人，故不能向保险人申请投保。

（2）在某些情况下，投保人需对保险标的具有保险利益。如前所述，我国《保险法》要求人身保险的投保人在投保时须对保险标的具有保险利益，否则，保险合同无效。值得注意的是，我国《保险法》并未要求财产保险的投保人在投保时对保险标的具有保险利益。

（3）须负有交付保险费的义务。交付保险费是投保方最重要的义务，我国《保险法》将这一义务赋予投保人履行。

（二）保险人

1. 保险人的概念

保险人，又称承保人，是指依法成立的，依照保险合同承担风险，有权收取保险费，于保险事故发生时，承担赔偿责任的主体，也即经营保险事业的组织。我国《保险法》第10条第3款将保险人定义为“与投保人订立保险合同，并按照合同约定承担赔偿或者给付保险金责任的保险公司”。对上述规定，可作如下理解：

首先，必须是依法成立的经营保险事业的组织。保险人的成立，须符合《保险法》规定的要件，并获得国家保险监督管理机构的批准。在成立之后，依照法律、法规的规定从事保险业的经营活动。由于保险人责任重大，其经营好坏，不仅关系到保险合同当事人的权益，而且还影响到整个社会的安全与稳定，故各国法律对保险组织的形式均有严格规定。

其次，有权收取保险费。保险是积累社会资金、分摊社会风险的制度，经营保险事业的组织可以向保险团体的成员收取保险费，以便在发生损失时支付赔款。

最后，在保险事故发生后，承担赔偿责任。保险的目的在于分摊社会风险，在损失发生后予以赔付是其分摊损失的表现形式。

2. 保险公司分支机构的法律地位及诉讼地位

(1) 分支机构的表现形式。保险公司可以设立分支机构，一般来说，其分支机构的表现形式自上而下依次为：分公司、中心支公司、支公司、营业部、营销服务部。这些分支机构组成保险公司强大的经营网络。

(2) 分支机构的法律地位。依照我国《保险法》的规定，保险公司总公司具有法人资格，能够独立承担法律责任。但保险公司分支机构不具有法人资格，不能独立承担法律责任。《保险法》第74条第2款规定：“保险公司分支机构不具有法人资格，其民事责任由保险公司承担。”

(3) 分支机构的诉讼地位。保险公司依法设立，并取得营业执照的分支机构可以作为原告或被告参加诉讼。《民事诉讼法》第48条第1款规定：“公民、法人和其他组织可以作为民事诉讼的当事人。”保险公司分支机构属于“其他组织”。例如，《最高人民法院关于适用〈中华人民共和国民事诉讼法〉若干问题的意见》第40条第7项明确指出：“中国人民保险公司设在各地的分支机构”属于“其他组织”①。《最高人民法院关于适用〈中华人民共和国保险法〉若干问题的解释（二）》第20条则明文规定：“保险公司依法设立并取得营业执照的分支机构属于《中华人民共和国民事诉讼法》第48条规定的其他组织，可以作为保险合同纠纷案件的当事人参加诉讼。”但是，在实务中，能够作为原告或被告参加诉讼的一般限于保险公司支公司以上的分支机构，营业部、营销服务部一般不作为原告或被告参加诉讼。当然，保险公司总公司因具有法人资格，具有独立的诉讼地位。

二、保险合同的关系人

保险合同的关系人，是指并非保险合同当事人，但与保险合同具有紧密关系的主体。一般认为，保险合同的关系人包括被保险人和受益人。

1. 被保险人

被保险人，是指保险合同中受保险保障的主体。我国《保险法》第12条第5款规定：“被保险人是指其财产或者人身受保险合同保障，享有保险金请求权的人。”② 其既可以是自然人，也可以是法人。在人身保险中，被保险人恒为自然人；在财产保险中，被保险人可能是自然

① 原中国人民保险公司分立为中国人民财产保险公司和中国人寿保险公司，它们的分支机构也能够作为原告或被告参加诉讼。之后成立的保险公司，其分支机构的诉讼地位亦同。

② 事实上，被保险人并不总是享有保险金请求权的人，如果被保险人在人身保险合同中指定了受益人，则受益人成为保险金请求权人。

人，也可能是法人。

2. 受益人

受益人又称保险金受领人，是指由投保人或被保险人在保险合同中指定的，于保险事故发生时，享有赔偿请求权的人。我国《保险法》第 18 条第 3 款规定："受益人是指人身保险合同中由被保险人或者投保人指定的享有保险金请求权的人。投保人、被保险人可以为受益人。"依照我国《保险法》，受益人只在人身保险中才会出现，财产保险中没有受益人的说法。关于人身保险受益人的问题，我们将在"人身保险合同"一章中详述。

三、保险合同辅助人

顾名思义，保险合同辅助人是指辅助保险合同订立和履行的主体，主要包括保险代理人、保险经纪人和保险公估人。

1. 保险代理人

保险代理人是根据保险人的委托，向保险人收取佣金，并在保险人授权的范围内代为办理保险业务的机构或者个人（《保险法》第 117 条）。其中，保险代理机构包括专门从事保险代理业务的保险专业代理机构（例如专门的保险代理公司）和兼营保险代理业务的保险兼业代理机构（例如兼营保险销售业务的银行）。个人保险代理人通常是指代理销售保险的个人，俗称保险营销员。

2. 保险经纪人

保险经纪人是基于投保人的利益，为投保人与保险人订立保险合同提供中介服务，并依法收取佣金的机构（《保险法》第 118 条）。保险经纪人只能是机构，不能是自然人。

3. 保险公估人

保险公估人，是指向当事人收取费用，接受保险当事人委托，专门从事保险标的的评估、勘验、鉴定、估损、理算等的单位。

第四节　保险合同的内容

一、保险合同的构成

无论是财产保险还是人身保险，其保险合同条款第 1 条都会对保险合同的条款内容加以描述，其描述基本内容为：本合同由投保单、保险单、保险条款、保险凭证、其他相关文件组成。

（一）投保单

投保单，又称投保书或者要保书，是指投保人为订立保险合同而向保险人提供的书面要约。其通常由保险人事先制作，并交给投保人，由投保人按照投保单所列内容逐项填写完成后再交给保险人。投保单的内容，一般可以大致分为以下四个部分：第一部分是投保人、被保险人和受益人的基本情况，第二部分是所投保保险的事项，第三部分为投保人的告知内容，第四部分是投保人申明部分。

投保单的法律意义在于：（1）投保单是投保人提出的书面要约，其对投保人具有一定的拘束力；（2）在保险人同意承保后，投保单的内容成为保险合同内容的一部分；（3）投保单的内容应当真实，特别是投保人告知的内容应当真实。如果投保人不实告知，保险人有可能解除保险合同，对保险事故造成的损失不予赔付。

（二）保险单

保险单，简称保单，是保险人与投保人订立之保险合同的正式书面表现形式，也是保险合同各方当事人权利、义务的主要载体。保险单由保险人制作，经保险人签字、盖章后交给投保人。保险单并不是保险合同本身，其仅是保险合同的凭证或证明，保险合同不仅包括保险单，也包括投保单、批单等文件。许多人将保险单理解成保险合同，这是不准确的。①

保险单具有如下法律意义：(1) 证明保险合同成立。保险单的签发和接受，可以证明保险合同已经成立。(2) 确认保险合同的内容。保险单中约定了保险合同各方当事人的主要权利、义务，该权利、义务构成保险合同的主要内容。(3) 保险单具有有价证券作用。例如，人寿保险的投保单，代表了一定的财产权利，是一种有价证券。

（三）保险凭证

保险凭证，也称“小保单”，是保险人签发给投保人或被保险人的，用以证明保险合同已经成立或保险单已经签发的一种书面凭证。例如，公司可以为其员工投保健康保险，保险人将保险单签发给作为投保人的公司，对作为被保险人的公司员工，保险公司则签发保险凭证。由于保险凭证是简化的保险单，故其效力等同于保险单的法律效力，保险单的法律效力已如前述。

（四）批单

保险单签发后，投保人和保险人可以协商变更保险单的内容，这种变更往往通过批改书的形式出现。实务中，作出批单一般首先要由投保人提出申请，保险人同意后，要将所作的批单附贴在保险单上，并加盖保险人的骑缝章。这种由保险人应投保人的要求出立的批改书，就是批单。② 批单是保险合同的重要组成部分，附贴了批单的保险合同的内容变更了原保险合同的内容。在法律效力上，批单与保险合同的其他内容具有同等的法律效力。

二、保险合同的基本条款

我国《保险法》第 18 条规定了保险合同应当包括的事项，其实质就是保险合同的基本条款。

(1) 保险人的名称和住所。

(2) 投保人、被保险人、受益人的名称和住所。

(3) 保险标的。

(4) 保险责任和责任免除。保险责任是指保险人按照保险合同的约定，在保险事故发生时或者在保险合同约定的给付保险金的条件具备时，应当承担的赔偿或给付保险金的责任。责任免除，又称除外责任，是指保险合同列明的，保险人不予承担赔付责任的范围。

(5) 保险期间和保险责任的开始时间。

(6) 保险金额。保险金额是指保险人承担赔偿或者给付保险金责任的最高限额（《保险法》第 18 条第 4 款）。

(7) 保险费及其支付办法。

---

① 参见李玉泉：《保险法》，2 版，159 页，北京，法律出版社，2003。

② 参见上书，161 页。

（8）保险金赔付办法。

（9）违约责任和争议处理。

（10）订立合同的年、月、日。

三、投保方的权利和义务

这里所说的“投保方”，包括投保人、被保险人和受益人。由于在保险合同中，经常出现投保人、被保险人、受益人重合的情形，逐一说明三者的权利、义务在行文上可能出现许多重复之处，在此，本书不再严格区分“投保人”、“被保险人”或“受益人”，通常用“投保方”一词来替代。但在适当的时候，会指出某种权利或义务究属何种主体。

（一）投保方的权利

1. 保险金请求权

保险金请求权，是指保险事故发生后被保险人或受益人请求保险人给付保险金的权利。在财产保险中，被保险人享有保险金请求权。在人身保险中，如果被保险人未指定受益人，则其享有保险金请求权；如果被保险人指定了受益人，则受益人享有保险金请求权。

2. 合同解除权

合同解除权，是指在保险合同成立后、有效期限届满之前，投保人根据保险法的规定解除已经订立之保险合同的权利。依照保险法的规定，除非另有约定，投保人享有随时解除保险合同的权利。不过，货物运输保险合同及运输工具航程保险合同在保险责任开始后，合同当事人不得解除保险合同（《保险法》第50条）。

3. 协商变更合同的权利

若投保人有意对保险合同的条款进行修改或补充，其可以与保险人协商达成一致，变更保险合同的内容。此为投保人享有的协商变更合同权。《保险法》第20条第1款规定：“投保人和保险人可以协商变更合同内容。”由此可见，《保险法》赋予投保人通过与保险人协商变更保险合同的权利。

4. 协商复效的权利

人身保险合同若采取分期缴纳保险费的形式，则可能出现某期保险费到期未交的情形，如果经过法定或约定期间投保人仍未交付保险费，则保险合同效力中止，投保人若欲恢复保险合同效力，可以与保险人进行协商，经协商达成一致并补交保险费的，保险合同效力恢复。此即保险法上通常所谓的“复效”，投保人享有的此种权利称为“协商复效的权利”。

5. 指定、变更受益人的权利

在人身保险合同中，投保人或被保险人可以指定受益人作为将来领取保险金的权利人。例如，在死亡保险中，由于保险金在被保险人死亡后方能领取，故投保人或被保险人通常会指定他人作为受益人，以便确定保险金的归属。我国《保险法》第40条第1款规定：“被保险人或者投保人可以指定一人或者数人为受益人。”赋予投保人、被保险人指定受益人的权利。在指定受益人后，投保人或者被保险人也可以变更受益人。我国《保险法》第41条第1款规定：“被保险人或者投保人可以变更受益人并书面通知保险人。”赋予投保人、被保险人变更受益人的权利。不过，投保人若想变更受益人，须经过被保险人的同意，否则，变更不能获得成功。

6. 转让、质押保险单的权利

长期性的人身保险合同具有储蓄的性质，其保单本身属于有价证券。为了使这种财产价值能够流转，保险法允许投保人或被保险人转让保险单。同时，在投保人或被保险人对他人负有债务，债权人要求投保人或被保险人提供担保时，投保人、被保险人可以将保险单作为担保物进行质押。

(二) 投保方的义务

1. 保险费的交付义务

依照《保险法》的规定，投保人是交付保险费的主体，履行交付保险费的义务。其交付保险费的方式可以是一次交付或分期交付，既可以以现金方式交付，也可以以非现金，例如转账的方式交付。

值得注意的是：人寿保险不得以诉讼方式要求投保人交付保险费，即当投保人不支付人寿保险保险费时，保险人不得起诉投保人要求支付保险费。我国《保险法》第38条规定："保险人对人寿保险的保险费，不得用诉讼方式要求投保人支付。"其理由大约有三：第一，人寿保险具有储蓄性，即该种保险与银行存款具有相似性，投保人交付保险费，在某种程度上类似于将保险费存入保险公司，当投保人不愿继续存入金钱时，保险人不得起诉。第二，人寿保险的保险费通常较高，一旦投保人不能交付保险费，可能是因为投保人经济发生困难。此时若允许保险人以诉讼方式强制要求投保人交付保险费，则必然使投保人雪上加霜。[①] 第三，保险法已经为投保人不交付次期以后保险费的情形设置了救济办法，即若投保人不交付保险费，在经过宽限期和中止期后，保险人可以解除该保险合同。因此，关于人寿保险，保险法不允许保险人"以诉讼的方式"请求投保人交付保险费。

2. 投保人的告知义务

在订立保险合同之前，投保人需将与保险标的相关的重要事实告知保险人，以便保险公司决定是否承保或者以怎样的保险费承保。此为投保人的告知义务（后文将详细阐述）。

3. 危险增加的通知义务

所谓危险的增加，是指保险合同当事人订立合同时未曾预料到，但在保险期限内，保险标的危险因素或危险程度有所增加。我国《保险法》第52条第1款规定："在合同有效期内，保险标的的危险程度显著增加的，被保险人应当按照合同约定及时通知保险人，保险人可以按照合同约定增加保险费或者解除合同。"该条为财产保险的被保险人设定了危险增加的通知义务。在人身保险中，亦有通过约定使被保险人承担该义务的情形。

4. 保险事故的通知义务

保险事故的通知义务，也称出险通知义务，是指在保险合同有效期内，发生保险合同约定的保险事故后，投保人、被保险人或受益人应及时将该事故发生的情形通知保险人。我国《保险法》第21条规定："投保人、被保险人或者受益人知道保险事故发生后，应当及时通知保险人。"因此，保险事故的通知义务属于法定义务。

关于保险事故的通知义务，以下几个方面需要注意：(1) 投保人、被保险人或者受益人均可成为保险事故的通知义务人。(2) 保险事故的通知期限为"及时"，此处的"及时"应当理解为"结合具体的合同和事故情形，知道保险事故发生后，在合理时间内尽可能快地通知保险人"[②]。(3) 迟延履行事故通知义务的法律后果。我国《保险法》第21条规定："投保人、被保险人或者受益人知道保险事故发生后，应当及时通知保险人。故意或者因重大过失未及时通知，致使保险事故的性质、原因、损失程度等难以确定的，保险人对无法确定的部分，不承担赔

① 参见周玉华编著：《最新保险法释义与适用》，68～69页，北京，法律出版社，2009。

② 吴定富主编：《〈中华人民共和国保险法〉释义》，61页，北京，中国财政经济出版社，2009。

偿或者给付保险金的责任。”首先，投保人、被保险人、受益人不及时履行事故通知义务，主观上存在故意或重大过失；其次，投保人、被保险人、受益人不及时履行事故通知义务造成了一定的后果，即由于投保人、被保险人或受益人不及时通知，导致保险事故的性质、原因、损失程度等无法确定；最后，保险人可以不承担的责任，限于无法确定的部分。（4）通知义务的免除。《保险法》第21条规定，保险事故发生后，如果保险人通过其他途径已经及时知道或应当及时知道保险事故已经发生，则投保人、被保险人或受益人可以不履行通知义务。

5. 提供索赔单证的义务

为了证明保险事故的性质、原因和损失程度，投保人、被保险人、受益人不仅须履行保险事故的通知义务，还必须提供相应的证明和资料，以便保险人作出核定赔付与否的决定。这就是我们所说的提供索赔单证的义务。我国《保险法》第22条第1款规定：“保险事故发生后，按照保险合同请求保险人赔偿或者给付保险金时，投保人、被保险人或者受益人应当向保险人提供其所能提供的与确认保险事故的性质、原因、损失程度等有关的证明和资料。”

值得注意的是，如果投保人、被保险人或受益人提供的索赔单证不全，保险公司可以要求补交，但补交的次数限于一次。我国《保险法》第22条第2款规定：“保险人按照合同的约定，认为有关的证明和资料不完整的，应当及时一次性通知投保人、被保险人或者受益人补充提供。”

四、保险人的权利和义务

（一）保险人的权利

1. 收取保险费的权利

为了保证社会风险得以分摊，保险人有权根据保险合同收取保险费。

2. 要求投保人履行告知义务的权利

为了保证保险人获得充分的信息，从而决定是否承保，保险法赋予了保险人要求投保人履行告知义务的权利，此权利与投保人的告知义务相对应。

3. 协商变更合同的权利

根据《保险法》第20条第1款关于“投保人和保险人可以协商变更合同内容”的规定，保险人享有协商变更合同的权利。

4. 有限的合同解除权

相对于投保人享有的自由解除合同的权利，保险人的合同解除权受到限制，只有在法律明文规定或合同另有约定的情况下，保险人才享有合同解除权。

（二）保险人的义务

1. 说明义务

所谓说明义务，是指保险人或其代理人在保险合同订立之前，应当向投保人解释保险合同的内容，其中包括保险合同中免除保险人责任的条款的内容（后文将详细阐述）。

2. 及时签发保险单证的义务

及时签发保险单证的义务，是指在保险合同成立后，保险人应当在合理而尽可能快的时间内，向投保人签发保险单或者保险凭证。我国《保险法》第13条第1款规定：“投保人提出保险要求，经保险人同意承保，保险合同成立。保险人应当及时向投保人签发保险单或者其他保险凭证。”

3. 危险承担的义务

保险人享有收取保险费的权利，其对等义务是为被保险人承担保险期间的危险。

4. 及时核定保险责任的义务

保险人在收到投保人、被保险人或受益人的赔付请求后，应当对保险责任进行及时核定（主要是对保险单证及投保人、被保险人或受益人提供的与确认事故性质、原因、损失程度的有关证明和资料进行审查）。这就是保险人及时核定保险责任的义务。

《保险法》对保险人的核定期限作出了规定，大致分为两类：第一类，情形简单的索赔案件，应当“及时”作出核定。此处的及时，应当理解为“合理且尽可能快”。第二类，情形复杂的索赔案件，《保险法》要求保险公司在 30 日内作出核定。在该 30 日核定期间，自保险人初次收到索赔请求及投保人、被保险人或者受益人提供的有关证明和资料之日起算。不过，保险人初次收到索赔请求时，如果索赔人提供的资料不全，保险人要求补交的，保险人可以扣除自补交通知到达索赔人起，至索赔人补充提供的全部资料到达保险人之日的日期，以计算 30 日的核定期间。

保险人迟延核定将遭受一定的法律制裁：我国保险法规定，保险人若不能在规定期限内完成核定义务，其后果是，保险人除应支付保险金外，还应当赔偿被保险人或受益人因此遭受的损失。

5. 对核定结果的及时处理义务

核定可能会出现三种结果：第一，事故不属于保险责任，保险人拒绝赔付；第二，事故属于保险责任，赔偿数额也能够确定；第三，事故属于保险责任，但赔偿数额不能完全确定。不管出现何种结果，保险人都应当及时处理。这就是保险人对核定结果及时处理的义务。

（1）事故不属于保险责任，保险人应当及时拒赔，并说明理由。我国《保险法》第 24 条明文规定：“保险人依照本法第二十三条的规定作出核定后，对不属于保险责任的，应当自作出核定之日起三日内向被保险人或者受益人发出拒绝赔偿或者拒绝给付保险金通知书，并说明理由。”

（2）事故属于保险责任，赔偿数额也能够确定，保险人应当及时赔付。我国《保险法》第 23 条第 1 款规定：“保险人应当将核定结果通知被保险人或者受益人；对属于保险责任的，在与被保险人或者受益人达成赔偿或者给付保险金的协议后十日内，履行赔偿或者给付保险金义务。”可见，及时将核定结果通知被保险人或受益人是保险人的义务，在达成协议后 10 日内进行赔付也是保险人的义务。核定应赔付且赔付数额确定的，如保险人不及时赔付，也应当承担相应的法律后果。我国《保险法》第 23 条第 2 款规定：“保险人未及时履行前款规定义务的，除支付保险金外，应当赔偿被保险人或者受益人因此受到的损失。”

（3）事故属于保险责任，但赔偿数额不能完全确定的，保险公司应及时赔付能够确定的部分。我国《保险法》第 25 条规定：“保险人自收到赔偿或者给付保险金的请求和有关证明、资料之日起六十日内，对其赔偿或者给付保险金的数额不能确定的，应当根据已有证明和资料可以确定的数额先予支付；保险人最终确定赔偿或者给付保险金的数额后，应当支付相应的差额。”

第五节 保险合同的成立与生效

一、保险合同的订立程序

（一）保险合同的要约

保险合同的要约，一般称为“投保”或“要保”，是指投保人希望与保险人订立保险合同的意思表示。要约的内容，体现为投保人意欲购买何种保险产品以及购买的数量。保险合同要约的意思表示，可以表现为口头形式或书面形式，但一般为书面形式。

保险合同的要约，一般以投保书的形式出现。投保书事先由保险人印制，在投保人申请投保或保险人推销保险时发给投保人，由投保人如实填写投保单的具体内容，在亲自签章后，将其交给保险人或其代理人，则投保人的投保行为即订立保险合同的“要约”行为始得完成。

在投保过程中，经常发生的现象是，保险人或其代理人代替投保人填写投保单，事毕由投保人签章确认；甚至存在保险人或其代理人代替投保人填写投保单，并代替投保人在投保单上签章的情形。这些现象，极易引发纠纷。对前一现象，如保险人或其代理人仅代替投保人填写投保单，并未代其签章，通常认为，代为填写的内容系投保人的真实意思表示。不过，如果有证据表明保险人或其代理人存在欺诈投保人、隐瞒与保险合同有关重要情况，或者诱导投保人不实告知时，代为填写的内容不能视为投保人的真实意思表示。对于后一现象，即保险人或其代理人代替投保人签章的，该投保行为原则上对投保人不发生效力。

（二）保险合同订立中的承诺

保险合同承诺就是保险人承保的意思表示，即保险人接受投保人在投保单中提出的全部条件，同意在发生保险事故或约定的条件成就时承担保险责任。保险人的承诺，既可以由保险人本人作出，也可以由保险人的代理人作出。承诺的形式，既可以为书面形式，也可以为口头形式。

在保险实务中，保险人承诺的形式多种多样，一般来说，下列行为容易被法院认定为保险人的承诺：其一，保险人签发保险单的行为。其二，保险人在投保单上核保签章。其三，保险人收受保险费。国外学者认为，在保险人收受了保险费的情况下，如果没有相反的证据证明，就表明保险人明确接受了要约。① 其四，保险人的某些特殊行为或不行为。例如，在合理的期间内未作出承保与否的意思表示，可以推定保险人已经承诺承保。投保人提出要约，保险人对之承诺，其法律后果是保险合同成立。

（三）保险合同订立中的特殊问题

1. 保险合同订立中的要约邀请

在保险实务中保险人事先拟定保险条款的行为，或者以一定的方式招揽业务的行为，比如通过其业务员或保险代理人向客户发送宣传材料的行为，不属于要约行为，而是要约邀请。如果将保险人的上述行为视为要约，将剥夺保险人对风险鉴别的权利，不符合保险经营的基本原则。

2. 保险合同订立中的反要约

投保人提交投保单，保险人须根据不同的险种进行核保，核保的结果，可以是完全接受投保人的要约，也可以是有条件地接受，还可以是完全拒绝。在完全接受的情况下，保险人的接受就是承诺，保险合同成立；在完全拒绝的情况下，保险人拒绝承诺，保险合同不能成立；但是，在有条件接受的情况下，由于保险人的接受附有条件，已与投保人提出的要约内容有所不同，因此不能算作对投保要约的承诺，这种附有条件的接受就是合同法上的“反要约”在保险合同领域的表现。

3. 保险人提出要约

要约通常由投保人提出要约，但也有少数情况下，要约由保险人提出：（1）保险人以两

① See E. R. Hardy Ivamy, *General Principles of Insurance Law*, 4th edition , Butterworths , 1986, at 112.

联式卡片销售保险。有时，保险公司为了简化保险合同订立程序，往往将保险合同的内容书写于一张纸制卡片上，该张卡片分为两联，只要投保人在两联保险卡上分别签名，撕下投保人保存联自己保存，另一联由保险公司保存，保险合同即成立。在这种情况下，保险人提供保险卡的行为应当是要约，而投保人在保险卡上签名的行为即为承诺。(2) 保险人向投保人发出未保留核保权的续保单。保险人在保险期限届满前通常会向投保人发出续保投保单，若保险人未特别声明“本续保合同非经本公司同意承保，不生效力”，则只要投保人签名同意续保，保险合同即成立。于此，保险人发出未保留核保权保险单的行为为要约，投保人签字确认的行为为承诺。

二、订立过程中双方当事人的义务

订立保险合同过程中，投保人须履行告知义务，保险人须履行说明义务。

(一) 投保人的告知义务

1. 告知义务的概念

告知义务，又称如实告知义务，是指在保险合同订立时，投保人、被保险人应当将与保险标的有关的“重要事实”告知保险人的义务。告知的内容为“重要事实”，将在后文讲解。

2. 告知义务的法律性质

(1) 告知义务的法定性。告知义务由法律赋予，保险合同当事人不得通过约定的形式加以排除。(2) 告知义务属于先合同义务。告知义务不属于合同义务，该义务的履行，应在合同订立之前，故称为“先合同义务”。

3. 告知义务设定之原因：危险测定说

于一般合同，法律并不为当事人设定交易之前的告知义务，唯有保险合同特别。法律之所以为投保人、被保险人设定告知义务，其原因在于：为保险人测定风险提供信息。保险合同是一种以保险标的的危险作为保险对象的合同，保险标的的危险状况，只有投保人或被保险人最为清楚，然而，作为“理性人”的投保人、被保险人为了避免被拒保，或者保险费增加，往往不愿将保险标的的真实情况告知保险人。但是，保险合同承保对象的特殊性，使得保险人必须清楚了解保险标的的状况，否则，无法确定承保与否以及保险费的多寡。为此，法律必须明确要求投保人、被保险人向保险人告知保险标的的相关信息。

4. 告知义务的履行主体

从我国《保险法》的规定看，投保人是告知义务的履行主体。我国《保险法》第16条第1款规定：“投保人应当如实告知”。但是，由于被保险人对保险标的的状况最为熟悉，例如，有时投保人对被保险人的身体状况并不熟悉，而被保险人对自己的身体状况更为熟悉，为了使保险人全面掌握保险标的的信息，许多学者主张，在投保人与被保险人不一致的情况下，被保险人也应当是告知义务的履行主体。

5. 告知的内容：重要事实

告知的内容，应当为关于保险标的的“重要事实”。所谓“重要事实”，一般认为是指足以影响保险人决定是否同意承保，或者足以影响保险人决定是否提高保险费率的事实。我国《保险法》第16条第2款规定：“投保人故意或者因重大过失未履行前款规定的如实告知义务，足以影响保险人决定是否同意承保或者提高保险费率的，保险人有权解除合同。”其中“足以影响保险人决定是否同意承保或者提高保险费率”所指正是“重要事实”。

重要事实在实务中表现为：保险人在投保单中对投保人询问的问题。对于多数投保人来说，尽管其负有告知义务，但并不知道哪些属于应当告知的重要事实。但保险人作为经营危险的专业公司，其了解哪些属于重要事实。因此，实务中发展出由保险人对投保人提问，以提问的问题作为重要事实的解决方式。不过，如果保险人在投保单中的提问为概括性条款。例如，"是否患有其他疾病"，投保人未如实告知的，并不违反告知义务。其原因是，概括性条款过于宽泛，令投保人无法回答。

6. 告知的方式

我国《保险法》规定的告知义务履行方式为：询问告知。告知方式分为主动告知和询问告知。主动告知，是指投保人主动地将自己所了解到的有关保险标的的状况告知保险人，并不以保险人的提问为前提。询问告知，是指投保人对保险人的告知以保险人的提问为前提，其对保险人所提问题的如实回答即为履行告知义务。我国《保险法》第 16 条第 1 款规定："订立保险合同，保险人就保险标的或者被保险人的有关情况提出询问的，投保人应当如实告知。"可见，询问告知是我国《保险法》规定的履行告知义务的方式。

7. 违反告知义务的法律后果

投保人违反告知义务，因其主观状态的不同，法律后果亦有不同，总体说来，因故意或重大过失违反告知义务，须承担不履行告知义务的法律后果；无过失或因一般过失违反告知义务的，无须承担违反告知义务的不利后果。

（1）故意不履行告知义务的法律后果。

第一，保险人可以解除保险合同。保险人为什么可以解除保险合同？主要是因为投保人不履行告知义务对其影响重大，以至于其不能正确判断是否承保或以何种费率承保，故而法律允许保险人解除合同。解除合同，既可以在保险事故发生之前，也可以在保险事故发生之后。

第二，保险人对解除保险合同之前发生的保险事故不予赔付。之所以对解除合同之前的保险事故不予赔付，也是考虑到投保人不履行告知义务使得保险人订立了本来不欲订立的合同，在保险人基于保险标的不真实情况订立了保险合同时，再要求其对已经发生的保险事故予以赔付，有失法律之公平。

第三，保险人对已收的保险费不予退还。投保人主观上出于故意，其恶意重大，应当对其施以一定的惩戒，因此，法律规定原本应当由保险人退还的保险费不再退还。

（2）重大过失不履行告知义务的法律后果。

重大过失是针对一般过失和轻微过失而言的，如果说一个普通人应当注意到而其未注意到的状态为一般过失的话，那么重大过失应当为一个更应注意到某事实的人，未能注意到一般人应该能注意到的该事实。重大过失表现为行为人的极端疏忽或极端轻信的心理状态。[①] 在投保人因重大过失不履行如实告知义务时，产生如下法律后果：

第一，保险人可以解除合同。其理由与故意不履行告知义务相同。无论是故意还是重大过失，客观上都导致保险人签订了本不欲签订的合同。

第二，对保险合同解除前发生的保险事故，保险人可以拒绝赔付。保险人可以拒绝赔付的理由，亦如在故意不如实告知情况下。

第三，保险人应当退还保险费。与故意不履行如实告知义务后果不同的是，因重大过失不履行如实告知义务的，在发生保险事故后，保险人虽不承担保险责任，但应当退还保险费。

---

① 参见魏振瀛、徐学鹿、郭明瑞主编：《北京大学法学百科全书·民法学 商法学》，1237 页，北京，北京大学出版社，2004。

之所以要求保险人退还保险费，大约是因为投保人、被保险人对不如实告知的主观恶意较轻，保险法对其并不施以惩罚。

8. 违反告知义务与因果关系

投保人故意不履行告知义务，可能发生保险事故，亦可能未发生保险事故。在发生保险事故之情况下，亦有两种可能：其一，所发生的保险事故系投保人不履行告知义务所涉事项所引起，或很可能由该事实所引起。例如，投保人未告知被保险人已患有胃炎，而被保险人终因胃炎而住院。其二，所发生之保险事故并非由未告知之事实所引起。例如，投保人未告知被保险人投保前已患有胃炎，但被保险人终因车祸而亡，而车祸亦属保险保障范围。在此两种情形下，前者为未告知事实与保险事故之间存在因果关系，后者为二者之间不存在因果关系。

（1）故意违反告知义务与保险事故之间的因果关系。

依我国《保险法》，在投保人故意不履行告知义务时，不考虑未告知之事实与保险事故之间的因果关系。只要投保人故意不如实告知，即使保险事故非因未告知的事实而发生，保险人也可以解除保险合同，拒绝承担赔付责任，并可不退还保险费。《保险法》第 16 条第 4 款的规定便是明证："投保人故意不履行如实告知义务的，保险人对于合同解除前发生的保险事故，不承担赔偿或者给付保险金的责任，并不退还保险费。"

（2）重大过失违反告知义务与保险事故之间的因果关系。

依我国《保险法》，在投保人因重大过失不履行告知义务时，应考虑未告知之事实与保险事故之间的因果关系。只有保险事故因未告知之事实而发生时，保险人方不承担保险责任。例如，投保人重大过失未告知胃炎，又因胃炎住院时，保险人可以解除合同、拒绝赔付。但保险事故之发生与未告知之事实无关时，例如未告知事实为胃炎，保险事故因车祸而发生，则保险人不得解除合同，亦不得拒绝赔付。《保险法》第 16 条第 5 款规定："投保人因重大过失未履行如实告知义务，对保险事故的发生有严重影响的，保险人对于合同解除前发生的保险事故，不承担赔偿或者给付保险金的责任，但应当退还保险费。"此处"对保险事故的发生有严重影响"，就是要求二者之间具有因果关系。

9. 解除权之限制

前文已述，无论投保人因故意还是重大过失未履行告知义务，保险人均可以解除合同。但是，若不对此解除权加以限制，则保险人可能利用解除权损害被保险人的利益。为此，《保险法》规定了对保险人解除权的限制，主要分为四类：

（1）保险人在订立合同时已知投保人未如实告知，保险人不得解除合同。我国《保险法》第 16 条第 6 款规定："保险人在合同订立时已经知道投保人未如实告知的情况的，保险人不得解除合同。"例如，保险人在订立合同前在保险标的现场检查，知道被保险人未告知该标的存在火灾隐患时，事后不得以不知道为由解除合同。

（2）保险人在保险合同成立后知道或者应当知道投保人未履行如实告知义务，但仍收取保险费的，不得解除合同。此种情形应视为保险人放弃其本已享有的合同解除权。

（3）保险合同成立后后两年内，若保险人知道投保人未如实告知，其应当自知晓之日起 30 日内解除合同，超过 30 日，保险人丧失解除权（《保险法》第 16 条第 3 款）。保险人在知道投保人、被保险人未履行如实告知义务后，仍然存在投机的可能，在被保险人不出险时，不去解除保险合同，一旦被保险人出险，马上以未如实告知为由要求解除合同。为防止保险人的上述投机行为，《保险法》对保险人的解除权作了如上限制。

（4）保险合同成立后两年内，若保险人仍不知道投保人存在不如实告知的情形，则自合同成立之日起两年期间经过后，保险人不得解除合同（《保险法》第 16 条第 3 款）。此即著名的不可抗辩条款。《保险法》赋予保险人解除权，但这一权利不可能无限期存在，即使在保险人一直不知投保人存在不实告知的情况下，也不可能让解除权一直存在下去。如果这样，即使保险人知道存在不实告知，仍会佯作不知，直到保险事故发生，再提出投保人未如实告知，从而解除合同，拒绝赔付。对此，我国《保险法》第 16 条第 3 款规定，“自合同成立之日起超过二年的，保险人不得解除合同”。

（二）保险人的说明义务

1. 说明义务的概念

说明义务是指订立保险合同时，如果合同采取保险人提供的格式合同，则保险人应当就保险合同的内容，特别是保险合同中免除保险人责任的内容，向投保人解释的义务。

2. 说明义务的法律性质

说明义务的法律性质可以分为两个方面：（1）说明义务是先合同义务。说明义务并非合同义务，其履行在合同订立之前，因此称为先合同义务。（2）说明义务属于法定义务。保险人所负的说明义务，为法律所明文规定，不允许保险合同当事人通过约定的方式限制或排除，故属于典型的法定义务。

3. 说明义务的分类

说明义务分为两类：一类是“一般说明义务”，表现为我国《保险法》第 17 条第 1 款。由于该款没有明确限定说明哪些条款的内容，只是宽泛地要求保险人向投保人说明格式条款的内容，故而称为“一般说明义务”。另一类是“明确说明义务”，表现为我国《保险法》第 17 条第 2 款。该款将保险公司说明的范围限定为“免除保险人责任的条款”，并要求保险人“明确说明”，故而称为“明确说明义务”。

4. 说明义务的立法理由

（1）保险产品是一种特殊商品，看不见、摸不着，只有通过保险人的解释，投保人才能深入了解该产品；（2）保险条款本身比较复杂，普通百姓较难理解；（3）保险合同通常采取由保险人提供格式条款的形式。由于采取格式条款，投保人丧失了普通合同应有的协商机会，为了对投保人丧失的协商机会予以弥补，有必要要求保险人对保险条款予以说明。

5. 说明义务的履行主体

依照我国《保险法》第 17 条的规定，说明义务的履行主体应为保险人。在实践中，保险产品主要通过保险代理人销售，故而保险代理人成为实际的履行主体，其代理保险人履行说明义务。

6. 说明的内容

一般说明义务的说明范围是“保险合同的内容”。不过，《保险法》没有对“保险合同的内容”作出规定，因此，一般说明义务在实践中不易落实。

明确说明义务的说明范围是“免除保险人责任的条款”。一般来说，免除保险人责任的条款包括保险条款中的“责任免除”部分，也包括免赔额、免赔率、比例赔付等免除或减轻保险人责任的条款。不过，保险合同中存在的保险人因投保人、被保险人违反法定或约定义务，享有解除合同权利的条款，不属于“免除保险人责任的条款。”

7. 说明的方式

对一般说明义务，我国《保险法》未规定说明的方式。对明确说明义务，我国《保险法》要求保险人采取提示与解释相结合的方式予以说明。所谓提示，是指保险合同订立时，保险人在投保单或者保险单等其他保险凭证上，对保险合同中免除保险人责任的条款，以足以引起投保人注意的文字、字体、符号或者其他明显标志作出醒示。例如，在保险合同的“免除保险人责任的条款”部分，将该部分文字加黑、加粗、加下划线或者采用不同颜色的文字，以示与合同其他文字的区别。所谓解释，是指保险人对保险合同中有关免除保险人责任条款的概念、内容及其法律后果以书面或者口头形式向投保人作出常人能够理解的说明。例如，有保险代理人逐条向投保人口头讲解每一条“免除保险人责任的条款”的内容，或者由保险公司统一印制对“免除保险人责任的条款”的书面解释，将之交给投保人阅读。我国《保险法》第 17 条第 2 款规定：“对保险合同中免除保险人责任的条款，保险人在订立合同时应当在投保单、保险单或者其他保险凭证上作出足以引起投保人注意的提示，并对该条款的内容以书面或者口头形式向投保人作出明确说明。”①

在实践中，诸多保险人采取的办法是，在投保单上设置“声明”或“声明与授权”栏，栏中大致内容为“本人（投保人）兹申明对保险合同中关于保险责任、免除保险人的责任犹豫期、险种说明、合同生效、合同解除的内容及保险公司的说明已经了解”。由投保人在填写投保单时阅读该部分内容并签字确认，以此证明保险人已经履行了说明义务。对这种说明方式，法院多予认可。但另有证据能够证明保险人未履行说明义务的，法院一般不会认可。

8. 违反说明义务的法律后果

保险人违反一般说明义务的，我国《保险法》没有规定相应的法律后果。但保监会的行政规章规定，可以给予保险人一定的行政处罚。

保险人违反明确说明义务，其法律后果为该“免除保险人责任的条款”无效。这意味着如果发生保险事故，保险人不能以合同中存在该免责条款为由拒绝承担保险责任。需要注意的是，“免除保险人责任的条款”无效，仅仅意味着该条款的无效，保险合同的其他条款仍然有效。此种情形称为保险合同的部分无效。

三、保险合同的成立

1. 保险合同成立的时间

保险合同成立的时间为要约与承诺一致之时。我国《保险法》第 13 条对此规定：“投保人提出保险要求，经保险人同意承保，保险合同成立。”尽管从理论上说，保险合同成立的时间可以统一界定为要约与承诺一致之时，但从实践来说，寻找所有保险合同成立的统一时点并不容易。因而，许多保险公司从实际出发，将保险合同成立的时点载明于保险合同中，并据此确定保险合同成立的时间。

2. 保险合同成立与保单交付

一般来说，保险合同成立在前，交付保单在后，从保险合同成立到保险单交付存在一定的时间间隔。交付保单通常能够证明保险合同已经成立。

3. 保险合同成立与保险费交付

根据合同法理论，交付保险费意味着投保人履行合同，故而，理论上讲，保险合同成立在前，交付保险费在后。但在我国实践中，许多保险合同，特别是人身保险合同，采取了交付保险费在前、保险合同成立在后的方式。

4. 保险合同成立前发生保险事故的处理

投保人提交投保单之后，在保险人作出承保的意思表示前，若发生保险事故，保险人是

① 不过，根据《最高人民法院关于适用〈中华人民共和国保险法〉若干问题的解释（二）》第 10 条的规定，保险人将法律、行政法规中的禁止性规定情形作为保险合同免责条款、保险人只须进行提示，无须进行解释。

否应当赔付？一般认为，保险人是否应当赔付取决于三个条件：（1）保险人接受了投保单；（2）保险人收取了保险费；（3）保险标的符合承保条件。如三个条件均符合，则保险人应当赔付；如欠缺任一条件、保险人不承担保险责任，但应当退还已经收取的保险费。

四、保险合同的生效

1. 保险合同生效的一般要件

（1）主体合格。主体合格是指订立保险合同的双方当事人都必须具有订立保险合同的资格。保险人必须是经国家保险监督管理部门批准并在工商行政管理部门领取营业执照的保险组织。投保人必须具备签订保险合同的能力。

（2）内容合法。保险合同内容不合法，必然危害社会秩序或社会公序良俗，因此无法获得法律的保护，不能生效。

（3）合同当事人的意思表示自愿、真实。保险合同当事人订立合同必须是自愿、真实的。除法律规定必须保险的外，任何组织和个人都不得强制他人订立保险合同，不得以欺骗他人的方式订立保险合同。

2. 保险合同的特殊生效要件

保险合同的特殊生效要件，是保险法对保险合同生效要件的特别规定，不符合这些要件，保险合同可能全部无效或部分无效。

保险合同全部无效的情况主要包括：（1）订立人身保险合同时，投保人对被保险人不具有保险利益；（2）以死亡为给付保险金条件的合同，未经被保险人同意并认可保险金额。这是我国《保险法》第 34 条的规定。法律之所以这样规定，意在尽量避免赌博行为和道德危险。①

保险合同部分无效的情形主要包括：（1）订立保险合同时，保险人未对免除自己责任的条款明确说明，该免除自己责任的条款不产生效力；（2）采取保险人提供的格式条款方式订立保险合同的，合同中的两类条款无效：一是免除保险人依法应承担的义务或者加重投保人、被保险人责任的。二是排除投保人、被保险人或者受益人依法享有的权利的（《保险法》第 19 条）。

3. 保险合同的生效时间

与一般合同相同，保险合同自成立时起生效，但在附条件或附期限的情况下，只有当条件成就或期限届至时，保险合同才能生效。我国《保险法》第 13 条第 3 款也规定："依法成立的保险合同，自成立时生效。投保人和保险人可以对合同的效力约定附条件或者附期限。"

一般来说，保险人在保险合同中都会设定条件或期限，使得保险合同生效之时间晚于保

---

① 大部分教材中所说的合同全部无效的情形仅限于上述两种，但我国《保险法》第 33 条规定的情形也许属于合同全部无效的情形。《保险法》第 33 条规定："投保人不得为无民事行为能力人投保以死亡为给付保险金条件的人身保险，保险人也不得承保。父母为其未成年子女投保的人身保险，不受前款规定限制。但是，因被保险人死亡给付的保险金总和不得超过国务院保险监督管理机构规定的限额。"本条没有规定投保人为无民事行为能力人投保以死亡为给付保险金条件的保险合同的法律后果，其立法原因在于：无民事行为能力人没有"同意"的能力，且投保人极容易对其产生道德危险，加之要防止赌博行为。可见立法禁止为无民事行为能力人投保以死亡为给付保险金条件的保险合同之原因与我国《保险法》第 34 条基本相同，既然可以在第 34 条规定合同无效的法律后果，对第 33 条的法律后果，也可以作相同的认定。此外，立法禁止父母为未成年子女投保超过保监会规定的金额的保险，其意也在防止道德危险，但其法律后果是否可以认定为无效合同，尚值商榷。

险合同成立时间。例如，保险条款约定："保险合同自本公司收取保险费并签发保险单之日的次日零时起开始生效，本合同生效的日期为本公司开始承担保险责任的日期。"

第六节 保险合同的变更、终止与解除

一、保险合同的变更

(一) 保险合同变更的概念

保险合同的变更，是指在保险合同有效期间，当事人根据主、客观情况的变化，依照法律规定的条件和程序，在协商一致的基础上，对保险合同的内容加以修改或补充。本节所称保险合同的变更，是指保险合同内容的变更，不包括保险合同主体和客体的变更。

(二) 保险合同变更的要件

1. 须以已经存在的保险合同为基础。保险合同变更，应为已存在之生效合同的变更，没有先存在的有效合同，变更将丧失基础。

2. 须依法律的规定或当事人的约定进行变更。保险合同可因法律规定而变更，例如，我国《保险法》第 32 条第 2 款就年龄错误规定："投保人申报的被保险人年龄不真实，致使投保人支付的保险费少于应付保险费的，保险人有权更正并要求投保人补交保险费，或者在给付保险金时按照实付保险费与应付保险费的比例支付。"对保险费的补交，实际上是对保险合同内容的变更。保险法亦允许以约定变更，例如，我国《保险法》第 20 条第 1 款规定："投保人和保险人可以协商变更合同内容。"

3. 变更须符合法定形式。我国《保险法》第 20 条第 2 款规定："变更保险合同的，应当由保险人在保险单或者其他保险凭证上批注或者附贴批单，或者由投保人和保险人订立变更的书面协议。"由此可见，变更的法定形式包括：批注、批单和书面协议。

4. 变更须引起合同内容的变化。如果内容没有变化，不能称为合同变更。

(三) 保险合同变更的一般内容

1. 保险责任的变更。例如，保险合同原不保生育危险，现补充保障生育危险。

2. 保险期间的变更。例如，原保障 1 月 2 日至 6 月 1 日之保险合同，变更为保障 2 月 2 日至 7 月 1 日之保险合同。

3. 保险金额的变更。例如，月领取 1 000 元之养老保险，变更为月领取 2 000 元之保险。

4. 保险费的变更。例如，因危险增加，原交 100 元保险费之保险，增加为 150 元保险费。

5. 保险费交付方式的变更。例如，由现金交付变更为转账支付。

6. 受益人的变更。例如，被保险人将受益人由自己变更为妻子。

(四) 保险合同变更的效力

保险合同变更的效力体现为：变更后的合同取代了变更前的合同，双方当事人应当按照变更后的合同履行。

二、保险合同的终止

(一) 保险合同终止的概念

保险合同的终止，是指由于某些法定事件或者合同双方约定事件的发生而导致保险合同

当事人双方权利义务关系的绝对消除。

（二）保险合同终止的方式

保险合同终止的方式大致可以分为以下三类：

1. 保险合同的自然终止，是指保险合同期限届满，或者保险标的非因保险事故毁损、灭失时，保险合同当事人的权利、义务归于消灭的状态。这是保险合同消灭最普遍且最基本的方式。自然终止可以分为两类：因合同期限届满而终止和保险标的因非保险事故而毁损、灭失，例如，保险标的因地震而灭失，但地震并非保险保障之事故，则标的灭失后，保险合同自然终止。

2. 保险合同的履约终止，是指投保人、被保险人和保险人通过履行保险合同而消灭双方当事人的权利、义务。其主要表现形式是投保人交付保险费，保险人赔付保险金。保险人赔付保险金的方式有二：第一，保险金的一次性赔付。如果保险期间发生一次保险事故，保险人可以一次性支付保险金；第二，保险金的多次赔付。如果保险期间发生多次保险事故，而多次赔付数额均在保险金范围内，则保险人可以多次支付保险金。在保险金支付完毕后，保险合同终止。

3. 保险合同的解约终止，是指符合法律规定的解除条件时，或者双方当事人通过事先约定或事后协商的方式消灭保险合同权利、义务的终止方式。保险合同的解约终止即通常我们所讲的保险合同的解除，下文将详细论述。

（三）保险合同终止的法律后果

保险合同终止的，自终止效力发生之时起，保险合同约定的权利义务关系消灭。保险事故发生于合同终止之后的，保险人不再承担保险责任；但是，如果保险事故发生在终止生效之前，则保险人应当承担保险责任。在人身保险合同具有现金价值的场合，若保险人通过解除的方式终止合同，则应当退还保险单的现金价值。

三、保险合同的解除

（一）保险合同解除的概念

保险合同解除，是指在保险合同有效成立以后、有效期限届满之前，当事人在法律规定或者合同约定的解除条件具备时，行使解除权，使保险合同关系归于消灭的法律行为。在保险实践中，通常将保险人的解除行为称为“解除”，将投保人的解除行为称为“退保”。

保险合同的解除与保险合同的终止不同：第一，保险合同解除是一种法律行为，而保险合同终止是一种法律状态。第二，保险合同解除是保险合同终止的下位概念，保险合同被解除，是导致保险合同终止的原因之一。除了保险合同解除，保险合同终止还包括自然终止和履约终止等情形。

保险合同解除与保险合同无效不同：第一，二者丧失效力的时点不同。保险合同无效，是指虽然保险合同成立，但是由于欠缺保险合同的生效要件，该合同自成立之初就不发生法律效力。例如，我国《保险法》规定，订立人身保险合同时，投保人对被保险人不具有保险利益的，人身保险合同无效；而保险合同在解除之前是有效的，只是从解除之后合同效力才丧失。第二，保险合同解除，是当事人行使解除权的结果，无须他人协助；而保险合同无效与否，应当由人民法院或者仲裁机构裁决，当事人无权确认。

（二）保险合同解除的要件

1. 保险合同解除的对象是合法、有效的保险合同。保险合同为有效合同，方才有合同的解除，若保险合同为无效合同、非法合同，则合同自始不具有效力，也就不存在解除的问题。

2. 保险合同解除须符合法定或约定的条件。解除条件可以是保险合同中约定的，也可以是法律规定的。只有在解除条件具备时，当事人才可以解除保险合同。例如，依据我国《保险法》第 32 条第 1 款的规定，投保人申报的被保险人年龄不真实，并且其真实年龄不符合合同约定的年龄限制的，保险人可以解除合同。那么，如果投保人申报的被保险人的年龄是真实的，或者虽然不真实但符合保险合同所约定的年龄限制，则不具备解除条件，保险人无权以此为由解除保险合同。

3. 保险合同解除需要有解除权人的解除行为。解除权对于当事人来说，是一种权利、一种利益，可以放弃。因此，只有当事人主动行使解除权，作出解除的行为或意思表示时，保险合同才能解除。

4. 保险合同解除需要在法定、约定或者合理期限内完成。解除权应当存在合理期限，如果解除权无限期存在，将影响法律关系的稳定性，并可能损害被保险人的利益，因此，必须为解除权设定一定的期限。例如，根据我国《保险法》第 16 条第 3 款的规定，在投保人违反如实告知义务情形下，保险人享有的解除权行使期间是自保险人知道有解除事由之日起 30 日，超过 30 日不行使，保险人将丧失解除权。同理，如果保险合同中约定了解除权行使期间，超过期间不行使，解除权也会消灭。如果法律没有规定，当事人也没有约定解除权行使期限的，经对方催告后在合理期限内不行使的，保险合同的解除权即消灭。

5. 保险合同解除须通知对方当事人。当事人享有的解除权，可以单方面行使，无须征得对方当事人的同意。但是，为了使对方当事人明了合同的效力状况，尽快作出合理的选择，一方当事人在行使解除权时，应当通知对方当事人，以保护对方当事人的权利。我国《合同法》第 96 条规定：当事人一方主张解除合同的，应当通知对方。合同自通知到达对方时解除。对方有异议的，可以请求人民法院或者仲裁机构确认解除合同的效力。

（三）保险合同解除权的性质

1. 保险合同解除权是一种形成权。形成权是依一方当事人的意思表示而产生法律效果的权利。在保险合同中，一方当事人因约定或法律规定享有合同解除权后，可以单方决定解除合同，不需经对方当事人同意。当然，如前所述，一方解除合同时，应当通知对方当事人。实践中，有些保险公司认为保险合同需要经保险公司批改后才能解除，这种认识值得商榷。

2. 保险合同解除权也是保险人的抗辩权利。当投保人、被保险人违反保险合同义务或者由于客观情况发生导致保险合同基础不再平衡时，面对可能发生或者已经发生的保险金给付责任，保险人可以行使解除权予以免除，以对抗被保险人或者受益人的保险金请求权，并使之绝对消灭。这种抗辩权利虽然在选择上具有任意性，但权利内容却是法定的，即条件法定和效力法定。所谓条件法定，是指保险人只有在法律有明确规定的事由或者保险合同约定的条件出现时，才可以行使解除权。所谓效力法定，是指保险人行使人身保险合同解除权的后果在法律有明文规定的情况下，当事人必须适用，保险人不能以合同约定的方式进行任何改变，除非这一约定有利于投保人或者被保险人。①

---

① 参见梁鹏主编：《人身保险合同》，248 页，广州，广州信平市场策划顾问有限公司，2009。

（四）解除权的主体

依照我国保险法，无论是投保人还是被保险人，作为保险合同当事人都有解除保险合同的权利。

1. 投保人解除合同：以任意解除为原则，以不得解除为例外

（1）以任意解除保险合同为原则。

我国《保险法》第15条规定："除本法另有规定或者保险合同另有约定外，保险合同成立后，投保人可以解除合同。"也就是说，除非法律规定或者保险合同中有投保人不得解除保险合同的约定，保险合同的投保人解除保险合同可以不必向保险人陈述解除的理由，随时向保险人提出解除主张，保险人不能拒绝。可见，任意解除是投保人解除合同的原则。

投保人的任意解除权在性质上为法定解除权。法律之所以赋予投保人任意解除权，大约出于以下两方面的理由：1）保护投保方的利益。由于保险合同双方经济实力的巨大差距，双方地位极不平等。一般来说，投保人没有与保险人协商订立合同的机会，即使可以协商，保险人也可能不同意解除合同。而投保人由于经济情况的变化，在保险期间可能急需解除保险合同，以退还之保险费另作他用，如果不赋予投保人合同解除权，投保人的利益将无以保护。2）保险合同是格式合同，如果保险合同中出现了对投保人、被保险人不公平的条款，投保人在保险合同生效后才知道，应当赋予投保人任意解除合同的权利，允许投保人退出保险合同。①

（2）以不得解除合同为例外。

任何原则都有例外，投保人任意解除合同亦有例外，此种例外，除了上述保险合同双方当事人约定之外，还有法律规定投保人不得解除保险合同的情形。例如，我国《保险法》第50条规定，"货物运输保险合同和运输工具航程保险合同，保险责任开始后，合同当事人不得解除合同"；我国《海商法》第227条第1款规定："除合同另有约定外，保险责任开始后，被保险人和保险人均不得解除保险合同。"

2. 保险人解除合同：以不得解除为原则，以约定与法定解除为例外

（1）以不得解除为原则。

一般情况下，在保险合同订立后，保险人不得解除合同。其原因在于：首先，保险人承担着分担社会风险的责任，如果允许其任意解除合同，保险的该种功能将被弱化。其次，保险人随意解除合同会造成被保险人失去保障，损失巨大。再次，保险人具有明显的专业优势，在订立保险合同时对风险已有判断，在合同履行过程中不应允许其反悔。最后，抑制保险人的投机行为。在某些情况下，解除保险合同对保险人有利，如果允许其随意解除合同，则可能出现保险人在经济形势对其有利的情况下坚持保险合同有效，在经济形势对其不利的情况下则行使解除权解除合同，法律应当对这样的投机行为予以抑制。

（2）在有约定的情况下，保险人可以解除合同。

我国《保险法》第15条规定："除本法另有规定或者保险合同另有约定外，保险合同成立后，投保人可以解除合同，保险人不得解除合同。"有学者从该条文义出发，认为如果双方当

① 不过，也有学者认为，允许投保人任意解除保险合同可能损害被保险人的利益，例如，投保人以他人为被保险人投保人身保险，被保险人因信赖其已有保险保障，遂不再购买保险。数年后，投保人解除了保险合同，被保险人因此丧失保障，而此时其身体状况发生变化，已经不能投保原保险。为此，学者提出，应当对投保人的合同解除权予以限制。

事人在合同中约定了保险人可以解除合同的条款，则保险人应当可以解除保险合同。[①] 例如，某保险公司定期寿险条款的保险责任中规定：被保险人于合同生效1年内因疾病导致身故或身体高残，本公司按保险合同载明的保险金额的10%给付身故或身体高残保险金，并无息返还所交保险费，本合同效力终止。

(3) 在法律有规定时，保险人可以解除合同。

我国《保险法》规定了一些保险人可以解除合同的情形，这就是所谓的保险合同法定解除事由。

第一，投保人违反告知义务（第16条第2款）。投保人违反告知义务又可分为故意违反告知义务和重大过失违反告知义务，无论何种违反，保险人均可解除合同，拒绝承担赔付责任。

第二，被保险人年龄申报错误，且超过可保范围（第32条第1款）。在某些情形下，被保险人的年龄可能发生错误，如果实际年龄在保险合同约定的范围之内，即使年龄申报错误，保险人也不得解除合同。但如果被保险人的年龄申报错误，且该被保险人的实际年龄又在保险合同约定的可以保障的年龄范围之外，则由于此种年龄根本不属于可保范围，应当允许保险人解除合同。需要注意的是，无论该年龄错误出于故意或过失，只要超出保险合同所保障的年龄范围，保险人即可以解除合同。

第三，被保险人或者受益人谎称发生保险事故（第27条第1款）。从客观上看，保险事故没有发生，被保险人或者受益人却声称保险事故已经发生，是一种欺骗行为；从主观上看，被保险人或者受益人存在主观恶意，即明知其谎称保险事故发生的行为会导致保险人的错误认识，仍然希望保险人基于错误认识而向其支付保险金，已然构成保险欺诈。[②] 法律对此种欺诈的惩罚方式，便是赋予保险人解除合同的权利。[③] 需要注意的是，被保险人或受益人谎称保险事故发生，主观上属于故意。

第四，投保人、被保险人故意制造保险事故（第27条第2款）。根据保险原理，保险合同承保的风险是不确定的风险，保险事故也应当是偶然事故。如果投保人、被保险人为获取保险金而故意制造保险事故，则破坏了保险人订约时承保的风险与所收取的保险费之间的对价平衡，使保险制度沦为人们非法获取经济利益的工具。这种恶意促成事故发生的行为不仅损害保险人的合法利益，而且极易引发道德危险，有悖于保险法的伦理性要求，所以为各国保险法所防范。我国《保险法》第27条第2款规定，“投保人、被保险人故意制造保险事故的，保险人有权解除合同，不承担赔偿或者给付保险金的责任；除本法第四十三条规定外，不退还保险费”。值得注意的是，只有投保人、被保险人的故意行为，才能导致保险人解除合同。倘若其行为主观上属于过失，保险人不得解除保险合同，亦无权拒赔。

第五，人身保险合同中止后，两年内未复效（第37条第1款）。人身保险合同中止的制度，是法律赋予投保人、被保险人的一项优惠制度，在中止期间2年内，即使投保人未交付保险费，为了保护被保险人的利益，保险人不能解除合同。但如果投保人在两年内仍不交付保险费，一直不允许保险人解除保险合同是不公平的。我国保险法规定，中止期2年之后，保险

---

① 有学者认为，我国《保险法》第15条的规定属于半强制性规范，在理解上不能将其理解为只要双方有约定，保险人就可以解除合同，否则，对被保险人殊为不利。而应将其理解为，在保险合同有约定时，投保人不得任意解除保险合同；即使保险合同有约定，保险人也不得解除保险合同。

② 参见吴定富主编：《〈中华人民共和国保险法〉释义》，70页，北京，中国财政经济出版社，2009。

③ 也有学者认为，保险人法定解除条件的立法依据应该是诚信原则和对价平衡原则，只有同时违反了这两个原则，保险人才可以解除合同。被保险人等谎称发生保险事故，主观恶意明显，违反了诚信原则，但对价平衡原则并未遭到破坏，不应赋予保险人解除权。参见徐卫东：《保险法论》，441页，长春，吉林大学出版社，2000。

人有权解除保险合同。人身保险合同的中止问题，我们将在“人身保险合同”一章讲解。

第六，被保险人未履行安全维护义务（第51条第3款）。我国《保险法》赋予了被保险人安全维护义务，即在保险合同履行期间，被保险人应当依照约定履行安全防范义务。这一义务的安排，目的在于防止投保后被保险人因保险标的受到保险保障而在思想上产生麻痹，不注意对保险标的的保护，进而出现财产损坏、社会财富减少的问题。如果被保险人违反这一义务，保险人可以解除合同。《保险法》第51条第3款规定：“投保人、被保险人未按照约定履行其对保险标的的安全应尽责任的，保险人有权要求增加保险费或者解除合同。”

第七，保险标的危险显著增加，投保人或被保险人未通知保险人。保险人与投保人之间的保险合同，乃基于订立合同时保险标的的危险情况签订的，保险合同签订后，如果保险标的危险增加，则该保险合同订立的基础发生变化，此时应当允许双方当事人变更保险合同。对此种情形，我国《保险法》赋予保险人选择权：要么增加保险费，继续承保，要么解除保险合同。《保险法》第52条规定：“在合同有效期内，保险标的的危险程度显著增加的，被保险人应当按照合同约定及时通知保险人，保险人可以按照合同约定增加保险费或者解除合同。”

四、保险合同解除的法律后果

（一）投保人解除保险合同的法律后果

1. 没有现金价值的保险合同

一般而言，现金价值是指投保人要求解约时，保险公司应该退还的金额。[①] 并不是所有的保险合同都有现金价值，一般只有带有储蓄性质的人寿保险合同才有现金价值，财产保险、意外保险、健康保险合同一般不具有现金价值。对不具有现金价值的保险合同，合同解除后的处理为：

（1）保险责任开始前解除合同，投保人依约支付手续费，保险人退还保险费。此时保险责任尚未开始，保险人未承担风险，因此应当将收取的保险费扣除手续费后退还给投保人。我国《保险法》第54条规定：“保险责任开始前，投保人要求解除合同的，应当按照合同约定向保险人支付手续费，保险人应当退还保险费。”

（2）保险责任开始后解除合同，保险人扣除自保险责任开始之日起至保险合同解除之日止应收的保险费后，退还其余保险费。在此种情形下，保险人已经部分履行了合同，因此可以收取已履行部分的保险费，对合同未履行部分的保险费，则应退还给投保人。我国《保险法》第54条规定：“保险责任开始后，投保人要求解除合同的，保险人应当将已收取的保险费，按照合同约定扣除自保险责任开始之日起至合同解除之日止应收的部分后，退

---

① 根据保险原理，保险人以保险事故发生的概率来确定保险费率：保险事故发生概率越高，则保险费率越高。例如，在长期人寿保险合同中，随着被保险人年龄的增加，其死亡的可能性将越来越高，因此，投保人向保险人支付的保险费通常会随着年龄的增长而逐年增加。为了减轻投保人在被保险人年老时较重的保险费负担，保险人计算出一个均衡保险费，将投保人需要缴纳的全部保险费在整个缴费期内均摊，使投保人每期缴纳的保险费都相同。这样，在被保险人年轻时，投保人缴纳的保险费高于实际风险需要的保险费，保险人将这些多交的保险费单独提存起来，并按照一定的利率进行积存生息，用于弥补被保险人年老时风险保险费的不足。因此，在保单生效后，前期多缴的保险费连同其产生的利息累积后便形成了人寿保险的责任准备金，除去用于支付保险人的必要费用（如制单费、运营费等管理费用）外，剩余的就是人寿保险保单的现金价值。在解约退保时，保险人应当将这部分价值返还给投保人。因此，现金价值又叫做不丧失价值或者不丧失的赔偿权。参见梁鹏主编：《人身保险合同》，290页，广州，广州信平市场策划顾问有限公司，2009。

还投保人。”

2. 具有现金价值的保险合同

具有现金价值的保险合同，主要是储蓄性质的人寿保险合同。此类保险合同中的现金价值，本属投保人、被保险人储蓄所得，因此，在保险合同解除时，现金价值应予退还。我国《保险法》第47条规定：“投保人解除合同的，保险人应当自收到解除合同通知之日起三十日内，按照合同约定退还保险单的现金价值。”值得注意的是，保险人退还现金价值的时间为收到解除通知之日起30日内。

（二）保险人解除保险合同的法律后果

保险人可以依照约定或法定解除保险合同，约定解除保险合同的，其法律后果依照合同约定。这里主要阐明保险人法定解除合同的法律后果。

1. 故意、重大过失不履行告知义务

投保人违反告知义务的法律后果是，保险人除了可以解除合同外，还可以拒绝承担赔付责任。至于保险费，应区分故意与重大过失的情形决定返还与否。我国《保险法》第16条第4款规定：“投保人故意不履行如实告知义务的，保险人对于合同解除前发生的保险事故，不承担赔偿或者给付保险金的责任，并不退还保险费。”第16条第5款规定：“投保人因重大过失未履行如实告知义务，对保险事故的发生有严重影响的，保险人对于合同解除前发生的保险事故，不承担赔偿或者给付保险金的责任，但应当退还保险费。”此部分内容已在前文告知义务部分予以详细讲解。

2. 年龄错误

在被保险人年龄错误，且投保时的实际年龄不在保险合同保障范围之内时，我国保险法规定保险人可以解除保险合同，若存在现金价值，应退还现金价值。《保险法》第32条第1款规定：“投保人申报的被保险人年龄不真实，并且其真实年龄不符合合同约定的年龄限制的，保险人可以解除合同，并按照合同约定退还保险单的现金价值。”

3. 被保险人或者受益人谎称发生保险事故

此种情形下，为了表示对被保险人或受益人的惩戒，保险人除解除合同外，尚可保留保险费。我国《保险法》第27条第1款规定：“未发生保险事故，被保险人或者受益人谎称发生了保险事故，向保险人提出赔偿或者给付保险金请求的，保险人有权解除合同，并不退还保险费。”

4. 投保人、被保险人故意制造保险事故

投保人、被保险人故意制造保险事故的，保险人可以解除合同，拒绝赔付；同时，为了惩戒投保人、被保险人，保险费亦不退还。但若保险合同为具有现金价值之保险合同，因现金价值本属投保人、被保险人所有，故应予以退还。我国《保险法》第27条第2款规定：“投保人、被保险人故意制造保险事故的，保险人有权解除合同，不承担赔偿或者给付保险金的责任；除本法第四十三条规定外，不退还保险费。”第43条第1款规定：“投保人故意造成被保险人死亡、伤残或者疾病的，保险人不承担给付保险金的责任。投保人已交足二年以上保险费的，保险人应当按照合同约定向其他权利人退还保险单的现金价值。”

5. 人身保险合同中止期经过

《保险法》第37条规定：“……自合同效力中止之日起满二年双方未达成协议的，保险人有权解除合同。保险人依照前款规定解除合同的，应当按照合同约定退还保险单的现金价值。”

6. 被保险人未履行安全维护义务

被保险人未履行安全维护义务的，保险人应退还未满期保险费。所谓未满期保险费，即保险人未承担保险责任期间的保险费。由于保险合同解除后，保险人将不承担解除后之保险责任，故而，此期间内投保人所交保险费应予以退还。我国《保险法》第 51 条第 3 款未规定解除保险合同的后果，但根据保险合同的一般理论，可以得出如上结论。

7. 保险标的危险显著增加，投保人或被保险人未通知保险人

此种情形亦同上述，由于保险人未承担合同解除后之保险责任，故该期间的保险费应予以退还。《保险法》第 52 条第 1 款规定：“在合同有效期内，保险标的的危险程度显著增加的，被保险人应当按照合同约定及时通知保险人，保险人可以按照合同约定增加保险费或者解除合同。保险人解除合同的，应当将已收取的保险费，按照合同约定扣除自保险责任开始之日起至合同解除之日止应收的部分后，退还投保人。”

第七节　保险合同的解释

保险合同的解释，是指保险合同的内容发生争议时，依照一定的原则或规则对争议内容加以解释。我国《保险法》第 30 条规定：“采用保险人提供的格式条款订立的保险合同，保险人与投保人、被保险人或者受益人对合同条款有争议的，应当按照通常理解予以解释。对合同条款有两种以上解释的，人民法院或者仲裁机构应当作出有利于被保险人和受益人的解释。”依此规定，保险合同解释首先应遵循通常解释原则，其次应遵循不利解释原则。

一、通常解释原则

一般来说，通常解释原则是指《合同法》第 125 条规定的解释原则，主要包括文义解释、目的解释、整体解释、习惯解释等。①

文义解释原则，是指按照保险合同条款的字面意思进行解释的原则。这种解释，应当以一般公众对该字面意思的理解进行。如果文字属于专业术语，应当按照所属专业的特定意义进行解释。

目的解释原则，是指按照双方当事人订立合同的真实意思加以解释的原则。目的解释具有一定的优先性。如果依几种解释方法解释的结果不一致，法院或仲裁机构一般会依照合同订立的目的进行解释。

整体解释原则，是指把全部保险合同条款和各个构成部分看作一个统一的整体进行解释的原则。例如，在保险合同中，应当将投保单、保险条款、批单等的条款加以综合考虑而予以解释。

习惯解释原则，是指依照商业习惯、国际惯例等对保险合同中的争议问题加以解释的原则。保险法是从保险交易习惯中发展出来的规则，发生争议时，依照保险惯例加以解释符合保险业的特征。②

---

① 但也有学者认为，《保险法》上的通常解释是指普通人理解的解释原则，并非《合同法》第 125 条规定的解释原则。

② 在保险合同方面，法院掌握的解释原则通常是：（1）投保单与保险单或者其他保险凭证不一致的以投保单为准。但不一致的情形系经保险人说明并经投保人同意的，以投保人签收的保险单或者其他保险凭证载明的内容为准；（2）非格式条款与格式条款不一致的，以非格式条款为准；（3）保险凭证记载的时间不同的，以形成时间在后的为准；（4）保险凭证存在手写和打印两种方式的，以双方签字、盖章的手写部分的内容为准。

二、不利解释原则

（一）不利解释原则的概念

不利解释原则，又称“不利起草人的解释原则”、“疑义利益解释原则”，是指在保险合同条款出现两种以上解释的情况下，应当依照不利于该条款提供人的语义加以解释的原则。在保险合同中，合同条款通常由保险公司提供，因此，不利解释原则实际上是不利于保险公司的解释原则。

（二）不利解释原则的法理基础

首先，保险合同由保险人制定，具有附合性，投保人仅仅是附合保险人的条款，故应对其作有利解释；其次，保险合同条款具有很强的专业性，对于某些条款，普通保险消费者难以理解其真实含义，保险人则可能利用条款的艰涩损害被保险人的利益，故而应对其作不利解释；最后，从主观归责方面来看，保险人制定的格式条款存在分歧意思，具有过错，对其作不利解释建立在其过错的基础上。

（三）不利解释原则的适用

1. 不利解释原则是针对保险合同格式条款的解释原则。并非所有保险合同条款都是格式条款，在保险合同通过谈判订立的场合，不利解释原则无适用余地。只有保险合同条款由保险人提供时，才能作对保险人不利的解释。①

2. 只有在对保险合同条款有两种以上解释时，才适用不利解释原则。保险合同纠纷多种多样，例如，告知义务纠纷、说明义务纠纷、是否属于意外的纠纷等均为常见纠纷，并非只要发生纠纷，就应当作出对保险人不利的解释。不利解释原则仅适用于保险条款含义发生歧义的纠纷，对其余纠纷则无法适用。

3. 不利解释原则不能排除保险合同解释的一般原则和方法。也就是说，不利解释原则是在其余保险合同解释原则用尽，仍不能获得明确解释时的解释原则，在适用上属于次位原则。

---

① 2009 年修订前的《保险法》规定：“对于保险合同的条款，保险人与投保人、被保险人或者受益人有争议时，人民法院或者仲裁机关应当作有利于被保险人和受益人的解释。”将不利解释原则适用于所有保险合同条款。此一做法已经得到修正。

第三十六章
人身保险合同

第一节　人身保险合同概述

一、人身保险合同的概念

人身保险是以人的寿命和身体为保险标的的保险，人身保险合同就是以人的寿命和身体为保险标的的保险合同。

二、人身保险合同的分类

在我国保险法上，人身保险合同分为人寿保险合同、健康保险合同和意外伤害保险合同。

（一）人寿保险合同

人寿保险合同，是指以人的寿命为保险标的，以生存或死亡为保险事故，于保险事故发生时，由保险人给付一定金额之保险合同。申言之，人寿保险合同是以被保险人在一定期限内死亡或者届满一定期限仍然生存为保险金给付条件的保险合同，由投保人交付一定的保险费，如果被保险人在约定期限内死亡，或者在一定期限结束后仍然生存，则由保险人给付一定数额的保险金。

人寿保险通常又可分为三类：第一类是以被保险人生存为给付保险金条件的生存保险；第二类是以被保险人死亡为给付保险金条件的死亡保险；第三类是被保险人生存或死亡均为给付保险金条件的生死两全保险。

（二）健康保险合同

健康保险合同，也称疾病保险合同，是指以被保险人的身体健康为保险标的，以其罹患疾病、分娩或因疾病、分娩致残或致伤为保险事故的保险合同。[①] 也就是说，健康保险所保障的风险包括：疾病、分娩、因疾病或分娩导致残疾、因疾病或分娩导致死亡。

健康保险的风险具有以下特征：第一，由非明显的外来原因造成。如果是由于明显的外来原因造成的，则可能是意外伤害保险的风险并非健康保险的风险。第二，由非先天的原因造成。先天患有疾病者，不在健康保险保障之列。第三，由非长期存在的原因造成。人都要经历成长和衰老的过程，在趋于衰老期间的一些病态是必然的生理现象，这属于自然现象，

① 参见覃有土主编：《保险法概论》，333页，北京，北京大学出版社，2001。

不能作为疾病。人寿保险合同一般是长期合同，而健康保险一般是短期保险，以一年期居多。应当注意的是，健康保险和其他人身保险相比，相当程度上具有财产保险性质，是对医疗费用和收入损失的补偿，其给付金额往往按照实际发生的费用或收入损失确定。

（三）意外伤害保险合同

意外伤害保险合同，亦称伤害保险合同，是指以被保险人遭受意外伤害或因意外伤害导致残疾或死亡为保险事故，发生保险事故时，保险人给付一定保险金的保险合同。意外伤害保险合同保障的范围包括：意外伤害、意外伤害所导致的残疾、意外伤害所导致的死亡。

意外伤害保险合同中的“意外”，通常是指伤害的发生是被保险人事先没有预见到的，或伤害的发生违背了被保险人的主观意愿；“伤害”是指外来的致害物以一定的方式破坏性地接触，致使身体受到伤害的客观事实。在我国，构成意外伤害通常须符合四个方面的要件：其一，伤害是外来因素造成的，即由被保险人身体外部原因造成的事故，如车祸。其二，伤害是突发的，即在瞬间造成事故，没有较长的过程，如落水、触电等。其三，伤害是意外发生的，指被保险人未预料到和非本意的事故，如飞机坠毁等。其四，伤害非由疾病引起。疾病所致伤害，虽不是本人事先所能预料的，但它是人体自身产生的结果，不属于意外事故，应由健康保险保障。

三、人身保险合同的特征

1. 保险标的不可估价

人身保险合同的保险标的是人的寿命和身体，不是商品，不能用货币来计量、评价。尽管美国保险学学者休伯纳首创人类生命价值学说，以被保险人体内所具有的赚钱能力评估人的价值，但在社会学和法学领域，人的身体和生命无价的说法仍是主流学说。

2. 保险金额具有定额性

在保险法上，通常认为人不具有商品价值，故而人身保险合同中不存在保险价值的范畴。确定人身保险合同的保险金额，并非以保险标的的价值为依据，而是由保险人事先综合各方面因素进行保险精算而获得的一个数额。该数额于订立保险合同时即在保险合同中写明，发生保险事故时，保险人以此确定的保险金额予以赔付。

3. 保险责任准备金的储蓄性

储蓄性在人寿保险中表现明显。保险人每年收取的保险费超过其当时需要支付的保险金，这个超过部分是投保人提前交给保险人，用于履行未来义务的资金。在保险人还没有履行保险义务期间，它相当于投保人存在保险人处的长期性的储蓄存款。这笔存款由保险人投资于生产建设或存储于银行产生利息，这部分利息是投保人交纳的保险费产生的，因此，利息连同本金一起，都为被保险人所有，用于被保险人的权益。被保险人可以享受这部分利益，只要保单没到期，就会有责任准备金属于被保险人的权益，为将来给付被保险人做准备。当然，人寿保险储蓄与银行的储蓄是有区别的，保险费收取与提留责任准备金的计算方式以及给付条件截然不同，最大的区别是给付保险金不仅包括本金和利息，还包括从未得到给付的保险单中摊出的余额。①

4. 保险金义务履行的给付性

如上所述，人的寿命和身体具有不可估价性，保险金由保险人综合各方面的情况确定，

---

① 参见覃有土主编：《保险法概论》，330～331页，北京，北京大学出版社，2001。

而不是对被保险人死亡或伤害的赔偿或补偿。保险人给予被保险人或受益人保险金的行为，在保险法上称为“给付”，因此，保险人通过给予被保险人或受益人保险金的方式履行保险合同，便具有履行上的“给付性”特征。①

5. 部分人身保险期限较长

部分人身保险的期限较长，例如人寿保险的期限有时可能长达20年，甚至30年，但另外一部分人身保险合同期限较短，可以为一年、数个月甚至几小时。例如，航空意外保险的保险期限一般为几小时。

第二节　人身保险合同中的受益人

一、受益人的概念

受益人，又称保险金受领人，是指由投保人或被保险人在保险合同中指定的，于保险事故发生时，享有赔偿请求权的人。我国《保险法》第18条第3款规定：“受益人是指人身保险合同中由被保险人或者投保人指定的享有保险金请求权的人。投保人、被保险人可以为受益人。”由此可见，受益人只在人身保险中出现。② 如果保险合同中约定了受益人，则受益人有权领取保险金；若被保险人与受益人不是同一主体，则被保险人此时不得领取保险金。

二、受益人的指定主体

受益人通过指定而产生，指定主体可以为：

1. 被保险人

人身保险以被保险人的寿命和身体作为保险标的，被保险人就成为人身保险合同的中心所在，被保险人有权指定以自己寿命或身体为对象的保险金归属。同时，由被保险人指定受益人可以控制保险合同的道德危险，当被保险人指定某人作为受益人时，其必须考虑受益人杀害自己谋取保险金的可能性，将可能制造道德危险之人排除在受益人之外，客观上减少了道德危险发生的可能性。

2. 投保人

由投保人指定受益人，大约是出于方便签订合同考虑，即投保人在签订合时即在合同中写入受益人。但是，投保人指定受益人必须经过被保险人同意，其原因在于，保险合同是以被保险人的寿命和身体为标的签订的，只有被保险人才真正有权决定受益人。此外，为了杜绝投保人在签订合同时将自己作为受益人，然后谋杀被保险人以骗取保险金，我国保险法规定，投保人指定受益人必须经过被保险人同意。

值得注意的是，当投保人为与其有劳动关系的劳动者投保人身保险时，不得指定被保险人及其近亲属以外的人为受益人。例如，公司作为投保人为其员工投保时，只能指定该员工本人或该员工的近亲属作为受益人，其余主体，包括公司本身在内，均不得作为受益人（《保险法》第39条第2款）。保险法如是规定，是为了规范保险实务中公司为员工投保，却将自己

---

① 此外，还有学者认为人身保险具有长期性的特征，这一特征在人寿保险中表现得较为明显，在健康保险和意外伤害保险中表现得并不明显。

② 我国台湾地区有学者认为，在财产保险中亦可存在受益人，我国的保证保险实务中，有时也会出现受益人。

指定为受益人的情形，此种情形将原本为员工谋福利的投保行为，转化为类似于赌博的行为，依法应予限制。

被保险人或投保人指定受益人，既可以采取事前指定方式，即在保险合同签订之前指定，也可以采取事后追认的方式，即在投保人指定受益人未经被保险人同意时，由被保险人事后追认。

三、受益人的资格

我国保险法未对受益人的主体资格予以限制。无论是自然人还是法人，均有资格成为受益人。在自然人中，无论是完全行为能力人还是限制行为能力人和无行为能力人，均有受益资格。

受益人与投保人、被保险人之关系，可以有三种模式：一是三方主体完全合一，即投保人是被保险人，同时也指定自己为受益人的情形。二是两方主体重合。此种情形又可分为三类：(1) 投保人以自己作为被保险人投保，指定他人为受益人；(2) 投保人以他人为被保险人投保，指定自己为受益人；(3) 投保人以他人为被保险人投保，指定该他人为受益人。三是三方主体各自独立，即投保人以他人为被保险人投保，指定第三人作为受益人的情形。

受益人与继承人的关系表现为：投保人、被保险人可以指定被保险人的继承人为受益人，也可以指定继承人之外的人作为受益人。

四、受益人的变更

1. 有权变更受益人的主体

依照我国《保险法》的规定，被保险人或投保人有权变更受益人，但投保人变更受益人须经过被保险人同意。其理由与指定受益人的理由相同。

2. 变更受益人的程序

我国《保险法》第 41 条规定："被保险人或者投保人可以变更受益人并书面通知保险人。保险人收到变更受益人的书面通知后，应当在保险单或者其他保险凭证上批注或者附贴批单。"由此可见，变更受益人的程序为：

(1) 投保人或被保险人书面通知保险人。变更受益人是投保人或被保险人的权利，但变更如不通知保险人，将导致在发生保险事故时保险人不知将保险金支付给何人。为方便保险人履行保险合同，法律规定变更受益人应当通知保险人。

(2) 保险人在保险单或保险凭证上批注或者附贴批单。在投保人、被保险人通知保险人后，为表示对变更的重视，保险人应通过批单或批注的形式将变更内容书面化，一方面，有利于明确变更内容；另一方面，在发生纠纷时，有利于双方举证。

五、受益人类型、受益顺序与受益份额

(一) 受益人类型

受益人可以分为原始受益人、后继受益人和法定受益人三类：

(1) 原始受益人，即在订立合同时投保人或被保险人指定的在其死亡后首先获得保险金的受益人。

（2）后继受益人，即合同存续期间内原始受益人死亡而被保险人仍然生存时，被保险人再次指定的受益人；或者，被保险人在同一合同中指定于其他受益人丧失受益权时获取保险金的受益人。

（3）法定受益人是指当以上两种受益人均先于被保险人而死亡时，其保险金应视为被保险人的遗产，由法定的继承人作为受益人。

（二）受益顺序

投保人或被保险人可以在保险合同中指定一个或多个受益人，当受益人为多人时，投保人或被保险人可以设定受益顺序，即指定受益人获取保险金的先后顺序。在投保人设定了多个受益人时，原始受益人应当首先获得保险金，其次是后继受益人，最后才是法定受益人。

（三）受益份额

当保险合同中存在数个受益人，而几个受益人又在同一受益顺位时，可能产生受益份额问题。受益份额的确定首先应当尊重被保险人或者投保人的意志，在投保人、被保险人已经确定受益份额（该份额可以相等，也可以不等）时，依照该份额领取保险金；在投保人、被保险人未确定受益份额时，各受益人应依相等份额领取保险金。我国《保险法》第40条第2款规定："受益人为数人的，被保险人或者投保人可以确定受益顺序和受益份额；未确定受益份额的，受益人按照相等份额享有受益权。"

六、受益权的丧失

1. 受益权丧失的概念

受益权的丧失是指被保险人或投保人指定受益人后，因受益人实施严重危害被保险人生命或健康的行为，法律强制剥夺其受益的权利。受益权丧失与受益权撤销不同：前者由法律规定，后者则由投保人或被保险人依主观意志作出；前者主要因犯罪行为而产生，后者则主要因投保人、被保险人与受益人之间的情感变化而产生。前者一般是被动行为，后者一般为主动行为。

2. 受益权丧失之原因

依照我国《保险法》受益人丧失受益权的原因主要分为两类：

（1）受益人故意造成被保险人死亡、伤残或疾病。其原理在于：受益人故意造成被保险人死亡已涉嫌犯罪，在法律上，任何人均不得从其犯罪行为中受益，故应当剥夺该受益人之收益权。

（2）受益人故意杀害被保险人未遂。其原理在于：一方面，与上述情形相同，虽然受益人杀害被保险人未遂，但亦涉嫌犯罪，应剥夺其受益权；另一方面，如不剥夺其受益权，其仍有可能再次杀害被保险人。

七、受益人缺失的保险金处理

1. 受益人缺失的情形

保险合同可能因种种原因导致受益人缺失，我国《保险法》对这些原因加以总结，归纳为：（1）没有指定受益人。保险合同自始没有指定受益人，受益人一栏空白。（2）受益人先于被保险人死亡，没有其他受益人。被保险人原本指定了 1 名或多名受益人，但这些受益人均先于被保险人死亡，而被保险人此后未指定其他受益人。（3）受益人依法丧失受益权或者放弃受益权，没有其他受益人。被保险人原本指定了受益人，但受益人故意造成被保险人死亡、伤残、疾病，或者故意杀害被保险人未遂，因而丧失受益权。而此后被保险人未指定其他受益人的情形。

2. 保险金的处理

受益人缺失时，法律对保险金的处理是：保险金作为被保险人的遗产，由保险人根据《继承法》的规定履行给付保险金的义务。保险法作如此处理的理由是：受益人是约定的保险金请求权人，被保险人是法定的保险金请求权人，没有约定受益人的情况下，保险金请求权回归法定保险金领取人。而被保险人已经死亡，故而，保险金当然作为被保险人的遗产，根据《继承法》的规定处理。我国《保险法》第 42 条第 1 款规定："被保险人死亡后，有下列情形之一的，保险金作为被保险人的遗产，由保险人依照《中华人民共和国继承法》的规定履行给付保险金的义务：（一）没有指定受益人，或者受益人指定不明无法确定的；（二）受益人先于被保险人死亡，没有其他受益人的；（三）受益人依法丧失受益权或者放弃受益权，没有其他受益人的。"

八、受益人与被保险人同时死亡时保险金的处理

受益人可能与被保险人同时死亡，例如，父亲以自己为被保险人与保险公司订立合同，指定儿子为受益人，在一次旅游过程中，因遭遇车祸父子双双在同一事故中死亡，且无法查明死亡先后顺序的情形即是。在此种情形下，我国《保险法》第 42 条第 2 款的处理是："受益人与被保险人在同一事件中死亡，且不能确定死亡先后顺序的，推定受益人死亡在先。"

在受益人与被保险人同时死亡的情况下，如果保险合同尚有其他生存受益人，保险金依照保险合同约定的受益顺序和受益份额给付；如果保险合同中没有其他受益人，则将其作为"受益人先于被保险人死亡，没有其他受益人的"情形处理，即保险金作为被保险人的遗产，依照《继承法》的规定处理。之所以这样规定，是因为受益人获得保险金的前提是被保险人的指定，被保险人指定该受益人作为受益人领取保险金，并不意味着其愿意将保险金领取权归于该受益人的继承人，在受益人与被保险人同时死亡时，被保险人可能更愿意将保险金给予自己的继承人而不是给予该受益人的继承人。

值得注意的是，《保险法》关于受益人与被保险人同时死亡的规定与《继承法》关于相互有继承关系的几个人在同一事件中死亡的规定不同。《最高人民法院关于贯彻执行〈中华人民共和国继承法〉若干问题的意见》第 2 条规定："相互有继承关系的几个人在同一事件中死亡，如不能确定死亡先后时间的，推定没有继承人的人先死亡。死亡人各自都有继承人的，如几个死亡人辈分不同，推定长辈先死亡；几个死亡人辈分相同，推定同时死亡，彼此不发生继承，由他们各自的继承人分别继承。"简言之，在《保险法》规定下，受益人与被保险人同时死亡，在保险金处理问题上遵循受益人先死亡原则；在《继承法》规定下，相互存在继承关系的当事人在同一事件中死亡，遵循推定没有继承人者先死亡，各自有继承人时，长辈先死亡，平辈同时死亡、不发生继承关系的原则。

第三节　人身保险合同的中止与复效

一、人身保险合同的中止

（一）人身保险合同中止的概念

人身保险合同的中止，是指在一定条件下，处于有效期的人身保险合同，因某种事由的出现而效力处于暂停状态。这里的效力处于暂停状态不同于保险合同未生效，在效力暂停之前，保险合同已经生效，为有效合同。这里的效力处于暂停状态，也不同于效力终止，已经效力终止的保险合同无法恢复效力，但效力中止时，如果符合一定的条件，保险合同的效力仍可恢复，重新成为有效合同。效力暂停时，保险合同的实际效力处于未确定状态。我国《保险法》第36条规定保险合同效力中止问题。

（二）人身保险合同中止的立法依据

各国保险法基本都有关于人身保险合同中止的规定，其立法依据为：尽可能给人身保险合同的有效性留下机会，以维护保险合同双方当事人的利益。人身保险合同，特别是人寿保险合同，是长期性合同，且带有一定的储蓄性或投资性，保险费较高，投保人可能没有能力一次性支付，或者不愿一次性支付。为了保证保险费的交付，人身保险合同采取了在较长期限内分期支付的形式。由于支付期较长，其间难免会出现投保人因疏忽而遗忘交付保险费，或者因经济状况变化而无法或暂时无法交付保险费的情况。投保人未交保险费，保险人本来可以解除合同，但是，这种解除对合同双方当事人均无好处：对投保人来说，其需要保障的被保险人失去了保障；对保险人来说，其失去了客户，也失去了应收的保险费。为了避免这种两败俱伤的后果，保险公司在实践中采取了暂时中止合同效力的做法，给双方当事人以机会，一旦投保人继续交付保险费，则中止的保险合同效力恢复。这一做法最后被引入法律中，其客观上为保险合同的有效性留下了机会，也维护了保险合同双方当事人的利益。

（三）人身保险合同中止的适用条件

顾名思义，人身保险合同中止适用于人身保险合同，也就是说，要想适用保险合同中止，该合同必须是人身保险合同。我国《保险法》将保险合同中止的问题放在第二章“保险合同”项下的第二节“人身保险合同”部分，充分说明，在我国，保险合同效力中止仅适用于人身保险合同。某种意义上，这是保险合同中止的适用条件，但从另一角度看，这个问题讲的是保险合同效力中止的适用范围。由于此处标题是“人身保险合同中止的适用条件”，已经包含“人身保险”四字在内，因此，不将其作为一个适用条件。人身保险合同中止的适用条件主要有以下四个方面：

第一，必须是分期付款的人身保险合同。人身保险合同保险费既有趸交的，也有分期交付的。在趸交的情况下，基本不会出现合同效力中止的问题，因为在现代人身保险实务中，保险费交付一般是人身保险合同生效的前提条件，若保险费未交付，保险合同不生效，也就谈不上保险合同效力中止的问题。在趸交情况下，如投保人一次性交付了保险费，保险合同生效，没有法律规定或者合同特别约定的情形出现，保险人不得解除合同，也就是说，没有特殊情况出现，人身保险合同一直处于有效状态，不会出现合同效力的中止。只有在分期交付保险费的情况下，才可能出现合同效力中止。我国《保险法》第36条第1款开始即规定：“合同约定分期支付保险费……合同效力中止。”可见，分期支付保险费是保险合同效力中止的条件。

第二，投保人交付了首期保险费。如前所述，现代人身保险合同实践将交付保险费作为保险合同生效的前提，在分期付款的情况下，交付保险费就是交付首期保险费，只有投保人交付了首期保险费，保险合同才能生效，否则，保险合同不能生效，也就不会出现效力中止。我国《保险法》第 36 条第 1 款在规定了分期付款之后接着规定：“投保人支付首期保险费后……合同效力中止。”也可以看出支付首期保险费是合同效力中止的前提。

第三，次期或以后当期保险费未交付。对投保人来说，其在履行保险合同时最重要的义务是交付保险费，如果不交付保险费，意味着其不履行保险合同最重要的义务。基于权利、义务的对等性，保险人此时可以不履行其承担的最重要的义务——承担危险。保险人不承担危险，意味着保险合同面临解除的危险，保险合同中止正是保险合同解除的前奏，为了避免合同的直接解除，法律设立了中止制度，以延缓保险合同解除，但是，无论如何，只有在投保人不交付次期或以后当期保险费的情况下，人身保险合同才进入效力中止程序。我国《保险法》第 36 条第 1 款中两次提到“未支付当期保险费”，说明保险费未交付是人身保险合同中止的条件之一。

第四，宽限期经过。投保人不支付次期以后的保险费，并不意味着保险合同的效力马上中止。出于对投保人、被保险人利益保护的考虑，法律赋予投保人一定的宽限期，在此宽限期内，即使投保人不交付保险费，保险合同效力也不会中止。此宽限期又称优惠期，是对投保人、被保险人的一种优惠，在宽限期内，人身保险合同仍为有效合同，只有在宽限期之外，合同效力才开始中止。

宽限期期间为多长？又是如何确定的？确定宽限期的方法有三种，依据不同的方法，宽限期的期间有所不同：第一种为保险人催告与法定相结合的方法。法条对此的描述是“自保险人催告之日起超过 30 日未支付当期保险费”。依该种方法，在投保人未交付当期保险费的情况下，保险人应当催告，催告之日起 30 日为宽限期。第二种为完全法定的方法。法条对此的描述是“超过约定的期限 60 日未支付当期保险费的，合同效力中止”。此种确定方法，不要求保险人催告，直接由法律给予了一个 60 日的宽限期。也就是说，在保险人没有催告的情况下，法定宽限期为 60 日，此 60 日自合同约定的保险费交付的最后一日的次日开始计算。第三种为完全约定的方式。法条对此的表述是“除合同另有约定外”。也就是说，双方当事人可以不遵守前两种确定宽限期的方式，以合同自由为基础约定宽限期。此三种方法，保险人可以任意选择其中一种确定宽限期。

宽限期经过后，自次日零时起，保险合同效力中止。

关于宽限期，还有一个重要的问题，那就是在宽限期内发生保险事故的法律责任问题。我国《保险法》第 36 条第 2 款规定：“被保险人在前款规定期限内发生保险事故的，保险人应当按照合同约定给付保险金，但可以扣减欠交的保险费。”由此可见：第一，宽限期内发生保险事故的，保险人应当赔付。其理由是，所谓宽限期，实际上是法律给予投保人、被保险人的优惠期，此处的优惠，乃是让本应失去效力的合同继续有效，也就是说，宽限期内，人身保险合同处于有效状态，既然是有效合同，发生了保险事故，保险人自然应当依照合同约定的内容予以赔付。第二，保险人可以从保险金中扣减投保人欠交的保险费。此点较容易理解，保险人支付赔款给投保人、被保险人，但投保人尚有欠交的保险费，因此应予扣除。

(四) 中止期的期间

中止期，是指宽限期经过后，人身保险合同效力处于暂停状态的一定期间。中止期的期间，一般为 2 年～5 年，我国《保险法》规定的中止期期间为 2 年。《保险法》第 37 条规定：

“自合同效力中止之日起满二年双方未达成协议的，保险人有权解除合同。”这就是对中止期的规定。2年期间的规定，主要是考虑投保人恢复交付保险费的能力。投保人不交保险费，大致出于两方面的原因：一是疏忽忘交；二是经济水平下降，影响到交付能力。对前者，给予2年的期限，足以令投保人发现自己的疏漏；对于后者，也有2年的时间来恢复经济能力，因此，2年的规定较为合理。

（五）效力中止的法律后果

人身保险合同中止，只是合同效力的暂时停止，其效力处于不确定状态，即存在继续有效或者解除合同的双重可能。经过一定的程序，保险合同的效力可以恢复。

在中止期内，若发生保险事故，保险人可以拒绝赔付。这是因为，投保人未交保险费已达一定的期间，在效力中止之前，法律已经给予投保人、被保险人一定的宽限期，让其交付保险费，且在宽限期内发生保险事故的，保险人应予赔付。进入中止期后，投保人仍然不交付保险费，若仍要求保险人在没有收取当期保险费的情况下承担保险责任，未免过于偏袒投保人、被保险人，因此，中止期内发生保险事故的，保险人可以拒赔。

2年的中止期期间，投保人补交了保险费，经过一定的程序，保险合同效力恢复，此即人身保险合同复效问题。在此期间，保险人不可以解除保险合同。

2年的中止期经过后，保险人可以解除人身保险合同。在保险合同中止期间，法律之所以规定保险人不能直接解除合同，乃是考虑为投保人、被保险人留下恢复合同效力的时间，2年期间经过，投保人、被保险人没有珍惜如此机会，为了使长期处于不确定状态的合同关系稳定下来，法律必须采取行动确定合同的效力，因此，法律赋予保险人解除权，以便其解除保险合同，终结双方当事人之间的合同关系。不过，对有现金价值的保险合同来说，保险人解除保险合同的，须依照合同约定退还保险单的现金价值。

二、人身保险合同的复效

（一）人身保险合同复效的概念

人身保险合同的复效，是指在人身保险合同效力中止期内，经保险人与投保人协商一致，且投保人补交保险费后，效力中止的人身保险合同恢复为有效保险合同。人身保险合同的复效，乃是保险法通过保险合同效力中止留给投保人或被保险人的机会，该机会通过复效的规定得以实现。

人身保险合同复效对保险合同当事人均有好处：就投保人或被保险人方面而言，其可以迅速获得保障，且可以避免因健康状况改变而不易另觅新保；重新投保手续烦琐，且保险费可能因年龄增长而提高。对保险人而言，其可以维持有效的合同，避免一再招揽新保而造成保险人佣金、租金及各种管理费用成本的升高。

（二）人身保险合同复效的条件

人身保险合同效力终止后，并非随时随地均可复效，其复效需要符合下列条件：

1. 保险人未解除合同

保险人解除合同的原因较多，如果在人身保险合同宽限期或中止期因某种原因解除了保险合同（不包括因中止期经过而解除保险合同，因为此时中止期尚未经过），则人身保险合同当然不能复效。举例来说，投保人在订立合同时故意未履行告知义务，保险人在人身保险合同效力中止期间发现了这一问题，于是根据《保险法》第16条的规定，在中止期内解除了保险合同，则由于在投保人与保险人之间已经不存在合同关系，故不存在合同是否复效的问题。

2. 申请复效的时间在中止期内

我国《保险法》第37条规定：“自合同效力中止之日起满二年双方未达成协议的，保险人有权解除合同。”可见，在我国，申请复效的时间必须在2年之内，也就是在合同效力中止期内。在此期间经过之后，保险人可以解除合同而终止合同效力。例如，投保人孙先生投保了某公司的一份长期寿险，合同期间为10年，自2004年5月10日起至2014年5月9日止，合同约定于每年5月15日前支付当年度的保险费。假设孙先生2010年5月15日前未支付当年的保险费，2010年5月16日至2010年7月15日为宽限期，如果孙先生在宽限期内仍然没有支付保险费，则保险合同的效力中止，2010年7月16日至2012年7月15日为申请合同复效的期间。如果在这期限内孙先生没有申请合同复效，那么，保险人有权解除合同而终止合同的效力，但同时应退还合同的现金价值。

3. 投保人与保险人就复效协商并达成一致

依我国《保险法》，人身保险合同进入效力中止期，要想恢复效力，双方当事人须进行协商，并就复效达成一致意见。此点在《保险法》上的表现是：“经保险人与投保人协商并达成协议。”在实践中，协商的过程一般由投保人启动，一般来说，投保人寻求复效的，保险人安排投保人填写复效申请书，然后双方进行协商。关于协商的内容，我国《保险法》没有规定，但双方对合同复效与否的意思表示必须一致，合同效力才能恢复。如果投保人提出复效申请，但双方协商时对复效的条件不能达成一致，则合同效力无法恢复。

4. 投保人补交未交付之保险费

人身保险合同之所以存在中止、复效等问题，皆因投保人未交保险费。如投保人按期交付保险费，则不存在如此复杂之问题。现投保人申请合同复效，自当补交未交之保险费，否则，保险人依然无法承保。当然，从理论上看，投保人亦应当补交该未付保险费之利息，因为若此保险费已交，则保险人将利用其投资，或者至少存入银行产生利息，因此，投保人也应补交利息。但是，“投保人交付中止期间积欠的保险费时，理应扣除中止期间的危险保险费，因该段期间是保险人的不保期间之故。但储蓄保险费部分，由于满期给付由该部分构成，满期给付日既然未因中止效力后复效而顺延，因而要求交付积欠的储蓄保险费部分并加收利息，并无不当”。

第四节　死亡保险的特殊规制

一、死亡保险合同及其规制的必要性

（一）死亡保险合同的内涵

死亡保险合同，是指以被保险人死亡为给付保险金条件的保险合同。我国保险监督管理机构对以死亡为给付保险金条件的保险合同作出了定义：所谓以死亡为给付保险金条件的人身保险合同，是指单纯以死亡为给付保险金条件的人身保险合同。如果未经被保险人同意并认可保险金额，该合同无效。含有死亡、疾病、伤残以及医疗费用等保险责任的综合性人身保险合同，如果未经被保险人同意并认可死亡责任保险金额，该合同死亡给付无效。

人身保险最初的保障对象就是死亡，因为死亡是人们最大的威胁，然后才发展出了伤残、疾病、养老等保险，但直到现在为止，死亡仍是人身保险最大的保障对象，多数险种都包括死亡保障内容。

（二）规制死亡保险的必要性

《保险法》对死亡保险进行规制，主要是为了预防道德危险的发生。无论对人类还是对个人来说，死亡都是非常重要的事情。死亡保险的被保险人死亡成为受益人获得保险金的前提条件，为了获取保险金，有些受益人可能谋杀被保险人，这就是所谓的道德危险。出于保护被保险人生命的需要，《保险法》应当设定一定的制度，用以预防受益人谋杀被保险人。死亡保险中的投保人投保须经被保险人同意制度、不允许父母之外的他人为未成年人投保死亡保险等制度，都具有预防道德危险的功能。

二、无行为能力人死亡保险之规制

（一）原则：不得为无行为能力人投保死亡保险

我国《保险法》第33条第1款规定："投保人不得为无民事行为能力人投保以死亡为给付保险金条件的人身保险，保险人也不得承保。"

法律之所以要求投保人不得为无行为能力人投保死亡保险，乃出于控制道德危险考虑。无行为能力人或者为10周岁以下的未成年人，或者为完全不能判断自己行为的精神病人，较之完全行为能力人及限制行为能力人，更易于发生道德危险。譬如，为年龄在10周岁以下的未成年人投保死亡保险后，如投保人产生杀害被保险人谋取保险金的想法，其后果不堪设想。

同时保险人不得承保为无行为能力人投保的死亡保险。在他人为无行为能力人投保死亡保险时，如果保险人知道这一情况，便不得承保，这是法律的强制性规定。

（二）例外：父母可以为未成年子女投保死亡保险

《保险法》第33条第2款规定："父母为其未成年子女投保的人身保险，不受前款规定限制。但是，因被保险人死亡给付的保险金总和不得超过国务院保险监督管理机构规定的限额。"

法律之所以规定父母可以为未成年子女投保死亡保险，乃是考虑到父母作为投保人的道德危险较小，可以用亲情控制道德危险。一般说来，父母与子女之间具有天然的亲情关系，在其为未成年子女投保死亡保险后，不会因谋取保险金而杀害未成年子女。再者，未成年人亦需要保险保障。因此，法律允许父母为其未成年子女投保死亡保险。

父母为其未成年子女投保死亡保险的，其保险金额不得超过我国保险监督管理机构规定的限额。根据我国保险监督管理机构的规定，这一限额为10万元。在父母为其子女投保死亡保险的问题上限制保险金的最高限额，其目的也在于控制道德危险。在保险学上，道德危险的程度与保险金的数额成正比，保险金额越高，道德危险越高，反之则越低。在中国保险监督管理委员会看来，10万元的保险金不足以引起父母杀害未成年人的道德危险，因此，将保险金额限制为10万元。值得注意的是，由于父母可以为未成年子女购买多份保险，其保险金额可能超过10万元，故中国保险监督管理委员会所规定的10万元保险金，应理解为父母为未成年子女购买的所有死亡保险金之和，而非一份保险单的金额限制。

注意区分未成年人与无行为能力人的不同概念。《保险法》要求他人不得为"无民事行为能力人"投保死亡保险，但允许父母为"未成年人"投保死亡保险。依此，父母之外的他人可以为限制行为能力人和完全行为能力人投保死亡保险。

(三) 违反未成年人死亡保险规制的法律后果

1. 父母之外的他人为无行为能力人投保死亡保险的，保险合同无效。我国《保险法》虽未明确规定父母之外的他人为无行为能力人投保死亡保险的法律后果，但该规定为强制性规范，依照《合同法》第 52 条第 5 项之规定，违反法律、行政法规的强制性规定的合同为无效合同，故而此类合同，即使已经订立，也属于无效合同。

2. 父母为其未成年子女投保死亡保险，超过中国保险监督管理委员会规定的保险金总和限额的，如投保人属于故意不如实告知，超过部分保险公司不承担给付保险金的责任并不退还保险费。《保险法》未对此作出规定，但中国保险监督管理委员会的相关批复对此作出了规定，即："订立保险合同时，保险公司应要求投保人声明是否在其他保险公司为其未成年子女投保了死亡人身保险，如果投保人故意不履行如实告知义务，出现累计保险金额超过 5 万元的情况，超过部分保险公司不承担给付保险金的责任并不退还保险费。"

3. 违反对无行为能力人投保的规定，对保险公司罚款 5 万～30 万元。

我国《保险法》第 164 条规定："保险公司违反本法规定，有下列行为之一的，由保险监督管理机构责令改正，处五万元以上三十万元以下的罚款：（一）超额承保，情节严重的；（二）为无民事行为能力人承保以死亡为给付保险金条件的保险的。"

三、死亡保险之同意权规制

(一) 原则：投保死亡保险须经被保险人同意并认可保险金额

在投保人为他人投保死亡保险时，应当经被保险人同意，并认可保险金额。尽管不能为无行为能力人投保死亡保险，但投保人可以为其余的他人投保死亡保险。然而，投保人为他人投保死亡保险，本身就存在杀害被保险人的道德危险，虽然这种道德危险不可能完全消灭，但在法律上应予控制。

控制道德危险的方法之一，就是投保人在投保时，须征得被保险人的同意。被保险人的同意之所以能够控制道德危险，是因为被保险人自己能够衡量道德危险的程度。事实上，死亡保险征得被保险人同意的制度设计，是保险法将控制道德危险的权利交给被保险人本人，倘若被保险人认为投保人道德危险的可能性比较大，则其可以拒绝投保人为其投保死亡保险，没有死亡保险，也就不会出现道德危险。

控制道德危险的方法之二，在于控制保险金的数额。如果保险金额较小，则道德危险的可能性也较小；保险金额较大，道德危险的可能性也较大。保险法要求被保险人认同保险金额，也是将控制道德危险的权利交给被保险人。如果被保险人同意投保人为其投保死亡保险，其还可以通过限制保险金额的方法控制道德危险。亦即，被保险人可以通过同意及保险金额双重方法控制道德危险。

被保险人同意之方式，可以为书面，也可以为口头。2009 年修改《保险法》之前，被保险人的同意必须为书面同意，但书面同意可能损害被保险人的利益，即使被保险人作出同意的意思表示，如不以书面形式出现，保险人都可能拒赔。为了保护被保险人的利益，2009 年修改《保险法》时，将"书面同意"改为"同意"，不再强调书面形式。

(二) 例外：父母为其未成年子女投保死亡保险，可以不经被保险人同意

如前所述，父母可以为其未成年子女投保死亡保险。依照《保险法》第 34 条第 1 款之规定，即使父母投保死亡保险，亦应经被保险人本人同意并认可保险金额。然而，在法律

上，作为被保险人的未成年人绝大多数属于限制行为能力人，在是否需要保险的问题上，没有能力作出同意并认可保险金额的意思表示。从代理理论上说，其同意须经法定代理人作出方才有效，但多数情况下，法定代理人就是为其投保的父母，父母既作为投保人，又作为同意权人，以此控制道德危险没有意义。因此，我国法律规定父母为其未成年子女投保死亡保险，可以不经被保险人同意。对此，我国《保险法》第 34 条第 3 款规定："父母为其未成年子女投保人身保险，不受本条第一款规定限制。"不过，通过未成年人死亡保险道德危险的控制方法，即亲情和最高保险金额 10 万元的限制，在一定程度上仍可以控制道德危险。

（三）违反被保险人同意并认可保险金的法律后果

投保人为他人投保死亡保险未经被保险人同意并认可保险金额的，保险合同无效。我国《保险法》第 34 条第 1 款明确规定："以死亡为给付保险金条件的合同，未经被保险人同意并认可保险金额的，合同无效。"

不过，保险合同多种多样，有的为单纯死亡保险，有的则含有生存等其他责任，一律认定该保险合同无效未必一定合理。中国保险监督管理委员会对此作出了细化规定，即单纯以死亡为给付保险金条件的人身保险合同，如果未经被保险人同意并认可保险金额，该合同无效。含有死亡、疾病、伤残以及医疗费用等保险责任的综合性人身保险合同，如果未经被保险人同意并认可死亡责任保险金额，该合同死亡给付无效。

第五节　人身保险合同的其他问题

一、年龄错误条款

（一）年龄错误的概念

年龄错误条款，又称"年龄误报条款"，是指因投保人申报的被保险人年龄不真实，影响保险人决定是否同意承保或者保险费率的高低，保险人根据年龄错误的不同情况分别对保险合同予以处理的条款。我国《保险法》第 32 条规定了年龄错误条款："投保人申报的被保险人年龄不真实，并且其真实年龄不符合合同约定的年龄限制的，保险人可以解除合同，并按照合同约定退还保险单的现金价值。保险人行使合同解除权，适用本法第十六条第三款、第六款的规定。投保人申报的被保险人年龄不真实，致使投保人支付的保险费少于应付保险费的，保险人有权更正并要求投保人补交保险费，或者在给付保险金时按照实付保险费与应付保险费的比例支付。投保人申报的被保险人年龄不真实，致使投保人支付的保险费多于应付保险费的，保险人应当将多收的保险费退还投保人。"

（二）年龄错误的立法理由

年龄错误的立法理由主要有二：（1）年龄的重要性。年龄在人身保险中非常重要：从出险的几率来看，年长者比年轻者出险的几率要大。从健康情况看，年长者的健康状况普遍不如年轻者的健康状况。因此，年长者的费率高于年轻者的费率，年龄对保险非常重要。（2）合同条款对当事人的公平性。年龄对保险非常重要，是保险人赖以确定保险费率的依据。如果投保人申报的被保险人年龄错误，可能会直接导致费率的错误，而保险费收取错误对保险合同双方当事人均有可能有失公平。法律规定年龄错误条款，意在使保险费的收取与保险人承担的危险具有公平性，年龄大者，应多收保险费；年龄小者，应少收保险费。

（三）年龄错误的情形和处理方式

年龄错误的情形，大致有三种情况，与之相应，有三种不同处理方式：

第一，投保人申报的年龄不在保险能够提供保障的年龄范围内。例如，某保险产品保障的年龄范围是15岁～65岁，被保险人真实年龄66岁，便不在此保障范围之内。

法律对这种情况的处理是：保险人可以解除保险合同。同时规定，保险人解除保险合同的，应当退还保险单的现金价值。之所以这样规定的理由是：每种保险产品都有其承保的年龄范围，超出此年龄范围，因被保险人风险过大，保险人认为风险过高而无意承保，或者因基本没有风险，无须保险，保险人也无意设立此种保险。其后保险人知晓被保险人的真实年龄时，应允许保险人解除保险合同，保险人不再承担保险责任。这是合同意思自治原则决定的。现金价值本属投保人所有，故而应予退还。

第二，被保险人真实年龄和申报年龄都在保险的保障范围之内，但因年龄申报错误，导致投保人交付的保险费低于其应付的保险费。例如，某保险产品保障的年龄范围为15岁～65岁，被保险人真实年龄50岁，申报年龄40岁，此时，本应向投保人收取50岁人的保险费，但因投保人申报的年龄错误，只收取了40岁人的保险费，保险人少收了保险费。

法律对这种情况的处理有两种方法：其一，保险人要求投保人补交保险费；其二，若发生保险事故，在支付保险金时，保险人无须全额支付，只需依照投保人实际交付的保险费与其应付保险费的比例给付保险金。两种处理方法，保险人可以任选一种。法律之所以这样规定，其目的在于保持保险合同双方当事人的对价平衡。在投保人本应多交保险费而少交了保险费的情况下，保险人实际承担的危险大于其收取之保险费对应的危险，这对保险人来说是不公平的。为了纠正这种不公平，法律规定了两种措施：要么投保人补交保险费，要么保险人按照实收保险费与应收保险费的比例进行赔付。

第三，被保险人真实年龄和申报年龄都在保险的保障范围之内，但因年龄申报错误，导致投保人交付的保险费多于其应付的保险费。例如，某保险产品保障的年龄范围为15岁～65岁，被保险人真实年龄40岁，申报年龄50岁，此时，本应向投保人收取40岁人的保险费，但因投保人申报的年龄错误，却收取了50岁人的保险费，保险人多收了保险费。

法律对这种情况的处理是：保险人将多收的保险费退还给投保人。法律之所以这样规定，也是出于对价公平原则考虑。投保人多交了保险费，而被保险人得到的保险保障却少于其实交保险费应得到的保障，这对投保人、被保险人来说是不公平的。为了纠正这种不公平，法律要求保险公司将多收的保险费退还投保人。

二、犹豫期条款

犹豫期条款，是指长期人身保险合同中规定的，投保人、被保险人于签收保单后，在一定期间内可以无条件解除保险合同，保险人应退还全额保险费的一种特殊条款。犹豫期条款在我国立法中无明确规定，在保险实务中通常约定为10天。

在人身保险合同中设定犹豫期条款，其目的在于保护投保人、被保险人的利益，让其有充分的时间阅读保单并决定是否投保。投保人在购买人身保险产品时，往往没有充分的时间阅读保险条款，加之人身保险合同的条款具有较强的专业性，因此有必要在合同生效后设定一个特殊期间，使其有机会了解所购买的保险产品，并审慎考虑、最终决定是否确实需要购买该保险产品。

犹豫期内发生保险事故的，由于合同已经生效，保险人应当承担保险责任。犹豫期内投保人、被保险人解除保险合同，其法律后果为，保险人应当全额退还保险费（有些公司收取一定的保险合同工本费），并不再承担保险责任。

三、自杀条款

（一）自杀条款的概念

自杀条款，是指以死亡为给付保险金条件的人身保险合同，自合同成立或复效后一定期限内（通常为2年），如果被保险人自杀的，保险人不予赔付；超过一定期限，保险人应予赔付的条款。我国《保险法》第44条第1款规定："以被保险人死亡为给付保险金条件的合同，自合同成立或者合同效力恢复之日起二年内，被保险人自杀的，保险人不承担给付保险金的责任，但被保险人自杀时为无民事行为能力人的除外。"简单地说，就是在合同成立或复效后2年内自杀的，保险公司不予赔付；在合同成立或复效2年后自杀的，保险人应当赔付。

（二）自杀条款的立法理由

无论是自杀拒赔或者自杀赔付，在法律理论上均有一定的依据。

自杀拒赔的理由主要有以下几方面：（1）保险通常将故意行为作为除外责任，也就是说，对于由被保险人故意行为引起的损害，保险公司不予赔付；（2）自杀拒赔有利于防止保险欺诈；（3）法律不应鼓励自杀。自杀违反自然规律，是社会不提倡的行为。在诸种理由中，对保险公司来说，最重要的是第二个理由，即以自杀条款抑制被保险人的保险欺诈或道德危险行为。

自杀应予赔付的理由通常是：（1）自杀数据已被统计入死亡率中，作为保险人计算费率的依据。（2）自杀的结果是死亡，保险产品如以死亡为给付条件，保险公司应予赔付。（3）为受益人或被保险人的家属利益着想，自杀不应拒赔。投保人或被保险人购买保险，大体是因为担心自己百年之后受益人或家属经济上发生困难，如果对自杀一概不予赔付，势必影响受益人或被保险人家属的生活，违背投保人或被保险人投保的意图。（4）从道义上说，被保险人已经死亡，保险人不应以拒赔方式雪上加霜。

在自杀拒赔与自杀赔付的争论中，最终自杀赔付占了上风，即保险人对自杀通常应当予以赔付。但是，如果自杀一概予以赔付，可能会招致大量的保险诈骗或道德危险，即被保险人在自杀之前购买大额保险以便自杀后诈取保险金。为了解决被保险人诈骗或道德危险的问题，法律上设计了2年的缓冲期，以之判别被保险人购买保险是否意在骗取保险金并减少道德危险。

（三）自杀条款的具体适用

1. 自杀条款适用于以死亡为给付保险金条件的人身保险合同。我国《保险法》将自杀条款规定在"人身保险合同"部分，说明自杀条款仅适用于人身保险合同。同时，规定自杀条款的《保险法》第44条第1款开宗明义地指出其适用范围为"以被保险人死亡为给付保险金条件的合同"，这说明，若非以死亡为给付保险金条件的合同，不适用自杀条款。

2. 被保险人在2年之内自杀的，保险人不承担给付保险金的责任，但应当按照合同约定退还保险单的现金价值。

为何被保险人2年之内自杀，保险人不承担给付保险金的责任？为了防止道德危险，法律以2年的时间来判断被保险人是否骗取保险金。其基本原理是：一般来说，自杀的意图不可能维持2年之久。如果被保险人在订立保险合同时即产生以自杀方式骗取保险金的念头，则这种自杀念头一般会在2年之内实施。2年之外，如被保险人仍未自杀，说明被保险人的自杀意图只是一时冲动，当初订立保险合同时的自杀念头也早已消失。2年后自杀，与其说是订立合同时的自杀意图所致，不如说是新产生的自杀意图所致。故而2年的时间足以判断被保险人当初是否因骗取保险金而订立保险合同。当然，保险人不承担保险责任并不等于不作任何赔付，如果保单具有现金价值，保险人须退还现金价值。

自杀条款的2年期限，从何时开始起算？依照《保险法》的规定，2年的期限自合同成立或者合同效力恢复之日起算。我们分别说明：一般情况下，2年期限从合同成立之日起算，关于合同成立的时点，保险单一般都有明文记载，从该记载时间开始计算2年。特殊情况下，也就是说，如果存在合同效力恢复的情形，则从合同效力恢复之日起计算2年的期限。这是2009年修改《保险法》时新增的规定。举例来说，被保险人张某因未交保险费，合同于2010年10月10日效力中止，后张某与保险公司协商，于2011年5月10日交付保险费，双方约定保险合同效力于5月11日零时恢复，则自杀条款的2年期限自2011年5月11日零时起算。

3. 被保险人在2年之外自杀的，保险人承担给付保险金的责任。我国《保险法》第44条未对被保险人2年之外自杀的情况加以规定，但由其规定“以被保险人死亡为给付保险金条件的合同，自合同成立或者合同效力恢复之日起2年内，被保险人自杀的，保险人不承担给付保险金的责任”可以推知，《保险法》的用意在于规定，2年之后被保险人自杀的，保险人应当赔付。

(四) 自杀条款的适用例外：无行为能力人

自杀条款适用例外，是指在以死亡为给付保险金条件的人身保险合同中，即使被保险人在两年之内自杀，保险人也应当承担保险责任。《保险法》第44条第1款在对自杀条款的内容作了规定之后，紧接着规定：“但被保险人自杀时为无民事行为能力人的除外”。可见，被保险人自杀时为无行为能力人的情况是自杀条款适用的例外。

无行为能力人之所以不适用自杀条款，至少有以下几个方面的原因：(1) 无行为能力人或者心智尚不健全（年龄太小），或者不能辨别自己的行为（精神病人），因此不能判断自己行为所产生的后果，多数情况下属于没有意思能力的情况，因此即使其以自己的行为结束自己的生命，也很难算得上“自杀”。(2) 由于其年龄过小或者精神失常，即使被保险人自杀，也基本不会存在诈取保险金的故意或道德危险，因此，法律不须设置2年的期限来判断其是否存在诈取保险金的故意或道德危险。(3) 虽然社会政策不鼓励自杀，但由被保险人的年龄或精神状态所限，给予无行为能力人保险金，并不会鼓励被保险人自杀，反而是对此种弱小者的一种抚恤或其家人的一种慰藉。

四、犯罪条款

(一) 犯罪条款的概念

犯罪条款，是指人身保险合同中规定的，被保险人在保险保障期间故意犯罪或抗拒依法采取的刑事强制措施导致其伤残或死亡，保险人不承担赔付保险金责任的特殊条款。我国《保险法》第45条对犯罪条款作了明确规定：“因被保险人故意犯罪或者抗拒依法采取的刑事强制措施导致其伤残或者死亡的，保险人不承担给付保险金的责任。投保人已交足二年以上保险费的，保险人应当按照合同约定退还保险单的现金价值。”

(二) 犯罪拒赔的立法理由

故意犯罪拒赔的理由主要有如下三项：(1) 故意犯罪本属“故意”行为，从保险学的角度看，保险人对被保险人的故意行为通常不予赔付。（2）基于“任何人都不得从自己的错误行为中获利”的法律原则。故意犯罪行为或抗拒依法实施之刑事强制措施的行为都属于“错误行为”，如果仍然允许保险赔付，势必违反这一法律原则。（3）基于社会公共政策考虑。故意犯罪行为或抗拒依法实施的强制措施的行为对社会危害巨大，为社会所否定，保险不应赔付。

（三）我国《保险法》中故意犯罪条款的具体适用

1. 被保险人实施犯罪或抗拒行为主观上属于故意。被保险人故意犯罪或抗拒司法，其主观上恶性较大，危害程度和社会评价恶劣，因此，保险人不应予以赔付。而对过失行为来说，毕竟主观上属于无心之失，行为人主观恶性不大，因此，对过失犯罪造成的损失，法律规定保险人应予赔付。

2. 被保险人实施的须是犯罪行为或者抗拒依法采取的刑事强制措施行为。如果被保险人故意犯罪，则不仅应受刑罚处罚，依我国现行法律，其所购买的保险也不受法律保护，保险人不承担给付保险金的责任。但一般的违法行为导致被保险人死亡或伤残的，保险人仍应给付保险金。此外，保险人还可以对被保险人抗拒依法采取的刑事强制措施的行为拒赔。刑事强制措施包括拘传、拘留、取保候审、监视居住、逮捕等。

3. 被保险人故意犯罪或抗拒依法采取的刑事强制措施须导致其伤残或者死亡。这里包括两种结果：一是被保险人伤残，二是被保险人死亡。被保险人的伤残或死亡可能是自己在实施犯罪行为或抗拒强制措施时不小心所致，也可能是被法院执行死刑而死，甚至可能因犯罪同伙的行为致伤、致死。

4. 犯罪条款适用的法律后果是，保险人不承担给付保险金的责任，投保人已交足两年以上保险费的，保险人应当按照合同约定退还保险单的现金价值。保险人对故意犯罪或抗拒强制措施行为为何不承担给付保险金的责任，我们在前面已经讲过，不需多论。本应归被保险人所有的现金价值，保险人应予退还。但是，值得注意的是，此处要求投保人已经交付了2年保险费之后，方能退还现金价值。

第三十七章 财产保险合同

第一节 财产保险合同概述

一、财产保险合同的概念

财产保险是以财产及其有关利益为保险标的的保险，财产保险合同则是以财产及其相关利益为保险标的的保险合同。具体来说，财产保险合同是指投保人与保险人订立的，由投保人向保险人交付保险费，在约定的保险事故发生时，由保险人对被保险人遭受的损失予以赔偿的保险合同。

二、财产保险合同的分类

依据不同的标准，可以对财产保险合同作不同的分类。例如，依据法律、法规是否要求投保人订立合同，可以将财产保险合同分为强制性财产保险合同和自愿性财产保险合同；依据保险风险分布的空间不同，可以将财产保险合同分为海上保险合同和陆上保险合同；依据保险标的的不同，可以将财产保险合同分为财产损失保险合同、责任保险合同、信用保险合同、保证保险合同等。我国《保险法》第 95 条第 1 款第 2 项规定："财产保险业务，包括财产损失保险、责任保险、信用保险、保证保险等保险业务"。下面将依保险标的标准对财产保险合同予以分类：

(一) 财产损失保险合同

财产损失保险合同是以补偿财产的损失为目的的保险合同。财产损失保险合同是最典型、最具有代表性的保险合同，其标的是以特定物形式存在且能以一定价值尺度进行衡量的有形财产。无形财产及财产权利一般不能成为财产损失保险合同的保险标的。财产损失保险中的"损失"仅指直接损失，即因作为保险标的的有形财产毁损、灭失所造成的损失。

在保险实务中，财产损失保险合同又可以分为数类：(1) 企业财产保险合同，是指以国家、企事业单位、人民团体等所有或者经营的财产为保险标的的保险合同；(2) 家庭财产保险合同，是指以家庭或者公民个人所有的财产为保险标的的保险合同；(3) 运输工具保险合同，是指以船舶、飞机、机动车等运输工具为保险标的的保险合同；(4) 其他财产损失保险合同，如房屋保险、建筑安装工程保险等。

对财产损失保险合同，需要特别注意的是，在发生保险事故后，被保险人因对保险标的进行施救而产生的必要的、合理的费用由保险人承担，但保险人承担的施救费用，最高不超过保险合同约定的保险金额。我国《保险法》第57条第2款规定：“保险事故发生后，被保险人为防止或者减少保险标的的损失所支付的必要的、合理的费用，由保险人承担；保险人所承担的费用数额在保险标的的损失赔偿金额以外另行计算，最高不超过保险金额的数额。”

（二）责任保险合同

责任保险合同，是指以被保险人对第三人所负的赔偿责任为保险标的的财产保险合同。责任保险合同的保险标的是被保险人对第三者依法应当承担的责任，这种责任既可以是侵权责任，也可以是合同责任。由于被保险人须对他人承担责任，且责任承担一般以金钱的形式出现，故而责任的承担最终以被保险人的金钱损失为结果，保险人承保的虽曰“责任”，实质上还是金钱的损失。

在保险实务中，责任保险合同一般可以分为以下四类：(1) 雇主责任保险合同：是以雇主对雇员在雇佣期间受人身伤亡所承担责任为保险标的的责任保险合同。(2) 公众责任保险合同：是以被保险人对社会公众造成人身或财产损失所承担的责任为保险标的的责任保险合同。(3) 产品责任保险：是以被保险人因其产品质量缺陷对他人造成人身或财产损害所承担的责任为保险标的的责任保险合同。(4) 职业责任保险合同：是以被保险人因其职业工作过失造成他人人身或财产损失所承担的责任为保险标的的责任保险合同。

责任保险合同需要注意的问题是被保险人的法律费用问题。在责任保险中，由于被保险人造成第三人的财产或人身损失，被保险人与第三人之间可能产生法律纠纷，被保险人因此纠纷产生的必要的、合理的法律费用，除合同另有约定外，由保险人承担。我国《保险法》第66条规定：“责任保险的被保险人因给第三者造成损害的保险事故而被提起仲裁或者诉讼的，被保险人支付的仲裁或者诉讼费用以及其他必要的、合理的费用，除合同另有约定外，由保险人承担。”

（三）信用保险合同

信用保险合同，是指被保险人向债务人提供信用贷款或者借贷赊销，因债务人未能履行债务致使被保险人遭受损失时，由保险人向被保险人承担保险赔偿责任的保险合同。

信用保险合同一般可以作如下分类：(1) 出口信用保险合同：是指在本国出口企业和金融机构从事产品外销或对外贷款业务活动中，债务人不履行合同义务时，由保险人对债权人的经济损失给予保险赔偿的财产保险合同。(2) 投资信用保险合同：又称政治风险保险合同，是指投保人（海外投资商）向保险人所在国投资经营，因政治原因造成经济损失时，由保险人依合同约定给予赔偿的财产保险合同。(3) 国内商业信用保险合同：是指国内的商品出卖人或贷款人因商品买受人或借款人的信用风险，致使货款或贷款无法收回时，由保险人依照合同约定给予赔偿的财产保险合同。

（四）保证保险合同

保证保险合同，是指保险人作为被保险人的保证人向被保险人的权利人提供担保，如果被保险人因其作为或不作为的行为导致其权利人遭受经济损失，保险人对此损失承担保险赔偿责任的财产保险合同。保证保险合同一般分为两类：诚实保证保险合同和确实保证保险合同。

(1) 诚实保证保险合同：又称雇员忠诚保证保险合同、信用保证保险合同，是指因被保证人（雇员）行为不诚实或者疏于职守给权利人（雇主）造成经济损失时，由保险人（即保证人）给予赔偿的财产保险合同。

(2) 确实保证保险合同：是指被保险人不履行其法律或者合同义务给权利人造成损失时，由保险人负责赔偿的财产保险合同。例如，在分期付款购车合同中，购车人须按期向银行偿还贷款，银行是权利人，购车人是义务人，负有合同约定的按期还款义务。银行在同意向购车人提供贷款时，一般都要求购车人购买分期付款购车还款保证保险，即由保险人向银行作出保证，当购车人不按期还款造成银行损失时，保险人负责赔偿。购车人既是投保人，又是被保险人（被保证人），保险人实际上居于保证人的地位，银行只是一个权利人。被保险人（被保证人）不履行按期还款义务，造成银行损失时，由保险人负责赔偿。因此，分期付款购车还款保证保险合同属于典型的确实保证保险合同。

三、财产保险合同的特征

1. 财产保险合同的保险标的是财产及其相关利益。与人身保险合同的标的是人之寿命与身体不同，财产保险合同的标的是财产及其相关利益。此处的“财产”，一般是指有形的动产或者不动产，“相关利益”是指基于财产而产生的利益，包括现有利益与期待利益。

2. 财产保险合同是典型的补偿性保险合同。与人身保险合同的给付性相比，财产保险合同是典型的补偿性保险合同。一般来说，财产保险合同中，保险人的赔偿金额以保险标的在保险事故中的实际损失为限，被保险人损失多少，保险人就补偿多少，不允许超过实际损失数额。不过，在财产保险中也有一些定值保险合同，例如古玩、字画的保险，由于其实际价值较难确定，因此采取了定值给付的形式。

3. 财产保险合同一般不具有储蓄性。与人身保险合同的储蓄性相比，财产保险一般仅具有保障性，而不具有储蓄性。基于这一特征，财产保险合同的解除与人身保险合同的解除有所不同：在人身保险合同中，部分保险合同除具有保障性之外，还具有储蓄性，保险合同解除时，由于保单具有储蓄性的现金价值，故而保险人应当退还保单的现金价值。在财产保险合同中，由于不具有储蓄性，因此保险合同解除时，仅退还未满期保险费，无现金价值退还的说法。

4. 财产保险合同一般期限较短。与部分人身保险合同的长期性相比，财产保险合同的期限一般较短。财产保险合同以1年期合同较多，有的财产保险合同仅保障几个月、数天甚至数小时。但人身保险财产，特别是人寿保险财产的期限一般较长。但也有极少数财产保险合同期限较长，如大型工程保险可能为时两年之久，不过，财产保险合同的期限，无论如何也不能与人寿保险合同可达20年甚至30年相比。

第二节 足额保险、不足额保险与超额保险

一、保险金额与保险价值之关系

(一) 保险金额

保险金额，是指保险人承担赔偿或者给付保险金责任的最高限额（《保险法》第18条第4款）。为控制保险企业自身的经营风险，保险人应于订立保险合同之前确定保险金额，以便决定发生保险事故时保险赔付的最高数额，避免赔偿数额过大引起自身的损失。

保险金额的功能有二：其一，限制保险给付的最高数额。订立保险合同后发生保险事故的，无论如何，保险人的赔偿以保险金额为最高限额。当然，此处的最高限额不包括必

要的、合理的施救费用和法律费用，我国《保险法》第 57 条第 2 款和第 66 条要求保险公司在保险金额之外承担该两部分费用的支出义务。其二，判断足额保险、不足额保险与超额保险。通过保险标的与保险价值的比较，可以确定该保险属于足额保险、不足额保险还是超额保险。

（二）保险价值

保险价值，又称保险价额，是指被保险人对保险标的所拥有之保险利益的金钱价值。保险价值的概念一般出现于补偿性保险合同中。由于补偿性保险合同以补偿被保险人的实际损失为原则，故而必须确定被保险人的损失，从某种意义上说，这一损失就是被保险人对保险标的的保险价值。在给付性保险合同中，例如在绝大多数人身保险合同中，由于人身具有不可估计性，无法对人身作出金钱估价，因此不存在保险价值的说法。

保险价值的功能有二：其一，与保险金额比较以判断足额保险、不足额保险以及超额保险。其二，是确定保险金额的基础。一般来说，在签订保险合同前，保险人根据投保人提供的保险标的的相关信息，或者实地考察保险标的的相关情况，对保险标的的实际价值加以估量，在此基础上，确定对保险标的的最高赔偿限额。缺乏对保险价值的考察，则无法确定保险金额。

（三）保险金额与保险价值之关系

保险金额与保险价值均和保险标的有关，均是以金钱的方式衡量保险标的的价值：保险价值是确定保险金额的基础，保险金额实际上是对保险标的的保险价值的初步估计。二者存在一定的差别：

(1) 保险价值是保险标的本身的价值，特别是发生保险事故时保险标的本身的价值。但保险金额并非保险标的本身的价值，而是保险合同双方约定的以保险价值为基础的最高赔偿限额。其可能高于保险价值，也可能低于保险价值。

(2) 保险价值可以在保险合同订立时确定，也可以在保险事故发生后确定，而保险金额必须在订立保险合同时确定。定值保险的保险价值在保险合同签订时确定，不定值保险的保险价值在保险事故发生后确定，而所有的保险合同都必须在订立合同时确定保险金额。

(3) 各类保险合同都必须写明保险金额，但不是所有的保险价值都在保险合同中写明。在定值保险合同中，保险双方应当在合同中写明保险金额与保险价值。但在不定值保险合同中，仅写入保险金额，不写入保险价值。我国《保险法》第 18 条第 1 款将保险金额作为保险合同的基本条款，但未将保险价值作为保险合同的基本条款。

二、足额保险

足额保险，又称等值保险，是指保险价值与保险金额的数额相等的保险。由于保险金额在保险合同中已经写明，因此，足额保险的判断，关键在于保险价值的确定。由于保险价值的确定方法在定值保险和不定值保险中有所不同，故而判断定值保险中的足额保险与不定值保险中的足额保险亦有不同。

在定值保险中，若保险双方约定的保险金额与保险价值相同，即为足额保险。例如，在某一字画保险中，设定的保险金额和保险价值均为 50 万元，则此保险为足额保险。我国《保险法》第 55 条第 1 款规定：“投保人和保险人约定保险标的的保险价值并在合同中载明的，保险标的发生损失时，以约定的保险价值为赔偿计算标准。”此处所指的保险价值，即为定值保险的保险价值。在不定值保险中，如果保险双方约定的保险金额与发生保险事故时保险标的的实际价值相等，则为足额保险。例如，某房屋保险的保险金额约定为200万元，发生保险事故时，该房屋市价为200万元，则为足额保险。我国《保险法》第55条第2款规定："投保人和保险人未约定保险标的的保险价值的，保险标的发生损失时，以保险事故发生时保险标的的实际价值为赔偿计算标准。"此处所指的保险价值，即为不定值保险的保险价值。

发生保险事故时，保险人对足额保险的赔付，应按以下方法处理：（1）当保险标的发生全损或推定全损时，原则上保险人按照保险价值予以赔付。例如，在上述字画保险中，当字画全损时，由于保险金额与保险价值相等，保险人应当赔偿确定的保险金额50万元。（2）当保险标的发生部分损失时，应依照"毁损灭失价值"占"约定价值"的比例，计算保险人应该赔付的保险金。例如，上述房屋保险中，若房屋价值损失一半，则保险人应当赔偿100万元。

三、不足额保险

不足额保险，又称部分保险，是指保险金额低于保险价值的保险。由于保险价值的确定在定值保险与不定值保险中有所不同，故不足额保险在定值保险与不定值保险中亦有不同。

在定值保险中，不足额保险是指保险双方约定的保险金额低于双方约定的保险价值的保险。例如，投保人投保玉石保险，双方约定的保险金额为200万元，保险价值却约定为300万元。在不定值保险中，不足额保险是指保险双方约定的保险金额小于保险事故发生时保险标的物的实际价值。例如，投保人为房屋投保，保险金额约定为20万元，但发生保险事故后，经勘查确定事故当时房屋价值40万元。

发生保险事故时，保险人对不足额保险的赔付，应按以下方法处理：（1）若保险标的发生全损或者推定全损，由于保险金额低于保险价值，保险人应依照约定的保险金额全额赔付。例如，在上例玉石保险中，发生全损事故，保险人应赔付约定的保险金额200万元。（2）若保险标的发生部分损失，保险人按照保险金额与保险价值的比例承担责任，即保险人实际赔偿的金额等于被保险人的实际损失乘以保险金额与保险价值的比例。我国《保险法》第55条第4款规定："保险金额低于保险价值的，除合同另有约定外，保险人按照保险金额与保险价值的比例承担赔偿保险金的责任。"所指正是这种情况。例如，在上述房屋保险中，若发生保险事故后被保险人的实际损失为10万元，则保险人应当赔付5万元。

四、超额保险

超额保险，是指保险合同约定的保险金额超过保险价值的保险。由于保险价值的确定方法不同，超额保险在定值保险和不定值保险中亦有不同。

在定值保险中，超额保险是指保险金额大于保险双方订约时约定的保险价值。尽管理论上双方当事人约定的保险金额可能超过保险价值，但保险人作为专业的保险经营机构，几乎不可能在定值保险合同中约定高于保险价值的保险金额，因此，定值保险中的超额保险在实践中颇为罕见。在不定值保险中，超额保险是指保险合同约定的保险金额超过保险标的于发生保险事故时的实际价值的保险。由于保险价值在发生保险事故后才能确定，订约时可能出现约定的保险金额过高的情形，故而不定值保险中的超额保险现象较为常见。

关于超额保险的法律后果，我国规定为：（1）保险合同部分无效。保险金额超过保险价值的部分无效，但保险合同的其余部分有效。这意味着，如果保险标的发生全损，保险人应当依照保险价值全额赔付，而不是依照保险金额全额赔付；如果保险标的发生部分损失，此时保险标的的实际损失小于保险价值，保险人应当按照该实际损失予以赔付。（2）保险人应当退还保险金额超过保险价值部分的保险费。保险费与保险金额直接相关，保险金额高则保险费收取较多，保险金额超过保险价值时，超过的部分无效，说明保险人不应就保险金额超过保险价值的部分收取保险费，如果已经收取，应当退还。我国《保险法》第55条第3款规定："保险金额不得超过保险价值。超过保险价值的，超过部分无效，保险人应当退还相应的保险费。"

我国关于超额保险的规定过于简单，没有区分善意超额保险与恶意超额保险的情况。在瑞士、法国等国家，如果投保人出于不当得利的目的投保超额保险，其主观上属于恶意，则保险合同全部无效；如果主观上出于善意，则保险金额超过保险价值部分无效，且投保人可以请求减少保险金额和保险费。我国台湾地区"保险法"第76条则规定："保险金额超过保险标的价值之契约，系由当事人一方之诈欺而订立者，他方得解除契约。如有损失，并得请求赔偿。无诈欺情事者，除定值保险外，其契约仅于保险标的价值之限度内为有效。无诈欺情事之保险契约，经当事人一方将超过价值之事实通知他方后，保险金额及保险费，均应按照保险标的之价值比例减少。"

第三节　重复保险

一、重复保险的概念

重复保险，是指投保人对同一保险标的、同一保险利益、同一保险事故分别与两个以上保险人订立保险合同，且保险金额总和超过保险价值的保险（《保险法》第56条第4款）。对统一标的投保同一险种，可能因保险金额超过保险价值而违反保险合同法的损失补偿原则，因此，各国保险法对重复保险均有规范。

重复保险有广义与狭义之分。广义的重复保险，是指投保人对同一保险标的、同一保险利益、同一保险事故分别与两个以上保险人订立保险合同。包括两种情形：（1）数个保险合同的保险金总额超过保险价值；（2）数个保险合同的保险金总额低于保险价值。我国2009年修订前的《保险法》所规定的正是广义的重复保险。狭义的重复保险，仅指上述两种情形中的前一种情形，即数个保险合同的保险金总额超过保险价值的情形。至于后一种情形，由于数个保险的保险金总额并未超过保险价值，保障未超过被保险人的实际需要，因此不被视为违反损失补偿原则的重复保险加以规制。我国2009年修改后的《保险法》采取狭义的重复保险的概念。

关于重复保险的适用范围存在争议。有学者认为，重复保险制度可以适用于人身保险合同，而且对任何险种均可以适用；有学者认为，重复保险制度可以适用于财产保险合同和健康保险合同、伤害保险合同及丧葬费保险合同；也有学者认为重复保险制度可以适用于财产保险合同和生存保险合同、以他人为被保险人的死亡保险合同中受益人与被保险人有经济上的利害关系的保险合同、健康保险合同及伤害保险合同中涉及残疾与医疗给付的保险合同；还有学者认为适用于投保人基于对被保险人的经济上保险利益而投保的死亡保险合同，例如，信用寿险合同、限额型医疗费用保险合同和限额型失能给付保险合同。我国《保险法》将重复保险置于"财产保险合同"一节之下，从立法论上应解释为重复保险制度仅适用于财产保险合同。但是，如在损失补偿原则中所提及的，人身保险合同中已有部分属于补偿性保险合同，在这些补偿性人身保险合同中，重复保险制度亦可适用。例如，住院医疗保险合同属于补偿性保险合同，如果投保人就同一被保险人、同一保险利益、同一保险事故分别与两个以上保险人订立两个住院医疗保险合同，则可以适用重复保险制度。

二、重复保险的立法目的

重复保险的立法目的主要是防止不当得利、控制道德危险，以及防止对保险制度本身的破坏。

1. 防止不当得利

如果法律制度允许重复保险存在，则意味着投保人可以对同一保险利益投保不计其数的保险，保险金额可以任意超过被保险人的实际损失。发生保险事故后，所有保险人均须按照保险合同予以赔付，被保险人实际获得超额赔偿。而财产保险本身以保障为目的，不具有投资功能，故而，被保险人获得的超过其实际损失的价值实为不当得利，此种不当得利与财产保险的制度设计相违背。

2. 控制道德危险

如上所述，重复保险可能使保险金额超过被保险人的实际损失，被保险人因此获得不当得利。如果不当得利的数额较大，这一利益将引诱投保人或被保险人破坏保险标的以获取重复保险赔款的不当得利。如此，重复保险本身成为诱发保险事故的原因，即所谓之道德危险。重复保险制度的设计有助于杜绝道德危险行为的发生。

三、重复保险的构成要件

重复保险的构成要件包括以下六个方面：

1. 同一保险标的

重复保险的数个保险合同的保险标的必须同一，如果各保险合同的保险标的不同，发生保险事故时各保险标的均有损失，不可能构成损失的重复赔付，也就不会出现重复保险。

2. 同一保险利益

即使数个保险合同针对同一保险标的，如果投保人没有同一保险利益，也不能构成重复保险。例如，张某对其房屋享有保险利益，以其房屋所有权投保，而李某对该房屋享有抵押权，以其房屋抵押权投保，这两个保险不构成重复保险，因为张某与李某对该房屋的保险利益不同。故而，重复保险必须是投保人对同一保险标的具有同一保险利益。

3. 同一保险事故

重复保险合同中保障的保险事故必须是同一的，如果保险事故不同，则不构成重复保险事故。例如，张某就其房屋分别向两个保险公司投保了火灾保险和洪灾保险，则因两个保险合同保障的并非同一事故，该两个保险合同并非重复保险。

4. 与两个以上的保险人订立两个以上的保险合同

重复保险之所以称为“重复”，乃是因为具有两个以上的保险。如果投保人仅与一个保险人就同一保险标的、同一保险利益、同一保险事故订立了两个以上的保险合同，可能构成超额保险，但并非重复保险。如果投保人与两个以上的保险人订立同一保险合同，而不是两个以上的保险合同，则可能构成共同保险合同，亦非重复保险。

5. 保险期间具有重叠性

如果保险期间不重叠，即投保人就同一保险标的、同一保险利益向两个保险人投保了保障不同期间的保险，则这两个保险不构成重复保险。重复保险的期间重复分为同时重复险和异时重复两种情形：同时重复是指保险期间是指两个以上的保险合同的保险起讫时点完全相同；异时重复是指两个以上的保险合同的保险起讫时点不同，但期间中有部分重合。实践中异时重复较之同时重复较为多见。同时须注意的是，重复保险的重复是指“责任期间”的重复，并非保险合同“成立期间”的重叠。

6. 保险金额总和超过保险价值

保险金额总和若未超过保险价值，虽在广义上也称为重复保险，但与我国《保险法》第56条第4款规定的狭义重复保险有所出入。在我国保险法上，数个保险合同的保险金额总和必须超过保险标的本身的保险价值。例如，投保人订立了两个保险合同，两个合同保险金额均为10万元，但保险标的的价值为25万元，这两个保险合同不构成我国保险法意义上的重复保险。

四、重复保险的通知义务

投保人在就同一保险标的、同一保险利益同时投保时，应当告知保险人相关重复保险的相关情况。我国《保险法》第56条第1款规定：“重复保险的投保人应当将重复保险的有关情况通知各保险人。”

法律之所以要求投保人将重复保险的相关情况通知保险人，其意在于实现重复保险的立法目的，即避免被保险人获得不当得利，避免道德危险。重复投保的情况，只有投保人最了解，如果投保人不将重复保险的相关情况告知保险人，则保险人无法知道其承保的保险出现重复的情况，因此法律规定该义务由投保人承担。

至于投保人通知的内容，我国保险法没有明确规定，其他国家或地区的规定各有不同。有的规定较为具体，例如，我国台湾地区规定投保人应当将其他保险人的名称和保险金额通知保险人；有的规定较为原则，例如韩国仅规定投保人应将重复保险的相关情况通知保险人即可。我们认为，投保人只需将其已就同一保险标的、同一保险利益、同一保险事故向其他保险公司投保，该保险的保险期间如何、保险金额的多少告知保险人即可。

投保人未就重复保险的相关情况通知保险人的法律后果如何，我国亦未在《保险法》中规定。其他国家或地区的规定可供我国借鉴。我国台湾地区“保险法”第37条规定：“要保人故意不为前条之通知，或意图不当得利而为重复保险者，其契约无效”；我国澳门地区《商法典》第1002条第2款规定：“如被保险人恶意不作出通知，所有保险人均不承担支付赔偿责任”；《意大利民法典》第1910条规定：“如果被保险人对发出通知有恶意懈怠，诸保险人不承担支付保险金的责任。”

五、重复保险的法律后果

（一）重复保险的赔偿原则

（1）优先赔偿原则。在这种原则下，如果各保险合同的订立次序有先有后，则认定订立在先的保险合同先承担责任，直到全部用尽其保险金额时，才由订立在后的保险合同负补充责任。也就是说，被保险人必须先向订立在先的保险合同的保险人索赔，只有在仍不能弥补全部损失的情况下，才可以向订立在后的保险合同的保险人索赔。

(2) 连带赔偿原则。在这种原则下，保险事故发生后，被保险人可以按照自己的意愿选择一个或数个保险人进行部分或者全部的索赔，每一保险人均对被保险人负全部赔偿责任，各保险人之间承担连带责任。同时，为了防止某些保险人可能获得不当得利，采取连带赔偿主义的国家和地区一般都规定，各保险人有权按照一定的比例，就自己多支付的部分，向其他保险人追偿。这种立法模式视各保险人为被保险人的连带债务人，给予被保险人更大的索赔自由度，对于被保险人一方利益的保护最为周全。而对保险人来说，所负责任过于重大，一旦承担了连带的垫付责任，还要向其他保险人进行追偿，存在一定的风险和成本。

(3) 按份赔偿原则。在这种立法模式下，不论各保险合同是同时成立还是异时成立，各保险人仅按照一定的比例，承担赔偿责任，对于超过这个比例的部分，不负连带赔偿责任。我国《保险法》采取了这一原则。

(二) 重复保险的分摊规则

在上述赔偿原则下，都存在各保险人之间的赔偿数额分摊问题，世界立法出现了下列几种分摊方法：

1. 最大责任分摊法

最大责任分摊法，是指各保险人按照自己保单承保的保险金额与所有重复保险保单承保的保险金额的比例分摊责任，某一保险人最终承担的赔偿数额等于实际损失金额与该比例的乘积。公式为：

$$\text{某张保单应当分摊的赔款}=\text{实际损失金额}\times\frac{\text{该张保单的保险金额}}{\text{各保单保险金额的总和}}$$

2. 独立责任分摊法

独立责任分摊法，是指在不考虑重复保险的情况下，各保险人依据各自保险合同实际应承担的赔偿金额与所有重复保险保单应赔偿的保险金总额的比例分摊，各保险人实际赔偿的数额为实际损失金额与该比例的乘积。公式为：

$$\text{某张保单应当分摊的赔款}=\text{实际损失金额}\times\frac{\text{该张保单实际应承担的赔款}}{\text{各保单实际应承担的赔款总和}}$$

3. 共同责任分摊法

共同责任分摊法，又称“双重责任分摊法”，即计算赔偿数额时，首先将投保的价值分为两个部分：一部分为各保险人均承保的最低价值，其数额为各重复保险保单中的最低承保金额，该金额一般少于保险价值，这部分保险金额由各保险人平均分摊。另一部分为各保险承保的超过第一部分价值的数额，这部分价值由承担了较高保险责任的保险人承担。例如，投保人就其别墅分别向 A、B 两家保险公司投保，保险金额分别为 600 万元和 400 万元，房屋保险价值为 600 万元。后房屋因火灾而全损，如果按照“共同责任分摊法”来计算，则先在双方重合的保险金额部分平均分摊，A、B 各承担 200 万元，剩余的 200 万元由 A 公司单独承担，即 A 公司一共承担 400 万元，B 公司承担 200 万元。“共同责任分摊法”在各国立法中较为少见。

4. 平均分摊法

平均分摊法，是指每一保单承担与其他保单相同的损失份额，直到损失得到全部补偿或者保险金额用尽为止。责任保险经常采用这种分摊方式。例如，有 A、B、C 三张责任险保单，责任限额分别为 20 万元、60 万元和 100 万元，索赔金额为 160 万元，则根据“平均分摊法”，各张保单的损失金额分摊如下：

责任限额	第一次分配	第二次分配	第三次分配	总 计
A：10 万元	20 万元	—	—	20 万元
B：30 万元	20 万元	40 万元	—	60 万元
C：50 万元	20 万元	40 万元	20 万元	80 万元

（三）我国重复保险的法律后果

1. 在赔偿原则和分摊规则上，我国采取了按份赔偿原则和最大责任分摊法。我国《保险法》第 56 条第 2 款规定："除合同另有约定外，各保险人按照其保险金额与保险金额总和的比例承担赔偿保险金的责任。"亦即，在赔偿原则上，我国《保险法》要求各保险人按照一定比例承担赔偿责任，各保险人之间不承担连带责任，且在先成立的保险合同与在后成立的保险合同不受合同成立顺序影响。在分摊规则上，我国以各保单承保的保险金额的比例作为分摊比例，即：

$$\text{某保险人实际赔偿的金额}=\text{被保险人实际损失金额}\times\frac{\text{该保险人签发的保单确定的保险金额}}{\text{所有重复保险保单保险金额的总和}}$$

2. 在保险费退还问题上，各保险人应退还其就保险金额总和超过保险价值的部分所收取的保险费。依上述分摊原则，各保险人按照其保险金额与保险金额总和的比例承担赔偿保险金的责任。在此种赔付原则下，保险人收取了保险标的的全部保险费，但仅就保险标的损失部分的比例承担保险责任，为了公平起见，我国保险法要求保险人将未承担责任部分的保险费退还投保人，各保险人退还保险费的总金额，即各保险人就保险金额总和超过保险价值的部分所收取的保险费。

第四节　保险代位

保险代位，是指在财产保险中，由于发生保险事故，致使保险标的发生推定全损，保险人依照合同约定履行全部赔付义务后，依法取得对保险标的的所有权；或者在保险标的的损失由第三人造成的情况下，保险人对被保险人赔付之后，依法取得代被保险人之位向负有责任的第三方追偿的权利。保险代位是损失补偿原则派生的制度，内容包括物上代位和权利代位两个方面。

一、物上代位

（一）物上代位的概念

物上代位，是指财产保险的保险标的遭受保险责任范围内的推定全损，保险人依照保险合同全额赔付后，依法取得对该保险标的的所有权。

（二）物上代位产生的前提

物上代位产生的前提是保险标的推定全损。所谓推定全损，是指保险标的遭受保险事故尚未达到完全损毁或完全灭失的状态，但实际全损已不可避免，或者修复和施救费用将超过保险价值，或者失踪达一定时间，保险人按照全损处理的一种推定性的损失。推定全损的损失虽可以推定为完全损失，但有时可能出现标的物残存的情形，例如在修复和施救费用超过保险价值的情况下，保险标的可能仍有一定的价值；保险标的在失踪的情况下，亦可能在未来某一时间出现。在此种情形下，保险人在支付全部赔款后，可以获得保险标的的所有权。

（三）物上代位的功能

保险法之所以规定物上代位，是因为该制度可以防止被保险人不当得利、提升保险的赔付能力，甚至降低保险费水平。下文将详细阐述。

（四）物上代位的行使规则

1. 足额保险物上代位的行使规则

在足额保险情况下，如果发生保险事故后，保险人已经支付了全部保险赔款，则保险标的的所有权归于保险人。其原理在于，保险人已经支付了保险赔款，被保险人的损失获得弥补，如果保险标的所有权仍归被保险人所有，则其可能构成不当得利，保险人取得保险标的的所有权，有利于保障的加强，因此，保险标的所有权应归保险人所有。我国《保险法》第59条规定："保险事故发生后，保险人已支付了全部保险金额，并且保险金额等于保险价值的，受损保险标的的全部权利归于保险人。"

2. 不足额保险物上代位的行使规则

在不足额保险情况下，如果发生保险事故后，保险人按照约定支付了保险赔款，则保险人取得部分保险标的的物所有权，其份额为保险金额与保险价值的比例。在这种情况下，依照不足额保险赔付的相关规定，保险人仅赔付了部分损失，赔付份额为保险金额与保险价值的比例，剩余部分则由被保险人自己承担，保险人只能取得自己已赔偿部分的所有权，与被保险人就保险标的形成共有关系。不过，实务中，由于保险标的的不可分性，保险人在取得部分所有权后，一般通过合同约定将其对保险标的的部分所有权折价处理给被保险人，并在保险赔偿金中作相应扣除。我国《保险法》第59条规定："保险金额低于保险价值的，保险人按照保险金额与保险价值的比例取得受损保险标的的部分权利。"

不过，在海上保险中，保险人物上代位权的取得是通过委付实现的。所谓委付是指保险事故发生后，保险标的出现推定全损时，投保人或被保险人将保险标的的一切权益转移给保险人，然后请求保险人按保险金额全额予以赔付的行为。在委付制度中，投保人或被保险人的行为是一种完全放弃物权的行为。

二、权利代位

（一）权利代位的概念

权利代位，又称"代位求偿"，是指在财产保险中，保险标的因第三者责任发生保险事故，保险人在向被保险人支付保险赔款后，依法替代被保险人之位取得向第三者追偿的权利。例如，A将自己的汽车向B保险公司投保车辆损失险，在保险期限内，A的汽车因第三人C的酒后驾车行为遭受损失，交警认定C承担全部责任。A要求B保险公司赔偿，B保险公司依照保险合同赔偿后，在其赔偿数额范围内取代A的位置向C追偿。

权利代位与物上代位有所不同：（1）权利代位的保险标的的损失是由第三者责任引起的，物上代位可能因意外事故、不可抗力等引起，或因被保险人自己的过失行为引起。（2）保险人通过权利代位取得的是追偿权，而通过物上代位取得的是保险标的的所有权。

（二）代位求偿权的功能

1. 坚持补偿原则，避免被保险人获得双重补偿

在保险标的因第三者的原因造成损失后，被保险人享有双重权利：第一，针对第三者的损害赔偿请求权；第二，依照保险合同要求保险人赔付的权利。这两个权利之间并无关联性。如果允许被保险人行使双重权利，则被保险人将获得双重补偿，其数额可能超过被保险人的实际损失，而这与财产保险坚持的损失补偿原则相违背。

2. 控制道德危险

在被保险人享有双重权利时，其获得的赔偿数额将超过实际损失。如果允许这样的状况存在，就可能出现被保险人与第三人合谋制造保险事故的道德危险。代位追偿制度坚持向第三人追偿，使得第三人没有与被保险人合谋制造保险事故的动因，因此，在某种程度上说，代位追偿制度具有控制道德危险的功能。

3. 避免第三人逃脱法律责任

在第三人造成保险标的损失的情况下，倘若被保险人从保险人处获得完全补偿，为避免麻烦，有些被保险人可能放弃对第三人的赔偿请求权，如果不赋予保险人对第三人的代位追偿权，则第三人将脱逃法律责任。而在保险人已经就保险事故予以赔付，且其具有专门机构从事追偿职责时，保险人有充分的动力向第三人追偿。如此，代位追偿起到了避免第三人逃脱法律责任的作用。

4. 减少保险赔付负担，降低整体保险费水平

通过代位追偿，保险人对被保险人的赔付可以获得部分甚至全部的补偿，本质上减少了保险人的赔偿负担。此外，代位追偿使保险人获得了一定的补偿，充足了保险资金，被保险人的保险费水平也可能因保险团体的资金充盈而降低。同时，代位追偿制度有利于充足保险资金，可以缓减保险经营的财务危机，有利于保险业的发展。

（三）代位追偿的法律性质

代位求偿权的本质是法定的权利转移。

1. 代位求偿权的权利转移性质

代位求偿权本质上是一种权利转移，即原本属于被保险人的权利，转移由保险人行使。在第三人损害保险标的的情况下，被保险人享有对第三人的损害赔偿请求权。保险人本身不享有对第三人的任何权利，其之所以有权向第三人追偿，是继受被保险人对第三人的损害赔偿请求权，即被保险人向保险人移转了其对第三人的权利。需要注意的是，保险人行使代位求偿权，应以自己的名义进行，而非以被保险人名义进行。

保险人的代位求偿权与普通债权转让有所不同：（1）保险人代位求偿制度的目的是避免被保险人不当得利和防止责任人逃避责任，而普通债权转让是债权人实现债权的一种方式；（2）保险人代位求偿制度具有法定性，而普通债权转让体现当事人意思自治原则，具有意定性；（3）保险人代位求偿权的行使无须通知债务人，而普通债权转让必须通知债务人，否则，转让无效。

保险人的代位求偿权与债的保全制度中债权人代位权亦有所区别：（1）合同法上的代位权产生的基础是代位权人对合同对方当事人享有债权，而保险人代位求偿的基础是保险人对保险合同对方当事人即被保险人负有给付保险金义务。（2）合同法上的代位权制度中，权利主体并没有变更，只是行使权利的主体发生了改变，代位权人行使的权利仍然属于被代位人；保险人代位求偿制度则是权利主体发生变更，保险人行使自己享有的权利。

(3) 债权人代位权行使的条件是债务人怠于行使权利，危及债权人的利益；而保险人代位求偿权行使的前提是保险人作出赔付和第三人负有责任。(4) 债权人代位权必须通过向法院提起代位权诉讼的途径实现；保险人代位求偿权既可以通过诉讼途径实现，也可以通过非诉讼途径实现。

2. 代位求偿权的法定性

权利的取得，可以分为两种方式：约定方式与法定方式。保险人对第三人的代位求偿权属于法定取得方式：保险人在对被保险人赔付以后，自动取得对第三人的代位追偿权，不需以合同的形式获得转让。我国《保险法》第 60 条第 1 款规定："因第三者对保险标的的损害而造成保险事故的，保险人自向被保险人赔偿保险金之日起，在赔偿金额范围内代位行使被保险人对第三者请求赔偿的权利。"这是保险人代位求偿权法定性的法律依据。不过，在实践中，保险人在支付保险赔款后，通常要求被保险人出具权益转让书，权益转让书能够起到确认保险赔款的数额和时间的作用，也能够确认保险人行使代位追偿权的最高数额。但实际上，由于《保险法》第 60 条第 1 款的存在，理论上可以不签订权益转让书。

(四) 代位追偿权的行使前提

保险人行使代位追偿权的前提是第三人对保险标的造成损害，如果保险标的的损害是由于被保险人的过失造成的，或者由于不可抗力造成的，则保险人不享有代位追偿权。我国保险法规定的"因第三人对保险标的的损害造成保险事故"大致可以分为以下三个方面：

(1) 第三人因侵权行为造成保险标的的损害。这是保险人代位追偿权产生的典型原因。这里的侵权行为，既包括作为的侵权行为，也包括不作为的侵权行为，只要符合我国《侵权责任法》规定的侵权要件，并且导致保险标的的损害即可。例如，被保险人甲就其所有的树木向乙保险公司投保，第三人丙因与甲不睦，乘夜放火烧毁甲的树木，即构成对被保险人甲的侵权，保险人乙就树木毁损赔付之后，取得对第三人丙的代位追偿权。

(2) 第三人因违约行为造成保险标的的损害。此种情形通常是指，被保险人与第三人之间存在合同关系，第三人本当依约履行合同，但因其履行瑕疵造成保险标的的损害，保险人亦可行使代位追偿权。例如，被保险人甲新购买了一辆汽车，销售商丙承诺半年内汽车玻璃不会出现任何问题。被保险人甲就其汽车向保险人乙投保玻璃破损险，但 3 个月后，被保险人的汽车玻璃因不明原因碎裂。被保险人甲要求保险人乙赔付，保险人乙赔付之后，取得向销售商丙的代位追偿权。

(3) 第三人因其他原因造成保险标的的损害。除侵权和违约两种情形外，保险标的也可能因为第三人的其他行为遭到破坏，例如，共同海损的受益人对共同海损负有分摊责任。

(五) 代位追偿权产生的要件

代位追偿权的产生，必须具备三个方面的要件：

(1) 保险标的上发生的事故，属于保险责任范围。如果保险标的未发生保险事故，被保险人没有损失，保险公司无须赔付；同时，如果事故如果不属于保险责任范围，即使保险标的发生损失，保险人也不应赔偿。保险人不赔偿，则不存在代位追偿的理由。

(2) 保险事故的发生，系由第三者责任造成。如果保险事故发生，是由被保险人本人造成，则代位追偿失去了追偿对象。

(3) 保险人按合同约定履行了赔付义务。因第三者责任造成的保险事故，如索赔人依保险合同向保险人索赔，保险人不得以索赔人未要求第三者承担责任为由拒绝承担保险责任。保险人向索赔人赔付保险金后，取得代位追偿权，保险人行使代位追偿权的时间点，自保险人向索赔人赔偿保险金之日起算，该时间点同时也是保险人对被追偿人起诉的诉讼时效之始点。这表明，虽然第三人造成保险标的的损失，但保险人如果未作赔付，则不能取得代位追偿权。

（六）被保险人赔偿请求权的处理及保险人代位追偿的范围

1. 被保险人赔偿请求权的处理

被保险人赔偿请求权的处理，可以分为以下四种情形：

（1）第三人全部赔偿的情形：如果事故发生后，第三人承担了全部赔偿责任，被保险人的损失获得弥补，则其不得再要求保险公司承担保险合同的责任。

（2）第三人赔偿不足的情形：被保险人先向第三人要求赔偿，但赔偿数额未达到被保险人的损失数额，保险人亦应承担保险合同的赔付责任，但保险人赔付保险金时，可以扣减第三人已经赔偿被保险人的金额。我国《保险法》第60条第2款明确规定："前款规定的保险事故发生后，被保险人已经从第三者取得损害赔偿的，保险人赔偿保险金时，可以相应扣减被保险人从第三者已取得的赔偿金额。"

（3）保险公司全部赔偿的情形：被保险人不得再向第三人要求赔偿，而应将赔偿请求权转移于保险人，由保险人向第三人追偿。

（4）保险人赔付不足的情形：保险人先向被保险人赔付，但依法赔偿的保险金未能满足被保险人的损失，则被保险人有权就未取得赔付的部分向第三者请求赔偿。例如，在不足额保险情况下，保险金额小于保险价值，如果保险标的全损，保险人只赔偿保险标的的部分损失。在此情况下，被保险人未能通过保险获得赔付的部分，只能向第三人请求赔偿。我国《保险法》第60条第3款规定："保险人依照本条第一款规定行使代位请求赔偿的权利，不影响被保险人就未取得赔偿的部分向第三者请求赔偿的权利。"

2. 保险人代位追偿的范围

无论上述何种情形，保险人代位追偿的范围，以保险人向被保险人赔偿的保险金数额为限。我国《保险法》第60条第1款规定：保险人"在赔偿金额范围内代位行使被保险人对第三者请求赔偿的权利"。明确规定了保险人向第三人行使代位追偿权的范围限于保险人已经赔付的数额。如果代位追偿的数额超出这一限额，则保险人可能因代位追偿制度获得不当得利，故保险法作此限制。

（七）代位追偿制度对保险人的保护

保险人向第三人追偿的权利属于继受性权利，来源于被保险人，如果原始权利遭到破坏，则保险人的代位追偿权亦会遭到破坏。为了保护保险人的代位追偿权，保险法特别设定了一些制度，大致包括三个方面：

1. 保险人赔付前，被保险人放弃对第三人的赔偿请求权的，保险人不承担赔付责任。被保险人对第三人的损害赔偿请求权产生于第三人对保险标的的损害，被保险人可以放弃。例如，被保险人与第三人之间是朋友关系时，被保险人可能放弃赔偿请求权。但是，被保险人与保险人之间的保险合同关系仍然存在，理论上说，被保险人仍可向保险人请求赔付。但是，保险人对第三人的代位追偿权因被保险人的放弃行为化为乌有。为了避免第三人逃脱法律责任，也为了保证保险资金的充盈，我国《保险法》第61条第1款规定，如果被保险人放弃对第三人的赔偿请求权，保险人不承担赔偿保险金的责任。

2. 保险人赔付后，被保险人未经保险人同意放弃对第三者请求赔偿的权利的，该放弃行为无效。与上述放弃行为一样，被保险人无论在保险赔付之前还是之后放弃对第三人的赔偿请求权，都将导致保险人无法向第三人追偿，第三人也可能逃脱法律责任。为此，我国《保险法》第

61条第2款规定，被保险人不得在获得保险赔付金后放弃对第三人的追偿权。与赔付之前的放弃行为不同的是，此时保险人已经赔付了保险金，保险人已无法不承担赔偿责任，故而我国保险法通过宣告被保险人放弃行为无效的办法，确认保险人仍可向第三人行使代位追偿权。

3. 被保险人因故意或重大过失导致保险人不能代为追偿的，保险人可以要求扣减或者返还保险金。在被保险人因故意或重大过失造成保险人不能行使代位追偿权的情况下，例如，被保险车辆被其他汽车碰撞后，被保险人认为其损失有保险公司承担，未对肇事车辆的牌号和驾驶员姓名等作记录就放走了该车辆，致使保险人不能确定追偿对象；又如，被保险人迟迟不向保险公司提供保险事故的证明文件，导致保险人追偿超过诉讼时效等，出于对被保险人故意或重大过失的惩罚，我国《保险法》规定了对被保险人不利益的后果，表现为：(1) 如果保险人尚未赔付保险金，保险人可以根据实际情况扣减保险金，扣减金额根据被保险人造成不能追偿的后果确定，如果完全不能追偿，则可以不承担赔付责任；(2) 如果保险金已经赔付，则保险人可以要求返还已经赔付的保险金，返还的数额亦根据被保险人造成的不能追偿的程度确定。值得注意的是，被保险人对代位追偿权的侵害，仅限于故意或重大过失的情形，被保险人因一般过失导致保险人不能行使代位求偿权的，保险人不能扣减保险金或者要求返还保险金。

(八) 代位追偿权适用的限制

1. 人身保险不适用代位追偿原则

代位追偿原则是损失补偿原则的派生原则，损失补偿原则基本适用于财产保险，代位追偿也只适用于财产保险，人身保险中基本无代位追偿权适用之余地。我国《保险法》第46条规定："被保险人因第三者的行为而发生死亡、伤残或者疾病等保险事故的，保险人向被保险人或者受益人给付保险金后，不享有向第三者追偿的权利，但被保险人或者受益人仍有权向第三者请求赔偿。"其原理在于：当人身作为保险合同的标的时，通说认为人身无价，故而允许被保险人在获得保险赔付之后，再向第三人索赔。双重索赔的存在，不会违反损失补偿原则，且又不至于使第三人逃脱法律责任，故而在人身保险中，基本不存在代位求偿的说法。

2. 家庭成员或组成人员的适用例外

当造成保险标的损害的主体为被保险人的家庭成员或组成人员时，可能不适用代位求偿制度，即在某些情况下，即使被保险人的家庭成员或组成人员造成保险标的的损害，保险人亦不能行使代位求偿权。此种限制，必须符合两个条件：

(1) 造成保险标的损害的主体为被保险人的家庭成员或组成人员。

此处的家庭成员，应作较为宽松的理解，应当包括被保险人的近亲属及与被保险人有抚养、赡养、扶养关系的人。此处的组成人员，主要是指单位投保，被保险人即单位本身的情形。在单位投保的情况下，如果单位员工造成本单位损失，也应当对其代位追偿权加以限制。对组成人员亦应作宽松理解，应当包括单位的正式员工、劳动合同制员工以及劳务制员工。

在被保险人的家庭成员或组成人员造成保险标的的损害时，保险法之所以限制保险人的代位求偿权，其原理在于：1) 如果允许保险人代位追偿，则保险人在向被保险人赔付后，又向其家庭成员或组成人员追偿，而这些人员对保险公司的赔付，最终很可能由被保险人支出，结果导致被保险人的损失实际上未获得保险公司的赔付。2) 考虑被保险人与家庭成员或组成人员之间的感情因素。现实生活中，家庭成员或组成人员造成保险标的的损失时，由于他们之间的感情因素存在，被保险人往往不会要求此类第三人赔偿，如果赋予保险人代位求偿权，必将造成被保险人与上述人员之间的矛盾，不利于和谐社会的建设。

（2）家庭成员或组成人员主观上不得出于故意。

如果家庭成员或组成人员的故意行为导致保险标的的损害，保险人可以向其行使代位追偿权。其原理在于，故意破坏行为本身应当承担法律责任，如果不向其代位追偿，将会激励破坏行为。我国《保险法》第62条明文规定："除被保险人的家庭成员或者其组成人员故意造成本法第六十条第一款规定的保险事故外，保险人不得对被保险人的家庭成员或者其组成人员行使代位请求赔偿的权利。"对家庭成员的过失行为，即使是重大过失行为，我国《保险法》也未赋予保险人代位求偿权。

第五节　财产保险的其他问题

一、标的转让

财产保险的标的转让，将会涉及该标的上保险合同转让的问题，我国《保险法》对此作出特别规定。

（一）标的转让与保险合同权利、义务的继受

在保险标的转让的情况下，如果该标的上存在保险合同，则受让人继受被保险人对保险合同的权利、义务。我国《保险法》第49条第1款规定："保险标的转让的，保险标的的受让人承继被保险人的权利和义务。"

保险标的的转让，对保险合同来说，本质上属于保险合同主体变更，亦即保险合同主体由转让人（原被保险人）变更为受让人（新被保险人），关于保险合同的权利、义务，亦随保险标的的转让而转让。就其原因，大约有三个方面：（1）保险标的转让后，原被保险人已失去保险利益，发生损害事故时，受损害的是受让人，原被保险人不能获得赔偿，保险已对其失去意义，故而应当将保险合同转让给真正受有损失的受让人。（2）在保险标的已经转让的情况下，若保险合同权利、义务不转让，保险标的失去保障，保险失去了分散风险的职能。（3）在保险标的转让的情况下，不允许保险合同权利、义务转让，将可能出现保险人收取全额保险费却不承担或不全额承担风险的不公平现象。

（二）标的转让中的通知义务

1. 通知义务的主体与对象

保险标的转让的，被保险人或者受让人应当及时通知保险人。通知的主体可以是作为转让人的原被保险人，也可以是作为受让人的新被保险人。通知的对象是保险人。通知的内容则是保险标的转让的事实。

2. 通知义务的立法理由

我国《保险法》之所以规定保险标的的转让须通知保险人，其原因在于方便保险人重新核实风险。保险标的在转让人（原被保险人）的管理和受让人（新被保险人）的管理之下，风险程度可能有所不同，例如，无任何不良嗜好的转让人将汽车转让给吸毒的受让人，保险标的的风险将显著增加，该风险的增加可能导致保险人根本无法承保或者需要加费承保，故而在保险标的转让的情况下，应当允许保险人重新核保。但重新核保的前提是保险人已经知道保险标的已经转让，只有被保险人或者受让人将转让的事实通知保险人，保险人才可以重新核保，故而我国《保险法》要求被保险人或受让人通知保险标的转让的事实。

但是，值得注意的是，并非所有保险标的的转让均须通知保险人，如果保险合同另有约

定，或者合同为货物运输保险合同，则无须通知保险人。货物运输保险标的的转让之所以不通知保险人，通说认为原因有二：（1）货物运输，特别是海上运输，路程遥远，流动性大，货物在远地易主，一般很难通知保险人；（2）货物运输合同中保险标的的转让，一般不会导致危险程度的增加，为了方便合同当事人的交易，避免他们错过交易机会，国际保险管理承认，只要保险合同没有另作约定，凡运输保险，其保单可随货物的转移而背书转让，受让人自然继承被保险人的权利和义务，并且不必通知保险人。

3. 违反通知义务的法律后果

被保险人和受让人违反保险标的转让的通知义务，可能导致如下法律后果：

（1）因保险标的转让导致危险“显著”增加而发生的保险事故，保险人不承担赔偿责任。我国《保险法》第 49 条第 4 款规定：被保险人、受让人未履行本条第 2 款规定的通知义务的，因转让导致保险标的危险程度显著增加而发生的保险事故，保险人不承担赔偿保险金的责任。这里需要注意的是，转让后保险标的的危险需要“显著”增加。所谓显著，是指危险因素增加较多，或者危险程度增加加大，较为明显。但何为“显著”，需要法官根据实际情况判断。并且，保险事故与此显著增加的危险之间具有因果关系，保险事故因危险显著增加而引起，保险人才可以不承担赔付责任。

保险人之所可以不承担责任，是因为该引起保险事故的风险本不在保险人预计承保范围之内，乃是标的转让之后才出现的风险。既然不属于保险人预计承保的风险范围，并且该不在预计承保范围内的危险作为近因引发了保险事故，根据近因原则，保险人自然可以拒绝赔付。

（2）保险标的转让未引起危险“显著”增加，或者保险事故非因增加的危险而发生，则保险人仍需依照保险合同赔付。如果转让后保险标的的风险未增加，则风险仍在保险人预计承保范围之内，保险人应当赔付；即使危险有所增加，但并不“显著”时，出于对被保险人利益保护的立法政策考虑，保险法仍然规定保险人应当赔付；另外，如果标的转让导致危险“显著”增加，但该“显著”增加之危险并非保险事故发生之原因，二者之间没有因果关系时，因导致保险事故之风险仍属保险人预计承保之范围，保险人亦应赔付。

（三）保险人接受通知后的处理

保险人接受通知后，应进行风险核查，核查风险后，应作如下处理：

1. 危险显著增加，已达无法承保的程度，保险人可以解除合同，退还未满期保险费。例如，作为被保险人的转让人以精密仪器投保，后将该精密仪器卖给家住经常发生地震地区的受让人，保险人核查风险后认为危险增加巨大，已达无法承保的程度，即可解除保险合同。当然，保险人解除合同的，应退还其未承保期间的保险费。保险法之所以规定保险人可以解除合同，是出于保险合同的可保性原则的考虑。在风险显著增加已达不可保程度时，保险的基础已经不复存在，应允许保险人解除保险合同。

2. 危险显著增加，但尚可承保的，保险人可以增加保险费，继续承保。例如，某私家车主将自用的小汽车卖给某受让人，但该受让人用此小汽车从事出租车经营活动，保险公司经评估认为该汽车风险显著增加，但未达拒保程度，则可以要求增加保险费，继续承保。保险法之所以规定保险人可以解除合同，是出于保险合同的对价衡平原则的考虑。在风险增加尚可承保时，保险人承担的风险较保险标的转让前有所增加，保险人因此应当收取较高的保险费，以维持交易的公平性。

值得注意的是，当保险标的危险显著增加，保险人无论决定解除合同还是决定加费承保，都应当在 30 天内作出决定，30 天自保险人收到标的转让通知之日起算。我国《保险法》第 49 条第 3 款规定：“因保险标的转让导致危险程度显著增加的，保险人自收到前款规定的通知之日起三十日内，可以按照合同约定增加保险费或者解除合同。保险人解除合同的，应当将已收取的保险费，按照合同约定扣除自保险责任开始之日起至合同解除之日止应收的部分后，退还投保人。”

3. 保险标的危险程度未显著增加，保险人不得解除合同或增加保险费。在保险标的转让后，如果风险未增加，或者风险虽增加，但未达显著程度的，原保险合同继续有效，受让人继受该保险合同的权利、义务。

二、危险的增加与减少

（一）危险增加

1. 危险增加的概念

所谓危险增加，是指保险合同当事人订立合同时未曾预料到，但在保险期限内，保险标的的危险因素或危险程度有所增加。如果危险因素增加过多，或者危险程度增加过大，则称为危险“显著”增加。

2. 危险显著增加的通知义务

（1）通知义务的主体与对象。如果危险显著增加，被保险人负有通知保险人的义务。该通知义务的履行主体是被保险人，受领主体为保险人。我国《保险法》第 52 条第 1 款规定：“在合同有效期内，保险标的的危险程度显著增加的，被保险人应当按照合同约定及时通知保险人。”值得注意的是，被保险人只负有对危险“显著”增加的通知义务，如果危险增加未达显著程度，被保险人并不承担通知义务。这一义务与上述保险标的转让的通知义务在原理上具有统一性，故而在此简略阐述。

（2）通知义务的立法理由。保险标的的危险程度显著增加之所以需要通知保险人，是因为所增加的危险并非保险人订立合同时预计的危险，其增加改变了保险双方当事人之间的对价平衡，甚至导致该保险标的丧失了可保性。基于保险的可保性原则和对价衡平原则，应赋予被保险人对危险“显著”增加通知的义务。

（3）违反通知义务的法律后果。违反危险显著增加的通知义务，保险人对因危险显著增加而导致的保险事故，不承担赔付责任。我国《保险法》第 52 条第 2 款规定：“被保险人未履行前款规定的通知义务的，因保险标的的危险程度显著增加而发生的保险事故，保险人不承担赔偿保险金的责任。”在这种情况下，保险人之所以不承担赔付责任，其原因在于该显著增加的危险不在保险人预计之内，且该增加的危险作为近因导致保险事故损失。

当然，如果危险虽增加但未达“显著”程度的，保险法出于保护被保险人利益的立法政策考虑，不允许保险人拒绝赔付。即使危险显著增加，但保险事故的发生与该危险的增加无关的，保险人亦应赔付。

值得注意的是，与保险标的转让的通知义务相比，危险增加的通知义务未规定保险人解除或者要求增加保险费的期间，这是我国保险法的一点缺憾。

3. 保险人接受通知后的处理

保险人接受通知后，应分别不同情况作出处理：

（1）危险显著增加，已达不可保程度者，保险人可以解除合同，但应当退还未满期保险费。由于危险的增加导致保险人认为无法承保的，保险人可以拒绝继续承保，依法解除合同。保险人解除合同的，应依照法律规定退还其未承担保险责任期间的保险费。其原理在于保险合同的可保性原则。

(2) 危险显著增加，但保险人仍可承保的，保险人可以加费承保。亦即，在该种情形下，保险人可以要求投保人或被保险人增加保险费、继续承保。其原理在于保险合同的对价公平原则。

(3) 保险标的危险程度未显著增加，保险人不得解除合同或增加保险费。

(二) 危险减少

危险减少，是指在保险期限内，保险标的的危险因素或危险程度有所减少。如果危险程度减少较为明显，称为危险"显著"减少。在危险显著减少的情况下，被保险人可以将危险显著减少的情况通知保险人，在保险人核查确认后，应当相应减少保险费。当然，如果危险虽然减少，但未达显著程度，保险人也可以不降低保险费。其原理与危险显著增加的原理相同。我国《保险法》第53条规定："有下列情形之一的，除合同另有约定外，保险人应当降低保险费，并按日计算退还相应的保险费：(一) 据以确定保险费率的有关情况发生变化，保险标的的危险程度明显减少的；(二) 保险标的的保险价值明显减少的。"

三、责任保险第三人的直接请求权

(一) 责任保险第三人直接请求权的概念

责任保险，是指以被保险人对第三者依法应负的赔偿责任为保险标的的保险(《保险法》第65条第4款)。责任保险第三人的直接请求权，是指责任保险中的受害第三人直接向保险人请求赔偿保险金的权利。

责任保险第三人直接请求权的产生有其根源：责任保险是投保人与保险人签订的保险合同，其本质上是保障被保险人的保险，应当由被保险人向保险人行使赔付请求权。但是，在责任保险发展过程中，出现了被保险人对受害第三人应当承担法律责任，但又怠于履行该法律责任，同时，为避免保险人的保险金被受害第三人获得，被保险人亦不申请保险赔偿，而保险人基于保险合同的相对性不肯对受害人第三人给付保险金，导致受害第三人的损害无法获得补救，严重者甚至危及受害第三人的生命。为此，各国法律纷纷规定了受害第三人对保险人的直接请求权，以保护受害第三人的利益。

(二) 责任保险第三人直接请求权的规则

我国保险法对第三人的直接请求权作了相应规定，具体规则如下：

1. 无条件的直接请求权

所谓无条件的直接请求权，并非受害第三人向保险人请求赔付保险金不需要任何条件，而是指受害第三人的直接请求权已经由法律规定，或者在保险合同中已经载明的，只要符合法律规定或合同约定，受害第三人就可以向保险人直接请求赔付。我国《保险法》第65条第1款规定："保险人对责任保险的被保险人给第三者造成的损害，可以依照法律的规定或者合同的约定，直接向该第三者赔偿保险金。"

可见，无条件的直接请求权在两种情形下存在：(1) 保险合同约定。保险人在订立合同时即允许第三人向其直接请求赔偿，领取原本属于被保险人的保险金。(2) 法律的直接规定。法律规定受害人可以直接向保险人请求赔付保险金，往往出于保护弱势群体的利益、维护社会公正与稳定的考虑，例如，我国《道路交通安全法》即规定，交通事故受害人可以向保险公司直接请求赔付交通事故强制责任保险的保险金。

2. 有条件的直接请求权

有条件的直接请求权是指在法律没有规定或者保险合同没有直接约定第三人直接请求权

的情况下，如果符合一定的条件，受害第三人可以向保险人直接请求赔付的权利。我国《保险法》第 65 条第 2 款规定："责任保险的被保险人给第三者造成损害，被保险人对第三者应负的赔偿责任确定的，根据被保险人的请求，保险人应当直接向该第三者赔偿保险金。被保险人怠于请求的，第三者有权就其应获赔偿部分直接向保险人请求赔偿保险金。"由此可见，我国保险法规定的受害第三人向保险人直接请求赔付的条件包括基础条件和选择条件：

（1）基础条件。

所谓基础条件，是指凡是受害第三人有条件地行使直接请求权都需要符合的条件。这一条件是有条件的直接请求权的行使前提，不符合这一条件，受害第三人不得行使直接请求权。

受害第三人向保险人请求赔付的基础条件是：

第一，被保险人对受害第三人的责任确定。这里所谓的责任确定，至少要求被保险人应对受害第三人承担责任这一事实是确定无疑的，如果该责任仍然存疑，便要求保险人承担赔付保险金的责任，未免对保险人有失公平。

第二，被保险人未向受害第三人赔偿。如果被保险人已经向受害第三人进行赔偿，且赔偿金额与其承担的责任相等，则受害第三人不需向保险人直接请求赔付。只有在被保险人未向受害第三人赔偿，或者赔偿金额不足其承担责任的金额时，受害第三人才具备行使直接请求权的基础条件。

（2）选择条件。

所谓选择条件，是指在具备基础条件的前提下，受害第三人意欲行使直接请求权，需要满足下列条件之一：

第一，经被保险人同意，受害第三人可以行使直接请求权。也就是说，在被保险人对受害第三人的责任确定，且被保险人未向受害第三人赔偿的情况下，只要被保险人同意，受害人便享有对保险人直接请求保险金赔付的权利。这一条件实际上是被保险人将向保险人请求赔付的权利转让给受害第三人，只是这种转让不需经过保险人同意而已。

第二，被保险人怠于向保险人请求赔付的，受害第三人可以行使直接请求权。也就是说，在被保险人对受害第三人的责任确定，且被保险人未向受害第三人赔偿的情况下，如果被保险人怠于向保险人请求赔付，受害第三人可以直接向保险人要求赔付。这一条件实际上是法律基于被保险人怠于行使权利的态度，为保障受害第三人的利益，强行将原属于被保险人的赔付请求权转移给受害第三人。

（三）责任保险第三人直接请求权的保护

被保险人侵害第三人利益后，其是否已经向第三人赔偿，保险人并不知晓。实践中，有些被保险人违反法律规定，不愿向第三人赔偿，在向保险人领取责任保险的保险金后，以各种手段逃避受害第三人的索赔，使得责任保险失去其设立的意义，被保险人的投保行为也成为类似赌博的一种行为。如果保险人未将保险金给付被保险人，而是直接给付受害第三人，则上述情形不会发生。从这个意义上说，第三人直接请求权遭到了保险人的侵害，尽管这种侵害可能是无意的。

为了保护受害第三人的利益，同时也为了保护受害第三人直接请求权的实现，在被保险人未向受害第三人赔偿之前，保险人不应向被保险人支付保险金。这就是保险法对责任保险受害第三人直接请求权的保护措施。我国《保险法》第 65 条第 3 款对此规定："责任保险的被保险人给第三者造成损害，被保险人未向该第三者赔偿的，保险人不得向被保险人赔偿保险金。"

图书在版编目（CIP）数据

商法学/徐学鹿主编．—4版．—北京：中国人民大学出版社，2015.1
21世纪高等院校法学系列精品教材
ISBN 978-7-300-20622-6

Ⅰ．①商… Ⅱ．①徐… Ⅲ．①商法-法的理论-中国-高等学校-教材 Ⅳ．①D923.991

中国版本图书馆CIP数据核字（2015）第002860号

普通高等教育“九五”国家级重点教材
21世纪高等院校法学系列精品教材
商法学（第四版）
主　编　徐学鹿
副主编　范　健　吕来明
Shangfaxue

出版发行	中国人民大学出版社		
社　　址	北京中关村大街31号	**邮政编码**	100080
电　　话	010－62511242（总编室）		010－62511770（质管部）
	010－82501766（邮购部）		010－62514148（门市部）
	010－62515195（发行公司）		010－62515275（盗版举报）
网　　址	http：//www.crup.com.cn		
	http：//www.ttrnet.com（人大教研网）		
经　　销	新华书店		
印　　刷	北京宏伟双华印刷有限公司	**版　　次**	2008年1月第1版
规　　格	185 mm×260 mm　16开本		2015年2月第4版
印　　张	30.25 插页2	**印　　次**	2019年6月第6次印刷
字　　数	762 000	**定　　价**	49.80元

※任课教师调查问卷

为了能更好地为您提供优秀的教材及良好的服务，也为了进一步提高我社法学教材出版的质量，希望您能协助我们完成本次小问卷，完成后您可以在我社网站中选择与您教学相关的 1 本教材作为今后的备选教材，我们会及时为您邮寄送达！如果您不方便邮寄，也可以申请加入我社的**法学教师 QQ 群：83961183（申请时请注明法学教师）**，然后下载本问卷填写，并发往我们指定的邮箱（cruplaw@163.com）。

邮寄地址：北京市海淀区中关村大街 31 号中国人民大学出版社 411 室收

邮　　编：100080

再次感谢您在百忙中抽出时间为我们填写这份调查问卷，您的举手之劳，将使我们获益匪浅！

基本信息及联系方式：※

姓名：________ 性别：________ 课程：________________

任教学校：________________ 院系（所）：________________

邮寄地址：________________ 邮编：________________

电话（办公）：________ 手机：________ 电子邮件：________

调查问卷：※

1. 您认为图书的哪类特性对您使用教材最有影响力？（　　）（可多选，按重要性排序）

   A. 各级规划教材、获奖教材　　B. 知名作者教材

   C. 完善的配套资源　　D. 自编教材

   E. 行政命令

2. 在教材配套资源中，您最需要哪些？（　　）（可多选，按重要性排序）

   A. 电子教案　　B. 教学案例

   C. 教学视频　　D. 配套习题、模拟试卷

3. 您对于本书的评价如何？（　　）

   A. 该书目前仍符合教学要求，表现不错将继续采用。

   B. 该书的配套资源需要改进，才会继续使用。

   C. 该书需要在内容或实例更新再版后才能满足我的教学，才会继续使用。

   D. 该书与同类教材差距很大，不准备继续采用了。

4. 从您的教学出发，谈谈对本书的改进建议：________________

____

____

选题征集：如果您有好的选题或出版需求，欢迎您联系我们：

联系人：黄　强　联系电话：010-62515955

索取样书：书名：________________________________

书号：____

备注：※ 为必填项。